Andreas Lindner

Islamfreie Zone

125 Rathaus-Thesen

zum politischen
Umgang mit dem Islam

Freiheit statt Unterwerfung!

Bibliografische Information der Deutschen Nationalbibliothek: Die Deutsche Nationalbibliothek verzeichnet diese Publikation in der Deutschen Nationalbibliografie; detaillierte bibliografische Daten sind im Internet über dnb.dnb.de abrufbar.

Herstellung und Vertrieb:
BoD – Books on Demand, Norderstedt

ISBN: 978-3-9807819-7-8

Inhaltsverzeichnis

„Aber der Islam gehört inzwischen auch zu Deutschland.“

Christian Wulff, deutscher Rechtsanwalt und Politiker (CDU), deutscher Bundespräsident, zum Tag der deutschen Einheit, 2010

„Der Islam gehört nicht zu Deutschland.“

Die Antwort von 70 % der Deutschen, der mehr als Zweidrittel-Mehrheit des Souveräns, in einer repräsentativen Umfrage, 2016

Liebe Gläubige aller Glaubensrichtungen,

ein Wort an Euch vorweg.

Ich möchte Eure religiösen Gefühle nicht verletzen. Auch ich habe welche. Aber wichtiger als diese Rücksicht ist die Vernunft, die nicht verraten werden darf. Ich möchte Euren Verstand ansprechen! Unseren Verstand.

Lasst uns stets wahrhaftig sein.
In diesem Sinne!

Euer
Andreas Lindner

Vorwort

„In der Bevölkerung gibt es verschiedene Meinungen über den Islam und Muslime. Am meisten ist wohl jene Ansicht verbreitet, welche gemäß dem Zeitgeist im Islam eigentlich eine friedliche Religion sieht. Gewalttätige Fundamentalisten und Terrorristen würden den Koran falsch interpretieren. Allah sei wie der christliche Gott barmherzig und man müsse endlich aufhören, die kleinen Unterschiede zwischen den beiden Religionen hochzukochen und somit in der Gesellschaft Zwietracht und schließlich Hass zu säen. Im übrigen sollten die Christen lieber ganz ruhig sein sowie an die Kreuzzüge und die Hexenverbrennungen denken. Auch Hitler, die SS-Schergen und die KZ-Aufseher und -Ärzte seien ja Christen gewesen usw. usw. usw."

Wilfried Puhl-Schmidt (geboren 1944), katholischer Theologe, 2017

Wir alle haben schon vom Islam gehört, Muslime gesehen und wohl auch bereits mit ihnen zu tun gehabt. Aber kennen wir den Islam, jenseits der Menschen, denen wir begegnen? Interessiert uns diese Lehre überhaupt?

Weil immer mehr Muslime zu uns einwandern und wir von Selbstmordattentätern bedroht sind, die „Allahu Akbar!" (Allah ist größer!) rufen, müssen wir uns dieser Sache annehmen. Kaum jemand hat die Lust und die Zeit, die Quelltexte des Islam zu lesen, den Koran, die Sira und die Hadithe. Aber wir müssen trotzdem wissen, was darin steht, was den Islam im Kern ausmacht. Was verlangt der Islam von guten Muslimen, von den Männern und den Frauen? Was verlangt er von den Muslimen und den Nichtmuslimen, ja, auch den Nichtmuslimen? Was verlangt der Islam von Ihnen und mir, von uns?

Sie haben Glück, ich werde Ihnen helfen, dass System Islam zu verstehen, auf eine recht bequeme Art und Weise. – Sie müssen nur weiterlesen und den Mut zur Wahrheit aufbringen. Ich sage Ihnen gleich: Das ist viel verlangt, für aufklärungswillige Menschen aber eine Selbstverständlichkeit.

Ich stelle Ihnen das Wesen des Islams anhand seiner „heiligen Texte" und seiner Geschichte kurz und prägnant vor, sachlich und unterhaltsam. Ich stelle Ihnen zur Diskussion, was ich aufgrund meines eigenen Wissensstandes zum Islam für wahr halte. Und darüber hinaus für sehr wahrscheinlich. Deshalb präsentiere ich „nur" Thesen, die aber wohlbegründet sind. Dabei belasse ich es jedoch nicht, denn der Islam ist eine Herausforderung, die von uns dringend beantwortet werden muss.

1. Einleitung

Wenn wir uns spontan dazu äußern müssen, welche Integrationsleistung die Zuwanderer eigentlich genau erbringen sollen, wenn wir, im Handumdrehen, auf den Punkt bringen müssen, was muslimisch geprägte Kulturen von unserer westlichen, deutschen unterscheidet, fallen uns für gewöhnlich zwei Dinge ein: Das deutsche Grundgesetz und die Gleichberechtigung von Mann und Frau!

Gut, sagen die Muslime, wir halten uns an die Gesetze, die in Deutschland gelten, keine Frage! Was die Gleichberechtigung der Frau anbelangt, ... gut, wir arbeiten daran, gebt uns etwas Zeit. Bei euch im Westen dürfen die Frauen auch noch nicht so lange wählen, die Gleichberechtigung ist noch jung. Es ist noch gar nicht so lange her, da trugen die Frauen bei euch auch Kopftücher und lange dunkle Kleider. Und so mancher deutsche Mann wünscht sich heimlich, seine Frau hätte mehr Respekt vor ihm, stimmt's?

Also, alles halb so wild? Die Zeit wird's schon richten? Unsere politisch Verantwortlichen lassen sich beruhigen und setzen ganz auf Toleranz. Beide Seiten, die Muslime und die deutschen Politiker, verstecken sich hinter der Religionsfreiheit, um jedem Konflikt auszuweichen, um jeden Ärger zu vermeiden.

Damit ist alles gesagt? Wird am Ende von selber alles gut werden? Leider nein. Diese *Konfliktvermeidung* ist eine feige Flucht aus unseren Werten, die sich rächen muss! Denn es schwelt ein existenzieller Kulturkampf in Deutschland und in der Welt, wie er grundlegender nicht sein könnte. Wir müssen die Werte auf beiden Seiten klar benennen und diskutieren, unsere Werte und die der Muslime. Wir müssen die falschen Werte gemeinsam verwerfen und die richtigen für uns alle verbindlich machen! Wer zu den Grund- und Menschenrechten steht und den Islam kennt, der weiß, der Islam selbst muss zurückgewiesen werden! Das klingt zunächst überzogen hart, ist aber genau das Richtige und das Menschlichste, was wir für uns alle tun können. Finden Sie es doch einfach selbst heraus ...

1.1 Wie ich dazu kam

Ich hatte nie vor, den Islam ein Thema für mich werden zu lassen. Mich interessieren ganz andere Dinge. Das Islam-Thema hat sich mir aufgezwungen. Warum? Ich liebe das Gute, das Wahre, das Schöne. Ich liebe die Liebe, die Freiheit, die Schönheit, die Wahrhaftigkeit und das Wissen. Ich bin ein Ästhet und Bildungsbürger. Aus all diesen Gründen bin ich *Demokrat.*

Seit dem ich erwachsen bin, seit der Vorwendezeit, bin ich ein *politischer Bürger* und stehe für die Freiheit, die Demokratie und die Menschenrechte ein, auch in schwierigen Zeiten, wenn der Wind von vorne bläst. Ich bin ein Mann der Mitte, ein echter Demokrat aus freiheitlicher Überzeugung, nicht bloß aus Opportunismus, weil und wenn ringsherum alle Demokraten sind. Schon zu DDR-Zeiten, unter der Diktatur der Kommunisten, war ich Demokrat, ich bin es heute und ich werde es auch noch sein, sollte sich Deutschland wieder in eine Diktatur verwandeln. Die erste deutsche Demokratie, die Weimarer Republik, ist gescheitert, weil zu wenige sie verteidigt haben. Weil das Heil in diktatorischer Führung gesucht wurde. Weil die *Bürger zu wenig Vertrauen zu sich selbst* hatten. Das darf nicht wieder passieren! Wer glaubt, die freiheitlich-demokratische Grundordnung hätte sich ein für alle mal durchgesetzt, der täuscht sich. Freiheit und Mitbestimmung, Menschen- und Bürgerrechte, müssen immer wieder neu verteidigt werden. Die Geschichte ist nie zu Ende. Die alle Gegenwart und Zukunft prägenden Kräfte sind heute vielleicht anders gekleidet, aber nicht verschwunden. Die freiheitlich-demokratische Grundordnung ist keine Selbstverständlichkeit. Wenn wir sie nicht gegen diejenigen verteidigen, die sie abschaffen wollen, von links und von rechts, verschwindet sie. Das kann viel schneller geschehen, als mancher heute glauben mag.

Die neue Einwanderungspolitik, mit niedergelegten Grenzen sogar, spült sehr viele Fremde ins Land. Sie bringen antidemokratisches Gedankengut mit herein und geben dieses nicht ohne Weiteres auf. Im Gegenteil, in der Fremde halten viele von ihnen nun um so stärker daran fest, wie an einem Stück mitgebrachter, wurzeltiefer Heimat, einem Kraft- und Sehnsuchtsort. Sie geraten in eine Zerrissenheit zwischen dem Alten und dem Neuen, der Heimat und der Fremde. Hunderttausende Muslime sind nach Deutschland gekommen, Hunderttausende werden noch kommen, als Asylsuchende, als Flüchtlinge, als Einwanderer und nicht zuletzt als Familiennachzügler. Ich spreche von Hunderttausenden, sehr wahrscheinlich untertreibe ich.

Die meisten von ihnen wollen den Islam mit seinen falschen Werten in Deutschland leben und ausbreiten. Wer stellt sich als erstes und am vehementesten dieser Islamisierung entgegen? Die ultrarechten Nationalisten, die extreme Rechte. Je mehr Muslime in Deutschland Häuser beziehen und Moscheen bauen, umso stärker und politisch erfolgreicher werden die Nationalfaschisten im Sinne einer Gegenbewegung werden: *Deutschland droht die Gefahr einer neuen rechtsfaschistischen Diktatur.* Mit jedem Flüchtling, mit jedem Monat, mit jedem Terroranschlag, wächst diese Gefahr an. Noch lange bevor Deutschland mehrheitlich muslimisch geworden sein könnte, ist zu befürchten, kippt die Stimmung um, hin zu einem übermäßig gewaltbereiten Führer, der endlich wieder für deutsche Ordnung sorgt.

Aber auch die schleichende Islamisierung selbst lässt die Gefahr einer Diktatur in Deutschland rasant anwachsen: Uns droht die *„islamische Republik“, der Gottesstaat, die Herrschaft Allahs und der Scharia durch die Muslime selbst*. Religiöse Diktaturen sind ebenfalls rechte Diktaturen. Die Diktatur des Islams ist nichts anderes als eine Form des religiösen rechten Faschismus.

Ich weiß nicht, welche Gefahr größer ist und möchte nicht abwarten, wer zuerst die diktatorische Macht ergreifen will, *Muslime* oder *Neonazis*. Ich möchte den Anfängen, den Ursachen und Anlässen, jetzt wehren!

Was die deutsche Demokratie braucht, ist eine nationale Gesundung zur Selbstverteidigungskraft. Wir brauchen einen spürbaren, demokratischen Rechtsruck der politischen Mehrheit in den nationalliberalen bis nationalkonservativen, in den *patriotischen* Bereich hinein, um Ausgewogenheit und Handlungsfähigkeit herzustellen, aber keinesfalls eine Rechtsverschiebung darüber hinaus in den nur scheindemokratischen, letztlich diktatorischen Bereich des politischen Spektrums. Die Macht darf nicht den Nationalsozialisten und Nationalimperialisten, also den diktatorischen Nazis oder Neonazis in die Hände fallen, aber auch nicht den Muslimen und ihren antinationalen linken Unterstützern, die sich sehr breit aufgestellt haben.

Der Islam ist freiheitsfeindlich, demokratiefeindlich, menschenrechtsfeindlich. Der Islam passt nicht zu Deutschland und die Mehrheit der Bevölkerung weiß oder spürt das und lehnt ihn ab. *Ohne* einen starken Islam in Deutschland würde diese Gefahr einer rechten Diktatur, von beiden Lagern ausgehend, dem der Muslime und dem der Neonazis, stark abnehmen. Wenn wir dieser Gefahr begegnen wollen, müssen wir deshalb *der Islamisierung begegnen*. Diese Aufgabe dürfen wir nicht allein den ultranationalen, ganz extremen Rechten überlassen, weil diese selbst eine große Gefahr darstellen. Wir müssen diese Aufgabe letztlich *aus der **vernünftigen** Mitte der Gesellschaft heraus* anpacken, aus freiheitlichem Geist, aus liberal- und normal-nationalem, demokratischem, rechtsstaatlichem und menschenrechtlichem Selbstverständnis. Denn wirklicher *Antifaschismus* im Deutschland dieser Tage bedeutet, sich gegen die Islamisierung zu stellen und damit gleich zwei Arten des rechten Faschismus zu begegnen, um sie weitestmöglich zurückzudrängen!

Schon zu DDR-Zeiten, als Abiturient, fiel mir so etwas Fremdartiges wie der Koran in die Hände. Neugierig und gespannt auf die muslimische Religiosität las ich darin, bis ich ihn entsetzt und angewidert ins Regal zurückstellte! Das war meine erste und völlig unvoreingenommene Erfahrung mit dem Islam. Es handelte sich um das Bücherregal eines Zimmergenossen im Lehrlings-Wohnheim. Täglich ging ich also mehrfach am Koran vorbei, er blieb mit seinen Suren ganz hinten in meinem Bewusstsein. Gewissermaßen sozialistisch-materialistisch erzogen sowie natur- und geisteswissenschaftlich höchst interessiert, empfand ich die aufgeklärte Moderne als die endgültige Siegerin der Geschichte und fühlte mich durch sie geschützt. Es lagen die Welt der Wissenschaft, die Aufklärung, es lagen kulturelle und politische Grenzen zwischen mir und dem Rest der verbliebenen, rückständigen muslimischen Welt.

Einige Jahre nach der Wende dann, als Student, während meines zweiten Studiums Mitte bis Ende der 90er Jahre, hatte ich zeitweise einen Ägypter als Kommilitonen. Alle, Dozenten wie Studenten, schienen ihn stumm zu fragen: Wer bist du? Was willst du hier? Ich frug mich das auch und suchte seine Nähe, denn ich wollte nicht nur rätseln, sondern wissen. Ich freundete mich mit ihm an, gerade weil ich ihn als Weitgereisten und Erfahrenen, als Ausländer, interessant fand und ich ihm ein Gefühl des Willkommenseins unter all den Deutschen geben wollte.

Er war ein sehr angenehmer Mensch, der mir reifer schien als ich selbst. Ich lebte damals meine persönliche Willkommenskultur, lange bevor ich diesen Begriff überhaupt kannte. Vielleicht gab es ihn auch noch nicht. Der Ägypter hatte eine deutsche Frau und mit ihr ein Kind, ihre Wohnung lag ganz in der Nähe. Er lud mich zu ihnen ein, wir tranken starken, kräftig gesüßten Pfefferminztee. Dieser schien eine Art Nationalgetränk zu sein, denn mein Gastgeber war sehr stolz darauf und sehr daran interessiert, ob mir der Tee wirklich schmeckte, wie ich sagte. Er konnte das wohl nicht so recht glauben, jedenfalls fragte er es mich immer wieder und freute sich sichtlich darüber. Ich hatte mich auf Exotisches eingestellt, Pfefferminze kannte ich. Ja, er schmeckte mir. Ganz im Gegensatz zu den dazu gereichten Oliven.

Wir plauderten über unser Studienfach und seinen Weg durch die Welt. Er hatte zuvor schon in Moskau studiert. Dann fiel mir – ganz unbefangen, neugierig und weltoffen, ganz wohlmeinend und spontan (heute würde ich sagen: naiv) – ein, ihn nach Religion zu fragen. Bist du eigentlich Muslim? Diese Frage traf – für mich damals unerwartet – einen Nerv bei ihm, er zog sich zurück, wurde trüb und dunkel, wehrte mit Worten und Körpersprache *jede Nähe zum Islam ab* und fühlte sich gedrängt, seine Herkunft zu erklären. Er sei in einem weltoffenen Elternhaus in der Großstadt aufgewachsen, seine Mutter sei eine sehr selbstbewusste, emanzipierte, aufgeklärte, starke Frau, erklärte er erregt und in einem fort – der große Mann sah mir dabei weit vorgebückt, hoffend und bangend, von unten her forschend in die Augen, ob er wohl Gehör und Glauben bei mir fände – *sie* hätte ihn geprägt; mit der Religion hätten sie nichts am Hut und wegen dieser Distanz und Weltoffenheit sei er ja auch lieber ins Ausland studieren gegangen, auf *ihren* Rat hin. Er sah seine berufliche Zukunft in Australien ... ja, dort wollte er hin.

Der Islam *ist nicht* harmlos, er war es auch damals nicht, sondern ein Grund, sehr weit fortzuziehen von der Heimat und von der Mutter, weit weg von Vaterland und Muttersprache, um das persönliche Glück zu finden, in der Freiheit, frei vom Islam, frei von der morgenländischen Kultur.

Sein Beispiel zeigt uns, man darf den Islam nicht nur kritisieren, man darf ihn auch ablehnen. Wo das nicht gut gelitten ist, von dort muss man fliehen. Nach Deutschland zum Beispiel. Und jetzt fliehen die Muslime hinterher.

Meine eigene Heimat ist eine hübsche Kreisstadt am geographischen Mittelpunkt Deutschlands im schönen Thüringen – die ehemals freie Reichs- und Hansestadt Mühlhausen, mehr als tausend Jahre alt, Königspfalz, Krönungsort Philipps von Schwaben zum römisch-deutschen König; sie besitzt die, neben dem Sachsenspiegel, älteste Aufzeichnung gesprochenen Rechtes in deutscher Sprache (Stadtrechtsbuch), ein ehemaliger Stadtstaat mit bürgerlicher Selbstverwaltung, ein Hort der Reformation und des Bauernkrieges, Wirkungsstätte von Thomas Müntzer und Johann Sebastian Bach; weltbekannt durch sein Pflaumenmus ... Mühlhausen ... nur noch 34.552 Einwohner, Tendenz sinkend. Unser Oberbürgermeister, Johannes Bruns (SPD) weiß nicht genau, wie viele Flüchtlinge in der Stadt leben, er schätzt, knapp 900. Davon, so schätzt er weiter, sind 80 bis 90 Prozent Muslime. Seine Bürger zählt er, seine Flüchtlinge nicht. Das geht wohl nicht bei offenen Grenzen.

Die ungebremste Islamisierung in den westdeutschen Metropolen zu erleben, ist für einen aufgeklärten Deutschen wie mich schmerzlich genug, wenn diese Welle dann aber ganz nahe kommt, in die eigene Heimatstadt, und von den Verantwortlichen ganz selbstverständlich angenommen wird, wie alle westdeutschen Strukturen seit der Wende einfach übernommen worden sind, ist irgendwann der Punkt erreicht, wo das Fass überläuft, wo ein Gefühl der persönlichen Verantwortung für unser Land in einem rasant emporsteigt, wo Empörung wächst, ja heftige Erregung, gepaart mit dem Willen, etwas konstruktiv Wirkungsvolles dagegenzusetzen und ***die Freiheit*** zu verteidigen, die wir – zuletzt 1989 – errungen haben. Ja, ***wir*** haben sie errungen, wir und unsere Vorfahren!

Dieser Punkt war bei mir erreicht, als ich von der Gründung des Vereins „*Das richtige Wissen* in Mühlhausen" und dessen Vereinszielen erfuhr. Im Mai 2017 wurde der Verein von arabischen und afrikanischen Flüchtlingen gegründet. Der Vereinsvorsitzende, ein ehemaliger Chefkoch aus Syrien, Khdir Khlil, pries die Suppe, die er uns Einbrocken will, im Gespräch mit der Lokalpresse so an: Es ginge dem Verein darum, was die Flüchtlinge brauchen und was sie geben können. Es ginge darum, den Kontakt zwischen allen Glaubensgemeinschaften herzustellen, die alle gleichgestellt seien. Sie seien kein muslimischer Verein, sondern offen für alle, weil aber die meisten Mitglieder Muslime seien, würde der Verein eben auch muslimische Interessen vertreten.

Das waren moderate, tiefstapelnde, ja verschleiernde Worte. Denn auf Nachfrage musste er konkreter werden. Der Vereinsname weise darauf hin, dass hier in Deutschland Vorurteile und falsches Wissen über den Islam verbreitet seien, die der Verein abbauen will. Das Satzungsziel ist „die *Bewahrung der Belange des Islam als umfassender* Religions*gesellschaft*, insbesondere die Pflege und Förderung des kulturellen Lebens der Muslime in Mühlhausen." Und weiter, die „*islamische Lehre* auf Basis des Grundgesetzes und der Thüringer Verfassung" soll Grundlage der Vereinsaktivitäten sein. Wie bitte? Islam nach Grundgesetz und Thüringer Verfassung? Mit diesem simplen Verweis wollen sie uns ihre formale Verfassungstreue vorgaukeln?! Das ist eine Herausforderung, die ich annehmen musste!

Der Verein „Das richtige Wissen in Mühlhausen" hat sich ganz konkrete und große Ziele auf die muslimische Fahne geschrieben: unter anderem die Schaffung von Gebetsstätten, die Gründung einer islamischen Bibliothek und eines Informationszentrums, Religionsunterricht für muslimische Kinder an öffentlichen und privaten Schulen, die Förderung von Bestattungen, Hochzeiten, Beschneidungen und Feiertagen nach islamischem Ritus. Feuerbestattungen und Särge seien für Muslime verboten, sie dürften auch nicht zusammen mit den „Ungläubigen", die ihnen hier Zuflucht gewähren, auf dem gleichen Friedhof begraben liegen, sondern bräuchten „reine" muslimische Friedhöfe, hieß es. Und für besonders gläubige Muslime sei eine strikte Geschlechtertrennung Vorschrift, deshalb habe er, der Vereinsvorsitzende, schon in der örtlichen Thüringentherme angefragt, ob der Zutritt für Mühlhäuser Bürger, für Nichtmuslime, zeitweise verboten werden könnte, vielleicht für zwei Stunden in der Woche, damit sie im städtischen Bad ganz unter sich sein könnten.

Aha. Sie wollen uns also über den wahren Islam aufklären, sie wollen uns den Islam näher bringen, sie wollen uns missionieren! Sie wollen eine Parallelgesellschaft als Gegengesellschaft ausbreiten! Alles mit dem Segen unseres Gemeinwesens. Wer reibt sich da, außer mir, noch die Augen? Der Verein ist Teil des strategischen, vom islamischen Ausland geförderten Netzwerkes zur Islamisierung Europas.

Ich wollte wissen, mit welchen Worten der Leiter der Thüringentherme auf die Frage nach den Exklusiv-Badestunden für rechtgläubige Muslime geantwortet hat. Merkwürdig, von dort hieß es nur, weder vom Verein noch von der Presse sei eine solche Anfrage eingegangen. Ende der Durchsage. Ich wollte die Satzung des Vereins einsehen, um sie im Ganzen zu lesen, doch im Vereinsregister im Amtsgericht lag keine solche Satzung vor. Auch die Lokalredaktion der Thüringer Allgemeinen, aus deren Artikeln ich all meine Informationen bezog, ließ mich abblitzen und hüllte sich in Schweigen.

Unser Oberbürgermeister Johannes Bruns (SPD) jedenfalls begrüßt die Etablierung des Islams in Mühlhausen und freut sich, mit der neuen Organisation ein „Sprachrohr der Muslime" in der Stadt, einen Ansprechpartner für die Behörden, Institutionen, die Medien und Bürger zu haben – so hat sich ihm die Vereinsinitiative nämlich angeboten; so nimmt er sie dankbar an. Er will, dass die Muslime ihre Kultur hier so leben können wie in ihrer Heimat, aus der sie geflohen sind: „Die Menschen sollen auch in Mühlhausen ihre Kultur leben können. Das erfordert auch von uns ein gewisses Maß an Toleranz." Von Umlernen und Anpassen der Zuwanderer an uns kein Wort. Und was ist mit Schächten und Beschneiden? – Na klar, auch das ist ja nur Kultur und dadurch selbstverständlich gerechtfertigt. Ein Mühlhäuser Arzt sei als *Ansprech*partner schon gefunden, so Bruns. Die Vorhäute der Jungen muslimischer Eltern werden aber nicht besprochen, sondern abgeschnitten, um die Kinder möglichst unumkehrbar zu Muslimen zu erziehen. Zum Thema Moscheebau wolle der Oberbürgermeister noch nichts sagen: „Da halte ich mich zurück." Vor der Wahl wollte er seinen Bürgern anscheinend nicht zuviel auf einmal zumuten. Er wurde wiedergewählt.

Nach Aussage des Vereinsvorsitzenden Khdir Khlil gibt es bereits zwei Gebetsräume in Mühlhausen. „Auch in unserem neuen Vereins-Büro am Steinweg 51 können die Menschen gemeinsam beten. Ich bin der Stadt, dem Kreis und der Städtischen Wohnungs-Gesellschaft im Übrigen sehr dankbar für die große Unterstützung bisher." Das Vereinsbüro erfüllt also auch eine Moschee-Funktion. Aus dem Verein wird ein Moschee-Verein. Mit wohlwollender Förderung der kommunalen Ebenen.

Ich habe die Adresse Steinweg 51 aufgesucht, direkt im Altstadtzentrum gelegen, gegenüber der säkularisierten Allerheiligenkirche. An dieser Adresse befindet sich laut einer Tafel das Wahlkreisbüro der CDU, hier kann der Bürger ein Mitglied des Bundestages, Manfred Grund (CDU), sowie ein Mitglied des Thüringer Landtages, Elke Holzapfel (CDU), zu den Sprechzeiten aufsuchen. Ansonsten wird hier im Hinterhof also gen Mekka gebetet? Die örtliche, höchste parlamentarische CDU-Vertretung ist zugleich die Islamisierungszentrale in der Mittelpunktstadt Deutschlands?! Leider kein Witz. Hier gehen nicht etwa deutsche Staatsbürger, sondern (illegale) Flüchtlinge aus aller Welt ein und aus, ganz selbstverständlich.

In Zukunft müssen wir mit einem Moscheebau in Mühlhausen rechnen. Oder mit der Umwidmung einer der leerstehenden Kirchen. Die Allerheiligenkirche gleich gegenüber der Vereinszentrale würde sich anbieten. Ihr extrem schlanker Turm, „die Nadel", sieht beinahe schon aus wie ein Minarett, es fehlt nur noch der Halbmond darauf.

Was hat die CDU, was haben die demokratischen Christen oder die christlichen Demokraten, eigentlich mit dem Islam zu tun? Ich begann zu recherchieren. Antwort: sehr viel. Muslimische CDU-Mitglieder haben sogar ein Bündnis: „Muslime in der Union" gegründet, darin vernetzen sich konservative, sunnitische Muslime. Der Sprecher des Bündnisses ist Cihan Sügür, ein Deutschtürke. Er war Jugendleiter in einer Moschee des DITIB-Verbandes und engagiert sich für die Interessen der Muslime in Deutschland. Erst vor zwei Jahren ist er in die CDU eingetreten, um von dort aus wirken zu können. Sügür ist gut vernetzt mit den Islamverbänden. Es gibt viele personelle Verflechtungen, Vorstandsmitglieder muslimischer Verbände, die zugleich auch CDU-Mitglieder sind. Man könnte es Unterwanderung nennen, aber diese Unterwanderung ist in der CDU ausdrücklich willkommen. Muslimische Funktionäre werden eingeladen, in der CDU-Politik mitzumischen, auf Führungsebene. Die CDU-nahe Konrad-Adenauer-Stiftung hat ein Programm für junge, aufstiegsorientierte Muslime eingerichtet, die „Young Muslim Leaders-Delegation". Auch Cihan Sügür ist in dem Programm.

Im offiziellen Sprachgebrauch geht es der CDU darum, die Vielfalt in ihrer Partei zu stärken, konkret geht es natürlich darum, die wachsenden muslimischen

Wählerschichten zu erschließen, und deren frühere Bindung an die SPD bröckelt. Die „Muslime in der Union“ wollen das ebenso, aber sie verfolgen auch ganz eigene Ziele, sie definieren dazu Regeln. Mitglied werden im Club der „Muslime in der Union“ können nämlich nicht alle Muslime, die zugleich CDU-Mitglied sind – nein, linientreu müssen sie sein, streng islamisch. Sügür sagt: „Sie müssen eine muslimische Erziehung genossen haben, in einem der vier Dachverbände in Deutschland, die die Muslime vertreten. *Damit nicht an den Glaubensgrundsätzen des Islam gerüttelt wird.*“ Das sind klare Worte, die leider unwidersprochen bleiben.

Spricht die CDU nicht davon, man müsse den „politischen Islam“ ablehnen? – Ist das nun politischer Islam oder islamische Politik? Ja, ist es. – In Reinkultur! Sügür wirft muslimischen Christdemokraten, die *für* die Armenienresolution des Bundestages gestimmt hatten (Der Massenmord der muslimischen Türken an den christlichen Armeniern wurde als Völkermord bezeichnet.), namentlich der Bundestagsabgeordneten Cemile Giousouf, vor, den Bezug zur *muslimischen Basis* verloren zu haben. „Muslimische Basis“ – wir erinnern uns an jenes Netzwerk islamischer Fundamentalisten, das sich auch „die Basis“ (al-Qaida) nennt, weil es sich auf die gleichen islamischen Glaubensgrundsätze bezieht, an denen (laut Sügür) nicht gerüttelt werden darf.

Cihan Sügür sagt, Christentum und Judentum sind schon da, jetzt müsse sich der Islam entwickeln. Er ist überzeugt davon, dass der Islam Deutschland künftig am stärksten verändern wird. Er glaubt vermutlich, zum Besseren. Für ihn ist ein islamisches Europa eine Verheißung und die Erfüllung des muslimischen Auftrags. Man mache sich bewusst, was das heißt: Deutschland und Europa werden durch die Ankunft des Islams stärker verändert als durch die Ankunft des Christentums. Wenn der Islam sich durchsetzt, hat er zweifellos Recht.

Noch Fragen? Islam und CDU, dass passt enger zusammen, als ich und vielleicht viele von uns wohl dachten. Die neue CDU der Vielfalt übt sich in Beliebigkeit, von jedem ein bisschen, um in Deutschland Hausmacht bleiben zu können. Wenn die Wählerschaft sich wandelt, wenn die Zahl der Christen ab und die Zahl der Muslime zunimmt, dann kann das C in CDU eben genauso gut ein Halbmond sein. Jedem, wie er will. Unter Merkel hat die Partei ihre Entkernung vollendet und ist zu praktisch jedem Zugeständnis bereit, wenn es nur die Mehrheit sichert. Hauptsache, die CDU bleibt Kanzlerwahlverein. Sie klaubt zusammen, was gerade Punkte bringt und die anderen Parteien schwächt, ein bisschen soziale Gerechtigkeit von der SPD hier, ein bisschen Öko-Wende von den Grünen da; die CDU von heute ist ein opportunes Sammelbecken. Ehe und Homo-Ehe, Kernkraft und Windenergie, Aufklärung und Islamisierung, die CDU macht alles mit. Eine politische Wählerhure.

Sind wir schon ohnmächtig oder warten wir noch darauf, es zu werden? Es reicht! Ich kann der kulturellen und politischen Selbstaufgabe Europas und Deutschlands nicht mehr länger tatenlos zusehen. Bereits Ende der 80er Jahre, in der DDR, schrieb ich folgende Zeilen, die ich 2002 in meinem Gedichtband „Wortlaub laut & leise" veröffentlichte und die heute noch aktueller geworden sind denn je:

Mein Land

Dieses.
Dieses Land.
Und nur dieses.

Es wartet.
Dieses Land wartet.
Auf mich.
Es braucht mich.

Und wartet.

Bis es mich nötig hat.

Es ist so weit. Wir alle sind nötig. Wir alle stehen in der Verantwortung für unsere Gesellschaftsordnung, für unsere Freiheit. Machen Sie mit! Auch Sie werden gebraucht. Bitte helfen Sie mir! Bitte helfen Sie uns allen!

Das darf so nicht weitergehen. Es wird von uns erwartet, dass wir uns dem Islam positiv voreingenommen nähern und ihn wie ein heiliges rohes Ei bebrüten, voller mütterlichem Verständnis und Entschuldigungsbereitschaft für alles, was er so meint und anstellt und vorhat. Unseren scharfen Verstand und unsere kritische Vernunft dürfe man ihm nur ganz stark abgepolstert zumuten, sonst ist er zutiefst gekränkt und rastet böse aus und dann wird alles noch viel schlimmer. Die Verantwortung dafür wird uns aufgeklärten Kritikern zugeschoben, selber schuld, wenn wir ihn reizen.

Ich habe den Eindruck, den Islam zu kritisieren, gar abzulehnen, ist im Deutschland dieser Tage nicht einmal mehr von der Meinungsfreiheit gedeckt, geschweige denn *sachlich diskussionswürdig*. Leider geht es nicht um die richtige Abbildung der Wirklichkeit, sondern um die Verbreitung der vermeintlich richtigen Gesinnung, begründet durch einen angeblich moralischen Imperativ, der genährt ist aus

Zweifeln an der europäischen Zivilisation, aus postkolonialem und postfaschistischem Schuldbewusstsein und dem dringenden Bedürfnis nach Buße und Erlösung.

Wer es wagt, den Islam mit einem Fragezeichen zu versehen, wird mit dem Prädikat „islamophob“ bedacht. Wer es darüber hinaus noch wagt, islamische Fakten abzuhaken, wird mit weiteren schmählichen Prädikaten rechnen müssen. Alle diese Prädikate sind niederträchtig gemeint, könnten aber allmählich auch ihren Charakter verlieren. Das Prädikat „Made in Germany“ war von den Briten dereinst auch abqualifizierend gemeint und wurde dennoch zur Weltmarke, weil inhaltliche Qualität sich durchsetzte.

Lothar Fritze, der zum Totalitarismus geforscht hat, schreibt dazu:

> „In den öffentlichen Debatten in Deutschland gelten Anschauungen wie die hier geäußerten (Anm.: In seinem Buch „Der böse gute Wille“.) als „populistisch“, „fremdenfeindlich“, islamophob“ und „rechtsradikal“. Wer diese Kennzeichnungen zu harmlos findet, wird stattdessen von einer „rechtsextremistischen Menschenfeindlichkeit“ sprechen.
>
> Gegen begriffliche Zuschreibungen dieser Art kann man sich nicht zur Wehr setzen. Man muss sie ertragen – und sollte sich zugleich des ideologischen Hintergrunds bewusst bleiben, vor dem solche Anschuldigungen erhoben werden: Deutschland befindet sich in einem Kulturkampf. In dessen Mittelpunkt steht die Frage, ob nationale Identität und kulturelle Homogenität weiterhin als Werte gelten, die zu verteidigen rational und legitim sei.“
>
> Prof. Dr. Lothar Fritze (geboren 1954), deutscher Sozial- und Politikwissenschaftler, 2017

Ja, nationale Identität und kulturelle Homogenität sind rationale, legitime kulturelle Werte, die weiterhin verteidigt werden dürfen. Sie gehören zum liberalen und demokratischen Spektrum! Ihr diktatorischer, totalitärer Missbrauch in der Vergangenheit darf daran nichts ändern. Was gut, wahr und schön ist, muss auch so bleiben können. Wer die deutsche Nation und die deutsche Kultur als durch den Missbrauch der Nazis entehrt ansieht, der macht sich mit jenen gemein, die auch eine vergewaltigte Frau als entehrt ansehen und fürderhin als minderwertig oder Schlimmeres abstempeln.

Als die Aufklärer vor 250 Jahren das Christentum zurückdrängten, wurden sie da etwa als „christianophob“ und „rassistisch“ verschrien? Nein, dass sind Modewörter der Verleumdung unserer Tage. Wurden die Philosophen der Aufklärung einer „gruppenbezogenen Menschenfeindlichkeit“ bezichtigt? Oder anders gefragt: Wäre es, aus heutiger Sicht, etwa richtig gewesen, hätte man alle Wissenschaftler, alle

Wahrheitssucher, alle Widersacher des kirchlichen Aberglaubens, staatlich geächtet und zum Verstummen gebracht? Wegen Verstoßes gegen die Religionsfreiheit?

Der Islam ist gegensätzlich zu uns. Der Islam ist ein Angriff auf die Errungenschaften des Westens, der modernen menschlichen Hochkultur! Das müssen wir verstehen und wir müssen handeln. Wir müssen uns wehren. Weil wir die besseren, die menschlicheren, die fortschrittlicheren, die erfolgreicheren Werte haben! Weil wir wahrhaftiger, freiheitlicher und liebevoller sind. Das ist keinesfalls überheblich. Vergleichen Sie selbst:

Der Islam und der Westen.

Islam:	Westen:
Mensch, *unterwirf dich* Allah! Knie nieder und bete fünf mal am Tag! Allah erhält dich.	Mensch, *erhebe dich* zur Vernunft! Übe den aufrechten Gang und erschaffe dir etwas mit Verstand und Arbeit!
Die Menschen sind erschaffen als sklavische Knechte Allahs. *Menschenrechte* sind *widergöttlich.*	Christen: Die Menschen sind erschaffen als Ebenbilder Gottes. *Menschenrechte* sind *möglich.* Aufgeklärte: Die Menschen sind auf das Göttliche hin entwickelte Wesen, sie tragen Mitverantwortung für sich selbst. Menschenrechte sind *nötig*.
Gott muss herrschen nach geoffenbartem „Gottesrecht“.	Das Volk soll herrschen nach beschlossenem Menschenrecht.
Gehorsam ist das Wichtigste.	Freiheit ist das Wichtigste.
Allah liebt die Ungläubigen nicht.	Gott liebt alle Menschen.
Mohammed: „Töte die Feinde!“ Imam: „Alle Menschen werden Muslime.“	Jesus: „Liebe die Feinde!“ Humanist: „Alle Menschen werden Brüder.“
Trenne zwischen Erlaubtem und Verbotenem (Erlaubtes kann böse, Verbotenes kann gut sein.).	Trenne zwischen Gut und Böse.

Unterscheide zwischen rein und unrein.

Unterscheide zwischen richtig und falsch, gesund und ungesund, hygienisch und unhygienisch, sauber und schmutzig.

Wahr ist, was dem Islam nützt.

Wahr ist, was tatsächlich oder logisch ist.

Schreibt auch Körperstrafen einschließlich Verstümmelungen und Todesstrafe vor.

Schreibt nur Freiheits- und Geldstrafen, im wilden Westen auch Todesstrafe, vor.

Wie antworten sie auf die kantischen Fragen?

Was kann ich wissen?

Nur das, was Adam und den Propheten von Allah mitgeteilt wurde.

Alles, was Menschen durch Erfahren, Beobachten und Erforschen, herausfinden können.

Was soll ich tun?

Nur das, was Allah dir über Mohammed befohlen und erlaubt hat. Halte dich an *Allahs Willen*: Behandle andere so, wie wie es *für den Islam nützlich* ist. (Die Goldene Regel gilt *nicht*.)

Alles, was deiner *Entwicklung* dienlich ist und niemandem schadet. Halte dich an die *Goldene Regel*: Behandle andere so, *wie du selbst* behandelt werden willst.

Was darf ich hoffen?

Wenn du Allahs Befehle befolgst, kommst du ins himmlische Paradies, andernfalls in die Hölle.

Jeder gutwillige Mensch lebt richtig und kommt auch in den Himmel.

Was ist der Mensch?

Der Mensch ist ein sklavischer Gottesknecht, den Allah sich erschaffen hat, damit er ihm gemeinschaftlich dient und seinen Willen auf Erden vollzieht.

Der Mensch ist eine durch Evolution aus tierischen Vorfahren entstandene, hochentwickelte biologische Spezies und ein zur Freiheit und zur Verantwortung geborenes, soziales Individuum.

Für Muslime gilt die „Goldene Regel“ nicht.

Die „Goldene Regel“ ist der ethische Minimalkonsens vieler menschlicher Kulturen, die über das Niveau von Stammeskulturen hinausgewachsen sind. Sie ist seit dem 7. Jahrhundert v. u. Z. schriftlich überliefert: „Behandle andere so, wie du behandelt werden willst.“ Nehmt also Rücksicht aufeinander, versetzt euch in die Lage der anderen, seid mitmenschlich. Im Buch der Christen heißt es: „Und wie ihr wollt, dass euch die Leute tun sollen, so tut ihnen auch!“ (Luk. 6,31; Matth. 7,12). Der Volksmund machte daraus den Sinnspruch: „Was du nicht willst, was man dir tu, das füg auch keinem andern zu!“

Der deutsche Philosoph Emanuel Kant musste die „Goldene Regel“ natürlich fachlicher und komplizierter ausdrücken und nannte sie „Kategorischer Imperativ: Handle so, dass die Maxime deines Willens jederzeit zugleich als Prinzip einer allgemeinen Gesetzgebung gelten könne.“ Diese Formulierung trifft den Kern aber sozusagen nur im Kontext seiner bereits vorhandenen Selbstverständlichkeit, nämlich, wenn man bereits von ihrem Geist durchdrungen ist, also bereits Rücksicht nehmen will.

Der Islam hat den Schritt zur „Goldenen Regel“ nie gemacht und verblieb im Stammesdenken der Ungleichbehandlung. Das muss er auch, denn Unterwerfung und gleiche Wertschätzung schließen einander aus! Dieser grundsätzliche Konflikt zwischen Selbstliebe und Nächstenliebe wohnt allen Menschen und allen Gemeinschaften inne und muss immer wieder neu ausgehandelt werden. Den meisten von uns ist die „Goldene Regel“ zumindest soweit selbstverständlich geworden, dass wir andere Menschen nicht mehr versklaven, wie Untermenschen oder wie Tiere behandeln wollen und uns freiwillig auf weniger drastische Formen der eigenen Vorteilsnahme beschränken. Wir teilen unsere Menschenwürde mit allen Menschen, wir begreifen sie nämlich als wechselseitig. Die Menschenwürde eines anderen zu verletzen, hieße, uns selbst anzukratzen. Das ist keineswegs selbstverständlich, nur weil es *uns* so scheint, sondern eine kulturelle Errungenschaft, unsere Errungenschaft.

Die Goldene Regel zielt auf den wechselseitigen Ausgleich aller berechtigten menschlichen Interessen. Gegen die Goldene Regel verstößt nicht nur, wer die Interessen anderer Menschen ignoriert, sondern auch, wer seine eigenen Interessen zugunsten anderer aufgibt – wer sich aufopfert.

Der dümmliche Formelkompromiss: Der Islam gehöre zwar nicht zu Deutschland, die hier lebenden Muslime aber schon, ist nicht einmal eine Krücke, sondern ein Stolperstein. Eine Ausrede, die nicht weit führt: Lügen haben kurze Beine! Wenn Muslime zu Deutschland gehören, dann eben auch der Islam, denn nicht-islamische Muslime gibt es nicht. Dass der Islam in Deutschland keine Wurzeln hat, ist doch völlig klar und undiskutabel. Historisch gesehen gehört der Islam ganz gewiss *nicht* zu Deutschland. Aber das ist gar nicht die zu beantwortende Frage, sondern: Was ist mit heute und in Zukunft?! Darf der Islam heute und in Zukunft zu Deutschland gehören? *Darf der Islam das kommende Deutschland prägen?* – So dass, sagen wir mal, in hundert Jahren, ganz klar ist, ja, der Islam gehört zu Deutschland? Welcher Satz soll in Zukunft wahr werden: Der Islam gehört zu Deutschland! Der Islam gehört nicht zu Deutschland!

Ich bin der gebildeten Überzeugung, dass unsere Wertegrundlage – bestehend aus der *Aufklärung*, den *universellen Menschenrechten* und den *Grundrechten* unserer Verfassung – einen ganz klaren Auftrag erteilt und diese Frage längst *kristallklar entschieden* hat. Man muss lediglich zu unseren Werten stehen! Aber das ist vielen leider unbequem.

Der Islam ist *kein* kompliziertes, aber ein *raffiniertes,* aus der Praxis heraus entwickeltes Konzept, dass sich fast von selbst erklärt, wenn man seinem historischen Werdegang folgt. Es kommt den Islamisierern zugute, wenn wir die Unterwerfung nicht verständlich beim Namen nennen, sondern stattdessen das arabische Fremdwort „Islam“ benutzen. „Islam“ heißt „Unterwerfung“. Das Wort „Islam“ klingt für uns aber sehr harmlos, eben wie „is' lahm“. Würden wir stattdessen immer von Unterwerfung sprechen, wenn von Unterwerfung die Rede ist, würde das unseren Verstand ungemein schärfen und jedes Mal aufhorchen lassen, wenn wir eine Unterwerfungs-Forderung vernehmen.

Die Verharmlosung der Unterwerfung beginnt mit dem Gebrauch der Fremdworte, wuchert in unserer Unwissenheit, nährt sich aus dem scheinbar naheliegenden Vergleich mit dem durch ein Vierteljahrtausend Aufklärung zur – ihm möglichen – Mäßigung gezwungenen Christentum und gipfelt in den gezielten Täuschungslügen seiner Protagonisten, den Islamisierern. Dagegen hilft nur eines: Genau hinsehen und verstehen, was geschah und was noch immer geschieht. Los geht's.

1.2 Eine kurze Geschichte der Unterwerfung von den Anfängen bis heute

Etwa im Jahre 570 n. Chr. gebar in der Wüste Arabiens, dort, wo heute das Königreich Saudi-Arabien liegt, eine Frau einen Sohn und gab ihm den Namen Mohammed. Sein Vater gehörte zum arabischen Stamm der Koreisch, war aber schon vor Mohammeds Geburt gestorben. Der Stamm lebte von Schafen und Ziegen und vom Handel. Mohammeds Teil des Stammes wohnte in der Kleinstadt Mekka. Dort befand sich das heidnische Zentralheiligtum aller arabischen Stämme, der Würfel (die Kaaba), wohin sie regelmäßig pilgerten, um ihre zahlreichen Götter zu verehren. Jeder Stamm hatte seine eigenen Gottheiten, ja jedes Wohnhaus hatte einen eigenen Hausgötzen.

In Mekka wurden alle Götter nebeneinander verehrt. Niemand störte sich am Glauben anderer. Es gab auch Juden und Christen und Anhänger Abrahams. Da oft mündlich überliefert wurde, waren allmählich viele Glaubensvarianten entstanden. Sie alle kamen in Mekka miteinander aus. Das Städtchen in der baumlosen Gegend war gewissermaßen multireligiös, multikulturell und über den Karawanenfernhandel weltoffen. Für die Mekkaner war die heilige Stätte im Ort und die rege Pilgerei dorthin ein großer Gewinn. Das Geschäft mit der Religion war ihre bei weitem wichtigste Einnahmequelle.

Der Stamm der Koreisch verehrte viele Götter, sie waren also Polytheisten, im Gegensatz zu den Juden und Christen und den Anhängern Abrahams (Hanufa), die nur an einen einzigen, höchsten Gott glaubten. Sie waren Monotheisten. Die Hanufa sahen sich als die Nachkommen von Abrahams erstem Sohn und als die Bewahrer des wahren Monotheismus. Aber auch die Koreisch sahen sich als die Nachfahren Abrahams an und behaupteten, er selbst hätte mit seinem Sohn die Grundmauern der Kaaba errichtet, damit alle seine Nachfahren dort eine Pilgerstätte hätten und zusammenkämen. Der Hauptgott der Koreisch war jedoch nicht der Gott Abrahams, sondern der heidnische Gott des Mondes. Sie nannten ihn Allah. Die Sichel des aufgehenden Mondes ist bis heute sein Zeichen.

Die arabischen Stämme waren zerstritten, untereinander und mit den jüdischen Stämmen, mit denen sie gemeinsam die arabische Halbinsel bewohnten. Wegen der bedeutenden heiligen Stätte durfte innerhalb Mekkas kein Streit ausgetragen und nicht gekämpft werden. Die Stadt galt als ganzjährige Friedenszone. Draußen im Land, in Arabien, galten vier Monate des Jahres als heilig, in denen nicht gekämpft werden durfte. Zu diesen Zeiten konnten Karawanen wertvolle Frachten ohne bewaffneten Geleitschutz überall hintragen, ohne befürchten zu müssen, überfallen zu werden, weil sich alle an das Friedensgebot hielten. In der kargen Landschaft Arabiens waren Versorgungskarawanen und sichere Geschäfte für alle überlebenswichtig.

Der kleine Mohammed wurde väterlicherseits in eine angesehene Familie und eine reiche Stadt hineingeboren. Gleich nach seiner Geburt wurde er einer Amme mitgegeben, deren Stamm nomadisch in der Wüste lebte. Sie versorgte ihn zwei Jahre lang, vermutlich bis er abgestillt war. Dann kam er zurück zu seiner Familie. Als er 6 Jahre alt war, starb seine Mutter und sein Großvater kümmerte sich um ihn. Sein Opa war ein Familienoberhaupt und hatte das Amt zur Versorgung der Pilger inne, war zuständig für die Bewirtung der Gäste und die Tränkung der Reittiere. Sein Großvater war in der Oasen-Stadt Yathrib geboren und knüpfte überallhin Kontakte, denn er hatte große politische Pläne. Er wollte die Stämme einigen, mit Mekka als Kult-Hauptstadt; starb aber, bevor er sein Ziel erreichen konnte. Mohammed kam nun in die Obhut seines mächtigen Onkels, einem Händler, der sich zeitlebens um ihn kümmerte und ihn stets beschützte.

Als Jüngling jobbte Mohammed beim Schafe hüten. Dass seine Mutter keine ehrbare Frau gewesen war, wurmte ihn. Er wollte etwas erreichen und Ansehen gewinnen. Zum jungen Mann herangewachsen, wurde die vermögende und selbständige Kaufmannswitwe Kadidscha auf ihn aufmerksam, die das Geschäft ihres Mannes, eine Karawanserei und ein Handelsgeschäft in Mekka, weiterbetrieb. Sie stellte Mohammed ein, der in ihrer Firma sozusagen Karriere machte. Er tätigte Handelsgeschäfte und führte Karawanen nach Syrien, das damals christlich war. Er kam viel herum in der arabischen Welt und ward ein durchaus angesehener Mekkaner. Kadidscha machte ihn erst zum Teilhaber und bot ihm um das Jahr 595 herum sogar die Ehe an. Sie heirateten und Mohammed war reich.

Mohammed hatte viele religiöse Geschichten der Juden und Christen gehört und war besonders beeindruckt von Abraham, der den einzig wahren Gott gesucht und gefunden hatte und fortgezogen war, ihn der Welt zu verkünden. Abraham gilt als der Ur- oder Stammvater aller Stämme der Juden, der aus der Stadt Ur im südlichen Mesopotamien, im heutigen Irak, kam. Die Juden sehen sich also als die „Ur-Städter". Gott sprach zu Abraham, der bereits ein alter Mann von 75 Jahren war: „Ziehe in ein Land, dass ich dir zeigen werde. Deine Nachkommen werden zahlreich sein und du wirst ein Segen für alle Völker werden!" Er zog fort und die Geschichte, die Verstreuung (Diaspora) der Juden nahm ihren Anfang. Mehrmals noch versprach Gott ihm viele Nachkommen und großen Landbesitz. Er konnte das gar nicht glauben, war er doch schon so alt und seine Frau kinderlos geblieben. Sie riet ihm deshalb, statt ihrer eine Sklavin zu schwängern. Er tat's und tatsächlich, mit 86 Jahren wurde er zum ersten Mal Vater, seine Sklavin bekam von ihm einen Sohn. Als der junge Vater 99 Jahre alt war, meldete sich Gott erneut und bekräftigte seinen Bund mit ihm, d. h., er bestätigte, seine Versprechen zu halten, verlangte aber im Gegenzug bedingungslosen Gehorsam von Abraham und all seinen Nachkommen bis ins letzte zukünftige Glied; als sichtbares Zeichen dafür müssten sie sich alle beschneiden – die Vorhäute müssten ab! Gott segnete Abraham und prophezeite, dass er der Vater vieler Völker sein werde. Seine Frau würde nun auch selbst noch ein Kind von ihm empfangen, aus dem Völker und Könige hervorgehen würden.

Kurz darauf besuchte Gott in Gestalt dreier Männer Abraham und seine Familie sogar persönlich zuhause, in ihren Zelten. Sie waren ja viehzüchtende Nomaden. Er wollte mit ihnen seinen ewigen Bund aufrichten, mit seinem nun im Entstehen begriffenen, auserwählten Volk. Gott wollte selbst nach dem Rechten sehen und drohte, unbedingt seinen Befehlen zu gehorchen und exerzierte auch gleich ein großes, sichtbares Exempel als immerdauernde Warnung an die ganze Menschheit: Er vernichtete die sündigen Städte Sodom und Gomorra mit höllischem Feuer.

Als Abraham 100 Jahre alt war, gebar ihm seine Frau tatsächlich auch einen Sohn. Gott wollte sicher gehen, dass Abraham wirklich verstanden hatte, er prüfte deshalb viele Jahre später dessen Glaubensgehorsam und verlangte von dem alten Mann, als Zeichen seines ergebenen Gottvertrauens und seiner Gottesfürchtigkeit, seinen jüngeren Sohn ihm zu opfern, als menschliches Schlachtopfer. Abraham tat, wie ihm geheißen, im letzten Moment tauschte Gott jedoch den Sohn gegen ein Opfertier aus, so dass dieses starb – es war ja nur ein Test. Abraham hatte ihn bestanden. Alle seine Nachfahren, das auserwählte Volk, sollte sich für immer ein Beispiel an ihm nehmen können. *So* will Gott seine Gläubigen! Nicht fragen, nicht denken – einfach machen wie Gott es will! Nur so ist's richtig, und wenn du dein Liebstes töten sollst.

Mohammed folgte der Religion seines Stammes, wurde aber unzufrieden und fiel in eine ernste persönliche Lebens-Krise. Inzwischen war er etwa 40 Jahre alt. Er zog sich auf den Berg Hira bei Mekka zurück, um dort in einer Höhle religiös in sich zu gehen. Während er in seiner Einsiedelei schlief, so berichtete er seiner Frau, sei ihm eine Offenbarung widerfahren. Der Erzengel Dschibril (Gabriel) sei zu ihm gekommen, hätte ihn arg bedrängt und ihn aufgefordert, zu rezitieren: „Trag vor im Namen deines Herrn, der erschaffen hat und die Menschen lehrte!" Von nun an fühlte sich Mohammed zum Gesandten Gottes berufen, um den Eingottglauben Abrahams wiederherzustellen.

Zu Abraham und den Seinen kam und sprach Gott angeblich noch persönlich. Den Moses traf Gott nur noch heimlich auf einem Berggipfel, gab ihm aber angeblich handfeste Gesetzestafeln mit auf den Weg als Prophet. Dem Mohammed nun wurde nur noch, von einem Engel, von einer Tafel im Himmel aus vorgelesen. Angeblich. Himmlischer Sprechfunk sozusagen. So offenbarte es der Gesandte Gottes. Als erstes glaubten ihm ein paar Familienmitglieder. Wie manch anderer Zeitgenosse auch, fing er an, vor der heiligen Kaaba zu predigen. Er sei von Allah als Warner geschickt worden!

> „Mir wird nur eingegeben, dass ich ein deutlicher Warner sein solle, nicht mehr." (Koran, Sure 38, Vers 70)

> „Sprich: O ihr *Ungläubigen*, ich diene nicht dem, dem ihr dienet, ... Euch euer Glaube und mir mein Glaube." (Koran, 109: 1-6)

Er rief zur Gottesfurcht auf und gewann einige Anhänger, vor allem unter armen Leuten. Er trat zunehmend selbstbewusster auf. Mehrere Jahre, bis etwa 614, hatte auch niemand etwas dagegen. Seine Offenbarungen trug er singend in Gedichtform vor, damit sie sich besser merken ließen. Gott hätte es ihm so aufgetragen. Ans Aufschreiben des Offenbarten dachte niemand, auch Mohammed nicht. Zwar hatten die Araber das Schreiben von den Juden und Christen gelernt, benutzten es aber nur geschäftlich. Es gab keine arabischen Bücher, nur den Tanach der Juden und die Bibel der Christen, also im wesentlichen das Alte und Neue Testament. Deshalb hießen sie bei den Arabern auch die „Leute des Buches".

Die religiöse Toleranz war geschäftsfördernd, jeder konnte glauben und anbeten, wen und wie es ihm beliebte. Trotzdem gab es natürlich eingefleischte Traditionen. So waren den Arabern ihre Ahnen heilig. Als Mohammed anfing, zu verkünden, seine Religion sei die einzig richtige, stieß das nicht gerade auf Begeisterung bei den Andersgläubigen, aber man lies ihn gewähren. Halb so wild. Doch Mohammed legte nach und behauptete, alle anderen Religionen seien falsch! Er verspottete sie und machte sich über ihre Götter lustig. Jetzt bekam er ersten Gegenwind zu spüren! Er beleidigte nicht nur übel die religiösen Gefühle all derer, die ihn hörten, nein, er gefährdete auch noch die Geschäftsgrundlage des einträglichen Pilgergeschäfts der Mekkaner. Als er dann auch noch behauptete, alle Vorfahren, alle Ahnen, würden bereits in der Hölle brennen müssen, weil sie nicht den wahren Glauben praktiziert hätten, wie er einst zum Propheten Abraham gekommen sei, war das Maß voll. Sie baten ihn eindringlich, damit aufzuhören, so etwas zu verkünden! Er möge doch ihren Glauben nicht schlecht reden und zu seinem alten Glauben zurückkehren!

Aber Mohammed machte weiter und verkündete seine Forderung nach der bedingungslosen und vollständigen Unterwerfung unter den einen höchsten Gott, Allah. Für ihn waren nun der Schöpfer der Welt, des Paradieses, Adams und Evas, der Gott Abrahams, Moses und Jesus – der Gott aller Propheten, der Gott der Juden und der Christen und der Mondgott seines Stammes – ein und derselbe und der einzig wahre Gott: Allah.

Der religiöse Frieden in Mekka war dahin. Die Stadtgemeinde begann sich zu spalten in die Koreisch, die weiterhin ihren Polytheismus praktizierten, und in die noch sehr kleine, aber wachsende Schar der Anhänger Mohammeds, die sich dem Eingott wie verlangt unterworfen hatten. Sie hießen deshalb auch so: „die sich unterworfen haben" – Muslime – Diener, Knechte, Sklaven Allahs. Inzwischen waren auch einige mächtige, einflussreiche Mekkaner darunter. Der Gesandte Gottes beschimpfte weiter seine Stammesangehörigen als dumm und fehlgeleitet. Die anderen Monotheisten, die Juden und Christen, selbst die Hanufa, auf deren Glauben Mohammed sich ja nun bezog, sahen in ihm keinen Propheten, hielten ihn stattdessen für verrückt und wiesen ihn zurück.

Die Koreisch versuchten es im Guten, wollten vernünftig mit ihm reden und seinen Geltungsdrang befriedigen. Sie boten ihm Geld an, die Führung des Stammes sogar, aber Mohammed lehnte ab und predigte weiter gegen sie. Aufgebrachte Mekkaner wollten Mohammed deshalb töten, um seinen Glauben auf diese Weise wieder loszuwerden, der immer mehr Menschen in seinen Bann schlug. Aber sie kamen nicht an ihn heran, sein Onkel schützte ihn. Sie wollten ihn herauskaufen, aber der Onkel schützte seinen Neffen.

Die Atmosphäre in Mekka war vergiftet. Bereits im Jahr 615 hatte Mohammed einen Teil seiner Anhänger sicherheitshalber ins Exil geschickt, ins christliche Aksumitische Reich. Als seine Frau und sein Onkel im gleichen Jahr starben und er wieder eine Witwe geheiratet und sich mit der sechsjährigen Aischa verlobt hatte, musste er an seine eigene Auswanderung denken. Mohammed wurde klar, dass er mit Predigten allein keinen großen Erfolg haben würde, hier nicht und anderswo nicht, und suchte nach militärischen Verbündeten. Er wollte endlich Macht und Einfluss haben für seinen Glauben. Darum kontaktierte er zwei kriegserfahrene Stämme und versprach ihnen ganz Arabien als Belohnung, wenn sie ihm helfen würden, in Mekka die Macht zu übernehmen. Diese lehnten aber ab. Sie unterstützten niemanden, sagten sie, der gegen seinen eigenen Stamm kämpfen wolle.

Einmal jährlich gab es in Mekka ein großes religiöses Volksfest, zu dem die Leute aus ganz Arabien herbeiströmten, eine Wallfahrt. Viele wollten Mohammed predigen hören und einige wurden auch seine Anhänger, sie unterwarfen sich. Darunter waren welche aus Yathrib, der Oasenstadt 400 km nördlich von Mekka, aus der sein Großvater stammte. In Yathrib lebten drei jüdische Stämme, die vor langer Zeit zwei arabischen Stämmen erlaubt hatten, sich am Rande der Oase anzusiedeln, die ebenso wie Mohammeds Stamm als *Flüchtlinge* aus dem Jemen gekommen waren. Nun aber versuchten die beiden Araber-Stämme die Juden zu verdrängen und die ganze Oase zu übernehmen. Darin sah Mohammed seine Chance. Zur Mekka-Wallfahrt organisierte er ein geheimes Treffen mit den neuen Yathriber Muslimen, außerhalb der Stadt auf dem Hügel Aqaba. Dort ließ er sie einen Eid schwören, genannt „Huldigung des Krieges": Sie mussten Mohammed und seinen mekkanischen Muslimen versprechen, sie wie eigene Stammesangehörige zu schützen und bis in den Tod unter seinem Kommando zu kämpfen. Dafür versprach er ihnen Beute und den Einzug ins Paradies. Mohammed wechselte seine Strategie, weg vom bloßen Warner mit Worten hin zum politischen und religiösen Krieger, der die Sache Allahs selbst in die Hand nahm. – Das war die Geburtsstunde des Dschihads, des Dschihadismus. Mohammed wanderte nach Yathrib aus. Mit dieser Auswanderung (Hidschra) im Jahr 622 beginnt auch die islamische Zeitrechnung.

Während seiner Zeit als reiner Prophet in Mekka hatte Mohammed bereits mehr als die Hälfte des Korans verkündet. In diesen mekkanischen Offenbarungen ist wieder und wieder die Rede davon, dass er, Mohammed, der Gesandte Gottes sei. Wer ihm nicht glaubt und nachfolgt, muss zur Strafe ewig in der Hölle braten. Unterwerft euch! Gott hätte zu jedem Volk einen Propheten geschickt, behauptete er, und alle Völker, die nicht auf ihren Propheten gehört hätten, seien zur Strafe von Gott ausgelöscht worden und würden in der Hölle schmoren müssen. Er sei der letzte der Propheten, welche Gott schickte – also die letzte Chance, seine Seele vor der ewigen Höllenqual zu retten und ins ewige Paradies zu gelangen! Mohammed war wohl narzisstisch veranlagt. Es machte ihm gar nichts aus, völlig selbstbewusst Geschichten aus den „heiligen Büchern“ in seinem Sinne zu „offenbaren“, um zu zeigen, wie die Juden ihre Propheten missachtet hätten und daher von Gott bestraft worden seien. Aber alles, was er bis dahin gesagt hatte, war eher religiös, weniger politisch motiviert gewesen und betraf das Verhältnis zwischen Mensch und Gott, weniger das Verhältnis der Menschen untereinander. Das änderte sich nun gewaltig, nein gewalttätig.

Die Koreisch in Mekka hatten von Mohammeds Pakt mit denen aus Yathrib Wind bekommen und befürchteten, er würde von dort mit einer Armee zurückkommen, um Mekka zu erobern. Sie hielten ihn nicht mehr nur für einen besessen eifernden Prediger, sondern für eine handfest gewordene Bedrohung. Es gelang ihnen aber nicht, seiner habhaft zu werden und die Gefahr abzuwenden. Mohammed war offenbar ein bauernschlauer Taktiker, Verschwörer und Organisator.

In der Oase Yathrib angekommen, bauten Mohammed und seine Mohammedaner die erste Moschee, neben der er wohnte. Sie wurde seine Regierungszentrale. Der Prophet schwang sich mit Hilfe seiner Verbündeten zum Streitschlichter auf und wurde politischer, religiöser und militärischer Führer der Stadt. Er entwarf eine Gemeindeordnung, die alle umfasste und lud alle Bewohner, Araber und Juden, ein, sich Allah zu unterwerfen. Er wollte in Yathrib die erste islamische Gemeinde begründen. Mohammed suchte zunächst die Nähe der Juden und machte viele ihrer Rituale, die ihm gefielen, für seine Muslime verbindlich. Er schaute sich die rituelle Reinigung, das Beten, das Fasten und das Verbot, Schweinfleisch zu essen, von den Juden ab. Die Rechtsvorschriften und Verhaltensregeln der Juden heißen „der Weg“, auf hebräisch „Halacha“, auf arabisch „Scharia“. Sogar dic Gebetsrichtung nach Jerusalem übernahm er. Alle Bewohner Yathribs waren vertraglich an Mohammed gebunden, sie waren ihm zum Militärdienst verpflichtet und durften keine Geschäfte mehr mit den Mekkanern machen. Er hoffte, sie würden sich seiner Führung und seinem Glauben gänzlich unterwerfen und alle Muslime werden, aber diese Hoffnung erfüllte sich nicht.

Die Mehrzahl der Juden blieb weiterhin unabhängig und kooperierten und trieben Handel, mit wem sie wollten, sie unterwarfen sich nicht. Obwohl er sich auf Abraham berief, wie sie, und er ihre Propheten und ihre Lebensweise förmlich aufsaugte, akzeptierten sie ihn nur als den Herrscher von Yathrib, nicht aber als ihren neuen Propheten. Denn die gebildeten Juden von Yathrib kannten sich gut aus im Judentum und stellten Mohammed unangenehme Fragen: Sie erkannten nämlich, das seine Offenbarungen nicht korrekt mit ihren Überlieferungen übereinstimmten. Der Prophet verlor die Geduld und wurde wütend. Nachdem er sie in Mekka auch gelobt und Hoffnungen in sie gesetzt hatte und sich hier in Yathrib noch viel von ihnen abgeguckt hatte für seine neue islamische Ordnung, fing er nun an, sie der Lüge zu bezichtigen. Nicht er würde die Unwahrheit sagen, sondern die

Juden und die Christen hätten ihre heiligen Bücher verfälscht! Sie hätten dort herausgestrichen, dass er, Mohammed, ihnen als der kommende Prophet angekündigt worden sei. Sie sollten aufhören zu lügen, ihn endlich anerkennen und sich unterwerfen.

Aber sie wollten einfach ihren Glauben, ihre religiöse „Wahrheit", beibehalten. Der Gesandte Gottes wurde daraufhin zornig und feindselig und offenbarte nun göttliche Hassreden gegen die Schriftbesitzer. Mohammed, also Allah, erklärte sie nicht nur zu Feinden, sondern entmenschlichte sie in Anlehnung an ihre eigenen religiösen Überlieferungen, die Juden seien durch Abirrung vom Glauben wie Affen und Schweine geworden. Mohammed änderte die Gebetsrichtung der Muslime gen Mekka. Schon die Christen nahmen den Juden den Verrat an Jesus übel und diese deshalb in Sippenhaft, Mohammed legte noch eine Schippe drauf: Die Juden seien von jeher ein charakterlich minderwertiges Volk gewesen, das bereits von Moses unmögliche Beweise verlangt hätte, so wie jetzt von ihm, und Gott verleugneten und ihm beigesellten. Von wenigen Ausnahmen abgesehen, würde man mit Juden stets Betrug und Verrat erleben. Die Juden wollten Unheil auf Erden verbreiten und seien von Allah deshalb bestraft und verflucht worden. Muslime dürften sich mit ihnen niemals anfreunden, sondern müssten sie stets bekämpfen.

Seine Offenbarungen inszenierten nun einen gewaltigen Judenhass und pflanzten eine Ausrottungsidee in die Welt. Der Kampf gegen die Juden sei ein endzeitlicher Kampf. Überliefert ist, dass Mohammed sagte: Die letzte Stunde wird erst kommen, wenn die Muslime gegen die Juden kämpfen und sie töten. Die Juden werden sich hinter einem Stein oder Baum verstecken und der Stein oder Baum wird sagen: Oh Muslim! Da ist ein Jude hinter mir, komm und töte ihn! (Hadithe B 4: 52: 177, M 41: 6985) Bevor dies nicht geschehen ist, ist der Auftrag Allahs nicht erfüllt und können die verstorbenen Muslime nicht ins Jüngste Gericht genommen werden und ins Paradies hineingelangen. Sie müssen weiter in ihren Gräbern liegen und warten, bis die noch lebenden Muslime ganze Arbeit auf dem Wege Allahs geleistet haben. Bekehrung oder Tod für die Juden und für alle anderen „Ungläubigen"! Allah selbst mischte sich mit einer Offenbarung ein:

> „O ihr, denen die Schrift gegeben wurde, glaubet an das, was wir herabsandten, bestätigend das, was schon bei euch ist, bevor wir einige der Führer vernichten und sie umlegen auf ihre Rücken oder sie verfluchen, wie wir die Sabbatleute verfluchten. Und Allahs Befehl wird vollzogen werden. (Koran, 4: 47)

> „Wahrlich, schlimmer als das Vieh sind bei Allah jene, die ungläubig sind und nicht glauben werden; es sind jene, mit denen du einen Bund geschlossen hast; dann brechen sie jedesmal ihren Bund, und sie fürchten (Allah)

> nicht. Darum, wenn du sie im Krieg anpackst, erschrecke mit ihnen diejenigen, die hinter ihnen sind, auf dass sie ermahnt seien. Und so du Verräterei von deinem Volke befürchtest, erweise ihm das gleiche. Siehe, Allah liebt nicht die Verräter." (Koran, 8: 55-58)

13 Jahre lang hatte Mohammed in Mekka versucht, die Menschen zum Islam zu überreden, aber sie wollten ihn nicht freiwillig annehmen, sein Stamm nicht, die Araber nicht, die Leute des Buches nicht, die Hanufa nicht, 13 Jahre Predigten und Anfeindungen, und was war im Dienste des Allmächtigen herausgekommen? Etwa 150 Unterworfene (Muslime), die verfolgt wurden und fliehen mussten. Die Menschen wollten einfach ihre selbstbestimmte Freiheit nicht aufgeben. Sie wollten glauben und anbeten und gehorchen, wem sie wollten. Alles drohen mit der Hölle und locken mit dem Paradies allein hatte wenig genützt. Die Menschen hingen zu sehr an ihrem irdischen Dasein, sie wollten jetzt leben, nicht erst im Himmel. Sie nahmen Allah nicht ernst.

Das musste er ändern. Sie sollten ihn, Mohammed, als den letzten Propheten Gottes endlich anerkennen und sich seinem Willen unterwerfen. Dem Willen Allahs oder dem Willen Mohammeds, das lief ja auf dasselbe hinaus. Und der Allmächtige hatte ein Einsehen und schickte Gabriel nun mit solchen Botschaften, die Nachdruck versprachen. Waren sie nicht willig, so brauchte er eben Gewalt! Gabriel gab ihm die dazu nötigen Offenbarungen in die Hand.

> „Denjenigen, die bekämpft werden, ist die Erlaubnis zum Kämpfen erteilt worden, weil ihnen vorher Unrecht geschehen ist. – Gott hat die Macht, ihnen zu helfen." (Koran, 22: 39)

War Mohammed in Mekka nur der Warner Gottes gewesen, so war er von nun an auch der Vollstrecker Gottes. Der Zorn und die Strafe für alle Verweigerer des einzig wahren Glaubens, der Unterwerfung (Islam), nahmen Gestalt an. Hatte er sie nicht lange genug gewarnt, Jahr um Jahr? War sein Ruf nicht längst in alle Winkel Arabiens vorgedrungen? Jetzt würde Gott durch die Hand der Muslime die Prophezeiung endlich wahr werden lassen und seine Allmacht zeigen! Jetzt war Krieg, heiliger Krieg! Schließlich hatte der Gesandte Gottes eine Aufgabe übertragen bekommen, ein Ziel: Alle sollten Muslime werden, alle! Wenn Gott allmächtig ist und er der letzte Prophet, den Gott schicken würde, dann musste es ja jetzt klappen! Im Denken der Muslime wurden nun Menschen, die sich ihrer Unterwerfung verweigerten, zur Gefahr für den Islam. Wer nicht *für* Mohammeds Eingott-Religion ist, der ist schon gegen ihn, ein Feind, gegen den sich die kleine verschworene Gemeinschaft der Muslime, die Umma, mit ihrem so großen göttlichen Auftrag, zum Äußersten entschlossen, sozusagen „verteidigen" muss. Der heilige Krieg ist ein

„Verteidigungskampf“ der „göttlichen Idee“ der Unterwerfung. Jetzt oder nie. Er, Mohammed, der Gesandte und letzte Prophet Allahs, schuf nun Schritt für Schritt eine Eroberungsmaschinerie, um sie alle das Fürchten zu lehren, der ganzen Welt. Tod oder Unterwerfung!

Mohammeds geplanter Krieg gegen Mekka fing mit Raubüberfällen auf ihre Karawanen an, welche die Stadt vom Norden her versorgten und an Yathrib vorbeikommen mussten. Er schickte Stoßtrupps, um sie auszurauben, aber die Mekkaner hatten sich gewappnet und konnten ihre Karawanen verteidigen. Mohammeds Angriffe blieben zunächst erfolglos. Wieder entdeckte sein Stoßtrupp eine Karawane, aber erst um Mitternacht endete der heilige Monat. Sie beschlossen, sie trotzdem anzugreifen.

> „Die Muslime hielten Rat. Sie standen vor einem Dilemma: Wenn sie die Karawane jetzt angriffen, würden sie im heiligen Monat töten. Zum Glück endete der heilige Monat an jenem Tag, und am nächsten Tag bestünde das Tabu des Tötens nicht mehr. Aber das Problem war, dass sie zur Nacht in das heilige Gebiet von Mekka einträte, wo niemals getötet werden darf. Sie zögerten und sprachen, was zu tun sei. Sie beschlossen, vor dem nächsten Tag, so viele wie möglich zu töten und ihre Güter zu nehmen.“ (Sira, I425)

Der Überfall gelang, mit der Beute und zwei Gefangenen kehrten sie zurück. Mohammed war erst sauer, dass sie eigenmächtig und voreilig noch im heiligen Monat angegriffen hatten, aber nun war es geschehen und „Erzengel Gabriel“ brachte ihm die benötigte Rechtfertigung, eine, wie sie weitreichender nicht sein konnte:

> „Sie fragen dich über den Kampf im Heiligen Monat. Sprich: „Dann kämpfen ist bedenklich, aber von Allahs Weg abbringen und ihn und die Heilige Moschee leugnen und ihre Bewohner austreiben, ist noch bedenklicher vor Allah; und Verfolgung ist schlimmer als Totschlag.“ Und sie werden nicht eher aufhören, euch zu bekämpfen, als bis sie euch von eurem Glauben abtrünnig gemacht haben, wenn sie es vermögen. Wer aber unter euch von seinem Glauben abtrünnig wird und als Ungläubiger stirbt – das sind diejenigen, deren Taten wertlos sein werden in dieser und in jener Welt. Sie sind Bewohner des Feuers; darin müssen sie bleiben.“ (Koran, 2: 217)

Mohammed offenbarte das heilige Kriegsrecht des Dschihads. Bisher galt für die Araber nur: Auge um Auge, Zahn um Zahn, Töten für Töten. Nun aber gab es etwas, das noch schlimmer war als Töten: nämlich Mohammed nicht als Propheten anzuerkennen, Muslime zu verfolgen, zu vertreiben oder von ihrem Glauben abbringen zu wollen. Die Unterwerfung unter Allah ist einfach das Wichtigste, wichtiger als alles andere, wichtiger als Friedensregeln oder irgendwelche Kriegsopfer. Was bedeutet schon das irdische Leben, wenn es darum geht, ins Paradies zu gelangen, anstatt in die Hölle kommen zu müssen? Raub und Mord wurden von Allah geheiligt, von jetzt an heiligt der Zweck jedes Mittel! Um der Hölle zu entkommen und in den Himmel aufgenommen zu werden, dürfen Muslime alles. Und sie müssen dazu tun, was Allah von ihnen verlangt. Sie müssen gehorchen.

Mohammed offenbarte zudem die Moral des Dschihads: Muslime sind *immer die Opfer*, und zwar von *religiöser Verfolgung*, die nur deshalb angreifen, um sich vor der Hölle zu schützen und ihren Platz im Paradies zu verteidigen. Von nun an galt für Muslime der totale Krieg gegen alle Feinde des Islams. Der Dschihad wurde zur Lebenspraxis. Angriff im Namen der Verteidigung des eigenen Himmels! Und selbstverständlich der irdischen Macht und der Beute wegen.

Seine Muslime waren durch die Worte Allahs beruhigt und das Raubgut wurde aufgeteilt. Unter arabischen Räuberbanden war es üblich, dass der Anführer ein Viertel der Beute als seinen Anteil erhielt. Mohammed nahm sich nur ein Fünftel, so bestimmte es Allah.

> „Und wisset, was immer ihr (im Kriege) gewinnen möget, es gehört ein Fünftel davon Allah und dem Gesandten und der Verwandtschaft und den Waisen und den Bedürftigen und dem Wanderer, wenn ihr an Allah glaubt und an das, was wir niedersandten zu unserem Diener ... ." (Koran, 8: 41)

Sie ritten wieder aus, um auf der Strecke zwischen Yathrib und Mekka, beim Brunnen Badr, eine große Karawane der Mekkaner aus dem Hinterhalt zu überfallen. Mohammed selbst führte den Raubzug an. Zu ihrer Überraschung kamen die Mekkaner mit einer richtigen Streitmacht von tausend Mann herangeritten, um ihre Karawane vor dem erwarteten Überfall zu schützen. Dumm gelaufen für Mohammeds dreihundert Mann, die nur darauf eingerichtet waren, die Karawane zu überwältigen. Die Karawane konnte sicher nach Mekka weiterziehen. Mohammed setzte alles auf eine Karte und motivierte seine Muslime zum todesmutigen Kampf. Sie könnten sowieso nur gewinnen, entweder das Paradies, indem sie im Kampf als Märtyrer fielen, oder die Schlacht und somit reiche Beute.

> „Einige Pfeile flogen und ein Muslim wurde getötet. Mohammed wandte sich an seine Kampftruppe: „Bei Allah, jeder Mann, der heute im Kampfe fällt, mit Mut und Vorwärtsschreiten ohne Rückzug, wird ins Paradies kommen." Einer seiner Leute, der gerade Datteln aß, sagte: „Du meinst, es gibt nichts zwischen mir und dem Paradies, außer von den Koreisch getötet zu werden?" Er warf die Datteln zur Seite, griff sein Schwert und ging in den Kampf. Sein Wunsch wurde ihm erfüllt." (Sira, I445)

„Einer von Mohammeds Leuten fragte, was Allah erheitert. Mohammed antwortete: „Wenn ein Krieger sich mitten in die Feinde stürzt, ohne Rüstung." Der Mann zog sein Panzerhemd aus, nahm sein Schwert auf, und machte sich fertig zum Angriff (und wurde getötet). (Sira, I445)

Mit Todessehnsucht warfen sich die Muslime in den ungleichen Kampf. Ein Wind kam ihnen zu Hilfe und blies den Mekkanern Sand in die Augen. Ihre selbstmörderische Tapferkeit brachte den Mohammedanern den erhofften Sieg ein.

„Als die Leichen zum Brunnen gezogen wurden, sah einer der Muslime, wie der Körper seines Vaters hineingeworfen wurde. Er sagte: „Mein Vater war ein tugendhafter, kluger, freundlicher und kultivierter Mann. Ich hatte gehofft, er würde Muslim, aber er starb als Ungläubiger. Sein Aufenthalt ist das ewige Höllenfeuer." (Sira, I445)

Mit dem Islam war es nun erlaubt, ja geboten, für die Sache Allahs auch innerhalb der Familie zu töten, Ehrensache, alles für den guten Zweck. Mohammeds Muslime gingen als Räuber in den Kampf und kamen als Kriegshelden wieder heraus. Das war *die* Neuigkeit in Arabien. Der Held der Schlacht wurde Ali, der alleine 36 Mann getötet hatte. Mohammed und Ali wurden berühmt. Erfolg zieht weiteren Erfolg nach sich. Sie hatten sich einen mächtigen Ruf erschaffen und die Zahl von Mohammeds Anhängern wuchs. Der Gesandte Gottes hatte auch begriffen, wie wichtig Märtyrer für ihn waren und warb deshalb wiederholt für den Märtyrertod. Sie würden im Himmel weit besser belohnt werden als gewöhnliche Muslime. Der Himmel habe sieben sehr verschieden hohe Ebenen und die Märtyrer kämen gleich in den allerhöchsten Himmel, sie müssten weder bis zum Jüngsten Tag im Grab liegen bleiben noch Allahs Gericht über sich ergehen lassen. Mit ihrem Märtyrertod wären sie gleich und ganz sicher im höchsten Ziel.

Der Prophet Allahs formte die ultimative Kampftruppe. Er versammelte seine Muslime täglich erst drei, dann vier Mal zum gemeinsamen Gebet in der Moschee, zum Appell, um sie einzuschwören auf Himmel und Hölle. Er sprach zu ihnen und wusch ihnen die Köpfe, spornte sie zur Tapferkeit bis in den Tod an. Unter seiner Führung könnten sie irdischen Reichtum, Sexsklavinnen und den höchsten, siebenten Himmel gewinnen, immer auf dem Wege der Rechtleitung durch Allah selbst. Sie konnten also gar nichts falsch machen, wenn sie gehorchten.

„O Prophet, feuere die Gläubigen zum Kampf an. Sind auch nur zwanzig Standhafte unter euch, sie sollen zweihundert überwinden; und sind hundert unter euch, sie sollen tausend überwinden von denen, die ungläubig sind, weil das ein Volk ist, das nicht versteht." (Koran, 8: 65)

Die Muslime wurden von „Gott" zur religiösen Säuberung der Welt durch ihren „heiligen" Krieg aufgefordert.

Als Aischa 9 Jahre alt war, heiratete Mohammed sie als seine dritte und jüngste Frau. Jeder Muslim durfte vier Ehefrauen gleichzeitig haben und dazu noch Konkubinen und Sklavinnen, soviel er wollte. Soldatenbräute. Die Truppe sollte so schnell wie möglich wachsen. Sexsklavinnen waren eine begehrte Kriegsbeute und stets ein Ansporn für den heiligen Krieg.

Mohammeds Machtposition in Yathrib war gewachsen, er fühlte sich nun stark genug, gegen seine Juden vorzugehen. Was tun mit diesen widerspenstigen Juden? Für Mohammed entstand die „Judenfrage", für die er eine Endlösung suchte. Die Juden in Yathrib waren politisch weitgehend neutral, sie missionierten nicht, sie wirtschafteten und trieben Handel und unterhielten diplomatische Beziehungen auch zu anderen arabischen Stämmen und wollten sich nicht unterwerfen. Kurzum: Sie waren Mohammeds Ziel eines islamischen Gemeinwesens im Weg und mussten weg. Die Banu Qainuqa waren als erste dran. Sie besaßen kein Land, sondern waren Goldschmiede und Händler im Zentrum der Stadt, sie beherrschten sozusagen den Markt. Ein Anlass war schnell gefunden. Eine arabische Frau wurde von Juden beleidigt, daraufhin tötete ein Muslim einen der Juden und umgekehrt wurde der Mörder getötet. Nur einen Monat nach der Schlacht von Badr belagerte Mohammed mit seiner Heldenarmee den Juden-Stamm der Banu Qainuqa und zwang sie, die Oase zu verlassen. Damit war der Markt – sozusagen die Marktwirtschaft in Yathrib – islamisch geworden.

Im Jahr darauf, 625, holten die Mekkaner zum Gegenschlag nach der verlorenen Schlacht von Badr aus. Sie stellten eine Armee von dreitausend Mann auf, unterstützt von befreundeten Stämmen, um ihren Ruf und ihr Sicherheitsgefühl wieder herzustellen und Mohammed eine Lektion zu erteilen. Sie griffen die Muslime in Yathrib an. Es kam zur Schlacht von Uhud, einem Berg vor der Stadt. Diesmal verloren die Muslime und Mohammed wurde verletzt. Die siegreichen Mekkaner hätten den Propheten und seinen Islam nun praktisch vernichten können, aber sie zogen sich wieder zurück. Der Sieg in der Schlacht genügte ihnen.

Die Muslime waren deprimiert. Hatte Allah sich etwa von ihnen abgewandt? Um die Kampfmoral seiner heiligen Krieger nicht weiter absinken zu lassen, verkündete der Prophet Gottes seine Botschaft: Allah stellt uns nur auf eine Probe! Er schickt uns nicht ausschließlich leichte Siege. Er will uns prüfen und sehen, wer ein wahrer Muslim ist und wer nicht. Bedenkt, ihr kämpft nicht nur für den Sieg und für die reiche Beute, sondern um Allahs Willen! Ihr kämpft für die Größe Allahs und für den Islam! Allah sieht es, wenn ihr euch von irdischen Vergnügungen ablenken lasst! Kämpft nicht nur für den Sieg, welchen uns Allah sowieso schenkt, sondern zeigt eure ganze Hingabe, damit er euch mit dem höchsten Paradies belohnen kann!

Der Prophet brauchte dringend einen neuen Sieg und nahm sich den nächsten jüdischen Stamm in Yathrib vor, die Banu Nadir. Sie besaßen Land, eine eigene Sprache mit eigener Schrift und betrieben Landwirtschaft und Handel, waren also viel zu unabhängig für seinen islamischen Staat, den er aufbauen wollte, außerdem fingen sie an, Widerstand gegen ihn zu leisten. Der Gesandte Gottes wusste das, denn er hatte überall seine Spitzel. Er belagerte die befestigte Ansiedlung der Banu Nadir wochenlang. Als seine Muslime schließlich begannen, die Dattelpalmen der Banu Nadir zu zerstören – ein verbotener Frevel in der Wüste – und somit die Ernährungsgrundlage des Stammes zerstörten, ergaben sie sich. Die Juden waren natürlich „selber schuld" an den Maßnahmen gegen sie und kamen selbstverständlich in die Hölle. Sie durften wegziehen und mitnehmen, was ihre 600 Kamele trugen, nur die Waffen mussten sie dalassen. Sie rissen sogar ihre Häuser ein, um die wertvollen Holzbalken abzutransportieren. Der Gesandte Gottes bekam die gesamte Beute zu seinem persönlichen Besitz, da keine Schlacht stattgefunden hatte. Er drohte über eine Offenbarung aller Welt:

> „Er ist es, der diejenigen von dem Volk der Schrift, die ungläubig waren, austrieb aus ihren Heimstätten bei dem ersten Heerbann. Ihr glaubtet nicht, dass sie hinausziehen würden, und sie dachten, dass ihre Burgen sie beschützen würden gegen Allah. Doch Allah kam über sie, von wo sie es nicht erwarteten, und warf Schrecken in ihre Herzen, so dass sie ihre Häuser zerstörten mit ihren eigenen Händen und den Händen der Gläubigen. So zieht eine Lehre daraus, o die ihr Augen habt." (Koran, 59: 2)

Allah selbst habe also die Juden aus Medina vertrieben, die Muslime waren nur seine Werkzeuge. Mohammed machte natürlich weiter mit seiner Kriegspolitik gegen die heilige Pilgerstadt und wurde immer mächtiger. Die Mekkaner kamen deshalb im Jahr 627 mit einer noch größeren Armee, mit noch mehr Verbündeten, zurück, mussten aber nach zwei Wochen unverrichteter Dinge wieder abziehen, weil die Muslime einen großen Graben ausgehoben hatten, den sie nicht überwinden konnten. Ganz Mekka war daraufhin demoralisiert. Bis dahin hatten die Koreisch in Mekka als der mächtigste Stamm in Arabien gegolten.

Die Mohammedaner hingegen hatten wieder Oberwasser und wussten Allah auf ihrer Seite. Nun war der letzte der drei großen jüdischen Stämme Yathribs an der Reihe, die Banu Kuraiza. Auch sie lebten hauptsächlich vom Dattelanbau. Der Erzengel Gabriel forderte Mohammed auf, die Banu Kuraiza anzugreifen. Dem Juden-Stamm wurde vorgeworfen, heimlich mit den belagernden mekkanischen Truppen paktiert zu haben, welche gerade abgezogen waren. Mohammeds Mannschaft belagerte ihre befestigten Wohnstätten.

> „Mohammed rief seine Truppen zusammen und sie zogen gegen die Juden. Mohammed ritt hinauf auf die Befestigungen und rief aus: „Ihr Brüder von Affen, ihr seid bei Allah in Ungnade gefallen, und er bringt seine Rache über euch!““ (Sira, I68)

Da gaben sie auf und baten den Führer der Muslime, wie die Banu Nadir mit ihrer beweglichen Habe fliehen zu dürfen. Mohammed lehnte es ab. Sie baten, nur mit den Kleidern am Leib fliehen zu dürfen. Mohammed lehnte es wieder ab. Er verlangte die bedingungslose Kapitulation von ihnen. Nach 25 Tagen Belagerung kamen sie heraus und wurden gefangengenommen. Ein mit den Banu Kuraiza seit alter Zeit verbündeter arabischer Stamm des Ortes bat den Herrscher, bei der Bestrafung doch bitte Milde walten zu lassen. Mohammed bestimmte einen seiner Anführer, Saed, aus eben jenem Stamm, zum Richter über die gefangenen Juden und ließ nach ihm rufen.

> „Er näherte sich der Moschee auf einem Esel reitend, und Mohammed sagte: „Steh für deinen Führer ein.“ Mohammed sprach weiter: „Saed, sprich diesen Leuten dein Urteil.“ Saed antwortete: „Ihre Soldaten sollen geköpft werden und ihre Frauen und Kinder sollen Sklaven werden.“ Mohammed, erfreut über das Urteil, sprach: „Du hast gewaltet, wie Allah oder ein König es gutheißen würde.““ (Hadith, B5, 58, 148)

Am nächsten Morgen wurden auf dem Marktplatz von den Gefangenen Gräben ausgehoben. Alle Männer bis herunter zu den Jünglingen, deren Schambehaarung zu wachsen begonnen hatte, wurden gruppenweise vorgeführt und enthauptet. Mohammed und seine 12-jährige jüngste Frau saßen daneben und beobachteten das Blutbad, welches den ganzen Tag bis in die Nacht hinein dauerte. 800 Menschen den Kopf abzuschlagen, ist harte Handarbeit. Seither ist es eine islamische Tradition, gefangenen „Ungläubigen“ die Köpfe abzuhauen zur Ehre der Umma und zur Freude Allahs.

Eine der jüdischen Frauen, Raihana, suchte Mohammed gleich für sich selbst zum Vergnügen aus, während unter dem Marktplatz die Leichen ihres Ehemannes, ihres Vaters und all ihrer männlichen Verwandten auskühlten. Doch sie weigerte sich, Muslima zu werden. Die anderen Frauen wurden als Sexsklavinnen verkauft und die Jungen als Muslime erzogen.

> „Der Gesandte Gottes sagte: „Tötet jeden Juden, der in eure Gewalt fällt.“ Nachdem er das gehört hatte, traf Muhayyisa auf einen jüdischen Kaufmann, der ein Geschäftspartner war, und tötete ihn. Muhayyisas Bruder war kein Muslim und fragte, wie Muhayyisa einen Mann töten könne, der sein

> Freund und Partner bei vielen Geschäften gewesen sei. Der Muslim sagte, wenn Mohammed ihn gebeten hätte, seinen Bruder zu töten, hätte er es sofort getan. Sein Bruder sagte „Du meinst, wenn Mohammed befiehlt, mir den Kopf abzuschneiden, dass du es tun würdest?" – „Ja" war die Antwort. Der ältere Bruder sagte dann: „Bei Allah, eine Religion, die dich dazu bringt, das ist großartig." Und er entschied sich auf der Stelle, Muslim zu werden." (Sira, I554)

Mohammed gab seinem neuen, nun ethnisch und religiös gesäuberten, judenreinen, islamischen Stadtstaat auch einen neuen Namen, aus Yathrib wurde Medina. Seine Macht wuchs, niemand traute sich mehr, ihm zu widersprechen. Der Gesandte Allahs teilte die Menschheit ein in „Muslime" und in „Ungläubige", welche es zu unterwerfen galt. Und er teilte die Welt ein in das „Haus des Friedens", wo seine Scharia gilt, und in das Haus des Krieges, wohin sie noch gebracht werden muss. Er stellte ein Killerkommando auf, dass Attentate auf erreichbare Gegner verübte, ob sie nun Stammesführer waren oder nur kritische Poeten. Wer sich auch nur über Mohammed lustig machte, war ein gefährlicher Feind, der sterben musste. Eine alte Frau nannte ihn einen Lügner und rief vierzig ihrer Nachkommen auf, gegen ihn zu kämpfen. Was geschah? Der Prophet, der angeblich gesandt war, Gottes Barmherzigkeit zu verbreiten, schickte sein Killerkommando und lies alle ermorden, bis auf eine schöne Frau, die Mohammed zur Sklavin gegeben wurde. Die alte Frau wurde zwischen zwei Pferde gespannt und lebendig zerrissen.

Seine Mörder leisteten ganze Arbeit und verbreiteten überall Angst und Schrecken – die Basis seiner Terrorherrschaft. Die Menschen sollten Todesangst davor haben, den Islam oder den Propheten auch nur leise zu kritisieren. Wenn die meisten Menschen aus Furcht schwiegen, sah das wie stille Zustimmung aus und eine Gruppendynamik entstand. Kaum einer traute sich mehr, Widerstand zu leisten und wenn doch, wurde er sofort erkannt und konnte gezielt vernichtet werden. Mohammed schaffte die Meinungs- und die Religionsfreiheit gründlich ab. Er hatte den Ur-Faschismus ins Leben gerufen, die Einheit von Volk und Führer, im Auftrag himmlischer Erlösung und irdischer Welteroberung, durchzusetzen mit blutiger Brutalität. Von nun an ging der Islam über Leichen. Die Macht des Islams beruht auf dem blinden Vertrauen in eine mörderische Gewalt, die angeblich gewollt, ja befohlen und beschützt wird vom mächtigsten und einzigsten Gott, Allah, um der Welt die richtige Ordnung beizubringen.

Wie würden die Mekkaner auf ihn reagieren, nun, da er so mächtig geworden war und er sie in der „Grabenschlacht" besiegt hatte? Im Jahr 628 brach er mit über Tausend Anhängern zu einer Pilgerreise auf, um die Kaaba in Mekka zu besuchen. Die Koreisch hielten ihn aber davon ab und zwangen ihm stattdessen einen Friedensvertrag auf: Waffenstillstand – Sicherheit für die Koreisch auf ihren

Handelswegen – Auslieferungsabkommen für nach Medina Geflüchtete – Verzicht auf die diesjährige Pilgerfahrt mit Garantie auf eine Pilgerfahrt im nächsten Jahr. Die Mekkaner suchten die Verhandlungslösung für all ihre Probleme mit Mohammed und seinem räuberischen islamischen Staat und wollten erst mal sehen, ob er sich darauf einließe. Er sollte sich vertragstreu erweisen und dann im nächsten Jahr wiederkommen. Das Pilgerheer musste wieder abziehen.

Seinen Leuten gefiel das nicht, aber den Waffenstillstandsvertrag im Rücken, konnte sich Mohammed in Ruhe einem neuen Beuteopfer zuwenden und militärische Stärke sammeln. Die vertriebenen Juden des Stammes Banu Nadir hatten sich in Chaibar, einer Oase 150 km nördlich, angesiedelt und würden auch dort keine Ruhe finden. Mit 1.700 Mann brach der Prophet Allahs auf, sie und die alteingesessenen Juden dort zu unterwerfen. Die Juden von Chaibar waren reiche Bauern, die in Festungen inmitten ihrer Felder wohnten. Sie bauten Datteln, Wein, Gemüse und Getreide an, züchteten Vieh und stellten Stoffe her. Die Muslime hatten sich unbemerkt an sie herangeschlichen.

> „Wenn Mohammed ein Volk angriff, wartete er immer bis zum Morgen. Wenn er den Ruf zum Gebet hörte, was bedeutete, dass die Leute Muslime waren, griff er nicht an, aber wenn der muslimische Gebetsruf ausblieb, griff er an. Als er mit seiner Armee aufritt, kamen die Feldarbeiter heraus, um auf ihren Feldern zu arbeiten. Als sie Mohammed und seine Armee sahen, flohen sie. Mohammed sagte: „Allahu Akbar! Khaybar wird zerstört. Wenn wir an einem öffentlichen Platz ankommen, ist es ein schlechter Morgen für die, die gewarnt worden sind."" (Sira, I757)

Sechs Wochen dauerte der Kampf. Die Muslime belagerten und stürmten die Festungen einer nach der anderen und töten die Oberhäupter der Juden. Einer von ihnen hatte eine schöne Tochter, Safiyah, sie trat zum Islam über und Mohammed wollte sie zur Frau. Die Muslime hatten alles erbeutet und diktierten den unterworfenen Juden einen Vertrag auf: Sie durften unterwürfig weiterleben und im Stillen sogar ihren Glauben behalten, dafür mussten sie allen Muslimen, die am Kampf beteiligt waren, eine jährliche Kopfsteuer zahlen. Bisher gab es für die Besiegten nur den Islam, den Tod oder die Sklaverei. Nun kam eine neue Form der Unterwerfung hinzu, welche aber nur den „Leuten des Buches", nur Juden und Christen, erlaubt war: Sie wurden Dhimmis. Sie wurden am Leben gelassen gegen Zahlung von Abgaben. Zum Einen, damit sie Zeit hätten, doch noch Muslime zu werden – Geduld war eine von Mohammeds Tugenden – zum Anderen aus ganz praktischen Erwägungen. Die fleißigen Juden und Christen sollten für die muslimischen Landesherren arbeiten. Sie wurden eines Teils ihrer Rechte beraubt und sollten sich stets gedemütigt fühlen, dazu wurden sie regelmäßig gemobbt. Die

Steuern mussten sie persönlich abgeben und sich dabei schlagen lassen. Alles „freiwillig“ per Vertrag mit dem militärischen Sieger.

> „Die Juden von Khaybar waren die ersten Dhimmis von Mohammed. Nachdem das Beste von den Waren den Juden weggenommen war, ließ Mohammed sie leben, um das Land zu bearbeiten. Seine Männer wussten nichts über Landwirtschaft und die Juden waren erfahren darin. So bearbeiteten die Juden das Land und gaben Mohammed die Hälfte ihrer Erträge.“ (Sira, I764)

> „Mohammed wusste, dass ein großer Schatz irgendwo in Khaybar verborgen war. Daher brachte er den Juden vor, von dem er dachte, er wüsste am meisten darüber und befragte ihn. Dieser Jude war Kinana, der Ehemann von Safiyah, Mohammeds neuer Braut. Kinana bestritt jede Kenntnis. Aber ein anderer Jude sagte, er habe ihn bei den alten Ruinen gesehen. Die Suche wurde ausgeführt und ein großer Teil des Schatzes wurde sichergestellt, aber nicht alles. Mohammed forderte einen seiner Männer auf: „Foltere den Juden, bis du herausbekommst, was er hat.“ So wurde der Jude auf den Boden angepflockt und ein kleines Feuer vor seiner Brust gemacht, um ihn zum Reden zu bringen. Der Mann war fast tot, aber wollte nicht sprechen. Daher ließ Mohammed ihn losbinden und zu einem seiner Männer bringen, dessen Bruder im Kampf getötet worden war, und dieser Muslim bekam das Vergnügen, dem gequälten Juden den Kopf abzuschneiden.“ (Sira, I764)

> „Auf dem Rückweg ließ Mohammed eine der muslimischen Frauen, Safiyah, die Jüdin, die er für sein Vergnügen ausgesucht hatte, für die Hochzeitsnacht vorbereiten. In dieser Nacht marschierte einer seiner Männer die ganze Nacht mit seinem Schwert rund um sein Zelt. Am nächsten Morgen fragte Mohammed, was er getan habe, und der Mann antwortete: „Ich hatte Angst um dich wegen der Frau. Du hast ihren Vater, ihren Mann und ihre Sippe umgebracht, daher war ich in Sorge um dich wegen ihrer möglichen Rache“. Mohammed segnete ihn.“ (Sira, I766)

Aus Angst vor Eroberung traten nun viele Stämme zum Islam über und erkannten die Vorherrschaft Medinas an. Mohammed war jetzt einer der mächtigsten, wenn nicht schon der mächtigste, Araber. Die Oase Chaibar wurde zum Vorbild der ganzen islamischen Ökonomie: Mohammed war es egal, ob seine Muslime produktiv waren oder nicht, sie waren die Herrenmenschen und lebten vom Wegnehmen. Allah sorgte für sie. Gewöhnlichen Dieben wurden die Hände abgehackt, aber die ganze islamische Gesellschaftsordnung war auf Diebstahl im großen Stil aufgebaut. Die Kriegsbeute, der Sklavenhandel und die Kopfsteuern der unterworfenen „Ungläubigen“ waren von nun an, jahrhundertelang, die Haupteinnahmequelle der islamischen Herrscher. Seither leben Juden und Christen in ihren eigenen, von den Muslimen eroberten Ländern, im Status unterwürfiger Dhimmis. Sie dürfen ihre Synagogen und Kirchen nicht reparieren. Sie arbeiten für die muslimischen Herren, dienen ihnen als Einnahmequelle auch in Friedenszeiten, als sichere Ergänzung zur Kriegsbeute. Durch Angst und Schrecken wurde eine Geisteshaltung erzeugt, die mit minimalem Aufwand die volle Beherrschung der Masse der eroberten Menschen erlaubte. Diese Unterwerfung war so erfolgreich, dass es keinem einzigen unterjochten Volk in der Geschichte des Islams jemals gelang, sich aus eigener Kraft wieder zu befreien.

Es fiel natürlich auf, dass die neuen, hasserfüllten und kriegerischen Offenbarungen aus Medina den alten aus Mekka manchmal widersprachen. Hatte Gott sich etwa geirrt? Einige seiner Rechtgläubigen stellten dem Propheten deshalb unangenehme Fragen. Allah antwortete ihnen durch den Mund seines Gesandten wie folgt:

> „Was wir auch an Versen aufheben oder in Vergessenheit bringen, wir bringen bessere oder gleiche dafür. Weißt du nicht, dass Allah über alle Dinge Macht hat?“ (Koran, 2: 106)

> „Weißt du nicht, dass die Herrschaft der Himmel und der Erde Allah allein gehört? Und es ist kein Beschützer noch Helfer für euch als Allah.“ (Koran, 2: 107)

So einfach war das. Bis zum Ende der göttlichen Durchsagen wurden 225 mekkanische, religiös orientierte Verse des Korans durch neue, machtpolitische aufgehoben, einfach überschrieben, plump ersetzt. Wenn man das nicht weiß und auch nicht weiß, welche das sind, kann man seinen göttlichen Auftrag vielleicht wohlwollend missverstehen, indem man eine willkürliche Auslese als die ganze Wahrheit, als den angeblichen Islam, präsentiert bekommt oder sich selbst nur das herauspickt, was man gerne glauben will und alles andere ignoriert. Mohammed liebte die Täuschung und war ein Meister darin.

> „Und als die Ungläubigen gegen dich Listen schmiedeten, um dich festzunehmen oder zu töten oder zu vertreiben! Und Listen schmiedeten sie, und Allah schmiedete Listen; und Allah ist der beste der Listenschmiede.“ (Koran, 8: 30)

> „Und sie schmiedeten Listen, und Allah schmiedete Listen; und Allah ist der beste Listenschmied.“ (Koran, 3: 54)

> „Und Listen schmiedeten schon die Früheren; Allahs aber ist die List allzumal. Er weiß, was jede Seele tut, und wahrlich, die Ungläubigen werden schon sehen ... .“ (Koran, 13: 42)

Mohammed war ein Meister der psychologischen Kriegsführung und ermunterte Einzelne, die unter den noch freien Stämmen Arabiens heimlich Muslime geworden waren, sich allgemeines Vertrauen zu erschleichen und Zwietracht zu säen. Teile und herrsche! Später würde er kommen und die Stämme unterwerfen. So war es, er griff an, tötete, zwang sie zum Islam und verkaufte die Frauen als Lustsklavinnen. Macht wirkt anziehend, immer mehr Menschen schlossen sich ihm freiwillig an, um selber Kriegsbeute zu machen und auf der Gewinnerseite zu stehen.

Im Jahr darauf (629) pilgerte der Gesandte Gottes wie vereinbart mit zweitausend Muslimen gen Mekka zur Kaaba. Die Mekkaner hatten ihre Stadt für drei Tage verlassen, um Zwischenfälle in der heiligen Zone zu vermeiden. Einige der Koreisch, darunter auch wichtige Militärs, traten zum Islam über, sie kollaborierten, weil sie sahen, wer hier bald das Sagen haben würde.

Mohammed scherte sich nicht um den Friedensvertrag und marschierte im Januar 630 mit seiner angewachsenen und gut organisierten Armee in Mekka ein. Er zerbrach dabei das Friedensgebot in der heiligen Stadt und im heiligen Bezirk. Nichts war mehr heilig außer seinem Gesetz, seinem Wort. Er versprach allen, die ihn nicht bekämpfen würden, Amnesty. Es kam nur zu kleinen Kämpfen, weil die meisten flüchteten. Zwei bis drei Wochen lang zerstörten er und seine fanatischen Mannen sämtliche öffentlichen und privaten Götterstatuen. Er führte einen Kampf gegen Götzen. Wer seine Herrschaft jedoch nicht anerkennen wollte, den ließ er töten. Auch einen unbewaffneten Mann, der sich bis ins Innere der Kaaba geflüchtet hatte. Seine Armee nahm die Umgebung Mekkas und die Nachbarstadt ein, zerstörte dort die Heiligtümer und forderte die Beduinenstämme auf, islamisch zu werden.

Im Sommer des gleichen Jahres, nachdem er den Süden unter seine Kontrolle gebracht hatte, plante Mohammed einen großen Feldzug nach Nordarabien. Wegen des äußerst heißen Sommers und dem zu erwartenden starken Gegner wollten viele der Muslime nicht an dem großen Feldzug teilnehmen. Normalerweise hielt er seine Kriegsziele geheim, doch diesmal musste er Werbung machen, er brauchte Kriegspropaganda. Er beschwor einen mächtigen äußeren Feind, das christliche Oströmische Reich. Der Gesandte Allahs wollte nach Tabuk bis an die Grenze des Byzantinischen Reiches. Angeblich hätten die christlichen Byzantiner und ihre verbündeten arabischen Stämme dort ein großes Herr zusammengezogen. Nach den Arabern und den Juden nahm er nun die Christen verstärkt in Angriff. Der verlässliche Erzengel Gabriel brachte ihm die himmlische Offenbarung für sein Kriegsziel:

> „Kämpfet wider diejenigen aus dem Volk der Schrift, die nicht an Allah und an den jüngsten Tag glauben und die nicht als verboten erachten, was Allah und sein Gesandter als verboten erklärt haben, und die nicht dem wahren Bekenntnis folgen, bis sie aus freien Stücken den Tribut entrichten und ihre Unterwerfung anerkennen." (Koran, 9: 29)

Eine Kriegserklärung an die vor allem christliche Außenwelt. Sie sollten zu Dhimmis gemacht werden. Der Prophet gab die Richtung der islamischen Expansion vor, denn seine Eroberungsmaschinerie brauchte stets neue Nahrung, Nachschub an Waren, Kopfsteuern und Sklaven. Mit 30.000 Dschihadisten zog Mohammed los. Auf ihrem Weg nach Tabuk gründeten sie 18 neue Moscheen und nahmen das Land für den Islam in Besitz. Dort angekommen, zogen sie wochenlang umher, aber der Feind zeigte sich nicht. Es gab gar keinen. Die gewaltige Truppe heiliger Krieger machte mächtigen Eindruck in der Region, viele Stämme im Norden unterwarfen sich dem Islam, andere, vor allem Juden und Christen, wurden zu Dhimmis.

Die Eroberung der „Ungläubigen" ist das politische Kernziel des Islams. Mohammed kämpfte dafür mit Wort, Herz und Hand. Mehr als die Hälfte seiner göttlichen Offenbarungen handeln vom Umgang mit den „Kuffar", den „Ungläubigen". Mohammed war gierig nach Macht und Anerkennung und sorgte dafür mit dem Schwert, das Schlachtfeld wurde sein Zuhause; allein in seinen letzten acht Lebensjahren führte er über 80 Kriege, fast die Hälfte davon gegen jüdische Stämme, die sich nicht unterwerfen wollten.

Wieder einmal in seine Hauptstadt Medina zurückgekehrt und vielleicht auch ermüdet, gab der Prophet die Leitung der Feldzüge in die Hand seiner ranghöchsten Gefährten ab und blieb selbst zuhause. Mohammed war jetzt der König von Arabien, er hatte erreicht, wovon schon sein Großvater träumte: Alle Stämme zu einigen in einem Großreich Arabien. Er schickte seit einiger Zeit Briefe an die benachbarten Herrscher, an die Kaiser von Persien und Byzanz, und forderte sie alle auf, den Islam anzunehmen oder die Folgen zu tragen. Zur jährlichen Wallfahrt in Mekka im Jahr 632 legte er noch die islamischen Wallfahrtszeremonien fest und offenbarte den Abschluss seines Korans:

> „Heute habe ich euch eure Religion vervollständigt und meine Gnade an euch vollendet, und ich bin damit zufrieden, dass ihr den Islam als Religion habt." (Koran, 5: 3)

Seinen Herrschersitz beließ er in Medina. Und wie das so ist mit Tyrannen, sie sterben für gewöhnlich bald einen unnatürlichen Tod. Kaum drei Monate später bekam Mohammed Fieber und fühlte sich durch Hammelfleisch vergiftet. Er starb im Juni des Jahres 632. Manch einer konnte kaum glauben, dass er tot war oder erwartete seine Wiederkehr. Der Islam starb nicht mit ihm. Aber viele unterworfene Stämme fühlten sich befreit und kehrten zu ihrem alten Glauben zurück, andere verweigerten die Zahlungen. Im Süden und Osten Arabiens traten Gegenpropheten in Erscheinung, die es ihm gleichtun wollten.

Unter den führenden Muslimen entbrannte ein Streit, wer sein Nachfolger werden durfte. Mohammed hatte zwar ein Dutzend Ehefrauen – Gott hatte ihm per Offenbarung mehr genehmigt als den gewöhnlichen Muslimen – aber keinen männlichen Erben. Er hatte mit seiner ersten Frau sechs Kinder und einen Adoptivsohn. Ein siebentes Kind hatte er mit seiner christlichen Sklavin Maria. Fast alle seine Kinder starben früh und auch nur zwei seiner Enkel wurden erwachsen.

Als erster „Nachfolger des Gesandten Gottes“, aus diesem Namen entstand der Titel „Kalif“, setzte sich sein Schwiegervater Abu Bakr (573 - 634) durch. Er begann sofort, die vom Islam abfallenden Stämme wieder mit Krieg zu überziehen und erneut zu unterwerfen. Getreu der geoffenbarten Anweisung:

> „Oh die ihr glaubt, gehorcht Allah und gehorcht dem Gesandten und den Befehlshabern unter euch! ...“ (Koran, 4: 59)

Abu Bakr ließ alle bestätigten Aussagen des Propheten sammeln und die Offenbarungen zum ersten Koran-Kodex zusammenstellen, damit sie nicht verloren gingen, verfälscht oder verwechselt werden könnten, neben Mohammeds sonstigen, für die Islampraxis und die Ausdeutung der Offenbarungen genauso wichtigen Aussagen. Es galt, Mohammed zu folgen, denn seine Offenbarungen (der Koran) und seine rechten Auslegungen (die Sunna des Propheten) seien von Allah autorisiert.

> „Siehe, uns liegt seine Sammlung und Verlesung ob. Drum, wenn wir ihn verlesen, so folge seiner Verlesung; alsdann liegt uns seine Erklärung ob.“ (Koran 75: 17-19)

Der Kalif suchte für sein Handeln die Begründungen stets in den Worten des Gesandten. *Der Prophet Mohammed gilt allen Muslimen als der perfekte Mensch, weil er sozusagen von Gott selbst rechtgeleitet wurde. Er ist also der rechtgeleitetste aller rechtgeleiteten Muslime, ihr perfektes Vorbild. Was Mohammed befahl, tat, guthieß oder erlaubte, ist deshalb für alle Zeiten richtig, ist halal. Was er verbot und tadelte oder unterließ, ist verboten, ist haram. Muslime orientieren sich am gesamten Leben von Mohammed. Er ist das Vorbild. Er ist die Anleitung zum richtigen Muslimsein. Mohammed ist der Islam, Muslime sind Mohammedaner.*

Nach zwei Jahren starb der erste Kalif und ein anderer Schwiegervater des Propheten, Omar (592 - 644), wurde zum zweiten Kalifen gewählt. Das islamische Reich auf der arabischen Halbinsel war konsolidiert, nun ging es um dessen Vergrößerung, um die islamische Expansion. Die beiden nördlichen, selbstbewussten Großreiche, Ostrom und Persien, waren durch Kriege gegeneinander völlig erschöpft und nahmen die islamische Gefahr aus dem Süden nicht ernst. Die Invasion der todesverachtenden Krieger gelang, die einfallenden Muslime errangen Stück um Stück. Omar eroberte 635 das bis dahin christliche Damaskus, im darauffolgenden Jahr Teile von Persien, 637 das christliche Jerusalem und Teile Großsyriens. Palästina und Syrien, die zu Byzanz gehörten, wurden nun islamisiert, noch im gleichen Jahr das Zweistromland (Irak) und 641 Ägypten. Persien (Iran) und Aserbaidschan fielen 643 unter das Kalifat. Dann war auch Omars Herrschaftszeit abgelaufen, er wurde 644 ermordet und der dritte Kalif gewählt, Mohammeds Schwiegersohn Uthman (574 - 656). Uthmans Dschihadisten holten 647 Lybien ins Kalifen-Reich. Die Krieger aus der Wüste stachen nun auch in See und machten sich das Mittelmeer untertan. In einer Seeschlacht besiegten sie 651 das schrumpfende Oströmische Reich. Das Mittelmeer war in ihrer Hand.

Der Kalif Uthman lies den Koran noch einmal neu zusammenstellen, jeder Vers musste von zwei noch lebenden Ohrenzeugen Mohammeds bestätigt werden. Alle anderen Umlauf-Varianten ließ er einsammeln und verbrennen, um nur die offiziell gültige Fassung zu verbreiten, die bis heute abschließende und maßgebliche Zusammenstellung. Im Reich des Kalifen bahnten sich harte Machtkämpfe an. 656 wurde Uthman ermordet und ein neuer Kalif gewählt. Mohammeds Cousin und Schwiegersohn Ali, den Mohammed wahrscheinlich als seinen Nachfolger angedacht hatte, kam nun endlich an die Macht. Aber Mohammeds Frau Aischa und die Familie Uthmans und andere Clans verweigerten ihm die Gefolgschaft. Es kam zum innerislamischen Krieg um die Herrschaft. Ausgerechnet unter Ali als viertem Kalifen spaltete sich die Umma über die Frage, wem denn nun tatsächlich Gehorsam zu leisten sei. Ali wurde 661 ermordet. Aus der Schiat Ali (Partei Alis) wurden die Schiiten. Die Mehrheits-Muslime oder Sunniten behielten aber die Macht. Die Erb-Dynastie der sunnitischen Umayyaden begann, die von den Schiiten nicht anerkannt wurde. Die Sunniten hätten den Koran verfälscht, hieß es, Mohammed hätte seine Familie und somit Ali als Nachfolger vorgesehen gehabt. Die Sunniten hätten das herausgestrichen. Die Schiiten erkennen deshalb die ersten drei Kalifen nicht an. Den Sunniten hingegen reicht es aus, dass der Nachfolger aus Mohammeds Stamm kommt, den Koreisch, nur soviel Blutsverwandtschaft muss sein. Aus dieser ursprünglich politischen Spaltung wurde allmählich auch eine religiös ausgestaltete, um sich voneinander abzugrenzen.

Die Umayyaden verlegten die Hauptstadt von Medina nach Damaskus und setzten die Eroberungsfeldzüge fort, im Osten griffen sie weiter Europa an und belagerten 678 erstmals die Hauptstadt des Oströmischen Reiches, Konstantinopel, im Westen kam mit Algerien (699) und Marokko (705) ganz Nordafrika unter ihre Herrschaft. Nachdem der islamische Angriff auf das große Beuteziel Europa im Osten 678 gescheitert war, versuchten sie es von Westen her und setzten 711 mit 12.000 Kriegern über die Meerenge von Gibraltar über. Binnen 20 Jahren eroberten sie den größten Teil der iberischen Halbinsel (Spanien und Portugal). Das riesige Umayyadenreich erstreckte sich nun von Andalusien bis zur chinesischen Grenze. Das Großkalifat hatte seine historisch maximale Ausdehnung erreicht. Aber die islamischen Herrscher wollten noch mehr, das ganze Europa.

Schon ab 713 drangen sie über die Pyrenäen. Die islamische Südarmee eroberte und verwüstete mit 18.000 Kämpfern Südfrankreich, 725 fiel Lyon. Die islamische Nordarmee zerstörte 731 Bordeaux und eroberte 732 Poitiers. Immer wieder kamen die Muslime über die Pyrenäen und erbeuteten so ganz Süd- und Westfrankreich. Sie ermordeten alle Einwohner der Städte Narbonne (719), Arles (731) und Bordeaux (732) und ersetzen sie durch Muslime. Der Ruf nach einem geballten Widerstand des Frankenreiches wurde laut. Karl Martell, später genannt „der Hammer“, der Großvater Karls des Großen, machte sich 732 mit einem Aufgebot aus dem ganzen Frankenreich, mit 30.000 fränkischen, sächsischen und langobardischen Kriegern, auf den Weg und stoppte bei Tours und Poitiers den Vormarsch von 20.000 bewaffneten Arabern in Richtung des fränkischen Nationalheiligtums in Tours (dem Dom des heiligen Martins) und schlug sie in die Flucht. Die Muslime zogen sich hinter die Pyrenäen nach Spanien zurück. Fünf Jahre später wagte sich erneut ein arabisch-muslimisches Heer nach Frankreich und wieder wurde es zurückgeschlagen. 739 befreite Karl Martell die Stadt Avignon. Weil er die Beute- und Eroberungszüge der Muslime nach Mitteleuropa stoppte, kürte ihn die Geschichtsschreibung zum Retter des Frankenreiches. Das Wirken Karls und seiner Nachfahren, der Karolinger, stabilisierte das Fränkische Reich gegen seine Feinde in Ost und West. Aus dem Fränkischen Reich gingen später, nach der Erbteilung 835, Frankreich und Deutschland hervor.

Im Jahr 718 versuchten die Muslime im Osten zum zweiten Mal, die Hauptstadt des byzantinischen Reiches zu erobern. Aber auch diesmal mussten sie die Belagerung Konstantinopels wieder aufgeben. Das Reich war noch stark genug, die islamische Invasion zu stoppen.

Um 750 begannen sich die Randgebiete aus dem mohammedanischen Zentralreich zu lösen. Den aus Mekka stammenden, herrschenden Umayyaden wurde die Bevorzugung der Araber vorgeworfen und auch, zu weltlich geworden zu sein. Persische und andere Muslime drängten an die Macht. Innerhalb des Großkalifats kam es deshalb 750 zu einer Revolution, die Umayyaden wurden ermordet und durch eine zweite Kalifen-Dynastie ersetzt, benannt nach einem Onkel Mohammeds; die Abbasiden. Mit dem Ende der von Spanien bis Indien reichenden Umayyaden-Dynastie war die politische Einheit der islamisierten Welt endgültig Geschichte und teilte sich in ein Dutzend konkurrierender Reiche auf. Die Abbasiden gründeten 762 im Zweistromland die Stadt Bagdad und verlegten ihre Hauptstadt dorthin. In Bagdad lebte zuletzt auch der Schreiber Ibn Ishaq (704 - 768), der im Auftrag des Kalifen eine Mohammed-Biographie herausgegeben hatte, die „Sira Rasul Allah" („Geschichte des Propheten Allahs"), kurz die „Sira". Die Offenbarungen, die Verse des Korans, nehmen immer Bezug zu konkreten Ereignissen im Leben Mohammeds, weshalb der Koran nur vor diesen geschichtlichen Hintergründen im Detail zu verstehen ist. Der Schlüssel zu ihrem Verständnis ist deshalb die Biographie des Propheten.

Im Jahr 827 gewannen die Muslime Sizilien und Teile Süditaliens für sich und konnten sich dort bis ins 11. Jahrhundert halten. Um diese Zeit (830) übernahmen die Abbasiden verstärkt das wissenschaftliche Erbe der griechischen Antike, daraus entwickelte sich vom 9. bis zum 11. Jahrhundert eine rationalistische Theologie (die Mutazila-Bewegung), die sich aber nicht durchsetzen konnte. Dieser europäisierte Deform-Islam brachte rationale Argumente zum Tragen und vertrat die Willensfreiheit des Menschen – natürlich scheiterte er am wahren Islam. Doch der Islam wurde merklich verdünnt und kulturell angereichert durch die vielen unterworfenen Christen, Juden und Zoroastrier, welche die Mehrheit sowie den gebildeteren und produktiveren Teil der Bevölkerung stellten und zum Teil nur konvertierten, um im islamischen Staat Karriere machen zu können. Daraus ging die sogenannte „Blütezeit des Islams" hervor, genau dann, als er durch Überdehnung und Infiltration mit europäischem Geist am schwächsten war. Die Blüte hatte fremde Wurzeln. Der Islam schmückt sich bis heute mit solchen fremden Federn.

Immer dann, wenn große Teile der islamischen Welt in eine Krise gleich welcher Art gerieten, suchten die Muslime Zuflucht beim wahren Islam Mohammeds, wurden sie wieder strenggläubiger, bekehrten sie sich zum Islamismus, in der Zuversicht, damit jedwedes „Unheil" wieder abwenden zu können. Damals wie heute.

Die muslimischen Araber und Berber setzten sich im Jahr 888 in Fraxinetum an der südfranzösischen Mittelmeerküste fest, um von dort aus Holz und Sklaven zu erbeuten und zu verschiffen. 939 eroberten sie Genf und beherrschten bis 960 weite Teile des Südens und Westens der Schweiz, bis sie 975 aus Fraxinetum vertrieben wurden. Viel ist geschehen, was wir heute verdrängt haben, weil wir es vergessen wollten. Über Jahrhunderte waren Muslime an nahezu allen europäischen Küsten, bis hoch nach England, als Piraten und Sklavenjäger unterwegs. Ganze Landstriche wurden überfallen, ganze Küstenabschnitte mussten wegen der afrikanischen Gefahr geräumt werden. Über 1 Million Europäer wurden entführt und in Nordafrika und Kleinasien als Sklaven verkauft. Wer meint, dies alles sei schrecklich lange her, der irrt sich. Erst 1830 beendeten die Franzosen mit ihrem Einmarsch in Algerien diese Praxis! Weiße, blauäugige Sklavinnen waren stets die begehrtesten in der islamischen Welt.

Schon damals, im 9. Jahrhundert, wanderten islamisierte Steppenvölker nach Südosteuropa (Ungarn, Bulgarien, Rumänien) ein. Ab dem 10. Jahrhundert gelangte der Islam durch arabische Kaufleute bis nach Indonesien, zweihundert Jahre später nahmen die Herrscher dort den Islam an. Ab dem 11. Jahrhundert fielen die Türken in Anatolien (heute Türkei) ein. Die Reste des immer kleiner werdenden Oströmischen Reiches gerieten in arge Bedrängnis. Der byzantinische Kaiser bat deshalb den Pabst um Hilfe bei der Verteidigung des Christentums im Osten. Und der Pabst sah ein, dass etwas getan werden musste. Ermutigt von den ersten Erfolgen bei der Rückeroberung Spaniens im Westen des Abendlandes und beeindruckt von der Kampfmoral der mohammedanischen heiligen Krieger, rief der Pabst 1095 zum ersten Kreuzzug der Christen auf. Die Levante einschließlich Jerusalem wurden tatsächlich zurückerobert. Von 1099 bis 1291 existierten die christlichen Kreuzfahrerstaaten in der Levante (Syrien-Palästina).

Ab dem 13. Jahrhundert stießen zentralasiatische turkstämmige Nomaden (Mongolen, Osmanen) wiederholt nach Westen, nach Europa und nach Arabien, vor. Sie verwüsteten nicht nur Teile Europas, sondern auch des Großkalifats, 1258 eroberten die Mongolen Bagdad. Bald schon nahmen sie selbst den Islam an, denn diese führerstrenge Politreligion für nomadische Raubkrieger war ganz nach ihrem Geschmack, einfach zweckdienlich. Ab 1287 waren die angreifenden Mongolen islamisch.

> „Wenn Muslime mit der Geschichte des eigenen Zerfalls konfrontiert werden, behaupten sie oft, die christlichen Eroberer seien daran schuld. In den Geschichtsbüchern findet man kaum ein Wort über den Überfall der Mongolen und die totale Zerstörung Bagdads. Dabei haben vor allem sie die Wissenskultur der Araber massiv und nachhaltig zerstört. Die zentralasiatischen Eroberer entfernten im Jahr 1258 alle Bücher aus den Bibliotheken von Bagdad und warfen sie in den Eufrat. Denker und Wissenschaftler wurden hingerichtet, Handwerker nach Zentralasien verschleppt. Doch in der Schule lernen die jungen Araber mehr über die bösen Kreuzritter und den Kampf um Jerusalem. Das liegt daran, dass die Mongolen später zum Islam übertraten und man ihre Eroberungskriege nun sozusagen rückwirkend mit einem neuen Etikett versehen konnte. Im Namen des Dschihad und der Ausbreitung des Islam. Auch dass die Mongolen heute keinem Weltreich vorstehen, mag hier von Vorteil sein.
>
> Dagegen gelten die heutigen Europäer als die Nachfahren der Kreuzritter, als Glieder einer langen Kette von Feindseligkeiten des Westens ge-

genüber den Muslimen. ... Doch zwischen dem letzten Kreuzzug im 13. Jahrhundert und Napoleons Ägypten-Feldzug 1798 liegen genau 507 Jahre, in denen der Westen die islamische Welt kaum an einer Entfaltung gehindert hat. Was hat die islamische Welt in dieser Zeit getan? Was führte in dieser langen Phase zu dieser eklatanten Stagnation des Wissens?"

Hamed Abdel-Samad (geboren 1972), deutsch-ägyptischer Politikwissenschaftler, Islamkritiker und Autor, 2015

Unter der Herrschaft der islamischen Mongolen nahmen weitere zentralasiatische Steppennomaden von Kleinasien Besitz, welches bis dahin von christlichen Europäern (Griechen und Armeniern) besiedelt war und begründeten ein neues Reich, die Osmanen-Herrschaft (Türkei). Das christliche Byzantinische Reich wurde schrittweise vom islamischen Osmanischen Reich (1299 - 1922) aus Kleinasien verdrängt und auch der Balkan wurde von den Muslimen unterworfen: 1389 Serbien, 1396 Bulgarien, Rumänien und Mazedonien. Im Jahr 1453 war es dann soweit, die bereits vom osmanischen Territorium zur Insellage umzingelte byzantinische Hauptstadt Konstantinopel wurde niedergerungen und zur neuen Hauptstadt des Osmanischen Reiches erklärt: Istanbul. Damit erlosch das Oströmische Reich (395 - 1453). Der Sultan nahm zusätzlich den Titel „Kaiser der Römer" an. Die nächsten Ziele waren (und sind bis heute) Wien und Rom, das alte Weströmische Reich, seinerzeit Heiliges Römisches Reich Deutscher Nation (und heute Europäische Union). Auf dem Weg dorthin fielen 1460 Griechenland, 1463 Bosnien, 1478 Albanien, 1498 Montenegro und 1525 Ungarn unter die osmanische Herrschaft. Die europäischen Besitzungen auf dem Balkan waren die ertragreichsten, wohlhabendsten und fortschrittlichsten des ganzen islamischen Osmanischen Reiches.

Der damalige osmanische Sultan und „Kaiser der Römer" bekam den Beinamen „Fatih" („Der Eroberer"). Allein in Deutschland stehen heute schon über 120 Moscheen, die nach ihm benannt sind. Warum wohl heißen sie „Eroberer-Moschee"? Die Botschaft ist völlig klar. Warum wohl will Erdogans Türkei stur weiter der EU „beitreten", obwohl sie sich vom europäischen Geist rasant wegentwickelt und wichtigste Kriterien der EU nicht erfüllt?

Im Westen, auf der Iberischen Halbinsel, gelang bis 1492 die vollständige Rückeroberung und Deislamisierung durch die dortigen christlich-europäischen Reiche. Nach über 700 Jahren waren Spanien und Portugal wieder islamfrei.

1517 eroberten die Osmanen Kairo und übernahmen die Abbasiden-Dynastie. Die Osmanen waren nun die Führungsmacht in der islamischen Welt und belagerten 1529 erstmals Wien. Es ging ihnen keineswegs nur um die Stadt. Die Osmanen nannten Wien den „Goldenen Apfel" und das „Tor nach Westeuropa". Deutsche, unterstützt von Spaniern, verteidigten mit der Kaiserstadt Wien das ganze Heilige Römische Reich Deutscher Nation. Die ca. 17.000 Soldaten in der Stadt wehrten eine Übermacht von ca. 97.000 belagernden muslimischen Soldaten ab. Zum Tross der osmanischen Eroberungsarmee gehörten 22.000 Kamele als Lasttiere, mit 300 Kanonen beschossen die Angreifer die Stadtmauern Wiens, konnten aber keine der Breschen erstürmen, die von den Europäern eisern verteidigt wurden. Die Osmanen begannen Tunnel unter die Stadtmauer zu graben. Tiroler Bergleute gruben ihnen von Wien aus entgegen. Es gelang, die Türken unterirdisch und oberirdisch erfolgreich abzuwehren. Die Versorgung der türkischen Armee brach zusammen und sie zogen sich plündernd und mordend zurück. Aber schon drei Jahre später kamen sie wieder und wollten es erneut versuchen, wurden jedoch von deutschen, spanischen, italienischen und niederländischen Verteidigungstruppen erwartet und erneut zurückgeworfen. Anderthalb Jahrhunderte später, im Jahr 1683, wurde Wien abermals von den Osmanen belagert. Wieder kam es zum Krieg auch unter der Erde. Deutsch-polnische Truppen unter dem Befehl des polnischen Königs retteten auch diesmal das Abendland vor der vollständigen Eroberung durch die Muslime. Im Anschluss begann der allmähliche Niedergang des Osmanischen Reiches.

Die Aufklärung und die Wissenschaften ermöglichten den Europäern eine enorme wirtschaftliche, politische und militärische Dominanz zu erlangen und ermächtigten die Europäer nicht nur, die islamische Expansion zu stoppen und umzukehren, sondern im 19. und 20. Jahrhundert fast die ganze Welt zu erobern und in Kolonialgebiete aufzuteilen. Ziemlich kleine europäische Staaten, wie Portugal und die Niederlande, beherrschten riesige Landgebiete in Übersee. Auch die islamischen Länder wurden überrannt. Die scheinbar plötzliche Stärke Europas als schier übermächtiger Welthegemon erschütterte den islamischen Kulturkreis wie nie zuvor. Die unerwartete, haushohe Überlegenheit der europäischen Kultur war ein Schock nicht nur für China, sondern auch für die islamische Welt, weil beide Kulturkreise sich seit je her für den Gipfel der Zivilisation hielten. Zu Unrecht, wie sie nun schmerzlich erkennen mussten. Im 19. Jahrhundert wurde der Balkan wieder befreit, ein Teil der Bevölkerung dort blieb jedoch muslimisch. Mitte des 19. Jahrhunderts fielen die türkischen Dhimmi-Gesetze. Nach dem Ende des Ersten Weltkrieges erlosch die Führungsmacht der islamischen Welt, das Osmanische Reich.

Die islamische Welt war auf einmal gezwungen, sich mit der westlichen Moderne auseinandersetzen. Die europäischen Kolonialmächte erzwangen nämlich das Ende der islamischen Sklaverei, des Dhimmitums und der Neueroberungen, also der Grundlagen der islamischen Ausbeutungs-Ökonomie. Als Ersatz kamen den Muslimen die reichen Erdölvorkommen in Arabien sehr gelegen. Seit dem verkaufen sie ihr Erdöl an den europäischen Westen und die ganze Welt, die dafür nicht nur Verwendung hat, sondern dringend darauf angewiesen ist. So wächst den ölreichen islamischen Ländern eine gewisse weltpolitische Macht zu, die nicht ihrer eigenen Kultur entspringt, sondern von der Moderne mit Öl erkauft ist. Die Muslime fühlen sich als „Opfer" dieser „ungläubigen" Moderne, welche ihnen ihre große Rückständigkeit bewusst macht und ihren völlig überzogenen, grundlosen, eingebildeten arabisch-islamischen Stolz kränkt. Die islamische Welt verfiel seither in ihre größte, schier endzeitliche Krise.

1928 nahm deshalb mit der Gründung der Muslimbruderschaft in Ägypten die aktuelle islamische Gegenbewegung ihren Anfang, nicht nur gegen die Modernisierung Arabiens, nicht nur mit dem Ziel der Re-Islamisierung der islamischen Länder, sondern mit dem Ziel der endzeitlichen Erfüllung des islamischen Auftrages zur Eroberung der ganzen Welt. Das Motto der Muslimbrüder lautet:

> „Allah ist unser Ziel. Der Prophet ist unser Anführer. Der Koran ist unsere Verfassung. Der Dschihad ist unser Weg. Der Märtyrertod für Allah ist unser nobelster Wunsch!"
>
> „Wir glauben, dass die Prinzipien und Lehren des Islams umfassend sind und die Angelegenheiten der Menschen im Diesseits und Jenseits regeln. Diejenigen, die annehmen, dass diese Lehren allein die gottesdienstliche oder spirituelle Seite behandeln, sind im Unrecht, denn der Islam ist Bekenntnis und Gottesdienst, Vaterland und Nationalität, Religion und Staat, Spiritualität und Arbeit, Koran und Schwert."
>
> Hasan al-Banna (1906 - 1949), ägyptischer Lehrer und islamischer geistlicher Führer, Gründer der Muslimbruderschaft, 1939

Die Muslimbrüder wollen die vollständige Anwendung des Islams erreichen, die totale Unterwerfung. Ihre Organisation verästelt sich in viele Länder und viele geistige Ableger, in Terror- und Tarnorganisationen, hinein. Praktisch alle islamischen Terrororganisationen sind von den Muslimbrüdern inspiriert. Angesichts seiner völligen kulturellen Niederlage wird der Islam noch einmal so richtig giftig und gefährlich und bietet alles auf, was in ihm steckt, um damit ernst zu machen.

Die europäischen Kolonialmächte zogen sich aufgrund der Unabhängigkeitsbestrebungen und der Unabhängigkeitskriege nach dem Zweiten Weltkrieg wieder zurück und gaben die Länder frei. Die wenigsten von ihnen waren kulturell reif genug, den empfangenen gesellschaftlichen Anstoß zu Bildung und Wissenschaft für sich zu nutzen und kulturell auf den modernen Entwicklungsstand aufzuschließen. Vor allem die islamischen Länder nicht. Sie standen vor der Frage: Was nun anfangen mit dieser Freiheit? Sozialismus? Panarabischer Nationalismus? Oder doch zurück zur Unterwerfung unter Allah, zum Islamismus? Alle islamischen Kulturen sind, trotz der erhaltenen Anregungen aus allen europäischen Zeitaltern (der Antike, dem Mittelalter, der Neuzeit und der Moderne), praktisch bis heute wesentlich im arabischen Mittelalter steckengeblieben. Der Grund dafür ist immer der Islam.

Einige versuchten es mit der westlichen Idee des Sozialismus, die ihrem islamisch geprägten Denken noch am ehesten zu entsprechen schien und die von sich selbst behauptet, eine wissenschaftlich begründete Methode zu sein, mit der systematisch die gesellschaftliche Überlegenheit über den westlichen Kapitalismus zu erlangen sei. Hah! Auch die Chinesen probierten diesen Weg. Wieder scheiterten sie, weil sie – wie die Erfinder des Sozialismus-Kommunismus selbst – einfach nicht wahrhaben wollten, dass die bürgerliche Freiheit – die *wirtschaftliche*, die *wissenschaftliche* und die *politische* Freiheit – allen Spielarten der Unfreiheit immer überlegen ist. Spätestens nach dem Scheitern der Sozialismusversuche begann die Rückbesinnung auf die angeblich glorreiche Vergangenheit des Islams und der ewig gleiche Fehler: Sie müssten nur zum wahren Glauben zurückkehren, dann würde Allah sie schon wieder belohnen. Die Mehrheit der islamisch geprägten Bevölkerungen hat sich, wie in allen Krisenzeiten zuvor, für die Re-Islamisierung entschieden, für ein „Islamisches Erwachen", welches die Welt zusehens unsicherer macht. 1979 fand die islamische Revolution im Iran statt und errichtete den Islamischen Staat der Schiiten. 2014 begründeten Sunniten ihren rein Islamischen Staat in Irak und Syrien und riefen das Kalifat neu aus. Auch das Mutterland des Islams, Saudi-Arabien, ist nichts anderes als ein Islamischer Staat und seit dem Jahr 2016 kehrt auch die Türkei zum osmanischen Islamischen Staat zurück. Erdogan scheut sich nicht, das Handzeichen der Muslimbrüder in die Kamera zu zeigen, auch bei uns in Deutschland!

Überall beobachten wir eine wachsende „universalistische islamische Identität", eine Sehnsucht nach dem großen Kalifat, welches endlich über die Welt herrschen soll. Gerade auch unter den Kindeskindern der Muslime in Europa. Fundamentalistische Rückbesinnungen gab es immer wieder in der islamischen Geschichte und in allen ihren Ländern, aber diese größte Krise des Islams brachte die größte islamische Rückbesinnung der Weltgeschichte hervor, die wir gerade erleben müssen.

Die Geschichte des Islam ist eine Geschichte von Eroberungskriegen. Denn der Islam – die Unterwerfung – beinhaltet den göttlichen Auftrag, alle Nationen und Völker zu unterwerfen und der Umma einzuverleiben oder zu vernichten. Außer dem Mutterland des Unterwerfungsglaubens, Saudi-Arabien, waren alle anderen 56 der heute islamischen Länder vorher christlich, buddhistisch, zoroastrisch oder hinduistisch. Die entscheidende, treibende Kraft hinter all diesen Eroberungen in der Alten Welt war und ist der Islam.

Für einen offenen Krieg gegen den Westen ist die islamische Welt heute zu schwach. Ihre Taktik ist die bewährte Taktik der Nadelstiche und der kleinen Schritte, der Unterwanderung und der Geburtenpolitik. Da Muslime auch nichtmuslimische Frauen haben können und ihre Kinder Muslime werden müssen, wächst ihre Zahl. Umgekehrt dürfen Muslimas keine „Ungläubigen" heiraten. Mit dieser Heiratspolitik haben die Muslime seit jeher für die Ausbreitung des Islams gesorgt, durch Geburten-Dschihad als der primitivsten, aber nachhaltigsten und wirkungsvollsten biologischen Waffe, die es gibt. Die höchsten Geburtenraten haben heute die islamischen Länder, die niedrigsten die europäischen. Daraus resultiert ein Bevölkerungsdruck, der zu Kriegen, Flüchtlingen und Auswanderern führt und all jenen in die Hände spielt, die Europa (schon immer) islamisieren wollen.

Seit der zweiten Hälfte des 20. Jahrhunderts wandern Muslime in völkerwanderungsartiger Größenordnung nach Westeuropa und Deutschland ein, als bleibende „Gastarbeiter", als Asylsuchende, als Flüchtlinge, als Familiennachzügler, als Einwanderer. Sich dagegen *nicht* wehren zu dürfen ist auch eine Form der Unfreiheit, eine moderne Form des Dhimmitums, und bestimmt uns deshalb ebenfalls zum Scheitern. Wer sich nicht wehren darf, ist unfrei, wer unfrei ist, ist schwach, wer schwach ist, wird arm. Deshalb horcht auf! Wir Europäer müssen uns endlich freimachen, unsere Freiheit zu verteidigen!

1.3 Wer ist Moslem?

Am Ende dieses Kapitels, ja dieses Buches, werden Sie vielleicht mehr wissen und mehr verstehen, als ihnen lieb ist. Aber es hilft nichts, nur die Wahrheit macht uns frei und mein Ziel ist es, dass wir uns der Wahrheit suchend annähern. Ich lade Sie dazu herzlich ein.

Es genügt nicht, die Geschichte der Unterwerfung zu kennen. Schauen wir deshalb genauer hin, was die Menschen glauben, die den Koran für ein heiliges Buch halten. Wir müssen wissen, was tatsächlich im Koran steht, was den Islam im Wesenskern ausmacht, was wirkliche Muslime denken, ja denken müssen, um überhaupt als Muslime gelten zu können. Also: Wer ist Moslem?

Nun, Muslime, Moslems oder Mohammedaner sind diejenigen Menschen, die das Gottes-, Himmels-, Welt- und Menschenbild von Mohammed für wahr halten und ihm nacheifern, um seine Offenbarungen zu erfüllen. Was heißt das konkret?

Mohammed verlangt im Namen Allahs von den gläubigen Menschen nichts weniger als die totale Selbstaufgabe:

> „Und das irdische Leben ist nur ein Spiel und ein Scherz; und wahrlich, das jenseitige Haus ist besser für die Gottesfürchtigen. Seht ihr das nicht ein?" (Koran, 6: 32)

> „Sprich: „Siehe, mein Gebet, meine Verehrung und mein Leben und mein Tod gehören Allah, dem Herrn der Welten.“ (Koran, 6: 162)

Er lehrt sie Welt- und Lebensverachtung und die Todessehnsucht. Es gäbe nur einen Gott, den des Alten Testaments, aber er nennt ihn nicht Jahweh, sondern gibt ihm den Namen des höchsten Gottes seines Stammes, denn er ist ein arabischer Gesandter und offenbart eine arabische Lesung der „heiligen Schrift“. Er wollte die arabischen Stämme einschließlich der Juden einen, unter *einem* Gott, mit *einem* Glauben, in *einem* Reich, im *„heiligen* Land“, unter Rückgriff auf die Legende von Abraham, von dem niemand weiß, ob er je gelebt hat.

> „Sprich: „Wahrhaft ist Allah. So folget der Religion Abrahams, des Lautern im Glauben, der neben Allah keine Götter setzte.““ (Koran, 3: 95)

> „Abraham war weder Jude noch Christ; vielmehr war er lauteren Glaubens, ein Muslim, und keiner derer, die Gott Gefährten geben. Siehe diejenigen Menschen, die Abraham am nächsten stehen, sind wahrlich jene, die ihm folgen, und das sind der Prophet und die Gläubigen. Und Allah ist der Gläubigen Hort.“ (Koran, 3: 67, 68)

> „Siehe, Allah vergibt es nicht, dass ihm Götter zur Seite gesetzt werden, doch vergibt er alles außer diesem, wem er will. Wer Allah Götter zur Seite setzt, der ist weit abgeirrt.“ (Koran, 4: 116)

Ist Allah krankhaft eitel? Fehlt es ihm an Selbstbewusstsein? Die Juden und die Christen hätten den Glauben Abrahams verraten, sie hätten ihm göttliche Gefährten beigesellt, deshalb schickte Allah ihnen nun seinen letzten Gesandten, Mohammed, um sie zurückzurufen zum wahren Glauben, wie Allah ihn haben wolle. Dahinter steckt Mohammeds Ziel, sie alle unter *einem* Führungsanspruch zu versammeln, *einer* Herrschaft über Himmel und Erde. Sein Monotheismus ist zugleich Monopolitik. Monotheokratismus.

Nichts geschehe ohne Allahs Willen. Angeblich sei jeder Mensch, seit „Adam und Eva“, zum Muslim-Sein geboren, nur eine falsche Erziehung – hervorgerufen durch die von Allah erlaubte Einwirkungen des „Satans“ – brächte die Menschen vom rechten Wege Allahs ab. Alle Menschen können und sollen Muslime werden. Der Mensch besäße keinen eigenen, freien Willen, sondern würde von Allah gerufen und rechtgeleitet oder von Allah irregeleitet und verflucht. Unter den Menschen selbst sei nicht Freiheit, sondern von Allah erlaubter Neid am Werke.

„Die Menschen waren *eine* Gemeinde; und dann entsandte Allah Propheten als Freudenboten und Mahner und sandte mit ihnen die Schrift mit der Wahrheit hinab, damit sie unter den Menschen richtete in dem, worin sie uneins waren. Uneins aber waren nur jene, denen sie gegeben ward, nachdem ihnen die deutlichen Beweise geworden, aus Neid aufeinander. Und so leitete Allah die Gläubigen zu der Wahrheit, über die sie mit seiner Erlaubnis uneins gewesen waren; denn Allah leitet, wen er will, auf einen rechten Pfad." (Koran, 2: 213)

„Siehe, die Religion bei Allah ist der Islam. Und die, denen die Schrift gegeben ward, waren nicht eher uneins, als nachdem das Wissen zu ihnen gekommen war – aus Neid aufeinander. Und wer die Zeichen Allahs verleugnet – siehe, Allah ist schnell im Rechnen. (Koran, 3: 19)

Was rechnet Allah? Er rechnet sie der Hölle zu. Mohammed will die Einheit eines von ihm irrtümlicherweise angenommenen Urglaubens wiederherstellen, den es nie gab. Mohammed verkündet, es gäbe nur einen Gott (Allah) und deshalb nur einen Glauben (Islam). Deshalb sei jeder, der nicht an den Islam glaubt, ein „Ungläubiger", weil es gar keine andere rechtmäßige Religion von Allah her gäbe, an die man glauben dürfte! Wer auch nur einen Teil der islamischen „Wahrheit" ignoriert oder verneint, auch der ist schon ein „Ungläubiger". Mohammed spricht anstatt von „verneinen" stets von „(ver)leugnen", weil sie ja Allahs Wahrheit schon kennen würden und „verneinen" außerdem einen freien Willen der Menschen voraussetzte, den er aber nicht anerkennt. Verleugnen hingegen entstünde durch Bosheit. In Mohammeds Vorstellungswelt ist alle Freiheit beim Souverän, bei Allah, der alles determiniere, in völliger Durchdringung. *Sein* Wille geschieht. Es gäbe keine souveräne menschliche Freiheit, nur Unterwerfung und die müsse vollständig und richtig geschehen, nicht durch „schlechten Einfluss" (des Bösen) verfälscht.

Die Gläubigen, das sind die von Allah und den Propheten Rechtgeleiteten, die Gerechten, die Guten, die Bewohner des Paradieses. Die Ungerechten, die Bösen, die Verderbenstifter, die Frevler, das sind die irregeleiteten „Ungläubigen", die Beigeseller, die Götzendiener, die Bewohner des Feuers.

Wenn also beispielsweise Christen vorsichtig monieren, sie möchten von Muslimen nicht als „Ungläubige" bezeichnet werden, sie seien ja Gläubige, sie glaubten auch an den einen Gott, dann ist das geradezu niedlich und offenbart ihre große Ahnungslosigkeit. Sie legen nämlich ihre eigene anstelle der islamischen Definition von Gläubigkeit als Maßstab an. Für echte Muslime sind alle Christen beigesellende, abgeirrte „Ungläubige", die ganz sicher in die Hölle kommen werden, wenn sie nicht vor ihrem Ableben zum „echten Glauben", zum Islam, (zurück)-finden.

> „Und es sprechen die Juden: „Esra ist Allahs Sohn." Und es sprechen die Nazarener (Christen): „Der Messias ist Allahs Sohn." Solches ist das Wort ihres Mundes. Sie führen ähnliche Reden wie die Ungläubigen zuvor. Allah schlag sie tot! Wie sind sie verstandeslos!" (Koran, 9: 30)

> „Wahrlich, ungläubig sind, die da sprechen: „Siehe, Allah, das ist der Messias, der Sohn der Maria." ..." (Koran, 5: 17)

> „Wahrlich, ungläubig sind, welche sprechen: „Siehe, Allah, das ist der Messias, der Sohn der Maria." Und es sprach doch der Messias (Jesus): „O ihr Kinder Israel, dienet Allah meinem Herrn und euerm Herrn." Siehe, wer Allah Götter an die Seite stellt, dem hat Allah das Paradies verwehrt, und seine Behausung ist das Feuer; und die Ungerechten finden keine Helfer." (Koran, 5: 72)

> „Wahrlich, ungläubig sind, die da sprechen: „Siehe, Allah ist ein Dritter von drei." Aber es gibt keinen Gott denn einen einigen Gott. Und so sie nicht ablassen von ihren Worten, wahrlich, so wird den Ungläubigen unter ihnen schmerzliche Strafe. Wollen sie denn nicht umkehren zu Allah und ihn um Verzeihung bitten? Und Allah ist verzeihend und barmherzig. Nicht ist der Messias, der Sohn der Maria, etwas andres als ein Gesandter; vorausgingen ihm Gesandte, und seine Mutter war aufrichtig (sie gab sich nicht als göttlich aus). Beide aßen Speise. Schau, wie wir ihnen die Zeichen deutlich erklären! Alsdann schau, wie sie sich abwenden." (Koran, 5: 73-75)

Christen sind für Muslime definitiv „Ungläubige" und somit „Brennstoff für die Hölle", wie es im Koran heißt. Sie sind eben nur näher dran am Islam als echte Polytheisten oder gar die Atheisten, was bei den Muslimen die Hoffnung nährt, sie doch noch zum Islam bekehren zu können.

> „Und mit denen, welche sprechen: „Siehe, wir sind Nazarener" schlossen wir einen Bund. Sie aber vergaßen einen Teil von dem, was ihnen gesagt ward; darum erregten wir Feindschaft und Hass unter ihnen bis zum Tag der Auferstehung. Und sicherlich wird Allah ihnen ansagen, was sie getan. O Volk der Schrift, nunmehr ist unser Gesandter zu euch gekommen, euch vieles von der Schrift kundzutun, was ihr verbargt, und um vieles zu übergehen. Gekommen ist nunmehr zu euch von Allah ein Licht und ein klares Buch," (Koran, 5: 14, 15)

Die Christen seien abgeirrt und deshalb auch zerstritten. Nun jedoch schickte Allah seinen letzten Offenbarer, um die Bibel generalzuüberholen und die Gläubigen zu läutern und zu einigen. Außerdem sei der Prophet Jesus gar nicht gekreuzigt worden, sondern nur ein ihm Ähnlicher an seiner Stelle statt. Mohammed entzog den Christen so die Grundlage für ihre Jesusanbetung. Nur echte Muslime hätten eine Chance auf das Paradies, und die reihten sich nun mal hinter ihm, Mohammed.

> „Und wer eine andre Religion als den Islam begehrt, nimmer soll sie von ihm angenommen werden, und im Jenseits wird er verloren sein." (Koran, 3: 85)

Allah stiftet Unsicherheit und Bestrafung, Unsicherheit darüber, wer rechtgläubig ist. Allah straft die Ungläubigen, indem er ihren Unglauben vermehrt und ihnen die Hölle bereitet. Allah führt die Frevler irre und verflucht sie.

> „Siehe, den Ungläubigen ist's gleich, ob du sie warnst oder nicht warnst, sie glauben nicht. Versiegelt hat Allah ihre Herzen und Ohren, und über ihren Augen ist eine Hülle, und für sie ist schwere Strafe. Etliche Menschen sprechen wohl: „Wir glauben an Allah und an den Jüngsten Tag"; doch sind sie keine Gläubigen. Betrügen wollen sie Allah und die Gläubigen, und nur sich selber betrügen sie und wissen es nicht. Ihre Herzen sind krank, und Allah mehrt ihre Krankheit, und für sie ist schwere Strafe für ihre Lügen. Spricht man zu ihnen: „Stiftet nicht Verderben auf der Erde", so sprechen sie: „Wir sind ja die Rechtschaffenen." Ist's aber nicht, dass sie die Verderbenstifter sind? Doch wissen sie's nimmer." (Koran, 2: 6-11)

> „Und dem Moses gaben wir die Schrift und ließen ihm Gesandte nachfolgen; und wir gaben Jesus, dem Sohn der Maria, die deutlichen Zeichen und stärkten ihn mit dem Heiligen Geist. Sooft euch aber ein Gesandter brachte, was euch nicht gefiel, wurdet ihr da nicht hoffärtig und ziehet einen Teil der Lüge und erschlugt andere? Und sie sprachen: „Unsre Herzen sind unbeschnitten." Nein; verflucht hat sie Allah wegen ihres Unglaubens, und so glaubten nur wenige. Und als zu ihnen ein Buch (der Koran) von Allah kam, ihre frühere Offenbarung zu bestätigen – zuvor hatten sie um Sieg über die Ungläubigen gefleht –, und als nun zu ihnen kam, was sie kannten, da verleugneten sie es. Drum Allahs Fluch auf die Ungläubigen! Für einen schlechten Preis verkauften sie ihre Seelen, dass sie nicht glaubten an das, was Allah niedergesandt, aus Neid, dass Allah in seiner Huld, wem von seinen Dienern er will, offenbart. Zorn über Zorn haben sie sich zugezogen. Und die Ungläubigen trifft schändende Strafe. Und als man zu

> ihnen sprach: „Glaubet an das, was Allah auf euch niedersandte“, sprachen sie: „Wir glauben an das, was auf uns niedergesandt ward. Sie glauben aber nicht an das Spätere, wiewohl es die Wahrheit ist, bestätigend, was sie besitzen. ...“ (Koran, 2: 87-91)

Mohammed will den Glauben bereinigen und auf seinen unvergänglichen, unabänderlichen Kern zurückführen. Und sich selbst an die Spitze setzen. Ungläubige seien alle, die nicht glauben wollten, dass *er* der angekündigte letzte Gesandte Gottes sei. Ungläubige seien alle, welche seinem Aufruf zur Unterwerfung widerstünden. Dieser Aufruf sei der gleiche Aufruf, den schon die Propheten vor ihm unter die Völker gebracht hätten. Die Ungläubigen sollen verachtet und bestraft werden. Dabei denkt er zuerst an die Juden und Christen, die treulosen „Gottesbündler“, sodann an „rückfällig“ gewordene Muslime.

Aber heißt es im Koran nicht ständig, Allah, der Barmherzige? Jede Sure beginnt mit der Formel: „Im Namen Allahs, des Erbarmers, des Barmherzigen!“ Das ist nur eine Floskel, ein Etikettenschwindel: Mit aufrechten Menschen habe er nämlich kein Erbarmen, sondern führe diese in die Folterhölle. Nur unterwürfigen Menschen erbarme er sich. Allah sei auch „der Verzeihende und Liebende“ (Koran, 85: 14), aber ebenfalls nur gegenüber den Menschen, die sich ihm unterworfen haben, den aufrechten hingegen vergäbe er nicht und er hasse sie sogar. Allahs Barmherzigkeit besteht also allein darin, dass die „Ungläubigen“, wenn sie die „Wahrheit“ von einem der Propheten hörten, dann doch so etwas wie einen Anflug von eigenem Willen – jedoch nur zur Einsicht in ihre Unterwerfung – von Allah her entwickeln dürften und Zuflucht bei Allah nehmen könnten, also Muslime werden. Nur dann könnten sie auf Errettung ins Paradies (Dschanna) hoffen, ansonsten würden sie mit der Hölle (Dschahannam) gestraft. Obwohl Allah selbst sie doch irregeleitet hat oder den Teufel dazu gewähren lies!

> „Siehe, dies ist eine Ermahnung, und wer da will, der nimmt zu seinem Herrn einen Weg. Doch könnt ihr nicht wollen, es sei denn, dass Allah will. Siehe, Allah ist wissend und weise. Er führt, wen er will, in seine Barmherzigkeit, und für die Ungerechten hat er schmerzliche Strafe bereitet.“ (Koran, 76: 29-31)

Die Herrschaft Allahs über die ohnmächtigen Menschen sei so total, dass sie nicht einmal aus eigener Kraft auf seine Ermahnung hören könnten. Wozu ermahnt er sie dann überhaupt?

> „Wen Allah leitet, der ist der Geleitete, und wen er irreführt, das sind die Verlorenen.“ (Koran, 7: 178)

Diese Behauptung soll dazu führen, dass man sich erschrocken und höllengeängstigt vor dem übermächtigen Allah niederwirft und selbstvergessen um seine Rechtleitung bittet. Vor Allah schützt nämlich nur Allah, aber das macht Schutz schwierig, zumal Allah auch Böses im Sinn hat.

> „Sprich: „Wer ist es, der euch vor Allah schützt, sei es, dass er euch Böses antun oder Barmherzigkeit erweisen will?“ Außer Allah finden sie für sich weder Schützer noch Helfer.“ (Koran, 33: 17)

Mohammed befahl, ihr müsst an alle Propheten Allahs glauben, nicht nur an Moses oder an Jesus, an alle, vor allem auch an ihn! Wenn ihr dem nicht nachkommt, wird Allah selbst euch strafen, mit einer Naturgewalt, oder seinem aktuellen und letzten Propheten die Strafgewalt dazu übergeben.

> „Siehe die, welche nicht an Allah glauben und an seine Gesandten und einen Unterschied machen wollen zwischen Allah und seinen Gesandten und sprechen: „Wir glauben an einige und glauben an andre nicht“, und einen Weg dazwischen einschlagen wollen: Jene sind die wahren Ungläubigen, und den Ungläubigen haben wir schändende Strafe bereitet.“ (Koran, 4: 150, 151)

> „Verlangen wird das Volk der Schrift von dir, ihnen ein Buch vom Himmel hinabzusenden. Aber etwas Größeres als dies verlangten sie schon von Moses. Und sie sprachen: „Zeig uns Allah deutlich!“ Da erfasste sie das Wetter für ihre Sünde. Alsdann nahmen sie sich das Kalb, nachdem die deutlichen Zeichen zu ihnen gekommen waren; aber wir vergaben ihnen dies und gaben Moses offenkundige Gewalt.“ (Koran, 4: 153)

Die Ungläubigen werden schon in der Welt bestraft, als Vorgeschmack auf die Hölle. Direkt durch Allah oder vermittelt durch seine Gläubigen.

> „Und das Unheil soll nicht ablassen, die Ungläubigen zu treffen oder sich nahe bei ihren Wohnungen niederzulassen, bis Allahs Drohung sich erfüllt. Siehe, Allah bricht nicht sein Versprechen. ... Sie erhalten schon im irdischen Leben Strafe; aber wahrlich, die Strafe im Jenseits ist härter, und sie finden keinen Beschützer vor Allah.“ (Koran, 13: 31, 34)

Kein Muslim und keine Muslima könne sich des Wohlwollens Allahs und des Paradieses sicher sein, also müssten sie immer das tun, was Allah und sein Gesandter gerade von ihnen verlangten. Allah wolle willenlose Diener in Ewigkeit. Allah beobachte sie misstrauisch und zöge höllische Konsequenzen für Ungehorsam. Er sei eine Art „Stasigott“, der über alle Menschen Dossiers anlegen ließe.

> „Aber siehe, über euch sind wahrlich Hüter, edle, schreibende, welche wissen, was ihr tut.“ (Koran, 81: 10-12)

In der Hölle gäbe es einen Kerker und darinnen ein Buch, in welchem die Taten der Frevler zusammengetragen wären. Auch im Paradies gäbe es ein Buch an hoher Stätte, in welchem die Taten der Gläubigen erfasst seien.

> „Und sie sprechen: „Gehorsam!“ Sobald sie jedoch von dir heraustreten, brütet ein Teil von ihnen des Nachts über etwas andres als deine Worte nach. Allah aber schreibt auf, worüber sie brüten. Drum wende dich ab von ihnen und vertrau auf Allah, und Allah genügt als Beschützer.“ (Koran, 4: 81)

> „Und sie planten eine List, und wir (Allah) planten eine List, ohne dass sie dessen gewahr wurden. Und schau, wie das Ende ihrer List war. Wir vernichteten sie und ihr Volk insgesamt, und jene, ihre Häuser wurden wüst für ihre Sünden; siehe hierin ist ein Zeichen für Leute von Wissen. Und wir erretteten diejenigen, welche glaubten und gottesfürchtig waren.“ (Koran, 27: 50-53)

> „Drum verhalte dich wohl, wie dir geheißen ward, und wer sich mit dir bekehrt hat, und widersetzet euch nicht. Siehe, er schaut euer Tun. Und neiget euch nicht zu den Ungerechten, sonst erfasst euch das Feuer, und außer Allah habt ihr keinen Beschützer, und ihr findet keinen Helfer.“ (Koran, 11: 112, 113)

Nichts und niemand könne sie vor Allahs Willen beschützen. Der überwachende Allah toleriert keine religiöse und weltanschauliche Vielfalt seiner Schöpfung, keinen Eigenwillen, sondern ist auf *ideologische Säuberung* aus und inszeniert dazu Zersetzung und Vernichtung in seiner Welt. Der „Gesandte“ machte klar: Ihr seid auch jetzt schon, nicht erst am Jüngsten Tag, nirgendwo vor Allahs Strafe sicher, aus keiner Richtung. Er kann euch gegeneinander benutzen. Auch das Abirren oder Abspalten vom wahren Islam und die Religionskriege seien bereits schon seine Strafen:

> „Sprich: „Er hat Macht dazu, auf euch eine Strafe zu senden von über euch oder von unter euern Füßen und euch in Sekten zu verwirren und dem einen des andern Gewalt zu schmecken zu geben.“ Schau, wie wir die Zeichen klarmachen! Vielleicht werden sie verständig.“ (Koran, 6: 65)

Allah könne selbst tätig werden, er könne die Arbeit aber auch von seinem Personal erledigen lassen, von den Engeln und von seinen getreuen Dienern unter den Menschen, den Muslimen. Wenn Muslime den Willen Allahs vollzögen, dann handelten sie gar nicht selbst, sondern Allah handele durch sie. Alle Verantwortung läge im Himmel, die Gläubigen seien nur seine Werkzeuge, sklavische Diener, die getreulich seinen Befehl ausführten und vor den Menschen keinerlei Rechenschaft ablegen müssten.

> „Als dein Herr den Engeln offenbarte: „Ich bin mit euch, festigt drum die Gläubigen. Wahrlich in die Herzen der Ungläubigen werfe ich Schrecken. So haut ein auf ihre Hälse und haut ihnen jeden Finger ab!“ Solches, darum dass sie gegen Allah und seinen Gesandten widerspenstig waren. Wer aber widerspenstig gegen Allah und seinen Gesandten ist – siehe, so ist Allah streng im Strafen.“ (Koran, 8: 12, 13)

> „Und nicht erschlugt ihr sie, sondern Allah erschlug sie; und nicht warfst du, als du warfst, sondern Allah warf. Und prüfen wollte er die Gläubigen mit einer schönen Prüfung von ihm. Siehe, Allah ist hörend und wissend.“ (Koran, 8: 17)

> „Und kämpfet wider sie, bis kein Bürgerkrieg mehr ist und bis alles an Allah glaubt. Stehen sie ab, siehe, so sieht Allah ihr Tun;“ (Koran, 8: 39)

Welche Rolle haben Krieg und Frieden im Islam?

Das Kämpfen und Kriegen sind ganz wesentlich im Islam. Er fußt darauf. Zwar schickt Mohammed voraus, die Muslime sollen nicht überziehen und nicht nur der Beute wegen kämpfen, sondern für Allah; auch sollen sie die Kämpfe angeblich nicht beginnen, sondern nur erfolgreich „zurückschlagen“, aber der arabische letzte Prophet verlangt nichts weniger als den Endsieg im Endkampf um Gottes Herrschaft wie im Himmel so auf Erden. Alle Ungläubigen sind deshalb mit heiligem Krieg (Dschihad) zu bekämpfen. Er offenbart, Allah hätte ihm das aufgetragen:

> „O du Prophet, streite wider die Ungläubigen und Heuchler und verfahre hart mit ihnen. Und ihre Herberge ist Dschahannam (die Hölle), und schlimm ist die Fahrt (dorthin).“ (Koran, 9: 73)

> „Ziehet aus, leicht und schwer (bewaffnet), und eifert mit Gut und Blut in Allahs Weg. Solches ist besser für euch, so ihr es begreifet.“ (Koran, 9: 41)

> „O ihr, die ihr glaubt, kämpfet wider die Ungläubigen an euern Grenzen, und wahrlich, lasset sie Härte in euch verspüren. Und wisset, dass Allah mit den Gottesfürchtigen ist.“ (Koran, 9: 123)

Tragt also den Dschihad mit Härte immer weiter in die Welt hinaus und verbreitet den Islam über sie. Wenn ihr fest im Glauben seid, werdet ihr siegen. So lautet der islamische Auftrag in der zuletzt offenbarten, letztgültigen Sure 9. Allah will die urbane (freiheitliche) Zivilisation vernichten. Denn „Stadtluft macht frei“, frei von jeglicher Unterwerfung.

> „Und wie viele Städte waren widerspenstig gegen den Befehl ihres Herrn und seiner Gesandten! Darum rechneten wir mit ihnen strenge ab und straften sie mit schlimmer Strafe. Und sie schmeckten das Unheil ihrer Sache, und der Ausgang ihrer Sache war Untergang. Bereitet hat Allah für sie eine strenge Strafe. Drum fürchtet Allah, o ihr Verständigen.“ (Koran, 65: 8-10)

> „Und es gibt keine Stadt, die wir nicht vernichten wollen vor dem Tag der Auferstehung oder doch mit strenger Strafe strafen wollen; das ist in dem Buch verzeichnet.“ (Koran, 17: 58)

Mit dem Buch ist der angebliche Urtext des Korans im Himmel gemeint. Allahs Endzeitplan. Muslime müssen Krieger sein.

> „Vorgeschrieben ist euch der Kampf, doch ist er euch ein Abscheu. Aber vielleicht verabscheut ihr ein Ding, das gut für euch ist, und vielleicht liebt ihr ein Ding, das schlecht für euch ist; und Allah weiß, ihr aber wisset nicht.“ (Koran, 2: 216, 217)

> „Und bekämpfet sie, bis die Verführung aufgehört hat, und der Glauben an Allah da ist. Und so sie ablassen, so sei keine Feindschaft, außer wider die Ungerechten.“ (Koran, 2: 193)

Die Nichtmuslime und die Scheinmuslime sollen schon auf Erden bekämpft werden, sie kommen später sowieso in die Hölle. Jagt die Ungläubigen und bringt sie um, wo ihr könnt, es sei denn, sie unterwerfen sich zuvor Allah und werden auch Muslime, verkündet er.

> „O Prophet, eifere im Streit wider die Ungläubigen und die Heuchler und sei hart wider sie, denn ihre Wohnung ist Dschahannam, und schlimm ist die Fahrt (dorthin). (Koran, 66: 9)

> „Sind aber die heiligen Monate verflossen, so erschlaget die Götzendiener, wo ihr sie findet, und packet sie und belagert sie und lauert ihnen in jedem Hinterhalt auf. So sie jedoch bereuen und das Gebet verrichten und die Armensteuer zahlen, so lasst sie ihres Weges ziehen. Siehe, Allah ist verzeihend und barmherzig." (Koran, 9: 5)

Wenn Mohammed von einem Glaubenskrieger spricht, dann umschreibt er ihn mit der Formel „der da eifert in Allahs Weg (mit Gut und Blut)" und meint insgesamt den heiligen Krieg gegen die Ungläubigen. Die Religion der Unterwerfung sei die siegreiche Wahrheit, die alle anderen Religionen ablösen werde.

> „Er ist's, der seinen Gesandten mit der Leitung und der Religion der Wahrheit entsandt hat, um sie über jede andre Religion siegreich zu machen, auch wenn es den Götzendienern zuwider ist." (Koran, 61: 9)

Mohammed dichtet das Standhaftbleiben gegenüber der Versuchung zur Sünde auf das Standhaftbleiben in der geheiligten Schlacht gegen die Ungläubigen um, denn die Ungläubigen verkörperten ja – durch ihr Ungläubigsein in Allahs Welt – die Versuchung zum Glaubensabfall, zur Sünde. Das Widerstehen gegenüber moralisch Verbotenem formt er um – zur todesverachtenden Tapferkeit im islamischen Eroberungskrieg!

Soweit zum Krieg. Und nun zum Frieden. Man muss lange suchen, um im Koran Aussagen zu finden, die den Frieden bejahen. Sie stehen hinter den Kriegsforderungen weit zurück. Generell gibt es Frieden nur unter dem militanten Befehl Allahs. Wenn Mohammed von Gerechtigkeit spricht, so meint er damit nur Gehorsam zu den islamischen Regeln. Seine Religion der Unterwerfung ist klar soldatisch.

> „Wenn zwei Parteien der Gläubigen miteinander streiten, so stiftet Frieden unter ihnen; und wenn sich die eine gegen die andre vergeht, so kämpfet gegen die, welche sich verging, bis sie zu Allahs Befehl zurückkehrt. Und

> wenn sie zurückkehrt, so stiftet Frieden unter ihnen in Billigkeit und übt Gerechtigkeit. Siehe, Allah liebt die Gerechtigkeit übenden. Die Gläubigen sind Brüder; so stiftet Frieden unter euern Brüdern und fürchtet Allah; vielleicht findet ihr Barmherzigkeit." (Koran, 49: 9, 10)

> „Siehe, dieser Koran leitet zum Richtigsten und verheißt den Gläubigen, die das Rechte tun, großen Lohn; aber denen, die nicht ans Jenseits glauben (verheißt er), dass wir ihnen schmerzliche Strafe bereitet haben." (Koran, 17: 9, 10)

Von „Frieden" wird im Islam vor allem als Grußformel an die Gläubigen untereinander Gebrauch gemacht, um ihre Einheit zu beschwören und auf den Frieden im Paradies zu verweisen.

> „Und wenn jene, die da glauben an unsre Zeichen, zu dir kommen, so sprich: „Frieden sei auf euch!" ..." (Koran, 6: 54)

> „Und Allah ladet ein zur Wohnung des Friedens (im Paradies) und leitet, wen er will, auf einen rechten Pfad (der ihn hinführt)." (Koran, 10: 25)

Die Einladung zum Friedensparadies ist zwielichtig, weil sie ja nur angenommen werden könne von Muslimen, die von Allah selbst dazu bestimmt würden. Der Mensch sei gar nicht entscheidungsfrei. Diese Einladung ist daher eher eine günstige Vorladung.

> „Doch die Gläubigen, welche das Rechte tun, sie sind die besten Geschöpfe. Ihr Lohn bei ihrem Herrn sind Edens Gärten, durcheilt von Bächen, ewig und immerdar darinnen zu verweilen. Zufrieden mit ihnen ist Allah, und sie sind zufrieden mit ihm. Solches für den, welcher seinen Herrn fürchtet." (Koran, 98: 7, 8)

Frieden sei nur die finale himmlische Belohnung für angstvollen Gehorsam. Was für ein erbärmliches Friedenskonzept, das einem einzigen Motiv entspringt: Herrschaftswillen! Liebe Leser, Sie wissen nun bereits alles, was zu Krieg und Frieden wirklich im Koran steht! Sie können ab sofort Aussagen zum Islam selbst einschätzen und sind nicht mehr unkundig genug, wohlklingenden Beschönigungsformeln auf den Leim gehen zu müssen.

Was ist das eigentlich für ein Gott, an den die Muslime da glauben und dessen Willen sie sich unterwerfen und auszuführen gedenken? Angeblich sind Mohammeds koranische Offenbarungen ja wortwörtliche Botschaften Allahs, also bezeichnen sie ihn selbst, praktisch in Selbstaussage. Auch wenn man nur die Inhalte der Koranverse gelten ließe, bliebe das Bild das gleiche; oder auch, wenn man so vernünftig ist, darin nur Mohammeds Gottesvorstellung zu erkennen. Unabhängig davon, wer nun ihre Quelle ist, ob Allah, Gabriel oder Mohammed oder wer auch immer: *Muslime glauben daran und nehmen die Offenbarungen ernst! Das ist das Problem.*

> „Erschaffen hat Allah die Himmel und die Erde in Wahrheit; siehe, hierin ist ein Zeichen für die Gläubigen." (Koran, 29: 44)

Allah sei also der Schöpfergott. Mohammeds „Gottesbeweis" ist von der einfältigsten Art: Weil die Welt existiert, muss sie erschaffen worden sein. Und weil sie erschaffen wurde, sei schon bewiesen, dass ihr Erschaffer eben jener sich merkwürdig benehmende, ehemalige Mondgott Allah sei, nur weil der von sich behauptet, er sei der Schöpfer. Oder behauptet Mohammed das? Allah sei Alleinherrscher. Alles, die ganze Natur und alles im Himmel, sei unterwürfig vor der Allmacht Allahs.

> „Und sprich: „Gelobt sei Allah, der weder einen Sohn gezeugt noch einen Gefährten im Regiment hat, noch einen Beschützer aus Schwäche." Und rühme seine Größe." (Koran, 17: 111) „Und Allahs ist der Westen und der Osten, und wohin ihr euch daher wendet, dort ist Allahs Angesicht. Siehe, Allah ist weit (und breit) und wissend." (Koran, 2: 115)

> „Und vor Allah wirft sich nieder, was in den Himmeln und auf Erden ist, willig und widerwillig; selbst der Schatten am Morgen und am Abend." (Koran, 13: 15) „Und vor Allah wirft sich nieder, was in den Himmeln und was auf Erden ist, die Tiere und die Engel, und sie sind nicht zu stolz. Sie fürchten ihren Herrn, der über ihnen ist, und tun, was ihnen geheißen." (Koran, 16: 49, 50)

Mohammed versteigt sich in widersinnige Behauptungen, um seinen Allah und seinen Glauben noch besser zu „beweisen":

> „Siehst du nicht, dass alles, was in den Himmeln und auf Erden ist, sich vor Allah niederwirft, die Sonne, der Mond, die Sterne, die Berge, die Bäume und die Tiere und viele Menschen. Vielen aber gebührt die Strafe; und wen Allah verächtlich macht, der findet keinen, der ihn ehrt. Siehe, Allah tut, was er will. (Koran, 22: 18)

Nein. Niemand sieht die Gebilde der Natur vor einem Gott Allah sich niederwerfen. Das ist nur ein schräger, devoter Gedanke. Nicht allein die Natur wird von Mohammed als Gottesbeweis für Allah angeführt, auch die menschliche Schifffahrt wird dem Wirken des Menschen entrissen und von Mohammed als Beweis für das Wirken Allahs hingestellt. Man spürt, dass Mohammed Schiffe gesehen und davon sehr beeindruckt gewesen sein muss. Allahs Barmherzigkeit zeige sich darin, dass er die Welt am Platze hält. Ja, Allah hielte nämlich den Himmel fest – er könnte ihn aber auch fallen lassen, das beweise angeblich seine barmherzige Güte gegenüber den Menschen, die ihm ungerechterweise dafür nicht ausreichend danken wollten.

> „Allah ist's, der die Himmel und die Erde erschuf, und er sendet vom Himmel Wasser hernieder und lockt durch dasselbe Früchte hervor zu eurer Versorgung. Und er hat euch dienstbar gemacht die Schiffe, dass sie auf seinen Befehl das Meer durcheilen. Und dienstbar machte er euch die Flüsse; und er machte euch dienstbar die Sonne und den Mond in rastlosem Wandel. Und dienstbar machte er euch die Nacht und den Tag. Und er gibt euch von allem, um was ihr ihn bittet, und so ihr aufzählen wolltet die Gnadenerweisungen Allahs, ihr könntet sie nicht berechnen. Siehe, der Mensch ist wahrlich ungerecht und undankbar." (Koran, 14: 32-34)

> „Siehst du nicht, dass Allah euch unterworfen hat, was auf Erden ist, und die Schiffe, die das Meer auf sein Geheiß durcheilen? Und er hält den Himmel, dass er nicht auf die Erde falle, es sei denn mit seiner Erlaubnis. Siehe, Allah ist wahrlich gütig gegen die Menschen und barmherzig." (Koran, 22: 65)

> „Siehe, Allah hält die Himmel und die Erde, dass sie nicht untergehen, und wenn sie untergingen, so könnte sie nach ihm niemand halten. Siehe, er ist milde und verzeihend." (Koran, 35: 41)

So ein Unsinn, möchte man meinen, aber solcher Unsinn gilt als „heilig", obwohl wir es längst besser wissen. Die Sterne am Himmel seien Lampen, leuchtende Steine, mit denen nach den Satanen des Himmels geworfen werde, um sie zu steinigen. Das ist eine Fehldeutung der Sternschnuppen, die als Meteoriten zuweilen auf die Erde niederfallen. Wie alle Naturphänomene wurden sie religiös fehlinterpretiert.

> „Und wahrlich, wir schmückten den untersten Himmel mit Lampen und bestimmten sie zu Steinen für die Satane, für die wir die Strafe der „Flamme" bereiteten." (Koran, 67: 5)

> „Und ein Zeichen ist ihnen die Nacht; wir ziehen den Tag von ihr fort, und siehe da, sie sind in Finsternis. Und die Sonne eilt zu ihrem Ruheplatz. Das ist die Anordnung des Mächtigen, des Wissenden. Und den Mond, wir bestimmten Stationen für ihn, bis er dem alten dürren Palmstiel gleicht. Nicht geziemt es der Sonne, den Mond einzuholen, und nicht der Nacht, dem Tag zuvorzukommen, sondern alle schweben in (ihrer) Sphäre.“ (Koran, 36: 37-40)

Nun, entweder hat Allah seinem Gesandten absichtlich die Unwahrheit übermittelt, oder Mohammeds Gott hat genauso wenig Ahnung wie er selbst über die wahren kosmologischen Verhältnissen von Sonne, Mond und Erde. Nichts davon, wer sich dreht und um wen, stattdessen solle die Sonne zwischen einem Ruheplatz und dem Himmel hin und her wandern, gerade so, wie es allen unwissenden Menschen, darunter Mohammed, augenscheinlich ist. Dieser Irrtum belegt nur eines: Allah ist Mohammed selbst entsprungen. Es gibt ihn nicht. Alles, was Allah über Erzengel Gabriel an Mohammed offenbart, entstammt der Verstellungswelt Mohammeds selbst, nicht vom Schöpfergott.

Allah soll sieben Himmel übereinander und ebenso viele Erden (wohl untereinander) erschaffen haben. Auch dass die Vögel fliegen können, soll ein Beweis für das Wirken Allahs sein, sie blieben nur deshalb in der Luft, weil Allah sie festhielte. Natürlich. Mohammed beklagte sich in seinen göttlichen Offenbarungen über den gesunden Menschenverstand seiner Zeitgenossen und schaute hoffend zum Himmel:

> „Und wenn zu ihnen gesprochen wird: „Werfet euch nieder vor dem Erbarmer“, sprechen sie: „Und was ist der Erbarmer? Sollen wir uns etwa niederwerfen vor dem, was du uns befiehlst?“ Und es vermehrt ihren Abscheu. Gesegnet sei der, welcher im Himmel Burgen (Sternbilder) machte und eine Lampe in ihm machte und einen leuchtenden Mond!“ (Koran, 25: 60, 61)

Es gab auch damals in Arabien vernünftige Leute. Mohammed nennt sie hoffärtig, weil sie sich seinem Aberglauben nicht unterwarfen. Sie erkannten seine religiösen Märchen nämlich als solche. Zur Strafe solle ihnen die Hölle noch verschärft werden.

> „Siehe, er liebt nicht die Hoffärtigen. Und wird zu ihnen gesprochen: „Was hat euer Herr herabgesandt?“ so sprechen sie: „Die Fabeln der Früheren.“ Dafür sollen sie am Tag der Auferstehung ihre Lasten voll und ganz tragen und von den Lasten derer, die sie irreführten in ihrer Unwissenheit. Wird ihre Last nicht schlimm sein?“ (Koran, 16: 24, 25)

> „Und wenn wir ein Zeichen (Vers) mit einem andern vertauschen – und Allah weiß am besten, was er hinabsendet –, sprechen sie: „Du bist nur ein Erdichter.“ Aber die meisten von ihnen sind ohne Einsicht.“ (Koran, 16: 101)

> „Siehe, die Sünder lachen über die Gläubigen, und wenn sie an ihnen vorübergehen, winken sie einander zu, und wenn sie zu ihren Angehörigen zurückkehren, kehren sie spottend zurück; und wenn sie die Gläubigen sehen, sprechen sie: „Siehe, dieses sind wahrlich Irrende.““ (Koran, 83: 29-32)

> „Und siehe, die Ungläubigen möchten dich fast mit ihren Blicken zum Straucheln bringen, wenn sie die Ermahnung hören und sprechen: „Siehe, er ist wahrlich besessen.““ (Koran, 69: 51)

Wie kann man Mohammeds Offenbarungen nur heutzutage noch Glauben schenken? Allah sei der Schöpfergott, der König der Welt, der im Himmel thront und von dort aus alles regiert, allwissend, allmächtig, aber sehr verärgert ist, wenn ein Menschlein das bezweifelt und meint, es gebe noch andere Götter. Solche Menschen bestraft er dann voller Zorn mit dem Schlimmsten, was er zu bieten hat.

> „Doch erhaben ist Allah, der König, die Wahrheit! Es gibt keinen Gott außer ihm, dem Herrn des edlen Thrones. Und wer neben Allah einen andern Gott anruft, für den er keinen Beweis hat, der hat Rechenschaft vor seinem Herrn abzulegen. Siehe, den Ungläubigen ergeht es nicht wohl.“ (Koran, 23: 116, 117)

> „Und rufe nicht neben Allah einen andern Gott an. Es gibt keinen Gott außer ihm. Alle Dinge vergehen außer seinem Angesicht. Ihm ist das Gericht, und zu ihm kehrt ihr zurück.“ (Koran, 28: 88)

> „Siehe, deines Herrn Rache ist wahrlich streng. Siehe, er bringt hervor und lässt zurückkehren, und er ist der Verzeihende, der Liebende, der Herr des ruhmvollen Thrones, der da tut, was er will.“ (Koran, 85: 12-16)

Dieser Allah wäre willkürlich, und obwohl er ein Rächer sei, sei er auch verzeihend und liebend; aber nur wenn er will. Von Zeit zu Zeit würde er einzelne Menschen zu seinen Botschaftern auswählen, Gesandte oder Propheten genannt. Durch die würde er dann zu den Menschen sprechen. Wer das nicht glaubt, sei ein ungerechter, böser Mensch, den Allah dafür auf ewig foltern wird. So er wolle.

Mohammed lässt Allah behaupten, dieser hätte schon zu allen Völkern Propheten geschickt, und nun, zuguterletzt, ihn als den letzten der Propheten zum letzten, unbelehrten Volk, den Arabern.

> „Siehe, wir entsandten dich in Wahrheit als einen Freudenboten und Warner, und es gibt kein Volk, in dem nicht ein Warner gelebt hätte." (Koran, 35: 24)

Die meisten Völker scheinen davon jedoch nichts mitbekommen zu haben. Und auch die bisher ermahnungslosen Araber wollten von „ihrem" Propheten zunächst wenig wissen.

> Und setzet nicht neben Allah andre Götter; siehe, ich bin euch von ihm ein offenkundiger Warner." (Koran, 51: 51)

> „Ein Freudenbote und ein Warner; doch die meisten von ihnen kehren sich ab und hören nicht." (Koran, 41: 4)

Angeblich hätte der eine Gott im Himmel eine Tafel vor sich liegen, ähnlich den Gesetzestafeln, die er einem der Propheten der Juden, Moses, auf einem Berg heimlich zugesteckt haben soll. Überhaupt hat Allah den Juden unheimlich viele Propheten geschickt, die scheinen wohl besonders anfällig für einen Abfall vom Glauben zu sein und ständiger indoktrinierender Ermahnung zu bedürfen?

> „Und ermahne, denn siehe, die Ermahnung nützt den Gläubigen." (Koran, 51: 55)

Allah hätte auf diese Tafel ein Buch geschrieben, aber diesmal gäbe er die Tafel nicht heraus, sondern hätte seinen Großengel Gabriel beauftragt, dem letzten Propheten das Buch nach und nach vorzulesen und einzugeben, damit er es den Arabern und allen anderen weitersage.

> „Ja, es ist ein ruhmvoller Koran auf verwahrter Tafel (im Himmel)." (Koran, 85: 21, 22)

Mohammed gibt sich bescheiden, weil es so in dem Buche stünde:

> „Sprich: „Ich bin kein Neuerer unter den Gesandten, und ich weiß nicht, was mit mir und euch geschehen wird. Ich folge nur dem, was mir offenbart ward, und ich bin nur ein offenkundiger Warner."" (Koran, 46: 9)

Es gibt im Islam keine heilige Verbindung mit Gott, Allah bleibt unerreichbar, obwohl er in allem als Wirkursache zugegen sein solle. Man kann nur versuchen, seinen per „stiller Post“ über Gabriel und Mohammed durchgegebenen Vorschriften zu genügen. Überprüfen kann man natürlich nichts, man muss einfach daran glauben. Aber Allah macht mächtig Druck, mit Zuckerbrot und Peitsche, damit das Glauben leichter fällt.

> „So ermahne; du bist nur ein Ermahner, du hast keine Macht über sie, außer über den, der sich abkehrt und ungläubig ist; denn ihn wird Allah mit der größten Strafe treffen. Siehe, zu uns ist ihre Heimkehr, alsdann liegt uns ihre Rechenschaft ob.“ (Koran, 88: 21-26)

Die Abkehr vom Islam sei das schlimmste Verbrechen, das es gäbe. Und die einzige Macht, die Allah seinem Gesandten Mohammed gegeben hat, ist die Angst vor Allahs Strafe dafür, und die schon ins Irdische vorgezogene Strafe selbst.

Schöpfungs-Aberglauben auf islamisch

Muslime glauben an den biblischen Schöpfungsmythos in koranischer Lesart. Es begann ja damit, dass Mohammed in seiner Meditationshöhle vom Erzengel Gabriel angeherrscht worden sein soll:

> „Lies! Im Namen deines Herrn, der erschuf, erschuf den Menschen aus *geronnenem Blut*. Lies, denn dein Herr ist allgütig, der die Feder gelehrt, gelehrt den Menschen, was er nicht gewusst.“ (Koran, 96: 1-5)

Das bezieht sich offensichtlich auf das Volk der Schrift. Ihnen solle er vorlesen aus dem himmlischen Koran.

> „Erschaffen hat er den Menschen aus Lehm wie ein Tongefäß; und erschaffen hat er die Dschann (die Dschinn, sollen Wüstendämonen sein) aus rauchlosem Feuer.“ (Koran, 55: 14, 15)

> „Und wahrlich, erschaffen haben wir den Menschen aus trocknem Lehm, aus geformtem Schlamm; und die Dschinn erschufen wir zuvor aus dem Feuer des Samum.“ (Koran, 15: 26, 27)

Echt jetzt? Die Dschinn sollen Körper haben wie wir, nur unsichtbar. Allah zielt mit Blitzen auf Menschen, die er treffen will. Alle haben Angst vor ihm, selbst der

Donner. Alle lobpreisen Allah, doch nur aus Furcht vor ihm. Die Wertschätzung dieses Gottes beruht auf seiner Zerstörungsgewalt.

> „Und der *Donner* lobpreist ihn und die Engel, aus Furcht vor ihm. Und er entsendet seine Blitze und trifft mit ihnen, wen er will, während sie über Allah streiten; und er ist der an Macht Gewaltige. Ihm gebührt die Anrufung; und jene, die sie außer Ihm anrufen, erhören sie nicht anders, als dass sie jenem gleichen, der seine Hände zum Wasser reckt, damit es seinen Mund erreicht, wo es ihn doch nicht erreichen kann. Das Gebet der Ungläubigen geschieht nur im Irrtum.“ (Koran, 13: 13, 14)

Solche Offenbarungen wären lächerlich, wäre die Sache nicht dadurch todernst, dass Abermillion Menschen daran glauben. Das Wesen Allahs spiegelt sich im Glauben seiner dienenden Anhänger und kommt dadurch gewissermaßen tatsächlich in die Welt. Menschengemacht! Allah ist kein Freigeist, sondern ein Tyrann und gefällt sich als Sklavenhalter, der Sklaven als Diener haben will.

> „Keiner in den Himmeln und auf Erden darf sich dem Erbarmer anders nahen wie als Sklave.“ (Koran, 19: 93)

> „Und die Dschinn und die Menschen habe ich nur dazu erschaffen, dass sie mir dienen.“ (Koran, 51: 56)

Wie in der Bibel sei der Mensch aus Staub erschaffen, wie ein Tongefäß, dem Leben eingehaucht wurde. Aber Mohammed spannt den Bogen weiter, denn Allah habe nicht nur die Urzeugung des Menschen bewirkt, sondern erschaffe weiterhin auch jeden geborenen Menschen. Allah stünde hinter der Natur oder sei mit ihr identisch.

> „Und wahrlich, wir erschufen den Menschen aus reinstem Ton, alsdann setzten wir ihn als Samentropfen in eine sichere Stätte, alsdann schufen wir den Tropfen zu geronnenem Blut und schufen den Blutklumpen zu Fleisch und schufen das Fleisch zu Gebein und bekleideten das Gebein mit Fleisch; alsdann brachten wir ihn hervor als eine andre Schöpfung, und gesegnet sei Allah, der beste Schöpfer!“ (Koran, 23: 12-14)

> „... so haben wir euch erschaffen aus Staub, alsdann aus einem Samentropfen, alsdann aus geronnenem Blut, alsdann aus Fleisch, geformtem und ungeformtem, auf dass wir euch unsre Allmacht erwiesen. Und wir lassen ruhen in den Mutterschößen, was wir wollen, bis zu einem benannten Ter-

> min; alsdann lassen wir euch hervorgehen als Kinder; alsdann lassen wir euch eure Reife erreichen; und der eine von euch wird abberufen und der andre von euch bleibt zurück bis zum verächtlichsten Alter, dass er alles, was er wusste, vergaß. ...“ (Koran, 22: 5)

Der Koran kennt nur vier Seelenzustände des Menschen, in der normalen Welt die zum Bösen geneigte Seele (Koran, 12: 53) und die sich selbst verklagende Seele (Koran, 75: 2), sowie die gequälte Seele in der Hölle und die beruhigte Seele im Paradies (Koran, 89: 27). Die gute Seele kennt er nicht und die glückliche auch nicht. Doch damit nicht genug. Der Mensch wird erniedrigt, sein Wille wird gebrochen, mit dem Ziel, ihn zum bedingungslosen Gehorsam umzuerziehen.

> „Wahrlich, wir erschufen den Menschen in schönster Gestalt. Alsdann machten wir ihn wieder zum Niedrigsten der Niedrigen: Außer denen, die da glauben und das Rechte tun, ihnen wird ein unverkürzter Lohn.“ (Koran, 95: 4-6)

> „Schufen wir euch nicht aus verächtlichem Wasser.“ (Koran, 77: 20)

Der Mensch wird letztlich geringgeschätzt. Er sei verächtlich und ein Subjekt göttlicher Manipulation, ein sklavisches Wesen, das auf seinen Glaubensgehorsam hin getestet wird.

> „Siehe, wir erschufen den Menschen aus einer Samenmischung, ihn zu prüfen, und wir gaben ihm Gehör und Gesicht.“ (Koran, 76: 2)

Auch der Glauben sei eine Schöpfung Allahs. Die Menschen habe er erschaffen, damit sie glaubten. Allah änderte seine Schöpfung, den rechten Glauben, nicht. Aber die meisten Menschen wüssten das nicht, sie hätten nicht das richtige Wissen, und deshalb glaubten viele von ihnen das von den Menschen selbst veränderte Falsche. Nur das richtige Wissen von Allah her bringe den richtigen Glauben und die Erlösung.

> „Und so richte dein Angesicht aufrichtig zum Glauben, einer Schöpfung Allahs, zu der er die Menschen erschaffen; es gibt keine Änderung in der Schöpfung Allahs; dies ist der rechte Glauben, jedoch wissen es die meisten Menschen nicht. Bekehret euch zu ihm und fürchtet ihn und verrichtet das Gebet und setzet ihm keine Gefährten zur Seite, wie jene, die ihren Glauben spalteten und in Sekten zerfielen, von denen sich jede Partei ihrer eigenen

> Meinung erfreut.“ (Koran, 30: 31, 32) „Und nimmer findet du in Allahs Weise einen Wechsel.“ (Koran, 35: 42)

Mohammed und seinem Eingott ist jede Veränderung und jede Meinungsvielfalt zuwider – einfach widergöttlich. Der richtige Glaube sei der richtige Glaube, da gäbe es nichts zu deuteln, jede Veränderung bedeute Verwirrung und Zerfall. Allah änderte sein Verhalten nie. Und die ganze Evolution hat er Mohammed auch verschwiegen.

Dieser Allah lasse niemanden in Ruhe, auch seine gläubigen Anhänger nicht. Er sei ein misstrauischer Versucher.

> „Wähnen wohl die Menschen, in Frieden gelassen zu werden, wenn sie sprechen: „Wir glauben“ – und nicht versucht zu werden? Aber wahrlich, wir versuchten diejenigen, die vor ihnen lebten, und wahrlich, Allah wird die Wahrhaften und die Lügner erkennen.“ (Koran, 29: 2, 3)

Dem himmlischen Willkürherrscher seien alle Menschen ausgeliefert. Er bestrafe gerne und sei sehr wählerisch mit seinem Erbarmen. Er sei sogar ein niederträchtiger Zyniker, denn er wolle, dass die Ungläubigen an seiner Barmherzigkeit verzweifelten, weil sie doch von ihr ausgeschlossen seien.

> „Er straft, wen er will, und erbarmt sich, wessen er will, und zu ihm werdet ihr zurückgeholt. Und nicht vermögt ihr ihn auf Erden oder im Himmel zu schwächen, und nicht habt ihr außer Allah einen Beschützer und Helfer. Und diejenigen, welche nicht glauben an die Zeichen Allahs und an die Begegnung mit ihm, die sollen an meiner Barmherzigkeit verzweifeln, und sie sollen schmerzliche Strafe erleiden.“ (Koran, 29: 21-23)

Aber natürlich wäscht er seine „allmächtigen Schöpferhände“ in himmlischer Unschuld. Die Menschen seien nämlich selbst schuld an ihrer Bestrafung, wenn sie ihm nicht gehorchten. Allah gehöre alles und er bestrafe streng. Diejenigen, welche das Leben mehr liebten als den Tod im Jenseits und den Islam abwandelten von der reinen Lehre, das seien verirrte Ungläubige. Allah hätte die Völker in ihrer jeweiligen Sprache angesprochen und gewarnt. Er leite in die Hölle oder ins Paradies, wen er wolle.

> „... und weh ob der strengen Strafe der Ungläubigen, welche das irdische Leben mehr lieben als das Jenseits und abwendig machen von Allahs Weg und ihn zu krümmen trachten; sie sind in tiefem Irrtum. Und nicht entsandten wir einen Gesandten, es sei denn mit der Sprache seines Volkes, um

ihnen (unsre Offenbarung) deutlich zu machen. Und Allah führt irre, wen er will, und leitet recht, wen er will; und er ist der Mächtige, der Weise." (Koran, 14: 2-4)
„Festigen wird Allah die Gläubigen durch das festigende Wort im irdischen Leben und im Jenseits; und Allah führt die Ungerechten irre; und Allah tut, was er will." (Koran, 14: 27)

Allah führe nicht nur irre, er bestärke die Irreführung sogar durch einen persönlichen Satan, den er zu diesem Zweck schicke. Wie hinterhältig und gemein.

„Und wer sich abkehrt von der Ermahnung des Erbarmers, dem gesellen wir einen Satan bei, der sein Gesell sein soll. Denn siehe, sie sollen sie abwendig machen vom Weg, während sie sich für geleitet halten sollen;" (Koran, 43: 36, 37)

„Siehst du nicht, dass wir die Satane wider die Ungläubigen entsenden, um sie anzureizen?" (Koran, 19: 83)

Und so du den Koran liesest, so nimm deine Zuflucht zu Allah vor dem gesteinigten Satan. Siehe, keine Macht hat er über die, welche gläubig sind und auf ihren Herrn vertrauen. Siehe, seine Macht reicht nur über die, welche sich von ihm (Allah) abkehren und ihm Gefährten geben." (Koran, 16: 98-100)

„Und so Allah es gewollt, hätte er euch zu einer einzigen Gemeinde gemacht; jedoch führt er irre, wen er will, und leitet recht, wen er will; und wahrlich, zur Rechenschaft gezogen werdet ihr für euer Tun." (Koran, 16: 93)

Dieser seltsame Gott Allah mache die Menschen für seine eigene Irreleitung verantwortlich und bestrafe sie dafür. Dieses (un)moralische Paradoxon entsteht, weil Mohammed die Lebenswirklichkeit der Menschen mit dem behaupteten allmächtigen Wirken Allahs in Einklang bringen muss, was offensichtlich nicht aufgeht.

Was soll an einem Jüngsten Tag passieren?

Ganz ähnlich wie die Juden und Christen glauben die Muslime an einen Jüngsten Tag, an ein Ende der Geschichte, welches einträte, wenn der Islam über die Erde herrsche. Gott ließe dann in eine Posaune blasen. Acht Engel trügen den Thron des

Herrn aus dem gespaltenen Himmel zur Erde, welche sich völlig verändern würde. Himmel und Erde würden quasi eins werden. Das Paradies und die Hölle fänden praktisch hier unten auf der neuen Erde statt. Alle Toten stiegen aus ihren Gräbern, zu neuem Leben erweckt, sie hätten wieder Körper aus Fleisch und Blut und es würde Gericht über sie gehalten werden. Allah allein bestimmte, wer in die Hölle und wer in das Paradies käme, er wäre dabei an keine seiner Entscheidungen gebunden. Er könne in Ewigkeit machen, was er wolle. Allah sei schließlich der größte Willkürherrscher, den das Universum zu bieten hätte. Also, wollen Sie mal in den Schilderungen der islamischen Apokalypse schwelgen? Die Offenbarungen malen dieses Märchen so aus:

> „Und eines Tages wird in die Posaune gestoßen, und erschrecken werden alle in den Himmeln und auf Erden: außer denen, die Allah lieben. Und alle werden demütig zu ihm kommen. Und die Berge, die du für fest hältst, wirst du wie Wolken dahingehen sehen: das Werk Allahs, der alle Dinge ordnet! Siehe, er weiß, was er tut." (Koran, 27: 87, 88)

> „An jenem Tage werden sich die Himmel mit den Wolken spalten, und herabgesandt sollen die Engel werden. Das Reich wird an jenem Tage, das wahrhaftige, des Erbarmers sein, und ein Tag soll es sein für die Ungläubigen, ein harter. Und an jenem Tage wird der Sünder seine Hände beißen und sprechen: „O dass ich doch einen Weg mit dem Gesandten genommen hätte! O weh, dass ich doch nicht den und den zum Freunde genommen hätte! Wahrlich, er führte mich in die Irre abseits von der Warnung, nachdem sie an mich ergangen, denn der Satan ist des Menschen Verräter." Und es sprach der Gesandte: „Mein Herr, siehe, mein Volk hält diesen Koran für eitles Geschwätz."" (Koran, 25: 25-30)

> „Und eines Tages werden wir die Berge vergehen lassen, und schauen wirst du eben die Erde, und versammeln werden wir sie und keinen von ihnen übersehen. Und aufgestellt werden sie vor deinem Herrn in Reihen, (und er wird sprechen): „Wahrlich, ihr seid zu uns gekommen, wie wir euch erschaffen zum erstenmal; ihr aber glaubtet, wir würden nimmer unser Versprechen halten." Und hingelegt wird das Buch, und schauen wirst du die Sünder in Ängsten über seinen Inhalt, und sie werden sprechen: „Wehe uns! Was bedeutet dieses Buch! Es ließ nicht die kleinste und nicht die größte Sünde unaufgeschrieben." Und finden werden sie ihre Taten zur Stelle, und keinem wird dein Herr unrecht tun." (Koran, 18: 47-49)

> „Wenn jener Tag kommt, dann wird keine Seele sprechen, es sei denn mit seiner Erlaubnis, und die einen von ihnen sollen elend sein und die anderen glückselig. Was die Elenden anlangt, so sollen sie ins Feuer kommen und drinnen seufzen und stöhnen. Ewig sollen sie darinnen verbleiben, solange die Himmel und die Erde dauern, es sei denn, dass dein Herr es anders wolle; siehe, dein Herr tut, was er will. Was aber die Glückseligen anlangt, so sollen sie ins Paradies kommen und ewig darinnen verweilen, solange die Himmel und Erde dauern, es sei denn, dass dein Herr es anders wolle – eine ununterbrochene Gabe." (Koran, 11: 105-108)

> „An jenem Tag, an dem der Mensch an sein Bestreben gemahnt wird, und der Höllenpfuhl hinausgebracht wird für den, der sieht: Dann, was den anlangt, der überschritt und das irdische Leben vorzog, siehe, der Höllenpfuhl ist seine Wohnung." (Koran, 79: 35-39)

Allah verrät auch seinem letzten Propheten nicht, wann der Jüngste Tag anbricht. Höchste Geheimhaltungsstufe. Es bleibt bei der leeren Androhung. Mohammed ist geschickt genug, nicht den Fehler mancher Sektengurus von heute zu machen, die konkrete Weltuntergangstermine verkünden, die dann ohne Untergang verstreichen. Aber natürlich pflanzt er den Menschen die Furcht ein, der Tag sei irgendwie schon nahe.

> „Sie werden dich nach der Stunde fragen, wann ihr Termin ist? Was weißt du von ihr zu sagen! Bei Allah steht ihr Ende. Du bist nur ein Warner für den, der sie fürchtet. An dem Tag, da sie sie schauen, wird's ihnen sein, als hätten sie nur einen Abend oder einen Morgen verweilt. (Koran, 79: 42, 46)

> „Er fragt: „Wann ist der Auferstehungstag?" Doch wenn der Blick geblendet wird und der Mond sich verfinstert und Sonne und Mond sich vereinigen, dann wird der Mensch an jenem Tage sprechen: „Wo ist die Zuflucht?" Keineswegs; es gibt kein Asyl – Zu deinem Herrn ist an jenem Tag die Zuflucht." (Koran, 75: 6-12)

An jenem, unbestimmten, Jüngsten Tag packt Gott seine Welt ein und zieht eine neue auf. Wie im Theater.

> „Wenn die Sonne *zusammengefaltet* wird, und wenn die Sterne herabfallen, und wenn die Berge sich rühren, und die hochschwangeren Kamelstuten vernachlässigt werden, und wenn die wilden Tiere sich versammeln (um Schutz zu suchen) und wenn die Meere anschwellen, und wenn die Seelen

> gepaart werden (mit ihren neuen Leibern), und wenn das lebendig begrabene (neugeboren beseitigte Mädchen) gefragt wird, um welcher Sünde willen es getötet ward, und wenn die Seiten aufgerollt werden, und wenn der Himmel weggezogen wird, und wenn der Höllenpfuhl entflammt wird, und wenn das Paradies nahegebracht wird, dann wird jede Seele wissen, was sie getan hat. Und ich schwöre bei den rücklaufenden Sternen, den eilenden und sich verbergenden (den Planeten Merkur, Venus, Mars, Jupiter und Saturn), und bei der Nacht, wenn sie dunkelt, und dem Morgen, wenn er aufatmet, siehe, dies ist wahrlich das Wort eines edlen Gesandten, der begabt ist mit Macht bei dem Herrn des Thrones und in Ansehen steht, dem gehorcht wird und der getreu ist.“ (Koran, 81: 1-21)

> „Und wenn sich die Wasser vermischen, und wenn die Gräber umgekehrt werden, dann weiß die Seele, was sie getan und unterlassen hat.“ (Koran, 81: 3, 4)

Uuhh, da kann man schon furchtsam werden, bei dieser Formulierung. – Wie bei jeder gut geschriebenen Gruselgeschichte aus dem Reich der Phantasie. Der letzte Prophet sei also gekommen, uns zu warnen wie die früheren Propheten, das Ende der Welt komme näher. Habt schön Angst vor Allahs Gericht über euch und werft euch vor Allah und seinem Gesandten nieder und tut, was Allah euch über Mohammed sagt und befiehlt. Vergesst diese Welt hier. Denn das richtige Leben fange für die Geretteten erst im Tode an.

> „Und dieses irdische Leben ist nichts als ein Zeitvertreib und ein Spiel, und siehe, die jenseitige Wohnung ist wahrlich das Leben. Wenn sie es doch wüssten!“ (Koran, 29: 64) „Wer das Rechte tut, sei es Mann oder Weib, wenn er nur gläubig ist, den wollen wir lebendig machen zu einem guten Leben und wollen ihn belohnen für seine besten Werke.“ (Koran, 16: 97)

> „Für welchen Tag ist der Termin gegeben? Für den Tag der Trennung!“ (Koran, 77: 12, 13)

Es geht am Auferstehungstag nicht um Vereinigung, sondern um die Trennung der Geschöpfe in Paradies und Hölle. Allah würde jedem Menschen sein Taten-Buch (die Gerichtsakte) geöffnet vorlegen und anherrschen: „Lies dein Buch; du selber sollst heute Rechenschaft wider dich ablegen.“ (Koran, 17: 13, 14) Die fürs Paradies Vorgesehenen bekämen ihre Personalakte in die rechte Hand gegeben. Die für die Hölle Vorgesehenen würden gefesselt, die rechte Hand an den Hals und die linke auf den Rücken; sie bekämen ihre Anklageschrift in die linke Hand.

„Freunde werden an jenem Tage einer des andern Feind sein außer den Gottesfürchtigen. O meine Diener, keine Furcht kommt auf euch an jenem Tage, und nicht sollen traurig sein, die da glauben an unsre Zeichen und Muslime sind: „Tretet ein ins Paradies ihr und eure Gattinnen, in Freuden! Kreisen werden unter ihnen Schüsseln und Becher von Gold, enthaltend, was die Seelen ersehnen und die Augen ergötzt. „Und ewig sollt ihr darinnen verweilen. Denn das ist das Paradies, das euch zum Erbe gegeben ward für euer Tun. Euch sind in ihm Früchte in Menge, von denen ihr speiset." Siehe, die Sünder, in Dschahannams Strafe sollen sie ewig verweilen. Nicht soll sie unterbrochen werden, und verzweifeln sollen sie in ihr. Und nicht tun wir ihnen unrecht, sondern sie waren die Ungerechten." (Koran, 43: 67-76)

„Siehe, wenn zu ihnen gesprochen ward: „Es gibt keinen Gott außer Allah" – dann waren sie hoffärtig und sprachen: „Sollen wir wirklich unsre Götter um eines besessenen Dichters willen aufgeben?" Aber er kam mit der Wahrheit und bestätigte die Gesandten. Siehe, ihr werdet wahrlich die schmerzliche Strafe schmecken und werdet nur nach euerm Tun den Lohn empfangen." (Koran, 37: 35-39)

Die Hölle für die Ungläubigen

Und, wie solle es zugehen in dieser Hölle? Worauf müssten sich alle Nichtmuslime und alle heuchlerischen Halbmuslime einstellen?

„Und wer nicht an Allah und seinen Gesandten glaubt, – siehe für die Ungläubigen haben wir eine Flamme bereitet." (Koran, 48: 13) „Erkannt werden die Sünder an ihren Merkzeichen, und erfasst werden sie an ihren Stirnlocken und Füßen." (Koran, 55: 41) „Eines Tages werden sie ins Feuer auf ihren Angesichtern geschleift: „Schmecket die Berührung des Höllenfeuers."" (Koran, 54: 48)

„An jenem Tage wirst du die Sünder in Fesseln zusammengekoppelt sehen, in Kleidern von Pech, und das Feuer wird über ihre Angesichter schlagen, damit Allah jeder Seele nach Verdienst lohnt. Siehe, Allah ist schnell im Rechnen." (Koran, 14: 49-51)

„Siehe, die Ungläubigen vom Volk der Schrift und die Götzendiener werden in Dschahannams Feuer kommen und ewig darinnen verweilen. Sie sind die schlechtesten der Geschöpfe.“ (Koran, 98: 6) „Er wird sprechen: „Hinfort mit euch! Hinein (ins Feuer)! Und redet nicht mit mir.“ (Koran, 23: 108)

Die Hölle sei heiß vom Glutwind, erfüllt von schwarzem Rauch und siedendem Wasser. Die Menschen hätten dort normale Körper, sie müssten essen und trinken. Allahs Hölle sei wie ein mittelalterlicher Folterkeller. Die Engel schlügen den Ungläubigen ins Gesicht und auf den Rücken. Mohammed ergeht sich in Folterphantasien:

> „Siehe, wir bereiteten für die Ungläubigen Ketten und Joche und eine Flamme.“ (Koran, 76: 4) „Siehe, bei uns sind Fesseln und der Höllenpfuhl und würgende Speise und schmerzliche Strafe,“ (Koran, 73: 12, 13) „Und keine Speise außer Eiterfluss, den nur die Sünder fressen.“ (Koran, 69: 36, 37) „... und getränkt soll er werden mit Eiterfluss. Er soll ihn hinunterschlucken und kaum unter die Gurgel bringen, und kommen soll der Tod zu ihm von allen Seiten, ohne dass er sterben könnte; und vor ihm ist harte Strafe.“ (Koran, 14: 16, 17) „... Sooft ihre Haut gar ist, geben wir ihnen eine andre Haut, damit sie die Strafe schmecken. Siehe Allah ist mächtig und weise. (Koran, 4: 56)

> „Brennend an glühendem Feuer, getränkt aus einer siedenden Quelle. Keine Speise sollen sie erhalten außer vom Dariastrauch (einem Dornstrauch), der nicht fett macht und den Hunger nicht stillt.“ (Koran, 88: 4-7)

Nanu, eben sollten sie nur Eiterfluss fressen. Widersprüchliche Aussagen sind im Koran verbreitet.

> „... für die Ungläubigen sind Kleider aus Feuer geschnitten; gegossen wird siedendes Wasser über ihre Häupter, das ihre Eingeweide und ihre Haut schmilzt; und eiserne Keulen sind für sie bestimmt. Sooft sie aus ihr (der Hölle) vor Angst zu entrinnen suchen, sollen sie in sie zurückgetrieben werden ...“ (Koran, 22: 19-22)

Im Jenseits gäbe es keine Erlösung mehr, nur noch Verschlimmerung. Allahs Strafe sei niederträchtig, er trete rachsüchtig nach.

> „Und wir senden hinab vom Koran, was eine Arznei ist und eine Barmherzigkeit für die Gläubigen; den Sündern aber mehrt er nur das Verderben.“

(Koran, 17: 82) „Und wer hienieden blind gewesen, der soll auch im Jenseits blind sein und noch mehr vom Weg abirren." (Koran, 17: 72)

Alle, die sich nicht als gläubige Diener Allahs bewährt hätten, die Ungläubigen sowieso, kämen in die Hölle. Allah, der Barmherzige, ist gar nicht wirklich barmherzig, sondern gnadenlos hassend.

„Die Ungläubigen aber, für sie ist Dschahannams Feuer. Nicht wird das Sterben über sie verhängt und ihre Strafe ihnen nicht erleichtert. Also lohnen wir jedem Ungläubigen. Und schreien werden sie darinnen: „Unser Herr, nimm uns hinaus. Wir wollen rechtschaffen handeln, nicht wie wir zuvor handelten." Aber gewährten wir euch nicht langes Leben, dass jeder, der sich ermahnen lässt, Ermahnung annähme? Und der Warner kam zu euch. So schmecket (die Strafe), denn die Ungerechten haben keinen Helfer." (Koran, 35: 36, 37)

Der Teufel ist hinter euch her!, warnt Mohammed. Er verführt euch mit den Freuden des irdischen Lebens, damit ihr nicht mehr an Allahs Strafgericht denkt. Gehorcht lieber Allah und mir, aber helfen kann ich euch gegen den Teufel nicht.

„O ihr, die ihr glaubt, siehe, der Wein, das Spiel, die Bilder und die Pfeile (zum Auslosen) sind ein Greuel von Satans Werk. Meidet sie; vielleicht ergeht es euch wohl." (Koran, 5: 90)

„Der Satan will nur zwischen euch Feindschaft und Hass werfen durch Wein und Spiel und euch abwenden von dem Gedanken an Allah und dem Gebet. Wollt ihr deshalb nicht davon ablassen?" (Koran, 5: 91)

„Und gehorchet Allah und gehorchet dem Gesandten und seid auf eurer Hut. Und so ihr den Rücken kehrt, so wisset, dass unserm Gesandten nur eine offenkundige Predigt obliegt." (Koran, 5: 92)

„O ihr, die ihr glaubt, rettet euch und eure Familien vom Feuer, dessen Brennstoff Menschen und Steine sind; über es sind Engel gesetzt, starke und gestrenge, die gegen Allahs Befehl nicht widerspenstig sind und tun, was sie geheißen sind." (Koran, 66: 6)

„Und wähne nicht, dass Allah die Verheißung, die er seinen Gesandten gegeben, nicht hält. Siehe, Allah ist mächtig und ein Rächer. An jenem Tage,

> an welchem die Erde und die Himmel verwandelt werden, und sie vor Allah treten, den Einigen, den Allmächtigen ... (Koran, 14: 47, 48)

Auf Allahs Rache sei Verlass. Wer die Hölle verdient habe, der bekomme sie auch. Mohammed gibt sogar zu: Der Glaube an den strafenden, einzigen Gott Allah ist überhaupt nur durch die Drohung mit dessen Hölle vermittelbar. Der Menschen *Angst* vor dieser Höllenpein, die Angstzentrierung, soll ihnen nämlich absurderweise ein *monotheistischer Gottesbeweis* sein; er offenbart:

> „Dies ist eine Ankündigung für die Menschen und diene als Warnung für sie, und sie sollen hieraus erkennen, dass es nur einen einigen Gott gibt, und die Verständigen sollen es bedenken." (Koran, 14: 52)

Und diese Höllenstrafe würde auch ganz gewiss kommen, denn Gott schwörte es, beim Mond:

> „Fürwahr, beim Mond" (Koran, 74: 32)

Ein Blick ins Paradies nur für Muslime

Allah sei ein Händler und verlange, dass wir Menschen für unsere Sünden bezahlen müssten und zwinge uns dazu einen Deal auf: Wenn wir ihn mehrmals täglich korrekt und unterwürfig anbeteten, die Armensteuer zahlten, an alle seine Propheten glaubten und Geld für die gewaltsame Islamisierung der Welt ausgäben, dann ignorierte er unsere Missetaten, egal was es sei, und ließe uns in seinen Paradiesgarten. Durch Glauben und Gehorsam seien unsere Sünden „bezahlt". Wenn nicht, wenn wir uns auf sein Angebot nicht einließen, oder nur halbherzig, dann würde er uns in der Hölle zur Strafe quälen. Alles auf ewig angelegt.

> „Und wahrlich, es schloss Allah einen Bund mit den Kindern Israel, und aus ihnen erweckten wir zwölf Führer, und es sprach Allah: „Siehe, ich bin mit euch. Fürwahr, wenn ihr das Gebet verrichtet und die Armenspende zahlt und an meine Gesandten glaubt und ihnen helft und Allah eine schöne Anleihe leiht, wahrlich, dann bedecken wir eure Missetaten und wahrlich, dann führen wir euch ein in Gärten, durcheilt von Bächen. Drum wer nach diesem von euch nicht glaubt, der ist abgeirrt von dem ebenen Weg." (Koran, 5: 12)

> „Siehe, Allah hat von den Gläubigen ihr Leben und ihr Gut für das Paradies erkauft. Sie sollen kämpfen in Allahs Weg und töten und getötet werden. Eine Verheißung hierfür ist gewährleistet in der Tora, im Evangelium und im Koran; und wer hält seine Verheißung getreuer als Allah? Freut euch daher des Geschäfts, das ihr abgeschlossen habt; und das ist die große Glückseligkeit." (Koran, 9: 111)

> „Bereitet hat Allah für sie Gärten, durcheilt von Bächen, ewig darinnen zu verweilen. Das ist die große Glückseligkeit." (Koran, 9: 89)

> „Wer aber nicht glaubt und unsre Zeichen der Lüge zeiht, das sind die Gefährten des Höllenpfuhls." (Koran, 5: 86)

Die Gläubigen sollen ein mörderisches Kriegsgeschäft mit Allah und seinem Gesandten abschließen, zum Lohn erhalten sie zuerst Kriegsbeute und dann das Paradies, welches so breit sei wie Himmel und Erde.

> „Wisset, dass das irdische Leben nur ein Spiel und ein Scherz und ein Schmuck ist und Gegenstand des Rühmens unter euch. Und die Zunahme an Gut und Kindern ist gleich dem Regen, dessen Wachstum die Dörfler erfreut. Alsdann welkt es, und du siehst es gelb werden. Alsdann zerbröckelt es. Und im Jenseits ist strenge Strafe, und Verzeihung von Allah und Wohlgefallen. Und das irdische Leben ist nur ein trügerischer Niesbrauch. Wetteilet miteinander zur Verzeihung eures Herrn und zum Paradies, dessen Breite gleich der Breite des Himmels und der Erde ist, bereitet für diejenigen, welche an Allah und seinen Gesandten glauben. Das ist Allahs Huld, die er gibt, wem er will. Und Allah ist von großer Huld." (Koran, 57: 20, 21)

Auch die fürs Paradies bestimmten, auserwählten Gläubigen sind weiterhin furchtsam vor ihrem brutalen Hirten und werden wie eine Schafherde hineingetrieben und bewacht.

> „Und getrieben werden diejenigen, welche ihren Herrn fürchten, in Scharen ins Paradies, bis dass sie zu ihm gelangen und seine Tore geöffnet werden und seine Hüter zu ihnen sprechen: „Frieden sei auf euch, ihr waret gut gewesen! So tretet ein für immerdar. Und sie werden sprechen: „Das Lob sei Allah, der uns seine Verheißung wahr gemacht hat und uns erben lies die Erde, auf dass wir hausen können im Paradiese, wo immer wir wollen. Und herrlich ist der Lohn der Wirkenden." (Koran, 39: 73, 74)

Das Bild, das Mohammed vom islamischen Paradies zeichnet, verheißt praktisch nur die Wonnen „spätrömische Dekadenz“ in einer zum Landschaftsgarten umgestalteten Wüstenoase, vorbehalten nur seinen unterwürfigen Schäfchen.

> „Siehe, für die Gottesfürchtigen ist ein seliger Ort, Gartengehege und Weinberge, Jungfrauen mit schwellenden Brüsten, Altersgenossinnen und volle Becher.“ (Koran, 78: 31-34)

Es gäbe dort weder Hitze noch Kälte, keine Sonne, sondern Schatten und herabhängende Trauben. Es gäbe Wasser gemischt mit dem Wasser der Kampferquelle zu trinken, auch Ingwer käme zum Einsatz. Getrunken würde aus Silber- und Goldgefäßen. Die Gläubigen säßen auf Hochzeitsthronen, auf Sofas, Kissen und Teppichen, gekleidet in grüne Stoffe von Seide und Brokat.

> „Siehe, die Gottesfürchtigen kommen in Schatten und Quellen und zu Früchten, wie sie begehren. „Esset und trinket zum Wohlsein für das, was ihr getan.“ Siehe, so lohnen wir den Rechtschaffenen.“ (Koran, 77: 41-44)

> „Für jene sind Edens Gärten, durcheilt von Bächen. Geschmückt werden sie darinnen mit Armspangen von Gold und gekleidet in grüne Kleider von Seide und Brokat, sich lehnend darinnen auf Diwanen. Ein herrlicher Lohn und eine schöne Ruhestätte!“ (Koran, 18: 31)

> „Im hohen Garten, in dem sie kein Geschwätz hören. In ihm ist eine strömende Quelle, in ihm sind erhöhte Polster und hingestellte Becher und aufgereihte Kissen und ausgebreitete Teppiche.“ (Koran, 88: 10-16)

Und was machten die Gläubigen dort, außer ausruhen? Sie feierten eine Party mit allem, was Freude bringe und ihnen im Erdenleben verboten war. Im Paradies dürften die Gläubigen dann nämlich endlich auch hemmungslos Alkohol trinken. Dort gäbe es einen ganz besonderen Tropfen. Sie äßen, tränken und hätten Sex nach Lust und Laune.

> „Aber die lautern Diener Allahs, die sollen eine festgesetzte Versorgung erhalten: Früchte; und geehrt sollen sie sein in den Gärten der Wonne, auf Polstern einander gegenüber. Kreisen soll unter ihnen ein Becher aus einem Born, Weiß (Wein), süß den Trinkenden; kein Schwindel soll in ihm sein, und nicht sollen sie von ihm berauscht werden. Und bei ihnen sollen sein züchtig blickende, großäugige (Mädchen), gleich einem versteckten Ei.“ (Koran, 37: 40-49)

> „Auf Hochzeitsthronen (sitzend) werden sie ausschauen; erkennen kannst du auf ihren Angesichtern den Glanz der Wonne; getränkt werden sie von versiegeltem Wein, dessen Siegel Moschus ist – und hiernach mögen die Begehrenden begehren –,“ (Koran, 83: 23-26)

Im Paradies seien die sozialen Unterschiede zwischen den Menschen noch größer, als sie in der Welt gewesen waren:

> „Schau, wie wir die einen vor den andern bevorzugten! Doch das Jenseits soll größere Rangstufen haben und größere Auszeichnungen.“ (Koran, 17: 21)

Das fange schon damit an, dass es zwei Gärten für die Allergottesfürchtigsten und zwei für die etwas weniger Vorbildlichen unter den immer noch Gerechten gäbe, also insgesamt vier Paradiesgärten, aber mit gleicher Grundausstattung. Überall sprudelten Quellen und wüchsen allerhand Früchte. Die Männer bekämen zu ihren Ehefrauen und Sklavinnen aus ihrem Erdenleben noch himmlische Bräute vom Feinsten hinzu: die Paradiesjungfrauen (Huris). Dies seien Mädchen mit großen Augen, in welchen das Schwarze und Weiße stark hervorträte. Sie warteten in verschlossenen Zelten auf den ersten Geschlechtsverkehr. Das Paradies scheint eher für Männer gemacht zu sein.

> „Für den aber, der seines Herrn Rang gefürchtet, sind der Gärten zwei.“ (Koran, 55: 46) „Und außer diesen beiden sind der Gärten zwei (für die weniger Verdienstvollen).“ (Koran, 55: 62)

> „In beiden sind Früchte und Palmen und Granatäpfel.“ (Koran, 55: 68)

> „Sie sollen sich lehnen auf Betten, mit Futter aus Brokat, und die Früchte der beiden Gärten sind nahe.“ (Koran, 55: 54)

> „In ihnen sind Keuschblickende, die weder Mensch noch Dschann zuvor berührte.“ (Koran, 55: 56) „In ihnen sind gute und schöne (Mädchen).“ (Koran, 55: 70)

> „In Gärten und Quellen; gekleidet werden sie sein in Seide und Brokat, sitzend einander gegenüber. Also (wird’s sein) und wir vermählen sie mit schwarzäugigen Huris, rufen werden sie dort nach allerlei Früchten in Sicherheit.“ (Koran, 44: 52-55)

„Und wir wollen sie reichlich mit Früchten und Fleisch versorgen, wie sie es nur wünschen. Und reichen sollen sie einander darinnen einen Becher, in dem weder Geschwätz noch Versündigung ist. Und die Runde sollen unter ihnen Jünglinge machen, gleich verborgenen Perlen.“ (Koran, 52: 22-24)

„Die Runde machen bei ihnen unsterbliche Knaben mit Humpen und Eimern und einem Becher von einem Born. Nicht sollen sie Kopfweh von ihm haben und nicht das Bewusstsein verlieren. Und Früchte, wie sie sich erlesen, und Fleisch von Geflügel, wie sie's begehren, und großäugige Huris gleich verborgenen Perlen als Lohn für ihr tun. Sie hören kein Geschwätz darinnen und keine Anklage der Sünde; nur das Wort: „Frieden! Frieden!“ (Koran, 56: 17-26)

Viel geredet werden soll im Paradies also nicht. Da müssen die Frauen sehr fromm und willig sein.

„Das Bild des Paradieses, das den Gottesfürchtigen verheißen ward: In ihm sind Bäche von Wasser, das nicht verdirbt, und Bäche von Milch, deren Geschmack sich nicht ändert, und Bäche von Wein, köstlich den Trinkenden; und Bäche von geklärtem Honig; und sie haben in ihnen allerlei Früchte und Verzeihung von ihrem Herrn. Sind sie gleich dem, der ewig im Feuer weilen muss, und denen siedendes Wasser zu trinken gegeben wird, das ihnen die Eingeweide zerreißt?“ (Koran, 47: 15)

Offenbart Mohammed hier eine Botschaft Gottes oder erzählt er ein Märchen vom himmlischen Schlaraffenland? Wohl eindeutig Letzteres!

„Also haben wir dir einen arabischen Koran geoffenbart, damit du warnest die Mutter der Städte (Mekka) und alle ringsum, und sie warnest vor dem Tag der Versammlung, an dem kein Zweifel ist – ein Teil im Paradies und ein Teil in der Flamme! Und so es Allah gewollt, hätte er sie zu einer Gemeinde gemacht; jedoch führt er in seine Barmherzigkeit ein, wen er will, und die Ungerechten haben weder Schützer noch Helfer.“ (Koran, 42: 7, 8)

Der Mensch habe nur die Wahl zwischen dem schlimmsten denkbaren Übel, nämlich einer Gefangenschaft im Feuer mit ewiger Höllenpein und dem offenen Vollzug in einem schönen Garten zum Rumsitzen, mit Essen, Trinken und Geschlechtsverkehr. So habe er eigentlich gar keine Wahl, sondern der fürchterlichen, ungeheuren Qualen der Hölle wegen *muss* er sich für den Paradiesgarten entscheiden. Wenn Allah es zulässt und ihn für den richtigen Glauben empfänglich macht!

Den Wüstendämonen (Dschinn) soll es übrigens nicht anders ergehen als den Menschen, unter ihnen seien genauso Muslime und Ungläubige, auch sie würden in die zugedachten Wohnungen sortiert. Mal abgesehen davon, dass es sie gar nicht gibt. Und diese Art von Hölle und Paradies gibt es auch nicht, es sei denn, Menschen würden sie erschaffen.

Und was sagt der Koran zu Liebe und Hass?

Mohammed musste sich auch zur Liebe äußern. Bestimmt, weil er danach gefragt wurde. Viel offenbart er dazu nicht. Er instrumentalisiert sie für seine Zwecke. Die Liebe sei erst einmal ein Zeichen Allahs.

> „Und zu seinen Zeichen gehört es, dass er euch von euch selber Gattinnen erschuf, auf dass ihr ihnen beiwohnet, und er hat zwischen euch Liebe und Barmherzigkeit gesetzt. Siehe, hierin sind wahrlich Zeichen für nachdenkende Leute." (Koran, 30: 21)

Dann geht es los, er warnt vor den Gefahren, welche die Liebe der Menschen für den rechten Glauben mit sich brächte. Da die Liebe der Menschen zu ihren Mitmenschen und zu weltlichen Dingen nun mal da ist, muss sie von Mohammed zwar zur Kenntnis genommen werden, aber er wertschätzt sie nicht, im Gegenteil, er offenbart, sie sei eine verlockende Ablenkung, minderwertig gegenüber allem, was Allah im Paradies zu bieten hätte.

> „Verlockend ist den Menschen gemacht die Liebe für die Freuden an Frauen und Kindern und aufgespeicherten Talenten von Gold und Silber und Rassepferden und Herden und Ackerland. Solches ist der Nießbrauch des Lebens hienieden; aber Allah – bei ihm ist die schönste Heimstatt. Sprich: „Soll ich euch besseres als dies verkünden?" Die Gottesfürchtigen finden bei ihrem Herrn Gärten, durcheilt von Bächen, ewig darinnen zu verweilen, und reine Gattinnen und Allahs Wohlgefallen. Und Allah schaut seine Diener," (Koran, 3: 14, 15)

Denkt nicht an das, was ihr in eurem Leben habt, an euern Besitz und eure Familie, an eure Liebsten und die Zukunft eurer Kinder, sondern denkt an eure eigene Zukunft bei Allah, denkt an sein Strafgericht, an sein Paradies und seine Hölle! Mohammed fordert die *Selbstentfremdung* und die *Selbstaufopferung* der Menschen auf ihrem Wege zu Allah. Er warnt vor der Ablenkung durch die Familienfürsorge, ja, er erklärt die Familie sogar zum Feind, vor dem man sich hüten müsse!

> „O ihr, die ihr glaubt, lasset euch nicht durch euer Gut und eure Kinder von dem Gedenken an Allah abbringen. Wer solches tut, das sind die Verlorenen.“ (Koran, 63: 9)

> „O ihr, die ihr glaubt, an euern Gattinnen und Kindern habt ihr einen Feind; so hütet euch vor ihnen. Doch so ihr vergebt und Nachsicht übt und verzeiht, siehe, so ist Allah verzeihend und barmherzig. Euer Gut und eure Kinder sind nur eine Versuchung, und Allah – bei ihm ist großer Lohn. So fürchtet Allah mit allem Vermögen und höret und gehorchet und spendet zum Besten eurer selbst. Und wer sich hütet vor seiner eigenen Habsucht, denen wird es wohl ergehen.“ (Koran, 64: 14-16)

Die Gläubigen sollen sich von allen irdischen Verbindungen lösen und alle weltlichen Güter für die Verbreitung des Islams spendieren. Zur Stärkung des Islams werden die Familien so weit wie möglich gespalten, die persönliche Bindung an Mohammed und Allah solle größer sein als alle familiäre Bande, die Liebe zu Allah solle größer sein als die Liebe zu den liebsten, engsten Angehörigen und überhaupt zu allen Menschen.

> „Keiner wird ein wahrer Gläubiger sein, bis er mich mehr liebt als seine eigenen Eltern, Kinder und alle Menschen.“ (Sahih al-Bukhari, Hadith Nr. 15)

Allah, Mohammed und sein heiliger Krieg seien wichtiger als die Familie und weltlicher Besitz. Wer Allah, Mohammed und den heiligen Krieg nicht mehr liebte als alles andere in dieser Welt, der sei im Jenseits verloren.

> „O ihr, die ihr glaubt, sehet weder in euern Vätern noch euern Brüdern Freunde, so sie den Unglauben dem Glauben vorziehen; und wer von euch sie zu Freunden nimmt, das sind Ungerechte. Sprich: „So eure Väter und eure Söhne und eure Brüder und eure Weiber und eure Sippe und das Gut, das ihr erworben, und die Ware, deren Unverkäuflichkeit ihr befürchtet, und die Wohnungen, die euch wohlgefallen, euch lieber sind als Allah und sein Gesandter und das Eifern in seinem Weg, so wartet, bis Allah mit seinem Befehl kommt.“ Und Allah leitet nicht die Frevler.“ (Koran, 9: 23, 24)

Allah liebt die Ungläubigen nicht und seine Muslime dürfen sie deshalb auch nicht lieben. Allah erlässt dazu ein *Verbot der Nächsten- und Feindesliebe*. Stattdessen sollen sie die Ungläubigen bekämpfen und Feindschaft pflegen und sich nicht mit ihnen verbrüdern.

> „O ihr, die ihr glaubt, nehmt nicht meinen Feind und euern Feind zu Freunden. Ihr zeigt ihnen Liebe, wiewohl sie an die Wahrheit, die zu euch gekommen, nicht glauben. Sie treiben den Gesandten und euch aus, darum dass ihr an Allah euern Herrn glaubt. Wenn ihr auszieht zum Kampf in meinem Weg und im Trachten nach meinem Wohlgefallen und ihr ihnen insgeheim Liebe zeigt, dann weiß ich sehr wohl, was ihr verbergt und was ihr zeigt. Und wer von euch dies tut, der ist abgeirrt vom ebenen Pfad." (Koran, 60: 1)

Allah treibt einen Keil zwischen Muslime und Nichtmuslime über alle Stammes- und Blutsverwandtschaft hinweg. Jeder Mensch müsse sich – für sich allein – vor der Hölle retten. „Und jeder soll am Tag der Auferstehung einsam zu ihm kommen." (Koran, 19: 95) Er sät Feindschaft und zieht eine ganz klare Frontlinie für den Dschihad.

> „Wenn sie euch zu fassen bekommen, werden sie eure Feinde sein, und sie werden gegen euch eure Hände und Zungen zum Bösen ausstrecken und wünschen, dass ihr ungläubig wäret. Nimmer werden euch eure Blutsverwandten noch Kinder am Tage der Auferstehung nützen; er wird euch trennen, und Allah schaut euer Tun." (Koran, 60: 2, 3)

Widerspruch bedeute Hölle. Allah fordert bedingungslosen Gehorsam unter den Mohammedanern. Die Muslime haben sich nur untereinander zu lieben, alle Menschen, die sich ihrer Unterwerfung widersetzten, und seien es auch engste Verwandte, sind von der Liebe der Muslime auszuschließen.

> „Siehe, diejenigen, welche sich Allah und seinem Gesandten widersetzen, sind unter der Verworfensten." (Koran, 58: 20) „Du wirst kein Volk finden, das an Allah glaubt und an den Jüngsten Tag und das den liebt, der sich Allah und seinem Gesandten widersetzt, wären es auch ihre Väter oder ihre Söhne oder ihre Brüder oder ihre Sippe. ..." (Koran, 58: 22)

> „Und heiratet nicht eher Heidinnen als sie gläubig geworden sind; wahrlich, eine gläubige Sklavin ist besser als eine Heidin, auch wenn sie euch gefällt. Und verheiratet (eure Töchter) nicht eher an Heiden als sie gläubig wurden; und wahrlich ein gläubiger Sklave ist besser als ein Heide, auch wenn er euch gefällt." (Koran, 2: 221)

Einer, der es wissen muss, sagt uns:

> „Im Islam spielt die Liebe in einer Verbindung zwischen Mann und Frau keine Rolle. Die Ehe ist ein vertraglich geregeltes Modell, in dem Mann und Frau bestimmte Rechte und Pflichten haben, die der Staat bestimmt und überwacht. Sinn und Zweck der Ehe ist einzig die „Fortpflanzung“ des Islam.“
>
> Hamed Abdel-Samad (geboren 1972), deutsch-ägyptischer Politikwissenschaftler, Islamkritiker und Autor, 2015

Und wen liebt Allah? Seine Dschihadisten! Aber wer sich einen Muslim nennt und sagt, er gehorche und folge Allah und seinem Gesandten und dann *doch nicht* für den Glauben *in den Krieg ziehen will*, den *hasst* Allah sogar:

> „O ihr, die ihr glaubt, warum sprecht ihr, was ihr nicht tut? Großen Hass erzeugt es bei Allah, dass ihr sprecht, was ihr nicht tut. Siehe, Allah liebt diejenigen, welche in seinem Weg in *Schlachtordnung* kämpfen, als wären sie ein gefestigter Bau.“ (Koran, 61: 4)

Die Liebe Allahs müsse sich der Mensch erst durch bedingungslosen Gehorsam verdienen. Allah liebe nur die gehorsamen Diener. Die Ungehorsamen, die Ungläubigen, die unabhängigen, freien Menschen, und seien sie auch nur ein bisschen unabhängig, die liebe er nicht. Allah herrsche mit Strafandrohung und mit Liebesverweigerung, um seine dienenden Schafe zusammenzuhalten. Wer die Herde verlasse – der sei verloren. Der Islam ist eine Schafhirtenreligion, wie gemacht für willfährige, höllengeängstigte Schafsköpfe.

> „Siehe, diejenigen, die da glauben und Gutes tun, denen wird der Erbarmer Liebe erweisen.“ (Koran, 19: 96) „Sprich: „So ihr Allah liebet, so folget mir. Lieben wird euch Allah und wird euch eure Sünden verzeihen, denn Allah ist verzeihend und barmherzig.“ Sprich: „Gehorchet Allah und dem Gesandten“; denn wenn ihr den Rücken kehrt – siehe, Allah liebt nicht die Ungläubigen.“ (Koran, 3: 31, 32)

Im Gegenteil, den Ungläubigen verweigert er nicht nur seine Liebe, er *hasst* sie ausdrücklich:

> „Er ist's, der euch (Menschen) zu Nachfolgern (Statthaltern Allahs) auf Erden gemacht hat, und wer ungläubig ist, auf den kommt sein Unglaube, und

> der Unglaube der Ungläubigen vermehrt nur den Hass ihres Herrn gegen sie, und der Unglauben der Ungläubigen vermehrt nur ihr Verderben." (Koran, 35: 39) „Siehe, den Ungläubigen wird zugerufen werden: Wahrlich, Allahs Hass ist größer als euer Hass gegen euch selber, da ihr zum Glauben gerufen wurdet und ungläubig waret." (Koran, 40: 10)

Allah hasst die Ungläubigen. Mit einem Volk, auf das Allah zornig ist, dürfen Muslime keine Freundschaft schließen. Allah erweist sich als ein *Volksverhetzer.*

> „O ihr, die ihr glaubt, schließet nicht Freundschaft mit einem Volk, gegen das Allah erzürnt ist. Sie verzweifeln am Jenseits wie die Ungläubigen an den Bewohnern der Gräber verzweifeln." (Koran, 60: 13)

Mohammeds Allah verfährt nach dem bewährten Prinzip „Teile und herrsche!" Er fordert die Abschottung und verhängt die Höllenstrafe für Freundschaft mit jeglichen Nichtmuslimen.

> „Du wirst viele von ihnen sich mit den Ungläubigen befreunden sehen. Wahrlich, schlimm ist, was ihre Seelen ihnen vorausschickten! Allah zürnt ihnen drob, und in der Strafe werden sie ewig verweilen. Und so sie an Allah geglaubt hätten und den Propheten und was hinabgesandt ward zu ihm, so hätten sie sich dieselben nicht zu Freunden genommen; jedoch sind viele von ihnen Frevler." (Koran, 5: 80, 81)

> „O ihr, die ihr glaubt, nehmt euch nicht die Juden und Christen zu Freunden; sie sind untereinander Freunde, und wer von euch sie zu Freunden nimmt, siehe, der ist von ihnen. Siehe, Allah leitet nicht ungerechte Leute." (Koran, 5: 51)

Muslime, die sich mit Juden, Christen oder anderen Ungläubigen befreunden, würden dadurch selbst zu „Ungerechten", zu fehlgeleiteten Menschen, die in die Hölle müssten. Natürlich liebt Allah keine Betrüger und keine Sünder.

> „Und verwende dich nicht für die, welche einander betrügen; siehe, Allah liebt nicht einen Betrüger und Sünder." (Koran, 4: 107)

Die Menschen sollen keine tiefen, unmittelbaren Beziehungen untereinander aufbauen durch Nächstenliebe, sondern hauptsächlich auf Allah fixiert sein und ängstlich um dessen Liebe buhlen, um Ruhe vor dessen ewiger Strafverfolgung und Einlass in sein Paradies zu finden. Dadurch greift das Prinzip „Teile und herrsche!"

erst so richtig. Jeder Mensch solle den Himmelslohn für sich selbst wollen, mehr nicht. Die Liebe wird also dem Gottesgehorsam gleichgesetzt. Der Mensch solle nicht aus direkter Liebe zu seinen Mitmenschen heraus handeln, sondern immer nur aus Liebe zu Allah. Das gilt auch für Hilfsdienste an Hilfebedürftige. Die Würde solcher guten Taten ergebe sich nicht aus der Menschenwürde der Schwachen selbst, sondern nur aus dem Willen Allahs.

> „Und die mit Speise, aus Liebe zu ihm, den Armen und die Waise und den Gefangenen speisen: „Siehe, wir speisen euch nur um Allahs willen; wir begehren keinen Lohn von euch noch Dank." (Koran, 76: 8, 9)

Der Islam ist keine Religion der Liebe, sondern vielmehr eine Religion des Hasses. Jeder soll, der Hölle wegen, um einen Platz im Paradies kämpfen, koste es ihn und alle anderen, was es wolle.

Gebet und Lebenswandel

Mohammed offenbarte den Koran. Um ein wahrer Muslim zu sein, muss man seinen Offenbarungen folgen. Die Koranverse sind den Muslimen die wichtigste, ranghöchste Glaubensgrundlage und die wichtigste Rechtsquelle, weil angeblich Worte von Allah. Für die Organisation des gesellschaftlichen Alltags reichen die im Koran enthaltenen Angaben aber nicht aus. Deshalb sind neben den „Worten Allahs" auch die Worte und Taten seines Gesandten selbst rechtswichtig für die Islampraxis. Die überlieferten Sprüche und Handlungen des Propheten (die Hadithe), einschließlich seiner „aufschlussreichen" Biographie (der Sira), bilden zusammen den Brauch des „rechtgeleiteten Propheten" (seine Sunna). Diese Art der „indirekten" Überlieferung von Allahs Willen wird deshalb als zweite wichtige Rechtsquelle herangezogen.

Aus diesen drei Glaubensgrundlagen des Islams, dem Koran, den Hadithen und der Sira, wird das islamische Gottesrecht für die Menschen herausgefiltert, die Scharia. Sie existiert in Form mehrerer leicht differierender Rechtsschulen, Traditionslinien der Auslegung und Ableitung, welche im Laufe der Zeit entstanden, um (modernere) Fragstellungen zu beantworten. „Islamgelehrte" sprechen Recht und geben Anleitung über „Rechtsgutachten", sogenannte Fatwas, welche darauf angelegt sind, die Bestimmungen aus Koran und Sunna unverändert fortzuschreiben, wie Allah sie über Mohammed zu den Menschen herabgesandt hätte. Fatwas werden von hohen islamischen Autoritäten meist nach Anfrage von Muslimen erlassen. Für die Sunniten haben sie den Charakter von Empfehlungen, für die Schiiten sind sie verbindlich.

Zitate aus der Biographie Mohammeds von Ibn Ishaq werden mit den Buchstaben I oder T und einer Zahl (der Randnummer im ursprünglichen Text) gekennzeichnet. Die Hadithe sind Aussagen von Begleitern Mohammeds, die ihn beobachteten, an seinen Lippen hingen und weitergaben, was er gesagt, getan oder unterlassen haben soll. Diese Form der Überlieferung ist natürlich nach dem Prinzip der „stillen Post" und der absichtsvollen Manipulation gewissen Fehlerquellen unterworfen, denen die Muslime, die sie aufschrieben, zu begegnen trachteten, indem sie eine Beweiskette von mehreren Zeugen zugrundelegten. Es gab mehrere solche Redakteure, die unterschiedlich gewissenhaft recherchierten. Die Hadith-Sammlungen von sechs verschiedenen Autoren gelten den Muslimen als zuverlässig (als stark), zwei davon als besonders zuverlässig (als kanonisch). Das sind die Hadith-Sammlungen von Al-Bukhari (mit B bezeichnet) und von Abu Al-Husayn Muslim (mit M bezeichnet). Ich zitiere, bis auf zwei Ausnahmen, nur aus diesen beiden. Daneben gibt es noch „schwache" Hadith-Sammlungen.

Der Prophet ist den Gläubigen so etwas wie der Vertreter Allahs auf Erden, zu Lebzeiten war er der absolute Führer der islamischen Gemeinschaft. Er war nicht nur der Botschafter Gottes, sondern auch Richter, Alleinherrscher, Militärführer und Prediger der Umma. Er hatte jegliche Macht inne. Mohammed wollte lediglich devote Gefolgschaft.

> „Die Rede der Gläubigen, wenn sie zu Allah und seinem Gesandten eingeladen werden, dass er zwischen ihnen richte, ist nur, dass sie sprechen: „Wir hören und gehorchen." Und sie sind's, denen es wohl ergeht. Und wer Allah und Seinem Gesandten gehorcht und Allah scheut und fürchtet – sie sind es, die glückselig sind. Und sie schworen bei Allah ihren heiligsten Eid, dass sie, wenn du ihnen Befehl gäbest, gewisslich ausziehen würden. Sprich: „Schwöret nicht; Gehorsam ist geziemend; siehe Allah weiß, was ihr tut. Sprich: „Gehorchet Allah und gehorchet dem Gesandten." Und wenn ihr den Rücken kehrt, so ruht auf ihm nur seine Bürde und auf euch eure Bürde; und so ihr ihm gehorchet, seid ihr rechtgeleitet, und dem Gesandten liegt nur die deutliche Predigt ob." (Koran, 24: 51-54)

> „Und verrichtet das Gebet und entrichtet die Armenspende und gehorchet dem Gesandten; vielleicht findet ihr Barmherzigkeit. Wähne nicht, dass die Ungläubigen (Allah) auf Erden machtlos machen können. Ihre Herberge ist das Feuer, und schlimm ist die Fahrt (dorthin)." (Koran, 24: 56, 57)

Der verlangte Gehorsam wird in „fünf Säulen" ausgedrückt: Diese sind das Glaubensbekenntnis, das Rituelle Gebet, die Almosensteuer, das Fasten und die Pilgerfahrt. Die erste und wichtigste Säule ist das Glaubensbekenntnis.

Das Glaubensbekenntnis (Schahada)

In den Islam wird man hineingeboren und hineinerzogen oder tritt ihm aus anderen Gründen bei. Die Mitgliedschaft in der Umma wird durch das Sprechen des Glaubensbekenntnisses vor zwei Ohrenzeugen besiegelt:

> „Ich bezeuge, dass es keinen Gott außer Allah gibt, und bezeuge, dass Mohammed der Gesandte Gottes ist.“

Als ob irgendjemand das tatsächlich bezeugen könnte! Man kann es nur blind glauben. Oder besser nicht. Es soll bedeuten: „Gott ist Einer und das ist Allah und dieser tut seinen Willen durch Mohammed kund. Und ich glaube das so sehr, dass ich es bezeuge, als hätte ich den Beweis. Und ich will es auch unbedingt glauben, um ins versprochene Paradies zu dürfen und der angedrohten Hölle zu entkommen.“ Juristisch gesehen ein Meineid, religiös gesehen zweifelsfreie Glaubensüberzeugung.

Wer nicht blind glaubt, sondern vernünftig zweifelt und nachdenkt, der gilt im Islam sowieso als Ungerechter und Unwissender, von Allah im Stich gelassen. Gehorsame, blindgläubige Realitätsverweigerer hingegen gelten als die Gerechten und Wissenden. Mohammed selbst hatte nichts als seine Behauptungen vorzuweisen. Man müsse einfach Angst vor der Hölle haben und Lust auf das Paradies, einfach daran glauben und in sich fühlen, dass das schon irgendwie stimme. Ja, Allah sei sogar selbst *sein eigener* Zeuge, offenbart er.

> „Vielmehr ist ... ein deutliches Zeichen in den Brüsten (Herzen) derer, denen das Wissen gegeben ward, und nur die Ungerechten bezweifeln unsre Zeichen. Und sie sprechen: „Warum wurden nicht Zeichen von seinem Herrn auf ihn herabgesandt?“ Sprich: „Siehe, die Zeichen sind allein bei Allah, und ich bin nur ein offenkundiger Warner. Genügt es ihnen denn nicht, dass wir das Buch auf dich hinabsandten, ihnen verlesen zu werden? Siehe, hierin ist wahrlich eine Barmherzigkeit und eine Ermahnung für gläubige Leute. Sprich: „Allah genügt zwischen mir und euch als Zeuge.“““ (Koran, 29: 49-52)

Durch das gewagte Glaubensbekenntnis der Schahada ist man formal für immer drinnen im Islam, in der Umma, unter Schariagerichtsbarkeit, Austritt (scheinbar) unmöglich. Wer sich dennoch vom Islam entfernen will, dem bleiben nur der stille Rückzug, die offen erklärte Abkehr oder der mutwillige Übertritt zu einem anderen

Glauben. Jede Form der Abwendung ist aber illegal und hoch kriminalisiert und kann die verhängte Todesstrafe tatsächlich nach sich ziehen.

„Wer seinen Glauben ändert, den sollt ihr töten.“ (Hadith, B 2794)

Die Schahada ist die „Zauberformel“ des Islams, die bei jeder Gelegenheit benutzt wird. Sie ist auch Bestandteil der Pflichtgebete und wird täglich 15 mal aufgesagt, damit sie sich unauslöschlich einbrennt. Wer sie 100 mal am Tag aufsagt, bekäme 100 böse Taten vergeben oder 100 gute Werke gutgeschrieben, sagte Mohammed (Hadith, B 3050). Mit dem Glaubensbekenntnis stellte Mohammed sicher, dass sein Islam niemals verändert werden kann! Es gibt keinen Gott außer Allah, und Mohammed ist sein Prophet: das heißt eben auch, Mohammeds Worte und Taten gelten alternativlos, sie stehen ja fest. Wenn die Propheten vor ihm etwas Abweichendes behauptet haben, so hat er sie nun für immer korrigiert. Weil er der letzte der Propheten sei, das „Sigel“, könne auch kein neuer mehr kommen und etwas anderes verkünden. Die Tür zu Veränderungen ist für immer geschlossen.

Vom Glaubens“bezeugnis“ der Schahada ist auch der Name „Schahid“ (Bezeuger, Märtyrer) abgeleitet, für Muslime, die im Kampf für den Islam gefallen sind. Sie haben ihren Glauben mit finalem Beweis bezeugt. Sie waren maximal gehorsam bis in den Tod.

Das Rituelle Gebet (Salat)

Viel Male täglich beten die Muslime im Eröffnungsgebet den folgenden Koran-Vers 1: 7: „... Führe uns den geraden Weg, den Weg derer, denen du Gnade erwiesen hast, nicht derer, die Zorn erregt haben, und nicht der Irregehenden.“ Die Muslime wissen sehr genau, wer gemeint ist. Die „den geraden Weg“ gingen, seien die Muslime selbst. Und wer erregte den Zorn? Die Juden! Und wer ginge irre? Die Christen! Das weiß jedes muslimische Kind. Die Juden verfallen dem Zorn Allahs und die Christen gehen irre. So glauben die Muslime. *Vielfach jeden Tag reden sie sich ein, dass Allah auf die Juden zornig sei und die Christen irreleite.* Wie könnten sie da vor der Welt etwas anderes denken oder umlernen, ohne ihren Gott und ihren Glauben zu verraten!? Wenn sie zu uns kommen und sagen, sie wollen uns „das richtige Wissen“ bringen, dann meinen sie damit die irregehenden Christen, die sie über den „wahren“ Glauben „aufklären“ wollen. Vielleicht hat Allah ja vor, sie doch noch rechtzuleiten, zu Muslimen werden zu lassen und zu „erretten“, bevor der Islam in unserem Land, früher oder später, sowieso die Herrschaft übernähme.

Nur im Zustand ritueller Reinheit dürfen Muslime rituell beten, den Koran berühren oder die Kaaba in Mekka umkreisen. Diese Reinheit erlangt der Gläubige durch eine rituelle Waschung, die täglich mehrfach erneuert werden muss. Gebet und Waschung sind durch den Koran vorgeschrieben.

> „Dicjenigen nur glauben an unsre Zeichen (Koranverse), die bei ihrer Erwähnung in *Anbetung* niederfallen und das Lob ihres Herrn verkünden und nicht hoffärtig sind. Erheben sie ihre Seite vom Lager, so rufen sie ihren Herrn in Furcht und Verlangen an und spenden von unsern Gaben. Keine Seele weiß, welcher Augentrost für sie verborgen ist als Belohnung für ihr Tun. (Koran, 32: 15-17)

> „O ihr, die ihr glaubt, beugt euch und werfet euch nieder und dienet euerm Herrn und tut das Gute; vielleicht ergeht es euch wohl. Und eifert in Allahs Weg im rechten Eifer. Er hat euch erwählt und hat euch in der Religion nichts Schweres auferlegt: Die Religion eures Vaters Abraham. Er hat euch „Muslime“ genannt,“ (Koran, 22: 77,78)

> „Und verrichte das Gebet an den beiden Tagesenden und in der ersten Wache der Nacht. Siehe, die guten Werke vertreiben die bösen. Dies ist eine Ermahnung für die Bedenkenden.“ (Koran, 11: 114)

> „... und lobpreise deinen Herrn vor Sonnenauf- und Untergang. Und zur Nacht auch preise ihn und (verrichte) die Enden der Niederwerfung (zwei Verbeugungen nach dem Morgen- und dem Abendgebet).“
> (Koran, 50: 39, 40)

> „Und zur Nacht preise ihn und beim Erblassen der Sterne.“ (Koran, 52: 49)

Zu diesen drei Gebeten in Mekka kam in Medina das Nachmittagsgebet hinzu. Wann die Zahl auf fünf Pflichtgebete erhöht wurde, ist nicht genau bekannt. Es gibt aber eine Geschichte dazu. Mohammeds angebliche Nachtreise und Himmelsfahrt (mehr dazu in Rathaus-These 49) wurde von seinen späteren Anhängern mit legendären Schilderungen detailreich ausgeschmückt. Viele Spekulationen und „theologische“ Fragestellung entsponnen sich. So soll der Gesandte von seinem Allah im Himmel die Auflage bekommen haben, die Gläubigen müssten 50 Gebete pro Tag verrichten, aber auf Moses Intervention hin habe der Allmächtige mit sich handeln lassen wie auf einem orientalischen Basar. Am Ende seien nur 5 tägliche Pflichtgebete herausgekommen, die aber, korrekt in vollem Glauben ausgeführt, wie 50 gelten sollten. Offensichtlich ein Versuch, die immense Gebetsbelastung der Muslime verhältnismäßig klein und milde aussehen zu lassen. Nichts als psychologische Manipulation im Dienste derselben.

Die verlangten Niederwerfungen sind gewissermaßen wiederholte Initiationsriten zur totalen Indoktrination. Gerade so wie der islamische Schöpfungsglaube: Allah habe den Menschen erst erhöht geschaffen, dann zutiefst erniedrigt und dann wieder, gehorsam umerzogen, neu aufgerichtet mit nun starrem, dienendem Blick zu Allah.

> „Verlies, was dir von dem Buche geoffenbart ward und verrichte das Gebet. Siehe, das Gebet hütet vor Schandbarem und Verbotenem. Und wahrlich, das Gedenken an Allah ist die höchste Pflicht; und Allah weiß, was ihr tut." (Koran, 29: 45)

Das normale Leben mache die Menschen unrein. So könnten sie nicht vor ihren Herrn treten. Sie müssten sich erst säubern.

> „O ihr, die ihr glaubt, wenn ihr hintretet zum Gebet, so waschet euer Gesicht und eure Hände bis zu den Ellbogen und wischet eure Häupter und eure Füße bis zu den Knöcheln ab. Und so ihr durch Samen befleckt seid, so reinigt euch. Und so ihr krank oder auf einer Reise seid oder einer von euch kommt vom Abtritt oder ihr habt die Weiber berührt und findet nicht Wasser, so nehmet guten Sand und wischet euch das Gesicht und die Hände damit ab. Allah will euch keine Last auflegen, jedoch will er euch reinigen und seine Gnade an euch vollenden; vielleicht seid ihr dankbar." (Koran, 5: 6)

Die genaueren Anweisungen sind in Hadithen überliefert. Die an sich nicht ganz unvernünftige Reinigungsvorschrift wird aber bis zum *Waschzwang* ausgeweitet. Die rituelle Unreinheit entstünde durch Kontakt mit allem, was als unrein gilt. Dazu gehören Körperflüssigkeiten und Ausscheidungen wie Blut, Urin, Kot, Sperma, Scheidensekret, Nasenschleim und Eiter. Alkohol und Aas machen unrein, ebenso der Kontakt mit Hunden oder Schweinen.

Unterschieden wird zwischen kleinen und großen Unreinheiten. Die große Unreinheit entsteht durch Ungläubigsein, Geschlechtsverkehr, Samenerguss, Menstruation und Niederkunft und erfordert die große Waschung (Ganzkörperwaschung (Ghusl)), bei welcher alle Teile des Körpers gewaschen werden müssen (Bad). Die kleine Unreinheit kann mit der kleinen Waschung (der Gebetswaschung, Wudu) beseitigt werden. Beim Waschen darf immer nur die linke Hand das Unreine berühren.

Bei der Gebetswaschung (Wudu) müssen alle Schritte mindestens einmal, besser dreimal, ausgeführt werden. Es geht los mit der inneren Einstellung, sich nun rituell reinigen zu wollen (die Absicht bekennen). Als erstes werden die Hände bis zu den

Handgelenken gewaschen, dann das Gesicht. Dazu wird Wasser in die rechte Hand genommen und damit der Mund ausgespült. Die nächste rechte Hand voll Wasser wird zur Nase geführt, das Wasser vorsichtig durch die Nasenlöcher in die Nase eingezogen und anschließend mit der linken Hand ausgeschnaubt. Anschließend wird das ganze Gesicht gewaschen, einschließlich Bart, so einer vorhanden ist.

Dann sind die Hände und Unterarme an der Reihe, rituell gereinigt zu werden. Es wird immer auf der rechten Seite begonnen. Von den Fingerspitzen bis zu den Ellbogen wird alles abgewaschen. Mit den nassen Händen wird über den Kopf gestrichen, manche stecken noch die Zeigefinger in die Ohren und streichen mit den Daumen den Rand der Ohrmuscheln ab. Zum Schluss sind die Füße dran, von den Zehenspitzen bis zu den Knöcheln.

Die genauen Schritte und ihre Anzahl variieren je nach Schule und müssen doch penibel eingehalten werden, damit die Waschung gültig wird. Die rituelle Reinigung entferne nicht nur äußerlichen Schmutz, sondern auch Sünden und führe zur Reue. Mit der rituellen Waschung könne der Gläubige jede begangene Sünde wieder abwaschen, außer der einen, schlimmsten: Allah etwas Beizugesellen. Der Gläubige müsse nur die Körperstelle abwaschen, mit welcher er die Sünde direkt oder indirekt begangen hat. Ist er zum Beispiel fremdgegangen, kann er die Sünde wieder loswerden, in dem er sich die Füße wäscht, mit denen er gegangen ist. Er kann seine Hände stets in Unschuld waschen, wenn er sich zwanghaft genau an die Vorgaben hält.

Die Gültigkeit der letzten rituellen Gebetswaschung bleibt nur so lange erhalten, bis der Gläubige erneut Kontakt mit unreinen Dingen hatte oder unreine Handlungen beging. Eine Gebetswaschung (Wudu) wird ungültig durch Ausscheidungen (Stuhlgang, Blähungen, Urin, Blut, Eiter, Vorsperma (Madhi), Sperma, Nachsperma (Wadhi), Schnäuzen mit der rechten Hand). Schon Pupsen macht wieder unrein! Ebenso Schlafen und andere Formen der Bewusstlosigkeit, das Berühren der Geschlechtsorgane (auch zufällig, mit oder ohne Lust) und das Essen von Kamelfleisch, sowie Erbrechen (von was auch immer).

> „Das rituelle islamische Gebet einer Person wird von Gott nicht akzeptiert, wenn sie auf der Toilette war und Stuhlgang hatte oder Wasser ließ oder auch nur Wind abließ, bis sie erneut eine rituelle Reinigung vorgenommen hat." (Hadith, B 1: 4: 137)

Menstruieren und Koitieren machen noch stärker unrein und erfordern die erneute Ganzkörperwaschung, bevor der Gläubige wieder gültig beten kann. Nach dem Geschlechtsverkehr ist also immer eine rituelle Ganzkörperwaschung erforderlich.

Das islamische Pflichtgebet (Salat) ist ein rituelles Gebet, das genau nach Vorschrift ausgeführt, „verrichtet", werden muss, um gültig zu sein. Fünf tägliche rituelle Gebetsabläufe sind der Muslima und dem Muslim vorgeschrieben: Das Frühgebet bei Sonnenaufgang, das Mittagsgebet, das Nachmittagsgebet, das Abendgebet bei Sonnenuntergang und das Nachtgebet. Die Schiiten beten nur dreimal. Jedes rituelle Pflichtgebet ist ein Komplex vorgeschriebener Handlungen und Formeln. Der Muslim muss ständig darauf bedacht sein, bloß nichts falsch zu machen in den Augen Allahs. Nach der Gebetswaschung sind die reine Absicht, die Gebetsrichtung nach Mekka, ein sauberer Gebetsplatz und saubere Kleidung wichtig. Gebetet wird für gewöhnlich in Gruppen mit einem Vorbeter (Imam), erlaubt ist es aber auch allein. In den islamischen Ländern wird zu den Gebetszeiten von der Moschee aus zum Gebet gerufen. Diese Zeiten werden speziell festgelegt.

Während des Pflichtgebets werden zehn verschiedene Körperhaltungen eingenommen. Dabei werden verschiedene Gebetstexte, meist Koranverse, mit einer vorgeschriebenen Anzahl von Wiederholungen gesprochen. Alles ist bis ins Kleinste genau festgelegt. Es beginnt im Stehen, dann wird sich rechtwinklig vorgebeugt, dann wieder aufgerichtet, anschließend erfolgt die erste Niederwerfung: die Stirn und der Nasenrücken, die Handflächen, die Knie und die Zehen müssen den Boden berühren. Während der Niederwerfung sei der Gläubige Allah am Nahesten, es sei deshalb der richtige Augenblick für Bittgebete. Im nächsten Schritt richtet der Gläubige seinen Oberkörper wieder auf und sitzt auf seinem linken Fuß (während der rechte steht), dann erfolgt die zweite Niederwerfung. Am Ende sitzen die Gläubigen wieder und drehen ihren Kopf erst nach rechts und dann nach links und wünschen dabei Allahs Frieden, Gnade und Segen – an ihre Glaubensbrüder gerichtet – aber auch wegen der beiden Aufzeichnungsengel, denn auf der rechten Schulter säße der Engel, der die guten Taten aufzeichne und auf der linken jener, welcher die schlechten Taten festhielte für die Abrechnung am Jüngsten Tag. Anschließend könne noch ein freies Bittgebet (Dua) gesprochen werden, dass den Muslimen erlaubt ist.

Das Freitagsgebet ist ein besonderes rituelles Gebet und wird als Mittagsgebet abgehalten. Es erfordert eine vorherige Ganzkörperwaschung und beginnt mit einer Predigt. Das Freitagsgebet ist für jeden muslimischen Mann (ab der Geschlechtsreife) Pflicht, ausgenommen sind Reisende, Kranke und sonstwie gültig Entschuldigte. Es wird nicht nachgeholt.

> „Und wenn ihr das Gebet beendet habt, dann gedenket Allahs, sei es stehend, sitzend oder auf euern Seiten (liegend). Und wenn ihr in Sicherheit seid, so verrichtet das Gebet; siehe, das Gebet ist für die Gläubigen eine Vorschrift, die für bestimmte Zeiten festgesetzt ist." (Koran, 4: 103)

Die Almosensteuer (Zakat)

> „Doch nichts anders ward ihnen geheißen, als Allah zu dienen reinen Glaubens und lauter das Gebet zu verrichten und die Armenspende zu zahlen; denn das ist der wahrhafte Glauben.“ (Koran, 98: 5)

Das Wort „Zakat“ ist abgeleitet von „rein sein“, die Almosengabe mache also vor Allah rein, sie reinige das Menschenherz von Habgier, auf göttlichen Befehl hin. Auch sie ist ein Ablasshandel. Sie dient im islamischen Staat als Steuer. Die Zakat ist eine Vermögensabgabe auf das steuerpflichtiges Eigentum der Gläubigen: Vieh, Feldfrüchte, Edelmetalle, Kapital und Handelsgüter. Es gibt einen Steuerfreibetrag von 85 g Gold, bei Schafen und Ziegen entspricht das vierzig Stück Vieh, darüber ist die Almosensteuer fällig. Sie beträgt jährlich 2,5 % des Wertes der steuerpflichtigen Güter. Die Zakat ist eine religiöse Pflichtabgabe und verdeutlicht die untrennbare Verquickung von Religion und Staatspolitik im Islam.

Verwendet werden dürfen die Almosen-Steuern für acht Aufgaben: die Versorgung der Armen, der Bedürftigen, der Zakateintreiber und -verwalter, zur Missionierung, zum Freikauf von Sklaven, sowie zur Unterstützung von Verschuldeten, von Dschihad-Kämpfern und von Reisenden. Sie dient also zweimal der Ausbreitung des Islams, einmal friedlich (durch Missionierung mit dem Koran) und einmal kriegerisch (durch den Dschihad), darüber hinaus dient sie als Sozialleistung in der Umma. Daneben gibt es auch noch die freiwillige Armenspende für Bedürftige (Sadaqah), die nach Gutdünken geleistet werden kann.

Das Fasten (Saum)

Auch das Fasten ist eine sehr alte Tradition, um sich zu Reinigen und zu Büßen, also ein persönliches Opfer zu erbringen, um als Gegenleistung bei Gott oder den Göttern vermeintlich etwas zu erreichen. Der Mensch verbietet sich vorübergehend die Befriedigung seiner natürlichen, triebhaften körperlichen Lebensbedürfnisse: der Befriedigung des Hungers und des Durstes, aber auch die Befriedigung des sexuellen Verlangens.

Muslime fasten einen Monat lang, im Ramadan, dem neunten Monat ihres Kalenders. Das ist ihr heiligster Monat, in welchem sie sich Allah am nahsten wähnen.

> „O ihr, die ihr glaubt, vorgeschrieben ist euch das Fasten, wie es den Früheren vorgeschrieben ward; vielleicht werdet ihr gottesfürchtig.“ (Koran, 2: 183)

> „Der Monat Ramadan, in welchem der Koran herabgesandt wurde als eine Leitung für die Menschen und als Zeugnis der Leitung und Unterscheidung – wer von euch den Mond sieht, der beginne das Fasten in ihm. Wer jedoch krank ist oder auf einer Reise, der faste eine gleiche Anzahl anderer Tage. Allah wünscht es euch leicht und nicht schwer zu machen, und dass ihr die Zahl der Tage erfüllt und Allah dafür, dass er euch leitet, preist; und vielleicht seid ihr dankbar." (Koran, 2: 185)

Die islamischen Monate beginnen mit dem ersten Tag nach Neumond, an dem die Sichel des zunehmenden Mondes zum ersten Mal zu sehen ist. Zwölf Mondmonate bilden zusammen das islamische Mondjahr. Wie wir wissen, umkreist die Erde in einem Jahr genau einmal die Sonne, genannt das Sonnenjahr. Es dauert etwas über 365 Tage. Mit Schaltjahren alle vier Jahre gleichen wir die unganzen Tage aus, so dass unser Kalenderjahr getreulich mit den Jahreszeiten verläuft. Die Muslime hingegen bemessen ihr Jahr nach dem Mond, weil es nach den Mondphasen auch für Ungebildete leicht zu berechnen ist und Allah ursprünglich der Mondgott war.

Mohammed verordnete der Umma den veralteten, reinen Mondkalender, obwohl der viel genauere und für die Landwirtschaft nützliche Sonnenkalender bereits gebräuchlich war. Das Mondjahr ist aber rund 11 Tage kürzer als das Sonnenjahr, wodurch sich der islamische Kalender um diesen Betrag jährlich durch die Jahreszeiten rückwärts verschiebt. Ein Mensch, der nach dem islamischen Kalender 33 Jahre alt ist, der ist in wirklichen Sonnenumrundungen gemessen erst 32 Jahre alt. In diesem Zeitraum von 33 Jahren sind die Daten des islamischen Kalenders einmal komplett durch die Jahreszeiten gewandert. Der Fastenmonat Ramadan beginnt jedes Jahr in der Regel 11 Tage früher, gemessen am Sonnenjahr. Alle islamischen Feste wandern 11 Tage rückwärts durch die Jahreszeiten, weil sie an die Mondphasen gekoppelt sind. Die Muslime leben nach dem Mond.

Im Ramadan dürfen die Muslime von Sonnenauf- bis Untergang nichts essen, auch nichts trinken, nicht rauchen und keinen Sex haben. Mit Einbruch der Nacht holen sie alles nach. Nachts darf generell nicht gefastet werden.

Neben dem Pflichtfasten im Ramadan gibt es noch das Sühnefasten und das freiwillige Fasten, das an beliebigen Tagen erfolgen kann, ausgenommen an den Tagen der beiden wichtigsten islamischen Feste, dem *Opferfest* und dem *Fest des Fastenbrechens*. Das zwei bis vier Tage dauernde Fest des Fastenbrechens (Zuckerfest) schließt sich an den Fastenmonat an. *Das Opferfest, das höchste islamische Fest,* beginnt am 10. Tag des 12. Monats (Pilgerfahrtmonat), also während des Höhepunkts der jährlichen Mekka-Wallfahrt, dem *„Tag des Schlachtens"* und dauert vier Tage. Nun, welches Opfer feiern die Muslime mit ihrem heiligsten Fest, dem Schlachtfest? Das Opfern der Liebe und der Vernunft. Denn sie feiern den bestandenen Glaubenstest des legendären Abrahams, der vorbehaltlos bereit war, seinen

Sohn zu opfern, ihn auf seinem Altar zu schlachten, aus purem, furchtsamen Gehorsam vor jenem Gott, der alle Ungehorsamen in die Hölle schicke. Genau das ist die *religiöse Kernerzählung des Islams*, die bedingungslose Unterwerfung unter den grausam strafenden Gott. Überzeugte Muslime weltweit, die es sich leisten können, schlachten an diesem Tag ein Tier, ebenso wie in Mekka *massenhaft rituell geschlachtet* wird.

Die große Pilgerfahrt (Hadsch)

Jeder hat schon einmal davon gehört, dass es sie gibt, die Wallfahrt der Muslime nach Mekka. Wer aber weiß, was dort geschieht? Die *große* Pilgerfahrt (Hadsch) zur Kaaba in Mekka kann jedes Jahr nur einmal, vom 8. bis zum 13. Tag des 12. Monats, angetreten werden. Die *kleine* Pilgerfahrt (Umra) hingegen kann das ganze Jahr über stattfinden. Alle freien, volljährigen, gesunden Muslime und Muslimas, die es sich leisten können, sind verpflichtet, einmal im Leben nach Mekka zu pilgern. Nichtmuslimen ist das Betreten der Stadt jedoch verboten.

> „Siehe, das erste Haus, gegründet für die Menschen, wahrlich, das war das in Bekka (Mekka) – ein gesegnetes und eine Leitung für alle Welt. In ihm sind deutliche Zeichen – die Stätte Abrahams. Und wer es betritt, ist sicher. Und der Menschen Pflicht gegen Allah ist die Pilgerfahrt zum Hause, wer da den Weg zu ihm machen kann. Wer aber ungläubig ist – siehe, Allah ist reich ohne alle Welt (auf den könne Allah verzichten und bleibe fern)." (Koran, 3: 96, 97)

Mohammed hatte im Jahr 632 auf seiner „Abschiedswallfahrt" die Einzelheiten des Ritus festgelegt, die im Wesentlichen eine Fortsetzung der damals schon bestehenden heidnischen Praxis mit nun islamischer (abrahamitischer) Auslegung sind. An festgelegten Orten und in festgelegter Reihenfolge müssen bestimmte Gebete und Lobpreisungen auf Arabisch gesprochen werden. Wer laufen kann, muss die Wege zu Fuß und in der jeweils vorgeschriebenen, richtigen Geschwindigkeit zurücklegen. Wer etwas falsch macht, dessen Hadsch ist ungültig und muss durch ein Tieropfer gesühnt und im nächsten Jahr wiederholt werden.

Neben der Erfüllung ihrer religiösen Pflicht versprechen sich die pilgernden Muslime die Vergebung ihrer Sünden durch die Wallfahrt, die mehrere Stationen umfasst, welche mehr als 20 km auseinander liegen. Saudi-Arabien vergibt für jedes Land jährlich Pilgerkontingente. Unter Aufbietung von rund 100.000 Sicherheitskräften können 2 bis 3 Millionen Pilger die Hadsch in und um Mekka vollziehen. Der Massenauflauf führt immer wieder zu Zwischenfällen mit vielen Toten.

Die Pilger aus aller Welt kommen in Mikat bei Mekka an und müssen sich vorbereiten, indem sie ihre Absicht zur Hadsch erklären, eine Ganzkörperwaschung (Ghusl) vornehmen und sich in einen „Weihezustand" versetzen. Männer hüllen sich in zwei weiße Stofftücher. Rasieren, kämmen, Haare oder Nägel schneiden sind nun tabu, ebenso Parfüm, Sex, streiten, fluchen und das Töten von Tieren. Nur offene Sandalen sind erlaubt. Frauen dürfen sich besser kleiden, müssen aber ihr Gesicht und ihre Hände zeigen. Außerdem brauchen sie einen männlichen Begleiter, um an der Hadsch teilnehmen zu dürfen.

Dann geht's in die große al-Haram-Moschee in Mekka, wo sie die Kaaba umkreisen. Die Kaaba ist ein ca. 15 m langes, quaderförmiges Gebäude, verhüllt mit einem goldbestickten schwarzen Tuch. An einer Ecke neben der Tür der Kaaba befindet sich in Brusthöhe der „Schwarze Stein", der aus dem Paradies herabgefallen sein soll und ursprünglich dem Mondgott gewidmet war (wahrscheinlich ein Meteorit). Dort startet die siebenmalige Umrundung des Gebäudes gegen den Uhrzeigersinn; die ersten drei Runden werden im Laufschritt zurückgelegt, die letzten vier im Gehen. Bei jeder Runde wird der „Schwarze Stein" geküsst, berührt oder, wenn man nicht nah genug herankommt, auf ihn gezeigt. Dieses Ritual stammt aus vorislamischer Zeit. Danach wird an der „Stelle Abrahams" neben dem Kaaba-Würfel gebetet.

Anschließend laufen die Pilger siebenmal zwischen den nur einige hundert Meter entfernten Hügeln „Safa und Marwa" hin und her. In vorislamischer Zeit wurden dort Steinidole (ein Götzenpaar) verehrt. Mohammed übernahm auch diese Zeremonie des Hin- und Herlaufens zwischen den Anhöhen, entgegen den Bedenken seiner Anhänger. Doch Allah übermittelte ihnen:

> „Siehe, Safa und Marwa sind auch Heiligtümer Allahs; drum, wer immer nach dem Hause Allahs pilgert oder in ihm einkehrt, der begeht keine Sünde, wenn er beide umwandelt. Wer aber aus freien Stücken Gutes tut, siehe, so ist Allah dankbar und wissend." (Koran, 2: 158)

Die Muslime schufen zur „Erklärung" eine neue, islamische Legende, die von Glaubensprüfung und Wassersuche handelt. Im Hofe der Mosche befindet sich der Brunnen Zamzam, der Heilwasser aus dem Paradies liefern soll. Das salzige Wasser ist bei den Pilgern begehrt, wird getrunken, gehandelt und mitgenommen, wobei die Kanister, also die Verpackungen, am teuersten sind.

Nachdem die Pilger zwischen den Hügeln hin- und hergelaufen sind und auf der Suche nach Allahs Wassergnade, für ihr Gottvertrauen im heißen Wüstensand, den heiligen Brunnen „gefunden" haben, ist zunächst die kleine Wallfahrt (Umra) praktisch beendet. Die große Wallfahrt (Hadsch) beginnt nun erst richtig mit einer Eröffnungspredigt. Die Pilger wandern dann weiter ins einige Kilometer entfernte Mina, um dort zu übernachten.

Am zweiten Tag, dem 9. des Pilgermonats, wandern die Pilger in Gruppen viele Kilometer weiter zur Arafat-Ebene am Berg Arafat, manche fasten, viele trinken Wasser des Zamzam-Brunnens. Den ganzen Tag harren sie dort aus, stehen und beten. Sie hören eine zweiteilige Predigt, die an Mohammeds Abschiedspredigt erinnern soll. Wieder bitten die Gläubigen um Vergebung, weil sich der Muslim der Vergebung Allahs eben nie sicher sein kann. (Und nie sicher sein soll.) Es geht an diesem heiligen Wüstenort darum, durch das Verweilen Geduld und Hingabe zu Allah zu zeigen. Für viele ist dies der emotionalste Teil der Hadsch. Am Arafat (und während der ganzen Pilgerriten) wiederholen die Gläubigen ständig den Satz: „Hier stehe ich zu deiner Verfügung, mein Gott." Sie praktizieren am Arafat *stehende Unterwerfung.* Erst nach Sonnenuntergang treten sie den Rückweg in Richtung Mekka an und kehren in Muzdalifah ein, wo sie das Abendgebet vollziehen. Dort sammeln sie auch die ersten kleinen Steine für die symbolische Steinigung des Teufels am nächsten Tag. Sie übernachten hier.

Am 10. Tag des Pilgermonats erreicht der islamische Kult dann seinen Jahreshöhepunkt, nicht nur in Mekka, sondern in der ganzen (muslimischen) Welt. Es ist der Tag des Opferfestes, der „Tag der Schlachtung". Die Hadsch-Pilgerer wandern frühmorgens in die Ebene von Mina. Nochmals ist Gelegenheit, 49 oder 70 (ein Vielfaches von 7) kleiner Kieselsteinchen aufzulesen und mitzunehmen, um damit in Mina die steinernen Symbole des Teufels zu steinigen, zunächst sieben Steine auf eine der drei Steinsäulen, die heute durch mächtige Mauern dargestellt sind. Durch die Teufelssteinigung soll natürlich wieder Abraham nachgeahmt werden. Als der nämlich auf Geheiß Allahs seinen Sohn opfern wollte, sei „der Teufel" dazugekommen, um ihn davon abzuhalten (Um ihn etwa zur Vernunft zu bringen?). Aber Abraham konnte den Teufel mit Steinwürfen in die Flucht schlagen und seinen bedingungslosen Glaubensgehorsam unter Beweis stellen.

Aufgrund des großen Andrangs in Mina ist der Steinigungsort (die Dschamarat-Brücke) seit 2009 ein riesiges Bauwerk, in welchem 250.000 Pilger pro Stunde von fünf Stockwerken aus ihre Steine gegen die drei, nun 20 Meter breiten, Steinsäulen schleudern können, ohne ihre Brüder und Schwestern auf der gegenüberliegenden Seite zu treffen. Zur Feier des Tages lassen sich die Pilger danach ihre Haare, Bart und Nägel schneiden, um das Loswerden der Sünden und den Neuanfang zu symbolisieren: sie seien nun bessere Menschen, bessere Muslime allemal. Die Frauen opfern von jeder Haarsträhne nur einen Zipfel. An diesem „Tag der Schlachtung" werden von den Pilgern in Mina rituell Tiere geschlachtet – geschächtet – und verspeist. Das erforderliche Schlachtopfer gilt als erbracht durch ein geschlachtetes Schaf oder den siebenten Teil eines Kamels oder einer Kuh. Die Pilger können selber Schächten oder die Schlachtung in Auftrag geben. Viele Muslime in der ganzen Welt tun es ihnen gleich und schlachten auch ein Opfertier. Die Pilgerkleidung wird anschließend abgelegt und die normale Kluft wieder angezogen. Der „Weihezustand“ ist nun teilweise beendet und alles wieder erlaubt, außer Geschlechtsverkehr. Die Pilger wandern gleich noch einmal nach Mekka und umrunden erneut siebenmal die Kaaba, küssen den Stein und laufen siebenmal zwischen den Hügeln hin- und her und zum Brunnen.

Dann geht's zu Fuß zurück nach Mina, für zwei bis drei Tage, um noch ausgiebig den Teufel zu steinigen. Jede der drei Säulen muss mit sieben Steinen beworfen werden. Zum Abschluss müssen die Pilger wieder nach Mekka wandern, um zum Abschied vor der Heimreise ein letztes Mal sieben Runden um die Kaaba zu laufen und den „Schwarzen Stein“ zu küssen. Der Gläubige trinkt noch einmal Wasser aus dem Zamzam-Brunnen und bittet um Vergebung für seine Sünden, die er irgendwie nicht loszuwerden scheint. Er kann soviel „heiliges Wasser“ mitnehmen, wie er tragen kann und muss die Moschee mit dem linken Fuß zuerst verlassen. Ein Abschiedsgebet in Richtung Kaaba zu sprechen, ist ihm nicht erlaubt, weil Mohammed das auch nicht getan hätte. Aus „Unwissenheit“ machen das aber manche. Andere glauben, sie müssten rückwärts aus der Moschee herausgehen. Auch falsch. Der „Weihezustand“ sei nach dem Verlassen des Moscheebereichs nun ganz beendet. Wer den „Hadsch“ vollständig und richtig absolviert hat, darf sich nun „Hadschi“ nennen, was ein Ehrentitel sei. Es wird empfohlen, noch das Grab Mohammeds im weit entfernten Medina zu besuchen.

Für Muslime gilt es als verdienstvoll, Mohammeds wirkliche oder angebliche Bräuche getreulich nachzuahmen, ob in Mekka oder zuhause.

> „Wahrlich, in dem Gesandten Allahs hattet ihr ein schönes Beispiel für jeden, der auf Allah und den Jüngsten Tag hofft und oft Allahs gedenkt.“ (Koran, 33: 21)

Der Muslim ist ein Mensch, der an Mohammeds Worten und Taten hängt und meint, ihm nacheifern zu müssen, um der Hölle zu entgehen und stattdessen ins Paradies zu gelangen. Derjenige Muslim sei der Frömmste, der Mohammeds Beispiel am Nahesten kommt. Natürlich sind die meisten Muslime weit von ihrem Vorbild entfernt und kein „perfekter Mensch“ wie er. Das macht ihnen dauerhaft ein schlechtes Gewissen und ziemlich große Angst vor der Hölle. Nur Märtyrer erlangen Sicherheit. Sie sind aber auch schon tot, in dem Moment, wo sie sicher sind.

Die meisten Menschen sind Mitläufer, heuchlerische Opportunisten, die hier ein bisschen dabei sind und dort auch, pragmatisch und unentschieden. Das ist in der Welt der Muslime sicher nicht anders. Die Mehrheits-Masse der Muslime besteht aus Mitläufern. Es treten jedoch zwei polarisierenden Eliten hervor. Zum einen sind das die orthodoxen Hardliner, die 100%ig sein wollen, also echte Muslime. Zum anderen die Edel-Opportunisten, die ihre persönliche Synthese von Elementen der Islampraxis und Elementen der Moderne ausprobieren und vorleben und verbindlich machen wollen, d. h., sie versuchen, den Islam in ihre Modernisierungs-Ecke zu ziehen, aber da passt er natürlich aufgrund von Koran und Sunna nicht hinein. Dann gibt es zum Glück die echte Elite der Ex-Muslime. Das sind die wahren Helden, die es geschafft haben, sich von dem als falsch erkannten Unterwerfungs-Glauben namens Islam zu trennen. Sie haben sich entschieden und zwar richtig.

1.4 Der Koran ist ein Märchenbuch!

Wie glaubwürdig sind Mohammeds Offenbarungen? Sie sollen vom Erzengel Gabriel von einer Tafel im siebenten Himmel abgelesen und Mohammed eingegeben worden sein, so offenbart er es. Nun, wenn dem so ist, was würde man erwarten können? Gott würde sicherlich einen zeitlosen, perfekten Text als Ansprache für die Menschheit vorbereiten, der in sich schlüssig und leicht verständlich ist.

Sind Mohammeds Offenbarungen zeitlos? Nein, ganz und gar nicht, sie sind in verstörender Weise auf sein persönliches Weltbild und auf seine tagesaktuellen Probleme bezogen, nicht selten Antworten auf Fragen und Kritik an ihn. Ganz im Gegensatz zur behaupteten himmlischen Erhabenheit.

Sind seine Offenbarungen perfekt? Nein, die Verse wiederholen sich mit gleichen oder ähnlichen Worten wie ein Trommelfeuer. Sie widersprechen sich auch, so dass die späteren die früheren aufheben müssen. Völlig imperfekt!

Sind seine Offenbarungen schlüssig? Nein, sie behaupten einfach, die Wahrheit zu sein und wer das nicht akzeptieren kann, sei ein böser Leugner, Lügner und Frevler, der aufs Schlimmste bestraft gehörte, mit der ewigen Höllenpein! Die Existenz der Welt mit ihren Dingen darin sei doch Beweis genug für die Wahrheit seiner Behauptungen, nämlich für die Existenz eines einzigen Schöpfergottes, der kein anderer sei als der narzistische, tyrannische, rachsüchtige Gott Abrahams, der seine Schöpfung, die Menschen und die Wüstendämonen (Dschinn), auf ihren Gehorsam hin prüfe und sie am Ende seines perfiden Erdenspiels in die Hölle und ins Paradies sortiere. Schuldig geworden seien sie alle, aber über die Schuld der Paradiesbewohner schaue Allah großzügig hinweg, weil sie ihm im Leben schon gehorsam waren und seinen Befehlen folgten. Die Rebellen wider ihn aber quälte er endlos in der Hölle. Wozu das Ganze?

Bringen seine Offenbarungen den Menschen neues Wissen? Nein, nur das Wissen und die Irrtümer aus Mohammeds Umfeld und seiner Zeit. Gott scheint von der Natur keine Ahnung zu haben oder die Menschen für dumm zu verkaufen, denn er bestätigt ihre primitiven Missverständnisse.

Sind seine Offenbarungen wenigstens leicht verständlich? Wieder nein. Sie setzen die Kenntnis damals gängiger religiöser Fabeln und der Ereignisse in Mohammeds Leben voraus.

Unterm Strich *kann man nur feststellen*, dass seine *Offenbarungen* ***nahezu weitestmöglich von der Glaubwürdigkeit entfernt*** sind. – Man muss das unweigerlich erkennen, wenn man bei Verstand ist und sich nicht von der Höllenfurcht überrollen lässt; wenn man vernünftig, kritisch, realistisch und logisch bleibt. Warum sind sie dann ***trotzdem so verfänglich?*** Für über eine Milliarde Menschen?

Zunächst wurden sie überwiegend abgelehnt, nur eine Schar von Gläubigen ließ sich beeindrucken. Diese ersten Anhänger waren jedoch Mohammeds Schlüssel zur Macht in Yathrib und damit nahm das Verhängnis seinen Lauf. Eine Sure lautet klipp und klar:

> „... bei deinem Herrn, nicht eher werden sie glauben, bis sie dich zum Richter über ihre Streitsachen einsetzen. Alsdann werden sie in ihren Herzen keine Schwierigkeit finden in deinem Entscheid und sich in Ergebung ergeben." (Koran, 4: 65)

Der Erfolg des Islams begann mit politischer Herrschaft! Erst als der „Prophet" richterliche, politische und militärische Macht übertragen bekam, sie schnell ausbaute und den Dschihad einsetzte, begann der Glaube an seine Offenbarungen sich wie ein Schneeballsystem zu verbreiten. Warum dann? Der Funke liegt in der *Freiheitsberaubung,* in der Unterwerfung, in deren Rahmen die *ängstigende Gewalt,* die Drohung mit der Ermordung jetzt und den ewigen Schmerzen im ewigen Höllenfeuer später, erst voll zur Geltung kommen kann.

Das Wesen des Islams ist abrahamitischer Glaube, reiner als bei den Juden und Christen. Dieser abrahamitische Glaube fußt auf dem *Stockholm-Syndrom.* Was ist das? Ohnmächtige Geiseln fixieren sich auf ihren übermächtigen Kidnapper, der mit ihnen machen kann, was er will und bauen eine einseitige Beziehung zu ihm auf, bis hin zur Liebe sogar, dafür, dass er sie trotz alledem „gut behandelt", vielleicht sogar bevorzugt und ihnen erklärt, warum er das tut und warum es das Beste für sie sei, wenn sie willig mitmachten und nicht dagegen rebellierten. Sie beginnen, *seine* Motive für ihre eigene Freiheitsberaubung zu verstehen und sie gegenüber Dritten (freien Menschen, Uneingeweihten, „Ungläubigen") zu rechtfertigen. Denn sie suchen nach der Gunst der Lage. Auf diese Weise verschaffen sie sich die Illusion, ihr bedrohtes Leben in todesnaher Gefangenschaft hätte für alle Beteiligten doch noch einen besonderen Sinn, einen, den nur sie wirklich verstünden.

Leider wirkt das! Nicht über den Verstand, sondern über das *Gefühl.* Die Unterwerfung und die Drohung mit der Hölle sprechen ein tiefsitzendes biologisches Erbe in uns an: Den Reflex, sich zu flüchten, Zuflucht zu suchen beim Stärksten und sich bei ihm abzuducken und zu gucken, wo man bleiben kann. Die Verheißung des ewigen Lebens im Paradies spricht zusätzlich unser Belohnungssystem an, hinzu kommt der gewöhnliche Gruppendruck. Dieses evolutionäre Erbe sichert unser Überleben seit Jahrmillionen, aber es kann auch dazu dienen, uns innerlich gefangen zu nehmen. Der Verstand hat das Nachsehen, er darf die passenden Begründungen für unser destruktives Verhalten nachliefern, seien sie auch noch so haarsträubend und fadenscheinig herbeikonstruiert.

Der folgende Vers kann als Beleg für das Stockholm-Syndrom als Wesenskern des Islams gelten – mit nur einem Satz und von Mohammed (Allah) selbst zusammengefasst.

> „O ihr, die ihr glaubt, fürchtet Allah und trachtet nach Vereinigung mit ihm und streitet in Allahs Weg; vielleicht ergeht es euch wohl.“ (Koran, 5: 35)

Wen Allah strafe, der sei selber schuld, weil er nicht Zuflucht bei ihm suchte.

> „Drum fliehet zu Allah; siehe, ich bin euch von ihm ein offenkundiger Warner.“ (Koran, 51: 50)

Der abrahmitische Glaube ist eine evolutionär entstandene Psychofalle und in Gestalt des Islams am gefährlichsten, weil in reinster Form zuschnappend! Der Koran ist eine Ansammlung von Gehirnwäsche-Predigten, die wahrscheinlich Mohammeds Unterbewusstsein entsprungen sind, vielleicht auch durch Besessenheit entstanden. Mohammeds mekkanische Zeitgenossen hielten ihn fast alle für einen „besessenen“, unbequemen Lügner. Seine Predigten, Suren genannt und 114 an der Zahl, beinhalten immer wieder das Gleiche: Allah, Mohammed, Gläubige und Ungläubige, Hölle und Paradies. Sie offenbaren nichts Neues, sondern verlangen die Rückkehr zum Glauben Abrahams. Sie erzählen von Abraham, von Noah und von Moses. Die höchst eingöttliche Verheißung an Abraham und alle seine Nachfahren, also auch an Mohammed und die Seinen, lautet: Viele Nachkommen, große Landnahme, ein Segen für die Welt sein. (Auch das glasklar ein allgemeines, primitives, evolutionäres Überlebens- und Ausbreitungsprinzip.) Vorausgesetzt, sie halten sich an den Bund mit Eingott und gehorchen ihm genauso bedingungslos, wie Abraham dies getan haben soll.

Daran glauben Muslime, sie halten sich für die gerechtesten und zivilisiertesten Menschen, weil Gott ihnen mit seinen Vorschriften hülfe, die bösen menschlichen Begierden zu zügeln – die man überall in der nichtislamischen Welt, besonders im habgierigen und materialistischen Westen, am Werke sehen könne – um seine Muslime, die „Rechtgeleiteten“, ganz nach dem Willen des Weltschöpfers, erfolgreich zu machen. Der abrahamitische Glaube trat nicht zufällig in die Geschichte, er illustriert den Übergang des Menschen aus seiner noch recht primitiven, eher biologisch geprägten Kulturphase, hin zu einer mehr von der Natur emanzipierten, urbanen, durch menschliche Selbsterkenntnis überprägten, höheren Kulturphase des modernen, wissenschaftsbasierten und zukünftigen Menschen. Ein Übergangsphänomen seit 3000 Jahren. Es ist an der Zeit, den Übergang zu schaffen. Die Zukunft der Menschheit ist zweifellos eine islamfreie Zone, eine abrahamfreie Zone.

Allahs *Liebesverweigerung*, Allahs *Hass* und Allahs *Vernichtung der Nichtmuslime* sind *zentrale Botschaften des Korans*. Sie sind religiöser und politischer „Sozialdarwinismus". Das muss endlich wahrgenommen und aufklärerisch beantwortet werden! Diese wieder und wieder, schier in Endlosschleife, wiederholten Offenbarungen des Korans sind eine üble, indoktrinierende *Hetze gegen Menschen*, die nicht richtige oder gar keine Muslime sind. Mohammeds Absicht war es, die religiösen Legenden der Juden und Christen auf ihren abrahamitischen Monotheismus hin zu reformieren und das gelang ihm leider durchschlagend! *Mohammed war ein erfolgreicher* ***Reformator***. Die 600 Seiten des Korans bestehen aus ständigen Wiederholungen der gleichen simplen Idee, die Mohammed, anhand von dem alten Testament entlehnten Fabeln, seinen Zuhörern als unbedingt wahr einzuimpfen versucht. Er droht mit der Hölle und lockt mit dem Paradies. Er bringt Beispiele, was angeblich in der Vergangenheit geschehen war und was angeblich an einem Jüngsten Tag geschehen wird und lässt die zur Hölle verdammten „Ungläubigen" wehklagen, dass sie ihm leider nicht geglaubt haben und ihm nicht gefolgt sind, solange sie noch die Möglichkeit dazu gehabt hätten.

Wie kann man diese schrecklichen Vorträge für heilig halten? Die 600 Seiten des Korans könnte man inhaltlich auf 60 Seiten einkürzen, die vielen Wiederholungen dienen allein der Indoktrination. Diese ständigen Wiederholungen und Drohungen erzeugen tatsächlich eine Sogwirkung, die ängstliche, unaufgeklärte Gemüter zur Unterwerfung verführt. – Vorsichtshalber: Es könnte ja doch was dran sein und wer will schon in der Hölle schmoren.

Aufgeladenen Büchern, wie dem Koran, der Bibel, Adolf Hitlers Mein Kampf oder Dem Kapital von Karl Marx und vielen anderen, haftet eine gedankliche und emotionale (memetische) Sogwirkung an, die einen anfasst und die man nicht unterschätzen sollte. Das ist der Grund, warum sie von der jeweiligen Gegenseite in den Giftschrank beordert werden. Diese Sogwirkung hat nichts mit Wahrhaftigkeit zu tun, mit Argumenten, mit Ratio, mit Vernunft oder gar mit Weisheit, sondern sie entsteht allein schon durch den Glauben vieler daran. Man kann sich das an einem einfachen Beispiel verdeutlichen. Wenn zwei Menschen genau das Gleiche und auf die genau gleiche Weise sagen, entfaltet es doch bei weitem nicht die gleiche Wirkung, wenn der eine ein ganz unbekannter, stümperhafter Niemand und der andere eine begabte, hochgeachtete Autorität ist. Wenn dann auch noch das *Stockholm-Syndrom* hinzukommt, diese Autorität also *die Macht über Leben und Tod besitzt*, wird es ideologisch richtig gefährlich. Die denkbar höchste Autorität ist ein ganz alleiniger Schöpfer-Eingott, der alles erschafft und erhält und der schalten und walten kann, wie er gerade will. Die jenseitige Ewigkeit beinhaltet zudem das längste Leben oder den längsten Tod, und der Höllenaufenthalt ist die quälendste Folter, die ein Mensch sich ausmalen kann. Das sind die Zutaten für eine *hochanstecken-de Glaubensverführung.*

Muslime sind Menschen, die einem falschen Glauben anhängen, der ihnen und anderen Menschen schadet. Ich kann verstehen, dass Moslem ist, wer hineingeboren und hineinerzogen worden ist. Wer aber als verständiger, erwachsener Mensch den Koran gelesen hat und immer noch daran glaubt, an dessen Kompetenz muss ich zweifeln. Er ist das Opfer eines religiösen und daher maximalen Stockholm-Syndroms.

Wenn Gott und seine Welt wirklich so wären, wie Mohammed sie beschreibt, wäre die Menschenwürde nur im selbstbewussten Widerstand gegen die unmenschliche, göttliche Willkürherrschaft zu erlangen, dann müssten wir unter Milliarden Augen mal ein ernstes Wörtchen mit ihm reden, ob er sie noch alle hat und was er sich eigentlich auf seine Göttlichkeit einbilde?! Wir müssten ihn zum verantwortlichen Umgang mit seiner eigenen Schöpfung ermahnen und seine Hölle und sein Paradies bestreiken! Dass wir kein echtes Druckmittel gegen Gott haben, ihn nicht erpressen können, spielt gar keine Rolle. Wer schöpft, hat Verantwortung für seine Schöpfung! Wer Menschen erschafft, verpflichtet sich selbst zum artgerechten Umgang mit ihnen. Gott kann doch nicht weniger Verantwortung haben als wir Menschen.

Zum Glück bleibt festzustellen: Allah und seine Endzeit-Herrschaft *gibt es nicht.* Allah ist Mohammeds Götze, eine Projektionsfläche für seinen abrahamitischen Glauben, dem Propheten günstig und dienlich, seine Machtansprüche zu rechtfertigen. Ihm und seinen Nachfolgern. Wir können den Islam und den ganzen „Abrahamismus" einfach vergessen und *kein* himmlisches Strafgericht kommt über uns. – Wetten das?!

Es ist alles nur menschliche Einbildung. (Mehr dazu in der Rathaus-These 49: Die wahre Religion.) Beenden wir deshalb endlich diesen schädlichen Aberglauben!

> „Der Abergläubische wird vom Fanatiker beherrscht und wird selbst zum Fanatiker." „Kurz, je weniger Aberglaube, desto weniger Fanatismus, und je weniger Fanatismus, desto weniger Unheil."
>
> Voltaire (François-Marie Arouet, 1694 - 1778), französischer Philosoph und Autor der Aufklärung

„Der Islam gehört auf den Müllhaufen der Geschichte.“

> Mustafa Kemal Pascha „Atatürk“ („Vater der Türken“, 1881 - 1938) türkischer Offizier und Politiker, Begründer und erster Präsident der Republik Türkei nach dem Ende des Osmanischen Reiches, des Kalifats. Er versuchte, die Türkei schlagartig an die europäische Moderne heranzuführen. Mit wenig Erfolg.

2. Die Rathaus-Thesen

Thesen zielen auf Wahrhaftigkeit. Thesen bieten sich an, sind immer auch bereit, widerlegt zu werden. Im Rathaus sitzen Bürger, die im Rahmen der Gesetze politische Entscheidungen treffen. Die Rathaus-Thesen sollen ihnen eine Entscheidungshilfe sein.

Ich stelle diese Rathaus-Thesen, die keinen Anspruch auf Vollständigkeit erheben, zur allgemeinen Diskussion. Und ich hoffe, sie mögen vielen Menschen die Augen öffnen, ihren Verstand einschalten, bei Menschen, die sich noch gar nicht bewusst sind, dass sie träumen. Meine Lieben, wacht endlich auf!

Rathaus-These 1: Islam ist Unfreiheit

Islam heißt Unterwerfung und ist wörtlich gemeint. Seine Anhänger gehen auf die Knie und senken ihr Haupt zu Boden. Nach oben buckeln und nach unten treten. Wir kennen diesen Untertanengeist. Islam heißt blinder Gehorsam vor dem Gott „Allah“. Diese Unterwerfung zerstört die Grundlagen unserer freiheitlichen Gesellschaftsordnung. Sie erzieht die Menschen zu unterwürfigen Unterwerfern. Der Islam ist nicht nur religiöse, nicht nur politische, nicht nur soziale, sondern totale Unterwerfung.

> „Muhammad ist der Gesandte Allahs, und seine Anhänger sind strenge wider die Ungläubigen, barmherzig untereinander. Du siehst sie sich verneigen und niederwerfen, Huld begehrend von Allah und Wohlgefallen. Ihre Merkzeichen auf ihren Angesichtern (der Bodenstaub) sind die Spur der Niederwerfung. ...“ (Koran, 48: 29)

Rathaus-These 2: Islam ist Unterdrückung

Der mohammedanische Glaube ist ein als göttlich herabgesandt und widerspruchsfrei geglaubtes Regelwerk, welches die *Unterdrückung* von Frauen, Andersgläubigen, Atheisten, Liberalen und allen Randgruppen *fordert* und *rechtfertigt*. Der Islam ist ein gegen die Individualität und die Vielfalt gerichteter *kollektiver Zwang.*

Rathaus-These 3: Islam ist totalitärer Herrschaftsanspruch

Muslime behaupten, es gäbe nur ihren Gott und er habe ihnen gesagt, was richtig ist. Mehr richtiges Wissen gäbe es nicht, nur sie hätten es. Alle anderen Menschen lebten im Irrtum. Wie aberwitzig! Wie vermessen und falsch!

Der Islam ist radikal. Alle andersgläubigen Menschen gelten den Muslimen nicht als andersgläubig, nicht mal als falschgläubig, sondern als schlichtweg ungläubig. Mehr Rechthaberei, mehr Alleinvertretungsanspruch, mehr Ignoranz anderen Menschen gegenüber, geht gar nicht.

Der Islam hält sein Weltbild für das einzig richtige und das Leben nach den Forderungen seines Korans und den anderen Aussagen Mohammeds für die *bestmögliche Gesellschaftsordnung für alle Menschen.* Der Islam will die ganze Menschheit erobern. Er zielt darauf, das Leben aller Menschen für alle Zeiten zu bestimmen und zu kontrollieren.

Der Islam ist eine kämpferisch erobernde, religiöse, gesellschaftspolitische Ideologie totalitärer Herrschaft aus einem Guss mit völliger Gleichschaltung, also Schwarz-Faschismus in Reinkultur. Das islamische Weltbild gehört im politischen Spektrum zum Extremismus, zur Anti-Mitte, zusammen mit dem Rot- und dem Braun-Faschismus.

> „Die Lehre des Korans, das gesellschaftliche und politische System des Islam, seine moralischen Prinzipien wie auch seine Gesetze, fußen auf der Autokratie Allahs. In der Sache weist der Islam alle wesentlichen Züge des Faschismus auf."
>
> Jaya Gopal (geboren 1944), indischer Autor, 2004

Gläubige, die diese totalitäre Herrschaft ablehnen, sind keine Muslime mehr, auch wenn sie weiter so heißen wollen. Sie werden von koran- und mohammedgetreuen Muslimen als Abtrünnige bekämpft. Der Islam ist niemals weicher Humanismus, sondern immer harter Theismus.

„Wir Schriftsteller, Journalisten, Intellektuellen rufen zum Widerstand gegen den religiösen Totalitarismus und zur Förderung der Freiheit, Chancengleichheit und des Laizismus für alle auf. ...

Wie alle Totalitarismen nährt sich der Islamismus aus der Angst und der Frustration. Auf diese Gefühle setzen die Hassprediger, um mit ihren Bataillonen eine Welt der Unfreiheit und Ungleichheit zu erzwingen. Wir aber sagen laut und deutlich: Nichts, nicht einmal Verzweiflung, rechtfertigt Massenverdummung, Totalitarismus und Hass. Der Islamismus ist eine reaktionäre Ideologie. Überall, wo er sich breit macht, zerstört er Gleichheit, Freiheit und Laizismus. ...

Wir lehnen den „kulturellen Relativismus“ ab, der im Namen der Achtung der Kulturen und der Traditionen hinnimmt, dass den Frauen und Männern der muslimischen Kultur das Recht auf Gleichheit, Freiheit und Laizität vorenthalten wird.

Wir weigern uns, wegen der Befürchtung, die „Islamophobie“ zu fördern, auf den kritischen Geist zu verzichten. ...

Wir plädieren für allgemeine Meinungsfreiheit, damit sich der kritische Geist auf allen Kontinenten gegen jeden Missbrauch und gegen alle Dogmen entfalten kann.

Wir richten unseren Appell an die Demokraten und freien Geister aller Länder, damit unser Jahrhundert eines der Aufklärung und nicht eines der Verdummung wird.

Aus dem Manifest der 12: Ayaan Hirsi Ali, Chahla Chafiq, Caroline Fourest, Bernard-Henri Lévy; Irshad Manji, Mehdi Mozaffari, Maryam Namazie, Taslima Nasreen; Salman Rushdie, Antoine Sfeir, Philippe Val, Ibn Warraq, 2006

Rathaus-These 4: Islam ist Diktatur

„Er ist’s, der seinen Gesandten mit der Leitung und der Religion der Wahrheit entsandt hat, um sie über jeden andern Glauben siegreich zu machen. Und Allah genügt als Zeuge.“ (Koran; 48: 28)

Muslime glauben an die *Einheit von Religion, Recht und Politik in der Diktatur Mohammeds.* Sie glauben an die Einheit von Führer (Mohammed) und Gefolgschaft (Umma). Sie verherrlichen mehr als ein dutzendmal täglich den Begründer ihrer politischen Religion als vorbildlichsten aller Menschen und Stellvertreter Allahs auf Erden, dessen Willen er verkündete und umsetzte und dem durch alle

Menschen nachzueifern sei. Jeder Mensch wird aufgerufen, sich zu fügen, sich zu unterwerfen unter die angeblich beste Ordnung für die Menschheit, die islamische, die totalitär alle Lebensbereiche regelt und angeblich alle gesellschaftlichen Probleme löse, weil Allah ja am besten wisse, was für die Menschen gut sei.

> „Ich erinnere mich schmunzelnd an die Aussagen von naiven Islam-Experten und Politikern, als sie in Erdogan und seiner AKP eine Chance für die Versöhnung von Islam und Demokratie sahen. Sie hätten wissen müssen, dass Islamisten keinen zwei Herren dienen dürfen, und dass sie die Demokratie nur als Mittel verstehen, um an die Macht zu kommen, um dann die Demokratie abzuschaffen."
>
> Hamed Abdel-Samad (geboren 1972), deutsch-ägyptischer Politikwissenschaftler, Islamkritiker und Autor, 2017

Rathaus-These 5: Islam ist antidemokratisch

> „Das demokratische Regime steht in der Wurzel und in seinen Folgen mit dem Islam in Kontrast und läuft somit dem Islam in höchstem Maße zuwider."
>
> Dr. Ayyub Axel Köhler (geboren 1938), 1963 zum Islam konvertierter deutscher Geophysiker, vielfacher Islam-Funktionär, ehemals FDP (1999-2004), von 2006-2010 Vorsitzender des Zentralrats der Muslime in Deutschland, 1993

Die Diktatur Mohammeds ist antidemokratisch im höchst denkbaren Sinne, denn ihre Führerschaft wird überirdisch, höchstgöttlich, begründet. *Nicht bloß Menschen sollen diktatorisch über andere Menschen herrschen*, sondern der angebliche Schöpfergott Allah, der sich seine Menschen als Knechte erschaffen habe, damit sie ihm dienten, ihn anbeteten, ihm bedingungslos gehorchten und ihm huldigten. Vorbeter (Imame) und anderes islamisches Führungspersonal wachen über die Diktatur Mohammeds. Wo Allahs Wort herrscht, kann das Volk nicht herrschen.

„Die Demokratie ist nur der Zug, auf den wir aufsteigen, bis wir am Ziel sind. Die Moscheen sind unsere Kasernen, die Minarette unsere Bajonette, die Kuppeln unsere Helme und die Gläubigen unsere Soldaten.", sprach Recep Tayyip Erdogan 1998 und wurde deshalb zu zehn Monaten Gefängnis und lebenslangem Politikverbot verurteilt, wegen „Aufstachelung zur Feindschaft" und Verstoßes gegen den Laizismus (Trennung von Staat und Religion), der in der Türkischen Republik vorgeschrieben war. Nur fünf Jahre später wurde er trotzdem türkischer Ministerpräsident, getragen von seiner neu gegründeten Partei, getragen von den türkischen Muslimen. 2014 wurde er Präsident und seit dem Referendum 2017 baut er mit der Zustimmungsmehrheit seiner türkischen Bürger – auch der in Deutschland lebenden – die Demokratie der Türkei zur Diktatur um. Zur islamischen Diktatur.

Eine Demokratie kann eine geschlossene oder eine offene Gesellschaft sein, aber sie kann in jedem Fall nur mit einer klaren Mehrheit von „Demokraten" veranstaltet werden. Kommen zu einer bestehenden Demokratie zu viele „Diktatoren" und „Untertanen" hinzu, kann sie keine Demokratie mehr bleiben: Aktion und Reaktion verändern sie dann zur „Demokratur" oder Diktatur. Wenn wir massenhaft islamische Antidemokraten einwandern und bei uns wirken lassen, beschädigen wir unsere Demokratie oder schaffen sie ab. Widerstand dagegen ist deshalb unsere höchste Staatsbürgerpflicht.

Die Multikulturalisten sind bestrebt, den Demokratiebegriff in ihrem Sinne umzudeuten und spielen damit bewusst den illegalen Eindringlingen und Islamisierern in die Hände. Sie wollen oberflächlichen Menschen glauben machen, Demokratie sei das Gleiche wie beliebige, bedingungslose Vielfalt und es sei auch noch ein Menschenrecht, illegal zu jeder Demokratie dazustoßen und mitmischen zu können, auch wenn man antidemokratisch ist.

> „Mein Großvater war einfacher Werkzeugmacher, hat aber mit großer Zivilcourage gegen die erste deutsche – die Nazi-Diktatur – gekämpft und einen hohen persönlichen Preis dafür gezahlt. Ich habe Widerstand gegen die zweite deutsche – die kommunistische Diktatur – geleistet, bin dafür als „feindlich-negativ" diffamiert, mit Bespitzelung, Berufsboykott bestraft worden und musste kommunistische Sippenhaft erleben, die auch die Kinder der Bürgerrechtler nicht verschonte. Ich möchte keine dritte Diktatur – nämlich eine islamische – auf deutschem Boden erleben."
>
> > Angelika Barbe (geboren 1951), deutsche Biologin und Politikerin (CDU), DDR-Bürgerrechtlerin, Mitbegründerin der SPD in der DDR, ehemaliges Mitglied der Volkskammer, ehemaliges Mitglied des Bundestages (SPD), 2016

Für echte Muslime sind Entscheidungsfreiheit und Demokratie verboten, denn sie müssen dem Führer gehorchen, der für sie mit Gesetzeskraft entscheidet. Wer selbstbestimmt leben will, ist ein abgeirrter Ungläubiger.

> „Und nicht geziemt es einem gläubigen Mann oder Weib, wenn Allah und sein Gesandter eine Sache entschieden hat, die Wahl in ihren Angelegen-

> heiten zu haben. Und wer gegen Allah und seinen Gesandten aufsässig wird, der ist in offenkundigem Irrtum.“ (Koran, 33: 36)

> „O ihr, die ihr glaubt, gehorcht Allah und gehorcht dem Gesandten und denen, die Befehl unter euch haben. Und so ihr in etwas uneins seid, so bringet es vor Allah und den Gesandten, so ihr an Allah glaubt und an den Jüngsten Tag. Dies ist die beste und die schönste Auslegung.“ (Koran, 4: 59)

Die beherrschende Tugend im Islam ist *untertäniger Gehorsam,* nicht Selbstbestimmung. Die islamische Regierungsform ist die Theokratie: Zuerst muss Allah Gehorsam geleistet werden, dann Mohammed, dann jedweder islamischer Autorität. Der Gläubige muss dem himmelsgeleiteten Führer ins verheißene, angebliche Paradies folgen! Allah hat zu befehlen, er sei die souveräne Autorität. Was er seinen Propheten verordnet habe, könne niemals falsch sein. Die Propheten, vor allem der Letzte, hätten deshalb immer Recht.

> „Der Prophet begeht keine Sünde in dem, was Allah ihm verordnet hat; das war der Brauch Allahs mit denen, die vor euch hingingen – und Allahs Befehl ist ein beschlossener Beschluss – „ (Koran, 33: 38)

Basta. Die Partei Gottes habe immer Recht. Die Wahrheit käme nur von Gott, nicht von den Menschen, die entwickelten nur abirrende, bloße Meinungen. Eine Demokratie könne deshalb nur irregehen. Sie sei als falsch abzulehnen und die Strafe Allahs warte nur auf die Sünder, die sich ihr dennoch hingäben.

> „Und die Mehrzahl von ihnen folgt nur einer Meinung. Aber die Meinung nützt nichts gegenüber der Wahrheit. Siehe, Allah kennt ihr Tun.“ (Koran, 10: 36)

Die Untertanengemeinschaft der Gläubigen, die Umma, hätte den allwissenden himmlischen Souverän hier unten auf Erden zu vertreten. Gewählte Volksvertreter (Parlamentarier), die den Willen von *Menschen,* den vermeintlichen Volkswillen oder den Willen von irgendwelchen Lobbyisten oder gar ihren schrulligen Eigenwillen diskutieren und durchzusetzen versuchen – was für ein unordentlicher und ketzerischer Gedanke! Allah will, dass seine Gläubigen gebieten, was Recht ist.

> „Und die Gläubigen, Männer und Frauen, sind einer des andern Freunde; sie gebieten das Rechte und verbieten das Unrechte und verrichten das Ge-

bet und zahlen die Armensteuer und gehorchen Allah und seinem Gesandten. ..." (Koran, 9: 71)

„Ihr seid die beste Gemeinde, die für die Menschen erstand. Ihr heißet was Rechtens ist und ihr verbietet das Unrechte und glaubet an Allah. ..." (Koran, 3: 110)

Was Allah und sein Mohammed beschlossen haben, das müsse zur Geltung gebracht werden, denn der allmächtige Gott wisse es schließlich besser.

„Hätte übrigens Allah einen arabischen Duden in seinem Schrank, stände unter dem Stichwort Demokratie: „Staatsform der Ungläubigen, welche mit List, Lüge und Gewalt zu bekämpfen ist. Allah ist der Souverän und nicht das Volk."

Wer jetzt noch schläft, wird zu spät wach."

Wilfried Puhl-Schmidt (geboren 1944), deutscher katholischer Theologe, 2018

Rathaus-These 6: Der Islam ist antiliberal

Die Diktatur Mohammeds ist antiliberal. Die Menschen sollen ihren Verstand und ihre Freiheit nur zur Unterwerfung unter den Willen Allahs, also unter Mohammeds Vorschriften, gebrauchen. Den Menschen ist es nicht erlaubt, eigene Vorstellungen über Gott und die Welt zu entwickeln und nach eigenem Gutdünken leben zu wollen. Der vom Islam vorgegebene Rahmen darf nicht überschritten werden. Es drohen schwerste Strafen für eigenmächtige, liberale Abweichungen. Sich vom Islam abzuwenden, gilt als größtes, todeswürdiges Verbrechen, schlimmer als Mord.

Die Diktatur Mohammeds will keine Zivilgesellschaft, sondern eine formierte Glaubensgemeinschaft. Es gibt zwar viele gemäßigte Muslime, aber *keinen einzigen liberalen Muslim*, denn liberal sein heißt freiheitlich sein, muslimisch sein heißt unterworfen sein unter den Willen Allahs und seines Propheten. Freiheitliche Unterworfene, freie Sklaven Allahs, gibt es so viele wie unfruchtbare Schwangere. Nämlich gar keine. Entweder oder!

Ein liberaler Islam ist deshalb undenkbar und ungestaltbar, weil man sich dieser Ideologie nicht unterwerfen und zugleich frei sein kann. Das Weltbild des freien Menschen ist aus dem Islam nicht ableitbar, deshalb kann er auch nicht freiheitskonform reformiert werden, ganz egal wie oft es versucht wird!

Es gab weder in der Geschichte noch gibt es heute einen einzigen vom Islam geprägten Staat, der als Vorbild dienen könnte. Die Ursache ist immer der Islam selbst. Je größer sein Einfluss, desto kleiner ist die Freiheit. Logisch. Es gibt kein einziges positives Beispiel, von dem man sagen könnte: Seht her, so muss der Islam gelebt werden, dann passt er zu einer modernen, freien, vielfältigen und produktiven Gesellschaft! Weder im Mittelalter, noch in der Neuzeit, noch in der modernen Gegenwart. Das geht einfach nicht. Es gibt immer *nur gemäßigte Varianten* des Islams, die unvollständig sind, die nur einige Aspekte umsetzen und andere, wesentliche, weglassen, also Randerscheinungen um den vollständigen Islam herum sind, welcher fortwährend das genaue Gegenteil von menschlicher Liberalität verkörpert. Die gemäßigten Muslime sind immer nur randliche Islam-Heuchler, die ihn gar nicht wirklich ernst nehmen.

„Die Klugen sehen auf den Kern, die Dummen auf die Schale."

- aus Estland -

Wir haben in Deutschland eine Partei, die von sich behauptet, in erster Linie und wie keine andere politische Kraft, für die Liberalität und Freiheit einzustehen, die Freien Demokraten (FDP). Warum hört man dann nichts von ihnen? Warum dulden sie die Islamisierung oder kollaborieren sogar? Solange die Freien Demokraten sich nicht gegen die Unterwerfung wenden und unsere Freiheit und die aller Menschen verteidigen, solange die FDPler lieber glauben wollen, es gäbe auch einen liberalen Islam, solange sind sie eine Gruppe von Schlafwandlern auf der vergeblichen Suche nach Macht. Solange versagt die FDP völlig, in der Stunde ihrer höchsten Herausforderung und Beauftragung! Wann, wenn nicht jetzt, hätten wir eine freiheitliche politische Kraft nötiger gehabt, denn je? Freie Demokraten, wo seid ihr? Wacht doch endlich auf!

„Sich einen liberalen Moslem zu nennen, ist ein Widerspruch in sich ... man sollte vor Gott solche Gedanken bereuen, um ein wirklicher Moslem zu sein. ... Derjenige, der Freiheit will mit Gesetzen, die allein von Menschen gemacht sind, rebelliert gegen das Gesetz Gottes."

Scheich Saleh al-Fawsan (geboren 1933), saudi-arabischer Rechtsgutachter, Mitglied des Vorstands der muslimischen Gelehrten Saudi-Arabiens, in einer Fatwa 2007

Rathaus-These 7: Jede Islam-Variante ist bedrohlich

Jede Religion spaltet in eine Vielzahl von „Schulen“ auf, so auch der Islam. In Polen leben nur etwa 30.000 Muslime, knapp 10 % von ihnen, also ganz wenige, sind alteingesessene Tataren. Die muslimischen Tataren haben sich, so weit es nur geht, an die polnische Kultur angepasst, so dass eine friedliche Koexistenz besteht. Das war möglich, eben weil sie nur sehr wenige sind und den Willen dazu hatten und haben, umgeben von einer prägenden polnischen Kultur. Sie interpretieren den Koran auf Biegen und Brechen nach europäischem Vorbild und sind bereit, zuwiderlaufende Koran-Verse als historisch überholt abzulehnen. Sie *verstellen sich* maximal.

> „Einwanderer aus Afrika und dem Nahen Osten haben angefangen, uns zu belehren, wie man ein guter Muslim ist. Wir Tataren haben seit Hunderten Jahren unsere Auslegung des Islam, die an die polnischen, die europäischen Werte angepasst ist, und wir wollen diese nicht verändern.“
>
> Selim Chazbijewicz, polnisch-tatarischer, muslimischer Intellektueller, seines Wissens nach einziges muslimisches Mitglied der nationalkonservativen Regierungspartei „Recht und Gerechtigkeit“, 2016

Der Koran schreibt vor, dass Frauen sich bescheiden kleiden sollen. Die polnisch-tatarische Muslima ist mit Bluse und kniebedeckendem Kleid korangerecht bescheiden gekleidet, heißt es, im Mutterland des Islams wäre sie damit viel zu freizügig. Aber warum soll sich eine Frau überhaupt „bescheiden“ kleiden? Der tatarische Kompromiss ist zwar innerhalb des Islams lobenswert, schränkt die Frauen aber dennoch prinzipiell ein. – Er ist ein *fauler Kompromiss* mit den Menschenrechten. Die Frauen sind frei, sich anzuziehen, wie sie wollen!

Selim Chazbijewicz meint, dass alle Grausamkeiten aus dem Islam entfernt werden müssen und glaubt, dass diese Bereinigung von europäischen Muslimen ausgehen muss. Der Prophet Mohammed soll gesagt haben: „Die Erneuerung meiner Religion kommt aus dem Norden. Ein Muslim aus einem Land, in dem Schnee fällt, wird sie durchführen.“ Ob man wohl auch in Arabien davon weiß? Warum *redet er nur davon*, wie alle anderen auch, *warum* streicht er die Grausamkeiten *nicht selbst* aus dem Islam heraus? Ganz einfach: Weil bei dem Versuch vom Islam nichts übrigbliebe! Es würde ihn entkernen, ja auflösen. Deshalb tut das kein Muslim. Deshalb bleibt es bei den Beschwichtigungen, bei heißer Luft, bei deformierenden Interpretationen auf Biegen und Brechen, weil das die einzige Möglichkeit ist, den Islam *scheinbar* abzumildern, aber die Bomben – der Koran und die Sunna Mohammeds – bleiben immer scharf.

„Lasse dich nicht von den süßen Lügen „gemäßigter Muslime" täuschen. Es gibt keinen gemäßigten Islam oder moderaten Muslim. Diese sogenannten Moderaten sind entweder ignorant gegenüber dem Islam oder Heuchler, die versuchen, die Wolle über deine Augen zu ziehen. Hör nicht auf sie. ... Es kann keinen gemäßigten Islam geben, genauso wenig wie eine gesunde Krankheit oder einen vernünftigen Irrsinn. Der Islam ist extrem. Um den islamischen Extremismus zu bekämpfen, muss man den Islam bekämpfen. Es gibt keinen Mittelweg."

Dr. Ali Sina (Pseudonym), iranischer Ex-Muslim und Aktivist, der in Kanada lebt, Gründer von Faith Freedom International (Glaubensfreiheit International), 2008

Auch jeder säkularisierte, scheinliberale, angepasste Reform- oder Restislam ist letztlich dennoch gefährlich, weil er Türöffner sein *kann* und leider auch *ist*, für den echten, den traditionellen, den koranischen, den sunnagerechten, schariatischen Islam.

Vielleicht ist die Friedlichkeit der meisten Muslime ein Fakt. Fakt ist aber auch die kulturelle Rückständigkeit der meisten Muslime. Aus der Sicht der Traditionalisten ist jeder Modernisierer ein Verräter. Ein an den Westen angepasster Islam ist ein verratener, verfälschter Islam. Alle Falschgläubigen sind Ungläubige und werden von Gott bestraft. Die große Mehrheit der Muslime, und das sind sehr viele, wird selbstverständlich an ihren islamischen Gelehrtentraditionen festhalten und sie höchstens ein wenig weiterentwickeln. Diese Mehrheit bestimmt, was echter Islam ist. Und zwar anhand der Überlieferungen, den feststehenden „heiligen" Texten. Nicht aber die randlichen Splittergruppen, die mit der islamischen Gelehrtentradition und mit ganz wesentlichen Teilen von Koran und Sunna brechen, um mit einem gemäßigten Rest-Islam möglichst nahe an die Moderne heranrücken zu können, ohne sie je erreichen zu können.

„Es wird oft behauptet, dass 99,9 Prozent aller Muslime friedlich seien. Nur eine verschwindend kleine Minderheit unter ihnen neige zur Gewalt. Misst man diese Friedfertigkeit an der Nichtteilnahme an Terroranschlägen oder an Kämpfen des IS in Syrien und im Irak, könnte diese Rechnung stimmen. Nach diesen Kriterien war auch die Mehrheit der Deutschen während des Dritten Reiches friedlich. Doch Frieden bedeutet nicht die Abwesenheit von Gewalt, sondern von der Geisteshaltung, die zur Gewalt führt.

Friedfertigkeit setzt eine Erziehung zum Frieden voraus, die leider in weiten Teilen islamisch geprägter Familien und Schulen, auch in Deutschland, fehlt. Liest man, dass laut Umfragen über 80 Prozent aller Saudis und

> sogar ein Drittel aller Türken Sympathien für die Idee des Islamischen Staates haben, dann muss man die Behauptung von der friedlichen Mehrheit der Muslime neu bewerten. In Ägypten, Marokko, Jordanien, Bangladesch und Pakistan zeichnet sich ein ähnliches Bild ab. In Deutschland distanzieren sich Muslime zwar von den Gräueltaten der IS-Kämpfer, doch an der Idee des Kalifats und der Geltung der Scharia für alle Zeiten halten viele von ihnen nach wie vor fest. „Die Theorie ist richtig, nur an der Umsetzung hapert es", kennen wir auch von Anhängern des Kommunismus. Genau hier beginnt das wirkliche Problem. Hier liegt die Hintertür für den politischen Islam."
>
> Hamed Abdel-Samad (geboren 1972), deutsch-ägyptischer Politikwissenschaftler, Islamkritiker und Autor, 2014

Der Islam ist eine Ideologie der räuberischen Eroberung und Unterwerfung, die sich als tolerante Religion des Friedens ausgibt. Man kann den Islam nur beibehalten oder überwinden. Ein teilaufgeklärter Rest-Islam ist bereits der Entwurf zu einer neuen Religion, also eine Form der ansatzweisen Überwindung. Jede willkürliche Koranauslegung führt weg vom echten und tradierten Islam, den Quellen. Solche Islam-Gelehrte, die erst das Ziel definieren – ein fortschrittliches, westliches Ziel – um hernach die islamischen Texte, Koran und Hadithe, zielgerecht aus- und abzulegen – was *ziemlich unmöglich* ist – werden als Erz-Fälscher abgelehnt werden, als plumpe Umdeuter und das sind sie ja auch! *Wohlmeinende Lügner.* Das ist keine Lösung, sondern höchstens ein Zwischenschritt für einen Teil der Muslime bei der persönlichen Überwindung des Islams hier bei uns im Westen. Eine Brücke. Aber wie jede Brücke ist sie in beide Richtungen begehbar.

Jede Islam-Variante birgt Gefahren, denn der Glaube an Allah und Mohammed weist immer in Richtung Mekka, immer zum Koran, immer zum Ursprung, immer zum Dogma. Die moderaten Muslime sind deshalb die Einschleicher für den ganzen Islam. Auch wenn sie das selber gar nicht wollen. Sie werden dazu benutzt und sie verführen unwillkürlich dazu, weil auch sie den Koran und die Sunna weiter für heilig halten, weil sie Allah und Mohammed täglich lobpreisen. Die moderaten Muslime sind deshalb so etwas wie die Pioniere der Islamisierung in die freie Welt hinein. Sie sind die harmlos scheinende, äußere Hülle, der schöne Schein, der trügt. Sie sind höchst gefährlich!

> „Wir sind ein Einwanderungsland. Deutschsein bedeutet in Zukunft einen Migrationshintergrund zu haben, *das* bedeutet Deutschsein in Zukunft, nicht mehr autochthon blaue Augen, helle Haare – und ja, wir sind alle deutsch – sondern deutsch bedeutet auch, ein Kopftuch tragen ... dunkel-

haarig zu sein oder wie auch immer zu sein. Das bedeutet heute Deutsch-sein.“

> Lamya Kaddor (geboren 1978), syrisch-deutsche Islamwissenschaftlerin, islamische Religionspädagogin, Islamkunde-Lehrerin, Gründungsmitglied des „Liberal-Islamischen Bundes e.V.“ und des „Muslimischen Forums Deutschland e.V.“, 2016

Frau Kaddor will zwischen gemäßigten und traditionellen Muslimen vermitteln und sie will Deutsch-Sein und Muslim-Sein verschmelzen. Sie hält die Aufklärung des Islams zwar für *nicht möglich*, aber auch für nicht nötig; und behauptet dreist, eine ältere, islamische Aufklärung hätte der europäischen Aufklärung erst den Weg bereitet ... das ist das typische, übergriffige, vergiftende Argument der Muslime: Im Islam sei alles schon enthalten, was die Europäer entfaltet, aber auch verfälscht hätten. Gültig sei letztlich der Islam.

Die Lehrerin Lamya Kaddor will einen islamischen Religionsunterricht als Verkündigungsunterricht überall an den staatlichen deutschen Schulen. Fünf ihrer Schüler zogen nach Syrien in den Dschihad. Das war nicht ihre Absicht und darf man ihr auch nicht persönlich anlasten. Sie sagte, die Fünfe seien ihr als ganz normale, westliche Jungs in Erinnerung, nichts deutete auf ihre spätere Entwicklung hin. Aber was sagt uns das? Der Islam bleibt auch dann gefährlich, wenn er harmlos scheint. Der Weg zum Dschihad steht immer offen. Wer will, der darf und soll Allah mörderisch dienen, jetzt oder später, auch Generationen später. Es gibt keinen Schutz davor, außer man lehnt den Islam gänzlich ab und verdrängt ihn aus der freien Welt, wo er nicht hingehören kann.

Welche junge Generation „westlicher“ Muslime wächst da in Deutschland eigentlich heran? Eine Studie des Kriminologischen Forschungsinstitut Niedersachsens für das Bundesfamilienministerium fand im Jahr 2015 heraus, das *fast ein Drittel* der muslimischen Schüler aller 9. Klassen *bereit sind für den Dschihad.* Für mehr als ein Drittel (37 %) sind andere Religionen weniger wert als der Islam. Knapp ein Drittel (30 %) können sich gut vorstellen, selbst für den Islam zu kämpfen und ihr Leben zu riskieren. Fast ein Drittel (27 %) halten die Scharia für viel besser als die deutschen Gesetze. Aber nur ein Fünftel (20 %) meint, Muslime würden unterdrückt und *müssten sich mit Gewalt zur Wehr setzen*. Das ist aufschlussreich, auch darüber, dass ein großer Teil der Möchtegern-Dschihadisten weiß und indirekt auch zugibt, dass der Dschihad *nicht* der Verteidigung, sondern der Eroberung dient, also dem Angriff. Das „Verteidigungsargument“ ist nur ein Propagandatrick. Selbstverständlich wissen das viele Muslime – und benutzen es.

Rathaus-These 8: Der Islam ist antimenschenrechtlich

Die Diktatur Mohammeds ist antimenschenrechtlich im höchsten Sinne, weil sie sich nicht nur gegen einzelne, konkrete Menschenrechte wendet, sondern gegen den *Gedanken an Menschenrechte* überhaupt. Allen Menschen wird das Recht auf Menschenrechte abgesprochen. Der einzig legitime Gesetzgeber sei Allah und Mohammed hat seine Gesetze empfangen und verkündet. Jedes davon abweichendes Gesetz sei irrig, wider die Natur des Menschen, weil widergöttlich. Nur Allah wüsste, was für die Menschen richtig sei.

Die Menschen dürften keine eigenen Gesetze machen, die der göttlichen Scharia widersprechen. Der Islam ist damit vom seinem Ansatz her *ganz grundsätzlich* mit der freiheitlich-demokratischen Grundordnung *unvereinbar.* Entweder man bejaht die Menschenrechte oder man lehnt sie ab und setzt andere Bestimmungen an ihre Stelle, z. B. Mohammeds Offenbarungen.

Manche Muslime versuchen sich herauszureden, in dem sie behaupten, die Menschenrechte wären aus dem Islam ableitbar. Weil ja alles von Allah her käme, müssten deshalb auch die im Westen existierenden Menschenrechte von Allah sein. Obwohl „Allahs Worte“ dagegen sprechen? Sie streuen sich und freien Menschen Sand in die Augen, um ihren falschen Glauben nicht aufgeben zu müssen. Denn die Menschenrechte können eben nicht aus dem Islam heraus begründet werden. Das ist unmöglich! Selbst wenn das ginge – aber es ist nicht möglich – dürfte diese Art von Letztbegründung nicht gelten, denn kein Prophet und kein Gott darf über unseren Menschenrechten stehen.

Unsere universellen Menschenrechte sind nicht vom Himmel gefallen, sondern mit Blut geschrieben worden, sie entspringen leidvoller menschlicher Erfahrung. Sie entspringen der menschlichen *Wirklichkeit.* – Bei Gott: Sie nicht ernst zu nehmen, führt dazu, dass weiteres Blut fließt.

Rathaus-These 9: Der Islam ist mordsgefährlich

> „Die Vermessenheit tief religiöser Menschen ist die gefährlichste Sache in der heutigen Welt.“
>
> Prof. Dr. Daniel Dennett (geboren 1942), US-amerikanischer Philosoph

Aber der Islam ist noch schlimmer. Er macht tief religiöse Eiferer noch gefährlicher als solche anderer, gewöhnlicher Religionen. Denn der Islam unterscheidet sich von allen anderen:

> „In keiner anderen Kultur, geschweige denn Religion, findet sich die Kodifizierung von Mord, Raub, Versklavung und Tributabpressung als religiöse Pflicht. In keiner anderen Religion findet sich die geheiligte Legitimation von Gewalt als Wille Gottes gegenüber Andersgläubigen, wie sie der Islam als integralen Bestandteil seiner Ideologie im Koran kodifiziert und in der historischen Praxis bestätigt hat. Nicht zuletzt findet sich kein Religionsstifter, dessen Vorbildwirkung sich wie bei Muhammad nicht nur auf die Kriegsführung, sondern auch auf die Liquidierung von Gegnern durch Auftragsmord erstreckte."
>
> Dr. Hans-Peter Raddatz (geboren 1941), deutscher Orientalist (Islamwissenschaftler), Volkswirt und Autor, 2002

Muslime verletzen die Meinungs-, Weltanschauungs- und Religionsfreiheit, sie drohen mit Mord, sie rufen zum Mord auf und sie ermorden Menschen, die im Westen westlich leben wollen. Das dürfen wir nicht hinnehmen!

> „Wir machen keinen Unterschied zwischen Zivilisten und Nicht-Zivilisten, zwischen Unschuldigen und Schuldigen – nur zwischen Moslems und Ungläubigen. Und das Leben eines Ungläubigen ist wertlos!"
>
> Scheich Omar Bakri Muhammad (geboren 1958), Imam von London, 2004

Das Werte-Koordinatensystem des Islams ist ignorant, primitiv, brutal und verbrecherisch. Es geht darin nicht um Gut und Böse, um Täter und Opfer, um Schuld und Sühne, sondern allein um Allahs Rechtleitung. Erlaubt ist, was Allah erlaubt hat, verboten ist, was Allah verboten hat. Rechtgeleitete, gehorsame Gläubige (Muslime) sind wertvolle, gute Menschen und alle anderen Menschen sind wertlos und böse, Allah zuwider, zukünftige Höllenbraten.

Das ganze menschliche Leben soll seinen Sinn und Wert ausschließlich aus der hingebungsvollen Dienerschaft Allahs beziehen. Der Mensch soll sich total auf den eingebildeten Herrschergott hin ausrichten und sich beherrschen lassen wie eine willenlose Ameise. Er soll das Leben verachten und all die bekämpfen, die sich weigern, mitzumachen. Der Islam ist eine sklavische Opferreligion, der Mensch soll sich und alle anderen Menschen opfern: die Freiheit, die Liebe, die Kreativität, die Würde des irdisches Daseins.

„Die reinste Freude im Islam ist zu töten und getötet zu werden für Allah."

Ayatollah (Ruholla Musawi) Khomeini (1902 - 1989), iranischer, islamischer und politischer Führer, Staatsoberhaupt (religiöser Diktator) des Irans, 1984

Der Muslim soll kämpfen für eine Welt ohne Nichtmuslime. Er soll die Welt „bereinigen", der Zweck heilige dabei alle Mittel. Allah will es so, er offenbarte es über seinen letzten Propheten. Allahs letzter Befehl steht in der Welt und er muss erfüllt werden, zum Vorteil der Muslime.

„Wirf Deine Gebetsschnur fort und kaufe Dir ein Gewehr. Denn Gebetsschnüre halten Dich still, während Gewehre die Feinde des Islam verstummen lassen! Wir kennen keine absoluten Werte außer der totalen Unterwerfung unter den Willen des allmächtigen Allahs.

Die Christen und Juden sagen: Du sollst nicht töten! Wir aber sagen, dass das Töten einem Gebet an Bedeutung gleichkommt, wenn es nötig ist. Täuschung, Hinterlist, Verschwörung, Betrug, Stehlen und Töten sind nichts als Mittel für die Sache Allahs!"

Ayatollah (Sejjed Ali) Chamenei (geboren 1939), iranischer, islamischer und politischer Führer, Staatsoberhaupt (religiöser Diktator) des Irans, Nachfolger Khomeinis, 2004

„Das Töten ist der große Unterschied zwischen dem Islam und allen anderen Religionen".

Prof. Dr. Dr. Mark A. Gabriel (geboren 1957), ägyptischer Islamhistoriker, Religionswissenschaftler (Weltreligionen) und christlicher Religionslehrer, konvertierte vom Islam zum Christentum, 2004

„Wenn ein Amerikaner vor den Gefahren des Islam warnt, kann er auf die ca. 3000 Toten von 9/11 verweisen, ein Spanier erinnert sich an die ca. 200 Toten von Madrid im Jahr 2004 und jedem Franzosen dürften die Pariser Anschläge des vergangenen Jahres mit ca. 130 Toten im Gedächtnis bleiben. Und wenn ein Deutscher vor dem Islam warnt, kann er ... hmm …

schwierig. Ja, im World Trade Center starben Deutsche, aber wie viele? Und gab es nicht kurz danach einen Anschlag in Tunesien? Sind nicht auch in Paris und Brüssel Deutsche gestorben? Und der Anschlag auf eine deutsche Touristengruppe ist gerade einmal einige Monate her. Kaum jemand kann alle terroristischen Akte der letzten 15 Jahre benennen.

Es gibt sie also, die deutschen Opfer des islamischen Terrorismus, auch wenn niemand so genau weiß, wie viele es denn nun wirklich sind. Ein Wikipedia-Artikel, der diese Frage objektiv beantworten wollte, fiel innerhalb von nur einer Woche der Zensur zum Opfer. ...

Die Terroranschläge vom 11. September 2001 in New York und Washington (wurden) maßgeblich in der TU Hamburg-Harburg vorbereitet. Terroranschläge auf deutschem Boden waren geplant, gelangen aber glücklicherweise nicht, weil, wie im Fall der Kofferbomber, die Sprengsätze mangelhaft konstruiert waren, oder weil die Polizei rechtzeitig den Tätern auf die Schliche kam. Meist fallen auch die über 200 Ehrenmorde seit dem Jahr 2000 unter den Tisch – die die Zahl der seit der Wiedervereinigung von Rechtsextremen ermordeten Ausländer übersteigen. Ein ausländisches Leben ist für Antifaschisten nämlich nur dann etwas wert, wenn es von einem Deutschen beendet wird. Ein rechtsextremer Mord ist immer ein „grausames Verbrechen“, ein neues „33“ gar, während es sich bei einem Ehrenmord höchstens um einen „bedauerlichen Einzelfall“, oder um eine „Familientragödie“, die sich genauso gut auch unter Deutschen hätte ereignen können, handelt. ...

Ein übereifriger Admin befürchtete eine Instrumentalisierung von Toten und stellte einen Löschantrag. Er klagte: „Dies ist der erste Artikel mit dem Lemma „Deutsche Opfer ...“ Eigentlich sollte dies ein willkommener Anlass sein, die vorhandene Lücke zu schließen – geht es der Wikipedia doch darum, Wissen zu vermehren.“

Autor unbekannt, Internet, 2016

„Deutsche Opfer“ sind ein unterdrücktes Thema, Deutsche sollen sich eher als Täter begreifen, als Schuldige, die kein moralisches Anrecht haben, ihrer Opfer zu gedenken. Die 1,1 Millionen deutschen Soldaten, die in sowjetischer Kriegsgefangenschaft starben, darunter einer meiner Großväter, und die 500.000 Deutschen, die während ihrer Vertreibung aus den deutschen Ostgebieten starben, dürfen wegen der Kriegsschuld und des Völkermordens der Hitlerfaschisten nicht erinnert und betrauert werden, sie könnten ja vorher selber Täter oder wenigstens Mitläufer gewesen sein und hätten die todessträfliche Rache gewissermaßen verdient. Diese deutschen Opfer werden mit den Opfern der Hitlerdeutschen moralisch aufgerechnet. Unterm Strich bleiben keine deutschen Opfer übrig.

Der islamische Terrorismus hat bisher über 100 Deutsche getötet, in Deutschland und außerhalb. Und viele Ausländer. Von den Abertausenden Toten in den Kriegsgebieten der Islamisten soll an dieser Stelle gar nicht erst die Rede sein.

In Deutschland bleiben die Opfer islamischer Gewalt praktisch anonym, auch die Mordopfer. Während wir von der Presse mit den Namen und den Gesichtern der islamischen Täter, der Märtyrer, wochenlang und länger belästigt werden, werden ihre Opfer unter den medialen Teppich gekehrt, um die Bevölkerung zu beruhigen und angeblich auch um die Angehörigen zu schützen. Wir alle kennen den muslimischen Mörder vom Berliner Weihnachtsmarkt am Breitscheidplatz 2016 mit Namen und Gesicht, der mit einem gestohlenen Lkw seinem Allah menschliche Blutopfer – westliche „Ungläubige“ – darbrachte. Die Todesopfer hingegen kennen wir nicht, nicht mal ihre Anzahl. Oder wissen Sie noch, dass es 12 sind?

> „Am 27.11.2015 ließ der französische Präsident François Hollande in einer bewegenden Gedenkfeier im Invalidenhof die Namen aller 130 Opfer der islamistischen Terroranschläge vom 13.12. verlesen. Es war ein ergreifender, tragischer und zugleich erhabener Anblick. Bei jedem einzelnen Namen konnte man sich die unwiederbringliche Schönheit eines jeden einzelnen Menschen, das sinnlos ausgelöschte Leben und den unfassbaren Schmerz ihrer Hinterbliebenen vorstellen. Mehr war nicht nötig, um eine Nation zu einen und die Welt zu Tränen zu rühren: Die Namen der Opfer, in Würde gelesen und geehrt.
>
> Seit dem grausamen islamistischen Terroranschlag auf die unbekümmerten Besucher des Weihnachtsmarktes am Breitscheidplatz am 19.12. 2016 wundern sich viele Beobachter über das Schweigen der deutschen Regierung und Medien zu den Identitäten der Todesopfer. Während die Namen der ausländischen Opfer binnen weniger Tage in ihren Heimatländern, in Polen, Israel, Italien, der Ukraine, der Tschechischen Republik und den USA bekannt waren und betrauert wurden, gab es in Deutschland ein sonderbares Desinteresse an den Identitäten der unschuldig Ermordeten und am Leid ihrer Liebsten.
>
> Erst einen Monat später fand am 19.1.2017 auf öffentlichen Druck hin im Bundestag eine „Gedenkfeier“ statt – eine wahrhaft traurige Veranstaltung, bei der Bundestagspräsident Norbert Lammert Dinge sagte wie „Die Bevölkerung reagiert mit bemerkenswerter Besonnenheit auf den Terror. ... Terror zielt darauf ab, demokratische Gesellschaften zu erschüttern, zu lähmen, zu destabilisieren. Dieses Ziel haben die Terroristen in Deutschland nicht erreicht.“ Man könnte sogar sagen, die Deutschen, ihre Politiker und

Presse zumindest, hätten so gut wie gar nicht auf den Terror reagiert. Angehörige der Opfer oder Überlebende waren keine anwesend. ...

Auffällig war jedoch, dass die Angehörigen, sofern sie überhaupt zu Wort kamen, oft ihr dringendes Bedürfnis nach öffentlicher Anteilnahme und offiziellem Gedenken zum Ausdruck brachten: „Ich möchte nicht, dass Nada nur eine Statistik ist. Wir sind existierende Leute mit Namen, Geschichten, Freunden und Bekannten", sagte zum Beispiel Petr, der Witwer von Nada Cizmarova, der BILD – eine der wenigen überregionalen Zeitungen, die überhaupt über die Opfer berichtet haben.

Am Ehesten erfuhr man etwas vom polnischen LKW-Fahrer Łukasz Urban, der eine Frau und Sohn hinterließ. Sein Cousin Ariel Zurawski beklagte sich gegenüber der Daily Mail, die Witwe Zuzanna sei „sehr mitgenommen, wie auch ihr Sohn. Sie haben keinerlei Unterstützung erfahren, weder aus Deutschland noch Polen. Keine Psychologen, keine Spezialisten, gar nichts. Sie wird völlig allein gelassen."

Collin McMahon (geboren 1968), deutsch-US-amerikanischer Autor, Fernsehjournalist und Übersetzer, 2017

Was läuft da falsch in Deutschland? Nun, wir wollen die Opfer verdrängen und vergessen, klein machen, fast wie ungeschehen. Als könnte damit das Verbrechen ausradiert werden. Deshalb sollen sie namenlos und gesichtslos beleiben, nur eine Zahl, leider soundsoviele Todesopfer zu beklagen ... Das ist falsch, das ist würdelos.

Die Opfer und ihre Angehörigen sollen keinen Einfluss auf die Politik bekommen, auf die Stimmung im Volk. Auch das ist falsch, es lähmt uns. Deshalb hier nun die Namen der Islam-Opfer vom Weihnachtsmarkt auf dem Breitscheidplatz in unserer Hauptstadt Berlin, nach Quellen im Internet:

Anna Bagratuni (44) und Gregoriy Bagratuni (44), waren beide Ingenieure aus Kiew/Ukraine, sie hinterließen ihre Tochter Valeriya (22). Einen Monat nach dem Mord an ihren Eltern schickte ihr der designierte deutsche Bundespräsident Frank-Walter Steinmeier einen verstörenden Kondolenzbrief, er schrieb Valeriyas Namen falsch und vergaß, ihre getötete Mutter zu erwähnen.

Sebastian Berlin (32), der Industriemechaniker/Ingenieur aus Ragösen (Potsdam-Mittelmark) arbeitete beim Getriebehersteller ZF in Brandenburg/Havel, berufsbegleitend hatte er ein Ingenieur-Studium aufgenommen. Am Abend des Anschlags feierte er eine bestandene Prüfung. Er war auch als Gruppenführer bei der Freiwilligen Feuerwehr aktiv.

Nada Cizmarova (34), aus Sobeslav in Tschechien, arbeitete in einem Logistikunternehmen. Sie ging mit ihrer ebenfalls getöteten Kollegin Fabrizia Di Lorenzo auf den Weihnachtsmarkt, um Glühwein zu trinken. Sie trafen sich um 20 Uhr am Eingang, wo der Täter in die Menge raste. Nada hinterließ ihren Mann Petr und ihren Sohn David (5). Als zwei Tage später uniformierte Beamte vor der Tür standen und sein Papa sehr traurig wurde, verstand ihr Sohn. „Er hat geweint, bis er vor Erschöpfung eingeschlafen ist", erzählte der Vater. „Seither sagt er oft, dass er sich wünsche, dass die Mama wiederkomme."

Fabrizia Di Lorenzo (31), aus Sulmona in Italien, war im Rahmen des Erasmus-Programms an die FU Berlin gekommen. Zwei Wochen vor ihrer Ermordung tweetete sie noch hochtolerant: „Wir dürfen die Einwanderer nicht mit Terroristen in einen Topf werfen". Sie wurde von einem „asylsuchenden Einwanderer", einem tunesischen, islamistischen Terroristen, so zermalmt, dass ihre Leiche erst aufgrund einer DNA-Analyse identifiziert werden konnte. Sie hinterließ ihre Eltern und ihren Bruder.

Dalia Elyakim (60), aus Herzliya in Israel, war lebens- und reiselustig und kam gerne nach Europa. Die Berlin-Reise hatte sie ihrem Mann Rafi (60) als Überraschung geschenkt. Sie waren ein Traumpaar, liebten das Leben und waren zum Glühweintrinken auf den Weihnachtsmarkt gegangen. Rafi wurden beide Beine und die Hüfte gebrochen, er erwachte erst 11 Tage später aus dem Koma. Dalias Beisetzung fand in Herzliya in Anwesenheit des Bürgermeisters statt. Sie hinterließ ihren Sohn Or (28), ihre Tochter Chen (26) und ihren Mann.

Dr. Christoph Herrlich (40), ein Jurist aus Düsseldorf und Gründer einer Start-Up-Firma namens „Naon Smart Living". Er schubste noch seine Freundin aus dem Weg des Todesfahrers.

Angelika Klösters (65), aus Lanzerath (Neuss).

Dorit Krebs (53), aus Eichwalde (Dahme-Spreewald) arbeitete in einer Bausparkasse in Berlin-Tempelhof, sie war mit einer Freundin auf dem Weihnachtsmarkt und wurde als erstes überrollt, ihre Leiche konnte nur durch DNA-Analyse identifiziert werden; ihre schwer verletzte Freundin lag im Koma. Die verwitwete Dorit hinterließ zwei erwachsene Kinder und ein Enkel.

Łukasz Urban (37), aus Banie nahe Stettin in Polen, der Lkw-Fahrer, der eine Ladung Baustahl von Italien nach Berlin gebracht hatte. Während einer längeren Wartezeit auf die Entladung wurde er überfallen und – vermutlich nach einem heftigen Kampf mit dem muslimischen Täter – von diesem erschossen und erstochen. Sein Cousin erzählte: „Łukasz fand es seltsam, dass in dieser Gegend von Berlin nur noch Moslems waren. Die einzigen Deutschen, die er gesehen hat, waren die bei ThyssenKrupp." In der Nähe befindet sich eine Asylanlaufstelle.

Er hinterließ seine Frau Zuzanna (37) und seinen Sohn Adam (17). Łukasz wurde unter großer Anteilnahme in Anwesenheit des polnischen Präsidenten und des Weihbischofs von Stettin-Cammin beigesetzt. Mehr als hundert polnische Trucker veranstalteten einen kilometerlangen LKW-Korso nach Banie zu seinen Ehren. Ein britischer Trucker organisierte eine Spendensammelkampagne für seine Witwe.

Peter Volker (72), aus Harlingen/Texas, war vor Jahren mit seinem Partner Richard Ramirez (62) aus San Benito/Texas, nach Berlin gezogen, in die weltoffene, liberale Großstadt, wie viele schwule Paare aus der ganzen Welt. Richard wurde verletzt und auch ihr gemeinsamer Freund Russell Schulz-Widmar, ein Musiklehrer aus Austin/Texas, der berichtete: „Wir hörten Schreie und dann raste dieser LKW durch die Bude wo wir Glühwein tranken. Er pflügte alles nieder, die ganze Bude war zerstört. Ich dachte, ich muss sterben. Erst als jemand mich aus den Trümmern befreite, verstand ich, dass ich überlebt hatte. Die Schreie, die Gesichter der Toten, wie der LKW über uns drüberraste, gehen mir nie wieder aus dem Kopf. Darauf ist keiner vorbereitet."

Unbekannt, über das zwölfte Todesopfer ist nichts zu finden gewesen.

Bei diesem islamischen Terroranschlag wurden 12 Menschen getötet und 55 Menschen verletzt, einige lebensgefährlich. Bald ist wieder Weihnachtsmarkt. Und das jedes Jahr. Wollen wir mit dieser Gefahr leben? Oder glauben wir, mit dieser Gefahr leben zu müssen? Wir schaffen das ...?

> „Im Koran geht's ums Töten, 187 mal ... 25 mal im Imperativ: Tötet! Und zwar die Ungläubigen, die Juden und Christen, die Affen und Schweine, die Gemeindemitglieder der Rabbiner, Pfarrer, Kirchenpräsidenten, Weih- und Landesbischöfe.
>
> Die Funktionäre der katholischen und evangelischen Kirche treffen sich zum Dialog mit denjenigen, die ihnen und ihren Gemeinden die Auslöschung ihres Glaubens, die Unterwerfung, wenn nicht ihre Ermordung, androhen."
>
> Dr. Gudrun Eussner, deutsche Journalistin, 2007

Viele Male ruft Mohammed im Namen Allahs in seiner „göttlichen Offenbarung" zum Töten Ungläubiger auf. Jeder andere Mensch würde dafür als rassistischer Mordhetzer schärfstens verurteilt werden. Bei Mohammed heißt es nur: Das ist heilig. Mohammed ruft ebenso zur Tötung von Muslimen auf, wenn diese nicht gehorchen. Muslimas, die außerehelichen Sex hatten, sollen mit Steinen erschlagen werden: zur Abschreckung anderer. Und das wird bis heute auch praktiziert.

> „Gegner des Tötens haben keinen Platz im Islam. Unser Prophet tötete mit seinen eigenen gesegneten Händen. Unser Imam Ali tötete an einem einzigen Tag über siebenhundert Personen. Ist Blutvergießen für den Bestand unseres Glaubens vonnöten, sind wir da, unsere Pflicht zu erfüllen."

> Ayatholla Sadeq Khalkali (1926 - 2003), iranischer Richter, Oberster Richter im Iran

Jeder muslimische Mensch, der aufwacht und den Mut fasst, die Umma zu verlassen, schwächt sie dadurch und genau das wollen die „Islam-Geistlichen“ verhindern. Sie bekämpfen den Glaubensabfall (die Apostasie) durch Einschüchterungs-Morde. Diese Praxis rührt direkt von Mohammed her und wurde zum Massenmord, als viele unterworfene Stämme die aufgezwungene Unterwerfung wieder loswerden wollten, aber nicht konnten.

> „Wenn ein Muslim seine Religion verlässt, dann töte ihn.“ (Mohammed, Hadith, B V4 B52 N260)

In einer Fatwa aus dem Jahr 2005 heißt es dazu:

> „Der Islam hat die Hinrichtungsstrafe vorgeschrieben, um das Unheil gewisser Verbrechen zu verhindern. Der Abfall vom Islam fällt unter diese Art Verbrechen. ... Ein Mensch gilt als vom Islam abgefallen, wenn er den Islam verlässt oder einen Teil des muslimischen Glaubens aufkündigt. Die Hinrichtung des Abgefallenen ist kein Verstoß gegen die Menschenrechte oder die Glaubensfreiheit. Ganz im Gegenteil; der Islam garantiert die Menschenrechte und die Glaubensfreiheit ... . Die Tötung eines vom Islam Abgefallenen ist eine Bewahrung der Menschenrechte, denn der Abgefallene begeht ein gravierendes Verbrechen durch seinen Abfall von Allahs Religion. Allahs Religion ist das Beste für die Menschheit ... . Allahs Prophet ist von Allah als Gnade für die Menschheit geschickt worden ...“

Manche Islamführer sind der Meinung, die Umma hätte sich schon längst aufgelöst und die Unterwerfung wäre bereits verschwunden, wenn der Abfall vom Glauben nicht mit dem Tode bedroht wäre. Vollstreckt werden kann dass Urteil regelhaft jedoch höchstens in Ländern mit völlig ungebrochener islamischer Herrschaft, andernorts sorgt aber die Selbstjustiz der Gläubigen durch „Ehrenmorde“ für den entsprechenden, einschüchternden Gruppendruck.

Wir als freie Gesellschaft sind unbedingt aufgerufen und dringend gehalten, Menschen, die unter unserer Staatshoheit leben, effektiv zu befreien und zu schützen! *Das* bedeutet Integration. In Deutschland muss es völlig normal werden, die Umma und, wenn es sein muss, die muslimischen Familien zu verlassen, den Islam gänzlich abzulegen und ihm den Rücken zu kehren, *ohne* lebensbedrohliche Konsequenzen befürchten oder gar erleiden zu müssen. Dorthin müssen wir gelangen!

Und zwar schnell! Das Gewaltmonopol unseres Bürgerstaates hat schlicht dafür zu sorgen! Unsere Gesetze müssen selbstverständlich *gelten* und zwar in der Praxis.

Die islamrechtliche Akademie der internationalen „Organisation der Islamischen Konferenz" (OIC) veranstaltete 2003 ein Großtreffen von hunderten islamischen Würdenträgern, Rechtsgelehrten und Theologen aus 58 Staaten im Emirat Katar am Persischen Golf. In der Tagung der Muftis ging es auch um die Bewertung der palästinensischen Selbstmordanschläge auf Israel aus ihrer islamrechtlich-theologischen Sicht. Alle Vertreter, bis auf einen einzigen, *befürworteten die Selbstmordangriffe*. Nur ein saudischer Scharia-Professor wandte ein, das sei doch eine Verschleuderung von Menschenleben und Unschuldige würden dabei auch getötet, außerdem wären islamische Selbstmordattentate nicht gut fürs Image des Islam, sie würden Terrorvorwürfe und einen allgemeinen Hass gegen die Muslime provozieren. Sofort bekam er Widerspruch vom Islamtheologen und prominenten Fernsehprediger der islamischen Welt, Yusuf al-Qaradawi, den jeder Muslim aus dem Fernsehkanal Al Dschasira kennt. Er verteidigte die „Märtyrer-Operationen" gegen die israelischen Besatzer Palästinas als notwendige „Fortpflanzungsbombe". Viele Delegierte schlossen sich ausdrücklich seiner Argumentation an, um die Kritik zurückzuweisen.

Die Geburtenrate in den Palästinensergebieten ist extrem hoch, eine der höchsten der Welt und das nicht ohne Grund: Sie wird als Waffe eingesetzt, um den Staat Israel zu bekämpfen. Durch Geburtendschihad.

> „Das Kennzeichen des unreifen Menschen ist, dass er nobel für eine Sache sterben will, während der reife Mensch bescheiden für eine Sache lebt."
>
> Wilhelm Stekel (1868 - 1940), österreichischer Arzt und Psychoanalytiker

Rathaus-These 10: Eine ungesunde Geistesdroge

Der Islam ist aufgebaut wie eine Psychosekte. Die Gläubigen sollen sich mit ihren täglichen Pflichtritualen ganz der Glaubensgemeinschaft hingeben, in ihr förmlich aufgehen. Sie beten gemeinschaftlich mit einem Vorbeter (Imam), alle in Richtung des Zentralheiligtums, der Kaaba in Mekka. Sie gehören und gehorchen Allah als seine irdischen Diener, geben sich ihm mit all ihrem Sein hin. Es gibt kein individuelles menschliches Leben außerhalb mehr. Alle Lebensbereiche werden islamisch geregelt und alle Menschen, die da nicht mitmachen, sind minderwertige „Ungläubige", sind die teuflisch verführte, gefährliche, für Allah zu bekämpfende Welt da draußen.

Ich kann es nur wiederholen, um es bekannt zu machen: Der Islam ist eine religiös begründete und politisch ausgenutzte Selbstwert-Störung, das sogenannte „Stockholm-Syndrom“: Gefangengenommene Menschen, die von ihrem übermächtigen Entführer höchst bedroht, aber auch „gut behandelt“ und versorgt werden und verständliche Begründungen für ihre Gefangennahme hören, fangen oft an, sich dem Täter eigenwillig zu unterwerfen, sich mit ihrem Herrn zu identifizieren, ihm dankbar zu sein, ja ihn schließlich ihn zu lieben und zu verteidigen ... Sie geben ihre Freiheit auf, um sich einer Illusion von Restfreiheit unter seiner „guten Führung“ hinzugeben. Sie ergeben sich dieser Sucht und pflegen sie.

Echte Christen können sich in unsere westliche Moderne integrieren, gerade so. Radikale Christen können das schon nicht mehr. Muslime haben noch viel größere Probleme mit der Freiheit des Menschen vor Gott und der Welt. Echte Muslime können sich deshalb bei uns *nicht* integrieren. Und radikale Muslime bekämpfen uns sogar!

Das Christentum war Opium fürs Volk. Der westliche Konsumismus ist Alkohol fürs Volk. Der Islam aber ist Heroin für das Volk. Der Islam wendet sich gegen Alkohol und Opium, ist selber jedoch das sehr viel schlimmere Heroin. Der Islam ist, nach Judentum und Christentum, die geradezu vollendete politisch-religiöse Sucht, sich einen Platz im himmlischen Paradies erdienen und erkämpfen zu müssen und zu können. Ein abhängig machender Irrglaube. Gegen die Folgen auch dieser starken Sucht helfen nur Entzug und lebenslange Abstinenz.

Rathaus-These 11: Islam noch bedrohlicher als Kommunismus

Kann der Islam überhaupt falsch und gefährlich sein, wo doch so viele Menschen weltweit Muslime sind? Ja, auf die Anzahl kommt es nicht an, sondern auf den Inhalt. Nur weil der Islam die zweitgrößte Weltreligion ist, heißt das nicht, dass er richtig ist oder akzeptiert oder toleriert werden müsste. Schon gar nicht bei uns.

Viele Menschen halten an ihren Traditionen, ihrer Ideologie, ihren Wertvorstellungen und ihrer Macht einfach fest. Der Kommunismus war auch weltumspannend und ist trotzdem falsch. Der Kommunismus ist gescheitert, trotzdem gibt es noch Kommunisten; trotzdem baut die Kommunistische Partei Chinas mit 100 Millionen Mitgliedern, angeblich alles Kommunisten, den Staatskapitalismus auf, wie paradox, wie verlogen, wie machtorientiert.

Der Kommunismus entsprang dem westlichen Rationalismus und Materialismus. Er ist eine totalitäre Anwendung der weltlichen Vernunft. Im Gegensatz zum Islam ist der Kommunismus nicht wissenschaftsfeindlich, sondern teilweise geradezu wissenschafts- und fortschrittsgläubig. Der Kommunismus entsprang aber auch dem Christentum. Er ist die weltliche Form der christlichen Urgemeinde, die alles miteinander und füreinander teilt, die einen neuen Menschen in einer neuen Weltordnung hervorbringen will und im festen Glauben zusammensteht. Männer und Frauen sind darin gleichberechtigt.

Der weltliche Kommunismus musste sich weltlich beweisen und ist daran weltlich gescheitert, jedenfalls für die meisten Beobachter. Der Islam aber ist transzendent und ins Blaue hinein rechthaberisch, sein Irrtum und Scheitern sind daher schwerer einzusehen. Islam und Kommunismus haben beide ein geschlossenes, totalitäres Weltbild mit Freund-Feind-Denken. Dass es den Islam nun schon so lange gibt, viel länger, als der Kommunismus sich wird halten können – liegt nicht zuletzt an den täglichen Ritualen im Islam. Der Kommunismus hatte weder eine übernatürliche, göttliche Begründung, noch ein tägliches Einschwörungsritual zur Verfügung, jene beiden Elemente, welche die Ideologie des Islams dem Kommunismus überlegen und für die Welt deshalb langfristig gefährlicher machen.

Der Islam stellt den Westen noch stärker in Frage als es der Kommunismus jemals konnte. Wenn viele Einwanderer in der zweiten und dritten Generation ihre Identität nicht in unserer Aufklärung, sondern in der frühmittelalterlichen Religion suchen, ausgerechnet der politischen Religion Mohammeds, dann ist das eine gewaltige Katastrophe, schlimmer noch als es die massive Rückkehr kommunistischen Denkens wäre.

Wer den Kommunismus verteidigt, verteidigt die Unterdrückung in den kommunistischen Ländern. Wer den Islam verteidigt, verteidigt die Unterdrückung in den islamischen Ländern. Keine dieser Ideologien kann sich auf eine falsche Anwendung herausreden, noch dazu, wenn sie korrekt angewendet werden.

Rathaus-These 12: Islam ist aggressiver Imperialismus

So wie der Islam die Menschen, quer über alle Rassen, Völker, Stämme, Kulturen und Familien hinweg, in zwei gegensätzliche Gruppen spaltet, in Gläubige und Ungläubige, so spaltet er auch ihre Siedlungsgebiete auf: in die Gebiete unter islamischer Herrschaft, in denen die Scharia gilt, genannt „Haus des Islams (Dar al-Islam)“, und in die sonstigen Gebiete, nämlich die potentielle Beute, deshalb „Haus des Krieges (Dar al-Harb)“ genannt. Eine permanente Kriegserklärung an uns alle im Auftrag Allahs! Überall in der Welt, wo die Muslime nicht das Sagen haben, befinden sie sich im „Haus des Krieges“.

Die islamische Gemeinschaft hat als Ganzes die Pflicht, weiter möglichst große Teile vom „Haus des Krieges“ durch Dschihad zu erobern und dem „Haus des Islams“ zuzuführen. Von Medina aus frisst sich der Islam deshalb seit dem Jahr 624, momentan seit 1.395 Jahren, in die Welt.

Da die Pflicht zum Dschihad dem Kollektiv zufällt, ist Arbeitsteilung möglich. Es reicht aus, wenn immer genügend Dschihadisten aktiv sind, um die religiöse Pflicht der ganzen Gemeinschaft zu erfüllen. Es besteht also immer ein „unsichtbarer" Verantwortungs-Zusammenhang zwischen den „friedlichen" Muslimen und ihren „heiligen Kriegern", den Missionierern, den Vorkämpfern, den Terroristen. Die „Truppen Allahs" befreien die anderen, die inaktiven Muslime, von ihrer Dschihadpflicht. Andernfalls würden sie sich nämlich alle gemeinsam, als muslimische Gemeinschaft, gegen Allah versündigen! Jeder Dschihadist erfüllt also gleich drei Aufgaben: er bekämpft die „Ungläubigen", um für die Muslime neues Land zu gewinnen sowie die „Ungläubigen" dem „wahren Glauben" zuzuführen – auch das aus ihrer Sicht eine gute Tat – und er befreit die vielen anderen Muslime von ihrer Pflicht, selbst kämpfen zu müssen. Zur persönlichen Belohnung für ihren aufopferungsvollen Einsatz für die gemeinsame islamische Sache kommen die Märtyrer-Helden sofort in den Himmel, zu ihren Jungfrauen. Und jeder, der ihnen hilft, auch.

Wer das weiß, der versteht plötzlich, weshalb die Kritik der Muslime und Muslimverbände an den islamischen Terroristen über maue Lippenbekenntnisse kaum hinauskommt, profitieren sie doch alle von deren Taten! Hinzu kommt der „Geburtendschihad", der von allen Familien ausgeübt werden kann. Wie andere Glaubensgemeinschaften auch, stärkt sich die Umma durch reichlich Nachwuchs.

Obschon der Islam der Stolz der Araber ist – Allah gab ihnen den „arabischen Koran", Arabisch ist die „heilige" Sprache der Muslime, so ist diese barbarische Politreligion auf vernichtende, „weltoffene" Assimilation angelegt. Alle anderen Religionen und Weltanschauungen sollen von der Welt getilgt werden. Stämme, Völker, Nationen, Rassen, alle anderen Kulturen, werden in der großen Glaubensgemeinschaft der Muslime aufgelöst, zumindest theoretisch. Das Endziel ist *eine* islamische Weltgemeinschaft (Umma), *ein* Gott (Allah), *ein* Glaube (Islam), *ein* Recht (Scharia). Mohammed begründete eine perfide imperiale Idee, die aus sich selbst heraus weiterbesteht. *Der Islam ist der längste und erfolgreichste Imperialismus und Kolonialismus der bisherigen Weltgeschichte.*

Der Islam ist eine imperialistische, politische Ideologie mit *religiöser Masche,* die Gewalttätigkeit fordert. Weil die Goldene Regel im Islam nicht gilt, zieht er gewalttätige Menschen an. Durch die *religiöse Motivation* ist diese Ideologie so gefährlich und durch *ihre Gewalt* so erfolgreich. Wir müssen die Islamisierung unserer Nationen unbedingt stoppen!

Es hat sich so etwas wie eine antinationale Front gebildet, ein strategisches Bündnis von Turbokapitalismus, Politik, Medien, Kirchen und Islam, die scheinbar zusammenwirken. Sie alle wollen mehr Macht, mehr Einfluss, innerhalb einer neuen Weltordnung, die sie aufzuziehen versuchen. Eine neue Weltordnung? Ja, eine grenzenlose, gleichgeschaltete, von oben herab gesteuerte und kontrollierte Einheitswelt. Sie alle wollen Verfügungsgewalt über die Menschen, als Arbeiter, als Konsumenten, als Wähler, als Gläubige.

Die Globalisierung wird von drei ideologischen Strömungen als Chance zur Weltherrschaft verstanden, dem Wirtschaftsliberalismus, dem Sozialismus und dem Islamismus. Ohne befreundet zu sein – im Grunde sind sie ja verfeindet – ziehen alle drei am gleichen Strang, weil ihr Ziel sie scheinbar eint: eine neue Weltordnung unter ihrer Herrschaft, *globaler Imperialismus!* Dazu sollen die Nationalstaaten, die souveränen Völker, überwunden werden, sollen entgrenzt werden zum „globalen Dorf", in dem jeder der drei dann glaubt, zukünftig den Ton angeben und die jeweils anderen beiden unterbuttern zu können.

Am wahrscheinlichsten ist der Erfolg einer wirtschaftsliberalen Weltordnung, am unwahrscheinlichsten eine sozialistische. Geben darf es keine. Und es wird sie auch nicht geben. Alle drei Fundamentalismen können wir mit der *Vernunft,* dem *Menschenrecht* und dem *Völkerrecht* zurückweisen und wir müssen das jetzt tun! Wir müssen den Wahrheitsanspruch aller Ideologien zurückweisen! Jede „neue Weltordnung" ist totalitär und ist eine ahistorische, endzeitliche Utopie, deshalb: Verhindern wir das Schlimmste!

Rathaus-These 13: Islam ist Rassismus

In der Rassismus-Debatte geht es durcheinander, weil erstens nicht klar zwischen den als echt erkannten sowie nur zugedachten, falschen Gruppenmerkmalen unterschieden wird, und zweitens die daraus abgeleiteten Werturteile zweifelhaft sind. Was ist Dichtung, was ist Wahrheit? Welche Menschengruppe zeichnet sich vor anderen wodurch aus oder steht worin zurück?

Wenn von Rassismus die Rede ist, meinen wir genaugenommen „gruppenbezogene Menschenfeindlichkeit", unabhängig davon, ob es sich um wirkliche biologische Rassen oder „nur" um Völker oder gar nur um soziale Gruppen handelt. Die Juden gibt es als Volksgruppe, aber ihre negative Bewertung ist eine angedichtete, falsche Zuschreibung. Den gehässigen und niederträchtigen Gegensatz zwischen einer „minderwertigen Judenrasse" und einer „höchstwertigen Arier-Rasse" gibt es nicht, weil „Juden" und „Arier" gleichermaßen hochwertig sind, wobei „Arier" als Volk gar nicht mehr existieren, sondern ihr Name als Metapher für „nordische, weiße Europäer", insbesondere Germanen, missbraucht wurde.

Die islamische Einteilung der Menschheit in Gläubige (Muslime), in abgeirrt „Ungläubige", die sich zu unterwerfen haben (Dhimmis) und in ganz „Ungläubige", „Lebensunwerte" (Kuffar) ist zweifellos purer Rassismus. Der Islam ist tatsächlich dreifach rassistisch im Sinne von „gruppenbezogener Menschenfeindlichkeit": Der Islam ist erstens *generalrassistisch*, weil er der ganzen Menschheit die Würde der Freiheit abspricht und alle Menschen zu sklavischen Dienern Allahs herabsetzt. Darüber hinaus ist der Islam *glaubensrassistisch*, weil er die „Religionen des Buches“ herabwürdigt und sie zusammen mit allen anderen Religionen, Welt-, Menschen- und Gottesbildern als ungläubig hinstellt und als extrem minderwertig behandelt. Andere Gläubige als *Un*gläubige zu bezeichnen, zu verachten und zu verfolgen, ist eine sonderlich vermessene Anmaßung, eine seltsam dreiste, rassistische Ignoranz, um den eigenen, völlig grund- und beweislos als höchste Vollendung wertgeschätzten Glauben, maximal zu überhöhen, indem man andere auch noch maximal erniedrigt. Überheblicher als islamisch kann man gar nicht sein. Der wahre Muslim beschränkt sich nicht darauf, den *Glauben* anderer für falsch zu halten und nur *verdrängen* zu wollen – er setzt sich damit auch nicht auseinander, diskutiert und forscht nicht nach – nein, sondern er bekämpft sogar *die Menschen* selbst, die anderen Glaubens sind, nicht nur ihre Vorstellungen über Gott und die Welt. Das ist unsäglicher Rassismus.

Und der Islam ist *geschlechterrassistisch*, weil er die Frauen als minderwertig und sündhaft gefährlich für die Männer herabwürdigt. Der islamische Rassismus begründet insgesamt eine theokratische Ständeordnung. Allah steht über seinen islamischen Menschen, die muslimischen Männer über den muslimischen Frauen, die freien Muslime über den muslimischen Sklaven und alle Muslime zusammen über allen anderen Menschen.

Der Generalrassismus, der Glaubensrassismus und der Geschlechterrassismus des Islams sind auf falschen Zuschreibungen gegründet, denn die Menschen jenseits des Islams sind weder wertlos noch niederrangig gegenüber Muslimen! Die Sklaverei ist ein Menschenrechtsverbrechen! Die Frauen sind nicht schlechter als die Männer und die Menschheit ist nicht zur Knechtschaft Allahs erschaffen worden! Deshalb ist der *islamische Rassismus* auch in keiner Form zu retten. Ihn zu verteidigen, kann nur falsch sein. Erst recht, wenn man jedweden Rassismus überhaupt ablehnt. Das sollten endlich vor allem jene Islamophilen begreifen, welche die Ablehnung des Islams als Antiislamismus brandmarken und in eine Reihe mit dem Antisemitismus stellen und dabei noch meinen, sie wären Antirassisten! Diese Islamophilen wollen an den Muslimen wiedergutmachen, was die Vorfahren an den Juden verbrochen haben und stellen sich deshalb *islamrassismus-blind*. – Was für ein seltsames, dummes und gefährliches Versagen! Zumal der Islam offenkundig ganz wesenhaft *antisemitisch* (antijudaistisch) ist!

> „Mohammed war ein weißer Mann, welcher schwarze Sklaven besaß, nicht wahr? Ist dies nicht Rassismus? Wo ist in diesem Zusammenhang all der linke Unmut gegenüber dem Islam geblieben?“

Dr. Jamie Glazov (geboren 1966), russisch-kanadischer Historiker, Politikwissenschaftler, Journalist und Autor, 2007

Rathaus-These 14: Muslime sind Judenhasser

Sehr viele Muslime sind ausgemachte Judenhasser. Mit dem Islam lassen wir auch den Judenhass wieder in unser Land.

> „Ich bin in Damaskus geboren und habe da bis zum 18. Lebensjahr gelebt. In der Schule und in den Medien habe ich jeden Tag gehört, dass die Juden Verschwörer und Feinde der Araber sind – das war die Hintergrundmusik meiner Kindheit. Ich kam als Judenhasser nach Deutschland, nicht weil ich Bassam Tibi bin, sondern weil ich in dieser antisemitischen arabischen Kultur aufgewachsen bin. Die meisten Syrer sind Antisemiten.
>
> Ich hatte das Glück, bei zwei großartigen jüdischen Philosophen in Frankfurt zu lernen: Adorno und Horkheimer. Adorno hat mein Leben verändert, er hat mich von meinem Antisemitismus geheilt. Wenn Adorno Jude ist, dachte ich, dann können Juden nicht schlecht sein.
>
> Ich war später der erste Syrer, der nach Israel reiste und öffentlich sagte: Ich anerkenne das jüdische Volk und sein Recht auf Staatlichkeit in Israel. In Syrien galt ich deswegen als Landesverräter. ...
>
> Ich kriege Informationen, die Deutsche nicht bekommen. Denn die Syrer sprechen mit den Behörden nicht so ungezwungen wie mit mir. Ich gebe Ihnen zwei Beispiele.
>
> Ein Palästinenser, der in Damaskus lebte: Er ist in Göttingen, sein Asylverfahren wird sehr langsam bearbeitet. Der Grund: Die deutschen Behörden sind überlastet. Er sagte zu mir: „Die Juden sind schuld."
>
> Ich fragte: „Was haben die Juden mit dem deutschen Asylverfahren zu tun?
>
> Er: „Hast du nicht gesehen, hier in Göttingen gibt es eine Judenstraße und da sitzen sie und regieren die Stadt." – Ich versuchte, mit ihm rational zu reden, aber das hatte keinen Sinn.
>
> Ein anderer Syrer: anerkannter Asylant, vier Kinder, spricht kein Wort Deutsch. Er wollte von der Stadt ein Auto haben, diese hat es ihm aber verweigert. Er sagte mir: „Das waren Juden, die das entschieden haben."
>
> ...
>
> Diese Menschen sind sozialisiert in einer antisemitischen Kultur."

„Gerade in Deutschland mit seiner beschämenden NS-Vergangenheit müssen sich die Exponenten der Willkommenskultur vorhalten lassen, dass sie Judenhasser aus der Welt des Islam willkommen heißen."

Prof. Dr. Bassam Tibi, (geboren 1944), syrisch-deutscher Politikwissenschaftler, Autor, gemäßigter sunnitischer Muslim, 2016, 2017

Wir müssen aus unserer Geschichte lernen. Es war falsch, die Juden nicht zu assimilieren, nicht einzudeutschen. Übernehmen wir Verantwortung, wiederholen wir diesen Fehler nicht mit den Muslimen! Keine eigenen Friedhöfe, keine rituellen Körperverletzungen, keine elitäre Andersartigkeit, kein fremdes Volk im Volke mehr! Damit nicht dieselben Folgen drohen.

Hinterher ist man immer schlauer, zumindest die klugen, lernfähigen und konsequenten Menschen, noch Klügere sind schon im Voraus schlauer. Wie klug werden wir diesmal sein?

„Wir müssen gemeinsam für die grundsätzliche Wahrheit einstehen: Keine Seele wurde je durch Hass gerettet. Keine Wahrheit wurde jemals durch Gewalt bewiesen. Keine Erlösung wurde je durch einen Heiligen Krieg gebracht. Was Terroristen versuchen zu zerstören, werden wir weiterhin aufbauen: Gemeinschaft, Demokratie, Toleranz, gegenseitiger Respekt und Respekt vor der Heiligkeit des Lebens."

Prof. Dr. Dr. mult. h.c. Baron Jonathan Sacks (geboren 1948), jüdisch-britischer Philosoph und Oberrabbiner, 2017

Aus diesen Worten, *nach einem Anschlag,* spricht eine trotzige Versöhnlichkeit. So wahr sie sind, so verletzlich sind sie auch. Die Feinde der Freiheit sehen darin eine Schwäche und die Chance zum weiteren Angriff. Deshalb reicht es nicht aus, nur unseren eigenen guten Willen und unsere eigene Weisheit und Reife zu präsentieren. Wir müssen prompt auf die Assimilation der Zugezogenen in unsere Hass- und Gewaltlosigkeit bestehen, *aus Menschenliebe*, wir müssen unsere Werte nicht nur vorleben, sondern sie auch *von denen einfordern, die mit uns leben wollen.* Anderenfalls können sie nicht mit uns leben, niemand kann gegen uns mit uns sein.

Der Koran lehrt die Verachtung der Juden, rechtgläubige Muslime erziehen ihre Kinder zum Judenhass. Gerade in Deutschland darf für Judenhass kein Platz mehr sein, niemals mehr. Deshalb: Null-Toleranz dem Judenhass! Judenhass muss zu einem Ausschlusskriterium für Einwanderungswillige werden, und ein Abschiebegrund für Flüchtlinge, die damit auffallen. Ausländische Judenhasser sind abzuschieben!

Jedweden Hassern ist die Einwanderung zu verweigern. Egal ob nun Judenhass, Christenhass, Deutschenhass, Hass auf Minderheiten oder Hass auf westliche Freiheiten. Solche Hasser sind in unserer freiheitlichen, pluralistischen Gesellschaft schlicht fehl am Platze.

> „„Tod, Tod, Israel!" „Jude, Jude, feiges Schwein, komm heraus und kämpf allein!" „Kindermörder Israel!" „Frauenmörder Israel!" „Hamas, Hamas, Juden ins Gas!" „Sieg Heil!" „Adolf Hitler!" Es verschlug einem den Atem, diese hasserfüllten Parolen zu hören, die im Juli 2014 in aller Öffentlichkeit in vielen deutschen und europäischen Städten gebrüllt wurden. Mit starren, oft hassgeprägten Gesichtszügen schrien Moslems ihre Wut auf die Juden heraus, dazwischen immer wieder: „Allahu akbar!" (Allah ist größer!). Manchmal sah man auch den Hitlergruß. In Paris, Belfast und Wuppertal wurden zudem Synagogen angegriffen. Es waren zumeist palästinensische, arabische, kurdische und türkische Demonstranten mit zahlreichen Fahnen, begleitet von einzelnen deutschen Neo-Nazis und Marxisten, die aber isolierte Einzelpersonen waren. Der Judenhass vereint sie offensichtlich alle.
>
> Wer gehofft hatte, dass die Polizei mit aller Härte durchgreifen würde, sah sich enttäuscht. Besonders in Deutschland hielt sie sich auffallend zurück. In Frankfurt, Stuttgart und Hagen überließ sie den Demonstranten gar die Polizeilautsprecher. Ohne die Billigung übergeordneter Stellen ist das kaum zu erklären. Der zuständige Hagener Polizeipräsident war sogar bei der dortigen Demonstration anwesend und verteidigte später das Überlassen des Megaphons, durch das dann „Kindermörder Israel!" skandiert wurde. ...
>
> Viele Beobachter fühlten sich mit Entsetzen in die 30er Jahre des vorigen Jahrhunderts zurückversetzt, als braune SA-Horden ähnliche Parolen in Deutschland brüllten. Nur „Allahu akbar!" hörte man damals noch nicht. Der neue Judenhass, der jetzt in Deutschland offen auf die Straße geht, ist nicht braun, sondern grün, die Symbolfarbe des Islam. ...
>
> Seit einem halben Jahrhundert läuft die Masseneinwanderung von Muslimen nach West- und Mitteleuropa, von der EU gewünscht. Wir haben es mit einer Völkerwanderung zu tun. Derzeit leben in Deutschland rund 4 Millionen Muslime, in ganz Europa mehr als 50 Millionen. Der Zustrom hält weiter massiv an. Herkunftsländer sind schwerpunktmäßig neben der Türkei, die Staaten Nordafrikas, die Länder des Nahen und Mittleren Ostens, sowie Pakistan. Hinzu kommt ein hoher Geburtenüberschuss der Einwanderer bei gleichzeitig sinkender Einwohnerzahl der einheimischen europäischen Völker.
>
> Mit der Einwanderung einher geht eine zunehmende Islamisierung. ...

Bereits im Jahre 2010 tauchten Berichte auf, dass sich Juden in Skandinavien nicht mehr sicher fühlen, dass jüdischen Schülern in Norwegen von Einwanderern aus dem Nahen Osten gelbe Sterne auf den Rücken geklebt wurden, man diese „Judenschweine", wie man sich ausdrückte, halal schlachten werde. Aus dem stark muslimisch besiedelten schwedischen Malmö sind viele Familien vor ähnlich massiven Drohungen bereits geflohen. Seit Jahren grassiert der islamische Judenhass auch in den Niederlanden, Frankreich und Belgien, eigentlich in ganz Mittel- und Westeuropa. ... Die Juden Europas sind gewarnt, auch in Deutschland wird es für sie wieder gefährlich. Die Auswanderung nach Israel oder in die USA hat schon begonnen. ... Auch in Deutschland geben sich Juden jetzt nicht mehr öffentlich zu erkennen, auf Empfehlung des Zentralrates der Juden. ...

Dass die multikulturelle Gesellschaft mit dem Islam gescheitert ist, wird schon seit langem von Islamkritikern betont, die man dafür des Islamhasses (Islamophobie) und als rechtspopulistisch bezichtigte, zu unrecht. Jetzt wird das Scheitern unübersehbar deutlich sichtbar. Irgendwann wird in den Völkern Europas die unangenehme Frage gestellt werden, wer für die islamische Masseneinwanderung verantwortlich ist, und wer was gegen diesen bösen Judenhass unternommen hat. Die Generation der heute 30 bis 50jährigen geht einer ungewissen Zukunft entgegen, auf ihre Kinder dürfte noch Schlimmeres zukommen, wenn man an die gegenwärtigen größten Christenverfolgungen denkt, die die Geschichte kennt.

Es ist Fakt, dass in den islamischen Ländern Hitlers Buch „Mein Kampf" frei in Buchhandlungen zu kaufen ist und gern gekauft wird, ebenso wie das unerträgliche Buch „Protokolle der Weisen von Zion", wo von der Verschwörung des Weltjudentums phantasiert wird. Wer zudem Muslime näher kennenlernt, wird bei nicht wenigen eine große Sympathie für Hitler finden, der die Juden richtig behandelt habe. ...

So gut wie nie wird in den Medien heute die enge Zusammenarbeit Hitler-Deutschlands mit dem Islam der damaligen Zeit erwähnt, es ist aber eine historische Tatsache. Eine der damals höchsten islamischen Autoritäten, der Großmufti von Jerusalem, Amin al-Husseini, pflegte enge Kontakte zur NS-Führungsspitze und bot muslimische Unterstützung beim Kampf gegen das „Weltjudentum" an. Al-Husseini, gestorben 1974, war ein Onkel des späteren Palästinenserführers und PLO-Gründers Jassir Arafat, der 2004 verstarb. Im Berliner Rundfunk am 1.3.1944 äußerte al-Husseini: „Ich erkläre den heiligen Krieg, meine Brüder im Islam! Tötet die Juden! Tötet sie alle."

Am 28.11.1941 war al-Husseini von Hitler persönlich in Berlin empfangen worden, wo man ihm eine Villa zur Verfügung stellte und ein monatliches Gehalt von 62.500 Reichsmark zahlte. Wenige Wochen später, am 20.1.1942 wurde auf der sog. Wannsee-Konferenz die organisatorische Frage der Judenvernichtung beschlossen. Al-Husseini dürfte eingeweiht gewesen sein. Gegenüber Ribbentrop hatte er die Wichtigkeit der Lösung des „Weltjudenproblems" beschworen. Al-Husseini wollte den Holocaust im Nahen Osten organisieren. Von Himmler, dem damaligen Reichsführer SS, erhielt er die Erlaubnis, muslimische SS-Divisionen aufzustellen. Bekannt geworden sind die bosnische „13. Waffengebirgsdivision Handschar", die albanische „21. Waffengebirgsdivision Skanderbeg", sowie die ebenfalls albanische „23. Waffengebirgsdivision Kama", die in deutschen Uniformen und mit deutschen Waffen auf dem Balkan gewütet haben. Im Jahre 1944 wurde auf Anordnung Himmlers eine Imam-Schule in Dresden gegründet, um islamische Feldgeistliche für die SS-Divisionen auszubilden.

Ein Zitat Himmlers, dessen Quelle nicht genau geklärt werden kann, aber glaubhaft ist und daher häufig erwähnt wird, lautet: „Ich muss sagen, ich habe gegen den Islam gar nichts, denn er erzieht mir in dieser Division namens Handschar seine Menschen und verspricht ihnen den Himmel, wenn sie gekämpft haben und im Kampf gefallen sind, eine für Soldaten praktische und sympathische Religion. ... Der Islam ist unserer Weltanschauung gar nicht so unähnlich.""

Eberhard Kleina (geboren 1949), deutscher evangelischer Berufsschulpfarrer i. R., 2014

Inzwischen haben wir durch die Merkelsche grenzenlose Einladung ein bis zwei Millionen Muslime mehr in Deutschland, die Probleme wachsen. Die multikulturelle Gesellschaft scheitert nicht allein, aber totsicher, am Islam.

Der wohl bekannteste, einflussreichste islamische Gelehrte, Prediger und Autor der *heutigen* muslimischen Welt, der „TV-Scheich" Yusuf al-Qaradawi, ein islamischer Rechtsgelehrter und vielfacher Islamfunktionär, hat mit seinen Schriften und Fernseh-Predigten Einfluss auf ein Millionenpublikum innerhalb und außerhalb der islamischen Länder genommen. Seine Positionen sind mehrheitsfähig, stehen also für die Mehrheitsmeinung der Muslime weltweit und kennzeichnen mithin den realexistierenden Islam unserer Tage. Seine Worte haben Gewicht. Er sieht in den Juden Feinde Gottes und nennt den Holocaust Hitlers „eine gerechte Strafe Allahs für die Juden" und hofft: „So Gott will, wird das nächste Mal diese Strafe Gottes durch die Hand der Gläubigen erfolgen." Er lehnt es ab, mit Juden zu reden und zu verhandeln und feindet sie an: „Es gibt keinen Dialog zwischen uns, mit Ausnahme von Schwert und Gewehr."

Wir Deutschen und Europäer wollen und müssen dafür sorgen, dass es nie wieder zu einem Holocaust kommt. Wer aber *fordert stattdessen einen neuen Holocaust?* Muslime überall in der Welt!

„Die Vernichtung der gesamten Judenheit müsse die Endlösung sein!"

Das sagte nicht irgend ein Spinner, das forderten der malayische Premierminister und sein Außenminister auf der Tagung der Islamischen Konferenz 2003, unter der begeisterten Zustimmung aller Teilnehmer der 57 islamischen Staaten, ausgenommen nur der Präsident Pakistans.

Auch die Judenfeindschaft der Christen hat eine lange Geschichte. Noch lange nach dem Zweiten Weltkrieg sahen viele den millionenfachen Mord an den Juden als eine Strafe Gottes an, nicht zum christlichen Glauben gefunden zu haben, erst in der Auseinandersetzung mit den Verbrechen des Nationalsozialismus, gleichsam als Folge ihrer Entnazifizierung, ließen sie von der Judenmissionierung und der Judenfeindschaft ab. Erst allmählich galt Judas nicht mehr als der gemeine Verräter an Jesus, sondern als sein heimlicher Helfer, der durch seinen gewollten Verrat Jesus Kreuzestod und dessen Symbolwerdung erst ermöglichte.

Wer meint, dass der Islam zu Deutschland gehört, der hat aus dem Holocaust nichts gelernt und der ignoriert seine Verantwortung, aus welchem Grund auch immer. Denn er stärkt direkt und indirekt den Judenhass in Deutschland. Der echte Moslem schätzt den Holocaust als eine gute Tat Gottes, als Vorgeschmack der Hölle für die Juden, in der sie sowieso alle landen würden. Denn Allahs Strafe für die „Ungläubigen" Glaubensleugner und Glaubensverräter begänne schon im Leben, nicht erst am Jüngsten Tag. Die Muslime arbeiten darauf hin, sie wollen den Staat der Juden, Israel, verschwinden lassen.

Es gibt auch unter den Deutschen noch unterschwelligen Judenhass. Wie werden wir damit umgehen, jetzt, wo er von den Muslimen förmlich herausgefordert wird? Werden wir die Muslime und uns selbst davon befreien?

> „Drei Wochen ist es nun her, dass muslimische Migranten durch Berlin zogen, Fahnen mit Davidsternen anzündeten und „Tod den Juden" skandierten. Viele der mehrheitlich türkisch- und arabischstämmigen Demonstranten riefen bei den israelfeindlichen Kundgebungen vor dem Brandenburger Tor, gerade einmal 300 Meter vom Reichstag entfernt: „Khaybar, Khaybar, ya yahud, jaish Muhammad sayud!" – Juden, erinnert euch an Chaibar, die Armee Mohammeds kommt wieder!"
>
> Chaibar ist nach islamischer Erzählung eine von Juden besiedelte Oase auf dem Gebiet des heutigen Saudi-Arabien gewesen, die von Mohammeds

Armee im Jahr 628 erobert wurde. Viele der Bewohner wurden massakriert, ihre Frauen und Kinder versklavt. Die Überlebenden mussten als Schutzgeld die Hälfte dessen, was sie produzierten, an die Muslime abgeben. ...

Aufgebrachte muslimische Demonstranten tragen ihren Hass auf Juden offen auf die Straße, und Vertreter muslimischer Verbände ergehen sich in ebenso offen zur Schau gestellter Gleichgültigkeit. Statt sich ernsthaft mit der Frage zu beschäftigen, warum sich Juden von Bochum bis Berlin wegen Angriffen von türkisch- und arabischstämmigen Migranten nicht mehr mit Kippa auf die Straße trauen, zeigen die Verbände lieber mit dem Finger auf andere. Etwa Aiman Mazyek, Vorsitzender des Zentralrats der Muslime in Deutschland. ...

Die DITIB-Moschee Dresden präsentierte sich im Netz offen judenfeindlich: Man solle nicht bei Juden kaufen, hinter der Terrororganisation „Islamischer Staat“ stehe der Mossad. Sie bekannte sich zur Muslimbruderschaft und erklärte die Hamas zum Opfer von israelischem Terrorismus.

In Baden-Württemberg beantwortete eine Moscheegemeinde die Frage nach der Zukunft Israels mit dem Koran und verkündet die Strafe der Vernichtung des jüdischen Staates und den Einzug der Juden in die Hölle.“

Philipp Peyman Engel, iranisch-deutscher Jude, Journalist, 2017

Es ist schon paradox. Die Juden, die prinzipiell *nicht* missionieren und nur elitär unter sich bleiben wollen, wurden jahrhundertelang unterdrückt, ausgegrenzt, vertrieben, verfolgt und ermordet und als große Gefahr verschrien, obwohl sie nie eine Gefahr darstellten. Die Muslime aber, die aggressiv missionieren und seit Jahrhunderten bis heute tatsächlich eine große Gefahr darstellen, die unterdrücken, ausgrenzen, vertreiben, verfolgen und ermorden, werden verharmlost und in Schutz genommen. Das ist schon pervers und nicht zu verstehen.

Der irrationale Judenhass geht vor allem auf das Konto der Christen und Muslime und hat sich über mindestens zwei Jahrtausende als sogenanntes „Mem“ verfestigt und verselbständigt, das unheimlich schwer wieder aus der Welt zu schaffen ist, vielleicht gar nicht. Die „Meme“ sind geistige Trampelpfade, die kulturell vererbt werden, immaterielle Gegenstücke zu den körperlichen Vererbungseinheiten (den Genen). In den Judenhass kann man sich sehr leicht hineinsteigern, weil er vorgeformt irgendwie schon da ist, präexistent. Vermutlich ist der islamische Hass auf die Ungläubigen, auf die Beigeseller, auf den Westen, auch so ein starkes „Mem“.

Haben die Menschen Kräfte
oder haben die Kräfte Menschen?

Wir müssen damit umgehen lernen, und zwar dahingehend, diese „Hass-Meme" abzuschwächen. Der zunehmende Judenhass in Europa durch die Muslime wird sonst schlimmstenfalls auch die Judenverachtung der Europäer wieder anstacheln. Der muslimische Terror wirkt bereits. Die Juden fürchten sich wieder und verstecken ihre Identität, weil sie von Muslimen angegriffen werden. Und sie wandern aus, nein, sie flüchten.

> „Seit dem Jahr 2006 sind insgesamt 40.000 Juden aus Frankreich allein nach Israel ausgewandert. Sie sind geflohen vor Terror und den tagtäglichen Übergriffen und Bedrohungen. Das sind Flüchtlinge über die niemand spricht, weil sie vor Muslimen flüchten."
>
> Dr. Alice Weidel (geboren 1979), deutsche Ökonomin und Politikerin (AfD), Co-Vorsitzende der Bundestagsfraktion, 2018

Im Januar 2018 sah sich der deutsche Bundestag genötigt, einen Antisemitismus-Beauftragten einzusetzen. Fast alle Fraktionen stimmten zu, außer der Fraktion der Linken, die sich prompt enthielt. Die Linken wollen weiter wegsehen und nicht vorgezeigt bekommen, was ihre „armen Schützlinge" so treiben und hegen wohl selber Vorurteile gegen „Geldjuden". Das ist ein äußerst bedenkliches Versagen linker Politik.

Im April 2018 wurde der Musik-Preis „Echo" in der Kategorie „Hip-Hop/Urban National" an die Gangsta-Rapper Kollegah und Farid Bang für ihr Album „Jung brutal gutaussehend 3" vergeben. Im Songtitel „0815" (der Bezeichnung für ein deutsches Standard-Maschinengewehr des Ersten Weltkrieges) heißt es „Mein Körper definierter als von Auschwitz-Insassen." und an anderer Stelle im Album tönt es „Mache wieder mal nen Holocaust, komm an mit dem Molotow." Der Preisvergabe liegen allein die Verkaufszahlen zugrunde. Die Judenhetze verkauft sich offenbar ausgezeichnet! „Natürlich ist uns bewusst, dass wir eine bestimmte Grenze überschritten haben.", gab Farid Bang zu. Diese Rapper mit Migrationshintergrund und bekennenden Muslime probieren halt, was im Deutschland dieser Tage geht und versuchen diese Grenze hinauszuschieben, ganz im Sinne islamischer Deutungshoheit.

Campino, der Sänger von den „Toten Hosen", erlaubte sich eine sehr moderate und stilvolle Kritik dieses Vorgangs während der Preisverleihung und wurde dafür von den uneinsichtigen Rappern zurückkritisiert. Der Präsident des Zentralrats der Juden in Deutschland sprach von einem Skandal, während der neue Antisemitismus-Beauftragte der Bundesregierung nur die minimalste Kritik hören ließ: Solche Zeilen verletzten Holocaustüberlebende und ihre Familien. Was, mehr etwa nicht!? Entschiedener mischte sich Heiko Maas (SPD) als Außenminister in die Debatte ein und rettete unser aller Ehre, mit zwei klaren Sätzen: „Antisemitische Provokationen haben keine Preise verdient, sie sind einfach widerwärtig. Dass am Holocaustgedenktag (Anmerkung: Auch das noch!) ein solcher Preis verliehen wird, ist beschämend." Bei aller nötigen Kritik an der verfehlten Maas'schen Politik; an dieser Stelle: Danke!

Der für sein Lebenswerk ausgezeichnete Musiker und Grafiker Klaus Voormann, der mit den Beatles zusammenarbeitete, gab nach reiflicher Überlegung wenige Tage später seinen Echo-Preis zurück. „Was sich für mich als Geschenk anlässlich meines 80. Geburtstags anfühlte, entpuppt sich nun als große Enttäuschung." Provokationen und Denkanstöße seien erlaubt und notwendig, aber die Grenze zur menschenverachtenden, frauenfeindlichen, rassistischen, antisemitischen Gewaltverherrlichung dürfe nicht überschritten werden. „Was muss passieren, dass ein Echo-Ethikrat Konsequenzen ergreift und eine Nominierung trotz Megaumsätzen eines Albums aus ethischen Gründen ablehnt?" Der Musiker und Sänger Peter Maffay, der unter den Nominierten war, forderte die Verantwortlichen zum Rücktritt auf. Das macht Hoffnung.

Die *dhimmihafte* Überreaktion war leider, den Echo-Preis gleich ganz abzuschaffen, statt nur die Rapper in die Wüste zu schicken und die Verantwortlichen zur Rechenschaft zu ziehen. Wie immer muss der Westen selbst schuld sein, bloß ja nicht den Fehler im Islam suchen – und finden. Wie verrückt! Bringt uns unseren Echo zurück!

Die Linke in Deutschland muss sich dringend neu entscheiden, zu wem und zu was sie sich bekennen will. Sie darf der Zukunft Deutschlands und Europas nicht länger ablehnend, ja feindlich gegenüberstehen.

> „In den sechziger und siebziger Jahren hat sich das linke Spektrum mit den arabischen Extremisten identifiziert. In Frankreich gab es die Action directe, in Deutschland die RAF, in Italien die Roten Brigaden. Das waren Randgruppen, aber sie waren in der Mehrheitsgesellschaft verankert. ... Der alte Jean-Marie Le Pen, so grässlich er war und ist, hat keine Gewalt an Juden verübt und sie auch nicht gefordert. Gleiches gilt in Deutschland für AfD und Pegida. Der gewalttätige Antisemitismus kommt heute nicht von rechts, auch wenn die irreführenden Statistiken etwas anderes sagen. Dieses Bild ist völlig verzerrt. Viele Vorfälle landen unter dem Stichwort „Israel-Palästina-Konflikt" in einer anderen Statistik, der für politisch motivierte Kriminalität. Freundlich formuliert, könnte man von Verschleierung sprechen. Es ist eine Lüge. Wenn ich mich in meinem jüdischen Bekanntenkreis umhöre, dann sagen alle das Gleiche: Gewalt gegen Juden geht ausschließlich von Muslimen aus.
>
> ...

Hier schützt mich der Staat, soweit er kann. Dafür bin ich dankbar. Woanders ist es, außer in Israel, eher schlechter. Ich bin ein kosmopolitischer deutsch-jüdischer Patriot. Die Bundesrepublik ist für mich der beste Staat, den es je auf deutschem Boden gegeben hat. Unter Patriotismus verstehe ich den Einsatz für mein Gemeinwesen, weil es mein eigenes ist. Wäre ich ein Eskimo, würde ich mich für das Gemeinwesen der Eskimos einsetzen. ... Ich habe gemerkt, dass ich deutscher bin, als ich dachte. ... die traditionelle, bildungsbürgerliche Kultur Westeuropas ist meine Welt. ... Für mich steht sie über allen anderen Lebensformen. Zusammen mit der Idee des Kosmopolitischen, die für uns Juden so wichtig ist. Der Kosmopolismus hängt mit unserer Angst zusammen, nie dauerhaft an einem Ort bleiben zu können. Wenn ich sehe, wie viele aus meiner Generation ihre Kinder im Ausland haben studieren lassen, dann muss ich sagen: Obwohl wir gerne national sind, sind wir zugleich international. Juden sind in der Lage, mehr als eine Welt zu sehen, mehr als eine Welt zu verstehen. Auch das macht uns so erfolgreich. ... für uns war Bildung nie Selbstzweck, sondern Überlebensstrategie. Eine Schulpflicht gibt es für uns seit mehr als 2000 Jahren. Sarrazin hatte recht, was die Muslime angeht. ...

In Vereinen und Schulen, überall, müssen antisemitische Vorfälle geahndet werden. Erst kommt das Gespräch, dann die Strafarbeit, am Ende der Rauswurf. Eltern müssen hören: Wenn euer Kind so weitermacht, dann wird es in dieser Gesellschaft scheitern. Das ist unser Land, hier gelten unsere Regeln. Wer Andere, Juden oder nicht, attackiert, den muss die Mehrheitsgesellschaft ächten. ...

Ich kenne viele Juden, die auswandern wollen oder mit dem Gedanken spielen. Die sind deutlich jünger als ich und sagen, dass sie ihrer Kinder wegen nach Israel ziehen. Andere erzählen, dass sie sie nicht mehr in öffentlichen Kindergärten und Schulen anmelden. Aus Angst vor Prügel und Mobbing. Deutlich und eindeutig: Die Bedrohung kommt nicht aus Familien, in denen die Eltern AfD wählen – eine Partei, die ich entschieden ablehne. Sie kommt aus muslimischen Familien. ...

Antisemitismus ist 3000 Jahre alt. Den wird kein deutsches Amt besiegen. Nein, der Rechtsstaat muss seine Gesetze anwenden, und wir alle müssen helfen, die Regeln unserer Zivilisation durchzusetzen. Es ist ja nicht so, als hätten wir zu wenig Erinnerungskultur. Das museale Gedenken hat sich selbst entwertet. Es ist leichter, sich mit den Toten zu befassen als mit den unbequemen Lebenden – also mit den meist selbstbewussten, teilweise falkigen Israeli und den Israel verbundenen Diaspora-Juden. Diese Verbindung zwischen Vergangenheit und Gegenwart wollen viele Europäer nicht verstehen. Die Juden haben aus der Geschichte eine Lehre gezogen:

nie wieder Opfer sein. Das bezieht sich auch auf die Geschichte des Nahostkonflikts. Israels Gesellschaft stand lange links. 1992 hatte Rabin den Wählerauftrag, eine Friedenspolitik durchzusetzen, 1999 dann Barak. Die Palästinenser haben beide Male den Fehler begangen, weniger auf Diplomatie und mehr auf Terror zu setzen. Als Reaktion ist Israel nach rechts gerutscht. Etwas Ähnliches können sie heute bei den Diaspora-Juden beobachten. In Frankreich hat ein Drittel der Juden Front national gewählt."

Prof. Dr. Michael Wolffsohn (geboren 1947), deutsch-israelischer Historiker, Politikwissenschaftler und Autor, 2018

Manche sprechen von der „neuen Angst" der Juden. Wird den flüchtenden europäischen Juden eigentlich *auch* „Islamophobie" vorgeworfen? Werden sie auch der „Fremdenangst" und der „Fremdenfeindlichkeit" bezichtigt und beredet, sie mögen doch ihre „falsche Angst" vor dem Islam überwinden und auf die vielen friedlichen Muslime zugehen, sich ihnen ein wenig anpassen? Ich denke, nicht. Warum nicht? Warum bekommen die Juden eine „Sonderbehandlung" gegenüber den Europäern? Warum dürfen sie, was man uns verbieten will, nämlich den Islam ablehnen und aus dem Wege gehen, um sich vor ihm zu schützen?

Deutschland ist ein Land geworden, in dem die Juden wieder Angst um ihr Leben haben und um ihre Zukunft bangen, nicht der Deutschen selbst wegen, sondern aufgrund der Ströme von Muslimen, die sie ins Land lassen.

Rathaus-These 15: Islam ist Faschismus

Was ist Faschismus? Die italienischen Faschisten benannten sich so nach der altrömischen „Fascis", einem Rutenbündel, in dem eine Streitaxt steckte. Die mit Lederriemen zusammengebundenen Weidenruten standen für die Züchtigung und die Macht durch Geschlossenheit, die Axt für das Recht, Todesurteile zu verhängen. Diese Rutenäxte waren ein Symbol der Zentralmacht des Römischen Reiches und wurden als Hoheitszeichen vor den Herrschern hergetragen.

Faschisten sind revolutionäre Kampfbündler, welche die alte Ordnung gewaltsam zerstören und eine strenge Diktatur errichten wollen. Sie betreiben einen Personenkult um ihren Führer, der ein Held, ein Retter, ja ein Gott ist. Faschisten erzwingen Einheit nach innen und Geschlossenheit nach außen. Sie haben ein klares Feinbild. Sie sind kulturpessimistisch und kulturfeindlich und möchten alle Menschen einem primitiv vereinfachten, urtümlichen, ideologisch einseitigen, repressiven Lebensstil unterwerfen. Sie missionieren, agitieren und propagieren ihre Ideologie, die alle Lebensbereiche umfasst. Politik und Religion fließen bei ihnen zusammen. Faschisten sind verblendet und verlogen.

Gegenmeinungen, Gegenargumente und Opposition gelten unter faschistischer Herrschaft als verboten. Durch äußerste Brutalität gegen alle Feinde streben sie Unverwundbarkeit und ihren Endsieg in der Weltgeschichte an. Um Menschenmassen für sich einzunehmen, manipulieren sie deren Emotionen. Faschisten sind immer antiliberal und antidemokratisch, Debatten und Abstimmungen gelten ihnen als dumm, zu schwach und trügerisch, stattdessen gilt es, machtvoll zu handeln im Sinne der reinen Lehre, ihrer Wahrheit.

Faschismus ist verbunden mit wahnhafter Geringschätzung der Anderen bei gleichzeitiger, maßloser Selbstüberhöhung. Der faschistisch denkende Mensch begibt sich in eine Gefühlsspirale, die außen abwärts und innen aufwärts drängt. Er ist bestrebt, seinen Feind nicht nur gering, sondern immer geringer zu schätzen, konsequent herabzuwürdigen, ja zu entmenschlichen, zu bekämpfen und zu vernichten – seine Ablehnung führt zur feindseligen Raserei und zur Bereitschaft, die nötige faschistische „Drecksarbeit" zu leisten. Faschismus ist ein seelisch-geistiger und politischer Absturz in das Wahnbild, sich von einem bedrängenden Übel höchst gewaltsam befreien zu müssen. Dieses Übel kann eingebildet sein oder einen realen äußeren Kern haben, der aber als irreale Projektionsfläche missbraucht wird („Sündenbockfunktion"). Der Faschist glaubt, mit seiner „Säuberung" der Welt etwas Gutes zu tun, zumindest seiner Welt.

Der Faschismus richtet sich gegen solche Menschen, die anders sind oder als anders wahrgenommen werden. Jeder Faschismus ist ignorant und aggressiv, er ist das Gegenteil von Liebe, Anerkennung, Wertschätzung, Mitgefühl, Toleranz und Wahrhaftigkeit. Jede Art von Faschismus, ob linker oder rechter, ist pseudoreligiös und bezüglich seiner Kernziele *nicht lernfähig*. Echte Faschisten sind verbohrte Ideologen, Kompromisse und Zwischentöne gelten ihnen als Verrat an der reinen Lehre. Die vorgefundene Lebenswirklichkeit ist für sie keinerlei Maßstab, sondern allein die zu formende Rohmasse ihrer neuen, „verbesserten" Welt.

> „Wenn Menschen aufgrund ihrer Herkunft oder ihres Glaubens getötet werden, ist das Faschismus."
>
> Hamed Abdel-Samad (geboren 1972), deutsch-ägyptischer Politikwissenschaftler, Islamkritiker und Autor, 2015

Der Islam ist die älteste und erfolgreichste Form des Faschismus, der nun an seine Grenzen kommt. Mohammeds Koran ist eine Aufforderung zur islamofaschistischen Welteroberung, zu einer faschistischen Neuordnung der Welt. Nationaler Faschismus und islamischer Faschismus sind wesensverwandt. Genauso wie der Hitlerfaschismus beinhaltet der Islam erstens das *Führerprinzip*, zweitens das *Gehorsamsprinzip*, drittens das *Kampfprinzip*, viertens einen *Repressionsapparat (Religionspolizei)* und strebt fünftens die *Weltherrschaft* an. Hinzu kommt die gemeinsame Judenfeindschaft. Sie haben deshalb im 20. Jahrhundert, in der Zeit des europäischen Faschismus, auch Kontakt zueinander gesucht und zusammengearbeitet. Adolf Hitler hat den arabischen Islam bewundert.

> „Die Ritterlichkeit, welche die Kastilier haben, ist in Wirklichkeit arabisches Erbe. Hätte bei Poitiers nicht Karl Martell gesiegt: Haben wir schon die jüdische Welt auf uns genommen – das Christentum ist so etwas Fades –, so hätten wir viel eher noch den Mohammedanismus übernommen, diese Lehre der Belohnung des Heldentums: Der Kämpfer allein hat den siebenten Himmel! Die Germanen hätten die Welt damit erobert, nur durch das Christentum sind wir davon abgehalten worden."
>
> Adolf Hitler (1889 - 1945), deutscher Reichskanzler (NSDAP),1942

Die deutschen Nazis sahen in den judenfeindlichen Muslimen natürliche Verbündete und umgekehrt. Schon Ende der 1930er Jahre finanzierte Nazideutschland die ägyptische Muslimbruderschaft, um in ihnen antiwestliche Verbündete zu haben. So wurden die Nazis sogar zu Hebammen des modernen „Islamismus". Von 1939 bis 1945 strahlte Hitlerdeutschland täglich auf Kurzwelle ein arabischsprachiges Radioprogramm in der islamischen Welt aus, um dort den Judenhass anzustacheln. Seit 1941 unter der Leitung des Mufti von Jerusalem, Amin al-Husseini, wurde die Theorie von der „jüdischen Weltverschwörung" unters muslimische Volk gebracht, dort fiel sie auf vom Koran vorbereiteten, fruchtbaren Boden. Bis heute ist Hitler wegen des Völkermordes an den Juden in der arabischen Welt nicht nur bekannt, sondern angesehen, wird dort sein Buch „Mein Kampf" verkauft und auch gelesen.

Ein berühmter, deutschsprachiger Schweizer Psychologe, ein Zeitgenosse des Hitlerfaschismus, schrieb uns damals ins kollektive Gedächtnis, woran wir uns heute *dringend* wieder erinnern sollten:

> „Wir wissen nicht, ob Hitler vorhat, einen neuen Islam zu gründen. Er ist bereits auf dem Weg dazu. Er ist wie Mohammed. Die Gefühlslage in Deutschland ist islamisch; kriegswillig und islamisch. Sie sind alle trunken von einer wilden Gottheit. Dies könnte die historische Zukunft sein."
>
> Dr. Carl Gustav Jung (1875 - 1961), schweizerischer Psychiater, Begründer der analytischen Psychologie, 1939

Aus dem Koran und der Sunna des „Propheten“ erwächst islamischer, judenfeindlicher Faschismus. Adolf Hitler hatte sein Buch „Mein Kampf“ geschrieben und verbreitet und trotzdem wurde er vom Volk gewählt und zuletzt von der deutschen Regierung und dem Parlament zum Reichskanzler erhoben, mit dem tröstlichen Hintergedanken: *Na, wir werden ihn schon kontrollieren, so schlimm wird es schon nicht werden können! – Was für ein Irrtum!*

Genau das Gleiche denken die führenden Politiker heute auch – *vom Urfaschismus Islam.* Wenn die Imame erst auf deutsch predigen und an deutschen Universitäten den Koran studiert haben und mit deutschem Geld bezahlt werden, dann wird schon alles gut werden: dann haben wir „unseren“ Islam im Griff; wir formen ihn um zum „Euro-Islam“, wir lassen „unsere“ Islamgelehrten den Koran ganz neu interpretieren, nach Lesart des Grundgesetzes. Toll. – Was für eine *irrwitzige Torheit!* Was für eine *weltfremde* und *geschichtsvergessene* Vermessenheit!

Wollen wir den Irrtum mit Hitler und seinen Nationalsozialisten tatsächlich mit Mohammed und seinen Muslimen wiederholen? Sind uns Mohammeds schriftliche Kampfansage und die real existierenden islamischen Despoten in der Welt nicht *Warnung genug*, die Gefahr diesmal früh genug zu erkennen und ihr noch rechtzeitig zu begegnen? Jedem klugen Kopf ist klar, dass der Faschismus wahrscheinlich nicht in seiner alten Form als Nationalsozialismus zu uns zurückkommen wird, sondern in einem neuen Gewand.

> „Der Scharia-Islam darf getrost als Islamofaschismus bezeichnet werden, als der momentan gefährlichste Rechtsradikalismus der Welt.“
>
> Prof. Dr. Egon Flaig (geboren 1949), deutscher Lehrer, Althistoriker und Philosoph, 2012

Der Koran ist ein gefährliches Buch – sozusagen Mohammeds „Mein Kampf!“ Wir müssen aufstehen. Wir müssen endlich zivile Haltung annehmen! In unserem Namen und auch im Namen aller Opfer des Zweiten Weltkrieges! Dem islamischen Faschismus entgegenzutreten, ist – ganz gewaltig – Teil unserer deutschen Verantwortung! – Das muss uns doch endlich aufgehen!

Ein wissenschaftliches Autorenkollektiv gab eine kommentierte Ausgabe von Hitlers Kampfschrift heraus, um die Anleitung zur nationalsozialistischen Weltherrschaft *aufzuklären* und den heutigen Hitlerfaschisten etwas entgegenzusetzen. Das war problemlos möglich, weil die Hitlerfaschisten nicht herrschen, sie haben keine Macht mehr über uns, keine Deutungshoheit. Traut sich ein wissenschaftliches Autorenkollektiv eine kommentierte Ausgabe von Mohammeds Koran und Hadithen herauszugeben, um die Anleitung zur islamofaschistischen Weltherrschaft aufzuklären und den heutigen Islam-Faschisten etwas entgegenzusetzen? Bis jetzt nicht. Warum nicht? Vielleicht, weil die Muslime mittels Dschihad ihre Deutungshoheit behaupten und uns bereits zu todesängstlichen Dhimmis machen?

Ein *eingedeutschter* Koran macht keinen anderen Islam. Dass Mohammeds Offenbarungseid im Bücherregal gleich neben Hitlers Mein Kampf gehört, kann man sich leicht verdeutlichen, indem man nur zwei Worte germanisiert. Ersetzen Sie doch mal im Koran die „Gläubigen" durch die „Germanen (oder Arier)" und die „Ungläubigen" durch die „Ungermanen (oder Nichtarier)", das ist keine große Veränderung, nur eine Spezifizierung der Zielgruppen. Ein solchermaßen „germanisierter" Koran würde bestimmt geächtet werden, weil er zum Völkermord im Namen der Deutschen (der „germanischen Arier") aufriefe. Warum aber darf der arabische Koran zum Völkermord an den Juden, Christen und Ungläubigen aufrufen, *ohne* geächtet zu werden? Warum wird der „Unterwerfung" *Religionsfreiheit* angeboten und dem hitlerfaschistischen Aberglauben (zu Recht!) nicht? Weil viele Menschen leider *unbedachte Heuchler* sind, die den Weg des geringsten Widerstandes wählen. Sie geben dem Faschismus Raum, vor allem, wenn er den grünschwarzen „Zaubermantel" einer „Weltreligion" angezogen hat, selbst wenn der mit frischem Blut befleckt ist.

> „Da, wo Faschisten, Kommunisten oder Islamisten die Macht übernahmen, verwandelten sich die Gesellschaften in Freiluftgefängnisse, deren „Insassen" – die Bürger – ständig überwacht wurden. Vielfalt wurde und wird als Gefahr betrachtet, ein gesellschaftlicher Konsens durch Gewalt und Einschüchterung künstlich erzwungen."
>
> Hamed Abdel-Samad (geboren 1972), deutsch-ägyptischer Politikwissenschaftler, Islamkritiker und Autor, 2015

Die Seele des Islams ist schwarzfaschistisch. Der Islam fällt deshalb nicht unter die Religionsfreiheit, sondern unter das Faschismusverbot! Nie wieder Faschismus! Weder von links (Stalinismus), noch von rechts (Hitlerismus), noch von religiös um die Ecke (Mohammedanismus)! Der Islamofaschismus aus Koran und Sunna und seine Symbole gehören verboten und dieses Verbot hat in Deutschland zu gelten.

> „Eine Studie des Doha-Instituts in Katar konnte empirisch nachweisen, dass „85 Prozent der Araber ... von der Judenvernichtung träumen." Wer beispielsweise eine Million arabische Menschen in Europa ansiedelt, importiert somit 850.000 mörderisch gesinnter Antisemiten. Der muslimische Hass gegenüber Juden ist ohne Übertreibung mit dem Antisemitismus der Nationalsozialisten vergleichbar.
>
> ...

Das Endziel des Islam ist die Weltherrschaft, d. h. der totale Faschismus: die Menschen sollen umfassend der muslimischen Religion und ihren Gesetzen unterworfen werden. Selbstbestimmung und Freiheit würden endgültig zu historischen Errungenschaften zählen, das bedeutet den Tod des Individuums. Es existierten nur noch Religionsautomaten, die jeder individuellen Identität beraubt wären. Der islamische Faschismus ist die größte Bedrohung der menschlichen Freiheit."

Dr. habil. Michael Ley (geboren 1955), österreichischer Soziologe, Politologe und Autor, Direktor des Ludwig Boltzmann Instituts für Politik, Religion und Anthropologie an der Uni Innsbruck bis zu dessen Schließung (2005), 2017

Rathaus-These 16: Islam macht Angst

Der Islam macht allen Menschen Angst: Den Muslimen, weil sie Angst haben müssen vor der Strafe Allahs und ihren Mitmenschen. Weil sie Angst haben müssen vor Iblis und Schaitanen (Teufeln), Dschinnen (Geistwesen) und menschlichen Kuffar (lebensunwerten Ungläubigen), welche die Muslime im Auftrag Allahs, der alles vorherbestimmt und überwacht, vom rechten Glauben an Allah abbringen sollen, so dass er am Tage des Gerichts die „Glaubensversager" leicht herausfinden kann, um sie mit ewigen Höllenqualen zu bestrafen. Der Islam macht Höllenangst! Und der Islam macht auch den „Nichtmuslimen" Angst, eben weil sie Muslime werden sollen und zu Zielen des „Dschihad" bestimmt sind, weil sie dem Islam in der einen oder anderen Weise zum Opfer fallen sollen und können.

„Ich würde und werde mich öffentlich mit dem Islam nicht beschäftigen. Aus Angst."

Hape Kerkeling (geboren 1963), deutscher Komiker, Schauspieler und Fernsehmoderator, 2006

„Nichtmuslime", „Ungläubige" und andere Muslime, die als nicht rechtgläubig gelten, haben Angst vor dem kämpferischen Dschihad, dem islamischen Terror, der ihnen allen gilt. Auch wir freien Westler sind nicht aus freiwilligem Respekt vor dem Islam so übervorsichtig und duckmäuserisch im Umgang mit der Unterwerfungs-Religion, wir haben pure, nackte Angst! Respekt muss man sich inhaltlich verdienen, Angst kann man durch Gewalt erzwingen. Der indisch-britische Autor

Salman Rushdie, seit Jahrzehnten mit dem Tode bedroht, sagte am Tag des Mordanschlags auf ein Satiremagazin in Paris:

> „Religion, eine mittelalterliche Form der Unvernunft, wird, wenn sie mit modernen Waffen kombiniert wird, zu einer echten Gefahr unserer Freiheiten. ... Ich stehe hinter Charlie Hebdo, so wie wir alle es tun müssen, um die Kunst der Satire zu verteidigen, die stets eine Kraft für die Freiheit und gegen die Tyrannei, Unehrlichkeit und Dummheit war. „Respekt vor der Religion" ist zu einer verschlüsselten Phrase mit der Bedeutung „Angst vor der Religion" geworden. Religionen, wie alle anderen Ideen, verdienen Kritik, Satire, und, jawohl, unsere angstfreie Respektlosigkeit."
>
> Prof. Dr. h.c. h.c. Salman Rushdie (geboren 1947), indisch-britischer Autor, 2015

Der Islam macht seinen Anhängern Angst vor menschlichem Selbstsein, vor einem selbstbestimmten, freien Leben, vor menschlicher Eigenverantwortung, vor gelebter Individualität, vor Sexualität und vor jedweder Abweichung von den islamischen, angeblich göttlichen Normen. Der Islam macht Angst vor dem Gruppenzwang der Glaubensgemeinschaft, vor dem Vorwurf der Gotteslästerung, vor der Familie und ihrer leicht zu verletzenden Familienehre, vor Bedrohung, Verstoßung und Verfolgung, vor schariatischen Körperstrafen bis hin zur grausamen Ermordung durch Steinigung und andere niederträchtige Tötungsarten.

Der Islam macht den Mädchen und den Frauen Angst vor den Männern und der Ehe, die es auch als kurzzeitige „Genussehe" gibt, nur um legal Sex zu haben. Der muslimische Mann darf sich an seiner Frau befriedigen, wann er will. Er darf auch weitere Frauen heiraten, ohne eine einzige seiner Ehefrauen vorher darüber auch nur in Kenntnis zu setzen.

Angst vor Allah ist der Ausgangspunkt und die Grundvoraussetzung des Islams, der Unterwerfungsreligion – eine Angst vor „Gott", die zu demütiger Selbstbeschränkung des Menschen führt. Eine Angst, die zum Handeln im Sinne Allahs zwingt. Wer sich dieser Gottesfurcht entzieht, wird mit ewiger Angstpein und Folterqualen in der Hölle bestraft. Angeblich. Muslime müssen jetzt, im Leben, Angst haben und Angst leben, um später, im Tode, endlich frei davon sein zu können. Diese vorsorgliche Angstpflicht wird ihnen in jeder Freitagspredigt eingeschärft.

> „Wir alle haben Angst vor Allah, wir alle fürchten uns davor, in die Hölle zu gehen. Ohnehin ist die Furcht vor Allah der Anfang jeglicher Intelligenz, Liebe, Schönheit, der Anfang von Allem. Wenn die Furcht vor Allah fehlte, geriete der Mensch aus dem Gleichgewicht."

Adnan Oktar (geboren 1956), türkischer Autor und islamischer Kreationist, 2011

Wer so denkt, der hat Angst vor dem Leben und fühlt sich als Mensch unwürdig und haltlos ohne einen übermächtigen, tyrannischen Herrn über sich. Er fühlt sich wie ein Sklave, der Angst hat vor der Freiheit und ihren Konsequenzen.

Der Islam lebt von der Angst der Menschen: Der Angst vor der ewigen Folterhölle und der Angst vor jenen Menschen, die an diese Hölle glauben und deshalb Schlimmes und Schlimmstes tun, um der vermeintlichen Foltergefahr zu entfliehen, ins Paradies der mörderischen Märtyrer. Der Islam lebt von der Angst vor solchen Menschen, die unter vermeintlich „göttlicher" Rückendeckung ihre Aggressivität, ihre Brutalität und ihre sadistische Mordlust ausleben.

Rathaus-These 17: Islamophobie? Ja wie nie!

Es wird behauptet, wir Bürger, die den Islam kritisieren oder ablehnen, täten dies aus einer sachlich unbegründeten, krankhaften Angst vor dem Islam heraus. Ist jeder Widerstandswillen gegen die Ausbreitung des islamischen Bekenntnisses eine Phobie – eine Angstkrankheit? Nein. Ist die Ablehnung von Unterwerfung, Ungleichberechtigung und religiöser Bekenntnispolitik eine Krankheit? Nein. Oder zumindest eine Fremdenfeindlichkeit? Nein. Es handelt sich um ein selbstverständliches Bürgerrecht, um ein Menschenrecht, um den Willen, die freiheitlich-demokratische Grundordnung zu stärken. Oder für ein anderes Bekenntnis als den Islam zu stehen. Oder um für Religionsfreiheit im Sinne von Freiheit von Religion überhaupt einzutreten.

Die Religionsfreiheit gilt doch nicht einseitig. Muslime haben zwar das Recht, *legal* einzuwandern und ihren Glauben zu verbreiten, Nichtmuslime haben aber auch das Recht, dem *entschieden entgegenzuwirken*. Das ist Teil unserer Religionsfreiheit. Ablehnung ist erlaubt, Gewalt auf keinen Fall.

Radikale Muslime haben uns wegen ihres koranischen Auftrags, wegen unserer Menschenrechte, unserer Freiheit, den „heiligen" Krieg erklärt. Die USA und andere Länder, darunter Deutschland, stehen für diese Freiheit. Die Islamisten wollen unsere Freiheit vernichten und greifen uns militärisch und ideologisch an. Mit allen Mitteln, so weit ihre Macht reicht. Boko haram – Bücher verboten! Sie überfahren uns mit unseren eigenen Autos.

Sie wollen, dass wir große Angst haben, dass wir demoralisiert zurückschrecken, dass wir klein und unterwürfig werden und uns erobern lassen, Stückchen für Stückchen. Diese Angst soll uns lähmen, sie soll uns auf den Islam vorbereiten. Ja, wir haben Angst vor dem Islam. Aber wir sind keine Phobiker, wir sind nicht krank, *wir sind ganz normal*. Unnormal ist es, keine Angst vor dem Islam zu haben, verrückt ist es, die Gefahr zu verkennen. Unsere Angst, unsere Bedenken, unsere Ablehnung, sie sind rational, sie sind völlig angemessene Reaktionen auf den angstverbreitenden Islam!

„Islamophobie" ist ein Schimpfwort. Wir sollen aufhören, den Islam zu kritisieren und Zugeständnisse machen an die vielen „friedlichen" Muslime. Wir sollen mitspielen, wie beim taktischen Polizeiverhör: Der „böse" Polizist schüchtert uns ein, der „gute" Polizist schleicht sich in unser Vertrauen. Wehe, wer die beiden als Einheit sieht, ihnen das gleiche Ziel unterstellt! Wehe, wer nicht zwischen Islam und islamischem Terror gegensätzlich unterscheiden will, so als hätten die beiden nichts miteinander zu tun, sondern stattdessen beiden das gleiche Ziel unterstellt: nämlich die islamische Herrschaft, die islamische Gesellschaft, die „beste Gemeinschaft auf Erden" zu errichten, wie von Mohammed vorgeschrieben. Wehe, wer den Koran kennt. Früher war es unterworfenen Nichtmuslimen verboten, den Koran zu lesen.

Wer den Islam kritisiert und zurückdrängen will, wird mit dem Islamophobie-Vorwurf geschlagen und mundtot gemacht. Deshalb muss diesem Vorwurf die Kraft genommen werden. Die Islamophobie-Keule können wir ganz leicht zerbröseln, in dem wir einfach bekennen: Ja, wir haben Angst vor der *Rückständigkeit* und der *Gewalttätigkeit* des Islams, vor seiner *Unterdrückung* unserer menschlichen Freiheit und vor seinem *höllischen Jenseitsbild*. Wer zu uns gehören will, der muss modern werden. Punkt!

Parallelgesellschaften erlauben wir nicht mehr. Wir verteidigen unsere Werte und unsere Sicherheit. Deshalb ist „Islamophobie" in diesem Sinne sogar ein Muss, sie ist *richtig*, sie ist gut! Nicht weil wir Angst haben oder Hass schüren wollen, sondern, um unseren ***überragenden Mut*** **zur Aufklärung** freizusetzen! „Islamophobie" ist nämlich nur ein abwertendes Wort für die **Aufklärung**, Islamophobie ist nur ein anderes Wort für europäische Werte und europäische Identität. Erfunden wurde dieser verleumderische Kampfbegriff vom politischen Massenmörder Ayatollah Khomeini, dem Führer der islamischen Revolution im Iran. Wer es benutzt, macht sich mit den militanten Mullahs gemein.

Der Islamophobie-Vorwurf ist eben keine ärztliche Diagnose, kein Vorwurf, krankhaft, fehlerhaft, unbegründet ängstlich zu sein angesichts der Muslime in Deutschland, sondern der Vorwurf, den Islam „nicht in Ruhe zu lassen", ihn sich nicht ansiedeln und ausbreiten zu lassen, sondern ihn aufklären, ja ihn weghaben zu wollen. Angst zu haben vor dem, was er mit uns macht, wenn er die Macht dazu hat! Genau darum geht es.

Wir Säkularen geben hier den Ton an! Wir wollen deshalb auch keinen religiösen, keinen christlich-muslimischen Dialog, sondern den ***Dialog der Aufklärung***. Was dem Christentum geschah, muss nun dem Islam geschehen!

„Furcht (negativ) und Wille zur Macht (positiv) erklären unsere starke Rücksicht auf die Meinungen der Menschen."

Prof. Dr. Friedrich Nietzsche (1844 - 1900), deutscher klassischer Philologe und Philosoph, 1867/77

Wir müssen uns ein Bild machen vom wahren Islam und uns ermutigen, wieder machtvoll unsere *menschenrechtliche Freiheit* zu leben; sie mit großer Macht zu vertreten und höchstwillentlich zu verteidigen, sowohl individuell als auch kollektiv. Wir müssen die proislamische Propaganda zerreißen und auf den harten Kern der Menschenverachtung der Unterwerfung zu sprechen kommen.

„Es gibt eine westliche Vorstellung vom Islam, die auf den falschen moslemischen Informationen über den Islam gegründet ist. Beeinflusst durch den Petro-Dollar wird die moslemische Propaganda adoptiert, die dann Informationen über den wahren Islam als Islamophobie abtut und als Panikmache herunterspielt."

Fouad Adel (geboren 1955), deutsch-sudanesischer Islamwissenschaftler, ehemaliger koptisch-orthodoxer Priester, 2013

Stellen Sie sich die Situation einmal spiegelbildlich vor: Stellen Sie sich vor, morgen erreicht Sie ein Anruf, von ganz oben, Hermes ist dran – nicht der Paketdienst – der echte Hermes, der Götterbote. Er teilt Ihnen mit, dass Sie auserwählt wurden, eine dringende Botschaft der Götter zu empfangen und der Welt mitzuteilen – bei Ihrem Seelenheil! Nehmen Sie das um Himmels Willen bloß ernst! Sonst droht Ihnen die Höllenstrafe! Die Offenbarung lautet:

„Wir, die Gemeinschaft der olympischen Götter, sagen euch: Ihr sollt nicht anbeten nur einen Gott! Bekämpft die Falschgläubigen, die nichts Beigesellen wollen! Der Kriegsgott Mars führt euch die Hand im heiligen Krieg! Bekehrt alle Menschen zum Polytheismus oder tilgt sie von unserer Erde. Stellt die abgeirrten, verleugnenden Monotheisten vor die Wahl, sich zu bekehren, oder erniedrigt oder getötet zu werden. Tötet die Ungläubigen, die nicht an alle Götter glauben, wo ihr Sie trefft! Ihr seid die beste, den Göttern gefällige Gemeinschaft. Wir wissen, was richtig ist für euch Menschen."

Anschließend ziehen Sie mit Millionen Anhängern illegal nach Arabien, unterwandern die arabischen Gesellschaften und schließen mit den Regierungen Verträge zur Erteilung polytheistischen Religionsunterrichts an den staatlichen arabischen Schulen ab, um ihren Auftrag zu erfüllen. Sie führen einen heiligen Terrorkrieg gegen die ungläubigen Monotheisten. Sie töten sie mit allem, was sich als Mordwaffe verwenden lässt, predigen wider sie und behaupten in der arabischen Öffentlichkeit, ihre – überhaupt einzig wahre – Religion, sei die Religion des Friedens und der Barmherzigkeit, der göttergewollten Ordnung. Wer etwas Gegenteiliges behauptet, sei *„polyphob"*. Araber, die dagegen aufmucken, werden als fremdenfeindliche Nazis und böse Rassisten beschimpft, um sie mundtot zu machen. Nun. Ich bezweifle, dass die Araber sich das gefallen lassen würden! Und wir?

Rathaus-These 18: Islam ist Raubkultur

Der Islam entstammt einem räuberischen arabischen Nomadentum. Seine gewaltsame wie friedliche Ausbreitung war immer auch ein Raubzug. Die muslimische Welt lebt nicht autark, aus eigener Kraft, sondern vom Beutemachen.

Zuerst wurden das Judentum und das Christentum ideologisch beraubt, indem Mohammed seine neue Religion auf Versatzstücke der beiden bezog und Judentum und Christentum als nunmehr ungültig gewordene Vorläufer seines neuen, „wahren", „endgültigen" Glaubens abqualifizierte. Er gründete auch keine neuen heiligen Stätten, sondern raubte die vorhandenen religiösen Einnahmequellen und weihte sie Allah. Sodann wurden die Juden und Christen ihrer Freiheit und ihrer materiellen Güter beraubt. Ein Land nach dem anderen wurde erobert und ausgebeutet. Die ganze Welt sei natürlicherweise zu muslimischem Besitz bestimmt, die Gläubigen dürften und sollten sich nehmen, was ihnen zustünde. Alle Mittel seien ihnen dabei erlaubt.

Rathaus-These 19: Der Islam diskriminiert

Diskriminieren heißt herabsetzen und benachteiligen. Die Islamisierung Europas und Deutschlands ist eine Diskriminierung der hiesigen Bürger zu Dhimmis und „Ungläubigen", zu angeblich „minderwertigen Menschen".

> „Siehe, schlimmer als das Vieh sind bei Allah die Ungläubigen, die nicht glauben." (Koran, 8: 55)

> „Siehe die Ungläubigen vom Volk der Schrift (d. h. Juden und Christen) ... Sie sind die schlechtesten der Geschöpfe." (Koran, 98: 6)

Der Islam diskriminiert, die Muslime aber beklagen, sie würden durch die Zurückweisung ihrer diskriminierenden Ideologie diskriminiert. Sie pflegen eine Opferhaltung, um Zugeständnisse und somit Fortschritte bei der Islamisierung zu erzielen.

Sie benutzen unsere Religionsfreiheit, unser Diskriminierungsverbot und unsere demokratische Teilhabe, um den Islam auch bei uns zu etablieren. Unter einer Islamherrschaft gibt es bekanntlich keine Religionsfreiheit, sondern Missionierungsverbot für alle anderen Religionen. Zum Islam darf und soll konvertiert werden, den Islam zu verlassen gilt als todeswürdiges Verbrechen. Alle Nichtmuslime gelten den Muslimen als ungleichberechtigt. Wir dürfen diese islamische Diskriminierung keinen Augenblick länger bei uns dulden!

Rathaus-These 20: Der Islam ist intolerant

> „Toleranz predigt der Islam immer nur dort, wo er in der Minderheit ist."
>
> Joachim Kardinal Meisner (1933 - 2017), deutscher katholischer Theologe, ehemaliger Bischof von Berlin und Erzbischof von Köln, 2001

Der Islam ist hochgradig intolerant. Man weiß gar nicht, wo man anfangen und wo man aufhören soll, das zu belegen. Man blättere beliebig durch die islamischen Texte und schaue in den Alltag islamisch geprägter Gesellschaften in Geschichte und Gegenwart! Überall islamische Intoleranz! Das angeblich tolerante al-Andalus (muslimische Spanien) ist ein romantisierendes Märchen, ein „multikultureller Mythos" und spottet der geschichtlichen Wirklichkeit. Ob in Spanien oder anderswo in der muslinischen Welt ...

> „Während Hindus, Sikhs, Christen, Parsen und Juden, gemeinsam mit einigen Millionen Anhängern animistischer Religionen, alle miteinander in relativer Harmonie koexistieren konnten, gab es eine Religion, die keine Kompromisse schließen konnte und abseits stand vom Rest: der Islam."
>
> Mahatma Gandhi (Mohandas Karamchand Gandhi, (1869 - 1948), indischer Rechtsanwalt, Widerstandskämpfer, Revolutionär, Publizist, Morallehrer, Asket und Pazifist, der 12 mal für den Friedensnobelpreis nominiert war

Solange Christen in muslimischen Ländern keine Kirchen bauen dürfen, müssen wir ihnen verbieten, bei uns Moscheen zu errichten: Denn Religionsfreiheit und Gleichberechtigung, das sind doch keine Einbahnstraßen. Seien wir nicht dumm und ungerecht. Keine Toleranz der sendungsbewussten Intoleranz!

„Ich beurteile den Islam nicht danach, wie er sich verhält, wenn er in der Minderheit ist. Ich beurteile ihn, wie er sich anderen religiösen Überzeugungen gegenüber verhält, wenn er in der Mehrheit ist oder gar Staatsreligion. Wenn der Islam tatsächlich in all seinen differenzierten Ausprägungen steht für Friedfertigkeit, für Toleranz, für Barmherzigkeit – warum ist es dann in Saudi-Arabien höchstens unter Lebensgefahr möglich, sich zum Christentum zu bekennen? Warum darf man in diesen Staaten, wo der Islam Staatsreligion ist, nicht eine andere Religion praktizieren?"

„Wie verhält sich der Islam dort, wo er Staatsreligion ist? Wo er überhaupt nicht daran denkt, gegenüber Christen Toleranz zu üben, die hier, in einem christlich geprägten Land, selbstverständlich eingefordert wird? In 20 Ländern der Erde ist der Religionswechsel bei Strafe verboten, es sind ausnahmslos islamische Länder!"

Wolfgang Bosbach (geboren 1952), deutscher Rechtsanwalt und Politiker (CDU), 2012, 2016

Toleranz kann man nur demjenigen entgegenbringen, der auch mit Toleranz antwortet, der die Toleranz quasi am Leben lässt. Wer die Toleranz zwar für sich in Anspruch nimmt, dabei selbst jedoch Intoleranz fordert und praktiziert, der bekennt sich zur Gewalt. Dem muss man seine Toleranz vorenthalten, um sich und die Toleranz zu schützen.

„Ich werde nicht mehr von den Früchten des Toleranzbaums essen, den ich gepflanzt habe. Ich habe keine Zähne mehr."

„Also wird die Gewalt entscheiden, bis die Vernunft so viele Köpfe erleuchtet, dass die Gewalt entwaffnet wird."

Voltaire (François-Marie Arouet, 1694 - 1778), französischer Philosoph und Autor der Aufklärung

Die Intoleranz der Muslime geht so weit, dass sich die großen Islamströmungen wechselseitig als „Ungläubige" verachten. Wer Toleranz will, muss die galoppierende Intoleranz stoppen! *Gelebte Toleranz* setzt deshalb notwendigerweise die *Freiheit vom Islam* voraus. Mit der Unterwerfung unter den Höllenbestücker kann es weder Toleranz noch Freiheit geben. Das ist eine schlichte Tatsache.

„Im Namen der Toleranz sollten wir uns das Recht vorbehalten, die Intoleranz nicht zu tolerieren."

Prof. Dr. Karl Popper (1902 - 1994), österreichisch-britischer Tischler, Lehrer, Philosoph und Wissenschaftstheoretiker, 1945

Rathaus-These 21: Der Islam ist keine Religion des Friedens

Die meisten Muslime sind wohl friedliche Leute, aber ihre Religion, der Islam, ist es nicht. Viele Muslime fallen wohl durch Gastfreundlichkeit auf, aber der Islam ist nicht gastfreundlich. Mohammeds Koran ist keine Anleitung zum Frieden. Der Islam ist kriegerisch. Islam bedeutet nicht Frieden, sondern höchstens Heil wie in „Heil Hitler".

> „Wenn man Mohammed zum Vorbild nimmt, züchtet man Gewalt. Denn man kann seinem Beispiel nicht folgen."
>
> Sabatina James (Pseudonym) (geboren 1982), pakistanisch-österreichische Islamkritikern, Menschenrechtsaktivistin und Autorin, zum katholischen Christentum konvertierte Ex-Muslima, Botschafterin der Frauenrechtsorganisation „Terre des Femmes – Menschenrechte für die Frau e.V.", Gründerin des Vereins „Sabatina e.V." für die Gleichberechtigung muslimischer Frauen, 2015

Dennoch behaupten Muslime immer wieder, ihre Religion sei die Religion des Friedens, der Liebe, der Barmherzigkeit, der Freundlichkeit und des Vergebens. Wer das nicht so sehe, verleumde den Islam. Dreist wird behauptet, „Islam" hieße Frieden, obwohl fast jeder weiß, dass „Salam" Frieden heißt, „Islam" dagegen heißt Unterwerfung, allenfalls noch hingebungsvolle Unterwerfung oder unterwürfige Hingabe, also vollständige Unterwerfung.

Zwar „offenbarte" Mohammed zu Anfang keine Kriegsaufrufe, sondern nur dringende Warnungen vor der Höllenstrafe Allahs und Einladungen ins Paradies. Es folgten ihm daraufhin aber nur wenige Anhänger. Das stellte „Gott" und Mohammed wohl nicht zufrieden. Erst als „Allah" ihm aggressivere Suren „eingab" und seine Armee Beute machte, entfaltete er mehr Überzeugungskraft.

> „Es gibt eine ganze Sure, welche „Die Kriegsbeute" heißt. Es gibt keine Sure, die „Frieden" heißt. Der Dschihad und das Töten sind das Haupt des Islams, wenn man sie herausnimmt, dann enthauptet man den Islam."

> Scheich Dr. Omar Abdel Rahman (1938 - 2017), ägyptischer islamischer Theologe, Koranlehrer an der Al-Azhar Universität in Kairo, 1980

Dass die Sklaven Allahs die Welt einteilen in ihren Herrschaftsbereich, das „Haus der Unterwerfung", und in alle anderen, noch nicht muslimischen Herrschaftsbereiche, die sie ebenso als einen einzigen Block auffassen, das „Haus des Krieges.", wo die Muslime den Eroberungskrieg zur Unterwerfung der noch Ungläubigen führen sollen, den Dschihad, sagt doch schon alles. Der Islam kennt auf Erden nur einen Frieden, den Siegfrieden der Muslime im „Haus des Islams". Die Politreligion Islam führt zum Siegfrieden auf Erden und zum himmlischen Belohnungsfrieden für alle Gottesfürchtigen, die ins muslimische Paradies eingelassen werden. Die Muslime haben *keinen echten Friedensbegriff*, Frieden heißt immer nur bedingungslose Unterwerfung unter Allahs Willen, um vor diesem Willen relativ geschützt zu sein. Wenn Muslime Friedensverträge schließen, dann nur um Zeit zu gewinnen, neue Kräfte zu sammeln für das „Eifern auf Allahs Weg".

Über den Widerspruch zwischen dem scheinbar friedlichen und dem tödlich aggressiven Islam legte uns ein Mann beredtes Zeugnis ab, der in der Materie, im Islam und in der morgenländischen Kultur, zuhause ist und offensichtlich ein Mensch ehrlichen Herzens:

> „Ich lehrte an der Universität, und an den Wochenenden war ich Imam in dieser Moschee. Meine Predigt über den Dschihad an jenem Tag entsprach der Philosophie der ägyptischen Regierung. Auf der Azhar-Universität wurden wir auf einen politisch korrekten Islam ausgerichtet, und Lehrinhalte, die mit der ägyptischen Obrigkeit im Widerstreit lagen, wurden geflissentlich übersehen.
>
> Ich predigte das, was man mir beigebracht hatte, doch innerlich war ich bezüglich der Wahrheit des Islam verunsichert. ... Ich wusste, dass das, was ich in der Moschee und an der Universität lehrte, nicht dem entsprach, was ich aus dem Koran kannte, den ich mit zwölf Jahren bereits auswendig gelernt hatte. Was mich am meisten verunsicherte, war, dass man mir sagte, ich solle über einen Islam der Liebe, Freundlichkeit und Vergebung predigen. Zur gleichen Zeit waren muslimische Fundamentalisten – also diejenigen, die für sich in Anspruch nahmen, den wahren Islam zu praktizieren – dabei, Kirchen zu bombardieren und Christen umzubringen.
>
> Zu dieser Zeit war die Dschihad-Bewegung in Ägypten sehr aktiv. Berichte über Bombenanschläge und Angriffe gegen Christen gab es häufig. Sie waren schon so alltäglich, dass ich selbst eines Tages, als ich mit dem Bus unterwegs war, eine Bombe in einer Kirche explodieren hörte. Als ich auf-

blickte, sah ich etwa eine Viertelmeile entfernt eine Rauchsäule aufsteigen. Ich war in einer Familie aufgewachsen, die im Islam fest verwurzelt war, und hatte selbst islamische Geschichte studiert. Mit radikalen Gruppen hatte ich nichts zu tun, aber einer meiner muslimischen Freunde war ein Mitglied einer islamischen Gruppe, die aktiv Christen abschlachtete. Die Ironie war, dass er ein Chemiestudent war und erst kürzlich angefangen hatte, seinen Glauben ernst zu nehmen. Dennoch war er aktiv im Dschihad. Eines Tages fragte ich ihn: „Warum bringst du unsere Nachbarn und Landsleute um, mit denen wir aufgewachsen sind?“

Er war zornig und verblüfft über meinen Vorwurf. „Das solltest du von allen Muslimen doch am besten wissen. Die Christen haben den Ruf des Islam nicht angenommen, und sie sind nicht bereit, uns die Djizya (Kopfsteuer) für das Recht, ihren Glauben auszuüben, zu bezahlen. Darum bleibt für sie nur das Schwert des islamischen Gesetzes.“

Meine Gespräche mit ihm trieben mich dazu, über dem Koran und den islamischen Gesetzbüchern zu brüten, in der Hoffnung, etwas zu finden, was dem, was er sagte, widersprach. Doch an dem, was ich dort las, gab es nichts zu rütteln. Mir wurde klar, dass ich als Muslim nur zwei Möglichkeiten hatte: Ich konnte mir weiterhin den „christianisierten“ Islam zu Eigen machen – den Islam des Friedens, der Liebe, der Vergebung und der Barmherzigkeit, den Islam, der für den Staat, die Politik und die Kultur Ägyptens maßgeschneidert war – und auf diese Weise meinen Job und meinen Status behalten. Oder ich konnte mich der islamistischen Bewegung anschließen und mir den Islam zu Eigen machen, der dem Koran und den Lehren Mohammeds entsprach. ...

Viele Male versuchte ich, die Art von Islam, die ich praktizierte, vor mir selbst zu rechtfertigen, indem ich mir sagte: Nun, so weit daneben liegst du gar nicht. ...

In dem Bestreben, dem Dschihad und der Tötung von Nichtmuslimen aus dem Weg zu gehen, griff ich nach jeder Auslegung des Korans, doch überall wurden diese Praktiken befürwortet. Die Gelehrten waren sich einig, dass Muslime den Dschihad gegen die Ungläubigen (alle, die den Islam ablehnen) und die Abtrünnigen (alle, die dem Islam den Rücken kehren) führen müssen. Doch der Dschihad war nicht mit anderen Versen zu vereinbaren, die davon sprachen, dass man mit anderen im Frieden leben sollte.

All diese Widersprüche im Koran verursachten ein echtes Problem für meinen Glauben. Ich hatte vier Jahre damit verbracht, meinen Bachelor-Grad zu erlangen, und hatte mein Examen als Zweitbester eines Jahrgangs von sechstausend Studenten abgelegt. Dann kamen weitere vier Jahre für meinen Magister-Grad und noch einmal drei für meine Promotion – und die ganze Zeit über hatte ich den Islam studiert. Ich kannte seine Lehren sehr gut. An einer Stelle wurde Alkohol verboten; an einer anderen war er erlaubt (vgl. Sure 5,90-91 mit Sure 47,15). An einer Stelle sagt der Koran, die Christen seien sehr gute Menschen, die einen einzigen Gott lieben und anbeten, sodass man mit ihnen Freundschaft schließen könne (Sure 2,62; 3,113-114). Dann findet man andere Verse, die sagen, Christen müssten sich entweder bekehren, Steuern zahlen oder durch das Schwert sterben (Sure 9,29).

Natürlich hatten die Gelehrten theologische Lösungen für diese Probleme, aber ich fragte mich, wie Allah, der Allmächtige, sich so oft selbst widersprechen oder so oft seine Meinung ändern konnte. Selbst Mohammed, der Prophet des Islam, praktizierte seinen Glauben auf eine Art und Weise, die dem Koran widersprach. Im Koran hieß es, Mohammed sei gesandt, um der Welt die Barmherzigkeit Gottes zu zeigen. Doch er wurde zu einem Militärdiktator, der andere angriff, tötete und ausplünderte, um sein Imperium zu finanzieren. Inwiefern zeigt das Barmherzigkeit?

Allah, der Gott, der im Koran geoffenbart wird, ist kein liebender Vater. Es heißt dort, er verlange danach, Menschen in die Irre zu führen (Sure 6,39; 126). Er hilft denen nicht, die von ihm in die Irre geführt werden (Sure 30,29), und verlangt danach, mit ihnen die Hölle zu bevölkern (Sure 32,13). Der Islam ist voller Diskriminierung – gegen Frauen, gegen Nichtmuslime, gegen Christen und ganz besonders gegen Juden. Der Hass ist in diese Religion eingebaut. Die islamische Geschichte, die mein besonderes Fachgebiet war, war nur als ein einziger blutiger Strom zu charakterisieren.

…

Schließlich kam ich an den Punkt, wo ich den Glauben und den Koran vor meinen Studenten an der Universität in Frage stellte. Einige von ihnen, die zu terroristischen Bewegungen gehörten, waren aufgebracht: „Sie können doch nicht den Islam anklagen! Was ist los mit Ihnen? Sie müssen uns lehren. Sie müssen mit dem Islam übereinstimmen."

Die Universität hörte davon, und im Dezember 1991 wurde ich zu einer Besprechung gerufen. ... Ich sagte den Leuten, was ich auf dem Herzen hatte. „Ich kann nicht mehr sagen, dass der Koran direkt vom Himmel oder von Allah kommt. Dies kann nicht die Offenbarung des wahren Gottes sein." Das war in den Augen dieser Leute pure Gotteslästerung. Sie spieen mir ins Gesicht. Einer der Männer verfluchte mich: „Sie Lästerer! Sie Hurensohn!" Die Universität feuerte mich und verständigte die ägyptische Geheimpolizei."

Noch in derselben Nacht wurde er abgeholt und inhaftiert. Die ägyptischen Staatsbeamten, die zugleich Muslime waren, folterten ihn auf verschiedene Weise und ließen es darauf ankommen, den Zweifler zu Tode kommen zu lassen, aber er überlebte alle Torturen.

> „... Ich war verhaftet worden, nur weil ich den Islam in Frage gestellt hatte. Jetzt war mein Glaube endgültig erschüttert. ... Ein Jahr lang lebte ich ohne irgendeinen Glauben. Ich hatte keinen Gott, zu dem ich betete, den ich anrief oder für den ich lebte. Ich glaubte zwar an die Existenz eines Gottes, der barmherzig und gerecht war, aber ich hatte keine Ahnung, wer er war. War er der Gott der Muslime, der Christen oder der Juden? Oder war er irgendein Tier – wie die Kuh bei den Hindus? Ich hatte nicht den geringsten Ansatzpunkt, wie ich ihn finden sollte.
>
> Sie müssen sich bewusst machen, dass es für einen Muslim die schwerste Zeit seines Lebens ist, wenn er zu dem Schluss kommt, dass der Islam nicht die Wahrheit ist, und keine Religion hat, der er sich zuwenden kann. Für einen Menschen im Nahen Osten ist der Glaube das Grundgerüst seines Lebens. Er kann sich nicht vorstellen, wie er leben soll, ohne seinen Gott zu kennen. ... ."
>
> Prof. Dr. Dr. Mark A. Gabriel (geboren 1957), ägyptischer Islamhistoriker, Religionswissenschaftler (Weltreligionen) und christlicher Religionslehrer, konvertierte vom Islam zum Christentum, 2005

Nach seiner Entlassung aus dem Foltergefängnis überlebte er nur knapp einen Mordanschlag. Auch sein Vater versuchte ihn noch zu töten, er musste fliehen und lebt heute in den USA im religiösen Asyl, verheiratet mit einer Deutschen.

Der Islam ist keine Religion des Friedens. Weder in der Theorie noch in der Praxis. Der Koran ist in der Stoßrichtung seiner Vorgaben klar, wenn auch nicht so klar, wie Mohammed das seinen Allah selbst immer wieder behaupten lässt.

Klar ist, dass Allah gehorsame Unterwerfung verlangt, die Menschen irre- oder rechtleitet und an einem Tag der Wiederauferstehung die Rechtgeleiteten ins Paradies und die Irregeleiteten in die Hölle steckt. Angeblich. Die Wiedersprüche im Koran entstehen vor allem dadurch, dass Mohammed sich radikalisierte und seine Gewaltbereitschaft steigerte, je mächtiger er wurde. Am Anfang, als er ohnmächtig war, trat er zwar fordernd und frech auf, gab sich in den irdischen Konsequenzen seiner Lehre aber vergleichsweise noch gemäßigt, er hielt sich noch zurück. Er täuschte eine gewisse Toleranz vor, weil er alle Monotheisten, die Juden und die Christen, von seinem Islam überzeugen wollte, deren Glauben er auf den „abrahamitischen Kern“ hin zu reformieren gedachte – auf die Klarheit seiner Botschaft als letzter Gesandte Allahs. Er wollte sie alle im Islam vereinigen und hoffte auf ihre von Allah geleitete Einsicht dazu. Als die Juden nicht mitmachten, erklärte er sie von Monotheisten zu angeblich treulosen Polytheisten (Beigesellern) und somit zu ungläubigen, sektiererischen Feinden. Er hoffte zunächst noch weiter auf die Christen, die aber auch nicht zum Islam umschwenkten und deshalb als nächste zu Polytheisten abgestempelt und verteufelt wurden. Zuletzt rief er über Allah den totalen Krieg gegen die ganze nichtislamische Welt aus. Wir finden im Koran die Steigerung der Konsequenzen im Dreierschritt: *Duldung der Anderen* (Einschmeicheln und Einladen zum Islam) – *„Verteidigungs“kampf* (gewaltsames Etablieren des islamischen Gemeinwesens) – *Eroberungskrieg* (gewaltsames Ausbreiten des islamischen Gemeinwesens). Alle drei Stufen können heute jederzeit und überall taktisch eingesetzt werden, um zum Unterwerfungs-Erfolg zu gelangen.

Die Widersprüche sind also nur relativ zu verstehen. Sie geben – jedoch *nur scheinbar* – all jenen wohlwollenden und friedliebenden Menschen islamischer Erziehung Recht, die dem Koran das *Beliebigkeits-Argument* andichten, um den Koran als vermeintlich „heiliges Buch“, und ihren Gauben daran, doch noch „retten“ zu können, nachdem sie seine Problematik: nämlich seine Irrtümer, seine Falschbehauptungen und seine Gewaltverherrlichung, erkannt haben. Diese Einsicht schafft Distanz. Sie wollen trotzdem an ihrem persönlichen Glauben festhalten, ja müssen das scheinbar emotional geradezu – denn das Stockholm-Syndrom wirkt leider selbst bei den größten Islamkritikern noch stark. Deshalb glauben und behaupten sie, im Koran sei *alles* zu finden, jeder könne sich *die* Verse heraussuchen, die ihm zusagten. So heißt es dann weitschweifend und völlig unscharf: Im Koran gäbe es auch „viele Botschaften der Liebe und des Friedens“ neben denen des Hasses und des Krieges! Die Wahrheit ist das leider nicht, das ist *reines Wunschdenken*! Der Koran ist nicht ambivalent, sondern abgestuft klar. Suchen Sie doch selbst einmal die „vielen Verse, die zu Liebe und Frieden aufrufen“ im Koran heraus – Sie werden sie nicht finden, sie existieren nicht!

Zum „Beweis“ des Beliebigkeits-Arguments werden dann ein oder zwei vage Verse der niedrigsten Eskalationsstufe des Islams, der Duldungs-Phase (Einschmeicheln und Einladen zum Islam) herangezogen und auf Biegen und Brechen missinterpretiert – das Gewünschte wird hineingelegt und dazu sucht man sich solche Verse aus, bei denen das am besten gelingen kann: Ein Selbst- und Fremdbetrug. Von einer Parität zwischen koranischen Aufrufen zu Liebe und Frieden und Hass und Krieg kann überhaupt keine Rede sein, ganz im Gegenteil.

Hinzu kommt, dass Mohammed seinen Allah selbst sagen lässt, dass die neueren, jüngeren Verse die älteren verbessern oder ersetzen. Allah bestimmt also, was von seinen Offenbarungen letztlich gelten soll.

> „Allah löscht aus und bestätigt, was er will, und bei ihm ist die Mutter (das Urbild) der Schrift.“ (Koran, 13: 39)

Dieses Abrogationsprinzip ist keine Erfindung der Koranausleger zur „theologischen Lösung“ von widersprüchlichen Versen, sondern vom Koran selbst vorgegeben. In letzter Konsequenz der „klaren Botschaft Allahs“ gilt also die zuletzt geoffenbarte Sure am unumstößlichsten, sozusagen als Manifest im Manifest, als letzter Wille des falschen Gottes, und das ist die Sure 9, die zum totalen Krieg gegen die Ungläubigen aufruft! Noch Fragen?

Der Islam ist *keine* Religion der Liebe und des Friedens! Es gibt wohl nur viele Muslime, die sich nach Liebe und Frieden sehnen und ihren Islam gerne so hätten, so sehen wollen, so verstehen möchten. Aber das ist ein großer Unterschied! Diesen Islam gibt es nicht. Ein reines Trugbild.

Der Islam selbst ist *un*friedlich. Er zerstört mit der Religionsfreiheit auch den Religionsfrieden, überall in der Welt. Gläubige Muslime in Deutschland, die den Islam ernst nehmen, befinden sich im Haus des Krieges. Sie müssen deshalb mit dem Gewaltmonopol des Staates befriedet werden, um alle Menschen in Deutschland zu schützen. Die Islamisierung bedeutet einen klaren Landfriedensbruch. Rechtgeleitete Muslime rauben unseren Stadt- und Landfrieden, unseren inneren Frieden und unsere öffentliche Sicherheit. Dagegen müssen wir etwas tun.

„Bürger“ kommt von „Burg“, von Geborgenheit im Schutze einer Burg und dem Burgfrieden drumherum. Die größte denkbare, moderne „Burg“, wäre eine „Festung Europa“, die kleinste denkbare wäre ein Bundesland, das praktische Mittelding ist ein schützender Nationalstaat. Ohne diesen Schutz ist Bürgertum, auch Weltbürgertum, gar nicht möglich! Der freie Mensch – der Bürger – ist im Schutze der Burgen und Stadtmauern entstanden, nicht draußen im weiten Feld, im offenen Land, allen fremden Mächten ausgeliefert. Selbst der internationale Fernhandel ist ein Kind der Städte; des selbstbewussten, sich selbst organisierenden, sich selbst beschützenden, mit gedeihlichen Verträgen taktierenden und besitzenden Bürgertums. Wer Frieden will, der muss ihn für sich in Besitz nehmen und ihn verteidigen. In diesem Sinne!

Ich bin Bürger. Wer ist mehr?

Rathaus-These 22: Den Dschihad beenden

Erinnern wir uns, wie der Dschihad begann. Mohammed wollte seine Glaubensherrschaft errichten und hatte erkannt, dass sein Vorhaben nur mit Gewalt gelingen würde. Allah selbst würde nun durch die Gläubigen kämpferisch aktiv werden. Der Dschihad sei eine Strafe Allahs für die Ungläubigen und eine Glaubensprüfung für jeden Muslim, der „auszieht und eifert mit Gut und Blut in Allahs Weg“, um entweder irdische Beute zu machen oder den Freifahrtschein in das vermeintliche Kriegerparadies zu erlangen, wenn er dabei selbst getötet wird.

Als Mohammed in Medina politische Macht gewann, gab ihm Allah die Einleitungs-Offenbarung für die religiös-ethnische Säuberung in seinem Herrschaftsbereich.

> „Wahrlich, wenn die Heuchler und diejenigen, in deren Herzen Krankheit ist, und die Aufwiegler in Medina nicht aufhören, so werden wir dich gegen sie anspornen. Alsdann sollen sie nicht darinnen als deine Nachbarn wohnen, es sei denn nur für kurze Zeit. Verflucht, wo immer sie gefunden werden, sollen sie ergriffen und niedergemetzelt werden. Das war Allahs Brauch mit denen, die zuvor hingingen, und nimmer findest du in Allahs Brauch einen Wandel.“ (Koran, 33: 60-62)

Mohammed wählte bewusst den Weg der Schreckensherrschaft und stellte sich damit in eine alte Tradition, wie er meinte. Bevor Gefangene gemacht werden dürfen, müsse ein schreckliches Blutbad angerichtet werden, für den Ruf des Propheten und den Ruf Allahs.

> „Noch vermochte kein Prophet Gefangene zu machen, ehe er nicht auf Erden gemetzelt. Ihr wollt die Güter dieser Welt, Allah aber will das Jenseits, und Allah ist mächtig und weise.“ (Koran, 8: 67)

> „Und wenn ihr die Ungläubigen trefft, dann herunter mit dem Haupt, bis ihr ein Gemetzel unter ihnen angerichtet habt; dann schnüret die Bande. Und dann entweder Gnade (Freilassung) hernach oder Loskauf, bis der Krieg seine Lasten niedergelegt hat. Solches! Und hätte Allah gewollt, wahrlich, er hätte selber Rache an ihnen genommen; jedoch wollte er die einen von euch durch die anderen prüfen. Und diejenigen, die in Allahs Weg getötet werden, nimmer leitet er ihre Werke irre. Er wird sie leiten und ihr Herz in Frieden bringen. Und einführen wird er sie ins Paradies, dass er ihnen zu wissen getan. O ihr, die ihr glaubt, wenn ihr Allah helft, wird er euch helfen und eure Füße festigen. Die Ungläubigen aber, Verderben über sie! und irre leitet er ihre Werke.“ (Koran, 47: 4-8)

Allah ist ein Rachegott, der Gemetzel liebt. Der Wahnsinn nahm seinen Lauf. Der gemeine Muslim, der für seinen Glauben in den Krieg zieht, könne damit Pluspunkte bei Allah fürs endzeitliche Gericht ansammeln.

> „Siehe sie, die da glauben und auswandern und streiten in Allahs Weg, sie mögen hoffen auf Allahs Barmherzigkeit, denn Allah ist verzeihend und barmherzig.“ (Koran, 2: 218)

> „Und kämpfet in Allahs Weg und wisset, dass Allah hörend und wissend ist.“ (Koran, 2: 244)

Manche seiner Muslime wollten aber nicht weiter kämpfen und ihr Leben riskieren, sondern sich lieber mit der Beute und ihren Familien in der Welt einrichten. Hier konnte Mohammed seinen Trumpf ausspielen und islamische Kriegspropaganda betreiben. Wer gläubig geworden ist, der kann bei seiner Angst vor der Hölle gepackt werden. Der Prophet predigte ihnen mit Allahs Offenbarungsworten ins muslimische Gewissen: *Allah will Kadavergehorsam!*

> „Und so wir ihnen vorgeschrieben hätten: „Tötet euch selber oder verlasset eure Wohnungen“, so hätten es nur wenige von ihnen getan. Hätten aber sie getan, wozu sie aufgefordert wurden, es wäre besser für sie gewesen und bekräftigender (für ihren Glauben). Und alsdann hätten wir ihnen wahrlich von uns her gewaltigen Lohn gegeben, und wahrlich wir hätten sie auf den rechten Weg geleitet. Und wer Allah gehorcht und dem Gesandten, die sollen sein bei denen von den Propheten und den Gerechten und den Märtyrern und den Frommen, denen Allah gnädig gewesen; das ist eine schöne Kameradschaft! Solches ist die Huld von Allah; und Allahs Wissen genügt. O ihr, die ihr glaubt, seid auf eurer Hut und rücket in Trupps aus oder rücket aus in Masse.“ (Koran, 4: 66-71)

Mohammed war ein *Händler* und betrieb nun einen *religiösen Ablasshandel, das Kerngeschäft aller Religionen*. Der Dschihad sei gut für jeden Muslim.

> „O ihr, die ihr glaubt, soll ich euch zu einer Ware leiten, die euch von einer schmerzlichen Strafe errettet? Glaubet an Allah und seinen Gesandten und eifert in Allahs Weg mit Gut und Blut. Solches ist gut für euch, so ihr es wisset.“ (Koran, 61: 10, 11)

Er bekräftigt mit der Stimme des vermeintlichen Gottes: ***Wirkliche Muslime zweifeln nicht an Allahs Befehlen und ziehen für ihn in den Krieg!***

> „Gläubige sind nur die, welche an Allah und seinen Gesandten glauben und hernach nicht zweifeln und die mit Gut und Blut in Allahs Weg eifern. Das sind die Wahrhaftigen.“ (Koran, 49: 15)

Manchen Muslimen war das trotzdem nicht Recht und sie erhofften sich von ihrem Gott andere Anweisungen. Der Gesandte musste immer wieder nachlegen und auch kleine Zugeständnisse machen.

> „Und es sprechen die Gläubigen: „Warum wird keine Sure herabgesendet?“ Aber wenn eine unverbrüchliche Sure herabgesendet und in ihr der Kampf verkündet wird, siehst du die, in deren Herzen Krankheit ist, dich anschauen mit dem Blick eines vom Tod Überschatteten. Besser für sie aber wäre Gehorsam und geziemende Worte.“ (Koran, 47: 20)

> „Wie aber wird's sein, wenn die Engel (die Strafengel Munkar und Nakir) sie zu sich nehmen und sie aufs Gesicht und den Rücken schlagen! Solches, dieweil sie dem folgen, was Allah erzürnt, und Abscheu haben wider das, was sein Wohlgefallen ist; drum wird er ihre Werke vereiteln. Oder glauben jene, in deren Herzen Krankheit ist, dass Allah nicht ihre Bosheit zum Vorschein bringt?“ (Koran, 47: 27-29)

Wer also Abscheu hat vor dem Kriegsmorden und nicht kämpfen will für den islamischen Staat, der sei krank im Herzen und voller Bosheit. Er versucht sie zu stigmatisieren und zu verunsichern: Na, wartet nur ab; Allah wird euch prüfen und dann seine Konsequenzen daraus ziehen! Mohammed konnte nichts anderes tun als sie bereden. Seine Macht über die Gläubigen lag – und liegt auch heute noch – allein in seinen Offenbarungsworten. Wenn man darauf hereinfällt und sie glaubt.

> „Und wahrlich, wir wollen euch heimsuchen, bis wir die Eifernden (im Kampf) unter euch erkennen und die Standhaften; und wir wollen das Gerücht von euch prüfen.“ (Koran, 47: 32)

> „Siehe, diejenigen, welche nicht glauben und von Allahs Weg abwendig machen und alsdann als Ungläubige sterben, nimmer verzeiht ihnen Allah. Werdet daher nicht matt und ladet (sie) nicht ein zum Frieden, während ihr die Oberhand habt; denn Allah ist mit euch, nimmer betrügt er euch um eure Werke. Das irdische Leben ist nur ein Spiel und ein Scherz, und so ihr glaubt und gottesfürchtig seid, wird er euch euern Lohn geben. Er fordert nicht euer (ganzes) Gut von euch.“ (Koran, 47: 34-36)

Mohammed will nicht, dass seine Kämpfer mit dem Feind Frieden schließen, solange sie noch weiterkämpfen können. Er will maximalen Kriegsgewinn, nicht bloß den Sieg im Scharmützel. Der Stratege denkt weiter. Weil er aber nicht alle seine Anhänger zum Kriegsdienst motivieren kann, beginnt er Unterschiede zu machen.

Die Dschihadisten und Märtyrer sind die besseren Muslime und erhielten höheren Gotteslohn, ließ er Allah verkünden.

> „Und nicht sind diejenigen Gläubigen, welche (daheim) ohne Bedrängnis sitzen, gleich denen, die in Allahs Weg streiten mit Gut und Blut. Allah hat die, welche mit Gut und Blut streiten, im Rang über die, welche (daheim) sitzen, erhöht. Allen hat Allah das Gute versprochen; aber den Eifernden hat er vor den (daheim) Sitzenden hohen Lohn verheißen." (Koran, 4: 95)

Alle Kriegsdienstverweigerer sind am Glauben Zweifelnde. Wer um seinen persönlichen Frieden bittet, der sei nicht wirklich gläubig.

> „Nicht werden dich um Erlaubnis bitten die, welche an Allah glauben und an den Jüngsten Tag, nicht zu eifern mit Gut und Blut; und Allah kennt die Gottesfürchtigen. Um Erlaubnis bitten dich nur jene, die nicht an Allah glauben und an den Jüngsten Tag, und deren Herzen noch zweifeln, und die in ihrem Zweifel hin und her schwanken." (Koran, 9: 44, 45)

Wer da glaubt, der kämpft! Der Islam ist eine Kriegerreligion. Für den Krieg braucht man aber nicht nur Kämpfer, sondern auch jede Menge Ausrüstung und Verpflegung. Krieg kostet Geld und ist teuer. Mohammed brauchte offenbar Kriegskredit für seine Freibeuterwirtschaft und der angebliche Gott ließ alle wissen:

> „Wer ist's, der Allah ein schönes Darlehen leiht? Er wird's ihm verdoppeln um viele Male. Und Allah schließt und öffnet (die Hand), und zu ihm müsst ihr zurück." (Koran, 2: 245)

> „Wer ist's, der Allah ein schönes Darlehen leihen will? Verdoppeln wird er's ihm, und ihm wird ein edler Lohn." (Koran, 57: 11)

> „Wenn ihr Allah ein schönes Darlehen leihet, wird er es euch verdoppeln und wird euch verzeihen; denn Allah ist dankbar und mild." (Koran, 64: 17)

Der Guru verlangt nach dem Geld seiner Anhänger, um damit Beutezüge zu finanzieren und den Glaubenskrieg zu führen, um seine Herrschaft auszudehnen. Auch Spenden für den Krieg seien sehr willkommen und auch hier schaue Allah sehr genau hin und mache später Rangunterschiede unter den Gläubigen im Paradies. Spendet jetzt, schon im Vorhinein, nicht erst nach der gewonnenen Schlacht von eurer neuen Kriegsbeute. Was ist los mit euch Kriegsmüden? Habt ihr Allah vergessen? Er wird euch doch viel mehr zurückgeben, als ihr überhaupt einsetzen könnt.

> „Und was ist euch, dass ihr nicht spendet in Allahs Weg, wo Allah das Erbe der Himmel und der Erde ist? Nicht ist unter euch gleich, wer vor dem Siege spendet und kämpft – diese nehmen höhere Stufen ein als jene, welche hernach spenden und kämpfen. Allen aber verheißt Allah das Beste; und Allah weiß, was ihr tut." (Koran, 57: 10)

> „Siehe, diejenigen, welche Almosen geben, Männer und Frauen, und die Allah ein schönes Darlehen leihen, verdoppeln wird er es ihnen, und ihnen wird edler Lohn." (Koran, 57: 18)

Allah schickte zu den Menschen nicht nur die Propheten mit den Worten der Schrift, sondern auch das Eisen für den Dschihad, nachdem eine ganze Sure benannt ist. Mit dem Eisen sollen die Gläubigen allen Menschen Allahs Barmherzigkeit und Gerechtigkeit verständlich machen. Allah scheint auch gar nicht so allwissend zu sein, denn er will seine irdischen Vollstrecker an ihrer eisernen Gewalt erkennen.

> „Wahrlich, wir entsandten unsre Gesandten mit den deutlichen Zeichen und sandten mit ihnen das Buch und die Waage herab, auf dass die Menschen Gerechtigkeit übten. Und wir sandten das *Eisen* herab, in welchem starke Kraft und Nutzen für die Menschen ist, auf dass Allah wüsste, wer ihm und seinen Gesandten im Verborgenen hülfe. Siehe, Allah ist stark und mächtig." (Koran, 57: 25)

Also rann ans Werk, rüstet auf zum totalen heiligen Krieg! Die Macht ist mit euch. Ihr werdet mit Allah und den Propheten die Sieger sein!

> „Geschrieben hat Allah: „Wahrlich, ich werde obsiegen, ich und meine Gesandten." Siehe, Allah ist stark und mächtig." (Koran, 58: 21)

> „Und denke nicht, dass die Ungläubigen gewinnen; sie vermögen (Allah) nicht zu schwächen. So rüstet wider sie, was ihr vermögt an Kräften und Rossehaufen, damit in Schrecken zu setzen Allahs Feind und euern Feind und andre außer ihnen, die ihr nicht kennt, Allah aber kennt. Und was ihr auch spendet in Allahs Weg, er wird es euch wiedergeben, und es soll euch kein Unrecht geschehen." (Koran, 8: 59, 60)

Natürlich dürfen die Muslime auch mal eine Kampfpause einlegen, wenn es gerade passt. Allah verlangt ja nichts Unmögliches von ihnen. Solche Kampfpausen sind willkommen, um neue Kräfte zu sammeln.

> „Sind sie aber zum Frieden geneigt, so sei auch du ihm geneigt und vertrau auf Allah; siehe, er ist der Hörende, der Wissende. (Koran, 8: 61)

Wenn der unterlegene Feind Frieden anbietet, ist Friedenserwiderung erlaubt, aber nur vorübergehend, denn das Endziel ist klar formuliert. Alle Welt muss islamisch werden, freiwillig oder gezwungenermaßen. Es gibt niemals echten Frieden, nur taktischen Waffenstillstand. Die Kampftruppe soll sich keinesfalls nach der Schlacht auflösen. Der Krieg muss weitergehen bis ans Ende der Welt. Doch solange die Muslime nicht die militärische Kraft dazu haben, ihren ungläubigen Feind, die ganze weite Welt, zu erobern, ist es ihnen notgedrungen gestattet, den „heiligen" Krieg scheinbar ruhen zu lassen und Frieden zu halten, bis sie stark genug sind, weiter anzugreifen. Der Dschihad, und auch die friedliche Ausbreitung des Islams, sind für Muslime heilige Pflicht.

> „Friede mit Nicht-Muslimen ist nur dann erlaubt, wenn die Muslime militärisch schwach sind. Es handelt sich dann um „Hudna" (befristeter Friede), den der Koran erlaubt. Die islamischen Sakral-Juristen (Faqih) sind sich nicht einig über die zeitliche Begrenzung des befristeten Friedens. Einig sind sie sich jedoch darin, dass es einen Dauerfrieden zwischen der Welt des Islam und der der Ungläubigen nicht geben kann."
>
> > Prof. Dr. Bassam Tibi, (geboren 1944), syrisch-deutscher Politikwissenschaftler, Autor, gemäßigter sunnitischer Muslim, 2001
>
> „Mohammed gab seiner Tochter Fatima sein Schwert, damit sie das Blut abwische. Jesus wusch seinen Jüngern die Füße."
>
> > Prof. Dr. Dr. Mark A. Gabriel (geboren 1957), ägyptischer Islamhistoriker, Religionswissenschaftler (Weltreligionen) und christlicher Religionslehrer, konvertierte vom Islam zum Christentum, 2006

Mohammed offenbart Durchhalteparolen für seinen heiligen Krieg. Er lässt Allah von seinen Gläubigen Gehorsam, festen Glauben an den Sieg, Ausdauer, Tapferkeit, Leidensbereitschaft und Jenseitshoffnung fordern. Mit „Deserteuren" solle er kurzen Prozess machen.

> „Und gehorchet Allah und seinem Gesandten und hadert nicht miteinander, damit ihr nicht kleinmütig werdet und euer Sieg euch verlorengeht. Und seid standhaft; siehe, Allah ist mit den Standhaften.“ (Koran, 8: 46)

> „Und erlahmet nicht in der Verfolgung des Volks (der Ungläubigen); leidet ihr, siehe, so leiden sie, wie ihr leidet. Ihr aber erhoffet von Allah, was sie nicht erhoffen; und Allah ist wissend und weise. Siehe, wir haben zu dir das Buch in Wahrheit hinabgesandt, damit du zwischen den Menschen richtest, wie dir Allah Einsicht gegeben. Aber mit den Verrätern disputiere nicht.“ (Koran, 4: 104, 105)

In den von Muslimen eroberten Gebieten haben die „Besitzer von Buchreligionen“ drei Möglichkeiten. Sie können und sollen zum Islam konvertieren und gelten dann als gleichrangige Muslime. Wollen sie ihre Religion aber behalten, gelten sie als niederrangige Schutzbefohlene, die ihren Glauben nicht öffentlich ausüben und auch nicht missionieren dürfen und eine Sondersteuer bezahlen müssen. Oder sie wandern aus in Gebiete, die noch nicht muslimisch sind.

Allah habe seinen Gesandten Mohammed zum Richter über die Ungläubigen bestellt. Und Allah liebe nur seine gläubigen Kämpfer. Ihr werdet auch Rückschläge erleiden müssen, „offenbart“ er, lasst euch davon nicht entmutigen, das war schon immer so. Was euch auch zustößt, alles habe seinen Sinn bei Allah, der euch nur prüfen will. Die „Liebe“ des vermeintlichen Gottes wird dabei zur Kriegspropaganda eingesetzt:

> „Wenn euch eine Wunde betroffen hat, so hat eine Wunde gleich ihr schon andre Leute betroffen. Und diese Tage (des Sieges und der Niederlage) lassen wir wechseln unter den Menschen, damit Allah die Gläubigen erkennt und sich aus ihnen Märtyrer erwählt. – Und Allah liebt nicht die Ungerechten (die Ungläubigen) – Und damit Allah die Gläubigen heimsucht und die Ungläubigen vertilgt. Oder wähnt ihr, einzugehen in das Paradies, ohne dass Allah die Glaubensstreiter unter euch und die Standhaften erkannte?“ (Koran, 3: 140-142)

Der gute Muslim muss sich beweisen. Das ist zwar ein eklatanter Widerspruch, weil Allah ohnehin jeden kennt und leitet, recht oder irre, aber soweit denken viele nicht. Einfach nur gehorchen und auf Nummer sicher gehen. Allah will es so. Die Dschihadisten sollen sich gegenseitig belehren und kontrollieren und die religiöse Basis absichern.

> „Und nicht sollen die Gläubigen insgesamt ausziehen. Von jeder Schar von ihnen soll eine Abteilung nicht ausziehen, um einander in der Religion zu belehren und um ihr Volk, wenn es zu ihnen heimkehrt, zu warnen, auf der Hut zu sein." (Koran, 9: 122)

Mit dem Siegen ist es noch nicht getan, die eroberten Menschen müssen fortwährend in Schach gehalten werden. Auch die Menschen jener Völker, die sich vor Angst „freiwillig" dem Islam unterwarfen, müssen die Muslime im Auge behalten. Empören sich irgendwo welche, so sollen sie zunächst „bekehrt" werden. Wenn sie jedoch nicht aufhören, Widerstand zu leisten, so sind sie totzuschlagen, wo immer sie es wagen, gegen ihre Unterwerfung aufzustehen! Die Muslime hätten die Macht von Gott dazu bekommen.

> „Andre werdet ihr finden, welche mit euch und mit ihrem Volke in Frieden leben wollen. Sooft diese in Empörung zurückfallen, sollen sie in ihr umgekehrt werden. Und so sie sich nicht von euch trennen noch euch Frieden anbieten und ihre Hände hemmen, so nehmet sie und schlagt sie tot, wo immer ihr auf sie stoßet. Und über sie haben wir euch offenkundige Macht gegeben." (Koran, 4: 91)

Nehmt euch ein Beispiel an den Propheten und Glaubenskämpfern zuvor! Seid wie sie fest im Glauben und fest im Kampf. Scheint auch die Aufgabe übergroß, ihr schafft das! Schreckt vor nichts zurück! Allah liebt euch dafür, er belohnt euch reichlich und vergibt euch alle Schandtaten, wenn ihr durchhaltet.

> „Und wie viele Propheten kämpften wider (einen Feind), bei dem viele Myriaden waren! Aber nicht verzagten sie bei dem, was sie in Allahs Weg betraf, und nicht wurden sie schwach und nicht demütigten sie sich. Und Allah liebt die Standhaften (die tapfersten Kämpfer). Und nicht war ihr Wort ein andres, als dass sie sprachen: „Unser Herr, verzeihe uns unsre Sünden und unsre Vergehen in unserer Sache (während des Krieges); und festige unsre Füße und hilf uns wider das ungläubige Volk." Und Allah gab ihnen den Lohn der Welt (die Kriegsbeute) und den schönsten Lohn des Jenseits (das Paradies für die Gefallenen). Und Allah liebt die Gutes Tuenden (die Dschihadisten)." (Koran, 3: 146-148)

Man stelle sich einmal vor, welch fehlerhafte Assoziationen man mit solchen zitierten Fragmenten wie „Allah liebt nicht die Ungerechten – Allah liebt die Gutes Tuenden." aus Sure 3: 140, 148 in der westlichen Welt hervorrufen könnte, weil jeder automatisch das einsetzte, was er selbst für „ungerecht" und „Gutes tun" halten würde! Bei Mohammed, im Islam, bedeutet das etwas ganz anderes, nämlich praktisch das Gegenteil! Oder ein anderes Beispiel möglicher arglistiger Täuschung. Wenn Muslime den Islam als friedfertig darstellen wollen, können sie das tun, indem sie mit Halbwahrheiten lügen. „Qital" – der bewaffnete Kampf der Muslime mit dem Ziel, „Ungläubige" zu töten – ist „der Weg Allahs", also „heiliger" Krieg. Immer wieder fordert Mohammed im Koran dazu auf. Allah ist ein Kriegsgott. Der Kampf der „Ungläubigen" hingegen wird mit „Harb" bezeichnet. Es ist also kein Widerspruch, wenn in einem Vers des Korans steht, dass Allah die Unruhestifter und den Krieg („Harb") verabscheut – was die Täuscher missbräuchlich als „Beweis" für die angebliche Friedfertigkeit des Islams präsentieren können – in einem anderen aber steht: „Euch ist der Kampf („Qital") befohlen." (Koran, 2: 216) – was sie einfach nur verschweigen müssen, um den Islam um 180 Grad gewendet darzustellen.

> „Dschihad ist Täuschung." (Hadith Bukhari, 4, 52, 268)

Sucht man im Internet, was Dschihad bedeute, fallen die vielen belehrenden Einlassungen ins Auge, Dschihad hieße gar nicht „heiliger Krieg", wie immer behauptet, sondern bloß „Anstrengung". Das ist nichts als versuchte Täuschung und somit ein Teil des Dschihads im weitesten Sinne. Denn die „zielgerichtete Anstrengung auf dem Wege Allahs" meint immer und zuallererst Mohammeds *„heilige" Eroberungskriege.* Erst später wurde der „Dschihad" zusätzlich auch als innerliche Bemühung interpretiert, ohne jedoch den territorialen Eroberungsaspekt zu verlieren. So bedeutet er heute letztlich beides: die äußere und die innere *Islamisierung*, die Indoktrinierung der Gläubigen selbst sowie der noch freien Welt, die *Selbstunterwerfung* und die *Fremdunterwerfung.* Im Kern bedeutet Dschihad aber *immer* „islamischer Eroberungskrieg" und darüber hinaus eben auch noch alles, was dem gleichen Ziel dient, subsummiert unter allgemeiner islamischer „Anstrengung". In der Scharia heißt es hingegen klipp und klar:

> „Dschihad bedeutet, Krieg zu führen gegen Kafire, mit dem Ziel, das islamische Schariagesetz einzuführen." (Scharia-Handbuch: Das Vertrauen des Reisenden o9.0)

31 % aller Texte von Koran und Sunna sprechen vom Dschihad, der die Ausbreitung des Islams in die Welt der Ungläubigen hinein zum Ziel hat, um den vermeintlich göttlichen Auftrag der Welteroberung zu erfüllen. Merken wir uns also: *Dschihad bedeutet „heiliger Krieg" der Muslime gegen alle anderen Menschen, einschließlich aller friedlichen Mittel und Methoden, die zur Islamisierung führen.*

„Für die muslimische Gemeinde ist der heilige Krieg eine Pflicht aufgrund der Universalität der muslimischen Mission und der Verpflichtung, jedermann zum Islam zu bekehren – ob durch Überzeugung oder durch Gewalt. Folglich sind im Islam Kalifat und königliche Autorität vereint, damit die verantwortliche Person die zur Verfügung stehende Kraft für beide Bereiche – die der Religion und der Politik – gleichzeitig einsetzen kann. Die anderen religiösen Gruppen hatten keine universelle Mission und der „Heilige Krieg“ war keine Pflicht für sie außer für Verteidigungszwecke.“

Ibn Khaldun (1332 - 1406), arabischer Historiker und Politiker

Der berühmte islamische Gelehrte stellt also fest, dass die Herrscher im Islam, im Gegensatz zu denen anderer Länder, nicht zwischen Politik und Religion trennen dürfen. Ibn Khaldun sagt an anderer Stelle auch ganz ausdrücklich, dass „islamische Herrscher darauf verpflichtet sind, Macht über andere Nationen zu gewinnen“.

„Der Heilige Krieg bedeutet die Eroberung der nichtmoslemischen Territorien. Es ist möglich, dass er nach der Bildung einer islamischen Regierung erklärt wird, die dieser Bezeichnung würdig ist, unter der Leitung des Imam oder auf seinen Befehl. Dann wird es die Pflicht jedes volljährigen und waffenfähigen Mannes sein, freiwillig in diesen Eroberungskrieg zu ziehen, dessen Endziel es ist, das Gesetz des Korans von einem Ende der Welt bis zum anderen regieren zu lassen.

Aber die ganze Welt möge wissen, dass die universale Vorherrschaft des Islam sich erheblich von der Hegemonie anderer Eroberer unterscheidet. Es ist also erforderlich, dass zunächst die islamische Regierung unter der Autorität des Imam geschaffen wird, damit sie diese Eroberung ausführen kann, die sich von den anderen ungerechten und tyrannischen Eroberungskriegen unterscheiden wird, die nicht die moralischen und zivilisatorischen Prinzipien des Islam haben.“

Ayatollah (Ruholla Musawi) Khomeini (1902 - 1989), iranischer, islamischer und politischer Führer, Staatsoberhaupt (religiöser Diktator) des Irans, 1980

Die islamische Gesellschaft sei die gerechte und gute Diktatur Gottes, ausgeführt von den islamischen Herrschern. Alle Ungläubigen seien Feinde, nur weil sie keine Muslime sind. Gegen sie mit allen Mittel zu kämpfen, sei heilig. Echten Frieden könne es erst am Ende aller Zeiten geben, wenn auch der letzte Mensch Muslim geworden sei. Bis dahin herrscht Siegfrieden in den islamischen Herrschaftsgebieten und heiliger Krieg (Dschihad) überall dort, wohin ihn die Muslime noch zu tragen haben. Denn Mohammeds Worte, Allahs Befehle, *gelten* für die Muslime.

> „Mir wurde befohlen, Krieg gegen die Menschheit zu führen, bis sie akzeptiert, dass es keinen Gott außer Allah gibt, und sie daran glauben, dass ich sein Prophet bin und alle Offenbarungen annehmen, die er durch mich spricht. Wenn sie dies tun, werde ich ihr Leben und ihren Besitz beschützen, es sei denn, die Scharia rechtfertigt etwas anderes, dann liegt ihr Schicksal in Allahs Händen." (Hadith Muslim, 001, 0031)

Dieser heilige Krieg für Allah sei das Großartigste und Beste, was einem Menschen überhaupt passieren könne. Wenn die Menschen das wüssten, würden sie sich wünschen, wiedergeboren zu werden, nur um erneut im Kampf für Allahs Sache getötet zu werden und den gerechten Lohn zu empfangen.

> „Selbst nur einen Tag lang die Kafire im Dschihad zu bekämpfen, ist großartiger als die gesamte Erde und alles was auf ihr zu finden ist. Ein Platz im Paradies, kleiner als die Länge deiner Reitpeitsche, ist großartiger als die gesamte Erde und alles was darauf ist. Eine Tages- oder Nachtreise im Dschihad ist großartiger als die gesamte Erde und alles was auf ihr zu finden ist." (Hadith Bukhari, 4, 52, 142)

Der sicherste Weg in Allahs Paradies sei der Märtyrertod. Stirbt ein Muslim beim Kampf gegen die „Ungläubigen", wird er so bestattet, wie er ist, bekleidet und blutverschmiert, denn das sei seine Eintrittskarte ins Paradies: Der sichtbare Beleg für die maximale Unterwerfung bis zur Selbstaufopferung. Der Märtyrer muss nicht einmal, wie all die anderen Muslime, im Grab lange Zeit auf den Jüngsten Tag warten, nein, er dürfe sofort hinein ins Paradies der Knechte, Allah wird sich nicht gegen ihn entscheiden, sondern den Märtyrer für seine Treue bis in den Tod augenblicklich belohnen.

> „Der Mann, der sich dem Dschihad anschließt, angetrieben von nichts anderem als dem reinen Glauben an Allah und seinen Propheten, wird, wenn er überlebt, von Allah entweder nach seinem Tod oder mit der Kriegsbeute belohnt. Wenn er im Kampf getötet wird und als Märtyrer stirbt, findet er Einlass ins Paradies." (Hadith Bukhari, 1, 2, 35)

Das muslimische Paradies wird vorgestellt als eine Landschaft mit Bächen, wo die toten Muslime ein endloses Siegergelage feiern. Sie können essen und trinken und ihre angetrauten Huris in ihren Zelten nebenan besuchen (Koran, 52: 19, 20). Allah offenbart auch die besonderen Eigenschaften seines himmlischen Weins: Sein Genuss in Massen führt nicht zu Bewusstlosigkeit und nicht zu Kopfschmerzen – die perfekte Partydroge (Koran, 56: 19). Die Huris seien „großäugige" Paradiesjungfrauen von blendender Schönheit „wie Rubine und Korallen", „gleich wohlverwahrten Perlen" und „mit schwellenden Brüsten". Jeder Geschlechtsakt sei eine Entjungferung, denn ihre Hymen wüchsen stets nach. Allahs Paradies ist deshalb nichts anderes als ein schräger Männertraum, eine Porno-Utopie, eine sexistische Einbildung, ein Lockmittel für unbefriedigte Dummköpfe.

Dass es 72 Jungfrauen seien, die dort warteten, ist nur ein Lesefehler, der entsteht, wenn man ohne Punkt und Komma liest oder einfach nur Zuhörer ist, weil man gar nicht selber lesen kann: „Sure 55 Vers 72 Huris verschlossen in Zelten ..." das klang dem einen oder anderen jungen Mann wie „72 Huris" im Ohr ... und brannte sich in sein Testosteron-befeuertes Hirn. Oh geil!

Muslime denken kollektivistisch. Der Einzelne zählt nur in seinem Beitrag zum Kollektiv und der Mensch, der Muslim und die Muslima, gilt als Stellvertreter Allahs auf Erden, der seinen Willen zu vollziehen hat. Wen Allah hasst, bekämpft und bestraft, den sollen seine Stellvertreter natürlich auch hassen, bekämpfen und bestrafen, ihnen einen Vorgeschmack auf die zu erwartende Hölle geben. Allen gesunden, unversehrten muslimischen Männern ab der Pubertät ist der Dschihad aufgetragen! Als eine gemeinschaftliche Verpflichtung. Solange sich jedoch genügend Freiwillige finden, sind die anderen aus dem Schneider und müssen nicht unbedingt selbst losziehen. Sie können den Dschihad aber in jeder erdenklichen Weise unterstützen, ebenso die Frauen.

> „Jeder, der einen Dschihadisten mit Waffen versorgt, wird belohnt so wie ein Kämpfer belohnt würde; jeder, der den Angehörigen eines heiligen Kriegers eine gute Pflege zuteil werden lässt, wird belohnt so wie ein Kämpfer belohnt würde." (Hadith Bukhari, 4, 52, 96)

Eine raffinierte Verkettung! Wer das weiß, versteht, warum orthodoxe muslimische Mütter es durchaus gerne sehen, wenn einer ihrer Söhne für die ganze Familie in den Kampf zieht, für Allah und den Islam tötet und vielleicht ein Märtyrer wird! Glauben sie doch, sie profitierten alle davon und sehen sich gemeinsam im Paradies wieder. Jeder Gläubige, der einen Dschihadisten direkt oder indirekt unterstützt, profitiere von dessen Taten. Es reiche schon aus, sich um seine Angehörigen zu kümmern. Wie könnten sich da gläubige Muslime ernsthaft von den islamischen Terroristen distanzieren?! Mohammed hat vorgebaut und seine wahren Anhänger zusammengeschweißt.

Aus scheinbar angepassten jungen Muslimen können sehr schnell Terroristen werden. Die Dschihadisten können sich als „Schläfer" auch mit Anpassung tarnen.

Jedes Mittel ist Recht, wenn es aus „reinem Glauben" heraus geschieht mit dem Ziel, dem Islam zu dienen. Werden einzelne Muslime zu Glaubenskämpfern, dann sind das – bei Allah! – keine Verirrten, sondern seine getreuesten Gläubigen, seine besten Leute!

Jeder Knecht Allahs hat Allahs Paradies verdient. Auf seinen Lebenswandel kommt es nicht an. Die Übeltäter nach schariatischem Recht werden nur etwas weniger belohnt als die Guten. Sicher sein können sich aber auch die guten Muslime nicht, denn Allah entscheidet ganz souverän, wen er in sein Paradies hineinlässt und wie hoch er diesen oder jeden belohnen will für seinen Glaubensgehorsam. Da ist es praktisch, sich an einen Märtyrer hängen zu können. Nur eines ist sicher: Nichtmuslime kommen niemals in Allahs Himmelsgarten, egal wie viel Gutes sie im Leben getan haben. Sie kommen allesamt in Allahs Hölle. Denn „Unglauben" ist die schwerste aller 17 unterwürfigen Sünden, eben weil sie nicht Unterwerfung ist.

Das offensichtlich Wahre sollte längst jedem Erdenbürger bekannt geworden sein, ist es aber noch nicht: Der Dschihad ist der heilige Krieg der Muslime gegen alle anderen Menschen, die gewaltsame Ausbreitung des Islams, er begann mit seiner Entstehung durch Mohammed vor 1400 Jahren und dauert ununterbrochen bis heute an. Wir wissen, bereits Mohammed war ein mit dem Schwert bewaffneter Kriegsherr, der es benutzte, um seine Religion zu verbreiten. Trotzdem behaupten manche Muslime frech, und hoffen auf das Unwissen ihrer Zuhörer, am Schwert des Islam wären die Kreuzritter des christlichen Mittelalters schuld. Das islamische Schwert sei nur ein Verteidigungsschwert gegen einen abendländischen Angriff. Bewaffnete Muslime hätten sich das Fremdbild der Kreuzritter angenommen. Die Muslime wären die Opfer, die Christen die Täter. Nein! Das ist eine gezielte Verdrehungslüge, nichts daran entspricht der Wahrheit.

Während christliche Märtyrer das Leiden Jesu imitieren und *passiv erduldend* sterben, gehen islamische Märtyrer *aktiv kämpfend* in den Tod. Erst als die Christen durch die islamischen Eroberungen in arge Bedrängnis geraten waren, versuchten die Kirchenfürsten aus der Not heraus das brutale Erfolgsrezept der muslimischen heiligen Krieger zu kopieren und erfanden die Kreuzritter.

Auch die Christen haben mit dem Schwert sogenannte Heiden erobert und zwangsbekehrt, aber das ist Jahrhunderte her. Kein heutiger Christ muss sich mit diesem Hinweis demoralisieren lassen. Die Kreuzzüge taugen nicht als moralische Rechtfertigung für den Dschihad, denn sie waren kein Angriff, sondern eine Reaktion auf die erfolgten Eroberungen der Muslime und zielten auf die Befreiung von Christen, ein Abwehrkampf also, und es gab sie nur in historisch und räumlich enger Begrenzung, östlich des Mittelmeeres zwischen 1095 und 1291. – Während die Muslime von Anfang an bis heute, von Westafrika bis Ostasien, *erobern* und *unterdrücken*, nicht zuletzt Christen. Nicht Muslime, sondern Christen sind die verfolgtesten Gläubigen. Auch noch in diesem Augenblick. Ein Faktum, dass mit erstaunlicher Selbstverständlichkeit beschwiegen wird. Warum nur? Aus Angst vor der Wahrheit, aus Angst vor dem Islam?

Seit dem 7. Jahrhundert greift der Islam Europa an, muss die römisch-christliche Welt, *muss Europa sich verteidigen*, während die islamische Welt immer größer wurde. Aufgeblüht ist aber trotzdem nur Europa, nicht die muslimische Welt, nicht in Arabien, nicht in Afrika, nicht in Asien, nirgendwo in ihrem riesig gewordenen Gebiet.

Der Westen hat seine Kreuzritter überwunden, das Christentum des Schwertes gibt es nicht mehr. Der *aufgeklärte Westen* hat religiöse Alleinvertretungsansprüche und Gewaltrechtfertigungen zurückgedrängt und die *Weltstaatengemeinschaft (UNO)* gegründet, welche vor mehr als einem halben Jahrhundert die *universellen Menschenrechte* vereinbarte. *Was für eine großartige Entwicklung im Westen!*

Die Menschenrechte sind das verbindliche, moralische, weltanschauliche Maß, weder das Christentum noch der Islam stehen darüber oder auch nur daneben. Wer das nicht akzeptiert, ja mit ganzem Herzen begrüßt, der stellt sich gegen die Menschenrechte und damit gegen die Menschen und ihre gottgegebene Verantwortung zur Freiheit. Da gibt es keine Ausreden, keine Autorität, auf die man sich einschränkender Weise berufen könnte.

Manche Muslime behaupten, Mohammeds Aufruf, die Ungläubigen mit dem Schwert zu bekämpfen, wo immer man sie findet, bezöge sich lediglich auf die damaligen Polytheisten und Abtrünnigen. Der Vielgötterglaube wäre für den jungen Islam existenzbedrohend und deshalb nicht zu tolerieren gewesen. Warum denn nicht? Wenn der Muslim sich bedroht fühlt, darf er also töten? Nein! Und Mohammed nennt alle Geschichte vor dem Islam Dschahiliyya, eine Zeit des Unwissens, die eine Beleidigung Allahs und eine Bedrohung des Glaubens darstellt und getilgt werden muss. Überall dort, wo die Unterwerfung noch nicht herrscht, ist immer noch die Zeit des Unwissens, weil Menschen über Menschen herrschen und nicht Allah, auch hier in der westlichen Moderne. Muslime wollen uns deshalb „das richtige Wissen" bringen. Friedlich oder kriegerisch. Was für eine falsche Anmaßung.

Wie fast jeder Eroberungskrieg wird auch der islamische Eroberungsauftrag (der ganzen Welt!) als Verteidigungsfall ausgegeben. Das ist im Islam ganz einfach. Die pure Existenz von „Ungläubigen" sei ja schon eine Provokation, ein Angriff auf Allahs göttliche Ordnung, deshalb lautet der Auftrag an die Muslime, die „Ungläubigen" zu bekämpfen und den Islam überall hin zu verbreiten. Der Dschihad ist eines der Grundgebote des islamischen Glaubens und eine allen Muslimen auferlegte Pflicht, gleich nach den „fünf Säulen des Islams".

„Ich habe Befehl, alle Völker zu bekämpfen, bis sie zustimmen und anerkennen, dass kein anderer das Recht hat, sich verehren zu lassen als nur Allah allein.“ (Hadith Bukhari, 1, Nr. 24)

Mohammed war selbstherrlich, ja größenwahnsinnig, prahlerisch und siegesgewiss und stellte für sich und seine Anhänger fest:

„Mir wurden fünf Dinge gegeben, die noch nie jemandem zuvor gegeben wurden.

1. Allah machte mich siegreich durch Furcht, durch seine Abschreckung bleiben die Feinde in einem Abstand von einer Monatsreise.

2. Die Erde wurde für mich und meine Anhänger gemacht, ein Ort des Gebets und ein Ort um Rituale durchzuführen; deshalb kann jeder meiner Anhänger beten, wann immer die Zeit für ein Gebet gekommen ist.

3. Für mich wurde für rechtmäßig erklärt, Kriegsbeute zu machen, vor mir hatte niemand das verbriefte Recht, Kriegsbeute zu nehmen.

4. Mir wurde das Recht zugestanden, am Jüngsten Tag Fürsprache einzulegen.

5. Jeder Prophet wurde üblicherweise nur in sein Heimatland geschickt, aber ich wurde der Menschheit geschickt.

(Hadith Bukhari, 1, 7, 331)

Jeder Mensch, der nicht Mohammed folgt und für die Sache Allahs eintritt, ist ein Feind. Er soll unterworfen oder getötet werden. Der Islam ist mit allen Menschen, mit allen Ländern im Dschihad, über die nicht bereits die Scharia herrscht, auch wenn die Betroffenen das noch gar nicht wissen und merken, welcher Bedrohung sie tatsächlich perspektivisch ausgesetzt sind. Der Islam befindet sich im Zustand des heiligen Krieges *mit allen Ländern,* in denen nicht die Scharia herrscht. Der Islam befindet sich im Weltkrieg, der meistens ein kalter Krieg ist und nur hier und da durch Terroranschläge, Schlachten und Länderkriege aufblitzt. Der *Islam ist eine Religion des Krieges.* Die Welt-Nation der Muslime, die Umma, befindet sich im *latenten Kriegszustand,* auch wenn bei weitem nicht alle Muslime daran teilnehmen, daran teilnehmen wollen oder sich dessen überhaupt bewusst sind. Das ändert nichts daran, denn die Umma wirkt als Ganzes.

Wir müssen verstehen und ernst nehmen: Mohammed erklärte der ganzen Welt den Krieg und dieser „Weltkrieg" läuft mit Unterbrechungen nun schon fast 1.400 Jahre, der längste Krieg der Weltgeschichte! Wie viele Menschen dem Dschihad bisher schon zum Opfer gefallen sind, lässt sich nur grob abschätzen. Das Ergebnis ist erschreckend und überraschend: Die Muslime sind einsame Spitze beim Morden in der Weltgeschichte. Kein Land und kein Weltreich hat mehr Menschenleben auf dem Gewissen als das Großkalifat. Erst an zweiter Stelle der Top-Massenmörder platzieren sich die Chinesen in ihrer kommunistischen Zeit, sie ermordeten 77 Millionen Menschen. Und der Islam? Laut glaubhafter Quelle gehen auf das Mordkonto des Islams 120 Millionen (Schwarz-)Afrikaner, 60 Millionen Christen, 80 Millionen Hindus, 10 Millionen Buddhisten und etliche Tausende Juden. Das sind insgesamt 270 Millionen Menschen, die bisher Opfer des Dschihads geworden sind. Abermillionen Menschenleben im dreistelligen Millionenbereich! Das ist die bisherige Bilanz des Urfaschismus Islam.

Der Dschihad kennt viele Formen. Er beginnt mit der Eroberung der eigenen Seele, der Selbstunterwerfung (innerer Dschihad). Das ist die Basis, von der aus die Eroberungsformen anderer Menschenseelen durch Fremdunterwerfung loslegen (äußerer Dschihad):

Geburten-Dschihad, mulimische Familien bekommen möglichst viele Kinder, die alle zu Muslimen erzogen werden, um die Gesellschaft, in der sie leben, durch bloße Menschenmasse zu islamisieren und einen Bevölkerungsüberschuss zu erzeugen, der auf Auswanderung (Hidschra) drängt. Zugleich sollen immer möglichst viele aggressive junge Männer als Kämpferpotential für den kriegerischen Dschihad zur Verfügung stehen, auch als Selbstmordattentäter.

Migrations-Dschihad (Hidschra), etliche Muslime wandern in ein noch nicht muslimisches Gebiet aus, mit dem Ziel, es durch Islamisierung zu übernehmen.

Kampf-Dschihad, der bewaffnete Überfall durch eine Armee, eine Guerilla-Gruppe oder einen Einzelkämpfer, um die Macht militärisch direkt zu übernehmen oder ein schockierendes Blutbad anzurichten, welches die Ungläubigen einschüchtern und zur späteren Übernahme vorbereiten soll.

Unterwanderungs-Dschihad, die Muslime sollen sich in den zur Übernahme beabsichtigten Ländern äußerlich angepasst geben und in den fremden Institutionen, in Politik und Ökonomie, aufsteigen, um das noch ungläubige Beuteland schleichend vereinnahmen zu können.

Missionierungs-Dschihad (Dawa), alle Muslime sind aufgerufen, den Glauben Mohammeds, ihren Glauben, selbstbewusst vorzuleben, aber beschönigend darzustellen, anzupreisen und gut zu verkaufen, um Menschen zum freiwilligen Übertritt zu bewegen.

„In der islamischen Theologie wird die Eroberung der nicht-muslimischen Welt durch Migration als Hidschra bezeichnet, deren historisches Vorbild die Auswanderung des Propheten und seiner Anhänger von Mekka nach Medina samt der Durchsetzung des Islam in Medina ist."

„Wenn Sie sich für die europäische Kultur einsetzen und sagen: Wir wollen diese Kultur, diese Zivilisation erhalten, dann sind Sie schon mindestens ein Rechter, ein Rassist, ein Islamophober. Und Sie können argumentieren wie Sie wollen, Sie kriegen diesen Vorwurf nicht weg, die political correctness verlangt von Ihnen, sich zu Ihrer Selbstvernichtung positiv zu stellen. ... Und was Sie seit 2015 erleben ist eine Hidschra. Eine Hidschra ist in der islamischen Theologie ein Dschihad durch Einwanderung. Das ist die Grundlage des gesamten Islam."

Dr. habil. Michael Ley (geboren 1955), österreichischer Soziologe, Politologe und Autor, Direktor des Ludwig Boltzmann Instituts für Politik, Religion und Anthropologie an der Uni Innsbruck bis zu dessen Schließung (2005), 2017, 2017

Die aktuell stattfindende *Masseneinwanderung* junger muslimischer Männer aus islamischen Bevölkerungsüberschussgebieten zu uns nach Deutschland und ganz Westeuropa ist nichts anderes als eine *Hidschra!* Warum sonst gehen sie ins ferne, kulturell fremde Europa, wo sie kein Wort verstehen, statt in ein vom Erdöl sagenhaft reiches, islamisches Nachbarland? Der Westen unterstützt diese Hidschra mit offenen Grenzen, ignorierten eigenen Gesetzen und Vollversorgung. Das ist aus islamischer Sicht durchaus normal und selbstverständlich, auch die Hidschra Mohammeds wurde von den Yathribern gleichermaßen unterstützt.

Warum tun unsere Regierungen das? Warum stellen sich insbesondere die Linken, die früher mal die politischen Vertreter der Aufklärung sein wollten, für den aggressiven Rassismus, für die Menschenrechtsfeindlichkeit des Islams, blind und beschützen ihn vor der Aufklärung? Weil sie ihn gebrauchen? Meine Vermutung dazu: Aus europäischer Selbstverachtung und deutschem Selbsthass und als Genugtuung für ihren untergegangenen Sozialismus benutzen die Linken den Islam zur Zerstörung Deutschlands, der Nationalstaaten Europas und des kapitalistischen Wirtschaftssystems. Ihr Proislamismus ist Niedertracht. Sie wollen das Scheitern der bürgerlichen, kapitalistischen Gesellschaftsordnung erzwingen und sehen darin einen Weg zu einer kalten Revolution, nachdem die Arbeiterklasse „versagt" hat. Ihr Ziel ist nicht die islamische, sondern die linke Gesellschaftsordnung. Sie verraten abermals die Aufklärung und scheitern schon wieder. Nach der islamischen Revolution im Iran waren die iranischen Linken die ersten, die reihenweise aufgehangen wurden. Das ignorieren sie.

Allen Formen des Dschihads liegen mehr oder weniger gemeinsame islamische Grundhaltungen zugrunde, die man zu folgenden 7 Dschihad-Regeln zusammenfassen kann:

1. Allah, die höchste, souveräne Autorität, hat den Dschihad befohlen. Der Dschihad muss sein und ist maximal gerechtfertigt.

2. Kritik an Allah, Mohammed, dem Islam und der islamischen Führung sind verboten. Man zerstöre die Unabhängigkeit, Freigeistigkeit und Meinungsfreiheit.

3. Im Dschihad ist alles erlaubt. Der heilige Zweck heiligt alle Mittel. Menschliche Gesetze, Normen, Sitten und Einschränkungen gelten nicht. Alles, was den Dschihad unterstützt, ist gut und richtig, weil es dem Islam nützt.

4. Gib niemals auf! Auch wenn du gerade verlierst. Du siegst vor Allah, nicht vor den Menschen.

5. Begeistere die Dschihadisten für den Märtyrertod!

6. Täusche die Ungläubigen, die Feinde des Islams, bei jeder Gelegenheit, um ihre Abwehr zu schwächen, sie zu überrumpeln und auf lange Sicht den Endsieg davonzutragen.

7. Gib dich als Opfer aus. Behaupte, die Muslime sind die Opfer und die Ungläubigen sind selbst Schuld, dass sie angegriffen werden, weil sie Menschen vom richtigen Glauben, vom Islam, vom Seelenheil, abhalten und sich Gottes Befehlen widersetzen. Wirf ihnen alles vor, was geeignet ist, ihnen Schuldgefühle einzureden. Wiederhole das wieder und wieder, bis die Gehirnwäsche wirkt und die Ungläubigen tatsächlich glauben, wir Muslime seien ihre Opfer und die Ungläubigen sich wirklich schuldig fühlen. Wenn sie die Schuld erst einmal auf sich genommen haben, lehnen sie sich selbst ab und ihre Gegenwehr erlahmt. Sie begeben sich gefühlsmäßig in den Dhimmi-Zustand und wir können sie leichter beherrschen.

Die Praktik „Unterwirf dich oder stirb!“, ist unter Gewaltverbrechern universell und nicht auf Muslime beschränkt, der Dschihad fügt aber noch das Täuschungsgebot hinzu. Den Dschihad kann man auch durch Verhandlungen und Friedensverträge niemals auflösen. Man lässt den ungläubigen Feind nur bis zum nächsten Angriff in dem falschen Glauben, abgesichert zu sein. Denn der Dschihad gilt bis zum letzten freien Menschen am Jüngsten Tag.

Unkriegerische Verse aus der Zeit in Mekka werden durch die Kriegsverse aus der Zeit in Medina aufgehoben, überschrieben. Aber sie gelten als Teil des „perfekten" Korans trotzdem noch weiter, nämlich dann, wenn die Muslime unterlegen sind und sich angepasst geben müssen oder geben wollen. Muslime können gewissermaßen wählen, ob sich sie an Mohammeds Beispiel aus Mekka oder aus Medina halten wollen. Gemäßigte Muslime, die sich an den Koran von Mekka halten, werden sich uns gegenüber von den Dschihadisten und ihren Mordtaten distanzieren, ja sie vielleicht sogar verurteilen. Aber sie werden das so gut wie nie gegenüber den Dschihadisten selbst tun. Warum nur? Weil die Dschihadisten sich an den Koran von Medina halten, welcher der islamischere und letztgültige ist. Die Dschihadisten haben die besseren islamischen Argumente! Das wissen sie.

Der Muslim sieht sich gegenüber Nichtmuslimen immer in einer Position der Selbstverteidigung. Muslime kommen in ein Land und wollen dort die Scharia einführen und sie fühlen sich verfolgt und angegriffen und in ihrem selbstverständlichen göttlichen Auftrag behindert und angefeindet, wenn sie auf Widerstand stoßen. Ihr Denken ist perspektivisch verdreht. Sie töten Unschuldige und behaupten, sie wären durch Widerstand angegriffen worden. Muslime können völlig zutreffend behaupten, Unschuldige zu töten sei unislamisch und käme ihnen niemals in den Sinn. Damit täuschen sie uns, weil wir unter Unschuldigen etwas anderes verstehen als sie. Alle Ungläubigen sind für sie schuldig und von Allah zur Bestrafung vorgesehen.

Ein wesentliches Mittel der Islams und seines Dschihads ist die *Einschüchterung!* Gläubige wie Ungläubige werden durch Ängstigung, mit Schrecken, eingeschüchtert. In heißen Phasen mit Terror und Krieg, in kühlen Phasen mit Gehirnwäsche. Die Taktik des Dschihads besteht darin, erst Furcht zu verbreiten und dann Forderungen zu stellen. – Heute, unter den Bedingungen der westlichen Dominanz, erst nur ganz kleine, harmlos scheinende, dann immer größere Forderungen, um so den Einfluss des Islams immer weiter voranzuschieben. Diese Taktik funktioniert hervorragend! Das einzige, was dagegen hilft, ist diese Angst und diese Einschüchterung zu überwinden und *alle* Forderungen des Islams und somit den Islam selbst konsequent zurückzuweisen! Es ist nicht nötig, auf den Dschihad mit Krieg zu antworten, *Mut und Zurückweisung des Islams genügen vollauf!*

Zugeständnisse an die „Weltreligion Islam" führen nur dazu, dass die Meinungsfreiheit und mit ihr die Selbstverteidigungskraft der eigentlich viel mächtigeren, weil freiheitlichen Gesellschaften, immer mehr abnehmen. Die „Umma" der Muslime hat automatisch unendliche Geduld, die Abwehr der „Beutegesellschaften" zu schwächen und über den „demographischen Dschihad" die Kräfteverhältnisse zu verschieben. Sie wirkt langfristig. Das Ziel ist immer das gleiche und immer klar: Die Unterwerfung der Kuffar unter die Herrschaft der Scharia.

Der Islam setzte von Anfang an auf hohe Geburtenraten. Überbevölkerung ist gewollt, um junge Muslime zur Auswanderung zu treiben und neue islamische Siedlungsgebiete zu bevölkern. Mohammeds Auswanderung von Mekka nach Medina zur Begründung eines islamischen Staatswesens, die Hidschra, ist im Islam Vorbild und Strategie des „Geburtendschihads". Mehr Macht für den Islam lässt sich erringen durch eine höhere Geburtenrate als die nichtmuslimische Bevölkerung sie hat, mit oder ohne Einwanderung. Zumindest solange, wie der Nachwuchs der Muslime ebenfalls muslimisch erzogen wird, erzogen werden muss. Westliche Religionsfreiheit, ernsthaft durchgesetzt, könnte diesen *Geburtendschihad beenden,* in dem der Nachwuchs der eingewanderten Muslime *ex-muslimisch* werden muss. Muslimische Eltern, die das nicht wollen, sollten in ein islamisches Land zurückkehren.

Institutionell wurde das Dhimmitum abgeschafft, als Geisteshaltung existiert und wirkt es aber weiter fort, überall dort, wo der Islam auftritt. Warum ist die Integration – nur der Muslime – in Deutschland und Europa gescheitert? „Wir haben Fehler gemacht.", hieß es, „Wir haben nicht genügend Integrationsangebote unterbreitet, uns nicht genügend um sie gekümmert. Wir sind selbst schuld.", war jahrelang in den Talkshows zu hören. So sprach der Dhimmi-Geist. Der Dschihad ist ganz wesentlich auch ein Psychokrieg der Moral. Die Angegriffenen, die Unterworfenen, die Opfer werden dazu gebracht, sich selbst die Schuld zu geben. Der Feind tarnt sich, um gar nicht als Feind wahrgenommen zu werden, sondern als beleidigte Leberwurst, die angeblich nur so heftig *reagiert*, nicht agiert, weil sie in ihren religiösen Gefühlen verletzt und missachtet wurde.

Die Tatsache des Dschihads wird von unseren politisch und medial Verantwortlichen leider soweit es geht ignoriert, in der Hoffnung, damit könnten die auftretenden Probleme allmählich zum Verschwinden gebracht werden. Wenn die Muslime nicht „beleidigt" und „provoziert" würden, dann würde sich schon alles beruhigen und einrenken. Der „Islamophobie-Vorwurf", ein Stichwort, welches die „islamische Revolution" im Iran in den Konflikt einspeiste, wird dankbar angenommen und gegen die eigene westliche Bevölkerung eingesetzt, um sie zum Schweigen zu bringen. Immer wieder ist von der nur „angeblichen Islamisierung" die Rede, als einer Erfindung „rechter Populisten" sogar. Wenn die Islamisierung Deutschlands und Europas möglichst still abliefe, so lautet wohl das Kalkül dieser Meinungsmacher, böten wir dem Dschihad weniger Angriffsfläche, mit kriegerischer Gewalt vorzugehen, dann reduzierte sich die Zahl der Terroranschläge und eine neue große Wählergruppe gemäßigter Muslime wüchse allmählich heran. Alle Islamkritiker müssten deshalb diskriminiert, zurückgewiesen, schuldig gesprochen und zum Schweigen gebracht werden, als Bauernopfer. Die *stille Islamisierung* scheint beschlossene Sache zu sein, weil angeblich sowieso unaufhaltbar. Die Schuld für aufflammende Konflikte wird den vernünftigen Islamkritikern, den Bauernopfern, in die Schuhe geschoben, die es wagten, Öl ins Feuer (des Dschihads) zu gießen. *Sie* seien die geistigen Brandstifter, *sie, die Verteidiger* ihrer aufgeklärten europäischen Heimat, nicht etwa die angreifenden, vom wahren Islam geleiteten Muslime und ihre Verbündeten.

Auch so zu tun, als sei nur der Westen verbrecherisch und mache Fehler und alle Missstände der Welt gingen auf sein Konto, ist ein perverses Zerrbild der Wirklichkeit. Wer meint, dass alle heutigen Probleme islamischer Länder auf die Kolonialgeschichte oder den aktuellen Einfluss der westlichen Weltmächte zurückgingen, der ... denkt wie ein Dhimmi.

> „Stellen Sie sich vor, Sie wären ein Militärkommandant, der versucht, Kontrolle über ein Volk zu erlangen. Jedes Mal, wenn Sie Ihr beabsichtigtes Opfer angreifen, geben die Opfer sich selbst Schuld für Ihren Angriff. Sie diskutieren untereinander, wer von ihnen Schuld hat, und anstatt Sie anzugreifen, greifen sie ihre Regierung an, oder die Regierung die Opposition, oder wen auch immer. Wie können Sie überhaupt verlieren? Machen Sie einfach weiter mit einer unerbittlichen Reihe von Angriffen und beschuldigen Sie jedes Mal das Opfer, bis es schließlich kapituliert. Verstehen Sie nun die gewaltige Kraft des Dschihad?
>
> Sie können ihn nicht mit Kernwaffen, intelligenten Bomben oder Tarnkappenbombern besiegen. Es spielt keine Rolle, wie viele lasergelenkte Flugkörper oder unbemannte Drohnen Sie haben, oder wie gut ausgebildet Ihre Armee ist. Wenn Sie zu viel Angst haben, zu benennen, wer Ihr Feind ist, dann können Sie die Waffen gleich alle auf den Schrotthaufen werfen."

Harry Richardson (Pseudonym), ein US-Amerikaner, 2013

Wer Angst davor hat, überhaupt ein Feindbild zu haben, wer Angst davor hat, seinen tatsächlichen Feind als solchen zu erkennen und zu benennen, der hat sich bereits entwaffnet und praktisch kapituliert. Wer sich einredet, der Islam sei uns nicht feind, begibt sich in den unterwürfigen Dhimmi-Zustand und macht sich wehrlos, ganz egal welche administrative, ökonomische und technisch-militärische Überlegenheit er tatsächlich besitzt. Das nützt ihm alles nichts, weil er den Konflikt bereits psychologisch aufgegeben und somit verloren hat. Seine Restfreiheit bleibt ungeschützt, er und seine Nachkommen bleiben schutzlos zurück. Er macht lieber weiter Geschäfte und verkauft die neuesten Waffen an Saudi-Arabien und die Türkei, die in diesen Transferen vermutlich auch so etwas wie eine ihnen zustehende „Kopfsteuer" sehen, im Tausch gegen Allahs Öl, damit die Westler ihr

Gesicht wahren und sie deren Länder in Ruhe und ohne taugliche Gegenwehr islamisieren können.

Vor dem Islam, vor der Unterwerfung und dem Dhimmi-Zustand, schützt nur die Freiheit, mutig bei der Wahrheit zu bleiben und sie überall auszusprechen. *Eine große Stärke westlich-wissenschaftlichen Denkens ist es, Fehler zu erkennen, zuzugeben und daraus zu lernen.* Je „mehr „Bauern“ sich den „Bauernopfern“ zur Seite stellen, je weniger „Bauernopfer“ wird es geben und je näher kommen wir der Wahrheit und somit unserer Freiheit. Seien Sie niemals ein Dhimmi, sondern immer ein Bürger!

> „In Europa geht eine stille Islamisierung vor sich. … Europa gehört zum Haus des Krieges. Der Djihad ist für jeden Muslim eine Verpflichtung, auch für Moderate. Die Anerkennung einer westlichen Verfassung durch Muslime bedeutet nicht die innere Aufgabe des Djihad, sondern dessen Verschiebung auf später. Djihad heißt nicht nur Terror mit Selbstmordanschlägen. Djihad heißt auch Geburtenüberschuss und Migration.“
>
> Hansjürg Stückelberger (geboren 1930), schweizerischer evangelischer Pfarrer und Autor, 2007

Hoffentlich erkennt die Mehrheit bald: Mit überwiegend legalen, friedlichen Mitteln findet ein großangelegter Dschihad gegen uns statt, durch die mehr oder weniger systematische Unterwanderung aller unserer Gesellschaftsbereiche, der Parteien, der Medien, der Staatsorgane, mit proislamischem Denken. *Ziel ist die islamische Eroberung des Westens von innen heraus.* Islamische Mordanschläge erzeugen ein diffuses angstgeborenes Respektgefühl unter den westlichen Bürgern. Der Terror soll uns einschüchtern und furchtsamen Respekt abnötigen, so sollen wir den Bedürfnissen der „friedlichen“ Muslime mit Demut entgegenkommen und sie „integrieren“, wie sie sind. Wir sollen den Islam akzeptieren, besser noch selbst annehmen. Wenn wir mit Schockstarre auf die islamischen Greueltaten schauen, erscheint uns der gepriesene *falsche*, vorgeblich „wahre Islam, die Religion des Friedens“, um so friedlicher, scheinbar wohltuend und macht uns geneigt, diesen „friedlichen“ Islam als die Lösung für die Probleme mit dem „kriegerischen“ Islam willkommen zu heißen.

Darauf dürfen wir uns nicht einlassen, darauf dürfen wir nicht hereinfallen! *Der Dschihad, die Islamisierung mit allen Mitteln*, ist mit dem Rechtsstaat zu verhindern. **Der Dschihad gehört verboten, in all seinen Eroberungsformen. Die islamische Missionierung gehört verboten. Hier geht es um Politik, um Macht, um Gesellschaftsordnung, um den Sturz unserer freiheitlich-demokratischen Grundordnung, nicht um Religion.** Wir haben alles Recht und alle Pflicht zur

Abwehr des Islams. Alle erkannten „Gefährder“ müssen durch die Polizei und die Justiz „entfährdet“ werden. Denn Sicherheit geht vor Risiko.

> „Das einzige, was den Eifer der Dschihadisten dämpft, ist die Niederlage, während der Sieg sie ermutigt und sie entschlossener macht. Dieser ganze islamische Wahnsinn hat seine Wurzeln im Erfolg der islamischen Revolution im Iran. Millionen von Muslimen feierten und ihr Glaube wuchs, nachdem Bin Laden erfolgreich Amerika angegriffen und Tausende von Menschen mit solcher Leichtigkeit getötet hatte. Auf der anderen Seite schwankten viele Muslime, nachdem dieser Abschaum aus Afghanistan gefeuert wurde und wie eine Ratte in einem Loch Zuflucht suchen musste. Geld an Muslime zu geben oder ihre Taqiyyah Taktik zu kaufen, dass islamischer Terrorismus eine anti-islamische Aktivität ist, wird von Muslimen als Erfolg interpretiert und dies wird nur ihren Glauben stärken, dass der Islam kurz davor steht, zu gewinnen und der Jihad intensiviert werden muss.“
>
> Dr. Ali Sina (Pseudonym), iranischer Ex-Muslim und Aktivist, der in Kanada lebt, Gründer von Faith Freedom International (Glaubensfreiheit International), 2008

Der Dschihad beginnt mit den Worten Mohammeds. Wer den Dschihad beenden will, muss die Gültigkeit von Mohammeds Worten beenden. Und zwar grundlegend, ihnen kann auch keine parallele, alternative Gültigkeit in „religiöser Privatheit“ zugestanden werden. Denn Mohammeds Behauptungen sind ***falsch*** und sie ***verlangen tödliche Gewalt.*** Die Ideologie Islam *muss deshalb* durch die befreiende und befriedende Mühle der Aufklärung gedreht werden!

> „Wer dem Verbrechen Nachsicht übt, wird sein Komplize.“
>
> Voltaire (François-Marie Arouet, 1694 - 1778), französischer Philosoph und Autor der Aufklärung

Das Grundgesetz ist keine weltanschaulich neutrale Verfassung, sondern eine freiheitlich-solidarische! Völlige weltanschauliche Neutralität ist eine Illusion, sie hieße ja Wertelosigkeit oder Wertebeliebigkeit. Sie zu versuchen, wäre ein gefährlich dummes Experiment, um festzustellen, in welchen stabilen Zustand unsere Gesellschaft aus einem metastabilen Zustand heraus zu kippen vermag. Eine neutrale Gesellschaft anzustreben, hieße letztlich nichts anderes, als bloße Interessensausgleiche *egal welcher* Interessen herzustellen, mit dem sodann vergeblichen Ziel, sozialen Frieden zu erreichen, anstatt die freiheitlich-demokratische Grundordnung als *Voraussetzung* zu vertreten, welche sich eben nicht automatisch mit dem Ausgleich beliebiger sich widerstrebender Interessen ergibt. Leider existieren auch *unzulässige Interessen*, die niemals zu sozialem Frieden und zu Humanität führen können. Dazu gehört Mohammeds abrahamitische *Unterwerfungsforderung!* Wir müssen dazu **NEIN!** sagen und hinter diesem Nein mit aller Macht **Stehen!** Mit dem Gewaltmonopol unseres demokratischen Bürgerstaates.

Die Heiligung des Krieges ist auch bei uns selbst noch nicht restlos überwunden. In der Bundeswehr gibt es keine wirkliche Trennung von Staat und Religion. Das kommt dem Islam natürlich sehr entgegen, weil er Staat und Religion sowieso nicht trennen kann. Seit Jahren fordern die Islamverbände islamische Militärseelsorger in der Bundeswehr. Politik und Armee stimmen dem auch noch zu, sehen die Voraussetzungen aber als noch nicht gegeben an. Gesucht werden Absolventen deutscher islamischer Fakultäten und eine islamische Organisation als Partner, parallel den christlichen Kirchen. Die angestrebten Militärimame sollen die gleichen Aufgaben übernehmen wie die katholischen und evangelischen Militärseelsorger, sie sollen nicht nur Seelsorge für ihre Gläubigen anbieten, sondern auch mit nicht-muslimischen Soldaten Gespräche führen und den lebenskundlichen Unterricht erteilen. Sie sollen eine psychologische Unterstützung bieten sowie theologische und weltanschauliche Fragen der Soldaten beantworten.

Seit 2010 müssen alle Soldaten am lebenskundlichen Unterricht teilnehmen, der von den Militärgeistlichen durchgeführt wird. Er soll die Soldaten zu einer ethischen Lebensführung erziehen, ihre Persönlichkeit entwickeln und ihre politische wie moralische Urteilsfähigkeit schärfen. Prima, dafür sind neben den Armeechristen die zukünftigen Militär-Imame sicherlich am Besten geeignet. Glaub ich nicht! Wollt ihr die Böcke zu Gärtnern machen?! Was für eine ignorante Dummheit.

Wie viele Muslime in der Bundeswehr schon dienen, ist nicht bekannt, denn die Religionszugehörigkeit ist geheime Privatsache, wegen des Datenschutzes wird sie nicht erfasst. Geschätzt wird, es seien 1.700. Noch zu wenige, heißt es, um Imame einzustellen. Für sie und alle anderen Nicht-Katholiken und Nicht-Evangelen genügt bisher die „Ansprechstelle für Soldaten anderer Glaubensrichtungen beim Zentrum Innere Führung“ – eine für alle. Um ihre muslimischen Soldaten zu unterstützen und „den Dialog zwischen den Religionen und Kulturen zu fördern“, gab das Zentrum für Innere Führung 2007, und nochmals 2011, eine Broschüre heraus: „Deutsche Staatsbürger muslimischen Glaubens in der Bundeswehr“. Darin wird der Islam in unverantwortlicher Weise verharmlost und schöngeredet. Eine sehr gekonnt verfasste Propagandaschrift: Islam bedeute Friede, Dschihad bedeute nicht oder nur selten heiliger Krieg, im Koran stünde, es gäbe keinen Zwang im Glauben, das islamische Kopftuch stehe nicht für die Unterdrückung der Frau, usw.

Nun, die Bundeswehr ist eine Interventionsarmee geworden, die vor allem in islamischen Ländern „Friedenseinsätze“ durchführt. Das macht die Islamfrage nochmals besonders heikel. Was die Bundeswehr haben und nutzen will, ist ein eigener, ein *deutscher Islam* – politisch korrekt rundgelutscht, verbogen und erlogen. Aber den wird es nie geben, ein solcher Münchhausen-Islam wird nie den echten Islam, den Koran, ablösen. Den Soldatenalltag hingegen stört der Islam nur oberflächlich mit seinen vielen Gebetszeiten und seinem Schweinefleischverbot.

2013 beantragte die Bundestagsfraktion von Bündnis90/Die Grünen die Anerkennung der gesellschaftlichen Vielfalt in der Bundeswehr und verlangte die Einstellung eines männlichen und eines weiblichen Militär-Imams. Sie wollte damit „auch ein wichtiges öffentliches Zeichen für die institutionalisierte Anerkennung des islamischen Lebens in Deutschland" setzen. Die SPD unterstützte den Antrag, die Linke enthielt sich und die konservative Mehrheit lehnte ihn gottseidank ab.

Anstatt staatskirchenähnliche Militär-Imame nachzurüsten, sollten wir alle Religionen aus dem unmittelbaren Staatsdienst entfernen, auch und erst recht aus dem militärischen. Der Dschihad der Muslime ist der beste Anlass, die beste Gelegenheit dafür, das *jetzt endlich zu tun!*

> „Wir sehen das Risiko, dass die Bundeswehr als Ausbildungscamp für gewaltbereite Islamisten missbraucht werden kann.",

sagte Christof Gramm, Präsident des Militärischen Abschirmdienstes (MAD) 2016. Bis dahin wurden bereits 24 Soldaten der Bundeswehr als Islamisten enttarnt und entlassen, ein Mehrfaches an Verdachtsfällen wird noch bearbeitet.

Statt die Bundeswehr zu *islamisieren*, sollte endlich die Trennung von staatlichem Militär und allen Religionen vollzogen werden und die Religionsausübung gläubiger Soldaten in deren Freizeit, nach Dienst- und Kriegsende, verlegt werden. Mit dem Einhalten des christlichen Gebots: „Du sollst nicht töten.", kann man während der Dienstzeit sowieso nur schlecht Karriere machen. Die Soldaten haben sich freiwillig zum Kriegsdienst verpflichtet, besäßen sie uneingeschränkte Religionsfreiheit während des Dienstes und nähmen sie ihre Religion gleichzeitig wirklich ernst, dürfte kein christlicher Soldat sein Handwerk einüben oder gar tatsächlich an Kampfhandlungen teilnehmen. Deshalb ist es am Besten, die ganze Seelsorge wird säkularisiert. *Psychologen statt Priester! Ethik statt Religion!* Und der Islam gehört ganz bestimmt nicht in die Bundeswehr. Überhaupt nicht.

> „Die Militärseelsorge ist ein Überrest aus der Zeit, als Thron und Altar, weltliche und geistliche Macht, noch gemeinsame Sache gemacht haben."

Ökumenische Initiative zur Abschaffung der Militärseelsorge, 2012

Wir versagen uns noch, Muslime allein wegen ihres Islams als Gefahr einzustufen, gerade in sensiblen Bereichen wie der Politik, der Justiz, der Bildung, der Medien, der Polizei und der Armee. Solange keine Katastrophe geschehen ist, die über einzelne Terrormorde weit hinausginge. Wollen wir auf die große Katastrophe wirklich warten? Ich will das nicht!

Rathaus-These 23: Der Islam bejaht die Sklaverei

> „Sklaverei ist Teil des Dschihad, und der Dschihad wird solange bleiben, wie es den Islam gibt."
>
> Scheich Saleh al-Fawsan (geboren 1933), saudi-arabischer Rechtsgutachter, Mitglied des Vorstands der muslimischen Gelehrten Saudi-Arabiens, 2003

Ein Leben in Sklaverei bedeutet *maximale Unterwerfung und Unfreiheit,* die versklavte Person wird auf ein nahezu rechtloses, dienendes Niveau entmenschlicht. Sich anderer Menschen mit tödlicher Gewalt zu bemächtigen, um sie als geschickte, selbständig arbeitende Werkzeuge und Sexobjekte zu besitzen, ist viele Jahrtausende alt. Es galt praktisch in allen alten Kulturen als normal, der nackten Gewalt unterlegene Menschen zu erbeuten und zu benutzen wie bessere Nutztiere. So ist der *unzivilisierte* Mensch. Alle Hochkulturen waren Sklavenhaltergesellschaften. Erst die modernen, hochbürgerlichen Europäer haben damit gebrochen und setzen sich für das Ende jeglicher Sklaverei ein.

Als das Römische Reich christlich wurde, verbesserte sich die Lage der antiken europäischen Sklaven, galten sie doch von nun an als gleichgeschaffene Menschenbrüder. Zunächst nahmen die sündhaften Misshandlungen ab, schließlich die Sklaverei selbst. Es gab keine Gladiatorenkämpfe mehr. Die christliche Moral machte die Menschen auch für ihren Umgang mit den Niedrigsten vor Gott verantwortlich und begünstigte dadurch einen Prozess des Umdenkens, hin zu allgemeinen, gleichen Menschenrechten. Bis der Islam die weltgeschichtliche Bühne betrat, war die Sklaverei in allen europäisch-christlichen Regionen, in Europa, Kleinasien und Nordafrika, beinahe schon verschwunden, jedenfalls im Niedergang. Mit den islamischen Eroberungen kam die Sklaverei mit neuer, nie dagewesener Legitimation und Wucht zurück. Von der Iberischen Halbinsel aus raubten und kauften die Muslime Ströme weißer, europäischer Sklaven. Und die eroberten Spanier nahmen sich die arabische Herrenmenschenattitüde an.

„Sklaverei sollte heute, im Zeitalter der Menschenrechte, kein Thema mehr sein. Die Sklavenhalterepoche des antiken Imperium Romanum ist schließlich Geschichte, Vergangenheit auch die Fronarbeit auf Plantagen und Baumwollfeldern in Nordamerika, wo bis zur Mitte des 19. Jahrhunderts schwarze Sklaven schuften mussten.

Bis vor wenigen Jahren war in der Öffentlichkeit bezüglich der Sklaverei der Blick fast ausschließlich auf den Westen gerichtet. Sklaverei und Kolonialismus gelten als Hypothek bis heute, verbunden nicht selten mit Schuldgefühlen der nachgeborenen Generationen. ... Tatsächlich war der Westen, nicht nur Amerika, sondern auch die westeuropäischen Seefahrernationen, rund 400 Jahre in die Sklaverei involviert. ...

So gut wie nie richtete man aber bis heute das Augenmerk auf das schlimmste Sklavensystem, das es in der Historie gegeben hat und das seit 1.300 Jahren bis heute existiert, nämlich im Islam und in islamischen Ländern. Erst seit kurzem schaut man hier genauer hin. Die meisten schauen allerdings weiterhin lieber weg.“

Eberhard Kleina (geboren 1949), deutscher evangelischer Berufsschulpfarrer, 2012

Im islamischen Reich war die Sklaverei nicht nur normal, sondern die Grundlage der islamischen Wirtschaft. Im Islam ist „Sklave“ zudem ein positiv besetzter Begriff, weil Allah alle Wesen als solche erschaffen hätte. Sklave zu sein, sei die Bestimmung und die natürlichste Sache der Welt und ist bis heute das islamische Selbstbild des Menschen. Gott besitze und behandle seine Menschen wie Nutzvieh oder Spielzeuge. Allah habe keine Gleichberechtigung geschaffen, sondern Rangstufen, einschließlich der Sklaverei. Die Muslime denken deshalb auch gar nicht daran, ihre grausame Sklavereigeschichte zu thematisieren oder sich gar zu entschuldigen oder Reparationsleistungen zu zahlen. Im Gegenteil.

Schon Mohammed und andere Dschihadisten verdienten durch die Versklavung „Ungläubiger“ große Vermögen, die sie ins Sklavengeschäft reinvestierten. Von Anfang an finanzierte die Sklaverei den Dschihad und somit die Ausbreitung des Islams und den Raub weiterer Menschen. Um die Menschheit zu Islamisieren, dürfen Muslime jedoch nur „Ungläubige“ versklaven. Spätestens ihre Nachkommen werden es dann schon vorziehen, die Schahada abzulegen und Teil der Umma zu werden.

Mit dem Großkalifat war die *größte Sklavenhaltergesellschaft der Weltgeschichte* entstanden, die ständig nach neuen Sklaven verlangte. Die Muslime waren es, die Schwarzafrika zum größten und dauerhaftesten Liefergebiet für Sklaven machten. Die meisten Sklaven der arabischen Muslime waren Schwarzafrikaner. Sie bezogen ihre menschliche Beute aber auch aus Europa und Teilen Asiens.

Die Wikinger nutzten diesen Sklavenmarkt. Mit ihren Schiffen überfielen sie alle europäischen Küsten und fuhren die Flüsse hinauf, um zu plündern und Menschen in die Sklaverei zu entführen. Einige europäische Fürsten begannen, sich an dem lukrativen Geschäft mit den *islamischen Sklavenhändlern* zu beteiligen. Das alte Europa, auch Deutschland, betrieb einen lukrativen Sklavenhandel mit Arabien. Weiße Sklaven waren beliebt und den Arabern mehr wert als schwarze. Die Muslime selbst fielen von Westen, Süden und Osten nach Europa ein, um Sklaven zu erbeuten. Erst die Christianisierung Skandinaviens beendete die Versklavung vom Norden aus, im Süden ging sie weiter, weil die christlichen Südeuropäer entlang des Mittelmeeres von der mafiösen Raubmentalität der immer wieder einfallenden Muslime bereits beeinflusst waren und selbst Sklaven hielten.

Der Abbassiden-Kalif Al Mutasim stellte als erster eine Dauerarmee von 100. 000 Militärsklaven (Mamluken) auf. Pro Jahrhundert wurden für diese Armee mindestens 600.000 Sklaven benötigt. Sie bestand zu etwa zwei Dritteln aus turkstämmigen Nomaden und einem Drittel aus Slawen. Viele andere islamische Herrscher taten es ihm gleich, um ihre Dynastien schier unangreifbar zu machen. Mamluk heißt „der in Besitz genommene“ und meint einen weißen männlichen Militärsklaven. Solche Mamluken waren radikal entwurzelte und „sozial getötete“ Menschen, die von ihren Besitzern zu fanatischen Dschihadisten umerzogen wurden.

Das Osmanische Reich führte pausenlos Krieg und erbeutete im Dschihad Sklaven. In den annektierten Gebieten in Kleinasien und auf dem Balkan sammelten sie alle paar Jahre bis zu einem Fünftel der Jungen der christlichen Dhimmis dieser Provinzen ein, genannt „Knabenlese“ („Devschirme“), versklavten sie und erzogen sie zu muslimischen Elitesoldaten. Dieses berüchtigte Janitscharen-Heer der Sultane umfasste 30.000 - 60.000 Mann. Im Laufe von viereinhalb Jahrhunderten wurden so Millionen Jungen ihren christlichen Eltern weggenommen, versklavt und in den Dienst des Dschihads und des Machterhalts der osmanischen Herrscher gestellt.

Allein die muslimischen Krimtataren versklavten zwischen 1450 und 1700 rund 2,5 Millionen Ukrainer, Polen, Russen, Tscherkessen und Georgier. Sie wurden ins Osmanische Reich verkauft. Die Mehrheit der Sklaven im Reich des Kalifen waren Slawen, deren Name zum Inbegriff des Sklaven wurde, des erbeuteten, entrechteten Menschen, über den sein Besitzer frei verfügen kann: Der Name „Sklave“ leitet sich ab von „Slawe“. Im Arabischen gibt es über 30 Worte, die mit Sklaverei zu tun haben, mehr als in jeder anderen Sprache. Darin spiegelt sich deren Bedeutung für die islamische Wirtschaftsweise wider. Die Sklaverei war immer die ökonomische Frucht des Dschihads und der globale Sklavenhandel ein den islamischen Kulturkreis prägender Wirtschaftszweig.

„Etwa von 1500 an bis Ende des 18. Jahrhunderts waren die Mittelmeerküsten von Frankreich und Italien Ziel der islamischen Sklaven- und Beutejäger. An den Küsten verschwanden Bauern von den Feldern, Fischer wurden auf See entführt, Dörfer und Städte in Küstennähe brutal zerstört. Die „brauchbaren“ Gefangenen trieb man auf die Sklavenschiffe. ... Die Piraterie blühte. ...

Seit etwa 1520 begannen die Portugiesen an der afrikanischen Westküste Sklaven aufzukaufen und nach Mittel- und Südamerika zu schaffen, wo sie auf Plantagen anstelle der einheimischen Indianer eingesetzt wurden. Ausschließlich Muslime waren die Lieferanten. 1640 stiegen die Holländer in den Handel ein, 1660 folgten Engländer und Franzosen. Die Europäer deportierten rund 9 Millionen über den Atlantik.

Als in zunehmendem Maße Schwarzafrikaner versklavt wurden, ging man mehr und mehr dazu über, möglichst viele Männer zu kastrieren, obwohl diese gar nicht für Verwaltungsaufgaben vorgesehen waren. Die Folge der massenhaften Kastrationen war, dass heute in den arabischen muslimischen Ländern nur wenige schwarzhäutige Einwohner zu finden sind, im Gegensatz zu den schwarzen Sklaven in der Neuen Welt, die Familien begründen konnten, und wo heute starke schwarze Minderheiten existieren.

Das islamische Staatswesen ist bis in das 19./20. Jahrhundert hinein ohne Sklaverei nicht denkbar. ... Wirtschaft, Militärwesen und Verwaltung des Staates werden durch eine Unmenge von Sklaven aufrechterhalten. Ein so verfasster Staat ist stets auf „Nachschub“ angewiesen. Geradezu zynisch mutet angesichts der blutigen Geschichte und der menschenverachtenden Unterdrückung an, dass Allah im Koran erklärt: „Ihr seid die beste Gemeinde, die für die Menschen erstand. Ihr wisst, was rechtens ist und verbietet das Unrechte.“ (Sure 3, 110) Die Sklaverei ist eine göttliche Ordnung (Sure 16, 71) und damit Teil des islamischen Staates.

Im innerislamischen Bereich, da, wo sich die Scharia durchgesetzt hatte, galten ziemlich einheitliche rechtliche Sklavenbestimmungen. Schon in 9. und 10. Jahrhundert hatten die Rechtsgelehrten basierend auf dem Koran, den Hadithen (Überlieferungen) und der Biographie Mohammeds ein Sklavenrecht ausgearbeitet ... Sklaven galten als sozial tot. Wer im Dschihad als Ungläubiger in Gefangenschaft geriet, war automatisch zu versklaven. Dies war allgemein anerkannter Rechtsgrundsatz. Der Führer der islamischen Gemeinde hatte zu entscheiden, ob die gefangenen Männer getötet, gegen ein Lösegeld freigelassen, gegen muslimische Sklaven ausgetauscht oder eben versklavt wurden.

Sklaven konnten nicht als Zeugen vor Gericht auftreten, konnten auch ihre Herren nicht wegen körperlicher Misshandlungen anklagen. Einen

Sklaven zu töten, galt als Sachbeschädigung, sofern es ein fremder war. Den eigenen Sklaven zu töten, war zwar gesetzeswidrig, war aber gerichtlich kaum zu verfolgen ...

Sklaven durften mit Brandmalen oder Tätowierungen im Gesicht als Besitz gekennzeichnet werden. Entflohene und wieder Eingefangene wurden zur Strafe verstümmelt, wenn es sich um Muslime handelte, nichtmuslimische Sklaven wurden mit besonderer Grausamkeit hingerichtet, durch Kreuzigung, Pfählung, Verbrennen auf dem Scheiterhaufen, im türkischen Bereich wurden sie gehäutet.

Die einzige Pflicht des Besitzers gegenüber seinen Sklaven bestand darin, sie zu versorgen, sie sollten ja auch arbeitsfähig bleiben. Geschah dies nicht, konnte der Herr vom Kadi (Richter) verurteilt werden, sie in den Besitz eines anderen Herren zu geben.

Ein Sklave konnte mit seinem Halter, falls dieser einwilligte, einen Vertrag vereinbaren, wonach er sich freikaufen konnte. Er war dann Mukatib, ein Sklave mit Vertrag, und wenn er den Freikauf tatsächlich zu finanzieren in der Lage war, durfte er nach der Freilassung nicht mehr verkauft werden. Freigelassen werden konnten allerdings nur muslimische Sklaven.

Die Freilassung war auch möglich als Sühne für Totschlag, Eidbruch oder Verletzung des Ramadan-Fastens. D. h., wenn der Sklavenhalter sich dieser Vergehen schuldig machte, konnten Sklaven das Glück haben, frei zu kommen, da ihr Herr auf diese Weise eine Sühne leistete.

Sklavinnen, die ihrem Herrn ein Kind zur Welt brachten, das er als eigenes anerkannte, durften auch nicht mehr verkauft werden, und nach dem Tod des Besitzers waren sie frei.

Schwarzafrikaner befanden sich, auch wenn es Muslime waren, nach allgemeiner Rechtslage im sog. suspendierten Sklavenzustand. Dies bedeutete, auch wenn sie noch in Freiheit waren, konnten sie jederzeit versklavt werden, wenn man es für nötig oder angebracht erachtete, da sie nicht den rechtlichen Vollstatus eines freien Moslems hatten.

Ihre rechtlich mindere Stellung begründete man mit dem Klima Afrikas. Der berühmte arabische Philosoph und Mediziner Ibn Sina, in Europa als Avicenna bekannt (gest. 1037), legte in Anlehnung an den altgriechischen Philosophen und Naturwissenschaftler Aristoteles (384 - 322 v.Chr.) fest, die Ursache für die schwarze Hautfarbe der Afrikaner liege im extrem heißen Klima Afrikas. Diese klimatisch bedingte Hautfarbe sei gerade das von Natur gegebene Kennzeichen für geborene Sklaven. Schwarze seien auch intellektuell minderwertig. Ähnlich der große Gelehrte Ibn Khaldun 1406 in Kairo gestorben, für ihn waren die schwarzen Völker deswegen die geborenen Sklaven, weil sie wenig Menschliches hätten, dafür aber stummen Tieren ähnelten. Kurz: Sie sind Untermenschen.

Gut 500 Jahre später erst gelangte dieser klimatisch und, wie man damals meinte, „wissenschaftlich" begründete Hautfarbenrassismus zu den Europäern. Die Menschenverachtung der Schwarzafrikaner hat eindeutig im Islam ihren Ursprung, sie gelangte zunächst zu den Portugiesen, die als erste in den Sklavenhandel eingestiegen waren, und sickerte dann weiter in Europa ein.

Die Sklaverei war keine islamische Erfindung, der aufkommende Islam fand sie vielmehr als selbstverständliche Einrichtung vor, ebenso wie 600 Jahre früher das sich ausbreitende Christentum auf die Sklaverei der römischen Antike getroffen war. Ein Großteil der frühen Christengemeinden bestand sogar aus Sklaven. Während aber das Christentum in einem langen Prozess, der über die Jahrhunderte von vielen Rückschlägen begleitet war, Impulse setzte, die Sklaverei allmählich zu überwinden, legitimierte ganz im Gegensatz dazu der Islam von Anfang an das Sklaventum als eine göttlich gesetzte Institution und schrieb sie fest. ...

Neun Koranverse regeln Gewinn und Verteilung der Beute (Sure 8, 1; 5, 41 u.a.). Aus den Kampfbefehlen und den Beuteversen haben die Rechtsgelehrten ein Kriegsrecht und Beuterecht zusammengestellt. Eine spezielle Abteilung des Beuterechts ist dann das Sklavenrecht. Dazu finden sich 25 Koranverse, die das Einfangen und die Behandlung der Sklaven festlegen (Sure 4 ,24; 16, 71; 23, 1.5.6.; 24, 33; 33 ,50.52; 70, 29ff u.a.). Der Sklave wird im Arabischen als „abd" oder „raqaba" oder „malmuk" bezeichnet, im Koran oft aber auch umschrieben. Am häufigsten, nämlich 16mal, kommt die Formulierung vor „... was deine rechte (Hand) besitzt" (Sure 4, 24; 16, 71; 23, 6; 33, 50 u.a.). Diese diskriminierende Umschreibung bezeichnet die Sklaven nicht als Personen, sondern als Sache, als Besitz ihres Herrn, der über sie verfügen darf, wie er will (Sure 16, 71), und den sie fürchten müssen (Sure 30, 28). ...

Durch Mohammed, der für Muslime das Lebensvorbild schlechthin ist (Sure 33, 21), und durch die Gewalt- und Sklavenverse im Koran, der ja Allahs ewig gültiges Wort ist, ist das Kriegführen, Beute- und Sklavenmachen ausreichend legitimiert, hinzu kommen noch Hadithe. Damit ist im Islam ein für allemal festgelegt, dass er keine Impulse wie das Christentum geben kann, die Sklaverei zu überwinden. Die Kairoer Erklärung der Islamischen Menschenrechte von 1991 ist demgemäß nur eine Mogelpackung, da alle hier genannten noblen und hehren Aussagen über Menschenrechte in den Artikeln 24 und 25 unter dem Vorbehalt der Scharia stehen, im Klartext: Die Scharia hebt alles auf, was sich an menschenrechtlichen und freiheitlichen Bestimmungen hier findet. Wenn die Zeit gekommen ist, lässt man die Maske fallen, bis dahin darf man die Ungläubigen täuschen, gemäß Allahs Gebot der Taqiya (Verschleierung).

Bezeichnend ist zudem, dass sich keine Fatwa heute findet, die die Sklaverei verbietet, im Gegenteil, Sklaverei wird von islamischen Rechtsgelehrten per Fatwa befürwortet, wenn die Umstände das wieder zulassen."

Eberhard Kleina (geboren 1949), deutscher evangelischer Berufsschulpfarrer, 2012

Spätestens an dieser Stelle könnte man eigentlich aufhören, den Islam kennenzulernen und mit Gewissheit sagen: Dieser „Glaube" ist unhaltbar, Punkt. Der Vollständigkeit halber und vor allem, weil dennoch so unheimlich viele Menschen immer noch am Islam festhalten und unsere Islamisierung unterstützen, müssen wir doch weiter und sehr genau hinschauen! Wir können es uns einfach nicht mehr leisten, nur angewidert unseren Blick abzuwenden und zu unseren Alltagsproblemen überzugehen, denn im Alltag kommen uns die Sklaven Allahs schon entgegen, immer zahlreicher, um uns und unsere Kindeskinder gleichfalls zu unterwerfen.

An der Küste Ostafrikas, zwischen Mogadischu und Kilwa, dienten im 15. Jahrhundert 30 Städte als Ausfuhrhäfen für Sklaven in die islamischen Länder und darüber hinaus bis nach China. Teils wurde die „Menschenware" von den dortigen muslimischen Emiren selbst erjagt, teils schwarzen und arabischen Händlern im Landesinneren abgekauft. Oft mussten die Unglücklichen das gleich miterworbene Elfenbein zur Küste tragen. Die indischen Sultane verwendeten für ihre Heere und Kriege gerne afrikanische Sklaven, statt indische. Auch die Chinesen waren gute Kunden der arabisch-muslimischen Sklavenhändler. Auf einer chinesischen Weltkarte von 1315 ist Ostafrika als „stattliches Reservoir von zum Verkauf stehender Menschen" ausgewiesen. Insgesamt wurden etwa 17 Millionen Schwarzafrikaner innerhalb der muslimischen Welt als Sklaven nach Nordafrika, Arabien und Indien verkauft. Das sind deutlich mehr als die 9 bis 11 Millionen, die während 4 Jahrhunderten zusätzlich an die westeuropäischen Seefahrernationen verkauft und von diesen über den Atlantik nach Süd-, Mittel- und Nordamerika verschleppt wurden.

„Der schlimmste Charakterzug, den die Spanier erwarben, war das Parasitentum der Araber und der nomadischen Afrikaner: der Brauch, vom Territorium seines Nachbarn zu leben, wobei der Raubzug zu einer Institution erhoben wurde und Plünderei und Räubertum als einziger Lebensunterhalt für den Kriegsmann anerkannt waren. In der gleichen Weise, wie sie dazu übergingen, ihr Brot in maurischem Territorium zu gewinnen, machten sich die Spanier später daran, Gold und Territorien in Mexiko und Peru zu gewinnen. …

Sie sollten hier auch die barbarischen summarischen Praktiken der Araber einführen: alles dem Feuer und Schwert zu überantworten, Obstbäume zu fällen, Ernten zu verwüsten, ganze Landstriche zu verwüsten, um den Feind auszuhungern, um ihn zum Einlenken zu bringen, überall Sklaven zu machen, die Bevölkerung der eroberten Länder zur Zwangsarbeit zu verurteilen. All diese verabscheuungswürdigen Praktiken lernten die Conquistadores von den Arabern. ...

Mehrere Jahrhunderte lang hielt sich die Sklaverei im christlichen Spanien wie in den islamischen Ländern. Ziemlich sicher waren es auch die Araber, denen die Spanier die Kompromisslosigkeit ihres Fanatismus verdankten, die Anmaßung, wenn schon nicht Gottes Auserwählte, dann zumindest die katholischste Nation der Christenheit zu sein. ... Schlussendlich blieb es nicht ohne Ansteckung, dass die Spanier jahrhundertelang in Kontakt mit einer Rasse von Menschen lebten, die ihre Feinde kreuzigten und die es genossen, Tausende abgetrennter Köpfe als Trophäen aufzustapeln. Die Grausamkeit der Araber und Berber begründete auch auf der Halbinsel eine Schule. Die Bösartigkeit der Emire und Kalifen, die eigenhändig ihre Brüder oder Söhne töteten, sollte an Pedro den Grausamen und Heinrich von Trastamare weitergegeben werden, jenen Würgern unter Leinwand, die nicht besser waren als gewöhnliche Mörder."

Louis Bertrand (1866 - 1941), französischer Autor und Historiker, und Sir Charles Petrie (1895 - 1977), britischer Historiker, 1945

Es war die Sklaverei, die zum Rassismus führte und nicht etwa umgekehrt, wie wir heute meist glauben. Der Rassismus wurde zur Legitimation der längst vorhanden Praxis der Versklavung herangezogen und die Versklavung gleichaussehender Menschen des eigenen Volkes verringert, zugunsten nicht nur fremd glaubender und fremd sprechender, sondern auch deutlich fremd aussehender Menschen, um den *Statusunterschied augenfällig zu zementieren!* Der Hautfarbenrassismus wurde von den Muslimen erfunden und auf die Spitze getrieben. Muslimische Gelehrte waren es, die eine Rassenlehre entwickelten und die Menschheit nach ethnischen Eigenschaften und Hautfarben einteilten. Sie schrieben sogar Handbücher für den Sklaven-Kauf, also Gebrauchsanweisungen für die Handelsware „Mensch". Darin konnte man nachlesen, welcher Typ für welche Tätigkeit besonders geeignet war – einzigartig in der Welt der Sklavenhalter! Besonders gering geschätzt wurden die Schwarzen.

Auch in der muslimischen Welt gab es Sklavenaufstände, so in den Jahren 689, 690, 694, von 869 bis 883 (dabei starben 500.000 bis 2 Millionen Menschen) und 885. Waren sie vorübergehend siegreich, schafften die aufständischen Sklaven nicht etwa die Sklaverei ab, sondern tauschten bloß die Macht-Rollen. Indoktriniert im islamischen Denken, kam ihnen gar nicht die Idee der Freiheit in den Sinn. Nein, dieser Gedanke keimte nur im übriggebliebenen, vom Islam am wenigsten beeinflussten Teil Europas.

Protestantische Minderheiten und schließlich die Philosophen der Aufklärung brachten die Antisklaverei-Bewegung in Gang, die heute zur allgemeinen europäischen Geisteshaltung geworden ist und so unumstößlich selbstverständlich scheint, aber gar nicht ist. Denken wir nur an den Zweiten Weltkrieg zurück. Auch mitten in Europa kann die Barbarei jederzeit wieder ausbrechen.

Es heißt heute oft, wir Deutschen hätten uns in der Geschichte nie mit Ruhm bekleckert. Das stimmt nicht. *Der deutsche „Sachsenspiegel" von 1235 war weltweit das erste Rechtsbuch, welches die Sklaverei und die Leibeigenschaft verwarf! Das deutsche Preußen verbot 1715 als erster Staat die Sklaverei und den Sklavenhandel!* Erst ein Jahrhundert später zogen andere europäische Länder nach, Dänemark 1803, dann England. Dort wurde ab 1807 der Sklavenhandel im Empire unterdrückt und ab 1833 die ganze Sklaverei. Die Marine ihrer Majestät befuhr die westafrikanische Küste, um den dortigen Sklavenhandel abzuwürgen.

> „1816 legte die englische Marine die Sklavenhandelsmetropole Algier in Schutt und Asche. Schlagartig erloschen die letzten Reste der Sklaverei mit Weißen. Ab 1849/50 blockierten englische Kriegsschiffe die afrikanische Westküste und unterbanden nach und nach den transatlantischen Sklavenhandel. Über 1.200 Sklavenschiffe fing man ab, englische Kapitäne henkte man. 1863 proklamierte der amerikanische Präsident Abraham Lincoln die Befreiung aller Sklaven. Die Kriegsniederlage der sklavenhaltenden Südstaaten der USA im Jahre 1865 beseitigte die Sklaverei in Nordamerika endgültig. Brasilien schaffte sie erst 1888 ab.
>
> Die muslimischen Menschenjäger wandten sich nun verstärkt Innerafrika zu. Erst als die europäischen Mächte ihre Kolonien in Afrika errichteten, hörte der Menschenraub und Menschenhandel weitgehend auf. Die Berliner Konferenz von 1884/85 steckte einerseits die Interessensphären der europäischen Mächte in Afrika ab, verbot andererseits aber auch jegliche Sklaverei. Die lief allerdings weiter in Gebieten, auf die die Europäer nur wenig Zugriff hatten. Der europäische Kolonialismus war gewiss nicht uneigennützig, und er hatte seine unübersehbaren Schatten- und Gewaltseiten, brachte aber die damals 1.200jährige Menschenjagd zum Erliegen. Der Irak hat 1924 die Sklaverei abgeschafft, Bahrein 1937, Kuwait 1949, Katar

1952, Jemen 1962, als letztes Land verbot 1963 Saudi-Arabien die Sklaverei, wo es bis in die 1930er Jahre öffentliche Sklavenmärkte gab. ...

Ganz aufgehört hat die Versklavung aber nie ... Der Zusammenbruch Somalias 1990 hat den Sklavenhandel am Horn von Afrika stark wiederaufleben lassen und ebenso die Piraterie, alles wie in alten Zeiten, legitimiert durch die Scharia. ...

Eberhard Kleina (geboren 1949), deutscher evangelischer Berufsschulpfarrer, 2012

Fällt ihnen auf, dass die Sklaverei stets nur mit drei Zutaten zu stoppen war? Mit einem freiheitlichen Menschenbild, mit juristischem Verbot und mit militärischer Gewalt? Mit dem von den europäischen Kolonialmächten erzwungenen Ende der Sklavenwirtschaft war die traditionelle Wirtschafts- und Lebensweise in den Islam-Ländern dahin, sie mussten sich umorientieren und sich am Westen ein Beispiel nehmen. Doch bis heute hindert sie das islamische Denken daran, diesen kulturellen Anstoß durch den längst zurückgenommenen europäischen Kolonialismus, durch die aktuellen Welt-Handelsbeziehungen und durch die seit langem bis heute fließenden Entwicklungshilfen, wirklich erfolgreich für sich zu nutzen.

Selbstverständlich führte der neu gegründete Islamische Staat (IS) die Sklaverei wieder ein, schließlich ist sie durch den Koran legitimiert. Der völkerwanderungsartige Zustrom islamisierter Menschen nach Europa, vor allem nach Deutschland, ist als Menschenhandel organisiert und teils mit anderen Formen moderner Sklaverei verbunden.

Die Freiheit von Unterwerfung, von Sklaverei, ist kein selbstverständlicher Zustand, im Gegenteil, er wurde – erstmals in der Kulturgeschichte der Menschheit – mühsam errungen und ist noch keine 200 Jahre alt! Das ist nur ein Augenblick in der Menschheitsgeschichte. Er kann auch wieder verloren gehen. Die transatlantische Sklaverei der modernen Europäer war von Anfang an umstritten und sie wurde schließlich erfolgreich bekämpft. Das ist ein weltgeschichtliches Novum! Aus dem Islam und dessen Gesellschaften heraus hat es *nie einen Ansatz zur Abschaffung der Sklaverei gegeben.* Es mussten erst die aufgeklärten Europäer auf die *Idee der Menschenrechte* kommen und damit weltweit auftrumpfen. *Der Westen ist es,* der global das Ende der Sklaverei verlangt. Der muslimische Orient verweigert sich hinter vorgehaltener Hand bis heute. Denn die Sklaverei ist eine vom Koran gutgeheißene Praxis, weshalb sich gläubige Muslime schwer tun mit der vollherzigen Ablehnung der Sklaverei. Was Allah über Mohammed als richtig befohlen hat, können sie nicht ernsthaft für falsch erklären, nur weil der Rest der Menschheit das von ihnen erwartet, ganz entgegen ihrer „göttlichen“ Überlieferung und Tradition.

> „Zu sehr ist der Scharia-Islam auf das Versklaven als ein Ziel des Djihad ausgerichtet. Die maßgeblichen Gutachten moderner islamischer Rechtsgelehrter erklären demgemäß die Sklaverei nicht für prinzipiell inhuman, sondern für vorübergehend nicht praktizierbar."
>
> Prof. Dr. Egon Flaig (geboren 1949), deutscher Lehrer, Althistoriker und Philosoph, 2009

In einem islamischen Rechtsgutachten aus dem Jahr 2001, einer Fatwa über Sklavinnen (Fatwa Nr. 8747), heißt es: „In unserer Zeit ist die Sklaverei fast verschwunden. Es gibt mittlerweile weder Sklaven noch Knechte. Das heißt jedoch nicht, dass die Vorschrift zur Versklavung ausgetilgt ist, falls die passenden Bedingungen dafür gegeben sind, z. B. im Fall eines Krieges zwischen Muslimen und Ungläubigen. Die Frauen derjenigen, die gegen die Muslime kämpfen, gelten als Kriegsbeute für Muslime. Für diese Frauen gelten die Vorschriften der Sklavinnen und das „von Rechts wegen besitzen", selbst wenn weltliche Gesetze das verbieten würden."

Die „Organisation der Islamischen Kooperation" (OIC) der islamischen Staaten ist gemäß Koran und Scharia sogar der Meinung, dass für die Gläubigen die Versklavung der Ungläubigen ein Menschenrecht sei.

In Mauretanien gab es im 20. Jahrhundert mehrere Versuche, die Sklaverei hoheitlich zu beenden, aber erst 2007 wurde sie – gegen heftige Widerstände – auch gesetzlich unter Strafe gestellt. Doch im Mauretanien dieser Tage ist Sklaverei immer noch normal und vom Islam geschützt, obwohl einheimische Menschenrechtsaktivisten dagegen ankämpfen und erste juristische Erfolge erreichten, aber auch Niederlagen erleiden.

> „Noch heute kommen in Mauretanien Menschen als das Eigentum eines Anderen auf die Welt. Es sind Schwarzafrikaner, genannt Haratin, die sich im Besitz von Menschen aus der arabisch-berberischen Elite des Landes befinden, den Mauren, die etwa ein Drittel der Bevölkerung ausmachen. Die Haratin sind an die Familie ihres Herrn gebunden; sie haben kein Recht auf Bildung, keine Bürgerrechte, sie verdienen kein Geld und müssen teilweise besonders harte Arbeiten übernehmen.
>
> Traditionell werden diese Sklaven nicht verkauft, sondern als Kinder verschenkt, wenn der Nachwuchs der Herrschaft heiratet und eine eigene Familie gründet. Die Frauen gehören qua Geburt dem Meister, der sie für seine sexuellen Begierden benutzt. Sie dürfen sich nicht verweigern. Neben dieser traditionellen Form der Leibeigenschaft gibt es aber auch moderne Formen von Sklaverei. Hier handelt es sich um schwarze Mauretanier oder

Migranten aus anderen afrikanischen Ländern, die harte Arbeiten verrichten und von ihren arabisch-berberischen Arbeitgebern schlecht bezahlt und schlecht behandelt werden. Männer und Kinder hüten Tiere, und Frauen arbeiten als Hausangestellte unter sehr harten Bedingungen. ...

Die Regierung will das Phänomen kleinreden. Unsere Organisation IRA ... hat in den vergangenen Jahren immer wieder Menschen aus der Sklaverei befreit. ... Der Lebensstil der Mauren ist seit jeher eng mit der Sklaverei verbunden. Nach ihrem Einsickern in das Gebiet Mauretaniens im 14. bis 18. Jahrhundert haben sie die ursprüngliche Bevölkerung entweder in Richtung Süden vertrieben oder versklavt. Seitdem hat sich die Gewohnheit etabliert, bestimmte als minderwertig betrachtete Arbeiten an Schwarze zu delegieren. ...

Die religiösen Führer in Mauretanien verurteilen die Sklaverei leider nicht. ... Jahrelang habe ich den Obersten Rat für Fatwas und Beschwerden aufgefordert, ein islamisches Verbot der Sklaverei auszusprechen; irgendwann habe ich damit aufgehört, weil es aussichtslos war. ... weil die Sklaverei als ein heiliger, von Gott angeordneter Akt betrachtet wird. Meine Mitstreiter und ich wurden von den religiösen Autoritäten exkommuniziert und auch vom Staat als außerhalb des Islam stehend bezeichnet, also als Apostaten, die den Tod verdienen. ...

Afrikaner müssen aufhören zu behaupten, dass Sklavenhandel ein rein weißes Phänomen war. Es gibt den arabischen Sklavenhandel, aber es waren auch Ethnien wie die Fulbe oder Tuareg beteiligt. Letzten Endes müssen die afrikanischen Eliten die eigene Verantwortung in diesem dunklen Kapitel zur Kenntnis nehmen."

> Biram Dah Abeid (geboren 1965), ein mauretanischer Historiker, Rechtsanwalt, Politiker und Menschenrechtler, gemäßigter Muslim, der gegen die Sklaverei in seinem Land kämpft und deshalb schon mehrfach in Haft saß. 2013 erhielt er den Menschenrechtspreis der Vereinten Nationen, 2017

Der Gedanke, die Sklaverei abzuschaffen, spielte in der islamischen Kultur nie eine tragende Rolle. Die Ablehnung der Sklaverei konnte sich unter islamischer Herrschaft aus religiösen und wirtschaftspolitischen Gründen nicht durchsetzen. Alle Erlösung der „zur Besitzsache verdinglichten Arbeiter und Diener" stammt, auch im muslimischen Teil der Welt, ausschließlich aus dem Westen! Der historisch noch sehr junge Wille zur Abschaffung der Sklaverei nährte sich aus zwei Quellen: jenen Einsichtigen unter den Christen, für die alle Menschen gleich geboren sind und jenen Aufgeklärten, für die der Mensch von Natur aus frei geboren ist; gemeinsam ist ihnen die Wertvorstellung, dass allen Menschen Würde und Freiheit zustehen. Der Islam aber fordert von allen Menschen Unterwerfung.

> „Der muslimische Sklavenhandel war der längste in der Geschichte der Menschheit, er währte 13 Jahrhunderte und hatte viel mehr Opfer als der Sklavenhandel nach Amerika, der 400 Jahre dauerte. Und das traurigste daran ist, dass die meisten der Verschleppten unglücklicherweise keine Kinder bekommen konnten, weil sie kastriert wurden. Die Araber und die Nordafrikaner waren Rassisten, sie verachteten die Schwarzen. Deshalb wollten sie nicht, dass sie in ihren Ländern Kinder zeugten. Das erklärt, warum es dort heute keine starke schwarze Diaspora gibt wie in den USA, die eine Aufarbeitung dieser Geschichte fordert und eine Wiedergutmachung.
>
> Der Koran hat die Sklaverei niemals unterbunden, im Gegenteil, es gibt viele Stellen im Koran, die die Versklavung von Nichtmuslimen empfehlen und im Gegensatz zur Ächtung der Sklaverei im Europa der Aufklärung, gab es nie auch nur einen arabischen Intellektuellen, der sich je für die Sache der Schwarzen eingesetzt hat.
>
> Durch die Islamisierung wurden die afrikanischen Könige zu Mittätern. Wer sich dem Islam unterwarf, konnte der Versklavung theoretisch entgehen. Wer kein Moslem werden wollte, sollte gezielt gejagt werden. Das war der Grund für die Kollaboration und das entfachte viele Kriege zwischen den afrikanischen Völkern.
>
> Es gibt eine Solidarität zwischen den Afrikanern und den Arabern wegen der gemeinsamen Religion, dem Islam. Man zieht es vor, über diese schmerzhafte Geschichte nicht zu sprechen. Man richtet die Aufmerksamkeit lieber auf die Schuldigen, die alle schon kennen: die Europäer und die Amerikaner."
>
> > Prof. Dr. Tidiane N'Diaye (geboren 1950), französisch-senegalesischer Anthropologe, Wirtschaftswissenschaftler, Autor und Moslem, 2010

Der afro-arabische Schuldfinger zeigt also nur auf jene Weißen, die sich bis heute für die Abschaffung der Sklaverei stark machen und dafür gesorgt haben, dass die Versklavung der Schwarzafrikaner durch die Araber offiziell aufhörte.

> „Für einen schwarzen Afrikaner und einen schwarzen Sklaven gibt es ein Wort: *„abd"*. Der historische Grund dafür ist die Tatsache, dass die Sklaverei außerordentlich wichtig für die islamische Ökonomie war. Sprache spiegelt Geschichte wieder. ...

Die Geschichtsschreibung verzeichnet rund 11.000.000 afrikanische Sklaven, welche nach Nord- und Südamerika verschifft wurden und rund 13.000.000 (Anmerkung: leider mehr) wurden in die islamischen Länder verfrachtet. Wir schauen also auf eine Summe von 24.000.000 afrikanische Sklaven! Um einen Sklaven generieren zu können, mussten viele andere des jeweiligen Stammes getötet werden, bevor sich der Rest ergab und Kriegsgefangene gemacht werden konnten. Die Alten, Kranken und die Kinder wurden zurückgelassen und somit dem Verenden durch Hunger ausgesetzt. Das Verhältnis zwischen der Summe von Toten pro Sklave wird vorsichtigerweise auf 5 : 1 geschätzt. Dies bedeutet, dass über einen Zeitraum von 1400 Jahren 120.000.000 Afrikaner für den Profit des Islam getötet wurden!

In den USA lautet die gängige Geschichte der Sklaverei wie folgt: Die Weißen nahmen Afrikaner gefangen, brachten sie in die USA und verkauften sie dann als Sklaven. Das stimmt nicht. Als nämlich die weißen Sklavenhändler an der Westküste Afrikas erschienen, zogen sie nicht aus, um Afrikaner gefangen zu nehmen. Vielmehr begutachteten sie die (vorhandenen) Sklaven in ihren Verschlägen, bezahlten die muslimischen Sklavenhändler, nahmen die Quittung entgegen und luden ihre Ware auf die Schiffe.

Die Muslime betreiben ihren Handel mit Krieg, Gefangennahme, Versklavung und Verkauf schon seit 1400 Jahren. Mohammed war ein Sklavenhändler. ...

Und um noch mehr ins Detail zu gehen: viele der afrikanischen (männlichen) Sklaven wurden kastriert, indem ihnen die Hoden und der Penis entfernt wurden. So erbrachten sie mehr auf dem Sklavenmarkt. Kastrierte Schwarze waren die traditionellen Hüter von Mohammeds Moschee in Medina. Afrikanische Sklaven wurden, wie schon erwähnt, *abd* genannt, weiße *mamluk*. Die meisten schwarzen Sklaven wurden in Minen und für die Schwerarbeit auf dem Feld gebraucht. Die weißen Sklaven hingegen wurden für Handwerk eingesetzt, das mehr Geschicklichkeit voraussetzt. ...

Über eine Million weiße Sklaven wurden von Europa importiert (Anmerkung: nach neueren Erkenntnissen ein Vielfaches!). Eine weiße Frau war während 1400 Jahren die höchst bezahlte Sklavin auf dem Markt von Mekka. Ein Muslim, welcher sich keine weiße Sexsklavin leisten konnte, nahm sich eine äthiopische für 1/3 des Preises. ...

Ja, die Versklavung der Afrikaner findet auch heute noch statt. Der einzige Grund, weshalb die Muslime aufgehört haben, Weiße und Hindus zu versklaven, ist die Tatsache, dass die Muslime zu schwach sind, dem sozialen Druck von Außen zu widerstehen. Die Sunna der Sklaverei hat sich nicht geändert, lediglich die Möglichkeit, diese Gesetze anzuwenden.

In den ländlichen Gegenden Afrikas setzen Muslime noch immer Dschihad ein, um sich damit zu bereichern. Ich habe mit einem ehemaligen Sklaven aus dem Sudan, der entweichen konnte, gesprochen. Die Muslime töteten seine Eltern und nahmen ihn sowie seine Schwester gefangen. Diese wurde Nacht für Nacht von den Dschihadisten vergewaltigt („gang raped“) Vergesst nicht: Vergewaltigung ist Sunna.

Als er seinen neuen Meistern zum ersten Mal begegnete, bildeten sie einen Kreis um ihn und stellten ihn in die Mitte. Jedes Familienmitglied schlug ihn dann mit einem Stock und sein neuer Name wurde ihm mitgeteilt: abd, schwarzer Sklave. Er schlief im Stall mit den Tieren.

Unsere Medien und Intellektuellen reagieren schnell und verurteilen die geringste Beleidigung eines Schwarzen durch einen Weißen. Sie haben jedoch nicht die leiseste Ahnung vom Morden, der Vergewaltigung und Versklavung der Schwarzen durch die Muslime. Unsere Medien und Intellektuellen sind Dhimmis.

Sklaverei ist das Resultat der islamischen Dualität. Mohammed war ein Meister der Dualität und der Unterwerfung und er benützte Versklavung als ein Werkzeug für den Dschihad, weil sie funktioniert. Das Leben von Mohammed war durchtränkt mit Sklaverei. Sklaven waren das Lebensblut des Islam. Der weiße Mann Mohammed besaß schwarze männliche und weibliche Sklaven. Seine Haltung war reine ethische Dualität.

Die abscheulichste Tatsache, betreffend der islamischen Sklaverei, ist nicht, dass die Muslime andere versklaven, sondern dass wir dies ignorieren. Den Muslimen wurden der Koran und die Sunna mit der Muttermilch eingeflößt. Sie verhalten sich entsprechend der Ethik des Islam. Eigenartigerweise muss man sich der Muslime erbarmen. Ein Muslim ist das erste Opfer des Islam.

Sowohl an den Universitäten als auch in den Medien ist die Kritik an den Weißen, betreffend ihrer Teilnahme am Geschäft der Sklaverei, in aller Leute Munde. Versuchen Sie einmal eine Universität zu finden, an der gelehrt wird, dass 120.000.000 Afrikaner getötet wurden, damit die Muslime von 24.000.000 Sklaven profitieren konnten! ...

Schwarze geben die gesamte Bandbreite ihrer eigenen Sklaven-Geschichte nicht zu. ... Wie können schwarze Führungspersönlichkeiten die heilige Gewalt des Islam in Afrika ignorieren? Wieso erheben die schwarzen Kolumnisten, Schriftsteller, Professoren und Pfarrer nicht ihre Stimmen? Sie sind ignorant und zudem massiv am Verdrängen. Sie sind die missbrauchten Kinder des Islam.

Schwarze sind Dhimmis und sie dienen dem Islam mit ihrem Schweigen. Sie stecken in einer abgrundtiefen Angst vor dem Islam, welche sie die Wirklichkeit des Islam übersehen und beschwichtigen lässt. Die Araber sind die Herren der Schwarzen.

Ein Charaktermerkmal, welches die Schwarzen und Weißen gemeinsam haben, ist, dass ihre Vorfahren vom Islam versklavt wurden. Sie sind beide zu ignorant, dies zu verstehen. Schwarze und Weiße haben eine geheime Scham, dass sie durch den Islam versklavt wurden. Scham ist der Grund für ihre Verdrängung dieser geschichtlichen Tatsache.

Aber auch der Rest der Medien und der Intellektuellen stehen als Dhimmis in Reih und Glied. Eines der Kennzeichen eines Dhimmis unter dem vierten Kalif Umar war, dass er den Koran nicht studieren durfte. Das hauptsächliche Kennzeichen der heutigen Dhimmitude ist Unkenntnis über den Koran, die Sira und die Hadithe. Die Ignoranz der ungläubigen Intellektuellen über den Islam ist enorm.

Sie wissen nicht, dass die 120.000.000 Afrikaner, die 60.000.000 Christen, die 80.000.000 Hindus oder die 10.000.000 Buddhisten durch den Dschihad umgebracht wurden. Unsere Intellektuellen wissen nicht um die „Tränen des Dschihads“ (Details dazu finden sie in all unseren Büchern). Eine ganze Menge Getöteter und eine ganze Menge Ignoranz: Wir schauen auf eine Summe von 270.000.000 Opfern! Unsere Intellektuellen wissen nicht darum, sie haben kein Interesse; sie wollen sich nicht damit belasten. Sie leugnen es ab.

In den islamischen Studiengängen der Universitäten wird die islamisch-politische Doktrin niemals erwähnt. Und in den Medien wird der Islam lediglich entsprechend den Dogmen der politischen Korrektheit und des Multikulturalismus diskutiert. In Geschichtskursen wird die kulturelle Vernichtung durch den Dschihad nicht gelehrt. Religiöse Führer besänftigen Imame öffentlich und haben keine Ahnung, was letztere in Tat und Wahrheit von ihnen halten. Politische Denker wissen nicht einmal, dass der Islam politische Schwerkraft hat.

Eine Folge dieser Ignoranz ist, dass die Intellektuellen unfähig sind, uns zu unterstützen. Sie verstehen nicht, dass der Islam eine Zivilisation hervorgebracht hat, welche auf dem Ideal des Dualismus basiert. Der islamische Ethos und die islamische Politik, haben ein Regelmanual für Muslime und ein anderes für die Ungläubigen. Unsere Zivilisation hingegen beruht auf dem Prinzip eines einheitlichen Ethos, der Goldenen Regel. Wir haben weder zwei verschiedene Gesetzesfassungen noch verschiedene Verhaltensregeln, wie dies im Islam der Fall ist. Unsere Intellektuellen können nicht erklären, was Dualität in der Vergangenheit bedeutet hat, oder was sie für die Zukunft bedeutet: die Vernichtung unserer Zivilisation.

Unsere Intellektuellen und unsere Medien haben nur eine einzige Perspektive des Islam, nämlich die einer gloriosen Zivilisation. Sie haben den Schein-Begriff „Terrorist" kreiert, welcher auf Ignoranz beruht. Und dieser „Terrorist" ist nicht einmal ein richtiger Muslim, er ist ein „extremer Fundamentalist". All diese Begriffe basieren auf der abgrundtiefen Ignoranz der islamisch-politischen Doktrin.

Intellektuelle können keinen Zusammenhang sehen zwischen der Verfolgung von anderen Intellektuellen und Künstlern wie z. B. Salman Rushdie, Theo van Gogh, den dänischen Cartoonisten und Daniel Pearl und dem islamischen Dogma. Die Verfolgung Intellektueller ist Teil einer 1400 Jahre alten islamischen Tradition, Intellektuelle und Künstler bei der islamisch-politischen doktrinären Stange zu halten. Für unsere Intellektuellen jedoch gibt es keine Geschichte, keine Verbindung, kein Muster, keine islamische Doktrin. Ihre einzige Doktrin ist die der Verleugnung. Diese Intellektuellen schreiben unsere Schulbücher, welche dann mit unseren Steuergeldern bezahlt werden, um die Ignoranz der Bevölkerung zu füttern.

Wie kann man das Schweigen und die Ignoranz der Intellektuellen erklären? Die massive Gewalt des Dschihads hat die Psychologie des „missbrauchten Kindes" zur Folge. Intellektuelle fürchten sich vor den islamischen Vergewaltigern, sie entschuldigen und besänftigen sie und ignorieren die Gewalt der Vergangenheit. Dann drehen sie sich um und beraten unsere Politiker. Das Resultat ist eine ignorante Bevölkerung, welche sich an die Intellektuellen wendet, um informiert zu werden. Man tischt ihnen jedoch nur Verrat und Lügen auf."

Prof. Dr. Bill French (Pseudonym: Dr. Bill Warner) (geboren 1941), US-amerikanischer Physiker, Mathematiker und Autor, Direktor des Center for the Study of Political Islam (CSPI), 2007

Die schwarzafrikanischen und die europäischen, insbesondere die osteuropäischen Staaten, hätten allen Grund, von den reichen islamischen Golfstaaten ein Schuldeingeständnis, offizielle Entschuldigung und Geldzahlungen als Entschädigung zu verlangen. Bis heute haben das muslimische Arabien und das muslimische Afrika die Falschheit der Sklaverei nicht wirklich eingesehen, bis heute weisen sie die Sklaverei nicht aus tiefster innerer Überzeugung selbst von sich, sondern nur als Zugeständnis an die mächtige westliche Moderne. Kein Wunder: Halten sie doch am Islam fest und lehnen sie die Quellen der Antisklaverei weiterhin ab: Christentum und Aufklärung. Von einer Aufarbeitung ihrer Geschichte und Gegenwart sind sie deshalb weit entfernt. Der Islam hat nicht nur mehr Menschen versklavt als jede andere Kultur der Weltgeschichte, er versklavt auch heute noch. Das ist zwar wenig bekannt, aber deshalb nicht minder wahr.

Auch im 21. Jahrhundert gibt es weiterhin Sklaverei, mehr oder weniger sogar weltweit, obwohl sie nun überall gesetzlich verboten ist. Der australische Unternehmer und Milliardär Andrew Forrest gründete deshalb 2010 eine Stiftung gegen die moderne Sklaverei, die „Walk Free Foundation". Sie fand durch über 42.000 Interviews in 53 verschiedenen Sprachen in 167 Ländern heraus, dass im Jahr 2016 geschätzte 45,8 Millionen Menschen als Sklaven ausgebeutet wurden. Allein in Indien mehr als 18 Millionen, in China 3,4 Millionen, in Pakistan 2,1 Millionen. Nordkorea ist das einzige Land der Welt, das nichts gegen die Sklaverei unternimmt – und deshalb auch die höchste Sklavendichte aufweist: 4,37 % der Bevölkerung seien dort versklavt. Die wenigsten Sklaven gibt es in den freiheitlichen, westlichen Demokratien.

Die aktuelle Reislamisierung bedeutet natürlich auch einen Rückschritt hinsichtlich der Sklaverei-Entwicklung, ihre Befürwortung nimmt im 21. Jahrhundert wieder zu. Denn die Sklaverei gehört zur islamischen Gesellschaft, um den Sextrieb der Männer auf ihre Besitzfrauen abzuleiten. So sollen sie von der Versuchung zur Unzucht mit ehrbaren, verheirateten Frauen abgehalten werden. Die kuwaitische Muslima Salwa Al-Mteiri (geboren 1972), eine politische Aktivistin, erklärte dazu 2011:

> „Ich habe (einen saudischen Mufti) gefragt: „Wie ist das Gesetz in Bezug auf Sklavenmädchen?" Der Mufti sagte mir: Dieses Gesetz erfordert es, dass ein muslimisches Land ein christliches Land überfällt – Entschuldigung, ein nicht-muslimisches Land – und dass Kriegsgefangene gemacht werden. Ich fragte ihn, ob es verboten ist (sie zu Sklaven zu machen), und er sagte, dass der Islam nicht verbietet, Sklavenmädchen zu haben. Im Gegenteil.
>
> Das Gesetz bezüglich Sklavenmädchen ist nicht das gleiche wie für freie Frauen. Freie Frauen müssen ihre Körper verhüllen, außer ihren Händen und ihrem Gesicht. Das Sklavenmädchen muss sich nur unterhalb des Bauchnabels verhüllen. Da gibt es einen großen Unterschied zwischen Sklavenmädchen und freien Frauen. Mit einer freien Frau muss der Mann einen Ehevertrag machen, aber mit einem Sklavenmädchen – alles was er tun muss, ist, sie zu kaufen. Das ist dann, als wenn er sie geheiratet hätte. Also gibt es einen Unterschied zwischen Sklavenmädchen und freien Frauen.
>
> Auch hier in Kuwait habe ich religiöse Gelehrte und Experten danach gefragt, und sie sagten, dass für den gewöhnlichen, guten, religiösen Mann

> der einzige Weg, verbotene Beziehungen zu Frauen zu vermeiden, darin besteht, Sklavenmädchen zu erwerben. Ich hoffe sehr, dass so ein Gesetz erlassen wird. Genau wie sie Dienerinnen erlauben, so sollten sie Sklavenmädchen erlauben und ein ordentliches Gesetz diesbezüglich erlassen. Wir wollen nicht, dass unsere Kinder in den Abgrund von Unzucht und ähnlichem Schmutz fallen, Gott behüte. So Allah will, werden sich die Dinge zum Guten wenden. Es gibt Länder wie Tschetschenien, die im Krieg sind mit anderen Ländern. In solchen Fällen gibt es sicher Kriegsgefangene, also warum geht man nicht hin und kauft diese Gefangenen? Ist es besser für sie, dort drüben abgeschlachtet zu werden? Geht und kauft sie und verkauft sie an Händler hier in Kuwait."

Genau, saubere Sklaverei ist allemal besser als ein sinnloser Kriegstod. Ist doch schade darum – lieber wieder legale Sexsklaverei, als ein humanitärer Akt für Kriegsgefangene junge Frauen und zur Hebung der Moral muslimischer Ehemänner! Das wäre doch eine glänzende Lösung für alle Beteiligten, eine win-win-Situation. (Bitte entschuldigen Sie meinen Zynismus.) Frau Al-Mteiri fordert aber nicht nur die Wiederbelebung der Sexsklaverei alter Prägung, nein, sie ist eine selbstbewusste Kopftuchträgerin und denkt auch an sich und ihre Geschlechtsgenossinnen:

> „Kuwaitische Frauen sind stolz und haben starke Persönlichkeiten. Sie ziehen es vor, die Verantwortlichen zu sein. Das schafft einen Konflikt mit ihren kuwaitischen Ehemännern, der eine Scheidung verursacht. Daher gibt es keinen Ausweg aus dieser gesellschaftlichen Sackgasse, außer ..."

Na, Sie ahnen vielleicht, worauf die rührige Muslima hinaus will? Richtig, geschiedene Frauen sollen sich „süße Ehemänner" kaufen können.

> „Wir werden nicht in der Lage sein, dem Phänomen steigender Scheidungsraten entgegenzutreten, wenn wir diese Idee nicht umsetzen."

Und wie sollen sie sein, die gekauften muslimischen „Ehemänner"?

> „Er ist höflich, taktvoll, demütig und natürlich schön. Er erfüllt die Forderungen seiner Frau, gehorcht ihren Befehlen und verwöhnt sie. So verbringt sie die schönsten Tage von ihrem Leben mit ihm, weit weg von Zusammenstößen, Streitigkeiten und Streitigkeiten."

Das ist wohl Emanzipation auf islamisch ... . Sie denkt sogar noch weiter, nämlich an Zuchtwahl:

> „Mein Ziel bei diesem Vorschlag ist es, den Nachwuchs in Kuwait durch die Rekrutierung von weißhäutigen Ehemännern zu verbessern."

Sie will weißhäutige Männer bevorzugen und das kuwaitische Volk weiß machen. Ist das nicht rassistisch?

Rathaus-These 24: Muslime täuschen uns

Viele Muslime sind unter Nichtmuslimen nicht ehrlich, sie reden mit doppelter Zunge. Vor westlichen Ohren reden sie gemäßigt und geben sich tolerant. Unter sich aber wird ihre Sprache radikal und antiwestlich: Die Demokratie ist dann eine westliche Erfindung, die selbstverständlich nichts mit dem Islam zu tun hat. Der Islam ist die von Allah gegebene bestmögliche Ordnung, was sich daraus nicht ableiten lässt, gilt eben nicht wirklich. Daran hält man sich nur nach außen hin, nur solange man in der Minderheit ist.

Dieses Verstellen Nichtmuslimen gegenüber ist ihnen ausdrücklich erlaubt, ja geboten, von höchster Stelle, von Allah selbst. Im Islam ist die Lüge so etwas wie eine heilige Pflicht zur Täuschung von Ungläubigen.

> „Wisse, dass die Lüge in sich nicht falsch ist. Wenn eine Lüge der einzige Weg ist, ein gutes Ergebnis zu erzielen, ist sie erlaubt. Daher müssen wir lügen, wenn die Wahrheit zu einem unangenehmen Ergebnis führt."

Das sagte Abu Hamid Muhammad Ibn Muhammad Al-Ghazali (1058 - 1111), ein Perser, der bis heute zu den bedeutendsten islamischen Gelehrten gehört.

> „Lass uns ins Gesicht mancher Nicht-Muslime lächeln, währenddessen unsere Herzen sie verfluchen.", soll an dieser Stelle Ibn Kathir (1301 - 1373) ein syrischer Islam-Gelehrter, stellvertretend für alle anderen, ergänzen.

> „Ein Gläubiger, der die Taqiyya (Lüge) nicht übt, ist wie ein Gläubiger ohne Kopf.", mahnte schon Hasan al-Askari (846 - 874), der elfte Imam, ein Nachfahre Mohammeds.

Zwecklügen ist Muslimen Pflicht, wie in einem Geheimbund. Muslime sollen ihren Verstand nur gebrauchen, um Allahs Worte zu verstehen und Nichtmuslime über ihre wahren Absichten zu täuschen. Ein Muslim darf nur Allah, Mohammed und seinem Imam folgen. Einer nichtislamischen Gesellschaft, erst recht einer anti-islamischen Gesellschaft, darf er sich höchstens vorübergehend fügen, besser nur zum Schein, niemals aber endgültig, niemals vor Allah.

Als Minderheit im Westen können sich Muslime als liebevolle, fürsorgliche, barmherzige Leute tarnen. Sie können, was sie wirklich denken und glauben, hinter einer Imagepflege verstecken, um eine islamtolerante bis islamfreundliche Stimmung um sich herum zu erzeugen. Sie können sich verwestlicht präsentieren und verkünden, ihr Glaube sei vorurteilsfrei allen Rassen und Kulturen, Juden und Christen gegenüber und sei auf Frieden mit allen aus. Denn Muslime wollen, dass wir uns dem „Propheten mit dem Schwert" öffnen. Deshalb tun viele so, als gäbe es Allahs Kampfbefehle gar nicht und als hätte der Koran nichts mit dem islamischen Terror zu tun. Wie zutiefst unredlich! Der Islam ist eine frühmittelalterliche, religiös legitimierte, totalitäre Staatsordnung, welche die Religionsfreiheit ablehnt, sie bei uns aber benutzen will, um unsere freiheitliche Rechts- und Staatsordnung allmählich abzuschaffen. Deshalb müssen wir uns dem Islam verschließen, statt uns ihm öffnen! Muslime predigen Moral und friedliche Koexistenz nur, solange sie noch ohnmächtig sind!

Man kann alle Menschen lieben, aber nicht allen vertrauen. Muslimen zu vertrauen, ist riskant. Islamfreundlichkeit ist ein Irrtum, Muslime sind nicht unsere geistigen Brüder und Schwestern, mit denen wir uns vereinen können. Der Kniefall der selbstkritischen, geknickten Deutschen am Bahnhof des freudigen Flüchtlings-Willkommens, ist dem Kniefall der Muslime beim Gebet nicht im Geringsten ähnlich, sondern ein genau gegenteiliger. Die Deutschen wollen sich befreien, die Muslime wollen sich beherrschen. Und dann uns.

> „Meine ersten Terrorgedanken entstanden bereits in der Kindheit. Mir kommt ein Lied in den Sinn, das wir täglich in der Grundschule sangen: Wir lieben die Araber. Die Juden aber, sind unsere Hunde. Ich war damals 4, 5 oder 6 Jahre alt und wusste gar nicht einmal, wer die Juden sind. Damals begriff ich nicht, was ich da mitsang. Warum dieser Hass? Ich ging zu meinen Vater und fragte ihn, wer die Juden sind? Sie sind Affen, Schweine, antwortete er. In allen Lebensbereichen und zu jedem Anlass wird zum Dschihad und Kampf aufgefordert, im sozialen wie im geistigen Leben, in der Studienzeit und in den Freitagspredigten. ...
>
> Ich war schon mal festgenommen worden und im Gefängnis lernte ich einen Terroristen kennen. Er übertrug mir eine Aufgabe. Ich sollte einen Sprengstoffanschlag durchführen. ... In der Bank sah ich arabische Kinder, die ich nicht töten wollte. Ich stellte den Sprengstoff aufs Dach der Bank und sie explodierte fünf Minuten später. Erst dann begriff ich, dass ich zum

ersten mal in meinem Leben Menschen umbrachte. ... Erst dann begriff ich, dass ich all diese Toten auf dem Gewissen habe; unglaubliche Gewissensbisse. ...

Danach ging ich nach Amerika. Es war im Jahre 1980 oder 81. ... In Amerika trat ich den Moslem-Brüdern bei und wir erhielten dort eine Dschihad-Ausbildung. ... Die Zusammenkunft von Gläubigen fand in den Kellern von Wohnhäusern statt. Die jungen Leute übten dort Karate und machten andere Trainings, um die jungen Leute für den Dschihad vorzubereiten. Dschihad gegen Israel, gegen Amerika und gegen den Westen. ...

Das muss der Westen wissen, dass die radikalen Moslems in Amerika Menschen für den Dschihad gewinnen und trainieren und sie können dabei immer Anpassung vortäuschen. ... Unsere Loyalität gilt nur dem Arabismus und nicht der Wahrheit. Wir sind krankhaft rassistisch. Das müssen wir zugeben. Wir hielten die Christen und die Nichtmuslime für minderwertig und uns für was Besseres. Ihr seid die beste Gemeinschaft, die je unter den Menschen hervorgebracht worden ist, Sure 3, Vers 110. ...

Und dann werfen wir dem Westen vor, Verschwörungen gegen uns geschmiedet zu haben, Tatsache ist aber, Verschwörungen gibt es bei uns mehr als im Westen. In der islamischen Sozialisierung lernt man, dass das Lügen in drei Fällen gestattet ist: u.a. im Falle von Dschihad. Wenn ein Moslem sich in westlichen Kulturen aufhält, befindet er sich gezwungenermaßen in einer Dschihad-Situation gegen den Westen. Also darf er die Leute dort belügen. So verfahren auch die meisten islamischen Institutionen im Westen. ... In arabischer Sprache aber schreien sie: Passt auf, Juden! Die Armee Mohammeds kehrt zurück! ...

Nachdem ich Christ geworden bin, wurde mir bewusst, dass wir Moslems krankhaft lügen und krankhaft stolz sind. Es hat ganz sicher mit dem Glauben zu tun. Der Islam unterscheidet immer zwischen Moslems und Nichtmoslems und die Umgangsformen sind dementsprechend unterschiedlich. ...

Ich habe eine Mexikanerin geheiratet, die katholisch war. Wie es sich gehört, habe ich versucht, meine Frau zum Islam zu konvertieren – es ist die Aufgabe eines jeden muslimischen Ehemannes. Meine Frau fragte mich, weshalb sie es tun sollte. ... Ich begann zu beten und bat den Gott von Abraham, von Isaak und Jacob, mir die Wahrheit zu zeigen. Je mehr ich in der Bibel las, desto größer und tiefer wurde die Kluft zwischen dem Gottesbild im Koran und in der Bibel. Einer der 99 Namen Gottes im Koran ist „der Arrogante". In der Bibel wird der Teufel als arrogant und hochmütig bezeichnet. Auch „der Listige" und „der Todbringende" sind in der Bibel Attribute des Satans und nicht von Gott, wie im Koran. Es gibt Tausende von Gründen, weswegen ich meine Meinung über den Islam ändern müsste. Im Neuen Testament wird das Leben eines Menschen wertgeschätzt. Es geht hier klar um den Kampf zwischen dem Guten und dem Bösen."

Walid Shoebat (geboren 1960), Jordanier, US-Amerikaner amerikanisch-arabischer Abstammung, dschihadistischer Ex-Terrorist der PLO, 1993 zum Christentum konvertierter Muslim, 2014

Gängige muslimische Lügen sind auch die *Scheinargumente*, die Islam-Unkundigen präsentiert werden, um den Islam gut dastehen zu lassen, ihn zu verteidigen und seine Vereinbarkeit mit den westlichen Werten vorzugaukeln. Gleichzeitig schenken manche Muslime diesen Schönfärbungen selbst Glauben, denn sie wollen in der Illusion bleiben, ihr ganz persönlicher Islam sei tatsächlich vollkommen, eine reine, schöne Religion und die allen anderen menschlichen Vorstellungen überlegene, göttliche Wahrheit.

Diese Scheinargumente lauten: Der Islam sei die Religion des Friedens, der Islam kenne keinen Zwang im Glauben, die Menschenrechte und die Demokratie wären im Islam schon enthalten gewesen, der Dschihad sei nur der Weg zur inneren Vervollkommnung, die Anstrengung mit sich selbst. Da wird ganz plump behauptet, das Wort „Islam" bedeute „Frieden". Islam heißt übersetzt aber nicht Frieden, sondern „Unterwerfung". Und „Muslim" heißt nichts anderes als „Sklave Allahs". Die Moschee heißt auf arabisch „Mihrab", abgeleitet von „Harib", was „Krieg" heißt.

Mit einem Fragment von Sure 5: 32 soll größtmögliche Friedfertigkeit vorgetäuscht werden: „... wer einen Menschen ermordet, ohne dass dieser einen Mord oder eine Gewalttat im Lande begangen hat, soll sein wie einer, der die ganze Menschheit ermordet hat.". Und nun die Wahrheit: Die Sure beginnt nämlich: „Aus diesem Grunde haben wir den Kindern Israels verordnet, dass ... wer einen Menschen ermordet ... usw." Diese Worte Mohammeds sind nur ein Zitat aus dem jüdischen Talmud und bedeuten hier eine Drohung an die „schutzbefohlenen" Juden, dass sie als Menschen zweiter Klasse weniger Rechte haben und härter bestraft werden als die Muslime.

Eine weitere „berühmte" Lüge: Der Islam kenne keinen Zwang im Glauben. Kennt er also Glaubenstoleranz, kennt er die Religionsfreiheit? Nein, ganz und gar nicht, das sollen wir nur fälschlicherweise glauben. Die zum fadenscheinigen „Beweis" zitierte Sure lautet im vollen Sinne: „Es sei kein Zwang im Glauben. Klar ist nunmehr unterschieden das Rechte vom Irrtum ... ." (Koran, 2: 256)

Da manche gemäßigten Muslime ihren Glauben gerne selbst als religionstolerant sehen wollen, beginnen sie diesen für westliche Ohren gedachten Propagandalügen selber Glauben zu schenken, weshalb verunsicherte Muslime bei hohen Islamgelehrten anfragen, ob der Islam die Religionsfreiheit nun zulasse oder nicht? Eine überflüssige Frage. Hier eine Antwort:

> „Der Islam hat nicht die Glaubensfreiheit verkündigt. ...
>
> Falls der Islam die Glaubensfreiheit verkündigt hätte, hätte die Menschheit weder die Sendung der Gesandten, noch die Herabsendung der Bücher der Offenbarungen benötigt. ... Wenn dem so wäre, könnte jeder leben wie er wollte, jeder wäre frei. Nein, ganz im Gegenteil sagt Allah: „Und Ich habe die Dschinn und die Menschen nur darum erschaffen, damit sie Mir dienen (Sure 51, 56)“. Allah sagte nicht, dass jeder nach seinem eigenen Willen leben dürfe, sondern „ ... nur, damit sie Mir dienen.“
>
> Allah sagte auch: „Und kämpft gegen sie, bis es keine Verwirrung mehr gibt und die Religion Allah gehört (Sure 2, 192).“ Derjenige, der sich weigert, Allah anzubeten, wird bekämpft. ...
>
> Der Islam hat nicht die Glaubensfreiheit der ungläubigen Religionen verkündigt. ... Allah sendet die Bücher herab, sendet die Gesandten, schreibt den Dschihad vor und schreibt die Bestrafungsmethoden und die Strafen vor, um die Menschen vor dem falschen Glauben und dem korrupten Denken zu schützen. Allah möchte die Menschen auf diese Weise schützen, weil sie Allahs Knechte sind. Deshalb müssen die Menschen lediglich Allah allein anbeten, ohne ihm etwas beizugesellen. Andernfalls müssen die abschreckenden Strafen vollzogen werden; also die Strafen, die Allah vorgeschrieben hat.
>
> Die Aussage Allahs „Es gibt keinen Zwang in der Religion“ meint keine Meinungsfreiheit, sondern, dass dieser Koranvers nicht die Menschen zwingen kann, an die Religion des Islam im Herzen zu glauben. Dies kann nur Allah bewirken ... Wir kämpfen jedoch gegen die Ungläubigen und die Polytheisten, denn Allah hat uns das vorgeschrieben. Wir laden zum Guten ein und verbieten das Unrecht. Wir erklären das und sagen nicht „Es gibt keinen Zwang in der Religion“.“
>
> Scheich Saleh al-Fawsan (geboren 1933), saudi-arabischer Rechtsgutachter, Mitglied des Vorstands der muslimischen Gelehrten Saudi-Arabiens, in einer Fatwa 2011

Die Menschenrechte und die Demokratie sind im Islam schon angelegt? Nein. Für den Muslim kommt alles dem Menschen zugedachte, dem Menschen „angemessene“, das „richtige“ Recht, von Allah selbst; zusammengefasst und ausgelegt in der „heiligen“ Scharia. Mohammed will nur, dass ein Konsens in der Auslegung gefunden werden soll, um einträchtige Einigkeit unter den Muslimen zu erreichen – die es natürlich nie gab, auch unter seinen unmittelbaren Anhängern nicht – keineswegs aber ein selbstbestimmter, unabhängiger menschlicher Beschluss zur freien Gestaltung der Menschenwelt getroffen werden darf. Allah bewahre!

Um uns den Islam nahezubringen, lautet ein weiteres Täuschungsargument: Die islamische Kultur hätte das antike europäische Erbe vor dem Vergessen gerettet, übersetzt und den barbarischen Europäern erst zurückgebracht. Der Islam hätte also die darauf basierende europäische Entwicklung von Wissenschaft und Philosophie zur Moderne erst angestoßen, ja geradezu begründet. Der Islam sei eben die Ursache von allem und enthielte alles. Warum hat er dann nicht selbst die naturwissenschaftliche Moderne hervorgebracht? Die Wahrheit ist, schon vor dem Islam haben irische Mönche die antiken Autoren übersetzt. Später flohen viele Gelehrte aus Byzanz nach Italien und nahmen antike Schätze mit, um sie vor der Zerstörung durch die angreifenden Muslime zu retten und befeuerten so das Zeitalter der Renaissance, der Wiederentdeckung der antiken europäischen Wurzeln durch die Europäer selbst. Die Muslime haben während und nach ihren Eroberungszügen weit mehr griechisch-römische Dokumente der Antike zerstört als behalten, als „gerettet". Nichts ist so schlecht, dass es nicht irgendwie auch etwas Gutes hat. So mögen die Muslime vor allem indirekt einen kleinen Beitrag zur Wiederentdeckung der Antike nach dem Mittelalter in Europa erbracht haben. Aber dieses Argument ist von der gleichen Kategorie wie jenes: Hitler hatte auch was Gutes, er hat die Autobahnen gebaut. Und VW gegründet. Ist der deutsche Automobilbau deshalb etwa ein Verdienst des Hitlerfaschismus? Natürlich nicht.

Der Dschihad ist nur die innere, religiöse Selbstfindung, heißt es manchmal. Nein. Der Dschihad ist die Ausbreitung des Islams, egal mit welchem Mittel und in welcher Form, in die Welt der Ungläubigen hinein, um den Auftrag der Welteroberung zu erfüllen. Dschihad bedeutet gewaltsame oder friedliche Missionierung zum Islam, im Kern immer „heiliger Krieg".

Der Islam ist eine Religion wie alle anderen auch? Nein. Der Islam ist ein Unikum, und zwar kein gutes, sondern ein böses. Warum ein Unikum? Weil der Religionsgründer selbst blutig-kriegerisch nach der weltlichen und religiösen Macht griff. Andere Religionen wurden dazu später missbraucht, der Islam aber ist von vornherein daraufhin angelegt.

> „Der Koran in seiner arabischen Fassung stellt eine aggressive, politisch totalitäre Ideologie dar. Wie denn kann diese mit dem Grundgesetz, mit den Länderverfassungen, vereinbar sein? Sie hat teilweise Ähnliches im Sinn wie Hitlers Buch „Mein Kampf"! Im Koran gibt es 206 Stellen, die zur Gewalt gegen „Kufar" = „Lebensunwürdige" (Kufar sind nach islamischen Dogma alle Menschen, die nicht Muslime sind) aufrufen und zur gewalt-

samen Verbreitung des Islam auffordern. Sogar die entsprechenden Gewalthandlungen werden eindeutig beschrieben. ... Mohammed hat seine erste Moschee in Al-Medina errichtet (622 n. Chr.). Sie wurde Vorbild aller weiteren Moscheen. Von seinen 66 Feldzügen führte Mohammed 27 selbst an, die er in seiner Moschee vorbereitete. Dort wurde von Anfang an Eroberungs-Politik gemacht und zum bewaffneten Kampf gegen die „Kufar" (Lebensunwürdigen) aufgerufen. Bis zum heutigen Tage sind die Moscheen Räume für politisches Wirken."

„Das islamische Fundament mutet ähnlich rassistisch an wie europäischer Faschismus: Es sind allesamt radikale, antisemitische, antidemokratische und totalitäre Bewegungen."

Fouad Adel (geboren 1955), deutsch-sudanesischer Islamwissenschaftler, ehemaliger koptisch-orthodoxer Priester, 2011

Den einen Islam gäbe es gar nicht, jeder Gläubige hätte seinen ganz persönlichen, privaten Islam? Nein. Es gibt zwar viele Strömungen und Auslegungsschulen, sie beziehen sich aber alle auf denselben Koran und dieselben Hadithen. Während Jesus in Bildern und Gleichnissen sprach, sprach Mohammed in direkten Anweisungen. Koran und Hadithe können nicht interpretiert werden, sondern müssen nur verstanden werden, und zwar wortwörtlich. Allah habe alles mitgeteilt, was Menschen wissen müssten. Mehr bräuchten sie nicht.

Grundsätzlich *darf* der Koran in seinen Kernaussagen und Kernforderungen weder interpretiert, noch gekürzt noch ergänzt werden, schon gar nicht umgedeutet, denn er gilt nach seinem eigenem Bekunden, und nach der herrschenden islamtheologischen Anwendung, als das originale und letztmalig offenbarte Gesetzeswort Gottes. Allein seine Uneindeutigkeiten dürfen nach den Leitlinien des Korans entschieden werden, Analogieschlüsse sind nur marginal möglich. Auslegung im Islam heißt nur, die zutreffende Stelle in Koran und Sunna zu finden oder sich zu erschließen, was Allah gemeint hat, da manche Aussagen sich widersprechen und zu vielen modernen Lebensfragen überhaupt keine göttlichen Anweisungen gegeben wurden. Es gilt das Prinzip der Abrogation: die zeitlich jüngeren Aussagen ersetzen die zeitlich älteren, wenn sie sich widersprechen – weil sich der allmächtige, allwissende Gott zuweilen selber korrigieren musste.

Es sind die Widersprüche und die Lücken im „heiligen" Text, sowie vor allem das Nichtanwenden besonders krasser Forderungen durch die Gläubigen, welche im Endeffekt zu verschiedenen *Anwendungsformen* des Islams führen. So wird auch die Scharia nirgendwo, in keinem Land der Welt, hundertprozentig erfüllt, weil sie eben doch zu unmenschlich ist. Es gibt also nur *verschiedene Grade der*

Ausführung des Islams – und ein paar randständige Versuche, ihn zu modernisieren, die bisher alle gescheitert sind und weiter scheitern werden.

Oft wird behauptet, der Islam sei einfach nur ambivalent; er erlaube, sich für die Gewalt oder für die Toleranz zu entscheiden, weil sich beides mit Koranversen begründen lässt. Das ist ganz falsch, denn diese Wahl gilt nur taktisch: Toleranz, solange man schwach ist, Gewalt, sobald man stark ist. Beide Mittel dienen dem gleichen Zweck – zur Unterwerfung – und end*gültig* ist dabei eindeutig die Gewalt!

Der Islam hat prinzipiell drei Gesichter, das wahre, das verfälschte und das ehrlich verfälschte. Das wahre Gesicht des Islams zeigen Muslime, die für die Forderungen aus Koran und Hadithen einstehen und nichts beschönigen. Das ist die kleinste Gruppe der Muslime, der harte Kern, das sind die wahren Gläubigen. Viel größer ist die Gruppe der Verfälscher, der Mitläufer, der wie immer größten Gruppe, weil die meisten Menschen nun mal dazu neigen, sich anzupassen und gesichtswahrend alles zurechtzubiegen. Wenn diese um den wahren Islam wissen, ihn aber in der nichtmuslimischen Öffentlichkeit beschönigend darstellen, um Leichtgläubige zu täuschen und positiv voreingenommen zu machen und um Widerstand zu vermeiden oder zu minimieren, dann sind sie verlogene Mitläufer, nahe bei den wahren Muslimen. Kennen sie aber den Islam gar nicht so genau und haben sie die „heiligen Texte“ weder studiert noch überhaupt gelesen, so sind sie unwissende und heuchlerische Mitläufer, die den Islam nur vom Hörensagen, von ihren Eltern und Imamen her, kennen. Sie fühlen sich zugehörig und machen mit und halten für islamisch, was ihnen geläufig und was ihnen gerade genehm ist. Die dritte Gruppe sind Menschen islamischer Sozialisation, die nicht nur Mitläufer, aber auch keine wahren muslimischen Hardliner sein wollen, sondern ihrem eigenen Islamverständnis oder Wunschislam Geltung verschaffen möchten. Sie stehen zu ihrer Umdeutung des Islams und sind deshalb ehrliche Verfälscher. Zu ihnen gehören alle jene, die den Islam an die aufgeklärte Moderne heranzureformieren trachten, um ihn doch noch behalten zu können, obwohl sie bereits bemerkt haben, dass sie ihn teilweise ablehnen und eigentlich aufgeben müssten. An dieser Stelle sind sie dann nicht ehrlich genug. Die ehrlichsten Islam-Kritiker sind Ex-Muslime.

Nun, allen drei „Gesichtern“ des Islam ist es erlaubt und geboten, sich im Dienste des Islams zu verstellen, wenn das hilfreich ist. Die Knechte Allahs sollen „Taqiya“ bzw. „Iham“, die „Täuschung der Ungläubigen“ anwenden, um den Widerstand gegen die Islamisierung ihrer Gemeinwesen so gering wie möglich zu halten. „Und sie schmiedeten Listen, und Allah schmiedete Listen; und Allah ist der beste Listenschmied (Koran, 3: 54).“ *Bei jedem Gespräch mit Muslimen muss man sich darüber im Klaren sein, dass ihr Gott, ihr Prophet und ihre Gelehrten ihnen raten, Schutzlügen zu gebrauchen. Muslime täuschen uns über ihre wahren Absichten, sie arbeiten konspirativ.* Das tun andere auch, aber nicht im religiösen Auftrag, mit „höchstgöttlicher“ Rückendeckung. In der Auseinandersetzung mit Muslimen muss man ihre falschen Argumente mit der Erkenntnis zurückweisen, dass man sie für Täuschung hält!

Die plumpesten Täuschungsversuche kann jeder sofort erkennen: Die Unterwerfung sei Frieden, der Prophet habe keine Kriege geführt, die Unterwerfung bringe erst die wahre Freiheit, Männer und Frauen, Gläubige und Ungläubige, seien gleichberechtigt, die Demokratie sei in der Unterwerfung schon enthalten und vorweggenommen worden, alle anderen westlichen Errungenschaften auch, die Scharia sei mit den Menschenrechten vereinbar ... . Wer sich auf solche Scheinargumente inhaltlich einlässt und diskutieren will, gerät aus muslimischer Sicht schon in die Defensive, nämlich vor der letztlich absoluten Wahrheit Allahs, weil sein Knecht immer im Besitz einer unglaublichen Gewissheit ist: Am Ende wird er sowieso Recht behalten, der verirrte „Ungläubige“ *muss* sich schließlich irren, denn selbstverständlich hat der allwissende Allah Recht, wer denn sonst? Basta! Wenn Muslime nicht mehr weiterwissen, geben sie diesen ihren Glauben unumwunden zu. Dann ziehen sie ihren finalen Trumpf: Zuletzt Rechthaben mit Allah!

Der Klassiker islamischer Täuschung ist der allgemeine Klassiker: die simple Verdrehung: Der andere würde lügen, nicht man selbst. Der andere würde etwas weglassen, verleugnen, nicht man selbst. Beweisen können sie das kaum, weil es nur gemutmaßt oder erlogen ist. So verfuhr Mohammed mit den Juden und Christen, so verfuhren die Schiiten mit den Sunniten und so praktizieren es die Islamtäuscher mit ihren aufgeklärten Kritikern. Mit absoluter Sicherheit folgt auf Kritik und Ablehnung der Vorwurf: Man würde etwas aus dem Zusammenhang reißen, sich herauspicken und all das andere weglassen, was so gut und wichtig sei im Islam. Aber dieses andere existiert gar nicht! Nur in der Islam-Propaganda, in der wortwörtlichen Lüge. Islamverteidiger, die mit den Fakten konfrontiert werden, sehen sich genötigt, ganz vage Lügen als „Beweise“ für ihre Lügen heranzuziehen. Diese „Missverständnisse“, so behaupten sie dann in ihrer Ausweglosigkeit, entstünden allesamt durch „Übersetzungsfehler“. Man könne den Koran nämlich nur im arabischen Original verstehen und auch nur Rechtgläubige könnten dies. Pappalapapp. Lügen haben kurze Beine! Ihre Ausflucht ist durchschaut.

Schaut man sich im Netz um, findet man Koranübersetzungen, die offensichtlich auf Biegen und Brechen so „übersetzt“ sind, dass sie für Westler möglichst annehmbar, irgendwie „christlich“, erscheinen; maximal schöngeredet. Was sie anderen zum Schein vorwerfen, praktizieren sie mit umgekehrter Stoßrichtung selbst. Meines Wissens gibt es keine „verschlimmernde“ Koranübersetzung, anscheinend jedoch verharmlosende. Aber auch diese können das Wesen des Islams nicht wirklich verstecken: Koran und Sunna des Propheten sind und bleiben eindeutig. Denn Mohammed hat es so gewollt.

Um ihre Integrationsfähigkeit vorzutäuschen, hat der „Zentralrat der Muslime in Deutschland e.V“ (ZDM) im Jahr 2002 eine „Islamische Charta“ verabschiedet, eine Grundsatzerklärung dieser Vereins-Muslime zu unserem Staat und unserer Gesellschaft, mit welcher sich der islamische Funktionärs-Verein, parallel dem „Zentralrat der Juden“, unseren Staatsorganen als Partner empfehlen will. Diese Charta verspricht in 21 Punkten u. a. genau das, was deutsche Politiker ihnen zuvor nahegelegt haben und hören wollen, um mit ihnen ins Geschäft kommen zu können, und natürlich das, was die Muslime als Zugeständnis dafür haben wollen. Ein basaresker orientalischer Formelkompromiss. Wenn Sie diese Charta einmal lesen sollten, wundern Sie sich nicht, wenn sich neben ihren Fußnägeln auch die Balken und Stahlträger ihres Hauses verbiegen! Ach was soll's – weil's so ungeheuerlich entlarvend ist, denn dreister Lügen geht gar nicht – zitiere ich Ihnen gleich mal die auffälligsten Stellen:

> „1. Der Islam ist die Religion des Friedens. „Islam“ bedeutet gleichzeitig Friede und Hingabe. Der Islam sieht sich als Religion, in welcher der Mensch seinen Frieden mit sich und der Welt durch freiwillige Hingabe an Gott findet. Im historischen Sinne ist der Islam neben Judentum und Christentum eine der drei im Nahen Osten entstandenen monotheistischen Weltreligionen und hat als Fortsetzung der göttlichen Offenbarungsreihe mit diesen viel gemein.“ ...
>
> „ 6. ... Der Muslim und die Muslima sehen es als ihre Lebensaufgabe, Gott zu erkennen, Ihm zu dienen und Seinen Geboten zu folgen. Dies dient auch der Erlangung von Gleichheit, Freiheit, Gerechtigkeit, Geschwisterlichkeit und Wohlstand. ...
>
> 11. ... bejahen die im Zentralrat vertretenen Muslime daher die vom Grundgesetz garantierte ... Grundordnung der Bundesrepublik Deutschland ... akzeptieren sie auch das Recht, die Religion zu wechseln, eine andere oder gar keine Religion zu haben. Der Koran untersagt jede Gewaltausübung und jeden Zwang in Angelegenheiten des Glaubens. ...
>
> 13. Zwischen den im Koran verankerten, von Gott gewährten Individualrechten und dem Kernbestand der westlichen Menschenrechtserklärung besteht kein Widerspruch. ...
>
> 14. Die europäische Kultur ist vom klassisch griechisch-römischen sowie jüdisch-christlich-islamischen Erbe und der Aufklärung geprägt. Sie ist ganz wesentlich von der islamischen Philosophie und Zivilisation beeinflusst. Auch im heutigen Übergang von der Moderne zur Postmoderne wollen Muslime einen entscheidenden Beitrag zur Bewältigung von Krisen leisten. Dazu zählen u. a. die Bejahung des vom Koran anerkannten religiösen Pluralismus, die Ablehnung jeder Form von Rassismus und Chauvinismus ...

15. Der Koran fordert den Menschen immer wieder dazu auf, von seiner Vernunft und Beobachtungsgabe Gebrauch zu machen. In diesem Sinne ist die islamische Lehre aufklärerisch und blieb von ernsthaften Konflikten zwischen Religion und Naturwissenschaft verschont. Im Einklang damit fördern wir ein zeitgenössisches Verständnis der islamischen Quellen, welches ... der Herausbildung einer eigenen muslimischen Identität in Europa Rechnung trägt.

18. Der Zentralrat ... ist bemüht, ... einen wesentlichen Beitrag zu Toleranz und Ethik, sowie zum Umwelt- und Tierschutz zu leisten. Er verurteilt Menschenrechtsverletzungen überall in der Welt und bietet sich hier als Partner im Kampf gegen Diskriminierung, Fremdenfeindlichkeit, Rassismus, Sexismus und Gewalt an.

19. Der Zentralrat setzt sich für die Integration der muslimischen Bevölkerung ... ein, unter Bewahrung ihrer islamischen Identität, und unterstützt alle Bemühungen, die in Richtung ... Einbürgerung gehen.

20. ... sieht der Zentralrat seine Aufgabe darin, ... in Kooperation mit allen anderen islamischen Institutionen ... zu ermöglichen ... :

Einführung eines deutschsprachigen islamischen Religionsunterrichts,
Einrichtung von Lehrstühlen zur akademischen Ausbildung islamischer Religionslehrer und Vorbeter (Imame),
Genehmigung des Baus innerstädtischer Moscheen,
Erlaubnis des lautsprechverstärkten Gebetsrufs, Respektierung islamischer Bekleidungsvorschriften in Schulen und Behörden,
Beteiligung von Muslimen an den Aufsichtsgremien der Medien,
Vollzug des Urteils des Bundesverfassungsgerichts zum Schächten,
Beschäftigung muslimischer Militärbetreuer,
Muslimische Betreuung in medizinischen und sozialen Einrichtungen,
Staatlicher Schutz der beiden islamischen Feiertage,
Einrichtung muslimischer Friedhöfe und Grabfelder.

21. ... Die wahlberechtigten Muslime werden für diejenigen Kandidaten stimmen, welche sich für ihre Rechte und Ziele am stärksten einsetzen und für den Islam das größte Verständnis zeigen.“

Islamische Charta des Zentralrats der Muslime in Deutschland e.V., 2002 (abgerufen in 2018)

Wie Sie vielleicht erkennen können, ist Deutschland auf einem guten Weg, die beschlossene Charta der totalen Islamisierung Deutschlands auch umzusetzen. Wie sagte die Bundeskanzlerin und Vorsitzende der CDU, Dr. Angela Merkel, nach all den Islamkonferenzen ihrer hochrangigen Regierungsvertreter mit den Islamvereinen, bezüglich der Aufgaben der Integration? Genau: „Wir schaffen das!“

Um Gottes Willen, besser nicht! Zerreißen wir die nicht nur äußerst dreisten, sondern ausgesprochen gefährlichen muslimischen Lügen! Kehren wir zur Wahrhaftigkeit und zu uns selbst zurück.

Rathaus-These 25: Erkennt Gott im Licht der Liebe!

Wir dürfen unsere Liebe zu uns selbst, zu unseren Mitmenschen, zu unserem Menschsein, unserem Erdendasein, zu unserer Familie, zu unserem Volk, unserer Natur und Heimat; zum Land und zur Landschaft, zum ganzen Planeten Erde, zur Freiheit und Schönheit des irdischen Lebens, wir dürfen unsere Liebe zur Wahrheit, niemals aufgeben.

Der höchste Wert im Islam ist Gehorsam, nicht Menschlichkeit. Rechtgläubige Muslime, die ihren Glauben ernst nehmen, stellen den Gottesgehorsam über alles. Gottes Gesetz steht auch über der Liebe, ganz wie im Alten Testament. Wenn Allah befiehlt, beweise deinen Glauben an mein Gesetz, töte deine Tochter, dann tun sie es, wenn sie stark im Glauben sind und ihr Kind sich unislamisch verhält. Nicht nur in der Theorie, nicht nur symbolisch, sondern auch in echt.

Sie töten Ungläubige, um ihrem Gott zu gefallen! Es geht ihnen dabei nicht nur darum, Angst und Schrecken zu verbreiten, sie leisten den höchstmöglichen Gottesdienst! Sie glauben, Gott will es so, er hat es ja befohlen, Allah erfreut dieses Blutopfer. Sie ermorden Andersdenkende, um sie Allah zu opfern, weil sie *ihm* eine Freude bereiten und *selbst* im Himmel dafür belohnt werden wollen. Wir müssen dieses archaische Denken erst einmal verstehen und dann auch ernst nehmen.

Der islamische Glaube selbst ist das Problem, nicht seine Interpretationen. Für einen gläubigen Muslim ist derjenige ein guter, vorbildlicher Mensch, der bedingungslos, rücksichtslos, mitleidlos und lieblos den Befehlen Allahs gehorcht. Die persönliche Ergebenheit unter Allah ist das Richtmaß, im diesseitigen Leben wie am jüngsten Tag im Himmel. Deshalb können sich Muslime auch nicht von ihren religiösen Märtyrern distanzieren. Es sind ja ihre besten Menschen, die perfektesten, die gerechtesten Muslime!

Alle Distanz-Äußerungen zum islamistischen Terror sind entweder Lippenbekenntnisse der Überzeugten auf der einen, oder erste Einsichten in die Unmäßigkeit ihres Glaubens Zweifelnder oder Reformwilliger auf der anderen Seite. Die Abwandler, die Uminterpretierer, die Reformer, sind keine echten, keine richtigen, angesehenen Muslime mehr, weil sie sich von der Kernbotschaft des muslimischen

Glaubens, der Unterwerfung unter das göttliche Gesetz, bis aufs Blutvergießen in der Familie, immer weiter entfernen.

Wir Westler tun uns schwer damit, dass zu verstehen und völlig ernst zu nehmen, weil wir vom Geist des Christentums durchdrungen sind und doch gleichzeitig die Abkehr von den christlichen Dogmen als gut und richtig erkannt haben und ein säkulares Weltbild gewohnt sind. Wir projizieren unser herzliches *Weichgespültsein* auf die Muslime und verstehen dann die Welt nicht mehr, wenn Muslime nach ihrem Glauben handeln, wenn sie den Worten Mohammeds Taten folgen lassen.

Gott hat sich in Gestalt des Menschen Jesus von Nazareth selbst geopfert, um alle Blutopfer ein für alle mal abzulösen. Sagen die Christen. Der Islam macht, arabisch angepasst, mit dem Alten Testament weiter. Er hofft auf eine Erlösung durch Gehorsam und opfert dazu Menschen. Muslime opfern sich selbst, ihre Freiheit, ihre Liebe, ihre Individualität und sie bringen menschliche Blutopfer in Gestalt von „Ungläubigen".

Der Islam ist 600 Jahre später als das Christentum entstanden. Könnte man den Islam – vielleicht – auch als eine göttliche Prüfung verstehen, ob wir das Neue des christlichen Gedankens begriffen haben, überhaupt verstehen können? – Das Ende von Auge um Auge, Zahn um Zahn, das Ende der Blutrache, der Gewaltspirale, der Unmündigkeit, der scheinbaren Notwendigkeit, Erlösung durch Opfer zu erlangen? Jesus Opfertod steht als Symbol für das Ende der Opfer-Ära! Nicht nur für Christen.

Die kulturelle Entwicklung der Menschheit spiegelt die Entwicklung des Verstehens, des Umgangs mit sich und der Welt und Gott. Jede Religion ist zweckmäßig auf einer bestimmten Entwicklungsstufe. Zu jeder höheren Entwicklungsstufe gehört eine neue, einsichtigere Religiosität. Für die spirituell am höchsten entwickelten menschlichen Individuen ist auch das Christentum längst dogmatisch zu eng, wie viel zu eng gewordene Kleidung. Für Muslime aber bedeutet das Christentum einen ernormen Sprung, heraus aus ihrem archaischen Denken und Glauben.

Ist es nicht so, dass Gott sie zu uns lenken könnte, damit wir ihnen einen Anstoß geben sollen, und müssen, sich zur nächsten Stufe zu erheben? Sollen wir ihnen nicht sagen: *Hört auf zu opfern! Wendet euch der Liebe zu, Gott ist strahlende Liebe!* Wenn ihr aus willigem Herzen in diese Liebe hineingeht, ist euch alles vergeben und alles gut. Jetzt schon. *Das Licht der Liebe* wartet nur auf euch und weiß, dass ihr früher oder später alle kommen werdet!

Das ist die Kernbotschaft der Religiosität, der Spiritualität, auf der derzeit höchsten Stufe. Das ist es, was wir alle erkennen sollen auf Erden. Das ist es, was wir erfahren sollen. Das ist es, was wir allen, die noch im Dunkeln sind, zu sagen haben.

Rathaus-These 26: Der Koran ist Menschenwerk

Der Koran gilt den Muslimen als Wort Gottes und widerspruchsfreies Buch für alle Zeiten. Doch Mohammed bekam seine Eingaben, seine Suren, wie er sie gerade brauchte, wie sie ihm gerade günstig waren. Sie enthalten nichts, was Mohammed nicht schon wissen konnte. Sie passen ganz in seine Zeit und an seinen Ort. Sie enthalten seine, Mohammeds, Irrtümer und Widersprüche. Nichts deutet auf eine überragende, allwissende Quelle hin. Mohammeds Worte sind seine Worte. Er offenbart, was er für richtig hält. Er benutzt sein Wissen über das Judentum, das Christentum, die heidnischen Kulte und die arabische Kultur seiner Zeit, um daraus einen auf ihn zugeschnittenen, erneuerten Glauben zu formen. Mohammed ist der Begründer des Islams, nicht Gott.

> „Mohammed war nicht fromm, sondern nur ein Betrüger, der sich der Religion bediente, um sein Reich und seine Herrschaft zu begründen."
>
> Friedrich II. (1712 - 1786), Friedrich der Große, der „Alte Fritz", König von Preußen, deutscher Politiker, 1775

Allah ist Erstarrung. Allah verlangt Stillstand, sein Gesetz soll für alle Zeit unter den Menschen gelten. Er spricht nie wieder zu uns. Entwicklung ist nicht vorgesehen und nicht erlaubt. Allah kann nicht der Schöpfergott sein, denn die Schöpfung entwickelt sich! Allah ist also viel kleiner. Diese für uns einsichtige, für Muslime provokante Botschaft, könnte Muslimen vielleicht die Augen öffnen. Dieser Gott ist nicht zu retten. Allah ist verloren wie Jahwe.

Ein Schöpfergott, der alles kennt und alles weiß, verstrickt sich nämlich nicht in Widersprüche, muss sich nicht korrigieren und kann sich dergestalt mitteilen, dass seine Geschöpfe ihn problemlos verstehen und auch auf alle Entwicklungen in der Zukunft vorbereitet sind, weil ein Schöpfergott sowohl die Menschen als auch die Zukunft genauestens kennt. Gegen alle diese Kriterien verstößt der Koran. Die Offenbarungen des Mohammeds können nicht vom allwissenden Gott stammen. Von wem aber dann? Wenn sie nicht von einem überheblichen Geistwesen inspiriert sind, dann stammen sie von Mohammed selbst. Wenn er dazu jenseitig inspiriert und angetrieben worden sein sollte, dann nicht von Gott, sondern von einem viel niedriger stehenden Wesen. Nur ein niederer Geist könnte so unwissend und würdelos sein, die Menschen für dumm zu verkaufen und zur eigenen Anbetung zu versklaven.

Gott ist anders! Der unbekannte Schöpfergott ist kein herrschsüchtiger Tyrann, der seine Menschen quält und eifersüchtig über seine Anbetung wacht! Gott ist erhabene himmlische Liebe. Gott liebt alle Menschen. Bedingungslos. Wer auch immer gesagt hat: „Steinigt die Ehebrecherin, tötet die Ungläubigen“, Gott kann es nicht gewesen sein. Wir Menschen tun das Richtige, wenn wir die Liebe in uns frei machen. Gewalt, Zwang und Gehorsam sperren sie ein.

Das von Mohammed für seine erneuerte Variante des Eingottglaubens in Besitz genommene Götzenheiligtum, die Kaaba in Mekka, war schon zu seiner Zeit sehr lukrativ. Die Kaaba ist nur ein verschlossener Raum, ein leeres „Gotteshaus“, mit einem außen angebrachten schwarzen Stein als Heiligtum. Ein besonderer Stein – der schwarze Monolith, der „Einstein“ der Muslime – der vom Himmel herabgefallen sei, aus dem Paradies auf die Erde und von dem deshalb eine paradiesische Heilswirkung ausgehen soll. Mohammed sagte: „Der schwarze Stein kam aus dem Paradies und er war weißer als Milch, aber die Sünden der Söhne Adams machten ihn schwarz.“ Er saugt also das Schlechte von den Menschen auf. Gott habe befohlen, ihn zu küssen.

Das ist natürlich alles nur Aberglauben und ein großes religiöses Geschäft – Ablasshandel. Wir nennen solche Steine heute Meteoriten, sie fallen zwar aus dem Himmel, aber nicht aus dem jenseitigen Himmel, dem Paradies, sondern aus dem diesseitigen Himmel, aus dem Weltraum. Sie stammen ganz aus unserer Nähe, aus dem Planetoidengürtel unseres Sonnensystems.

Bei Lichte betrachtet ist dieser ganze Kult damit schon hinfällig. Hysterischer Aberglaube. Allah und sein Paradiesstein sind ein Trugbild. Sie dienten Mohammed zur Begründung seiner religiös-politischen Macht, zu einer mit dem „Eingott“ höchstbegründeten Ideologie der Unterwerfung, zur Formung einer religiös-politischen Sekte von unterwürfigen Unterwerfern, aufgebaut mit Zuckerbrot und Peitsche, mit der Verlockung ewigen Paradieses und der maximal denkbaren Bedrohung, die es über die Tötungsandrohung hinaus für Menschen geben kann, der Bedrohung mit ewiger Verdammnis zu ewigen Höllenqualen im ewig dauernden Tode selbst. Der Islam baut auf die größtmögliche Ängstigung von Menschen, um die größtmögliche Macht über sie zu erhalten. Das ist schon sein ganzes, offenes Geheimnis: Religiöse Erpressung!

Mohammed hat das Grundprinzip des Judentums und Christentums, des abrahamitischen Monotheismus, perfektioniert und brutal auf die Spitze getrieben: Die Menschen mit der vermeintlichen Hölle ängstigen, den vermeintlichen Erlösungsweg anbieten, sie mit täglich mehrmalig vorgebetetem Unterwerfungsritus gezielt konditionieren, den Abfall von seinem Glauben unter Todesstrafe stellen und ihnen einschärfen, sie seien die „beste Gemeinschaft auf Erden“, mit „göttlicher“ Voraussage ihrer angeblichen zukünftigen Weltherrschaft, um sie kollektiv völlig in den Bann seines Glaubens zu schlagen. Perfide, raffiniert gemacht! Das funktioniert natürlich nur mit Menschen, die Mohammed glauben, dass Gott durch ihn gesprochen hat. Zur testamentarischen Absicherung hat er noch behauptet, dass Gott nach ihm nie wieder zu den Menschen sprechen wird. Davon sollten die Menschen im 21. Jahrhundert sich endlich zu befreien suchen, denn das ist nicht die Wahrheit.

Mohammed ließ sich als Prophet huldigen. Das Einzige, was er prophezeite, war das Überdauern seiner Psychosekte „Unterwerfung des Menschen unter den höchsten, bedrohlichen Herrschergott“ über seinen Tod, über seine perönliche Anleitung durch „göttlich“ inspirierte Anordnungen, hinaus. Dazu bedurfte es keiner hellseherischen Fähigkeiten. Das war unmittelbar zu erkennen und absolut wahrscheinlich. Mohammeds aggressive Angstreligion – auf Ausbreitung, auf Unterwerfung angelegt – breitete sich aus, bis sie auf *uns* stieß, auf aufgeklärte, durch naturwissenschaftliche Erkenntnisse technologisch ermächtigte, freie Menschen, die sich schon von der Angstbeherrschung durch das Christentum befreit haben und die nicht bereit sind, ihre Freiheit und Überlegenheit durch ihre Welterkenntnis, ihre Menschenrechte, ihre Zivilisiertheit und ihren technologischem Fortschritt, aufzugeben oder auch nur einzuschränken, die nicht gewillt oder zu nötigen sind, sich ebenfalls dem monotheistisch aufgemotzten Götzenkult der Araber zu unterwerfen, sich und ihren intellektuellen Reichtum zu opfern. Hier endet die selbsterfüllende „Prophezeiung“ des „Propheten“. Der Koran ist nur ein schreckliches Märchen. Hier endet die Geschichte aus „Tausend und einer Nacht“! *Macht das Licht an!*

Die westliche Kultur ist überlegen und wird sich durchsetzen. Wenn nicht hier im Westen selbst, dann anderswo in der Welt, wenn nicht jetzt, dann später. Man muss kein Prophet sein, um das vorauszusagen. Wir gewinnen, weil wir Menschen als Diener der Menschen die Gewinner sind, nicht als Diener eines eitlen, herrschsüchtigen, grausamen Gottesbildes; weil wir wahrhaftiger und gebildeter sind, statt nur eingebildeter. Uns gehört die Zukunft. Wenn; – ja wenn wir endlich aufhören, uns selbst aufzugeben.

Rathaus-These 27: Keine falsche Gegenanpassung!

Die meisten muslimischen Zuwanderer wollen sich nicht integrativ anpassen. Sie wollen sich breitmachen oder sich wenigstens *einbringen*, verlangen also eine *Gegenanpassung* von uns Abendländlern. Diese Gegeneinlassung wäre aber grundfalsch. Die meisten Wirtschaftsflüchtlinge bringen doch genau jene Kultur mit, die bei ihnen Zuhause zu Zuständen geführt hat, vor denen sie zu uns geflohen sind. *Wer gar die Scharia leben will, der muss uns wieder verlassen* und in die islamische Welt umziehen. Es gibt viele Länder zur Auswahl! Bei uns darf er sie nicht leben, nicht einmal leben wollen.

Viele „Integrationsdenker“ fordern, wir sollten das Zusammenleben von Einheimischen und Migranten täglich neu aushandeln und ins Grundgesetz schreiben: Deutschland ist ein vielfältiges Einwanderungsland! Das aber wäre nicht Integration, sondern Umgestaltung, die Umschaffung Deutschland in eine andere Gesellschaft mit einer anderen, unsicheren, scheinbar beliebigen Gesellschaftsordnung, die auch die politischen Interessen von rückständig bleiben wollenden Migranten berücksichtigt.

Genau diese Gegeneinlassung wünschen sich die Islamisierer Deutschlands! Denn das ist der *praktische Weg*, um ihre schariatischen Werte in unsere Gesellschaft und in unsere Verfassung *einzuschleichen* und Deutschland in der Zukunft irgendwann übernehmen und auch hier den islamischen Ton angeben zu können.

Wem sonst nützte dieses „täglich neu aushandeln", als jenen Dazugekommenen, die sich *nicht* assimilieren wollen? **Unsere Grundrechte, unsere Menschenrechte, zum Beispiel die Gleichberechtigung der Frauen, sind nicht verhandelbar. Sie sind annehmbar!**

Der Islam passt nicht zur Freiheit, denn „Unterwerfung" und „Freiheit" passen einfach nicht zusammen. Wie integriert man den Willen zur Freiheit und den Willen zur Unterwerfung? *Der Wille zur Freiheit muss sich durchsetzen!*

> „Ich glaube, alles Entgegenkommen der deutschen Gesellschaft kann nicht reichen, wenn diejenigen, die hierherkommen, das Gefühl haben, sie dürfen hierbleiben, selbst wenn sie die Menschenrechte verweigern."
>
> Sabatina James (Pseudonym) (geboren 1982), pakistanisch-österreichische Islamkritikern, Menschenrechtsaktivistin und Autorin, zum katholischen Christentum konvertierte Ex-Muslima, Botschafterin der Frauenrechtsorganisation „Terre des Femmes – Menschenrechte für die Frau e.V.", Gründerin des Vereins „Sabatina e.V." für die Gleichberechtigung muslimischer Frauen, 2015

Wir akzeptieren die Menschen, die legal zu uns kommen und berechtigt bleiben dürfen. **Wir laden sie ein, unsere Werte und unseren Lebensstil zu teilen, mit uns zu leben. Wer das jedoch *nicht will* oder *nicht kann*, der muss wieder gehen.** Noch fehlt es unseren Politikern an Klarheit, an Mut und an Patriotismus, diese Forderung, die mit unserer großzügigen Hilfe selbstverständlich verbunden sein muss, auch unmissverständlich zu formulieren und zu praktizieren. Die „Neuen" brauchen zur erfolgreichen, assimilativen Integration ihren eigenen Willen und unseren politischen und gesellschaftlichen Druck, die europäische und deutsche Leitkultur anzunehmen. Gerade Muslime wollen das meist nicht. Wenn wir sie integrieren wollen, dann müssen wir ihnen entgegenkommen, aber nicht unterwürfig defensiv – *wir* dürfen uns ihnen nämlich *nicht* anpassen – sondern offensiv aufklärerisch, Aufklärung fordernd! *Sie* müssen sich *uns* anpassen oder wieder auswandern. Dazu müssen wir uns jedoch erst selbst, durch eine geeignete, aufklärerische

Gegenanpassung, in die Lage versetzen. Wir dürfen dem Unterwerfungs-Glauben *kein Bisschen* entgegenkommen, im Gegenteil, wir müssen uns diesen Islamisierungsversuch zum Anlass nehmen, auf uns selbst zu achten und kulturell wieder aufzustehen. Wir müssen diesen herausfordernden *Anstoß* durch ihren Unterwerfungs-Versuch nutzen, um zu uns selbst zurückzufinden und verjüngende, neue Kraft zu schöpfen, um wegzukommen von der Verwaltung des Niedergangs, weg vom betreuten Aussterben, hin zu einer aktiven Planung und Gestaltung unserer gesellschaftlichen Zukunft! *Wie* wollen wir leben? Wie soll Deutschland in 5, in 10, in 20, in 50 Jahren aussehen?

Die Wissenschaft und die Religion waren seit langer Zeit dazu übergegangen, eine Art friedlicher Koexistenz miteinander zu pflegen. Macht ihr euer Ding, wir unseres, zwei getrennte Bereiche und gut. Kümmert ihr euch um das Seelenheil all derer, die das wollen und um die Fragen der Transzendenz, wir um alles andere, Handfeste, was sich berechnen lässt. Das lief ganz gut, obwohl es immer ein unbefriedigender, fauler Kompromiss war, welchem vor allem deshalb zugestimmt werden konnte, weil die Religionen auf dem sicheren Rückzugswege schienen, bis sie irgendwann ganz verschwunden wären. Manche Menschen, ziemlich viele, brauchten das eben noch. Die Freiheit des wissenschaftlichen Denkens schien nicht mehr in Gefahr, also musste man dem Aberglauben nicht aufklärerisch nachsetzen. Das wissenschaftlich-technische Weltbild schien seine Richtigkeit und Überlegenheit ganz von selbst zu beweisen, anscheinend offensichtlich. Leider ändert sich das wieder. Die Religionen wollen zurückkehren und jetzt haben sie auch noch heilige Kämpfer in den Westen gebracht. Der alte Konflikt ist zurück und wir müssen uns diesem erneut stellen!

1989 haben wir, in einer friedlichen Revolution, eine Meinungs-Diktatur abgeworfen, um ungestraft die Wahrheit sagen zu können und für immer in einem freien Deutschland zu leben. Ich bin nicht gewillt, diesen Erfolg, meine und Ihre Freiheit, wieder aufzugeben. Unser Land muss frei sein! Wir müssen jede Wahrheit öffentlich vertreten können, ohne etwas befürchten zu müssen. Der islamische Terror hat uns diese Freiheit bereits wieder genommen! Die Akteure der unvollendeten nationalen deutschen Revolution sind nicht nur gefordert, zu beenden, was sie erfolgreich begonnen haben, nein, ein neuer Gegner will sich über unsere Errungenschaften hinwegsetzen. Niemals! *Der Islam muss zurückweichen!* Nicht wir! Lassen wir auf gar keinen Fall zu, dass Todesangst und Angst vor sozialer Ächtung wieder dauerhaft unser Land beherrschen!

Liebe Deutsche: Nicht bücken, nicht beugen, nicht niederknien – sondern aufstehen und aufbrechen! Nach unserer Zukunft greifen! Wir dürfen uns weder kleinlaut unterwerfen noch zu einem Völkerwanderungs-Monster entwickeln, das willkommene und unwillkommene Menschenmassen durch die Weltgegenden schleudert, hierhin und dorthin. Unser Aufstand muss der ***Aufstand der anständigen Kul-***

turnation sein, besonnen, aber klar und entschieden. Dazu müssen wir genügend Sicherheit erlangen, dazu müssen wir ***selbstsicher*** und ***zielsicher*** werden! Fangen wir an! Nicht irgendwann. Jetzt!

In was für einem Deutschland wollen wir leben? Lasst uns aus der Mitte der Gesellschaft heraus, frei von allen Faschismen, über die Zukunft Deutschlands ins Gespräch kommen, regelmäßig, Jahr für Jahr. Lasst uns als *herrschaftliches Volk tagen*, als demokratische Staatsbürger, als selbstbewusstes Wählervolk, auch zwischen den Wahlen. Lasst uns Meinung bilden und sachlich konkret werden. Das Massenmedium unserer Zeit, das Internet, gehört uns, wir müssen uns lediglich gekonnt organisieren.

Wir sind das Volk, der Souverän, wir sind Deutschland. Es reicht offensichtlich nicht, unsere Politik, unsere Zukunft, den beruflichen Volksvertretern der Parlamentsparteien zu überlassen, die sich gegenseitig mobben, blockieren und im Parteienstaat mit seinem Fraktionszwang zu Verwaltern der Politik des großen Geldes geworden sind. Das höchste deutsche Parlament, der Bundestag, mit der Bundesregierung darüber, besteht aus abhängigen Berufspolitikern, die eher auf die für sie persönlich nötige Wiederwahl hinarbeiten, die ihren Vorgesetzten dienen, um zur nächsten Wahl wieder ganz oben auf die Liste zu kommen und nach der Wahl mit einträglichen Posten bedacht zu werden. Dieses System ist starr geworden und verwaltet leider den Niedergang.

Ja, wir brauchen unsere Parlamente, ja, wir brauchen unsere Parteien, das ist keine Frage! Aber sie allein reichen nicht mehr aus. Sie sind auch keine Antwort auf die neu im Internet zutage tretende Meinungsvielfalt. Der Souverän selbst muss sich jetzt ein neues, ein zusätzliches, ein ergänzendes, demokratisches Organ schaffen, welches auch zwischen den Wahlen den Volkswillen zusammenführt, öffentlich und gemeinsam aufklärt, artikuliert und in der politischen und medialen Öffentlichkeit vertritt. Ein demokratisches Organ, welches den gewählten, entscheidungsverantwortlichen Politikern Aufgaben stellt und ihnen Anregungen gibt, immer am Puls der Zeit. Wir interessierten und engagierten Bürger selbst müssen *diese neue demokratische Diskussionskultur erschaffen*, die wir jetzt brauchen, auf der Höhe unser Zeit, unserer telemedialen, in Echtzeit hochvernetzten Kulturstufe, frei vom Wahlkampfmodus, allein in der Sache begründet. Ich nenne dieses notwendige neue *Beratungsorgan des Volkes „Parlament der Einheit"*. Ein Rede- und Empfehlungsparlament, ein Instrument sachbezogener, alles zusammendenkender Informations- und Meinungsbildung. – **Das „Parlament der Einheit" ist der demokratische, der *politische Arm der Aufklärung!***

Wir müssen nach unserer eigenen Zukunft greifen und nach der unserer Kinder. Wir müssen uns klar werden, wohin wir wollen in den nächsten Jahren und Jahrzehnten, müssen langfristig denken und planen, nicht bloß von Wahl zu Wiederwahl kurzfristig entscheiden und schauen, welcher Brand gerade am dringendsten gelöscht werden muss, wie es die Amtspolitik hält, nicht bloß nach Quartals- und Jahresabschlüssen oder allerhöchstens Zehnjahresplänen, wie es die Wirtschaft praktiziert. Wir müssen weiter denken. Wir müssen *unser ganzes* Wissen und Können in unser Gemeinwesen investieren und *zukunftsoptimistisch* werden. Wir müssen von der *Dekadenz zur **Aszendenz*** finden, wir Bürger, der Souverän in Deutschland. Wir dürfen das und wir können das!

Hier deshalb mein konkreter Ansatz: Das „Parlament der Einheit" tagt regelmäßig jedes Jahr im Frühjahr, vom Tag der Arbeit bis zum Tag des Kindes, räumlich diagonal mitten durch Deutschland, von Alt-West nach Neu-Ost, beginnend in der alten Bundeshauptstadt Bonn und endend in der neuen Bundeshauptstadt Berlin, unter dem Namen: **Zukunftsreise Bonn-Berlin** – Unsere Zukunft aufklären. Abgehandelt werden in sieben Stationen in sieben Städten sieben Themenschwerpunkte: In der Bundesstadt und Universitätsstadt **Bonn**: Die Zukunft der Arbeit und Einkommen; in der Universitätsstadt **Siegen**: Die Zukunft der Werte und Rechte; in der Universitätsstadt **Marburg**: Die Zukunft der Demokratie; in der Mittelpunktsstadt **Mühlhausen**: Die Zukunft der Aufklärung (Forschung, Bildung und Erziehung); in der Universitätsstadt **Halle**: Die Zukunft Europas; in der Universitätsstadt **Wittenberg**: Die Zukunft Deutschlands; in der Bundeshauptstadt und Universitätsstadt **Berlin**: Die Zukunft der Familien.

Jede Städtetagung dauert drei Tage, am ersten Tag ist Raum für öffentliche Meinungsbekundungen: Der Demonstrationstag. Am zweiten Tag finden die Podiums- und Arbeitsdiskussionen statt, in die alle angemeldeten Akteure ihre Sachbeiträge einspeisen können und die berücksichtigt werden müssen. Gemeinsam wird Unwahres ausgeschieden und alles Wahre logisch zusammengefasst. Am dritten Tag findet ein Volksfest statt, wir feiern uns selbst und unsere Demokratie! Das Volksfest wird nach dem örtlichen Fluss in jeder Stadt benannt: Rhein-Fest in Bonn, Sieg-Fest in Siegen, Lahn-Fest in Marburg, Unstrut-Fest in Mühlhausen, Saale-Fest in Halle, Elbe-Fest in Wittenberg und Spree-Fest in Berlin. Diese deutschen Flüsse stehen symbolisch für den Fluss der Zeit, für deutsche Vergangenheit, Gegenwart und Zukunft, für den Kreislauf der Erneuerung. Wie das Wasser windend und doch zielstrebig seinen Weg sucht, scheinbar gleich und doch immer neu, beständig und doch veränderlich (niemand steigt zweimal in denselben Fluss), so suchen und nehmen auch wir unseren Weg durch unseren Teil der Welt, unsere deutsche Heimat.

Am Ende werden alle Tagungsergebnisse in einem „Jahrbuch des Parlaments der Einheit" zusammengefasst und verbreitet, als Grundlage für die kommenden Jahre. Mit der Zeit wächst und reift die Veranstaltung und entfaltet gesellschaftliche Wirkung, denn sie findet jedes Jahr statt, wieder und wieder und wieder. Und sie verheißt Zukunft. Unsere Zukunft! Das wird großartig. Die deutsche Demokratie, gerade hundert Jahre alt geworden, verjüngt sich und wird quicklebendig. Ich freue mich darauf. Sie auch?

Rathaus-These 28: Islam erzeugt Spannung

Eingewanderte Muslime, selbstverständlich auch in den nachgeborenen Generationen, spüren die Unterlegenheit ihrer ursprünglichen Heimatkultur unter die westliche und deutsche, gleichzeitig redet ihnen ihr Glaube eine Überlegenheit über uns ein. Das führt zu einer inneren Spannung, zu einem Minderwertigkeits-Höherwertigkeits-Komplex, zu einem Gefühl der Kränkung, der Stolzverletzung. Ihre Integration scheitert deshalb viel leichter, als sie gelingen kann.

Rathaus-These 29: Der Islam ist eine Belastung

Der tiefere Sinn von Religion ist die Hinwendung zur Spiritualität und Weisheit. Was hat der Islam in 1400 Jahren zur Einsicht in Spiritualität und Weisheit beigetragen? Was hat er zur wissenschaftlichen oder philosophischen Erkenntnistiefe der Moderne beigetragen. Praktisch nichts. Er kann das nicht. Der Islam ist keine Lösung, sondern ein Problem. Er hält den Fortschritt auf.

Der Islam bewirkt ein kollektives Versagen, das sich bevölkerungsmäßig vermehrt. Die westliche Moderne ist ein kollektiver Erfolg, der sich bevölkerungsmäßig verringert. Das muss zu einer erschütternden Begegnung führen.

> „Es gibt rund 1,5 Milliarden Muslime in der ganzen Welt – aber sie können in keinem Bereich eine substanzielle Errungenschaft vorweisen. Nicht im politischen Bereich, nicht in gesellschaftlicher Hinsicht, weder in den Naturwissenschaften noch in der Kunst oder Literatur. Alles, was sie mit großer Hingabe tun, ist beten und fasten. Unbewusst spüren die Menschen natürlich, dass das ein kollektives Versagen ist."
>
> Pervez Hoodbhoy (geboren 1950), pakistanischer Atomphysiker, 2013

Rathaus-These 30: Islamisierung bedeutet Abstieg

Die Islamisierung Deutschlands und Europas bedeutet einen dramatischen kulturellen Wandel. Wohin die Reise geht, hängt von uns ab. Passen wir uns dem

Islam an oder erheben wir uns doch noch in ganzer Größe und weisen die muslimische Zumutung vollständig zurück?

> „Das „erste" Gesetz der Geschichte lautet: Alles ist verlierbar. Die Verlierbarkeit rührt aus dem kulturellen Wandel. Menschliche Gesellschaften wandeln sich unablässig; dieser Wandel geschieht zwangsläufig und ist von niemandem zu verhindern. ... Freilich können in einem solchen Wandel ... die eindrucksvollsten kulturellen Errungenschaften wieder verlorengehen. Wir können das wissenschaftliche Denken wieder verlernen; die Emanzipation der Frau kann in den nächsten Generationen abhanden kommen, die Religionsfreiheit kann vollkommen verschwinden. Sobald die repräsentativen Demokratien sich auflösen, werden die Bürgerrechte gegenstandslos und die Menschenrechte sinnlos. ...
>
> Das „zweite" Gesetz der Geschichte betrifft die „Kosten". Nichts auf dieser Erde ist umsonst. ... darum sind alle kulturellen Errungenschaften teuer erkauft, mit hohem Einsatz und zäher Mühe, oft mit entsetzlichen Opfern – die republikanische Staatsform ebenso wie der Religionsfriede, der Rechtsstaat ebenso wie die Friedensordnungen, die Demokratie ebenso wie die Menschenrechte. Um die Sklaverei abzuschaffen, musste der Norden der USA einen äußerst blutigen Bürgerkrieg führen und mussten die Briten und Franzosen in Afrika ständig militärisch agieren.
>
> Wer das ignoriert, dessen kulturelles Bewusstsein liegt auf einem relativ niedrigerem Niveau als dasjenige von Angehörigen sogenannter primitiver Kulturen. Denn noch die einfachste derselben hält Mythen bereit, um ihren Mitgliedern bildhaft vor Augen zu führen, dass nichts selbstverständlich ist und dass die Ordnung, in der sie leben, eine gestiftete ist – sei es von Göttern, sei es von Heroen; die Mythen verhelfen den Menschen zu einem geschärften Bewusstsein davon, dass alle kulturellen Errungenschaften mühevoll erlangt wurden. Wer in unserer europäischen Kultur jene Kosten ignoriert, wer um die prinzipielle Verlierbarkeit nicht weiß, wem daher die Prekarität jeglicher kultureller Leistung nicht zu denken gibt, der streunt als Troglodyt durch seine Lebenswelt, die er für so naturgegeben hält wie der Bär den Wald."
>
> Prof. Dr. Egon Flaig (geboren 1949), deutscher Lehrer, Althistoriker und Philosoph, 2013

Ein Troglodyt ist ein Höhlenmensch.

„Es hilft uns nichts, wenn wir Weltbürger werden, wenn in dieser Welt die Rechte und der Raum des Bürgers verlorengehen.“

Prof. Dr. Egon Flaig (geboren 1949), deutscher Lehrer, Althistoriker und Philosoph, 2013

Mehrere Jahre saß ich in der Jury des jährlichen Lesewettbewerbs einer Grundschule und war überrascht über die auffällige Lesekompetenz von Kindern mit offensichtlich asiatischem Migrationshintergrund. Heute weiß ich, meine Beobachtung war kein Zufall. Viele Asiaten wollen und können sich auffällig gut integrieren. Ganz im Gegensatz zu den meisten Muslimen aus Arabien und Afrika.

Das deutsche Volk schrumpft und viele junge, gut ausgebildete Deutsche wandern aus. Junge muslimische Analphabeten wandern stattdessen ein. Es verschiebt sich nicht nur der Ausbildungsstand, sondern durchaus auch das Begabungsniveau durch diese doppelte Negativauslese. Auch Intelligenz ist primär eine Begabung. Beispielsweise beträgt der durchschnittliche Intelligenzquotient nicht in allen Ländern der Welt die durchschnittlichen 100 %, sondern weicht z. T. erheblich davon ab. Wie alles andere auch, z. B. Rohstoffe, sind die Begabungen zwar über die ganze Welt verteilt, aber nicht gleichmäßig.

Zur Bildungsfähigkeit gehören nicht nur eine entsprechend hohe Intelligenz, sondern auch das Bildungsinteresse, die Motivation sowie verschiedene Begabungen – Größen, die gar nicht statistisch erfasst werden. Stattdessen wird, über alle konkreten Unterschiede hinweg, pauschal von „Bildungsnähe“ und „Bildungsferne“ der Menschen gesprochen. „Bildungsferne“ suggeriert, man könne jeden einzelnen Menschen, jede Familie oder jeden Menschenschlag, beliebig nah an die (höchste) Bildung heranführen, was sicherlich ein gutgemeintes Vorurteil ist. Vollkommen richtig ist es, bei jedem Menschen die möglichste Bildungsnähe anzustreben. In der Praxis zeigt sich, dass menschliche Teilpopulationen unterschiedlich begabt sind. Es existieren kleine Unterschiede, die auch nicht allein kulturbedingt und nicht zur Gänze kulturell ausgleichbar sind. Sehr wahrscheinlich betrifft das auch die Bildungsfähigkeit. Bei der Betrachtung des einzelnen Individuums spielt das keine Rolle, in der großen Masse schon. Die kleinen primären Kompetenzunterschiede werden *dann* wichtig, wenn es um Höchstleistungen geht, um wissenschaftlichen, wirtschaftlichen, kulturellen Wettbewerb in der Leistungsgesellschaft. Dann sind sie das Zünglein an der Waage, dann machen die kleinen Unterschiede die ausschlaggebenden großen aus. Echte Einwanderungsländer suchen sich deshalb ihre Zuwanderer nach Kompetenz aus, um ihr Kompetenzniveau zu heben. Purer Realismus.

„Der Hinweis auf die durchschnittlichen Intelligenzquotienten der Ein- und Auswanderer sollte nicht als Rassismus missverstanden werden, sondern als soziologisch relevanter Faktor für die Beurteilung der Zukunftschancen eines Landes. Die indigenen Deutschen verfügen über einen durchschnittlichen IQ von 105, während laut der Weltgesundheitsorganisation in den Ländern Nordafrikas und dem Nahen und Mittleren Osten die Durchschnittswerte zwischen 65 und 85 liegen. Vor diesem Hintergrund werden die Wirtschaftsleistung und die Konkurrenzfähigkeit in den europäischen Ländern abnehmen, und viele Unternehmen werden sich neue Standorte im Ausland suchen."

Dr. habil. Michael Ley (geboren 1955), österreichischer Soziologe, Politologe und Autor, Direktor des Ludwig Boltzmann Instituts für Politik, Religion und Anthropologie an der Uni Innsbruck bis zu dessen Schließung (2005), 2017

Bei vielen Menschen aus dem islamischen Kulturkreis fällt außerdem die kulturelle Prägung stark ins Gewicht. Der *Islam* macht einen *abqualifizierenden Unterschied* und hält seine Menschen weit unter ihren Möglichkeiten! Der Islam ist bildungsfeindlich, Imame und wahrhaft muslimische Eltern erziehen, auch in Deutschland, dcn muslimischen Nachwuchs teilweise zu Bildungsverweigerern.

Der Islam ist fortschritts- und innovationsfeindlich. Er behindert die kulturelle Entwicklung, die Wissenschaft und die Technik. Die arabischen Länder sind zurückgeblieben, weil sie, wie sie meinen, Gott nicht lästern wollen und sich an Mohammed und seiner Zeit orientieren. Westliche Wissenschaft ist Gotteslästerung. Bis heute könnten sie ihr Erdöl nicht selbst fördern und nutzen, sondern sind auf westliche Hilfe angewiesen. Sie tauschen ihr Öl gegen alles, was sie dennoch haben wollen: Geld, Technik, Technologie, Dienstleistungen. Und welche Verantwortung übernehmen sie dafür?

Die islamische Kultur ist fatalistisch. Sie ist organisierte Verantwortungslosigkeit. Alles sei selbstverständlich von Allah vorherbestimmt, warum sollte man sich gegen seinen Willen unnötig abmühen? Es kommt doch ohnehin so, wie es kommen soll und muss, so oder so, Inschallah, Gottes Wille geschieht. Das macht sie tapfer im Krieg und faul im Frieden. Mit der Islamisierung macht sich auch ihre unverantwortliche, unkreative, bildungsfeindliche Haltung bei uns breit. Zur Produktivitätssteigerung führt diese ganz sicher nicht, im Gegenteil.

Viele Muslime in den westlichen Städten grenzen sich über ihren Glauben, den sie wieder radikaler auffassen, von ihrer säkularen und christlichen Umgebung ab. Da Muslime deutlich mehr Kinder bekommen und der Islam sehr stark weitergegeben wird, wächst ihr Einfluss im Westen.

„Immer wieder liest man Berichte über deutsche Schulen, an denen die Mehrheitsverhältnisse zwischen Kindern aus muslimischen Zuwandererfamilien und Einheimischen längst gekippt sind. Schulen, an denen, wie im Frankfurter Stadtteil Griesheim, kaum ein Kind noch richtig deutsch spricht und vollverschleierte Mütter daran gehindert werden müssen, auf dem Schulhof fremde Kinder zu agitieren.

„Was ich vor 20 Jahren mit Zweitklässlern machen konnte, das schaffen heute die Viertklässler kaum." Sagt Schulleiterin Ingrid König der „WELT Online" resigniert. Von der „weltbesten Bildung", von der FDP im Wahlkampf großspurig versprochen, können wir in Deutschland kaum weiter entfernt sein.

Deutschland wird sich entscheiden müssen – zwischen dem Erhalt seines Wohlstandes, der einzig und allein auf dem Know-How und der Bildung seiner Bürger beruht, und der weiterhin unkontrollierten Aufnahme von Menschen aus dem islamischen Kulturkreis ... Fakt ist: Die Kinder, die aufgrund der unterschiedlichen Geburtenrate von muslimischen und nichtmuslimischen Frauen hierzulande an immer mehr Schulen die Mehrheit stellen, sind zu einem ganz großen Teil nicht die Fachkräfte von morgen. Nicht die, die unsere Rente zahlen, die dieses Land weiter voranbringen oder zumindest dafür sorgen werden, dass wir unseren jetzigen Zustand erhalten können. Und wenn uns die ehrgeizigen Leute ausgehen, wer finanziert dann erst den aufgeblähten deutschen Sozialstaat, der wiederum diese Art von Zuwanderern finanziert?

Es ist, wie es ist: Kein Land der Welt, dessen einzige Ressource die Bildung ist, kann eine stetig wachsende Anzahl bildungsferner Zuwanderer innerhalb der Gesellschaft verkraften. Schon gar nicht in Zeiten, in denen sich die Kräfteverhältnisse im Islam seit Jahren auch hierzulande verschieben. In denen konservative, rückwärtsgewandte Strömungen längst das innerislamische Zepter übernommen haben und es für immer mehr Anhänger des islamischen Glaubens wichtiger ist, dass ihre Kinder „gute" Muslime sind als gut in der Schule.

Die Gründe hierfür sind naheliegend: In keinem islamischen Land der Welt spielt Bildung nach unseren Maßstäben eine nennenswerte Rolle. Kein islamisches Land der Welt produziert großartige Dinge, die die Welt braucht. Oder haben Sie schon einmal das Smartphone eines iranischen Herstellers in den Händen gehalten? Ein Auto aus Afghanistan gefahren oder eine Maschine für die Produktion in Ihrem Unternehmen aus dem Irak erworben? ... Wer sein ganzes Leben darauf ausrichtet, nach den Geboten einer Religion zu leben, hat offensichtlich keine Zeit für die Wissenschaft ...

Fortschritt, der Drang nach Wissen, die Motivation, etwas zu leisten, das die Menschheit voranbringt, ist und bleibt nun einmal eng mit der aufklärerischen Orientierung am Diesseits verwoben. Mit dem für westlich geprägte Gesellschaften typischen liberalen Selbstverständnis, dass jeder seines eigenen Glückes Schmied ist. Dass der Mensch sein Schicksal, seinen Erfolg genauso wie sein Scheitern selbst in den Händen hält und sein Weg nicht von einem allmächtigen Gott vorgezeichnet ist, den man im Diesseits lediglich milde stimmen muss, damit einen im Jenseits nicht seine Strafe ereilt. …

Die Parallelgesellschaften sind schon da und eine bequeme Einwanderung in diese ist kein Problem. ... Was wir brauchen, ist keine Obergrenze von 200 000 Einwanderern und schon gar nicht den Familiennachzug, der nicht für bessere Integration, sondern für mehr Rückzug in das Gewohnte sorgt. Was wir brauchen, ist ein Aufnahmestopp und effektive Rückführung. Was wir brauchen, sind Anforderungen an Zuwanderer, die unseren Bedürfnissen und den Anforderungen unseres Arbeitsmarktes gerecht werden. Ignorieren wir diese Tatsache weiterhin, wird uns das gleiche Schicksal ereilen wie die islamische Welt. ...

Alan Posener schrieb jüngst, die Zuwanderung habe Deutschland weltoffener und moderner gemacht. Das Gegenteil ist der Fall. Eine Gesellschaft, in der die Mehrheitsverhältnisse schon bei den Jüngsten kippen, ist nicht mehr integrationsfähig. Sie hat nicht mehr länger in der Hand, welche Werte in dieser und in den kommenden Generationen gelebt werden. ... Die politische und gesellschaftliche Kultur eines Landes wird nicht durch die Vorgaben einiger weniger Intellektueller bestimmt. ... Nein, sie wird bestimmt von jenen, die im Alltag die Mehrheit stellen. Die ihre Werte, ihre Kultur und Religion selbstbewusst vertreten und sich immun gegen Einflüsse von außen zeigen, während wir unter der Prämisse der falschen Toleranz offen für jeden Rückschritt und bereit zur Aufgabe dessen sind, was unseren Wohlstand erst ermöglichst hat."

Anabel Schunke, deutsche Journalistin, 2017

Der Kolonialismus ist lange vorbei. Manche ehemalige Kolonien sind zu hochentwickelten Nationen aufgestiegen. Warum ist darunter keine muslimische Nation? Wo liegen die Ursachen? Warum konnte die Chance, die mit dem kolonialen Kontakt und dem Ende des Kolonialismus bestand und fortbesteht, dort bisher noch nicht genutzt werden? Warum ist Arabien nicht dank seines Erdöls, das alle Welt braucht, zur Weltmacht aufgestiegen? Warum verschanzt sich die muslimische Welt in einer Art vorgeblicher Opferrolle und bestimmt den abendländischen Westen zum Sündenbock? Warum hält die islamische Welt so an ihrer Vergangenheit fest? Gerade und nur *wegen des Islams!*

Winston Churchill befand aus eigenem Erleben den Islam für sehr gefährlich, er kritisierte dessen fanatischen Wahnsinn und dessen beängstigend fatalistische Gleichgültigkeit mit deutlichen Worten.

> „Die Auswirkungen sind in vielen Ländern offensichtlich, leichtsinnige Gewohnheiten, schlampige Ackerbaumethoden, schwerfällige Wirtschaftsgebräuche und Unsicherheit des Eigentums herrschen überall da, wo die Nachfolger des Propheten regieren oder leben. Eine erniedrigende Sinnlichkeit beraubt dieses Leben von seiner Würde und seiner Verbesserung, das nächste von seiner Ehre und Heiligkeit.
>
> Die Tatsache, dass nach mohammedanischem Gesetz jede Frau einem Mann als sein absoluter Besitz gehören muss, sei es als Kind, als Ehefrau, oder als Geliebte, schiebt die endgültige Ausrottung der Sklaverei zwingend hinaus, bis der islamische Glaube aufgehört hat, eine wichtige Macht innerhalb der Menschheit zu sein. Einzelne Muslime mögen großartige Qualitäten aufweisen, aber der Einfluss der Religion lähmt die gesellschaftliche Entwicklung derer, die ihr nachfolgen. Es gibt keine stärker rückschrittliche Kraft auf der Welt.
>
> Weit entfernt davon, dem Tod geweiht zu sein, ist der Mohammedanismus ein militanter und bekehrerischer Glaube. Er hat bereits in Zentralafrika gestreut, zieht bei jedem Schritt furchtlose Krieger heran, und wäre nicht das Christentum in den starken Armen der Wissenschaft geborgen, der Wissenschaft, gegen die er (der Islam) vergeblich gekämpft hat, würde die Zivilisation des modernen Europas vielleicht fallen, so wie die Zivilisation des alten Roms gefallen ist.“
>
> Winston S. Churchill (1874 - 1965), britischer Soldat, Politiker und Autor, späterer zweimaliger Premierminister Großbritanniens, Sieger über Hitlerdeutschland und Literaturnobelpreisträger, 1899

Europa hat auf ganz neuem Niveau eine führende Weltkultur hervorgebracht, die Moderne. Europa schaffte als erster Kulturraum der Weltgeschichte den Schritt vom Glauben zum Wissen. Die Muslime wollen, dass wir, erschreckt von ihrem heiligen Zorn, gottesfurchtsam einen Schritt zurücktreten und vom „teuflischen“ Wissen zum rechten Glauben zurückfinden. Manche Christen freuen sich im stillen Kämmerlein über die unerwartete Hilfe durch die orientalischen Wissenshäretiker, deren Glaube noch nicht von Aufklärungsgedanken geschwächt ist. Aus freiheitlicher, naturwissenschaftlicher Sicht sind die Juden wohl die harmlosesten Monotheisten, die Christen problematisch und die Muslime die Katastrophe. In christlichen Ländern und in Israel gibt es Wissenschaften auf höchstem Niveau, in islamischen Ländern nicht.

Wenn andere Weltgegenden jetzt nachziehen und ebenfalls aufsteigen, bedeutet das keineswegs den Abstieg Europas, wie von „Weltmachtdenkern" fälschlich behauptet wird, die von purer Gewaltdominanz ausgehen. Europa steigt nicht ab, nur weil andere aufsteigen! Es verliert lediglich seine wirtschaftliche und militärische Führerschaft. Na und? Es verliert dabei nicht zwangsläufig auch seine kulturelle Vorreiterrolle. Aber selbst das würde uns nicht schaden, lediglich unsere Eitelkeit kränken. Auch ohne Weltführerschaft stiege Europa nicht ab. Es sei denn, es gäbe sich selbst auf und nähme den Islam an! Dann stiege es unvermeidlich tatsächlich ab und zwar absolut, statt nur relativ, statt nur scheinbar, nur im Vergleich zu den kommenden Aufsteigern. Mit dem Islam stiege Europa ab zu all den anderen islamischen Ländern, denen es sich angleichen müsste.

Rathaus-These 31: Die islamische Katharsis

Die Stadt Jerusalem in Israel ist der Kulminationspunkt von Judentum, Christentum und Islam und könnte sich zum scharfen Zünder einer Weltkriegsbombe entwickeln. In den letzten 50 Jahren ist der Anteil der Araber in der „heiligen" Stadt von 25 % auf 40 % gestiegen und wird wohl weiter steigen, der größte Teil von ihnen lebt unter der Armutsgrenze. Die Ultra-Orthodoxen Juden in der Judenstadt – sie gehören ebenfalls zu den Ärmsten – sind gleichfalls eine schnell wachsende Bevölkerungsgruppe, mittlerweile gehört mehr als jeder dritte Jude in Jerusalem zu den Ultra-Orthodoxen. Vormals säkulare Stadtviertel werden von ihnen unterwandert. Es kommt bereits zu „Sabbat-Schlachten" gegen Geschäfte, die nicht einsehen wollen, dass am heiligen Samstag ihrer Meinung nach nichts verkauft werden darf. Da spitzt sich ein religiöses und ökonomisches Konfliktpotential zu. Was ist die Lösung? Was könnte stattdessen geschehen?

> „In New York hörte ich einmal eine Rede des mittlerweile verstorbenen Abba Eban. Der eloquente und bedachte israelische Diplomat sagte, am israelisch-palästinensischen Streit falle als erstes ins Auge, wie leicht er zu lösen sei. Von dieser faszinierenden Feststellung ausgehend, führte er mit der Autorität des ehemaligen Außenministers und UN-Vertreters aus, es gehe ja um eine sehr einfache Sache: Zwei etwa gleich große Völker beanspruchten das gleiche Land. Die Lösung bestehe offensichtlich darin, zwei getrennte Staaten zu bilden. Das sei doch klar und müsse jedem einleuchten? Und genau das wäre auch schon Jahrzehnte zuvor geschehen, wenn

man die messianischen Rabbis, Mullahs und Priester aus der Sache herausgehalten hätte. Doch jüdische und muslimische Geistliche hätten lautstark Exklusivansprüche auf eine gottgegebene Macht erhoben, und Christen in Endzeitstimmung hätten in Erwartung der Apokalypse – welcher der Tod oder die Bekehrung sämtlicher Juden vorausgehen sollte – die Diskussion weiter angeheizt. So sei eine unerträgliche Situation entstanden, und die gesamte Menschheit sei zur Geisel eines Konflikts geworden, in dem nun sogar ein Atomkrieg droht. *Die Religion vergiftet alles.* Sie gefährdet nicht nur die Zivilisation, sondern auch das Überleben der Menschheit."

Christopher Hitchens (1949 - 2011), britisch-US-amerikanischer Journalist und Autor, vehementer Atheist, 2009

Wir müssen diese Geisel befreien! Uns! Wir müssen die Religionen politisch entmachten – die strikte Trennung von Religion und Politik verwirklichen – überall in der Welt; wo wir nur können. Das ist ein wichtiger Beitrag zum Weltfrieden!

„Es war nie besonders schwer zu erkennen, dass die Religion Hass und Krieg verursacht und das Festhalten an ihr Ignoranz und Aberglauben voraussetzt."

Christopher Hitchens (1949 - 2011), britisch-US-amerikanischer Journalist und Autor, vehementer Atheist, 2009

Wenn wir mit menschlicher Vernunft und wissenschaftlicher Aufklärung einen Großteil der Ignoranz und des Aberglaubens zurückgebliebener Zeitgenossen überwinden könnten, wäre schon viel gewonnen für die Menschheit. Für alle. Aber so schnell können und werden wir nicht sehr viel erreichen können. Beginnen müssen wir aber trotzdem – und zwar hier bei uns in Deutschland, mit „unseren" Muslimen, die jetzt angeblich zu Deutschland „gehören" sollen, nur weil sie, meist illegal, herkommen und dableiben wollen.

Die *islamische Welt* ist kulturell rückständig und unterlegen genau wegen des Islams. Nur durch die Überwindung des Islams kann diese Rückständigkeit überwunden werden und dieser große Teil der Welt zur Moderne aufschließen. Der kulturelle Rückstand zu Europa beträgt rund 400 Jahre. In Europa gab es damals 30 Jahre lang christliche Religionskriege, hauptsächlich zwischen katholischen und protestantischen Christen, bis die allgemeine Erschöpfung gewann. In der Folge setzte eine De-Christianisierung der Gesellschaften ein, die wir Aufklärung nennen und die den Fortschritt freigab, den geistesgeschichtlichen und praktischen, den wissenschaftlich-technischen Fortschritt.

Ähnliches scheint sich nun in der arabisch-muslimischen Welt zu ereignen. Die islamische Katharsis, der 30-jährige Krieg der islamischen Welt, hat begonnen. Seine Flüchtlinge treibt es zu uns. Sunnitische und schiitische Muslime kämpfen gegeneinander und gegen die überlegene westliche Moderne, die unbewusst ihr Entwicklungsziel ist. Die sozusagen „historische Mission" der islamischen Kriege und des islamischen Terrors ist die völlige kulturelle Erschöpfung und die Entfremdung der beteiligten Völker vom Islam. Sobald die De-Islamisierung der Massen einsetzt, ist auch dort der Weg frei für die Aufklärung, in die Moderne.

Die Europäer haben die Aufgabe, sich zu schützen und den Einsatz von Massenvernichtungswaffen, insbesondere von Atomwaffen, in diesen Kriegen zu verhindern, damit kein dritter Weltkrieg ausbricht oder die Vernichtung Europas oder der ganzen Welt geschehen kann. Die Religionskriege selbst *können* und *sollen* wir nicht verhindern, da sie anscheinend nötig sind, um den Islam zu *disqualifizieren*. Selbst das Liebe predigende Christentum konnte seine christlichen Kriege nicht verhindern! Bilden wir uns nicht ein, wir könnten die Muslime davon abhalten und ihnen diesen Entwicklungsschritt ersparen, so sehr wir uns das – in ihrem und unserem Interesse – sehnlichst wünschen! Natürlich wissen wir es besser und möchten wir sie bitten, doch gleich Vernunft anzunehmen. Doch sehr wahrscheinlich wird uns das nicht gelingen. Sie müssen ihre Erfahrungen selber machen. Das ist sehr traurig, aber wahr. Am Beispiel der Türkei wird das deutlich.

Kaum waren die Türken auf dem westlichen Weg, kaum ging es kulturell aufwärts, schon glauben sie mit Erdogan, den Islam wieder ins Boot holen und auf ihren Erfolgsweg mitnehmen zu können. Das wird schief gehen und ist Teil der Selbsterfahrung der islamisierten Völker, sich von dieser „islamischen Kultur" tatsächlich befreien zu müssen. Was muss noch alles geschehen, bis der Islam lahm ist? Schreckliches! Diese Welt ist nicht gut.

Die Christen, die sich auf den „Liebe und Frieden" predigenden Jesus beziehen, haben die schrecklichsten und größten Kriege der Weltgeschichte geführt, trotz ihres Bekenntnisses. Die Kirchen haben Jahrhunderte gebraucht und sich historisch erst in allerjüngster Zeit von Gewaltanwendung und Krieg distanziert – nur im Angesicht ihrer eigenen geschichtlichen Verbrechen und Mittäterschaften, und unter dem Eindruck der *weltlichen Menschenrechte*, der aufgeklärten Ethik, zu der sie auch noch Elternschaft anmelden.

Erst nach dem Zweiten Weltkrieg, nach dem Holocaust, im Zuge der Entnazifizierung, haben die Kirchen in Deutschland von der „Judenschuld" Abstand genommen. Bis dahin galt der Holocaust als Strafe Gottes an den Juden für den Verrat von Jesus an die Römer. Ein einziger Jude, Judas, hat einen anderen Juden, Jesus, vielleicht sogar in dessen Auftrag oder mit dessen Billigung, an die Besatzungsmacht ausgeliefert und sein Schicksal erfüllt, welches das Christentum erst ermöglichte und welches die Christenheit doch als großes, göttliches „Erlösungsopfer“ für die ganze Menschheit heilig feiert. Sie hätten Judas dafür dankbar sein können, wenigstens vergeben. Stattdessen verdammten sie das ganze jüdische Volk bis in alle Nachkommen. Sie schufen, zusammen mit den Muslimen, seit 2000 Jahren den starken Judenhass, der zu all den Judenpogromen, zuletzt zum Holocaust, führte. Die Juden in der Diaspora durften sich nicht integrieren, wollten das aber auch nicht, so trugen sie ihren Teil zur Nichtverschmelzung und zur fortgesetzten Judenablehnung bei. Die Religionen glauben nur zu gern an „Kollektivschuld“ und „Sippenhaft“ und operieren damit.

Der Hauptkrieg des *islamischen 30-jährigen Krieges* ist mit der direkten Konfrontation zwischen der Hausmacht der Sunniten (Saudi-Arabien) und der Hausmacht der Schiiten (Iran) zu erwarten. Hinter Saudi-Arabien stehen leider die USA und die Nato, hinter dem Iran steht leider Russland. Auf keinen Fall dürfen sie sich hineinziehen lassen oder freiwillig hineinbegeben. Ein Stellvertreter-Weltkrieg wäre das Schlimmste, was uns der Islam und die Unvernunft der Weltmächte einbrocken könnte: den 3. Weltkrieg. Er steht tatsächlich vor der Haustür. Wir dürfen ihn nicht hereinlassen! USA, Europa und Russland müssen sich dringend auf ihre gemeinsamen Interessen verständigen und das islamische Kriegsgebiet von außen eindämmen, als Weltfriedenswächter. Und sie müssen gemeinsam die Existenz des Staates Israel sichern. Dieses, seinem Wesen nach „west-östliche“, Israel, ist der Schlüssel für einen Bund der Alliierten gegen den gemeinsamen Feind, die Islamischen Staaten, den politischen Islam.

Nur im Angesicht der weltlichen, *universellen Menschenrechte* kann, muss und wird der Islam an sich selbst scheitern. Er wird sich mit seinem Gewaltauftrag, seinem Gewaltpotential und seiner Gewalttätigkeit vor den Augen der live zuschauenden, modernen Weltöffentlichkeit *unmöglich machen*, zuletzt in den Augen der Muslime selbst. Der Islam wird nach seiner aufziehenden, entsetzlichen Gewalterfahrung nicht ganz verschwinden, das Christentum ist auch nicht verschwunden, aber er wird klein und diszipliniert in der Ecke sitzen. Als ein Islam, welcher der Gewalt und der Politik abgeschworen hat, falls das überhaupt möglich ist.

Rathaus-These 32: Wir sollen ihnen helfen

Viele Muslime, die in den Westen kommen, sind Zeitreisende, die bei uns mit der menschheitlichen Zukunft konfrontiert sind – bis zu einem halben Jahrtausend nach ihrer heimatlichen soziokulturellen Gegenwart. Die Natur oder Gott schickt uns Muslime, damit wir sie aufklären. Sie sollen mündig werden. Wir müssen sie fragen, warum sie hier sind, warum sie „Allah“ in den Westen geschickt hat. Wir müssen ihnen sagen, dass sie noch glauben, sie sollen hier den Islam verbreiten, in

Wahrheit aber sollen sie bei uns den Islam überwinden. Sie sind zu uns gekommen, um zu reifen, um weltanschaulich erwachsen zu werden.

Befreien wir die Muslime, die hergekommen sind, aus ihrer muslimischen Gefangenschaft, aus Angst, Unterwerfung, Unterdrückung, Gewalt, Irrtum und Unwissenheit. Zeigen wir ihnen den Weg zum mündigen Menschsein, zeigen wir ihnen den Weg zu uns.

Liebe im Herzen führt zur All-einigen, inneren, bejahenden Verbundenheit, nicht furchtsame Unterwerfung unter ein äußeres, tyrannisches Gespenst. Bejahende Lebensfreude statt verneinende Todesfurcht! Das ist der Weg.

Das Leben ist wie ein Märchen, deshalb erzählen wir uns gerne welche darüber. Unser Empfinden will genau solche Märchen, in denen es zunächst äußerst heftig zugeht und am Ende doch alles gut wird. Mir scheint dies ein Urbild des Seins zu sein. Vielleicht ist es die Wahrheit und nicht bloß ein frommer, aus der Hoffnung geborener Wunsch. Am Ende wird alles gut, und wenn es noch nicht gut ist, dann ist es auch noch nicht das Ende. Darum achte auf deine Gedanken, denn sie werden deine Worte. Achte auf deine Worte, denn sie werden deine Taten. Achte auf deine Taten, denn sie werden dein Schicksal. Und achte auf dein Schicksal, denn es wird deine und unser aller Zukunft.

> „Was wir vor allem brauchen, ist eine neue Aufklärung, die als zentrale Forschungsgebiete der Menschheit den Menschen anerkennt, Mann *und* Frau. Diese Aufklärung stützt sich nicht mehr wie ihre Vorgängerin auf heroische Einzelerfolge einiger weniger genialer und außergewöhnlich mutiger Menschen. Sie ist für jeden Durchschnittsmenschen erreichbar. Das Studium der Literatur sowohl um ihrer selbst als auch um der zeitlosen ethischen Fragen willen, mit denen sie sich befasst, kann heute die Lektüre heiliger Texte ablösen, die sich als korrupt und konstruiert entpuppt haben. Die ungehinderte wissenschaftliche Forschung und die breite Verfügbarkeit neuer Erkenntnisse mittels einfacher elektronischer Hilfsmittel wird Wissenschaft und Entwicklung revolutionieren. Sehr wichtig ist auch die Trennung von Sexualleben auf der einen und Angst, Krankheit und Tyrannei auf der anderen Seite, die zumindest möglich wird, wenn nur erst alle Religionen aus der Debatte verbannt sind. All das und mehr ist zum ersten Mal in unserer Geschichte für alle Menschen erreichbar, ja zum Greifen nahe.
>
> Nur ein naiver Utopist kann aber davon ausgehen, dass sich diese neue menschliche Zivilisation „fortschreitend“ und geradlinig entwickeln wird. Erst müssen wir unsere Vorgeschichte hinter uns lassen und uns den Händen entwinden, die uns zu den Katakomben, den muffigen Altären und der schuldbeladenen Sucht nach Unterwerfung und Unterwürfigkeit zurückzerren wollen. Mit den Worten „Erkenne dich selbst“ wiesen die Griechen

sanft auf die tröstende Wirkung der Philosophie hin. Um den Geist dafür frei zu bekommen, müssen wir den Feind erkennen und bereit sein, gegen ihn zu kämpfen."

Christopher Hitchens (1949 - 2011), britisch-US-amerikanischer Journalist und Autor, vehementer Atheist, 2009

Rathaus-These 33: Der Umdeutschung wehren!

Wir müssen uns zunächst selbst helfen, um den Muslimen helfen zu können. Denn wir sind am deutschen Schicksal erkrankt. Das Deutschsein sei ein-für-alle-mal verdorben durch 1933-45, glauben sehr viele. Die Deutschen wurden militärisch besiegt, entnazifiziert, wieder auf demokratisch umerzogen und verwestlicht. Manchen reicht das nicht. Die Deutschen müssen auch noch abgeschafft werden. Wie macht man das? Man verbietet ihnen völkisches (volksfreundliches) Denken und vermischt sie mit anderen Völkern aus aller Welt, das ist schließlich ganz modern.

Die Linken, die Wirtschaftsliberalen und die Islamisten verfolgen das Ziel, die deutsche Mehrheitsgesellschaft grundlegend zu verändern, durch *entdeutschen* und *umdeutschen*. Das „Deutschtum" gilt längst als schändlich und ist moralisch verboten. Da der Begriff „Deutscher" aber nicht ebenso leicht ausgemerzt werden kann, muss er uminterpretiert werden. So wird der begriffliche „Deutsche" von einer vermeintlichen Patronenhülse zur leeren Worthülse: Jeder Erdenbürger kann nun ein Deutscher sein, zumindest ein *Neudeutscher*.

„Soweit ich weiß: Das ist Angela Merkels Weltbild. Deutschland gehöre nicht den Deutschen. Deutschland solle „entdeutscht" werden. Deutsche verdienen Deutschland nicht. Jeder Fremde, der aus einem Zug steigt, verdient es. Klappe zu, wenn du widersprichst! Weißt du nicht, dass Deutschland schuldig, schuldig, schuldig ist?!

Ich widerspreche! Und ich bin ein Jude! Der Hass auf die Nazis wurde mir seit meiner Kindheit beigebracht. Aber ich weiß, dass das heutige Deutschland nicht „Nazi" ist. Sie sind liberal. Die Enkel der Nazis sind nicht schuldig durch ihre Geburt. Und selbst wenn sie es wären, wäre dafür nicht die Lösung, eine Million muslimische Männer ins Land zu lassen."

Ezra Levant (geboren 1972), kanadischer Journalist, 2015

Das kleine, dicht besiedelte Deutschland wird einfach zum Einwanderungsland erklärt, wie die ehemaligen, riesigen Kolonien kontinentalen Ausmaßes in Nordamerika und Australien. Dort leben zwar nur 3 bis 32 Menschen auf einem Quadratkilometer eroberter Landesfläche; im hochkulturellen, alten Auswanderungsland Deutschland hingegen 230 Menschen, das darf jedoch nicht stören. Ausländer rein! Koste es, was es wolle. Es lohnt sich sowieso! Denn *un*deutsch ist gut, *neu*deutsch noch besser. Hurra, wir züchten den *Neudeutschen*, den besseren Deutschen, den besseren Menschen! Willkommen in der Einwanderungsgesellschaft neuen Typs!

> „Deutschland ist ein Einwanderungsland – das wird mittlerweile nicht mehr geleugnet. Jetzt müssen wir den Schritt zu einer echten Einwanderungs-Gesellschaft machen. ... Und unser Land profitiert von Einwanderern, das hat die Bertelsmann-Studie vom November 2014 gezeigt. Steueraufkommen und Sozialabgaben steigen. Das kann man nicht oft genug betonen!“
>
> Aydan Özoguz (geboren 1967), türkischstämmige deutsche Staatsministerin bei der Bundeskanzlerin als Beauftragte der Bundesregierung für Migration, Flüchtlinge und Integration, stellvertretende Bundesvorsitzende der SPD, 2015

Die größte Einwanderer-Gruppe sind die Türken, die zugleich am schlechtesten integrierte. Die türkischen Gastarbeiter, geholt, um die steigenden Löhne zu drücken, hätten Westdeutschland nach dem Krieg erst wieder aufgebaut, hieß es schon aus dem Propagandarohr – also erst die Trümmer-Frauen, dann die Türken-Männer? Nicht wahr! Die Deutschen selbst hatten Deutschland bereits wieder aufgebaut, als sie geholt wurden. Die Ansiedlung der Türken war nie vorgesehen, aber die muslimischen Geister, die westdeutsche Industrieelle gerufen hatten, wurde das Land nicht wieder los, im Gegenteil. Bis zum Anwerbestopp 1973 kamen 800.000 Türken, heute sind es 3 Millionen.

Dass sie einen Gewinn für Deutschland darstellen, darf arg bezweifelt werden. Es ist der westdeutschen Politik weder gelungen, die Gastarbeiter wie beabsichtigt zurückzuführen, noch sie als Neubürger zu integrieren und auf den deutschen Leistungs-Durchschnitt zu heben. Ein Politikversagen auf der ganzen Linie.

> „Türkischstämmige Deutsche tauchen in der Ausländerstatistik nicht auf, haben aber oftmals die gleichen Schwierigkeiten wie noch nicht Eingebürgerte – obwohl in Sonntagsreden immer wieder hervorgehoben wird, dass die Einbürgerung am Ende des Integrationsprozesses stehen solle.
>
> Eine Studie des Berlin-Instituts für Bevölkerung und Entwicklung wies im Jahr 2009 nach, dass Türken und Türkischstämmige die mit Abstand am schlechtesten integrierte Einwanderergruppe seien. Ihr Bildungshunger sei

gering, den nachfolgenden Generationen gelinge es kaum, die Defizite der ersten Generation auszugleichen.

Keine andere Einwanderergruppe zählt mehr Menschen ohne jeden Bildungsabschluss (30 Prozent) und weniger mit Abitur (14 Prozent). Die Abhängigkeit von Transferleistungen ist trotz der langen Aufenthaltsdauer der Türken etwa doppelt so hoch wie in der Mehrheitsgesellschaft. 93 Prozent der in Deutschland lebenden Türken und Türkischstämmigen ... heiraten innerhalb ihrer Ethnie.

In Kombination mit der Tradition der arrangierten Ehe – oftmals zwischen einem in Deutschland und einem in der Türkei aufgewachsenen Partner (in der Regel die Frau) – ist es die Möglichkeit des Familiennachzugs, die immer wieder Einwanderer der ersten Generation mit geringen Sprachkenntnissen und ohne in Deutschland nützliche berufliche Qualifikation ins Land gelangen lässt. Mit diesen Voraussetzungen gelingt es nicht, die Kinder in der Schule zu fördern – ein Circulus vitiosus."

Uta Rasche, deutsche Journalistin, 2010

Die Ablehnung alles entschieden Volksbezogenen geht schon so weit, dass die Verteidigung der Demokratie in Misskredit gerät. Wir sind das Volk! – Das dürfe man nicht mehr sagen, weil niemals das ganze Volk so spreche, sondern immer nur eine kleine Minderheit von Aktivisten. Zu behaupten, wir seien das Volk, wäre eine Anmaßung und eine Ausgrenzung all der Anderen, die auch das Volk sind, aber nicht mitgemeint werden wollen. Ist das nicht absurd?

Der Soziologe Alexander Häusler wirft der neuen Oppositionspartei im Bundestag, der Alternative für Deutschland (AfD), einen „völkisch-autoritären Populismus" vor. Was ist das? Das klingt für mich wie eine böswillige Umschreibung für Volksherrschaft, für Demokratie. Nun, keine andere Partei tritt so vehement für die Demokratie ein, für ein Wiedererlangen der Souveränität des deutschen Volkes (wie laut Grundgesetz vorgeschrieben), als gerade die AfD. Mit ihr „droht" ein echter demokratischer Politikwechsel. Sicher, in allen Parteien gibt es auch Menschen, die nur „Demokratie-Mitläufer" sind, Scheindemokraten, die auch eine Diktatur gutheißen würden, wenn der Wind sich drehte. Das gilt für alle Parteien, ausnahmslos! Das Kind mit dem Bade auszuschütten und ausgerechnet die wahrhaft *demokratische AfD* zu ächten, ist jedoch kein Schutz vor solchen Zeitgenossen.

Wer das Volk-Sein beschädigt, der beschädigt auch die Volks-Herrschaft gleich mit! Die Demokratie setzt das selbstbewusste Volk voraus. Keine diffuse, beliebig wechselnde Ansammlung von Arbeitsnomaden, Konsumenten, Migrantengruppen und anderen versprengten Bevölkerungsteilen. Eine Volksherrschaft ist mehr als eine „Bevölkerungsherrschaft" – welche es gar nicht gibt.

„Viele Menschen in den sozialen Netzwerken hatten nach Clausnitz sofort das Bedürfnis, die Parole „Wir sind das Volk“ wieder an sich zu reißen. Der gute Deutsche sei gefälligst das Volk, nicht der böse Deutsche. Ist jemals in den Köpfen angekommen, dass das Gerede über das Volk überhaupt erst so etwas wie die Brüllerei in Clausnitz hervorbringt? Über das Volk zu streiten, wen es umfasst und wen nicht, das nennt man – tut mir echt leid – völkisches Denken! Von „Wir sind das Volk“ führt unweigerlich der Weg zu „Wir sind EIN Volk“ zu „Deutschland den Deutschen“. Und schon sind wir bei den Nazis.“

Andrea Hanna Hünniger (geboren 1984), deutsche Journalistin, 2016

Wenn das so wäre, hätten letztlich die Nazis das SED-Regime gestürzt und die Nazis aus Ost und West die Wiedervereinigung vollzogen. „Volk“ soll also gleichbedeutend sein mit „Nazivolk“ oder zwangsläufig dorthinführen, wenn man auch nur darüber redet. Ist etwa jeder Nationalpark, auf den wir stolz sind, ein Nazipark? Entfacht jeder Gedanke ans Volk, jeder völkische Gedanke, jeder positive Bezug zur Nation, einen überbordenden Nationalismus? „Kein Volk mehr“ bedeute daher „keine Nazis“ mehr?! – Man kann also die Nazis abschaffen, in dem man das Volk abschafft?

Wie naiv und selbstzerstörerisch doch diese Vorstellung ist. Ein deutsches Volk darf es nicht mehr geben, damit es niemanden ausgrenzen und es keine deutschen Nazis mehr geben kann. Kein Gerede mehr über das deutsche Volk – einfach alle Nazis totschweigen! Der deutsche Michel soll sein Volk vergessen, seine Volkssouveränität, die deutsche Einheit, er soll nicht mehr glauben, dass sein Deutschland das Land der Deutschen sei. Und wenn er es dennoch tut, wäre er ein Tabubrecher, ein potentieller Verbrecher sogar. Mit der grundgesetzlich vorgeschriebenen Meinungsfreiheit und Volksherrschaft (Demokratie) ist das gar nicht zu vereinbaren.

Deutschland ist das Land der Deutschen, wessen Land denn sonst? Deshalb heißt es doch so! Ist Frankreich etwa nicht das Land der Franzosen? Schweden das Land der Schweden? Polen das Land der Polen? ... Deutschland den Deutschen – wem den sonst? Den Arabern? Den Türken? Jedem, der es will?

„Deutschland muss von außen eingehegt, und von innen durch Zustrom heterogenisiert, quasi verdünnt werden. ...

Deutschland ist ein Problem, weil die Deutschen fleißiger, disziplinierter und begabter als der Rest Europas (und der Welt) sind. Das wird immer wieder zu „Ungleichgewichten“ führen. Dem kann aber gegengesteuert werden, indem so viel Geld wie nur möglich aus Deutschland herausgeleitet wird. Es ist vollkommen egal wofür, es kann auch radikal verschwendet werden – Hauptsache, die Deutschen haben es nicht. Schon ist die Welt gerettet."

Joschka Fischer (geboren 1948), deutscher Politiker (Bündnis90/ Die Grünen), ehemals Umweltminister, stellvertretender Ministerpräsident und Staatsminister für Bundesangelegenheiten in Hessen, dann Fraktionsvorsitzender der Grünen im Bundestag, 1994

Am deutschen *Ver*wesen soll die Welt genesen. Zur Belohnung wurde Fischer, nach diesen Aussagen in seinem „Bewerbungsbuch", deutscher Außenminister und Vizekanzler unter Bundeskanzler Gerhard Schröder (SPD), welcher sich später nach Russland abgesetzt hat, um dort als deutscher Hochverräter sich für russische Interessen gegen Deutschland und die EU einzusetzen, fürstlich bezahlt natürlich.

Zuwanderung zu haben ist ganz normal; die Deutschen aber durch Zuwanderung „verdünnen" und ersetzen zu wollen, ist es nicht, das ist krank. Das Staatsvolk zu erhalten, in unserem Falle das deutsche Volk zu erhalten, ist die selbstverständlichste Aufgabe von Staat und Gesellschaft.

„Es mag Sie vielleicht überraschen, aber ich bin eine Volksverräterin. Ich liebe und fördere den Volkstod, beglückwünsche Polen für das erlangte Gebiet und die Tschech/innen für die verdiente Ruhe vor den Sudetendeutschen.

Christin Löchner (geboren 1987), deutsche Politikerin (Die Linke), Mitglied des Bundestages, 2012

Das Deutschsein der Deutschen soll durch Masseneinwanderung „entschärft" werden. *Muslimische Neudeutsche* sind aber keine Entschärfer, im Gegenteil, sie sind Scharfmacher.

„Seit Jahren ändert sich fundamental, was es heißt, Deutscher zu sein."

Prof. Dr. Jochen Oltmer (geboren 1965), Migrationshistoriker, 2015

Aber nur in den Köpfen und den Publikationen jener Protagonisten, die das sehnlichst herbeiwünschen und mit der Massenzuwanderung ihre Hoffnung auf Umdeutschung verbinden, gleichsam schon in Erfüllung gehen sehen.

Die deutsche Einheit scheitert, wenn sie, von wem auch immer, zur *multiethnischen Einheit umbestimmt* wird! Sowohl das Grundgesetz, als auch die ostdeutschen Diktaturüberwinder, haben vom deutschen Volk gesprochen und die Einheit des deutschen Volkes als Volks- und Kulturnation angestrebt. Daraus nun einen Vielvölkerstaat, eine Einwanderernation mit „multikultureller" Einwanderungsgesellschaft machen zu wollen, ist etwas anderes und ist Verrat an der Volksnation und Kulturnation der Deutschen. Das geht so nicht und wird aus verschiedenen Gründen auch scheitern.

Seit fast fünf Jahrzehnten ist die Geburtenrate der Deutschen so niedrig, dass sie einer Programmierung auf „Volkstod" gleichkommt. Jede neue Generation ist um ein Drittel kleiner als die vorige. Jedes dritte Kind fehlt. Wir schrumpfen rapide dahin, die ungeborenen Mädchen von heute sind die fehlenden Mütter von morgen. Die Zahl der kinderlosen Frauen und der Ein-Kind-Familien ist viel zu hoch geworden.

Doch unseren in der Verantwortung stehenden Politikern fällt als Lösung nichts anderes ein, als nach verstärkter Zuwanderung zu rufen, nach dem „Absaugen" von Menschenmassen – Humankapital – aus „Überschussgebieten", um damit die Geburtenlücke in Deutschland zuzuschütten. Das ist eine neue Form der kolonialen Ausbeutung anderer Völker, Menschenraub, nicht gegen, sondern mit dem Willen der neuen „Lohnsklaven", unter der edlen Attitüde, diesen armen Menschen doch helfen und ihnen eine Perspektive bieten zu wollen.

Andere – ärmere Länder, ärmere Völker – sollen *für uns* die Kinder bekommen und großziehen, die wir als Ersatznachwuchs brauchen – geschenkt, sie kommen sogar auf eigene Kosten und auf eigene Gefahr übers Mittelmeer und über die offenen Grenzen zu uns, weil wir so attraktiv für sie sind. Tausende ersaufen dabei. Schämt euch!

Das dabei natürlich das deutsche Volk und die deutsche Kultur geopfert werden müssen, ist völlig klar. Für die deutschen Selbsthasser ist das ein zusätzlicher, großer Pluspunkt, sie umarmen und beklatschen ihre neuen Diener, die ihre Renten erwirtschaften und ihr historisches Gewissen erleichtern sollen. Ich nenne das einen gewendeten Neokolonialismus. Die „Geflüchteten" werden benutzt gegen den Schuldkomplex und gegen die eigene Kinderlosigkeit.

> „Ich habe ein Verständnis für die Aussage, dass in Deutschland durch Einwanderung Leute ersetzt werden, nämlich jene, die die Deutschen zu zeugen und zu gebären nicht mehr Willens sind. Denn aufgrund unserer demographischen Entwicklung ... brauchen wir Einwanderung. Wir kriegen es nicht mehr hin, den Nachwuchs an Ingenieuren, an Architekten, an Altenpflegern, an Polizisten usw. aus der deutschen Bevölkerung heraus zu generieren. Deswegen brauchen wir Einwanderung und deswegen müssen wir

jetzt die vielen jungen Leute die zu uns kommen mit der deutschen Sprache, mit einer deutschen Berufsausbildung, versehen, damit wir weiter leben können. Es werden die ausbleibenden deutschen Geburten ersetzt."

Prof. Dr. Werner Josef Patzelt (geboren 1953), deutscher Politikwissenschaftler, Publizist und Musiker, 2016

Das ist die neue Musik, die gespielt wird, das ist unsere neue Antinationalhymne. Ein Missklang sondergleichen. Ein Abgesang, ein Trauerspiel, das ganz Europa mit deutscher Islamisierung bedroht.

Liebe Deutsche! Keinen Deut Deutschland mehr der Islamisierung, keine Um*deutung*, keine *Um*deutschung mehr! In unserer Verfassung, dem Grundgesetz, steht kein Wort, dass die Umwandlung Deutschland in ein Einwanderungsland mit einer Einwanderungsgesellschaft *auch nur erlaubt* wäre! Das ist kein Staatsziel! Das ist Hochverrat! Wählt die Vaterlandsverräter ab.

Rathaus-These 34: Deutschsein ist unschuldig

Wir Deutschen sind unsicher. Wir trauen uns nicht mehr, deutsch zu sein, wir fühlen uns belastet und suchen nach irgendeiner Zuflucht, nach einem neuen deutschen Zuhause. Die deutsche Volksseele krankt an den hitlerdeutschen Verbrechen. Die Geschichte zwischen 1933 und 1945 verblendet die Selbstwahrnehmung der Deutschen.

„Obwohl es uns ökonomisch gut geht wie selten zuvor, sind wir uns unserer selbst, unserer Identität nicht sicher genug. Wir wissen nicht mehr genau, wer wir sind und wer wir sein wollen. Was uns als Deutsche ausmacht."

Prof. Dr. Thomas de Maiziere (geboren 1954), deutscher Jurist und Politiker (CDU), Bundesinnenminister, (ehemaliger Bundesverteidigungsminister, Chef des Bundeskanzleramtes, Bundesminister für besondere Aufgaben, Sächsischer Innenminister, Sächsischer Justizminister, Sächsischer Finanzminister, Chef der Sächsischen Staatskanzlei, Chef der Mecklenburg-Vorpommerschen Staatskanzlei, Kulturstaatssekretär in Mecklenburg-Vorpommern), 2016

Wir Deutschen nehmen uns selbst in Schuld- und Sippenhaft und lassen uns bereitwillig von anderen in Sippenhaft nehmen, am bereitwilligsten von den Israelis. Diese angenommene Kollektivschuld soll Ausdruck von Verantwortung sein. Aber ist sie das auch? Das Deutschtum wurde zum Sündenbock für die ungeheuren nationalsozialistischen Verbrechen gemacht, weil sie ausdrücklich in seinem Namen geschahen.

Genaugenommen gibt es weder eine Kollektivschuld des Judentums noch des Deutschtums, beide Schuldkomplexe sind Projektionen, Einbildungen, aber sie wirken. Auf den Judenhass der Deutschen folgte spiegelbildlich der Deutschenhass als Reaktion der Selbstablehnung, obwohl nur die ungeheuerlichen Verbrechen abgelehnt werden müssen. Nicht geleugnet, sondern abgelehnt! Die Verbrecher waren deutschtümelnde Deutsche mit einer faschistischen Ideologie, aber deutsch zu sein ist kein Verbrechen. Nicht alle selbstbezogenen, sich ihres Deutschseins bewussten Deutschen waren oder sind Faschisten.

Wir Deutschen sind von zwei verlorenen Weltkriegen, einer verlorenen Monarchie, einer verlorenen Demokratie und zwei Diktaturen, einer von rechts und einer von links, aber auch vom „Waldsterben“ und vom „Klimawandel“, politisch und moralisch erschöpft, wir zweifeln an uns selbst und schwächeln, wir flüchten uns in die Arbeit, ins Geldverdienen.

Alle existenziellen Probleme unserer Gesellschaft beschönigen wir als Chancen, denn im *ewigen Wandel* ersehnen wir unser Heil, wir flüchten in die Veränderung, immer ganz nahe bei der Selbstaufgabe und manchmal schon mittendrin. Wir sind kaputt. Wir können nicht mehr und müssen dennoch weitermachen. Wir bitten um Erlösung in der Welt, in der wir endlich als die *guten* Deutschen empfangen werden wollen, ja aufgehen möchten, in einer Europäischen Union, in einer Weltgemeinschaft ohne Grenzen.

Deutschenhass und Deutschenangst – Germanophobie – gehören auf der linken Seite des politischen Spektrums inzwischen zur Grundausstattung. Das war nicht immer so, es gab auch nationale Linke, denen ihr Vaterland etwas bedeutet hat. Nur selten sind linke Politiker naiv oder radikal genug, ihre Germanophobie öffentlich zu demonstrieren. So gab es im Zuge der Wende bei den westdeutschen Linken große Widerstände gegen die Wiedervereinigung.

Die *deutsche Einheit* wurde als eine große Gefahr, als Wasser auf die deutschklappernden Mühlen der Neofaschisten, angesehen. Dass die deutsche Einheit dem demokratischen Willen der Ostdeutschen sowie dem demokratischen Verfassungswillen des westdeutschen Grundgesetzes entsprach, gab ihnen wenig Halt. Sie sahen nur die Gefahr eines aufziehenden „Vierten Reiches“. Sie trauten der deutschen *Demokratie* gar nichts zu, sie sahen in ihr keine Kraft, sie glaubten nicht an den Fortbestand der Demokratie in einem wiedervereinten Deutschland.

Sieglinde Frieß, eine Bundestagsabgeordnete der Grünen, forderte die Streichung des Begriffes „Deutsches Volk“ aus dem Grundgesetz, um die Wiedervereinigung noch zu verhindern. In einer Rede vor dem Bundestag zum Thema Wiedervereinigung zitierte sie zum Schluss ein Gedicht von Wolfgang Neuss aus dem Jahre 1965:

> „Das Beste.
> Es lässt mich nicht ruhen.
> Wie kann ich wirklich was für Europa tun?
> Und wenn du mich einen Landesverräter nennst:
> Das Beste wäre für Europa, wenn Frankreich bis an die Elbe reicht
> und Polen direkt an Frankreich grenzt."

> Wolfgang Neuss (1923 - 1989), deutscher politischer Aktivist, Kabarettist und Schauspieler, und Sieglinde Frieß (geboren 1959), deutsche Politikerin (Die Grünen), MdB, Diplom-Sozialpädagogin aus West-Berlin, verdi-Fachbereichsleiterin, in einer Rede vor dem Parlament zum Thema Wiedervereinigung, 1989

Diese „Endlösung der Deutschen-Frage" zur Erlösung Europas und der Welt von den angeblich „schädlichen Deutschen" ist ein antideutscher, spiegelbildlicher Rassismus zum Rassismus der antijüdischen Nazis zur „Endlösung der Juden-Frage", zur Erlösung Deutschlands und Europas von den angeblich „schädlichen Juden". Das merken diese angeblichen Anti-Rassisten aber gar nicht.

Deutschenhass gab es schon vor Hitler in Europa, aber ohne die Verbrechen des Hitlerfaschismus hätte er nicht zu solchem rassistischen Selbsthass werden können. Die „Endlösung der Deutschenfrage" zu wollen, ist antideutscher Rassismus.

Ängste und Schuldgefühle, die muss man überwinden. Deutschenangst genauso wie Fremdenangst. Wer die unschuldig nachgeborenen Deutschen in kollektivem Schuldgefühl halten will, der macht sich selber der Freiheitsberaubung schuldig und der Verletzung der Menschenwürde. Die gilt auch für Deutsche. Wer die nachgeborenen Deutschen statt in Verantwortungsgefühl in Schuldgefühl halten will, der will sie lähmen. Der hat höchst wahrscheinlich Deutschenangst, die er überwinden muss.

Sollten wir Deutschen aber nochmals einen Führer wählen, dann war's das mit dem deutschen Volk, dann ist uns nicht mehr zu helfen. Mit einer Diktatur können wir unser Deutschsein *nicht* retten, sondern nur noch *final beschädigen*. Unsere Rettung besteht ausschließlich in der Demokratie, im souveränen Völkerrecht. Unsere Rettungsformel kann nur lauten: Freiheit – Demokratie – Menschenrechte!

Wir müssen unsere *nationalstaatliche Demokratie verteidigen*, die zu einer EU-weiten imperialen Scheindemokratie ausgehöhlt werden soll, zu der angeblich auch jeder illegale Einwanderer und jeder Muslim gehören kann. Dieser geplanten Abschaffung universell gültiger, europäischer Werte, müssen wir uns erwehren.

Wir haben in Deutschland die deutsche, demokratische „Montagsbewegung“ der Straße und die islamische, diktatorische „Freitagsbewegung“ der Moscheen. Wer wird sich auf lange Sicht durchsetzen, Montag oder Freitag? Wenn wir nicht von allen guten Geistern verlassen sind, werden es die Montagsbewegten sein.

Rathaus-These 35: Fluchtreflex ist feige und verantwortungslos

Die Antinationalen, die Internationalisten unter uns, möchten aus der deutschen Verantwortung fliehen, sie möchten die Deutschen, das deutsche Volk, das Deutschsein, einfach abschaffen. Sie glauben wohl, damit zwei Fliegen mit einer Klappe zu schlagen, nämlich den „erbbösen Deutschen“ auszurotten und keine spezifisch deutsche Verantwortung mehr übernehmen zu müssen. Mit der Kollektivschuld wollen sie auch gleich die deutsche Kollektivverantwortung tilgen. Das ist ein ahistorischer Blick auf die Deutschen und ihre Gesellschaften. Die deutsche Geschichte begann nicht erst 1933 und sie endete nicht 1945. Sie begann 10 Jahrhunderte früher und sie geht weiter. Eine finales Aufgehen der Deutschen in Europa und der Welt löste unsere Verantwortung für Europa und die Welt nicht mit auf.

Wir Deutschen haben sehr viel zur Moderne beigetragen, wissenschaftlich, technisch, philosophisch. Wir waren der Motor der Moderne. Nach der englischen Dampfmaschine sind alle Motoren deutsche Erfindungen. Kernspaltung, Raketentechnik, Auto, Düsenflugzeug, Sozialismus, Kommunismus, Reformismus, Sozialstaatlichkeit. Deutsche haben sogar fast alles erfunden, was die Moderne ausmacht, einschließlich Fernsehen und Computer. Daraus leitet sich eine Verantwortung der Deutschen für die Moderne ab. Unsere Verantwortung! Nicht für die Vergangenheit, sondern für die Zukunft. Wir Deutschen sind wer, wir sind von Wert, wir haben etwas zu tun, wir haben etwas zu verantworten! Wir können nicht einfach gehen und aus der Geschichte verschwinden. Oder muslimisch werden, was auf dasselbe hinausliefe.

Das „deutsche Automobil“ hat einen christlichen Schuld-Generator eingebaut, der seit 1945 wie irre läuft. Den müssen wir ausbauen. Wer es begrüßt, die Deutschen durch Kinderlosigkeit aussterben oder durch Massenzuwanderung in einer neuen Einwanderergesellschaft aufgehen zu sehen, der stiehlt sich aus der Verantwortung und macht die Welt kein bisschen besser, sondern hoffnungsloser.

Wir alle, ob wir es wissen oder nicht, ob wir Christen sind oder nicht – die ganze westliche Kultur – sind geprägt vom christlichen Schuldkult! Im Zentrum unseres Schuldnetzes sitzt eine Kreuz-Spinne. Auf ihrem Rücken trägt sie nicht nur das Kreuzzeichen, sondern nun auch noch das Zeichen von höllischem Gelächter: „H-H!“, wie „Heil Hitler!“, und sie kichert zischelnd „S-S!“ Sie hält uns gefangen. Wir kleben mit Schuldgefühlen an ihrem Netz, das wir für einen übergroßen Teil unserer Identität halten, ganz so wie die Muslime am Islam kleben. Werden wir uns befreien und als freie Menschen entkommen können? Andernfalls werden wir schlicht verdaut.

Wir täuschen uns, wenn wir glauben, dass der Hitlerfaschismus nur ein Problem für uns Deutsche sei. Über das *Opfersein* im Zweiten Weltkrieg und über die *Kollaboration* leiden alle Völker Europas an diesem *Rückfall der europäischen Hochkultur* in die tiefste Barbarei. Wir sind eben doch Europäer und nicht bloß eine lose Ansammlung von Nationen, wir sind kulturell ähnlich, wir befinden uns auf derselben Kulturstufe. Nicht nur wir Deutschen und die Italiener haben ein Faschismusproblem zu verarbeiten. Auch unsere Nachbarn.

Weil die Muslime nun mal da sind und weitere dazukommen werden, gehöre der Islam praktisch automatisch zu Deutschland, heißt es regierungsseitig, d. h., die Tatsache der Einwanderung erpresse uns eine Islamtoleranz förmlich ab, gegen die wir uns gar nicht wehren dürften. Der schüchterne Ruf nach Integration, dicht gefolgt von der reuigen Einsicht (Asche aufs deutsche Haupt!), seit einem halben Jahrhundert leider zu schwache Integrationsangebote gemacht zu haben, ist aber nichts anderes als eine hoch feige, selbstverleugnende Flucht aus unseren Werten, eine Flucht aus unserer Not mit dem zugewanderten Islam. Wer das einfach alles laufen lässt, ist nicht ganz dicht! Wer aufgibt und im Schuldnetz kleben bleibt, wird von der Haken-Kreuz-Spinne zersetzt und aufgesogen.

Rathaus-These 36: Selbstverleugnung ist keine Toleranz

In islamischen Ländern ist Islamkritik verboten. In Deutschland etwa auch? In Deutschland muss sie selbstverständlich sein. Islamkritik ist im Westen kulturelle Pflicht.

> „Es ist auch in Europa mit der freien Meinungsäußerung nicht weit her, sobald es um den Islam geht. Die bloße Erwähnung dieses Begriffs würgt jede Diskussion im Keim ab oder lässt sie auf Phrasen und Gemeinplätze des politisch Korrekten zusteuern. Die immer überaus heftigen Reaktionen der Islamisten auf die geringste Bemerkung über den Islam, Reaktionen, die prompt von den Medien aufgegriffen und aufgebauscht werden, haben zwischen dem Islam und der allergewöhnlichsten Kritik – wie man sie gegenüber jeder Idee, und sei sie noch so geheiligt, äußern können muss – eine Art Berliner Mauer entstehen lassen. ...
>
> Mancher traut sich nicht einmal mehr, in der Öffentlichkeit überhaupt noch über den Islam, Muslime und Araber zu reden, aus Angst, als islam-

feindlich oder rassistisch hingestellt oder gar beschuldigt zu werden, bewusst Konflikte zwischen den gesellschaftlichen Gruppen zu schüren."

Dr. Boualem Sansal (geboren 1949), algerischer Ingenieur, Ökonom, Volkswirtschaftler und Schriftsteller, erhielt 2011 den „Friedenspreis des Deutschen Buchhandels", 2013

Die westdeutsche Migrationspolitik war nur ein Abklatsch der französischen. Auch dort wurden „Gastarbeiter" aus Algerien, Marokko und Tunesien geholt, die dann blieben, Schwarzafrikaner kamen hinzu. Integration fand kaum statt, mit und ohne „Einbürgerung". Die Islamisierung ist in Frankreich schon weiter vorangeschritten als bei uns. Ein Gesetz gegen Diskriminierung (Gayssot-Gesetz) kriminalisiert dort jede Kritik an der Ausbreitung des Islams.

„Überall in Frankreich gehen Oberstufenlehrer mit einem Koran in den Händen zur Arbeit, um sicherzustellen, dass das, was sie im Unterricht sagen, nicht im Widerspruch zum heiligen Buch des Islam steht.

Alle Geschichtsbücher sind „islamisch korrekt". Ein Drittel der französischen Muslime sagt, sie wollen gemäß des islamischen Scharia-Rechts leben, nicht gemäß der Gesetze Frankreichs.

In Krankenhäusern fordern Muslime zunehmend nur von muslimischen Ärzten behandelt zu werden und lehnen es ab, ihre Frauen von männlichen Ärzten behandeln zu lassen. ...

Um muslimische Wähler zu gewinnen, reiste Macron nach Algerien und ... erklärte mehrfach, die französische Kultur existiere nicht und dass westliche Kultur ebenfalls nicht existiert; er fügte aber an, dass die arabisch-muslimische Kultur in Frankreich „ihren Platz" haben müsse. ...

Marine Le Pen, die rechtsextreme Kandidatin des Front National, mag als am entschlossensten erscheinen, Frankreich wieder ins Lot zu bringen, aber ihr Wirtschaftsprogramm ist so unsinnig marxistisch ... Auch Le Pen will die muslimische Wählerschaft gewinnen. Sie reiste vor ein paar Monaten nach Kairo, um den Großimam der Al-Azhar zu treffen."

Prof. Dr. Guy Milliere (geboren 1950), französischer Autor, 2017

Was heißt das, wenn ein Drittel der Muslime in Frankreich bereits offen für die Scharia eintritt, wo ihr Glaube ihnen doch vorschreibt, sich in der Diaspora an die Gesetze des Landes zu halten? Sie fühlen sich zunehmend bereits zur Machtübernahme ermutigt, gedrängt von ihren Imamen und eingeladen von den französischen Regierungspolitikern.

„Vor dreißig Jahren war Frankreich ein Land, in dem der Islam präsent war, aber wo es praktisch keine islamischen Forderungen gab und islamische Schleier selten waren. ...

Frankreich hat in den letzten dreißig Jahren einen beschleunigten Prozess der Islamisierung durchgemacht. Frankreich war ein Land, in dem religiöse Neutralität im öffentlichen Raum als ein wesentlicher Eckpfeiler der Republik angesehen wurde. ... Der Einfluss des Islam geht jetzt über die Transformation von Schulkantinen, Klassenzimmern und Nachbarschaften hinaus. Seine Auswirkungen sind in den Medien, in der Kultur, überall spürbar. Es ist sogar noch schwieriger, wenn nicht sogar gefährlich, irgendetwas zu veröffentlichen, das den Islam nur schon in Frage stellt. Der Mord an den Charlie Hebdo Karikaturisten hat gezeigt, dass „Blasphemie" zu einem brutalen Tod führen kann.

Das tägliche Leben hat sich verändert. Viele Frauen gehen nachts nicht alleine aus dem Haus; Juden wissen, dass sie beobachtet werden. ...

Sie versuchen nicht einmal zu verbergen, was sie tun. In seinem Buch „Prioritäten der Islamischen Bewegung in der kommenden Phase" erklärt Yusuf al-Qaradawi, der Vorsitzende der Internationalen Vereinigung der muslimischen Gelehrten und spirituellen Führer der Union der Islamischen Organisationen Frankreichs (UOIF), der wichtigsten islamischen Bewegung in Frankreich, wie Muslime, die im Westen leben, weitermachen müssen: sie können Terror verwenden, sie können Verführung nutzen, sie können das westliche Schuldgefühl ausnützen, öffentlichen Raum besetzen, Gesetze ändern, und ihre eigene Gesellschaft innerhalb der westlichen Gesellschaft schaffen, bis sie muslimische Gesellschaften geworden sind.

Islamisten in Frankreich nutzen Qaradawis Strategie. Sie funktioniert. Sie werden nicht mehr aufhören. Warum sollten sie auch? Niemand zwingt sie dazu. Sie scheinen anzunehmen, dass ihnen die Zukunft gehört. Die Geburtenraten geben ihnen ebenfalls Hoffnung. Die Transformation von Frankreich gibt ihnen Recht. Sie sind sich bewusst, dass die muslimische Bevölkerung wächst; dass die Mehrheit der französischen Muslime im Alter von dreißig oder jünger sich primär als Muslime sehen und ein islamisches Frankreich wollen.

Sie sehen, dass fast kein französischer Politiker, nicht einmal die Mutigsten, es wagen, zu sagen, dass der Islam Probleme schafft, und dass französische Journalisten unter der Androhung von Gerichtsverfahren oder Attacken schreiben, und so gut wie nie den Ausdruck „islamischer Terrorismus" verwenden.

Sie sehen, dass fast alle Bücher über den Islam in französischen Buchhandlungen von Islamisten oder von Autoren, die den Islam preisen, geschrieben werden. Und sie sehen, dass die nicht-muslimische französische Bevölkerung zunehmend pessimistisch ist über die Zukunft des Landes."

Prof. Dr. Guy Milliere (geboren 1950), französischer Autor, 2016

Ist es nicht sträflich dumm und fahrlässig, dem nichts entgegenzusetzen? Ja, ist es! Vom Ansatz her gibt es drei Lösungsmöglichkeiten: Stufe 1: Wir können die Muslime durch Aufklärung entislamisieren. Stufe 2: Wir können den Islam ganz verbieten. Stufe 3: Wir können einen Bürgerkrieg abwarten und die Muslime militärisch schlagen. Ich will die erste Lösung. Wenn sie nicht gelingt, muss die zweite einsetzen. Den Bürgerkrieg aber möchte ich unbedingt vermeiden.

Wenn vom Staat und von der Gesellschaft die *Aufklärung* nicht ernsthaft zur Entschärfung der Unterwerfung *eingesetzt wird* oder sie dazu nicht ausreichen sollte, müssen wir tatsächlich in den sauren Apfel beißen und zum Verbot des Islams, als politischer Gegenkultur der Unfreiheit, greifen. Was heißt das? Der Islam wäre dann nicht mehr als Religion geschützt, sondern stünde als extremistische Ideologie unter der Beobachtung des Verfassungsschutzes, verfolgt von Polizei und Justiz, genauso wie andere extremistische Ideologien auch. Wir müssten und dürften rechtsstaatlich all das verhindern, was die Islamisierung erfolgreich macht: Missionierung und Unterwanderung – alle islamischen Umtriebe wären dann Straftaten, die es einzudämmen und zu verhindern gelte. Wir würden dann den islamischen Terror konsequenter verhindern, indem alle Gefährder festgesetzt oder abgeschoben würden. Die Verbreitung islamischer Texte und Symbole wäre verboten. Die Parallelgesellschaften, die Scharia-Gegengesellschaften, die No-Go-Areas, würden mit Staatsgewalt aufgelöst.

Wenn die Muslime in Deutschland nicht wollen, dass es so weit kommt – zum Verbot – müssen sie sich aktiv und passiv der Aufklärung öffnen. Sollte ihre Aufklärung scheitern und drückten wir uns dann um das Verbot herum, ließe sich der Bürgerkrieg wohl kaum noch verhindern. Deshalb: Wir müssen alle Kraft in die Aufklärung investieren! Das ist die wünschenswerteste Lösung des Konfliktes, für alle Beteiligten.

Ist die Islamisierung Deutschlands und Europas überhaupt noch zu stoppen? Ja, wenn wir das wollen. Noch befinden wir uns, mit unseren überlegenen Werten, auch in einer überlegenen Position, einschließlich Heimvorteil. Schauen wir aber weiter zu und fördern wir die Islamisierung sogar weiterhin als „Integration", werden die Muslime erfolgreich sein. – Dann wird die Islamisierung Europas gelingen, dann wird die europäische Moderne untergehen und nur noch als Lokalkolorit in den neuislamischen Staaten von Europa von der einst großen europäischen Vergangenheit künden. Wollen wir das? Wem soll das nützen?

In der Bundesrepublik Deutschland nimmt die Islamisierung an Fahrt auf. Seit Merkels „humanitärem Akt“ schließt sie zusehens zum Stand Westeuropas auf. Prof. Milliere schaut auch nach Deutschland und bringt uns auf den Punkt:

> „Die deutsche Bevölkerung ist gealtert und die Geburtenrate ist gefährlich niedrig: 1,38 Kinder pro Frau. Die Einwanderer ersetzen die deutsche Bevölkerung, die nach und nach verschwindet. Die Deutschen, die verschwinden, sind Christen oder, häufiger, nichtreligiöse Säkularisten. Wie überall in Europa verschwindet das Christentum. Die Immigranten, die die Deutschen ersetzen, sind Muslime.
>
> Die deutsche Wirtschaft ist immer noch stark, verliert aber an Zugkraft. ... Menschen aus unterentwickelten Ländern können die hochgebildeten Deutschen nicht einfach ersetzen. Die meisten haben keine marktfähigen Fähigkeiten; die Neuankömmlinge bleiben lange arbeitslos und abhängig. Von den 1,2 Millionen Migranten, die 2014 und 2015 in Deutschland ankamen, fanden nur 34.000 Menschen Arbeit. ...
>
> Sie sagen auch, dass Islam und Christentum gleichwertig sind; sie sind hartnäckig blind für die Tatsache, dass der Islam mehr ist als eine Religion: Er ist ein politisches, ökonomisches und moralisches System, das alle Aspekte des Lebens umfasst und niemals lange oder friedlich mit einer anderen Kultur koexistiert hat. ... Vor allem wiederholen sie immer wieder, dass jede Kritik an Migration oder Islam schändlich und rassistisch sei.
>
> Die deutsche Bevölkerung ist eingeschüchtert vor Angst, sowohl durch das antisoziale Verhalten vieler Migranten als auch durch die Redepolizei ihrer eigenen Regierungen. ...
>
> Die Alternative für Deutschland (AfD), die die muslimische Einwanderung nach Deutschland stoppen will und immer mehr Stimmen gewinnt, bleibt eine Minderheit. Das Gesetz gegen Volksverhetzung, vermutlich dafür gedacht, eine Rückkehr zu Nazi-Ideen zu verhindern, wird wie ein Schwert benutzt gegen jeden, der zu hart von der wachsenden Islamisierung des Landes spricht. ...
>
> Nichts beschreibt den gegenwärtigen Zustand Deutschlands besser als das traurige Schicksal von Maria Landenburger, ein neunzehnjähriges Mädchen, das Anfang Dezember ermordet wurde. Maria Landenburger, Mitglied einer Flüchtlingshilfeorganisation, gehörte zu denjenigen, die im Jahr 2015 Migranten willkommen hießen. Sie wurde von einem der Menschen vergewaltigt und ermordet, die sie unterstützte. Ihre Familie bat jeden, der ihrer Tochter Tribut zahlen wollte, Flüchtlingsverbänden Geld zu spenden, damit mehr Flüchtlinge nach Deutschland kommen können.

Die große Mehrheit der Deutschen will nicht sehen, dass Deutschland im Krieg ist, weil ein gnadenloser Feind ihnen den Krieg erklärt hat. Sie wollen nicht sehen, dass der Krieg der gesamten westlichen Zivilisation erklärt worden ist.

Sie akzeptieren die Niederlage und tun folgsam, was Dschihadisten wollen: sie unterwerfen sich.“

Prof. Dr. Guy Milliere (geboren 1950), französischer Autor, 2016

Hoffentlich ist das kein Nachwort, hoffentlich wird er nicht Recht behalten. Wir müssen uns besinnen. Nach dem Kolonialismus haben es die arabischen Staaten mit dem Sozialismus versucht. Vielleicht ist das mit ein Grund, warum sich die Rotfaschisten mit den Islamofaschisten verbündet haben, um den freien Westen, den „faulen, gesetzmäßig absterbenden Kapitalismus“, endlich zu überwinden. Die Linken geben sich als Schutzpatrone der Muslime aus, um ihre Wählerstimmen abzugreifen, aber auch, um sie als eine Waffe gegen den bürgerlichen Westen zu verwenden. Sie versuchen, die liberale bürgerliche Gesellschaft mit ihren eigenen Gesetzen zu zerschlagen. Wenn sie erst die Macht haben, denken ihre ideologischen Führer wahrscheinlich, werden sie dem „religiösen Spuk“ schnell ein Ende bereiten. Dann wollen sie für ihre „neue Ordnung“ sorgen, die alle Menschen „befreit“ und alle Menschheitsprobleme löst. – Über die Kommunistische und Sozialistische Internationale wahrscheinlich.

Es muss uns gelingen, zumindest den demokratischen Teil der Linken zur Vernunft zu bringen, das Spiel über Bande aufzugeben und stattdessen originär für die europäischen Werte einzustehen. Rechts wie links müssen sich die Demokraten von den Diktatoren trennen. Rechts wie links müssen die Demokraten die Demokratie, den Rechtsstaat und den Sozialstaat gegen deren Zerstörung durch Masseneinwanderung und Islamisierung aus Arabien, Afrika und Asien verteidigen. Habt den Mut, euch eures eigenen Verstandes zu bedienen! Bekennt euch endlich zu eurer eigenen, fortschrittlichen Kultur!

Wir Deutschen haben ein schlechtes Gewissen den Juden gegenüber. Wir tun uns schwer mit Kritik am Staate Israel, und an eine deutsche Kritik am jüdischen Glauben ist erst gar nicht zu denken ... Die Franzosen haben auch ein Problem. Ihr schlechtes Gewissen resultiert aus ihrer Kolonialherrenzeit über das muslimische Arabien. Daher ist es gerade an uns Deutschen, den Islam und die arabische Kultur unbefangen und angemessen zu kritisieren und in die Schranken zu verweisen! Für unsere französischen Freunde gleich mit. Dazu sind wir frei und berufen. Das ist unser Part in der gesamtwestlichen Verantwortung.

Rathaus-These 37: Hitler ist schuld!

Man kann nicht über Deutschland und die Deutschen schreiben, ohne über Hitler zu sprechen. „Hitler“ ist dabei nur eine Metapher für alle, die damals mitgemacht haben. Hitlers Deutschland hat mit den deutschen und europäischen Juden auch den Stolz der Deutschen, eine erhabene Kulturnation zu sein, mitvergast. Die angreifende Wehrmacht des Führers zerstörte nicht nur einen Großteil Europas, sondern auch einen Großteil der eigenen deutschen Identität. Hitler und seine Anhänger sind die Ursache für das schlechte Gewissen und die Selbstablehnung der Deutschen seit über 70 Jahren!

Ohne den Hitlerfaschismus wären wir Deutschen heute selbstbewusst, wir würden inbrünstig bei jeder Gelegenheit die deutsche Nationalhymne singen, wir würden penibel unsere Grenzen kontrollieren und einen Massenzustrom von Muslimen konsequent ablehnen und geschickt abwehren – mit juristischer und bürokratischer Perfektion. Ganz sicher.

Wir Deutschen sind ein Mischvolk in der Mitte Europas. Wir sind wie eine Mischung aus westeuropäischen Franzosen und osteuropäischen Polen oder Russen. Ein in seinem Selbstverständnis unverletztes deutsches Volk, wäre nicht so zuwanderungsoffen wie die westlichen Nachbarn, die Franzosen und Briten, oder gar die US-Amerikaner, aber auch nicht so verschlossen wie die katholischen Polen, unsere östlichen Nachbarn, die am liebsten gar keine muslimischen Flüchtlinge aufnehmen wollen; wir Deutschen wären intermediär, wir wären *kontrolliert weltoffen* – und wie kontrolliert! Wir wären genau richtig.

Dass wir es nicht sind, zeigt unsere Schieflage. Wir sind nicht in unserer Mitte, nicht in der Mitte Europas. Wir sind exzentrisch, wir gehören auf die Couch des Volks-Psychiaters – leider gibt es keinen solchen. Gott sei Dank gibt es keinen, wir würden ihn glatt zum Führer wählen, zu unserem Befreier.

Die faschistischen Nazis sind schuld an der heutigen *Islamisierung Deutschlands*, denn diese ist eine *Spätfolge* ihrer Terrorherrschaft. Hätte die deutsche Demokratie der Weimarer Republik weiterbestanden, gäbe es heute keinen deutschen Selbsthass und keinen Vaterlandsverrat. Wir haben uns das alles selber eingebrockt und nur wir selber können uns da wieder herausholen. *Diesmal kommt niemand und befreit uns!*

Wir müssen befürchten, dass unsere faschistischen Neonazis, die echten Rechtsextremen, den Anspruch erheben werden, Deutschland – vielleicht sogar ganz Westeuropa – vom Einfluss des Islams befreien zu wollen. Wir können und müssen einen solchen Anspruch zurückweisen mit der Tatsache, dass erst die Nazidiktatur mit ihren Verbrechen das deutsche Volk und seine Widerstandskräfte so entscheidend geschwächt hat! Die Neonazis müssen beschämt zurücktreten, wir machen das selber – *ohne Führer* – aus der (alternativen) *demokratischen Mitte* heraus! Ihr demokratischen deutschen Nationalisten, nach vorne! Deutschland braucht jetzt Patrioten der Freiheit! Macht ihr Politik!

> „Ich war Berater der US-amerikanischen Armee vor dem Irakkrieg und wohnte auf einem Campus in der Nähe von Washington. Dort erlebte ich geborene Sudanesen, Perser. Sie sangen am Morgen hochemotional die Hymne und sagten: „Ich würde für Amerika sterben." Können Sie sich einen Türken vorstellen, der so etwas unter der deutschen Flagge sagt?
>
> Ich würde mich gerne als Deutscher begreifen, aber nicht im Sinne des Blutes. Ich bin Staatsbürger, ich bin Grundgesetzbürger. Deutsche Identität ist natürlich nicht nur Nazi-Identität, wie heute noch viele Linke verkünden. Deutsche Identität auf Hitler zu reduzieren, ist Gewalt gegen die Deutschen.
>
> Aber es ist hier schwieriger. Cameron kann von „Britishness" sprechen. „Die Einwanderer müssen unsere Britishness akzeptieren und respektieren." Ich möchte gerne in einem normalen Land leben. Deutschland ist aber immer noch nicht normal."
>
> Prof. Dr. Bassam Tibi, (geboren 1944), syrisch-deutscher Politikwissenschaftler, Autor, säkularisierter sunnitischer Muslim, 2016

Weil die Hitlerfaschisten die Juden als minderwertige Menschen verachteten, sie als Volksgruppe, viel weniger ihres Glaubens wegen, dämonisierten, sie der weltweiten Verschwörung zur Machtübernahme bezichtigten, sie als gefährliche Volksschädlinge einstuften, weil sie die Juden und alle, die sie für jüdisch hielten, entrechteten, verfolgten, vertrieben und auszurotten trachteten über ein industriell organisiertes Völkermordprogramm – wegen all dem, trauen wir uns heute nicht, der Islamisierung Einhalt zu gebieten. *Deshalb* trauen wir uns nicht, die Minderwertigkeit und die Unmenschlichkeit der islamischen Weltsicht und der islamischen Werte anzuprangern und sie offen, sie *konfrontativ*, abzulehnen. Wir trauen uns nicht, den Verschwörungscharakter muslimischer Unterwanderung, muslimischer Parallelgesellschaften, zu entlarven. Wir trauen uns nicht, die weltweite Eroberungsabsicht der islamischen Gemeinschaft wahrzunehmen, ernstzunehmen und ihr zu widerstreben.

Stattdessen schauen wir beschämt weg oder schauen zu, beschwichtigen die eklatanten Gegensätze. Ausgerechnet die Verbrechen des Hitlerfaschismus, das Bewusstsein seiner falschen und bösartigen Ideologie, lähmt uns heute diametral, der so ähnlichen *islamischen Ideologie* abwehrend gegenüberzutreten. Eine sehr bittere Ironie der Geschichte!

In der rechten Diktatur und in der linken Diktatur hat die Mehrheit der Deutschen weggesehen und ist mitgelaufen, obwohl sie wusste oder ahnte, was falsch lief. Hinterher hieß es dann, mit scheinheiliger Empörung: Wir wurden belogen und verraten! Eine seltsame, halb heuchlerische Schutzbehauptung, die alle eigene Verantwortung an die Regierung abschiebt. Jedes Volk hat aber genau die Regierung, die es zulässt, oder schlimmer noch: die es verdient. Erst recht heute, in einer Demokratie! Wer sich wider besseres Wissen und Ahnen belügen lässt, nimmt die verordneten Lebenslügen billigend in Kauf.

> „Das Abdriften der Deutschen in eine von der Regierung gesteuerte Verlogenheit habe ich in der DDR schon einmal erlebt. Ich beobachte die Entwicklung mit Abscheu."
>
> Katrin Moritz, deutsche Bürgerin, 2017

Die *islamische Herausforderung* ist deshalb auch wie eine Probe, ob wir aus unseren deutschen, nationalfaschistischen und rotfaschistischen Erfahrungen gelernt haben, wahrhaftig zu sein, ob wir gelernt haben, zu unseren als richtig erkannten Werten zu stehen, und dieser, für uns neuen, *totalitären Ideologie des Islams* zu widerstreben, die natürlich genau an unserer Schwachstelle ansetzt, unserem nationalen Schuldgefühl, um uns zu überwältigen.

Müssen wir denn wegen der Judenablehnung damals, wegen des Holocausts, den Islam heute willkommen heißen, statt ihn abzulehnen, wie es richtig wäre? Lassen wir uns in ein Gefühlschaos verstricken und verunsichern? Lassen wir uns von oberflächlichen, formalen Schein-Ähnlichkeiten und Ängsten leiten oder sind wir endlich bereit und fähig, *inhaltlich und für uns selbst Verantwortung* zu übernehmen? Suchen wir Zuflucht in einer feigen Gesinnungsethik, verdrücken wir uns mit beruhigtem Gewissen in eine Multikulti-Illusion und danken als Deutsche in Deutschland ab – Oder sind wir hellwach da, selbstbestimmt, realistisch und *verantwortungsethisch* und leben wir aus, was wir gelernt haben?

> „Es gibt natürlich gerade in Deutschland das Problem mit der deutschen Geschichte, man meint, wenn man den Islam kritisiert, dann tut man genau das Gleiche, was man im dritten Reich getan hat und das ist ein fataler Denkfehler. Denn die Konsequenz aus unserer deutschen Geschichte soll nicht heißen, dass wir nicht mehr kritisch gegenüber Minderheiten werden sollten, sondern die Konsequenz daraus ist: Nie wieder Unfreiheit! Und nie wieder Menschen eine Plattform zu bieten, die gegen Toleranz und gegen die Menschenwürde und gegen die Demokratie sind. Aber gerade das tut

man, im Namen der Toleranz lässt man zu, dass die Intoleranten ihre Infrastruktur aufbauen."

Hamed Abdel-Samad (geboren 1972), deutsch-ägyptischer Politikwissenschaftler, Islamkritiker und Autor, 2016

Der deutsche Schuldkomplex trifft auf den deutschen Größenwahn. Noch in der Reue wollen wir der Welt ein Beispiel unserer überragenden Großartigkeit geben und mehr Flüchtlinge, mehr Muslime aufnehmen, als alle anderen. Unser Sozialstaat ist wortwörtlich weltoffen, jeder Erdenbürger kann herkommen und bei uns Asyl beantragen und wenn er berechtigt ist, auch bekommen. Dableiben dürfen selbst die Abgelehnten, praktisch alle. Unser Heilsanspruch kennt keinerlei Kapazitätsgrenzen.

Sollten einmal Außerirdische auf der Erde notlanden und von Eingeborenen bedrängt werden, dürften auch sie in Deutschland Schutz suchen und ihre mitgebrachten außerirdischen Haustiere fielen selbstverständlich unter das deutsche Tierschutzgesetz. Alles zu schön, um wahr zu sein.

Hoffentlich werden wir bald wieder normal. Lasst uns endlich Selbstverantwortung übernehmen! Lenken wir unser Streben endlich in vernünftige Bahnen. Seien wir freie Realisten. Seien wir echte Bürger.

Rathaus-These 38: Linke erfüllen Hitlers Vermächtnis

Wie paradox. Ausgerechnet die größten Feinde Hitlers, die Linken, wollen sein Vermächtnis erfüllen, weil sie „deutsch sein" und „Nazi sein" einfach gleichsetzen.

Hitler selbst hat die Deutschen nie geliebt, sondern nur benutzt und am Ende verachtet und ihnen den Volkstod beschieden. Schon 1941 sagte er: „Wenn das deutsche Volk einmal nicht mehr stark und opferbereit genug ist, sein Blut für seine Existenz einzusetzen, so soll es vergehen und von einer anderen, stärkeren Macht vernichtet werden." Er sah das Ende kommen; sah, dass sein Krieg verloren geht. Doch die Kapitulation kam für ihn nicht in Frage. Getreu seinem sozialdarwinistischen Weltbild, sollte mit ihm das ganze Deutsche Reich und das deutsche Volk selbst untergehen. Ab dem Sommer 1944 erließ der Führer einen selbstmörderischen Vernichtungsbefehl nach dem anderen. Sein finaler „Nerobefehl" sollte zur Vernichtung aller Sachwerte innerhalb des Reichsgebietes führen, damit nichts Verwertbares mehr dem Feind in die Hände fiele. „Wenn der Krieg verloren geht, wird auch das Volk verloren sein. ... Es ist nicht notwendig, auf die Grundlagen, die das deutsche Volk zu seinem primitivsten Weiterleben braucht, Rücksicht zu nehmen. Im Gegenteil, es ist besser, selbst diese Dinge zu zerstören. Denn das Volk hätte sich als das schwächere erwiesen, und dem stärkeren Ostvolk gehöre ausschließlich die Zukunft. Was nach dem Kampf übrig bliebe, seien ohnehin nur die Minderwertigen; denn die Guten seien gefallen.", erklärte er Albert Speer im März 1945.

Hitler hinterließ absichtlich verbrannte deutsche Erde und massenhaft getötete Menschen. Am Ende war Adolf Hitler *der Volksverräter des deutschen Volkes* schlechthin. Er wollte es, nachdem er es verführt und benutzt hatte, auflösen, vernichten, ersetzen lassen durch andere, die er für stärker, für lebenstüchtiger hielt. Ist es nicht höchst merkwürdig, dass ausgerechnet die Linken aller Art, die erklärten Anti-Nationalsozialisten, genau das befürworten und betreiben, was der NSDAP-Reichskanzler und Führer Adolf Hitler den Deutschen beschieden hat? Sie wollen den deutschen Nationalstaat und die deutsche Identität auflösen, ja sie wollen das deutsche Volk auflösen, ersetzen durch andere, durch Migranten aus aller Welt.

Die Völkermorde der Deutschen schließen den deutschen Selbstmord leider mit ein. Hört auf damit! Das ist doch verrückt, das ist Wahnsinn. Weder die Juden noch die Deutschen sind böse, schädliche Völker.

Rathaus-These 39: Deutsches Kollektivschuldgefühl überwinden

Unser deutsches Kollektivschuldgefühl und die Sippenhaft der Nachgeborenen sind leider große Probleme für uns. Wir müssen dieses Schuldgefühl auflösen, nicht das deutsche Kollektiv; wir müssen unsere Haft beenden, nicht unsere Sippe. Das Gleiche gilt für das europäische Kollektivschuldgefühl und die Sippenhaft aufgrund des europäischen Kolonialismus.

Wen die Verbrechen der Deutschen unter Hitler so sehr drücken, dass er nicht mehr aufstehen kann und kein gesundes, normales, nationales Selbstwertgefühl mehr aufbauen kann – und das sind gerade besonders anständige Menschen – der braucht einen Ausweg, um seine drückende Last zu erleichtern oder ganz loszuwerden. Der braucht eine Gesundung der „deutschen Volksseele" und hat sie auch verdient.

Alle lebenden Deutschen, die zu jung waren, um aktiv an der Politik Hitlerdeutschlands und dem Zweiten Weltkrieg teilzunehmen oder erst später geboren wurden, trifft keine persönliche Schuld mehr. Dennoch bedrückt viele von uns dieses deutsche Kollektivschuldgefühl, das uns heute ganz lebenspraktisch an der Freiheit hindert, die deutsche Freiheit zu verteidigen.

Wir nachgeborenen Deutschen sollten deshalb um Vergebung bitten. Wir sollten Unterschriften sammeln – eigenhändig auf Papier gesetzt – und über den Bundesaußenminister offiziell, im Namen des deutschen Volkes, alle vom deutschen Hitlerfaschismus betroffen gewesenen Völker namentlich ansprechen und um Vergebung bitten. – Das jüdische Volk, das russische Volk, das französische Volk, das weißrussische Volk, das englische Volk, das polnische Volk, ... hoffend darauf, dass die Nachgeborenen dort ebenfalls Unterschriften sammeln ... und uns vergeben, weil wir nichts dafür können und doch schmerzlich bereuen, was damals geschehen ist.

Wenn wir Europäer vom Geist des Christentums durchdrungen sind, auch die Säkularen, dann haben wir die Kraft, einander um Vergebung zu bitten, auch wenn wir uns persönlich nichts haben zu Schulden kommen lassen, und dann haben wir auch die Kraft, einander zu vergeben.

Wir befreien dadurch beide Seiten, die Nachgeborenen der Täter *und* der Opfer, aus ihren jeweiligen, ererbten Opferrollen. Wir befreien alle beteiligten Völker zum Neuanfang auf Augenhöhe in europäischer Freiheit. Zumindest können wir ihnen und uns selbst, dieses Angebot machen. Es kann nur von uns Deutschen ausgehen. Wollen wir das tun? Ja, wir sollten es. Wir alle können nur gewinnen. Es sei denn, die „Erbopfer" zögen es vor, an ihrer ererbten, ebenso falschen Rolle festzuhalten, mit der Absicht, uns Deutsche moralisch demütigen, kleinhalten und erpressen zu wollen. Verweigerten sie uns die Annahme unserer Entschuldigungsbitte, würden sie aus ihrem unwillkürlichen Zustand der „Erbopferschaft" zur selbstverantwortlichen Täterschaft wechseln, weil sie uns in „Schuldknechtschaft" sehen und halten wollten. Wir hätten dann alles Recht, die „Erbsünde" aufgeklärt und empört von uns zu weisen und sie ganz allein abzuschütteln.

Auch Relativieren kann helfen. Die zweite Möglichkeit wäre deshalb, das bisher moralisch Verbotene zu wagen: Die schier übergroßen nazideutschen Verbrechen durch die großen Verbrechen anderer Völker ins Verhältnis zu setzen, indem wir uns auch deren Greueltaten bewusst machen. Der rote russische Stalinismus hat nicht minder schlimm gewütet als der braune deutsche Hitlerismus, er hat millionenfach massengemordet. Die blaue englische Rache im Zweiten Weltkrieg hat gezielt deutsche Zivilisten, Frauen und Kinder, umgebracht. Beispielsweise.

Das wäre keine schöne, keine begrüßenswerte Lösung, aber eine wohl durchaus wirksame psychologische Therapie zum Seelenheil der unschuldig nachgeborenen Deutschen. Am Ende stünde die erleichternde Erkenntnis: Wir Deutschen sind nicht böser als andere, *nur gründlicher,* vielleicht auch anspruchsvoller und tatkräftiger, weshalb geschehen konnte, was geschah. Unser Talent können wir aber auch zum Guten nutzen! Wir haben Schuld *und* Verantwortung geerbt. Die Schuld wollen und müssen wir loswerden, die Verantwortung wollen wir auf jeden Fall behalten und das Beste daraus machen!

Wir müssen nicht den Tätern, wir dürfen aber unserem kollektiven Schuldgefühl vergeben, wenn wir bereuen, was geschehen ist und stets Verantwortung dafür tragen wollen, dass Ähnliches nie wieder von Deutschland ausgeht. Dazu muss es *unser Deutschland, unsere Verantwortung*, bleiben.

Wir Deutschen müssen wieder normal werden, wir müssen wieder ein normales Verhältnis zu unserem Deutschsein, zu unserem Nationalstaat, zu unserer Muttersprache, entwickeln. Auf gut deutsch kann man sich sehr genau ausdrücken. Mit einer Sprache, mit der man alles kristallklar formulieren kann, muss man auch alles sagen dürfen und auch sagen. Wir müssen endlich wieder über alles reden. Es darf keine Tabus mehr geben! Keine! Stattdessen dürfen wir aufrechten Mutes sein, endlich sachlich miteinander zu argumentieren. Über alles.

Rathaus-These 40: Deutsche denken und fühlen ethnisch

Die Integrationsfähigkeit der Deutschen ist gering, deutlich geringer als die der Briten oder Franzosen. Wir können nur integrieren, wer uns so ähnlich ist, dass er fast rückstandslos assimiliert werden kann. Das ist keine Absicht, schon gar keine böse, wir sind so. Wir sind ein eher ethnisches Volk. Wirklich dazugehören kann nur, wer dem Anschein nach Abstammungsdeutscher ist. Das mag Vielen nicht gefallen, aber es ist einfach die Realität. Unsere integrierten Ausländer können ein Lied davon singen.

> „Integration bedeutet Zugehörigkeit. Ich selbst habe hier in fünfzig Jahren aber nur geschlossene Türen erlebt. Neulich fragte mich eine TV-Moderatorin in einer Talkshow: „Schämen Sie sich, dass Sie Syrer sind?“ Ich sagte: „Ich schäme mich nicht, aber ich möchte Deutscher sein.“
>
> Ich bin deutscher Staatsbürger, aber kein Deutscher. Ich gelte als Syrer mit deutschem Pass. In Deutschland unterscheidet man zwischen dem Staatsbürger und dem Deutschtum. Ich füge mich und nenne mich Syrer. Der deutsche Pass gibt mir Rechtssicherheit und ich nehme mir die Rechte, die viele Deutsche gar nicht brauchen. …
>
> Ich bin mit 28 Jahren Professor in Göttingen geworden, aber das war auch das Ende meiner Karriere in Deutschland. Meine Karriere habe ich in Amerika gemacht. In Deutschland bin ich ausgegrenzt, getreten und gemobbt worden. Eine Willkommenskultur habe ich nie erlebt. Der einzige Grund, warum ich hier blieb, ist meine deutsche Familie. Die wollte nicht nach Amerika gehen. Die Entscheidung war womöglich falsch. ...
>
> Ich hatte einen deutschen Doktortitel, eine deutschsprachige Habilitation geschrieben. Aber stellen Sie sich vor: Auf dem Amt diktierte mir ein deutscher Polizist einen Text aus der Bild-Zeitung, um meine Deutsch-Kenntnisse zu prüfen. – Wie wollen die Deutschen 1,5 Millionen Muslime integrieren, wenn sie mich, der ich dreißig Bücher in deutscher Sprache geschrieben habe, nicht integrieren konnten?“

Prof. Dr. Bassam Tibi, (geboren 1944), syrisch-deutscher Politikwissenschaftler, Autor, säkularisierter sunnitischer Muslim, 2016

Deutsche denken und fühlen ziemlich ethnisch, in Schuld und Verantwortung, auch jene, die sich dessen gar nicht bewusst sind und solch „völkisches Denken“ mit großer Empörung von sich weisen würden. Der Beweis ist leicht erbracht: Äußern sich Deutsche antijüdisch-antiisraelisch, braust ein Sturm der Entrüstung auf. Äußern sich Ausländer in Deutschland noch heftiger antijüdisch-antiisraelisch, braust kein Entrüstungssturm, sondern fast alle ducken sich möglichst ab und schauen beschämt weg. Immer voran die Linken. Das *Deutschsein* macht für sie also doch einen großen Unterschied, sie denken im Verborgenen *völkisch* und schreiben dem Deutschsein eine Kollektivschuld zu, woran es zu erkennen ist. Ihre Reaktionsweise ist von einer deutschen Kollektivschuld bestimmt, also völkisch.

Die Nation kann man ethnisch oder kulturell verstehen. Muslimische Araber können, als Araber, nicht Teil unserer ethnischen Nation sein und als Muslime aber auch nicht Teil unserer Kulturnation. Das sind gleich zwei Probleme und mindestens eines zuviel!

Alle Neudeutschen müssen zuerst Teil der deutschen Kulturnation sein, erst ihre Nachfahren können dann auch ethnisch eingeschmolzen werden, wenn sie uns ähnlich genug sind. Denn traditionell verstehen wir Deutschen uns in Kombination als *ethnische Kulturnation*.

Erschwerend kommt hinzu, dass wir Deutschen nach einem ungeschriebenen Konsensgebot leben, das den Rahmen sehr eng zieht. Alle sollen möglichst mit der Gruppe im Strom schwimmen und sich einig sein. Abweichler sind unbeliebt. Daher ist die Gefahr groß, einem Führer zu folgen. Die Deutschen wollen zwar die Demokratie, aber eigentlich auch einen „guten König“, der über allem wacht und sichtbar die Einheit verkörpert; der für Frieden, Ruhe und Ordnung sorgt. Wir wählen unsere Kanzler, unsere Kanzlerin, immer wieder, bis es nicht mehr geht. Umso wichtiger ist es, auf eine demokratische Debattenkultur in Deutschland zu drängen. Umso wichtiger ist es, das Bewusstsein, eine Gesellschaft freier Bürger zu sein, jeden Tag aufs Neue zu stärken.

Rathaus-These 41: Deutsche denken und fühlen nationalkulturell

Der zur Schau getragene Multikulturalismus vieler Deutscher ist nur eine Flucht, aus Selbstablehnung, ja aus Selbsthass. Der normale Deutsche, der ganz bei sich selbst ist, lebt in und aus der Mitte der deutschen Nationalkultur heraus. Oder er kippt um, in Multikulturalismus, Amerikanismus, Russismus ... immer dann, wenn er versucht, ohne Wurzeln zu leben. Gerade der Deutsche sucht Halt, weil er Halt braucht, hier mitten in Europa, all den Einflüssen von Nord und Süd, Ost und West, ausgesetzt. Es gibt für uns kein Entrinnen. Die eigentliche Heimat, das Haus der Deutschen, ist nicht dieser oder jener deutsche Staat, sondern die sprachlich gewachsene Nationalkultur. Wir sind eine ethnische *Kulturnation*. Das müssen wir begreifen, um uns verstehen zu können.

Wir Deutschen sind eine Nation, nein *die* Nation, der Dichter und Denker, Forscher und Erfinder. Wir sind das Volk der Bastler und Tüftler – schauen Sie sich all die Baumärkte an, die wir so lieben – wir *müssen* aufbauen, gestalten, rackern, machen, schaffen. Und zwar auf allen Gebieten. Erst dann können wir uns Entspannung erlauben. So sind wir Deutschen und so müssen wir uns respektieren.

Rathaus-These 42: Nationale Selbstbehauptung ist selbstverständlich

Der Wille zur deutschen Einheit und zur kulturellen Selbstbehauptung ist keineswegs extrem, sondern ganz normal. Wer Deutschland und die Deutschen erhalten möchte, ist lediglich normal-national. Überall in der Welt ist die nationale Selbsterhaltung völlig selbstverständlich.

Überall gibt es viele Menschen, deren Verantwortungsgefühl in die Tiefe reicht, die das Gewachsene bewahren und in die Zukunft tragen wollen, soweit es gut und schön ist.

Es gibt aber auch überall viele Menschen, die sehr wenig Gespür für landschaftliche oder kulturelle Verwurzelung haben, die tagesaktuell an der Oberfläche einer sich globalisierenden Popkultur treiben und ziemlich verständnislos auf all jene blicken, die mehr wahrnehmen als sie selbst und die ihnen deshalb merkwürdig, suspekt und „ewig gestrig“ erscheinen. Tatsächlich gestrig ist aber die *Verweigerung der Aufklärung* und die *Billigung von Rückschritt und Gewalt*, nur weil sie religiös scheinlegitimiert daherkommen!

Ethnische und kulturelle Selbstbehauptung sind völlig normale Ziele. Extrem hingegen ist die Selbstüberhöhung, extrem ist aggressives Eroberungsstreben, extrem ist die Selbstverachtung vieler Deutscher und ihre devote Landfreigabe. Extrem ist Islam/erwartungs/deutschland.

Rathaus-These 43: Unsere Nationalkultur ist die Leitkultur

Die Selbstverständlichkeit, dass unsere Nationalkultur die Leitkultur in Deutschland ist, muss sich erst wieder herumsprechen. Sobald die deutsche Seele gesundet, wird die Wiederentdeckung der deutschen Leitkultur ein Selbstläufer sein. Alle menschliche Kultur lebt vom Weitersagen. Die Deutschland-Saga steckt zwar in einer tiefen Krise, ist aber noch lange nicht zu Ende. Dafür sind wir und unsere Kultur noch viel zu bedeutungsvoll in der modernen Welt. In den nächsten Jahrzehnten und viel länger wird die deutsche Sprache noch lange nicht zur toten Sprache toter Dichter und toter Denker eines toten Volkes werden, quasi zur Neu-Antike; nein: Wir leben! Und wir können uns besinnen, auf uns. Wollen wir das? Derzeit leider noch nicht!

> „Deutschland, und damit die deutsche Sprache, ist kein Kulturraum mehr ... wir leben in einem Wirtschaftsimperium, in dem Englisch gesprochen wird: in der Werbung, in der Wirtschaft, in der Technik, zumal der elektronischen, in der Politik, im Theater, in allen Kunstformen, in den Universitäten, die nur noch Hochschulen sind, bemerkenswert: auch in der Kirche und im Alltag sowieso: in den erbärmlichen Texten und Beschriftungen so vieler Läden, ja selbst die Flüchtlinge werden nicht einmal in der Landessprache begrüßt.
>
> Wenn wir etwas ändern wollen, dann müssen wir unsere deutsche Sprache wirklich als unseren Lebensatem verstehen und diesen aus den Tentakeln der Politbürokratie befreien, die uns einen Substanzverlust als Reform verkauft."
>
> Volkert Herzog (geboren 1940), deutscher Bibliothekar und Autor (Lyriker), 2017

Deutsch gehört ins Grundgesetz, viel mehr aber noch ganz selbstverständlich in den Alltag, in die Schulen und Universitäten! Weil dieses kulturelle Selbstverständnis zur Muttersprache in vielen europäischen Ländern angegriffen wird, beschlossen viele europäische Staatsparlamente, ihre Landessprache in der Verfassung festzuschreiben. Als die AfD-Bundestagsfraktion im März 2018 ebenfalls den Antrag einbrachte, Deutsch als Landessprache ins Grundgesetz aufzunehmen, gaben sich alle anderen Fraktionen „germanophob" und lehnten den Antrag demonstrativ nicht nur auf Deutsch, sondern in Bausch und Bogen auch auf Latein, Spanisch, Bayerisch und Friesisch ab, als wäre die deutsche Sprache der Vorhof zur Nazi-Hölle. Hinzu kommt, dass sie in der AfD eine Partei der verkappten Teufel sehen und wahrscheinlich alle ihre Anträge ablehnen, aus Prinzip, aus himmlischer Gesinnung. Würden die AfD-„Teufel" rechtspopulistisch behaupten, dass Wasser „nass" sei, würden ihnen die „Altparteien" wohl auch da widersprechen und ihnen vorwerfen, sie wollten dem Wasser wohl die Vielfalt der Aggregatzustände absprechen und „Eis", „Schnee" und „Wasserdampf" aus der deutschen Gesellschaft ausgrenzen wollen ... Die deutsche Politik – oder soll ich besser sagen – die antideutsche Politik in Deutschland, ist hysterisch, ist übertrieben ängstlich geworden.

Schade darum. Die Multikulturalisten, die Anti-Deutschen, wollen nicht nur die Deutschen abschaffen, sondern das Volk-Sein überhaupt. Sie wollen gar nicht wirklich ein neudeutsches Volk begründen, sondern eine Weltgesellschaft ohne Nationen und Völker erschaffen. Es sind Utopisten!

Die Leitkultur ist nicht irgendein Konstrukt, sondern die tatsächliche, gemeinsame politische Kultur eines Landes, einer Gesellschaft oder eines ganzen Kulturraumes. Ihre Schwäche oder Abwesenheit führt zu werterelativem „Multikulturalismus" in einem losen Sammelwohngebiet von beliebigen Parallelgesellschaften. Jede echte Kultur hingegen ist eine Hegemonie ihrer bestimmenden Werte. Es gibt keine Kultur ohne Leitwerte, ohne höchste Werte, welche sie hierarchisch leiten. Wenn es die richtigen Werte sind, ermöglichen sie eben auch Vielfalt und Toleranz, aber keine zersetzende Beliebigkeit.

Die europäische Leitkultur ist nicht etwa eine Hochkultur unter anderen, nein, sie ragt mit einer ganzen Reihe von *höchst bedeutungsvollen Alleinstellungsmerkmalen* grandios aus der Weltgeschichte heraus! Zu nennen sind der wissenschaftliche Forschungsdrang (Interesse an Wahrhaftigkeit), der Universalismus (Interesse an Allem), die Abtrennung der Politik von Religion, Wirtschaft und Gewaltherrschaft (Interesse an sachlicher Selbstverwaltung), die Technikentwicklung (Interesse an Verbesserungen und Lebenserleichterungen), die Selbstreflektion (Interesse an Selbsterkenntnis), die Abschaffung der Sklaverei (Interesse an Befreiung) und die Menschenrechte (Interesse an Entfaltung).

Das spezifisch Deutsche an unserer Leitkultur ist die klare Schärfe unserer Sprache, unseres Denkens sowie unsere so leidenschaftliche Gründlichkeit, Genauigkeit und Schaffensfreude. Sie machen uns aus. Das ist deutsch.

Eine Leitkultur leitet eine demokratische und offene Gesellschaft. Die in einer Diktatur herrschende Monokultur ist gerade keine Leitkultur – sondern Leidenskultur – weil es dort gar nichts Anderes mehr zu leiten gibt oder geben darf. Eine Leitkultur zielt zwar auf kulturellen Zusammenhalt und eine identitätsstiftende Geschlossenheit, jedoch nicht auf eine nach innen und nach außen völlig verschlossene Gesellschaft. Wenn Einheit und Identität nur bestehen, weil sie diktatorisch erzwungen werden, dann herrscht monotone Leidenskultur, nicht aber Leitkultur im eigentlichen Sinne in einer vielfältigen Gesellschaft. Eine Kultur ist nur dann leitend und zur Leitkultur fähig, wenn sie durch ihre eigene Attraktivität die Einheit und Identität selbst erzeugt.

Rathaus-These 44: Heimatliebe statt Heimatdiebe!

Heimat entsteht normalerweise dort, wo der Mensch aufwächst, wo er die Welt von ganz Nahem kennenlernt und unter den Seinen ist. Die Heimat ist ein überschaubarer, vertrauter, recht kleiner Teil der Welt, ein Ort der Geborgenheit, der Sicherheit, der Einkehr und der Erbauung. Erst, wer sie verloren hat, lernt sie wirklich schätzen. Dem wird sie zum Sehnsuchtsort.

Wo das Volk verdächtig ist, da ist auch die Heimat verdächtig. Den Deutschen sollen Volk und Heimat ausgetrieben werden. Wir sollen uns entgrenzen, entbinden und eine migrationsoffene Gesellschaft in einer globalisierenden Welt werden. Das sei modern, Volk und Heimat hingegen seien überholte, gefährliche Ideen gottseidank vergangener Tage; dabei nichts als bloße Konzepte, die angeblich willkürlich verändert werden könnten. Wir sollen ein neues Konstrukt wagen, den neuen Einwanderungs-Deutschen in weltoffener Heimat, in globaler Heimatlosigkeit, behaust im Internet.

Eine herrschende Ideologie will uns weismachen, es gäbe keine biologische Abstammung, kein Volk, keine Heimat, nicht einmal biologisch determinierte Geschlechter, in denen wir natürlicherweise zuhause wären, nein, sondern Volk, Heimat und Geschlecht seien nichts als soziale Konstrukte!

Wir müssen verstehen und uns klar machen: Es wird ganz ernsthaft gedacht und behauptet, Volk und Heimat und Geschlecht seien *reine Konstrukte*, die *beliebig neukonstruiert* werden könnten! Es existiert der absurde Glaube, das körperliche Geschlecht hätte gar nichts mit dem Geschlecht im Kopf zu tun, dem „Gender", dieses sei rein gesellschaftlich konstruiert, und ebenso gesellschaftlich könnten Volk und Heimat aus aller Welt neu zusammengefügt werden und etwas Besseres, Vielfältigeres ergeben: den neuen Deutschen, einen neuen Menschen! Das ist nichts anderes als die alte *kommunistische Idee*, die maoistische *Kulturrevolution*, in neuzeitlichem Gewand! – Die Altachtundsechziger sind an der Macht.

Die Wahrheit ist, solange es Menschen gibt, gibt es Völker, Heimaten und zwei Geschlechter. Immer dann, wenn Heimat verloren geht, schwillt das Heimatgefühl schmerzlich an. Die Ostdeutschen haben mit der DDR auch ein Stück Heimat verloren – das macht sie bis heute „heimatlicher", heimatsensibler als die Westdeutschen. Heimat ist, ganz platt gesagt, die Beziehung des Menschen zum (ersten) Nahraum. Und die soll in Deutschland heute brutal aufgebrochen werden.

> „Egal wo man Heimat verortet, kann der Begriff auch ausschließen: Es gibt diejenigen, die zur Heimat gehören und andere, die nicht dazugehören. Das steht im Widerspruch zu einer modernen offenen Gesellschaft. ... Es war auch ein Anliegen unserer Tagung, den Heimatbegriff als eine Beziehung zur Welt zu erklären. Zu ergründen, ob man Heimat anders verstehen kann als einen geschlossenen Kreis, sondern als etwas Offenes, das gestaltet werden kann. ... Wenn Heimatliebe Menschen ausschließt, wird es problematisch. ...

Peter Cachola Schmal, Direktor des Deutschen Architekturmuseums in Frankfurt, hat ein gutes Beispiel geliefert, wie das gehen kann. Er hat eine Ausstellung „Making Heimat“ initiiert, für die Architekten mit einfachen Mitteln Unterkünfte für Flüchtlinge bauten. Nicht irgendwo an Stadträndern versteckt, sondern zum Teil in der Mitte. Das hat mich beeindruckt, weil es ein Beispiel wäre, wie Heimat als ein operativer Begriff verstanden und umgesetzt werden kann. ... Es gibt verschiedene Heimatkonstrukte.“

Prof. Dr. Edoardo Costadura (geboren 1962), deutschitalienischer Literaturwissenschaftler (Romanistik), 2017

So einfach soll die *neudeutsche* Heimat zu haben sein, als Operation am offenen Herzen, Hütten in die Innenstadt, Flüchtlinge rein, fertig. Wohlgemerkt Flüchtlinge, von denen viele wieder heimkehren werden, nicht etwa Einwanderer oder Asylanten. Deutschland soll zur Flüchtlingsheimat werden – als hätten wir keine Heimat, sie, *die Flüchtlinge*, und wir, *die Deutschen*.

„(Ich bin) als Syrer nicht nur tatsächlich heimatlos, sondern leide auch sehr darunter. Obwohl ich an 18 Universitäten auf vier Kontinenten gelebt, gelehrt und geforscht habe, gelang es mir nie, eine Ersatzheimat für die orientalische Metropole Damaskus zu finden. Damaskus war und bleibt meine Heimat, die ich verlassen habe. Wie alle islamischen Zuwanderer leide ich schmerzvoll unter dem Verlust der Heimat.“

Prof. Dr. Bassam Tibi, (geboren 1944), syrisch-deutscher Politikwissenschaftler, Autor, säkularisierter sunnitischer Muslim, 2017

Deutschland braucht kein Heimatministerium, sondern muss selbst Heimat sein! Das Recht auf Heimat ist ein Menschenrecht. Die Hoheit über die Heimat in einem Hochhaus in Berlin zusammenziehen zu wollen, ist kein Ersatz für die Hoheit über die Außengrenzen des Heimatlandes und die anheimelnde Sicherheit in all unseren Städten. An der nationalen Selbstbehauptung führt einfach kein Weg vorbei! Bitte begreift das endlich!

Rathaus-These 45: Zur deutschen Umwelt gehört der deutsche Mensch

Viele Menschen in Deutschland wollen die heimische Natur schützen, mit Naturschutzgebieten, Nationalparken und ökologischer Landwirtschaft, sie wenden sich gegen eingewanderte, gebietsfremde Tier- und Pflanzenarten, versuchen diese zurückzudrängen und die angestammte Flora und Fauna zu erhalten.

Gleichzeitig aber verachten sie die angestammten Menschen und ihre Kultur und wollen sie mit fremden Menschen und Kulturen durchmischen und ersetzen. Da stimmt etwas nicht mit der Selbstwahrnehmung dieser Deutschen als Spätfolge des Dritten Reiches. National-Parke ja, National-Liebe nein?

Verschiedene Linke, von rot bis grün, sind für die Rechte von Eingeborenen, wenn es sich um weit entfernte Urwald-Völker handelt, aber gegen die Rechte der Eingeborenen in hiesigen Wäldern. In Deutschland sind die Deutschen die Eingeborenen, die immer weniger werden, die bedroht sind, durch Zuwanderung fremder Kulturen, fremder Sprachen, Sitten und Gebräuche, durch fremde Werte und Religion. Sie werden bedrängt, verdrängt. Warum helfen wir ihnen nicht? Warum helft ihr ihnen nicht?

Liebe Ökos, der Mensch gehört zu den Menschenaffen. Die deutschen Affen gehören zur deutschen Fauna. Deutschland ist ihr angestammtes Habitat. Helft ihnen gegen die Invasiven aus aller Welt. Der deutsche Affe darf nicht aussterben! Er gehört auf die Rote Liste der potentiell bedrohten Lebensformen und braucht eure Fürsorge. Er muss unter Schutz gestellt werden. Unter Natur- und Kulturschutz. Es ist höchste Zeit, zu handeln.

Rathaus-These 46: Die Deutschen haben das Recht, deutsch zu bleiben

Wer Deutschland zum Einwanderungsland erklärt, bestimmt die Deutschen zum zukünftigen Einwanderervolk. Wer vorwiegend Muslime einwandern lässt, der islamisiert Deutschland und Europa.

> „Wir halten am Begriff des Volkes fest. Damit ist kein ethnisch exklusives Volk gemeint, das hat es nie gegeben. Aber Volk hat mit Abstammung zu tun und mit Traditionen, mit kulturellen Gemeinsamkeiten, mit Heimat. Heimat ist ein Menschenrecht. Umgekehrt hat jeder Mensch, dem die Heimat genommen wird, das Recht, das natürliche Recht, sie zu verteidigen. Und wir sind die wahre Heimatpartei, die unsere deutsche Heimat verteidigt."
>
> Dr. Alexander Gauland (geboren 1941), deutscher Jurist, Journalist, Autor und Politiker (ehem. CDU, Leiter der Hessischen Staatskanzlei), Mitbegründer und Bundessprecher (Parteivorsitzender) der AfD, MdB in Bonn und Berlin, 2018

Knapp 30 Jahre nach der Wiedervereinigung sind die Deutschen in Mecklenburg-Vorpommern, Brandenburg, Sachsen-Anhalt, Sachsen und Thüringen immer noch Deutsche zweiter Klasse, die weniger wert sind, die weniger verdienen, weil sie weniger produktiv seien. Nun aber sollen *alle* Deutschen weniger wert sein und Teil eines neuen Einwanderervolkes werden. Die Deutschen – von einer Führungselite nur noch als „die, die schon länger hier leben" umschrieben, um den neuen *Sammelvolkstatus* gleich vorwegzunehmen – sollen sich mit großenteils illegalen Einwanderern aus ganz überwiegend muslimischen Ländern zu einem „neudeutschen" Staatsvolk zusammenfinden.

Stopp! Das steht weder im *Grundgesetz* noch im *Beitrittsvertrag*. Diese „neudeutsche" Staatspolitik ist illegal! Wir wollen Zurückkehren zum internationalen und nationalen Recht, zu unserem Grundgesetz. Die Ostdeutschen haben sich mit den Westdeutschen wiedervereinigt, um zur nationalen Einheit zurückzukehren, nicht um ihr Deutschsein aufzugeben!

Für die deutsche Einheit mussten die Ostdeutschen umlernen und sich dem westdeutschen Kapitalismus anpassen, aber noch einmal umlernen und sich dem Dogma des Einwanderungslandes unterwerfen, das wollen viele nicht. Sie sind dem Geltungsbereich des Grundgesetzes beigetreten und nichts anderem! Sie haben die Fehler der westdeutschen Gastarbeiterpolitik und ihre Folgen nicht zu verantworten und vor allem nicht zwangsweise nachzuholen. Der ostdeutsche Widerstand gegen die Umwandlung Deutschlands in ein zunehmend muslimisch geprägtes Einwanderungsland ist voll gerechtfertigt und aller Ehren wert.

> „Wie teuer ist die Heimat allen edlen Herzen!"
>
> Voltaire (François-Marie Arouet, 1694 - 1778), französischer Philosoph und Autor der Aufklärung

Nun also müssen *die Westdeutschen umlernen*, um Teil der deutschen Einheit sein zu können und das Land nicht weiter in Parallelgesellschaften zu zerspalten.

Die nationale Einheit der deutschen Kulturnation ist nur durch das Zurückdrängen religiöser, ethnischer und landsmannschaftlicher Abgrenzungen möglich. Wir müssen uns verbinden durch eine gemeinsame deutsche Wertekultur und Sprache. Ohne eine säkulare deutsche Leitkultur wäre die deutsche Einheit eine Illusion.

Leider sind wir Deutschen befangen. Wir sitzen ein wie Häftlinge, in einem extrem linken Ideengefängnis eines „Alibi-Antinationalismus", gebaut von Schwarz-Weiß-Denkern, von Extremisten. Alles Nationale steht unter Generalverdacht. Jeder „Normal-Nationalismus" wird in Abrede gestellt, als sei die Heimat selber böse geworden, als gäbe es nur „nationalistisch" oder „internationalistisch" als extreme Gegenpole, zwischen denen wir uns entscheiden müssten, oder aufreiben. Das müssen wir nicht. Wir müssen uns wieder mittig normalisieren. Das Deutschsein ist unser Zuhause, es darf nicht länger unser Gefängnis sein.

Rathaus-These 47: Deutschland wird im Osten verteidigt

Wer hat sich in Deutschland wem anzupassen? Die Ostdeutschen den Westdeutschen, die Migranten den Westdeutschen? Oder vielleicht umgekehrt? Wie heißt das gesamtdeutsche Integrationsziel? GerMoney, Neu-Buntland, oder Doitscheland, oder einfach Schland?

Welche Rolle spielen die Migranten bei der deutschen Einheit? Welche Rolle spielen die Ostdeutschen? Der Islam? Ohne die Einheit Ost- und Westdeutschlands kann es keine deutsche Einheit geben. Die Zuwanderer müssen sich in diese deutsche Einheit integrieren, assimilieren, also nicht in die westdeutsche und nicht in die ostdeutsche Teilkultur. Aber geht das überhaupt, wo doch schon die Deutschen selbst damit Schwierigkeiten haben?

Es geht nicht. Deshalb müssen sich alle Integrationswilligen, egal welcher Herkunft sie sind, auch die deutschen Binnenmigranten, immer in die örtliche Teilkultur integrieren, im Norden und Süden, im Osten und Westen. Westdeutschland ist stärker migrantisch geprägt, Ostdeutschland ist stärker deutsch geblieben. Daraus erwächst ein Konflikt über die Deutungshoheit des Deutschseins, über die Deutsche Einheit.

Die Westdeutschen gehen wie selbstverständlich davon aus, dass sich das Beitrittsgebiet an ihnen zu orientieren hat, weil sie zuerst das Grundgesetz hatten, weil sie schon länger demokratisch sind, weil sie die größere Wirtschaftsleistung haben und weil sie die Mehrheit des Volkes stellen. Gewichtige Gründe. Die Ostdeutschen erscheinen ihnen daher als ein zu assimilierendes Anhängsel.

Aber die Ostdeutschen können und müssen keine „Westdeutschen" werden. Innerhalb der Deutschen Einheit gilt das Prinzip der Gegenanpassung, im Gegensatz zur Integration der ausländischen Migranten. Die Westdeutschen müssen sich auch den Ostdeutschen anpassen. Was die Ostdeutschen in die Einheit einbringen, ist nicht geringer als der Beitrag der Westdeutschen. Die ostdeutschen Erfahrungen sind nicht untergeordnet, sondern zukunftsweisend. Rechte *und* linke Diktatur, sowjetrussische Besatzung, friedliche demokratische Revolution. Die Ostdeutschen haben sich *selbst befreit*, ohne Blutvergießen, ohne Rache. Die *Demokratie Ost* ist selbsterrungen, aber sofort westdeutsch überprägt worden.

Deutschland ist ein zweieiniges Land und das von Anfang an, nicht erst seit der Wende. Es begann mit der Eroberung des Südwestens durch das Römische Reich. Die Römische Kolonie wurde zum Keim Westdeutschlands. Das alte, ursprüngliche Deutschland ist jenes etwa zwischen Rhein und Elbe, das Siedelgebiet germanischer Stämme, die mehr oder weniger von der römischen Zivilisation beeinflusst wurden. Nach der Teilung des Fränkischen Reiches ging daraus das alte Deutschland hervor. Schon die Frankenkönige hatten ihre Ostgrenze gegen die benachbarten Slawenvölker verteidigen müssen. Die Deutschen selbst begannen sich kolonisierend nach Osten auszudehnen und teils Slawenstämme zu assimilieren. Über Jahrhunderte erfolgreicher Ausbreitung und Verteidigung entstand östlich der Elbe das neue Deutschland, Ostelbien.

Altdeutschland und Neudeutschland sind durch Abstammung, Sprache und Kultur verbunden, aber auch differenziert. Die „Ossis" sind anders. Ihre Wesensart ist bis heute vom Kolonistendasein geprägt. Die Deutschen, die in den Osten gingen, übernahmen und erschlossen Land und mussten sich gegen die Fremden, die Slawen und andere, behaupten. Schon die Hunnen der Völkerwanderungszeit blieben unvergessen. Im Mittelalter waren die Mongolen eine ständige Bedrohung aus dem Osten. Bis Westdeutschland sind die islamischen Reiternomaden aus der Steppe Asiens selten vorgedrungen. Westdeutschland hat kaum Barbarenüberfälle erlebt. Nach Ostdeutschland fielen sie jedoch ein, zerstörten, mordeten und versklavten. Selbst in der Neuzeit noch! Mitte des 17. Jahrhunderts verwüsteten die muslimischen Tataren Preußen, 23.000 Deutsche wurden ermordet, 34.000 Menschen, vor allem Frauen, versklavt und bis in den Orient verkauft. 80.000 Menschen verhungerten und erfroren anschließend in ihrer zerstörten deutschen Heimat oder starben an der von den Tataren eingeschleppten Pest. Der Osten ist auf Verteidigung trainiert, auch auf die Verteidigung der Westdeutschen, allen voran die Preußen.

Die Ostdeutschen haben ein Gefühl für die Bedrohung ihres Lebensraumes entwickelt, um ihn erhalten und ausbauen zu können. Als „Großgrundbesitzer-Gesellschaft" sind sie an einfache und autoritäre Herrschaftsstrukturen gewöhnt, aber zugleich an hochzielende Preußische Tugenden und Staatlichkeit. Die „Ossis" waren und sind Pioniere. *Sie* waren es auch, die 1871 von Preußen aus Deutschlands Einheit herstellten, als Reaktion auf die französische Eroberung westdeutscher Gebiete. Nicht ganz Deutschlands Einheit; nur fast, nur halb, denn die Süddeutschen: die Schweizer und die Österreich-Ungarische Monarchie, wollten unter Preußischer Führung nicht mitmachen bei der deutschen Einheit. Deshalb haben wir heute drei große deutsche Staaten, statt einen.

Im Zuge der Zerschlagung Hitlerdeutschlands hat die Rote Armee praktisch Ostelbien besetzt, Neudeutschland. Die Westalliierten besetzten Westelbien, Altdeutschland. Die alte Teilung wurde für 40 Jahre wieder hergestellt, seit rund 30 Jahren sind nun beide Teile wieder vereint. Die alte Spannung zwischen dem „westlichen" Westdeutschland und dem „östlichen" Ostdeutschland ist aber geblieben, weil historisch *viel tiefer gewachsen* als nur durch die Teilung in BRD und DDR, die gerade mal ein halbes Leben lang anhielt.

„Nach der Friedlichen Revolution, die wohl von den meisten Akteuren als Anstoß einer Reform der DDR gedacht war, wurden die runden Tische beendet, die DDR aufgelöst und ihre Bewohner durften der Bundesrepublik Deutschland beitreten.

Wir werden an unsere Pflicht zur Dankbarkeit erinnert, dafür, dass ostdeutsche Betriebe, die konkurrenzfähig gewesen wären, platt gemacht wurden, eine kurz vor Stillstand befindliche westdeutsche Wirtschaft ins Blühen kam, während im Osten Menschen von Kurzarbeit in Langzeitarbeitslosigkeit schlitterten und bis heute weniger Rente erhalten.

Der Solidaritätszuschlag wurde Ostmenschen lange geneidet, als erhielten sie ihn persönlich; persönlich konnten sie sehen, wie überzählige Akademiker und Verwaltungsmitarbeiter, die im Westen keine Chance hatten, im Osten Stellen und „Buschzuschlag“ erhielten und das in die Dresdner Villen selten Dresdner einzogen. Eine gängige Darstellung lautet, Biographien seien geknickt worden, genauer besehen erlitten viele Menschen Depressionen.

DDR-Bürger sahen sich quasi über Nacht in einer neuen Gesellschaft, über deren Lichtseiten sie in der Werbung des Westfernsehens, über deren Schattenseite sie im Ostfernsehen und Staatsbürgerkundeunterricht informiert waren, aber plötzlich hieß es, in ihr zurechtzukommen.

Sie versuchten in ihrem Land, das sich vor ihren Augen rasant veränderte, Orientierung zu finden. ...

Denjenigen, die zur Wende Jugendliche oder junge Erwachsene waren, gelang das Fußfassen in der neuen Gesellschaftsform besser, weil durch die Erfahrung beider Systeme eine produktive Reibung entstand.

Nach der Wende im Osten Geborene müssen sich bis heute von den kulturellen Unsicherheitserfahrungen ihrer Eltern und Großeltern emanzipieren. Dies und mehr bleibt im kollektiven ostdeutschen Gedächtnis gespeichert, wurde jedoch bisher weder sachlich noch emotional aufgearbeitet und wird immer weiter vor sich hinbrodeln und von westlicher Arroganz befeuert werden.

Auch dies ein Teil des Problems: die Erfahrung von Überheblichkeit Westdeutscher zu DDR-Zeiten. ... Heute sehen sich Westdeutsche legitimiert über das Defizit demokratischer Bildung im Osten herzuziehen und ich frage mich, ob es an Einfühlungsvermögen oder -willen fehlt.

Menschen, die in der Zeit nach der Wende mit dem Überleben beschäftigt waren, hatten keine Muße, sich damit zu befassen, wie Demokratie funktioniert und wie sie sich gelingend einbringen könnten und haben es später nicht nachgeholt. Bis heute entdecke ich von Autoritätshörigkeit geprägte Strukturen und die Angst, eine eigene Meinung zu vertreten. ...

> Und einige Menschen, deren Familien den letzten radikalen Umbruch um 1945 erlebt haben und die seit 72 Jahren in einer Demokratie leben, lassen von ihrem hohen Polster herab Sprüche verlauten, von denen man sich fragen muss, ob sie eigentlich reif, demokratisch und am Gemeinwohl orientiert sind.
>
> Zeichen deutsch-deutscher Uneinigkeit sollten 28 Jahre nach der Wende endlich aufgearbeitet werden und einem differenzierten, den Mensch im Menschen sehenden Umgang Platz machen.
>
> Viel fruchtbringender als Fragen nach dem „Wer ist Schuld, wer hat's falsch gemacht" halte ich Fragen nach dem, warum wir sind, wie wir sind, was uns bewegt und welche konstruktiven Ziele wir gemeinsam erreichen wollen."
>
> Anna Kaleri (geboren 1974), deutsche Autorin, 2017

Die treibende Kraft der deutschen Einheit und der Selbstverteidigung ist preußisch-ostelbisch, sie ist ostdeutsch. Die historisch lange gewachsene Sensibilität der Ostdeutschen gegen *Gefahren* und *Fremdbestimmung*, von einigen Westdeutschen heute als allgemeine Fremdenfeindlichkeit denunziert, ist kein Fehler, sondern eine Charakterstärke, auf die alle Deutschen heute angewiesen sind und zurückgreifen müssen, um die deutsche Einheit zu behalten. Die Freiheit und Einheit Deutschlands wird vom Osten aus verteidigt, seit 1871 bis heute.

Die „Westbindung" der Westdeutschen hingegen zielt darauf ab, ein westdeutsches Gesamtdeutschland mit Frankreich, zu einem neuen, zur Europäischen Union erweiterten „Fränkischen Reich", wiederzuvereinen, also die Teilung in Frankreich und Deutschland von 843 auf historisch „höherer Ebene" wieder aufzuheben. Die Befürworter der „Westbindung" hatten die deutsche Teilung nach dem zweiten Weltkrieg längst akzeptiert und Ostdeutschland aufgegeben. Die Westdeutschen schauen auf die Westeuropäer, aber diese haben sich mit ihren kolonialen Abenteuern Eigentore geschossen, weil anschließend Muslime völkerwanderungsartig zurückströmten. Die Westbindung Deutschlands muss wohl durch eine nahe Ostbindung ersetzt werden. Aber der Westen Deutschlands ist nach wie vor ostblind.

Deutschland, Österreich und die vier Visegrádstaaten: Polen, Tschechien, Slowakei und Ungarn, sollten sich zu einem Bündnis freier Länder zusammenschließen und gemeinsam allen imperialen Übergriffen trotzen, seien sie nun islamisch, EU-europäisch, fernwestlich oder fernöstlich. Diese Länder sind die Zukunft einer neugestalteten EU als Staatenbund aus funktionierenden Nationalstaaten, demokratischen Vaterländern, mit eigenen Volkswirtschaften, eigenen Währungen und einem gemeinsamen Binnenmarkt sowie einer gemeinsamen Grenzverteidigung. Sie haben das Potential zur Festung Europas. Später könnten geeignete Nachbarländer hinzutreten. Diese *Sechser-EU der freien Vaterländer* umfasste jene mittel- und osteuropäischen Staaten und Völker, welche keine großen Kolonialherren waren. Sie werden, so hoffe ich, die Aufklärung, den Geist Europas, verteidigen.

Der Widerstand gegen die Islamisierung Deutschlands ist im Osten Deutschlands größer und stärker als im Westen. Wen wundert das? Der Osten ist einfach deutscher geblieben und das ist auch gut so, das ist seine Aufgabe, das ist seine historische Mission.

> „Deutschland soll sich den Flüchtlingen öffnen – aber nicht den Sachsen. Der Wessi soll sich dem Syrer anpassen, aber nicht dem Ossi, der soll sich gefälligst wessimilieren. Der schon, klar, total. Ossis haben sich ohne Wenn und Aber in das westdeutsche System zu integrieren. Flüchtlinge sollen das nicht. Ihnen werden subventionierte Parallelgesellschaften angeboten und Quoten zum „Haben und Sagen“.
>
> Es ist eine seltsame Verkehrung: Es gehört zum guten Ton in Westdeutschland, den Tschechen zuzurufen: Ihr nehmt unsere Sachsen, wir euren Atommüll. Das sagte etwa der Sprecher des weit im Westen gelegenen Bistums Köln. Stellen wir uns vor, jemand hätte geschrieben: Lieber Assad, gib uns Deine Fassbomben und Giftgranaten, aber behalte die Leute, die können wir nämlich nicht gebrauchen. Die Hölle wäre losgebrochen und hätte den Schreiber verschlungen. Oder stellen wir uns vor, jemand hätte Kreuzberg, Teile von Duisburg, Düsseldorf und Köln, die No-Go-Areas, in denen Frauen zur Verschleierung gezwungen werden, Juden um ihr Leben fürchten müssen und 12-Jährige mit alten Hamas-Funktionären und SPD-Parteibuch zwangsverheiratet und junge Mädchen zur Zwangsehe in die Türkei verschleppt werden, diese Orte des in Deutschland herrschenden Islam als „braune Schandflecken in Deutschland“ bezeichnet. Himmel, hilf. Mit den Sachsen? Täglich ist in einer der großen Hamburger Illustrierten oder einer der süddeutschen Zeitungen mit Qualitätsanspruch von Schandflecken zu lesen.“
>
> Roland Tichy (geboren 1955), deutscher Volkswirt, Journalist und Publizist, Vorsitzender der Ludwig-Erhard-Stiftung, 2017

Es ist anscheinend die Aufgabe der Ostdeutschen, Deutschland zu normalisieren, das Selbstverständliche wieder selbstverständlich zu machen und gesamtdeutsch für einen klaren Blick auf die realen Verhältnisse zu sorgen.

Ist Deutschland ein westliches Land? Ja und nein. Deutschland ist westlich im Sinne der Liberalität und Säkularität, aber darüber hinaus intermediär zwischen Ost und West. Deutschland ist das europäische „Reich der Mitte“. Ohne den Hitlerfaschismus und seinen Holocaust wäre Deutschland heute der mit Abstand mächtigste und wohlhabendste „Visegrád-Staat“, eine Mittelmacht mit Zukunft, mit integrierten Juden und ohne Muslime. Diese historische Chance haben wir vertan und uns stattdessen für die faschistische Katastrophe entschieden. Diesmal müssen wir klüger sein und uns gegen die islamofaschistische und gegen die neofaschistische Katastrophe entscheiden.

Immanuel Kant, der große deutsche Aufklärer in Königsberg, war ein Ostdeutscher, so ostdeutsch, wie es heute niemand mehr sein kann. Die heutigen Ostdeutschen sind weniger religiös, sind emanzipierter, aufgeklärter als ihre Brüder und Schwestern im westlichen Teil Deutschlands, und sie sind weniger durch islamische und andere Parallelgesellschaften durchsetzt, sie sind näher dran an der deutschen Einheit, deren Protagonisten sie nach wie vor sind.

Als die ostdeutsche Thüringer Allgemeine und das westdeutsche Hamburger Abendblatt 2014 ihre Leser zu einem „Parlament der Einheit“ auf die Wartburg bei Eisenach einluden, *das* Symbol des nationalen Einigungswillens, um Deutsche Ost und Deutsche West zum 25-jährigen Jubiläum der Einheit miteinander ins Gespräch zu bringen – ich selbst war als gewählter Parlamentspräsident der Fraktion Ost moderierend beteiligt – stellte sich heraus, dass nicht nur in der Fraktion Ost des Parlaments, sondern auch in der Fraktion West auffällig viele ehemalige Ossis saßen, die nur ausgewandert waren. Das Interesse der tatsächlichen Westdeutschen an der deutschen Einheit ist erschreckend gering. Die Mehrheit der Wessis war noch nie im Osten und denkt auch nicht daran, dem vermeintlichen „Dunkeldeutschland“ einen Besuch abzustatten, während umgekehrt wohl jeder Ossi mehrfach im Westen war und bestens darüber Bescheid weiß.

Quer durch Europa beginnt sich eine neue Demarkationslinie herauszubilden, zwischen dem muslimisch werdenden Westen und dem säkular und christlich bleibenden Osten, zwischen „Eurabia“ und „Resteuropa“ (Visegrád). In Deutschland wird um den Verlauf dieser neuen Grenze noch heftig gerungen werden. Momentan ist Westdeutschland, bis auf den hohen Norden, schon erheblich islamisiert, während Ostdeutschland für die Muslime noch Neuland ist: Neusiedelland. Aber gerade in Ostdeutschland erhebt sich Widerstand gegen die islamische Besiedelung.

Die Frage ist, wird Deutschland als ganzes der islamischen Kolonisation anheimfallen und Teil „Eurabiens“ werden? Danach sieht es derzeit noch aus. Die Demarkationslinie wäre dann die deutsch-polnische Grenze. Oder wird Deutschland aufstehen und die schleichende Invasion abschütteln, zurück nach Arabien und Osmanien? Dann verläuft die neue innereuropäische Grenze zwischen Frankreich und Deutschland. Oder aber kommt es etwa zum innerdeutschen Bruch zwischen West und Ost, zur neuerlichen Teilung Deutschlands? Es steht also auch die deutsche Einheit wieder auf dem Spiel und der Islam ist die Spitze des Spaltkeils.

Das Interesse am Gewaltmonopol des Staates, der Wille zu staatlich garantierter Ordnung und Sicherheit, auch sozialer Sicherheit, das Interesse am Zusammenhalt innerhalb der Gesellschaft, durch die deutsche Nationalkultur, ist in Ostdeutschland größer als in Westdeutschland. Und so mancher „gelernte DDR-Bürger", der damals tiefrot war, dunkelt jetzt angesichts des Staatsversagens, der Selbstaufgabe in der selbst provozierten „Flüchtlingskrise", mit offenen Grenzen und großzügigster Einladung ganz unpassender Zuwanderer, in Richtung braun nach, denn die Roten können und wollen nichts mehr ausrichten, die Braunen könnten schon und wollen auch. Aus dieser zweifelsohne großen neuen deutschen Krise erwächst eine große Gefahr, aber auch eine riesige Chance.

Der Rechtsruck in Ostdeutschland ist eben auch das Ergebnis verfehlter, westdeutsch bestimmter, gesamtdeutscher Politik. Den Ostdeutschen nun den „braunschwarzen Peter" zuschieben zu wollen, ist unfair. Ursächlich für die prekäre Sicherheitslage in Deutschland ist die prekarisierende Politik, angefangen mit der westdeutschen „Gastarbeiteranwerbung" und verstärkt seit 1998 unter den Kanzlerschaften von Schröder und Merkel. Die „Ossis" reagieren darauf, das sollte niemanden verwundern.

Die Westdeutschen sind, seit dem Zweiten Weltkrieg, verwöhnt und glauben, es ginge immer so weiter. Sie mussten nicht so viele Reparationen leisten wie die Ostdeutschen, sie wurden von den Westmächten gegen den Ostblock aufgepäppelt, sie profitierten von den deutschen Binnenflüchtlingen erst des Dritten Reiches und dann der DDR, die viele qualifizierte Arbeitskräfte an den Westen verlor. Dann holten sie sich die „Gastarbeiter" ins Land, dann kamen die Nachwende-Ossis ... bis heute! Diesen Turbo-Zustand für normal zu halten, ist eine Illusion, die mit den ungeeigneten muslimischen Flüchtlingen nun laut platzen wird. Es ist die Zeit gekommen, dass die Ostdeutschen sich besinnen und mehr politische Macht und Verantwortung in Deutschland übernehmen, für ganz Deutschland. Dieses Zehren von der Substanz anderer geht so nicht mehr länger weiter.

Wir Deutschen sind erst wieder frei, wenn wir deutschen Männer und Frauen ganz selbstverständlich sagen können: Schau her: *mein* Haus, *meine* Familie, *mein* Land. Und nicht sagen müssen: das ist meine Hypothek, meine Unterhaltsschuld und mein sozialer Brennpunkt.

Rathaus-These 48: Großdeutschland unterm Halbmond?

Wir Deutschen haben so ein unterdrücktes Eigentlich-Gefühl, stimmt's? Eigentlich ist Deutschland eine Weltmacht. Eigentlich ist Deutschland größer, als es ist. Eigentlich kann Deutschland mehr, als es tut. Und unser Eigentlich-Gefühl trügt uns nicht immer. Moment mal, wie kann Deutschland eigentlich größer sein, als es ist?

Wir haben ein Phantom-Gefühl über die territoriale Größe Deutschlands, das immer noch alle ehemals deutsch besiedelten Gebiete mit einschließt: die amputierten Nordost- und Südost-Gebiete. Und ebenso die deutschen Staaten Österreich, die Schweiz sowie die Kleckse Südtirol, Liechtenstein und Luxemburg, das ganze deutsche und ehemals deutsche Nationalgebiet. Wenn Deutschland einmal mehrheitlich islamisiert sein sollte, würde dieses Eigentlich-Gefühl wahrscheinlich historisch ungeniert aus dem Keller geholt werden, um eine islamisch-deutsche Einheit zu schaffen, Neu-Großdeutschland unterm Halbmond!

Wenn Deutschland erst das Nato-Ziel erfüllt, ab 2024 jährlich 2 % des BIP für sein Militär auszugeben, dann wird Deutschland, neben Russland, die größte Militärmacht in Europa sein. Wenn dieser Militärapparat einer von muslimischen Interessen „gelenkten Demokratie“ oder einer faschistischen Diktatur in die Hände fiele, was würde dann passieren? Es genügt nicht, dem 2-Prozent-Ziel der Nato zu folgen, wir müssen *sofort* auch das Motto der Nato beherzigen: *Ewige Wachsamkeit ist der Preis der Freiheit!*

Rathaus-These 49: Die wahre Religion

Welche Religion ist die richtige? Alle? Keine? Meine?

Die Muslime lassen diese Frage gar nicht erst zu. Für sie gilt: Es gibt nur einen Gott – Allah – und nur einen Glauben – den Islam – und nur einen Rechtgläubigen – den Muslim. Alles andere sei des Teufels.

> „Der Koran legitimiert Muslime, auf Ungläubige (Kuffar = Lebensunwürdige) als minderwertige Wesen herabzublicken. Ungläubige sind schon allein durch ihre Existenz, durch ihren Unglauben, schuldig. Sie sind eine permanente Provokation und eine ständige Versuchung den blutigen Dschihad gegen sie auszuüben. Der Hass auf die Ungläubigen geht über den Tod hinaus. In Sure 9/84 heißt es: „Und bete nie über einen von ihnen, wenn er starb, und stehe nicht an seinem Grab.“ Oft verweigern Moslems, neben Ungläubigen bestattet zu werden, denn die Erde sei dort von ihnen verseucht.
>
> Der Islam greift in das Leben aller Menschen ein, auch wenn sie nicht dem Islam angehören. Seit Jahrhunderten gilt der Islam als Feind des Christentums. Sure 49/28 sagt: „Er ist es, Der Seinen Gesandten mit der Rechtleitung und der Religion der Wahrheit geschickt hat, um sie über jede andere Religion zu erheben. Und Allah genügt als Zeuge.“
>
> Keine andere Religion hat ihren Gläubigen die Verpflichtung aufgetragen, für die Verbreitung des Glaubens Gewalt einzusetzen und zu töten.

Keine andere Religion verspricht ihren Gläubigen für das Ermorden von Andersgläubigen den direkten Zugang zum Paradies. Keine andere Religion fordert die Todesstrafe bei Abkehr vom Glauben. Martin Luther hielt den Islam für die Zuchtrute Gottes, für eine endzeitliche Prüfung, für eine Teufelslehre. Er sagte: „Mohammed ist vom Lügengeist besessen – und der Teufel mordet durch seinen Koran die Seelen – zerstört den Christenglauben und tötet mit dem Schwert die Liebe.“

Eine zentrale Forderung des Islams ist die Errichtung einer Theokratie, einer gesellschaftlichen Ordnung, die auf Allahs unveränderlichen Gesetzen beruht. Eine mächtige, erzkonservative Kaste von Religionsgelehrten (Ulema) stellt sicher, dass die Schriften richtig ausgelegt, und der Ritus und das Rechtssystem (Scharia) genau befolgt werden. Viele Muslime finden sich in der modernen Welt nicht zurecht und flüchten sich in Religiosität. ...

Der Islam erhebt einen universalen religiösen Wahrheits- und Herrschaftsanspruch. Er habe, so die Eigenwahrnehmung, die anderen Religionen siegreich überboten.“

Thomas K. Luther, deutscher Autor, 2017

Mohammed glaubte, Abrahams Eingottglaube sei die ursprüngliche Religion, die noch von Gott her reine. Alle anderen Religionen, auch die heidnischen Götzenkulte, seien erst später entstanden, durch Abfall vom wahren Glauben, durch Abirren, durch Beigesellen anderer Götter zu einer Götterfamilie mit Frauen, Kindern und Geschwistern. In Wahrheit verlief die Entwicklung genau andersherum, erst war der Geisterglaube, dann der Polytheismus, dann der Monotheismus. Warum hat Allah ihm das nicht gesagt?

Muslime halten deshalb ihren Glauben für die Rückbesinnung auf den vermeintlichen Ur-Glauben, wie er Adam und Eva von Gott mitgegeben worden wäre und folglich der einzig richtige sei. Alle anderen Glaubensrichtungen wären Abweichungen und Verfälschungen. Jeder Mensch würde quasi zum Muslim geboren. Moslem zu werden, sei nur die Rückkehr zum wahren Glauben. Jeder sei dazu aufgerufen. Der Islam ist dadurch immer rückblickend orientiert, auf Adam, Abraham sowie Mohammed als den letzten Propheten der rechtmäßigen Unterwerfung. Jede Neuerung im Islam ist deshalb Abirrung, Weiterentwicklung ist nicht möglich. Der Islam sei sozusagen der erst- und der letztrichtige Glaube. Es gibt überhaupt nur diesen und keinen anderen.

Der Islam will nicht nur im Besitz der alleinigen und absoluten Wahrheit sein, sondern zugleich über alle Menschen herrschen. Gott ist aber ausschließlich für die Naturgesetze zuständig, Menschengesetze sind allein Menschensache, denn vermittels ihrer eigenen Natur wirkt er, wenn man so will, durch sie selbst.

Der offensichtlich falschen Anmaßung des Islams ist entschieden Absprache zu leisten. Muslime müssen lernen, die ganze Welt ernst zu nehmen und alle Menschen wertzuschätzen – und all ihrem Fühlen, Handeln, Denken und Glauben ganz selbstverständlich eine *bedingungslose Existenzberechtigung* einzuräumen. Sie müssen erkennen, dass auch Muslime *nicht* im Besitz der Wahrheit sind, sondern ebenfalls *Wahrheitssucher werden müssen.*

> „Der Bischof von Hildesheim wollte dem Dialogaufruf folgen und suchte den Imam einer Moschee auf, um eine christlich-islamische Begegnung herbeizuführen. Der Imam empfing den Bischof höflich und überreichte ihm ein Exemplar des heiligen Buches der Muslime. Der Bischof nahm den Koran dankend entgegen und wollte dem Imam als Gegengabe die Bibel schenken. Doch der sah ihn entsetzt an und lehnte es ab, das Buch auch nur anzufassen. ... Der Bischof ist von der Haltung des Imams, die er als grobe Unhöflichkeit auffasst, irritiert. Doch der Imam hat nur seinem Glauben entsprechend gehandelt, sich also nach seiner eigenen Wahrnehmung vorbildlich verhalten. Wenn ein Imam einem Bischof den Koran schenkt, dann ist dies für ihn ein Akt des Da'wa (Aufruf zum Islam), gemäß dem Koranvers: „Und sprich ... zu den Ungelehrten: Werdet Ihr nun Muslime werden?" (Sure Al-Imran, Vers 20). ... die Schenkung einer Bibel, das kommt für ihn einem Akt christlicher Missionierung gleich, die er natürlich ablehnt. ... Für ihn gilt das Gebot das Koranverses absolut: „Die Religion bei Gott ist der Islam" (Al-Imran, Vers 19). ...
>
> Erst kürzlich gab der Londoner Imam Zaki Badawi ein Beispiel dafür, wie ungebrochen der Missionsgeist unter islamischen Würdenträgern ist. Wohlwollend bezeichnete Badawi Europa als Teil des „Hauses des Islam", weil dort Muslime leben. Eigentlich wollte Badawi damit seine „Toleranz" unter Beweis stellen, denn mit dieser Qualifizierung stempelte er Europa immerhin nicht mehr als Dar al-Harb (Haus des Krieges) beziehungsweise als Dar al-Kuffar (Haus der Ungläubigen) ab, wie das früher der Fall war. Aber er sagte damit doch indirekt auch, dass nur die Anwesenheit von Muslimen Europa überhaupt zu so etwas wie einer zivilisierten Weltgegend macht. Welche Herablassung aus solchen vermeintlichen Zugeständnissen spricht, entgeht den meisten Europäern, die sich von den schön klingenden Worten betören lassen."
>
> Prof. Dr. Bassam Tibi, (geboren 1944), syrisch-deutscher Politikwissenschaftler, Autor, säkularisierter sunnitischer Muslim, 2002

Das Prinzip des mohammedanischen Glaubens ist Spalten und Beherrschen; ihm fehlt jegliche Spiritualität, obwohl er vorgibt, Gottes Wille zu sein. Allein schon die fehlende Spiritualität ist entlarvend. Ein engagierter Ex-Muslim, der über den Islam aufklären will, schrieb deshalb über Mohammed:

> „Er hatte keine Achtung vor dem Leben. Er tötete jeden, der nicht nützlich für ihn war. Wer nicht an ihn glaubte, wer ihm nicht beim Erobern und Plündern half, oder wer nicht für ihn als Sklave und Dhimmi arbeitete, den brachte er um.
>
> Sein Feiern von Festen erforderte das Verschütten tierischen Blutes. Was für ein Gott ist das, der zu seiner Befriedigung Blut verlangt? ...
>
> Mohammeds Jenseits ist diesseitig. In seinem Paradies werden die Leute mit fleischlichen Freuden belohnt, mit Fresserei, Ausschweifung und Geschlechtsverkehr. Es gibt keine Büchereien, Museen oder Kunstausstellungen in seinem Paradies. Der arme Mann konnte sich nicht die Freude des Lesens vorstellen und hatte kein Verständnis für die feineren Dinge im Leben. Er kannte nur die Sensationen durch seinen Penis und seinen Wanst. Seine Hölle war ebenfalls ein physischer Ort, an dem seine Kritiker gefoltert und gebraten wurden und Eiter essen mussten. Die Worte „spirituell" und „Spiritualität" erscheinen nicht ein einziges Mal im Koran. Ist das nicht unglaublich? Mohammedanisten suchen nach spiritueller Führung in einem Buch, welches das Wort überhaupt nicht erwähnt. Stellen Sie sich vor, dass Sie Golf lernen wollen und sich ein Buch kaufen, das Golf nirgendwo erwähnt. Ich weiß nicht, wie sehr ihr Mohammedanisten euch selbst zum Narren halten wollt, aber das ist es, was ihr tut. Die Begriffe Liebe, Barmherzigkeit, Toleranz, Vergebung und Verantwortung waren Mohammed genauso fremd. Er konnte nur Gefügigkeit verstehen. Er war in der Tat ein Mensch mit einem sehr unterentwickelten und primitiven Geist.
>
> … Spiritualität (kann) eine ganze Reihe von Aspekten aufweisen. Sie kann ein Sinn von Ehrfurcht vor dem Vis-a-vis mit dem Universum sein (Einstein), oder sie kann die Verehrung des Lebens sein (Jainismus), sie kann die Gemeinschaft mit Gott bedeuten (Christentum), und sie kann der Dienst an den Mitlebenden sein (Mutter Theresa). Und sie kann die Pflege der Liebe, des Erbarmens, der Freundlichkeit, der Vergebung, der Verantwortung, des Verzichts, und der Fairness sein (Buddhismus und Humanismus). Spirituell zu sein bedeutet, ein erwachsener Mensch zu sein. Es bedeutet, dass man zwischen gut und böse unterscheiden kann, und dass man das Gute dem Bösen vorzieht. Spiritualität zu erreichen, sollte für jede Person das Hauptziel sein. Als eine spirituelle Person überschreitet man bloße Benennung und sieht das Gute, wo immer es erscheinen mag.

Wenn man nicht gerecht ist, ist man nicht spirituell. Wenn man die Göttlichkeit in anderen sehen kann und ihren Wert schätzt, unabhängig, von woher sie kommen, welchen Glauben sie haben, welches Geschlecht oder welche Rasse, dann kann man sich spirituell nennen. Einen erwachsenen Menschen.

Es gibt viele Wege zur Spiritualität. Mohammedanismus bietet keinen einzigen. Alles, was Sie zu einem besseren Menschen macht, ist ein spiritueller Pfad. Je tiefer Sie jedoch in den Mohammedanismus eintauchen, desto schwärzer wird Ihre Seele. Geboren, das Licht Gottes zu tragen, werden Sie dann böse, wenn Sie beginnen, Mohammed zu folgen. Ihre Gedanken werden dämonisch. Der Abscheu auf Ihre Mitmenschen erfüllt Ihr Herz und lässt keinen Platz mehr für Liebe. Sie werden zu einer Manifestation des Teufels. Sogar die Augen besonders frommer Mohammedanisten zeigen diese Bosheit. Erstaunlicherweise werden Menschen hässlich, wenn sie fromme Mohammedanisten werden. Ich weiß nicht, wie man das rational erklären kann, aber es ist eine beobachtbare Tatsache. Schauen Sie sich mal die Gesichter der Terroristen an. Das sind die allerfrömmsten Mohammedanisten. Oder schauen Sie sich die Gesichter von Führern mohammedanistischer Parteien an. Es gibt etwas zutiefst Böses in ihren Augen. Mohammedanismus ist ein antispirituelles Bekenntnis. Es macht Sie nicht zu einer besseren Person. Je weiter Sie ihm folgen, desto schlechter werden Sie. Es ist ein Bekenntnis, das aus Engeln Scheusale macht. Wenn ich an Satan glauben würde, würde ich sagen, dass der Mohammedanismus seine Verschwörung ist, um diese Welt zu zerstören und jeden in die Hölle zu bringen."

Dr. Ali Sina (Pseudonym), iranischer Ex-Muslim und Aktivist, der in Kanada lebt, Gründer von Faith Freedom International (Glaubensfreiheit International), 2012

Aus christlicher Sicht spricht im Koran nicht Gott, sondern eher ein „Antichrist", weil er die Juden und die Christen vernichten will. Er widerspricht und bekämpft Jesus Botschaft wie kein anderer. Die meisten Christen wollen das aber nicht wahrhaben, die einen, weil sie nicht mehr an „Teufel" glauben, die anderen, weil sie auch an Gott nicht mehr Glauben; und beide zusammen, weil sie keinen Religionskrieg wollen. Echtes Christentum bedeutet nämlich wirklich Frieden. Wäre das Christentum nicht mit der griechisch-römischen Entwicklung von Wissenschaft, Technik und Politik groß und mächtig geworden, wäre es vom Islam längst aufgerieben worden.

Nur wenige Menschen suchen sich ihre Religion aus, finden diese oder werden von ihr gefunden. Die meisten Menschen werden einfach hineingeboren und massenhaft hineingewöhnt. Und die meisten von ihnen behaupten, ihre Religion sei natürlich die richtige, einfach, weil es die ihre ist. Und weil die „heiligen Texte" das sagen. Wäre es nicht nötig, das ehrlich zu prüfen? Ja. Wäre es. Aber dazu fehlen den meisten Menschen die Kraft, das Interesse, die Bildung, die Intelligenz, die Zweifel, die Kritikfähigkeit, die Wahrheitsliebe, der Mut, die Reife. Sie erben einfach ihre Weltsicht, wie vom Großmutter-Schaf zum Mutterschaf zum Tochterschaf. Ihren Hirten hinterfragen sie nicht, sie wählen ihn nicht. Der scheint ihnen einfach gegeben zu sein, weil er schon vor ihnen da war. Die drei Hirtenreligionen sind wie für Schafe gemacht. Und der Islam führt sie vereinnahmend und zugleich mit Widerspruch auf den gewaltsamen Punkt.

Wie keine andere Religion legitimiert der Islam tödliche Gewalt als Wille Gottes. Während das Christentum noch als eine Verbesserung des Judentums verstanden werden könnte, fällt der Islam moralisch hinter seine Vorbilder Judentum und Christentum zurück und bringt nichts Neues. Er ist ethisch und theologisch mehr als überflüssig und verzichtbar.

> „Tempel und Kirchen, Pagoden und Moscheen, in allen Landen, aus allen Zeiten, in Pracht und Größe, zeugen vom metaphysischen Bedürfnis des Menschen, welches, stark und unvertilgbar, dem physischen auf dem Fuße folgt. Freilich könnte wer satirisch gelaunt ist hinzufügen, dass derselbe ein bescheidener Bursche sei, der mit geringer Kost vorlieb nehme. An plumpen Fabeln und abgeschmackten Märchen lässt er sich bisweilen genügen: wenn nur früh genug eingeprägt, sind sie ihm hinlängliche Auslegungen seines Daseins und Stützen seiner Moralität. Man betrachte z. B. den Koran: dieses schlechte Buch (im Manuskript: elende Machwerk), war hinreichend, eine Weltreligion zu begründen, das metaphysische Bedürfnis zahlloser Millionen Menschen seit 1200 Jahren zu befriedigen, die Grundlage ihrer Moral und einer bedeutenden Verachtung des Todes zu werden, wie auch, sie zu blutigen Kriegen und den ausgedehntesten Eroberungen zu begeistern. Wir finden in ihm die traurigste und ärmlichste Gestalt des Theismus. Viel mag durch die Übersetzungen verloren gehen; aber ich habe keinen einzigen wertvollen Gedanken darin entdecken können. Dergleichen beweist, dass mit dem metaphysischen Bedürfnis die metaphysische Fähigkeit nicht Hand in Hand geht. ... Niemals hingegen hat es an Leuten gefehlt, welche auf jenes metaphysische Bedürfnis des Menschen ihren Unterhalt zu gründen und dasselbe möglichst auszubeuten bemüht waren; daher es unter allen Völkern Monopolisten und Generalpächter desselben gibt: die Priester. Ihr Gewerbe musste ihnen jedoch überall dadurch gesichert wer-

den, dass sie das Recht erhielten, ihre metaphysischen Dogmen den Menschen sehr früh beizubringen, ehe noch die Urteilskraft aus ihrem Morgenschlummer erwacht ist, also in der ersten Kindheit: denn da haftet jedes wohl eingeprägte Dogma, sei es auch noch so unsinnig, auf immer. Hätten sie zu warten, bis die Urteilskraft reif ist, so würden ihre Privilegien nicht bestehen können.“

Arthur Schopenhauer (1788 - 1860), deutscher Philosoph

Schopenhauer hielt den Islam für die „schlechteste aller Religionen“. Unter den bekannten Religionen hat er damit zweifellos recht.

Es liegt nahe, die Entstehung des Glaubens an einen paradiesischen Himmel und eine glutheiße Hölle in einer Landschaft unter aridem, subtropischen Klima zu verorten, in den Wüsten und Halbwüsten Arabiens und der Nachbarschaft, dort, wo die Landschaft zweigeteilt ist in wasserreiche, grüne Oasen, in denen es sich gut leben lässt und die durch Kultivierung zu Landschaftsgärten umgestaltet sind, umgeben von kargen, ausgetrockneten Weiten mit brüllender Hitze, in denen qualvoll zugrunde geht, wer vom rechten Weg abkommt, wenn er nicht zuvor noch *Zuflucht* in der nächsten Oase findet. Die Höllenhitze ist eine reale Gefahr, welche die Wüsten-Menschen auf ihren Reisen zur *Disziplin* zwingt. Die Vorbilder für Himmel und Hölle und den erforderlichen *richtigen Weg* und das *richtige Verhalten*, das *richtige Ritual*, werden dort tagtäglich erlebt und eingeübt. Kein Wunder, dass gerade dort der abrahamitische Glaube aufkam und sich durchsetzte.

Es beeindruckt uns Menschen, wenn wir glutflüssiges Gestein aus der Erde strömen sehen – Lava – die alles Brennbare sofort entzündet, die alles Leben verbrennt. Erkaltet hinterlässt sie Lavahöhlen aus schwarzem, scharfkantigem Gestein, an welchem man sich übel aufschlitzen kann. An manchen Vulkanen gast gelber, stinkender Schwefel aus und setzt sich ab. Andernorts quillt dickes Erdöl aus dem Boden. Bis zur Idee einer Hölle als Totenreich für die Bösen ist es da nur ein kleiner Schritt. Menschen beobachteten und erzählten sich auch von Steinen, die aus heiterem Himmel fielen, einfach so, aus der Luft. Einfach so? Warum nur? Warum wirft Gott nach uns damit? Und nach wem? Wer soll wofür bestraft werden? Unwissende Menschen haben Meteoritenfälle erlebt und sicherlich als göttliche Strafe oder Verwarnung missinterpretiert. Gerade in der lichthellen, vegetationslosen Wüste fielen die schwarzen Himmelssteine auf, selbst wenn sie schon seit langer Zeit erkaltet herumlagen, und machten die Menschen nachdenklich. Und sie machten sich ihren Reim darauf. Der Koran ist deren finales Produkt.

Bereits unsere tierischen Vorfahren werden mit Steinen nach gefährlichen Raubtieren geworfen haben, um sie loszuwerden. Was der primitive Mensch verachtet und loswerden will, das wird bis heute gesteinigt! Die Menschen glaubten, wenn sie Sternschnuppen sahen, dass die Engel im Himmel mit Steinen nach den Teufeln würfen. So hat es Allah ihnen auch verkündet:

> „Und wahrlich, wir schmückten den untersten Himmel mit Lampen und bestimmten sie zu Steinen für die Satane, für die wir die Strafe der „Flamme“ bereiteten.“ (Koran, 67: 5)

In Mekka werfen die pilgernden Muslime bis heute jährlich mit zig Millionen Steinen nach dem Teufel. Und sie töten Menschen durch Steinigung für Ehebruch. Dieses Ritual muss steinzeitlich sein und es gehört endlich abgeschafft. Alles nur grauenhafter Unsinn.

Am Nabel der Welt, dort, wo die Kontinente zusammenfließen, wo das Leben sich auf Oasen konzentriert, umgeben von lebensfeindlicher Wüste, die keinen Fehler erlaubt, sondern denjenigen, der abirrt, der den geraden Weg verlässt, der sich absondert – der in Sonderung (Sünde) verfällt, mit einem höllischen Hitzetod bestraft; dort, wo die Zweiteilung in richtig und falsch, Überleben und Tod, Oase und Wüste, in einen erfrischenden, ernährenden und ergötzenden Garten (das Paradies) und in eine alles vertrocknende, unentrinnbare Hitzeummantelung (die Hölle) so bedrohlich nahe ist, so alltäglich spürbar, genau dort entstand der strenge Monotheismus und nur dort konnte er entstehen und sich von dort aus über die Welt verbreiten. Die Menschheit hat ihre Wiege aber verlassen und überwunden und ist reif geworden für einen reiferen, wahrhaftigeren, wirtlicheren und wirklicheren Glauben, denn sie hat nun die Wissenschaften und die Aufklärung gewonnen! Zu behaupten, Gott sei eine über allem schwebende, menschenartige, herrische Persönlichkeit, ist der Gipfel der Selbstvergötterung des Menschen, zur Legitimation von Macht, von Allmacht.

> „Dies ist der Gipfel des Monströsen und Lächerlichen, Gott als einen kleinlichen, unsinnigen und barbarischen Despoten zu verkünden, der einigen seiner Favoriten heimlich ein unverständliches Gesetz mitteilt und die übrigen des Volkes umbringt, weil sie dieses Gesetz nicht gekannt haben.“
>
> Voltaire (François-Marie Arouet, 1694 - 1778), französischer Philosoph und Autor der Aufklärung

Der abrahamitische Eingottglauben mit seinem allmächtigen Übervater, der alles weiß, alles sieht, alles bestimmt und alles kontrolliert und jeden menschlichen Ungehorsam schrecklich bestraft, der von jedem Menschen verlangt, das freie, vernünftige Denken und Handeln aufzugeben und seine Ohnmacht ihm gegenüber einzusehen, diese „himmlische“ Diktatur, ist Vorbild für alle weltlichen Diktaturen. Der wirkliche Gott ist kein solcher „Stasi-Gott“, sondern lässt uns an einer sehr, sehr langen Leine selber machen. Er schickt uns keine Kriege oder Naturkatastrophen als Strafen. Und auch die Hölle ist eine Einrichtung der Menschen.

Gerade der Monotheismus begünstigt den Despotismus, das Herrschertum von Gottes Gnaden, das Gotteskönigtum. In der heutigen Zeit ist solche Religion eine selbstverschuldete Unmündigkeit und willkürliche Wiederverdummung wider besseres Wissen. Der Säkularismus hingegen, die Aufklärung, der Laizismus, drängt die Religionen zurück, entmachtet und öffnet sie und befreit die Spiritualität und Weisheit aus ihren Fängen! Er gibt die Wissenschaft und die Vielfalt, das Menschenrecht und die Politik frei. So, wie es sein muss.

Erheben wir den Blick zum Himmel, was sehen wir da? Sterne! Je dunkler die Nacht, desto mehr Sterne werden sichtbar. Tausende. Wir sehen den weißen Nebel der „Milchstraße“ (Schon wieder eine Himmelsphantasie der Viehzüchter.), von dem zuletzt schon richtig vermutet wurde, dass er nur neblig scheint und aus lauter dichten Sternen zusammengesetzt ist. Heute wissen wir, die „Milchstraße“ ist der Blick in den Querschnitt unserer scheibenförmigen Galaxie. Je hochauflösender und weiter unsere Teleskope schauen, desto mehr entdecken wir und desto älter sind die Bilder, die uns erreichen, Wahrheiten aus der kosmischen Vergangenheit. Und jedes aufgeweckte Kind stellt sich beim Blick in die Weiten des Nachthimmels die Frage: Hallo, ist da jemand?

Die Antwort kennen wir noch nicht, aber wir kommen ihr näher. Gibt es außerirdisches Leben? Eine Frage die uns alle berührt, selbst eingefleischte Atheisten.

Allein in unserer Galaxie gibt es 100 bis 300 Milliarden Sterne, von denen mehrere Milliarden unserem Sonnensystem so ähnlich sind, dass dort Leben ermöglichende Planeten kreisen. Selbst wenn darunter tatsächlich belebte Planeten so selten sein sollten wie ein Lottogewinn, sind es immer noch Millionen Planeten mit Leben darauf, direkt in unserer kosmischen Nachbarschaft. Die allerwenigsten davon werden gerade eine Zivilisation tragen, aber es müssen immer noch zehntausende, tausende, hunderte oder wenigstens ein paar sein. Hinzuzurechnen sind all jene Zivilisationen, die in den vergangenen Jahrmilliarden schon bestanden haben und längst erloschen sind und jene Zivilisationen, die erst noch entstehen werden, auf bereits mit Tieren besiedelten Planeten, und all jene, deren Sonnensysteme noch gar nicht entstanden sind, aber noch entstehen werden. Das Geschehen in der „Milchstraße“ ist ein Kommen und Gehen in riesigen Zeiträumen mit riesigen Entfernungen. Die nächsten Außerirdischen müssen hunderte, tausende oder abertausende Lichtjahre entfernt sein. Das alles nur in unserer unmittelbaren kosmischen Nachbarschaft, in unserer sich drehenden Balkenspiralgalaxie. Es gibt aber weitere Milliarden solcher und ähnlicher Galaxien! Allein der für uns sichtbare Teil des Universums enthält mindestens 50 Milliarden davon. Das wären also unvorstellbare Tausendmilliarden Zivilisationen gleichzeitig!

Anzunehmen, die Erde wäre der einzige belebte Planet und die Menschheit die einzige Zivilisation im Universum, ist hochgradig unvernünftig und entspringt der reinen Unwissenheit. Selbst das Seltene ist im Universum noch in massenhafter Vielfalt vorhanden. Im All ist sehr viel mehr enthalten, als es tags und nachts den Anschein hat. Selbst, wenn Leben und intelligentes Leben selten sind im Kosmos, muss es dennoch unvorstellbar viel davon geben. Nicht der arabische Allah, sondern das All ist größer!

Wir sind einsam, aber weiß Gott nicht allein. Das All ist unvorstellbar groß, weit und scheinbar fast vakuumleer und doch voll von kosmischen Gebilden, von winzig kleinen bis riesengroßen, von unglaublich verdünnten bis unbegreiflich verdichteten, mit seltsamen Eigenschaften, die wir noch nicht verstehen. Die Frage: „Gibt es Leben auf anderen Planeten?“, ist noch kurzgesprungen und eine Stellvertreterfrage, denn dahinter steht die eigentliche, die ganz große Frage: „Gibt es Gott, gibt es Leben im Jenseits?“ Ich denke, dass wir entdecken werden, die Antwort auf diese Fragen lautet: „Ja. Natürlich.“ Sich bewegende Vielfalt in riesiger Anzahl ist nun mal das Wesen allen Seins, wohin man auch schaut. Warum sollte das im Jenseits anders sein? Wenn es existiert – und es existiert, weil es beobachtet wird – dann ist es auch belebt. Dann wimmelt es dort nur so, mehr noch als hier, weil das Leben von dort drüben kommt und sich dort versammelt.

Es muss allein auf der Erde Hunderte oder mehr Arten von Religionen, Glaubensrichtungen, Sekten und Splittergruppen geben und die Anhänger einer jeden glauben, sie müssen Recht haben und die Wahrheit besitzen oder ihr am Nahesten sein. Nur stimmen kann das nicht! Die religiöse Vielfalt spaltet immer weiter auf und vermehrt den Aberglauben, den Irrtum. Die Religionen spalten die Menschheit immer weiter. Nur die Wahrhaftigkeit der Naturwissenschaften führt uns wieder zusammen. So, wie es nur *eine* Mathematik, eine Logik gibt, kann nur die wissenschaftliche Erkenntnismethode die Weltbilder der Menschen klären und zusammenführen.

Nur die Wahrheits- und Weisheitsliebe kann die Menschheit nahe der Wahrheit einen, weil nur die echte Wissenschaftlichkeit *systematisch lernfähig* und *ergebnisoffen* ist und Behauptungen von Beweisen trennt. Nur die wissenschaftliche Herangehensweise ist mit der Bereitschaft verknüpft, sich, wenn nötig, sogar *radikal zu korrigieren* und alle Ergebnisse *immer neu zu hinterfragen*. Nur sie trennt Wissen von Glauben und beweist auch *Mut zur Wissenslücke*, nur sie bemüht sich immer neu um Objektivität und Allgemeingültigkeit. Nur sie ist wahrhaftig.

Religionen hängen an eingefrorenen, überholten Weltbildern. Sie schaffen sich Systeme, zusammengebastelt aus Wissen, Hoffnungen, Befürchtungen, Spekulationen und willkürlichen Festlegungen und ihre Anhänger glauben daran, als seien sie erwiesenermaßen wahr, um sich eine trügerische Sicherheit zu verschaffen. Damit sich ihre Irrtümer nicht als solche erweisen können, fürchten und verdammen sie die rationale Vernunft. Sie wollen ihren falschen Gott über ihren falschen Glauben schützen und nennen alle berechtigte, weil die Wahrheit offenlegende Kritik „Gotteslästerung". Ihnen allen möchte ich zurufen: *Der Gott, der sich vor dem Verstand des Menschen verstecken muss, ist keiner!*

Alle herkömmlichen Religionen sind Kopfgeburten auf der Basis unzureichenden Wissens, die gegen ihre Auflösung durch wahrhaftigen Erkenntniszuwachs emotional trotzig verteidigt werden. Sie sind vom Entwicklungsniveau her kleinkindhaft, stur rechthaberisch. Die moderne Menschheit wird dieses Stadium verlassen (müssen).

Das wissenschaftliche Denken kann nicht vom echten Gott wegführen, wenn überhaupt, dann nur vorübergehend und viel weniger als jeder mit Irrtümern gespickte Glauben. Der nur sehr kleine Vorteil des Glaubens ist, dass dieser immer, auch im Irrtum und im Aberglauben, zumindest prinzipiell auf einen Schöpfergott verweist. Der sehr kleine Nachteil von Wissenschaft hingegen ist es, dass sie zum Atheismus verführen kann, zur Verneinung eines Schöpfungsprinzips, obwohl es offensichtlich als Evolution ja geschieht. Beides wirkt aber nur bei oberflächlich bleibenden oder minderintelligenten Menschen. Tiefschürfende und weitblickende Gläubige finden immer zur Wissenschaftlichkeit und tiefschürfende und weitblickende Wissenschaftler finden immer zur Jenseitigkeit und zum Erfordernis einer Ursachen-Ursache, einer Urzeugung, einer Urbewegung. Denn hätte es jemals tatsächlich Nichts gegeben, es wäre dabei geblieben, sonst wäre es ja niemals wirklich Nichts gewesen. Auch die Zeit ist schon ein *relatives Sein,* ist Schöpfung. Deshalb muss es immer schon etwas gegeben haben, vor aller Zeit, von Ewigkeit her, und dieses Etwas, dieses Sein, ist offensichtlich *schöpferisch.* Ganz klar. Nennen wir es deshalb ruhig „Schöpfergott", man könnte auch neutraler dazu „Die Natur der Natur" oder gar „Universelle kosmische Blackbox" sagen, aber bleiben wir beim traditionellen Begriff des Schöpfers, wie ihn die Wahrheitssucher und Weisheitslieber seit langem verwenden. Was wir mit Sicherheit wissen, ist eben, dass ein *sich bewegendes* und dabei *entwickelndes*, relatives *Etwas* absolut existiert, vielleicht nicht wirklich absolut, aber wirklich relativ. Das ist der seinslogische oder naturlogische Gottesbeweis.

> „Es gibt etwas von Ewigkeit her, denn nichts stammt von nichts. Das ist eine sichere Wahrheit, auf die sich unser Geist verlassen kann."
>
> Voltaire (François-Marie Arouet, 1694 - 1778), französischer Philosoph und Autor der Aufklärung

Wenn Wissenschaftler schon vor dieser Einsicht stecken bleiben und während ihrer Beobachtungen und Nachforschungen persönlich keinerlei Jenseitigkeit finden oder ihr auch nicht bloß wider Erwarten begegnen, dann gehen sie nicht tief genug und grenzen sie zuviel Erfahrungswissen aus. Vielleicht haben sie zu wenig Wissbegier, um der umfänglichen Wahrheit so nahe wie möglich kommen zu wollen.

Wir müssen auch unbedingt feststellen: Der „Schöpfergott" gehört *nicht* den Religionen, so wie der „Schöpfergott" selbst *keine* Religion hat. Nicht auf diesem Planeten und auch auf keinem anderen. Vermutlich gibt es Abermilliarden Religionen im Universum, längst ausgestorbene, gegenwärtige und erst zukünftig erscheinende. Was juckt's Gott?!

> „Der gemeine Mann betrachtet die Religion als richtig, der Weise als falsch und der Politiker als nützlich."
>
> Seneca (4 - 65 n. Chr.), römischer Philosoph

Der Monotheismus hat sich in eine Sackgasse verrannt und ist mit dem Islam nun am Ende dieser Sackgasse angelangt und steht unmittelbar vor der Wand, denn die Unterwerfungsreligion erlaubt weder diesseitigen noch jenseitigen Erkenntniszuwachs in der längst notwendigen Stärke eines Paradigmenwechsels. Der Monotheismus, und ganz besonders der Islam, ist *wissenschafts- und spiritualitätsfeindlich* und erlaubt keine solchen Erkenntniszuwächse, die das Judentum, das Christentum und den Islam grundsätzlich in Frage stellen oder überwinden könnten. Andere Religionen sind aber auch nicht unbedingt offener oder wahrhaftiger.

Im Monotheismus gibt es nur einen Gott, der alles beherrscht. Da nur er allein alles erschaffen hat und erhält, ist jeder Widerspruch gegen seine Herrschaft zerstörerisch und böse, sinnlos und verwerflich. Jede Kritik ist teuflisch und muss besiegt werden. Anders im Polytheismus, dort sind Macht und Zuständigkeiten auf verschiedene Götter verteilt. Die Götter können miteinander und gegeneinander arbeiten, um die Welt zu gestalten, sie begrenzen ihren Einfluss gegeneinander. Widerspruch und Kritik ist durch „göttliches Vorbild" erlaubt und muss nicht gnadenlos bekämpft werden, denn sie bedroht den Bestand der Erde und des Himmels nicht. Die Freiheit und die Gewaltenteilung stehen daher dem Polytheismus viel näher als dem Monotheismus, der ganz klar die Despotie begünstigt. Der strenge, Gehorsam bis in den Tod fordernde abrahamitische Eingottglaube, auf den sich Judentum, Christentum und Islam beziehen, bündelt die Macht in einem himmlischen Brennpunkt und verunglimpft jede Kritik an der Führung als zerstörerisches, widergöttliches Teufelswerk. Die individuelle Freiheit, der Pluralismus und die Demokratie Europas sind deshalb am ehesten als ein kulturelles Erbe des „Heidentums" der Griechen und Römer, Germanen und Kelten, zu verstehen, bevor sie weitgehend christianisierten. Unsere Religionsfreiheit bedeutet letztlich so etwas wie die Rückkehr des Polytheismus auf höherer Ebene. Und da macht der Islam nicht mit.

Wir Menschen besitzen Gewissen und Moral unabhängig von religiösen Weltbildern und „heiligen“ Vorbildern, denn wir Menschen besitzen sie von Natur aus. Gewissen und Moral sind uns veranlagt, sie werden nur kulturell geformt.

> „Die Moral ist dieselbe bei allen Menschen; also kommt sie von Gott. Der Kultus ist verschieden; also ist er Menschenwerk.
>
> Voltaire (François-Marie Arouet, 1694 - 1778), französischer Philosoph und Autor der Aufklärung

Die Religionen *benutzen* dieses naturgegebene Gewissen und das Moralbedürfnis nur und zwar schlecht: Sie machen nicht nur Angst vor Fehlverhalten durch Regelübertretungen, sie drohen und exerzieren nicht nur Strafen bis hin zur Tötung. Auf der Basis ihrer Unwissenheit errichten sie unsinnige Weltbilder. Sie missdeuten Naturgewalten als Strafreaktionen unsichtbarer, übermächtiger Wesen und machen regelkonformes menschliches Verhalten für einen reibungslosen Ablauf der Naturkreisläufe mitverantwortlich, obwohl diese ganz von selbst ablaufen. So glaubten die Azteken, der Lauf der Sonne im Wechsel von Tag und Nacht rühre von einem Kampf zwischen Licht und Dunkelheit her. Um den Lauf der Sonne zu unterstützen und den Fortbestand der ganzen Welt zu sichern, müssten sie dem Licht Kampfkraft spenden. Im 15. Jahrhundert führten sie Kriege, nur um Kriegsgefangene als Menschenopfer einzusammeln. Sie sprachen von „Blumen pflücken für die Götter“. Jeden Tag schlitzten sie einen Gefangenen unterhalb des Brustkorbs auf, griffen unter dessen Rippen, um sein pochendes Herz herauszuholen. Sie durchtrennten die Adern mit einem Steinmesser und hielten das lebendig ausblutende Menschen-Herz der Sonne entgegen. Damit auch morgen wieder die Sonne scheine. Tag für Tag. Die harmloseste Variante dieses „Du-bist-für-die-Naturabläufe-mitverantwortlich-und-musst-dafür-ein-Opfer-bringen“ - Aberglaubens kennen wir alle noch, auch bei uns: „Iss deinen Teller ab, damit die Sonne scheint!“

Die *religiöse* Moral beruht auf dem Prinzip der Unterstützung der guten Himmelskräfte und der Hemmung der bösen, aber auch auf dem Prinzip der Vergeltung; auf Rache: sie schreibt eine Reaktion auf eine (vermeintlich oder tatsächlich) schlimme Sache vor (die Sünde). Und sie manipuliert die Sexualität und die Liebe und schränkt beide immens ein. Sie verstärkt und benutzt dazu *Ängstigung* und *Schuldgefühle*.

Die Vorstellung, dass der Schöpfergott ein strafender sei, wird wohl von Naturerscheinungen abgeleitet worden sein, von Blitz und Donner, Dürre und Überschwemmungen, von Vulkanausbrüchen und Erdbeben. Vor allem, seit dem die

Menschen ortsfeste Landwirtschaft betreiben und nicht mehr einfach ausweichen können, sondern ausharren und sich anpassen müssen.

Die Natur *straft scheinbar* bei Verstoß gegen physikalische oder biologische „Gesetzesschranken" – der menschliche Herrscher und Richter straft seine Beherrschten, seinem willkürlichen Gesetz untertanen Menschen bei Verstößen gegen sein hoheitliches Gesetz – der Vater straft erzieherisch seine unmündigen Kinder bei Verstoß gegen seine häuslichen Regeln – und der Hirte ermahnt und lenkt mit kurzen Straf-Interventionen die Nutztiere nach seinem Befehl in die von ihm gewollte Richtung. Tiere, die sich von der Herde und seinem Willen abgesondert haben, führt er mit Bedrängung und gezielten Schlägen konsequent zur Herde und unter seinen Willen zurück.

Katastrophale Naturgewalten bedrohen, schädigen und töten Menschen ohne ersichtlichen Grund und schlichte, unwissende Menschen, Viehzüchter, welche die Naturzusammenhänge nicht durchschauen, fragten sich: Warum tut der Schöpfer das? Was haben wir falsch gemacht? Was müssen wir tun, welchem Willen müssen wir uns fügen, damit die Strafe aufhört und alles wieder gut und friedlich wird? Dies alles miteinander zur Deckung gebracht und verschmolzen, ergibt den Glauben an einen strafenden und belohnenden Herrgott als Jenseitshirten, der seine Menschen wie seine Viehherde lenke und benutze, damit sie ihm gehorchten und ihm dienten, so wie die Menschen ihr Nutzvieh dazu bestimmt haben, den Menschen zu gehorchen und zu dienen. Und da es einen Welten-Schöpfer geben muss, soll dieser patriarchale Hirtengott in kühner Gleichsetzung zugleich dieser Schöpfergott sein, also der allermächtigste, allerhöchste, wenn nicht sogar überhaupt der einzigste Gott. Das, liebe Mitmenschen, ist schon das ganze Geheimnis, wie wir zu unserem Gottesbild eines strafenden und belohnenden Rachegottes kamen, völlig offensichtlich, völlig logisch, völlig menschenbildlich und völlig abergläubisch falsch. Eine Fehl-Extrapolation, die weit verbreitet wurde über die Psychofalle „Stockholm-Syndrom" und weidlich ausgenutzt wird zur Ausübung von Macht!

Alles Falsche und Spekulative und Vermenschlichte daran müssen wir abwerfen und offen werden für die Wirklichkeit. Vernünftiger sind schon die Gottesvorstellungen der Philosophen und Spirituellen, befriedigend wahrhaftig sind auch sie noch nicht. Der größte Fehler aber ist und bleibt die Vorstellung eines *strafenden Hirtengottes*, wenn schon, dann muss man sich nämlich die *freie* Natur, die *Evolution* zum Vorbild nehmen, nicht die menschliche Landwirtschaft, um Rückschlüsse auf das Wesen und die Absichten des wirklichen Schöpfergottes zu ziehen! Strafend ist er ganz sicher nicht, eher tolerant und scheinbar gleichgültig, aber ein bisschen darauf bedacht, dass sich seine Schöpfungsvielfalt langsam vervollkommnet, höher entwickelt, intelligenter, besser, erfahrender wird und sich so aufeinander abstimmt, dass möglichst viel miteinander existieren kann! Primitives und Höherentwickeltes, Böses und Gutes. So ist Gott. Er liebt die Vielfalt seiner sich entwickelnden Geschöpfe, die sich lieben (zusammenhalten) und dazulernen (aufsteigen)! Er ist mehr konstruktiv als zerstörerisch und hat letztlich Gedeihen im Sinn, denn das konstruktive Element überwiegt leicht in der Natur, sonst würde alle Ordnung zu Chaos und zu Nichts zerfallen. Gott ist nicht strafend, sondern ermöglichend und fahrlässig erzieherisch, durch die für Versuch und Irrtum hinzugegebene Freiheit, innerhalb seiner Vorsehung, seiner „Naturgesetze“. Die Evolution ist seine „göttliche Erlebnispädagogik“. Er führt uns an der langen Leine. Wir sollen uns aus freiem Willen für das Richtige, das Gedeihen, entscheiden. Die Evolution ist seine Schule.

Deshalb sind es die Wissenschaften, die uns der Wahrheit, auch der göttlichen Wahrheit, näherbringen, näher zur Welt (Naturwissenschaften), näher zu uns selbst (Humanwissenschaften), näher zum Jenseits (Jenseitswissenschaften, ... Ja, Jenseitswissenschaften!) und näher zu Gott (alle zusammen, sowie der Tod), nicht aber der Aberglauben der spekulativen Religionen weltweit.

> „Es gibt eine rationale Mystik. Man braucht dafür keine konkrete Gottesvorstellung, sondern man muss sich gewisser Maßen lösen von all diesen Vorstellungen, denn letztlich ist es die Erfahrung des Natur-Ganzen. Die Vorstellung, dass wir losgelöst von der Natur als Ich existieren, ist eine Vorstellung, die uns krank macht. Wenn man sich von dieser Vorstellung von Schuld und Sühne, von Gut und Böse – all diesen Dualismen – wenn man sich von jenen befreit, dann führt das zu einer Leichtigkeit des Seins. Man braucht dafür keinen Gott, keine mystischen Vorstellungen. Es reicht, wenn man sich dieser anderen Philosophie des Lebens bewusst wird.“ ...
>
> „Im Leben geht es um Liebe und Erkenntnis. Und dafür muss man einfach nur Mensch sein, der andere Menschen wahrnimmt anstatt sie zu dämonisieren. Das ist eine große Gefahr der Religionen, dass sie dazu neigen, Andersgläubige zu dämonisieren. Wir hätten sicherlich ein friedlicheres Zusammenleben, wenn wir uns nicht mehr als Christen, Buddhisten, Hinduisten, Atheisten usw. wahrnehmen würden, sondern eben als gleichberechtigte Mitglieder einer manchmal zur Selbstüberschätzung neigenden affenartigen Spezies.“
>
> Dr. Michael Schmidt-Salomon (geboren 1967), deutscher Pädagoge, Philosoph, Humanist und Autor

Religion heißt bloß Rückbindung. Meine Religion, meine Rückbindung, ist es, wahrhaftig, liebevoll, menschlich und angemessen zu sein, und das konsequent. Ich suche überall im Leben nach dem Wahren, dem Guten und dem Schönen, weil es mich interessiert, weil es mich erfreut und begeistert. Meine Rückbindung schreibt mir vor, mich gegen Lüge, Irrtum, Hass, Unmenschlichkeit, Gefahr und Vermessenheit zu wenden und steht im Einklang mit den Menschenrechten und dem Grundgesetz. Meine Religion gehört zu Deutschland. Wie keine andere! Es ist die Rückbindung der *ganzheitlichen Aufklärung.* – Wissenschaftlich, aber nicht atheistisch, wissbegierig und lernwillig dem Erkennen der Wirklichkeit verhaftet, kritisch rational und offen für die Weisheitsliebe. Es ist die Rückbindung der Hochkultur des Westens. Ich lebe sie.

Nach meinem Wissensstand und Dafürhalten, ist der Glaube, nur ein einziges Leben zu leben, ein Jahrtausend-Irrtum und sogar ein Rückfall hinter den spirituellen Wissensstand der langen Altsteinzeit.

> „Wir sind alle Besucher an diesem Ort in dieser Zeit. Wir durchlaufen ebendiese Inkarnation. Unser Zweck hier ist, zu beobachten, zu lernen, zu wachsen und zu lieben ... Und dann kehren wir nach Hause zurück."
>
> \- von den australischen Aborigines -

Die Kultur der Aborigines soll über 50.000 Jahre alt sein, sie gibt uns Einblick in die Urgeschichte unserer Spezies, des anatomisch modernen Menschen. Die klügsten Menschen der Altsteinzeit waren bereits spirituell weise, aber noch sehr unwissend und technisch überaus arm. Das hat sich seit der Jungsteinzeit, über die Metallzeiten bis hin zu unserem Informationszeitalter enorm gewandelt. Als Begleiterscheinungen dieser Entwicklung *technologischer Macht* entstanden die abrahamitischen Eingottglauben Judentum, Christentum und Islam. Sie sind deshalb von einem *zentralistischen Machbarkeitswahn* geprägt. Das gilt selbstverständlich auch für ihren weltlichen Abklatsch, wie Faschismus, Kommunismus und neuerdings Multikulturalismus ... Sie begründen somit alle auf Fehlannahmen, Märchen, Wunschdenken und Sündenbock-Feindbildern und sind allesamt zum Scheitern verurteilt, wegen mangelhafter Wirklichkeitsabbildung. Sie sind schräge Utopien.

> „(Es) stellt sich heraus, dass die monotheistischen Religionen plagiierte Plagiate unverbürgter Gerüchte sind, die sich zurückbeziehen auf ein paar wenige frei erfundene Pseudoereignisse."
>
> Christopher Hitchens (1949 - 2011), britisch-US-amerikanischer Journalist und Autor, vehementer Atheist, 2009

Spirituell weiser geworden sind wir durch unsere Wissenschaft und Technik nämlich nicht, *noch* nicht. Das ist erst der *nächste Schritt.* Die Religionen und Ideologien sind dazu eher hinderlich gewesen, vor allem jene, die sich mit der politischen Macht verbunden haben.

Heute haben wir einen unglaublichen Wissensstand über die Diesseitigkeit erreicht, die kein Steinzeitler je erahnen konnte. Wir müssen nun einen Ausgleich schaffen und endlich mehr über die Jenseitigkeit erfahren. Es ist überfällig, vom neu- und wissbegierigen, neutralen Standpunkt der echten Wissenschaft aus – nicht von der Theologie her – ernsthafte Jenseitsforschung zu betreiben. Und zwar mit einem Aufwand, ähnlich wie er auf der Seite der Diesseitsforschung im Makrokosmos (Astronomie) und im Mikrokosmos (Chemie und Quantenmechanik) betrieben wird. Der Ansatz ist völlig klar: *Empirie:* weltweit, in allen Kulturen, müssen wir die Erfahrungen, welche vertrauenswürdige Personen mit der Anderswelt gemacht haben, akribisch zusammentragen. Erfahrungen, welche den Menschen immer wieder zustoßen. Es geschieht jeden Tag vieltausendfach, ja millionenfach, doch wir schieben es beiseite oder den Theologen zu, weil wir als wissenschaftlich denkende, aufgeklärte Menschen damit (noch) nicht umgehen können. Wir können es nicht einordnen und nicht erklären. Aber das muss und wird so nicht bleiben können. Denn was wahr ist, ist wahr und erregt früher oder später unser Interesse. Wir sind neugierige Menschenaffen.

> „Atheismus kann als das Laster der weniger intelligenten Menschen gelten, der Aberglaube aber als das Laster der Toren.
>
> Voltaire (François-Marie Arouet, 1694 - 1778), französischer Philosoph und Autor der Aufklärung

In den gewonnenen Beobachtungsdaten werden wir dann nach Gemeinsamkeiten und Unterschieden, nach wiederkehrenden Mustern suchen. Daraus entwickeln wir schließlich erste experimentelle Ansätze, um wenigstens ein Stück weit ins Jenseits vorzustoßen und zu erfahren, was uns erwartet und wer wir sind und wohin unsere Reise wirklich geht.

Gott werden wir nicht ergründen können, aber den Tod aufklären, das müssen wir. Wohin sterben wir tatsächlich? Ins Nichts? In den Himmel? In die Hölle? Was können, was sollen wir im Leben tun und lassen? Die Aufklärung beginnt mit der Diesseitsforschung, aber sie kann darin nicht mehr enden. Wir brauchen endlich eine *wissenschaftliche Jenseitsforschung*. Anders ist dieser Sumpf der religiösen Spekulationen nicht trockenzulegen, der unseren Frieden und Zusammenhalt bedroht.

Weil jede Kraft auch eine Gegenkraft erzeugt, hat die wissenschaftlich-technische Aufklärung den Wunsch nach einer Wiederverzauberung der Welt entstehen lassen. Ausdruck dessen sind die Naturromantik, die neuen Formen freier Spiritualität und neuerdings Sehnsüchte nach zum Leben erweckter künstlicher Intelligenz, während nüchterne Wissenschaftler wie beispielsweise Astrophysiker sich an den Weiten, Schönheiten und Geheimnissen des Alls zu berauschen wissen, fasziniert von „schwarzen Löchern" und „dunkler Materie". Warum wohl? Weil Kraft und Gegenkraft immer ein Wechselspiel betreiben, aus dem Entwicklung (Evolution) hervorgeht. *Moderne Jenseitsforschung* ist die notwendige Konsequenz, die nächste Stufe auf der Wissensleiter.

Die Welt und auch Deutschland sind voller Fakultäten für Gotteslehre (Theologie), aber niemand kennt Gott oder auch nur einen Zipfel seiner Umgebung, das Jenseits. Was für ein Wissenschafts-Aberwitz! Nehmen wir uns eigentlich selber ernst? Wir müssen endlich ernsthaft versuchen, Himmel und Hölle aufzuklären, denn die vorschnelle Antwort der alten Aufklärer und der heutigen Wissenschaftsgemeinde – Es gäbe kein Jenseits und somit auch keinen Schöpfergott – die *atheistische Antwort*, befriedigt nicht und sie ist *falsch.* Denn das Jenseits existiert, es wird nämlich beobachtet, im Alltag und in der Quantenphysik, nur wissen wir noch nichts Konkretes darüber, jeder spekuliert und verspekuliert sich und bleibt allein mit seinen unerklärlichen Erfahrungen oder trifft auf abergläubische Spinner oder Geschäftemacher, die ihm wer weiß was weis machen oder verkaufen wollen. Das Ergebnis ist Schweigen, um sich selbst nicht der Lächerlichkeit preiszugeben.

Wir müssen uns besinnen, unseren Spürsinn für das *Wesentliche* und das *Wahrhaftige* stärken. Wir müssen forschen, auch dort, wo es am Schwierigsten ist. Dort warten erfahrungsgemäß die größten Entdeckungen!

> „Je religiöser ein Mensch, desto mehr glaubt er. Je mehr er glaubt, desto weniger denkt er. Je weniger er denkt, desto dümmer ist er. Je dümmer er ist, desto leichter kann er beherrscht werden. Das gilt für Sektenmitglieder ebenso wie für die Anhänger der großen Weltreligionen mit gewalttätig intolerantem Wahrheitsanspruch. Dagegen hilft, auf Dauer, nur Aufklärung."
>
> Dr. Dr. Dr. h. c. Adolf Holl (geboren 1930), österreichischer Theologe, Philosoph und Psychologe

Der Mensch ist von Natur aus spirituell und deshalb wissbegierig, er will begreifen, entdecken und erforschen, wie man unschwer an jedem Baby beobachten kann. Manche Menschen geben sich relativ früh mit ihrer Welterkenntnis zufrieden, vielleicht schon als große Kinder oder Jugendliche, andere bleiben bis ins hohe Alter an den Grenzen ihres Wissens interessiert.

Die Spiritualität des Menschen mündet einerseits in Glauben und Aberglauben und andererseits in Philosophie und Wissenschaft. Glauben, für wahr halten, ist menschlich, ist normal, ist unumgänglich. Aber es macht einen großen Unterschied, nach welchem Prinzip wir – was – für wahr halten oder für falsch oder für wahrscheinlich erachten. Nach Gefühl? Nach Eindruck? Nach Beobachtung? Nach logischer Ableitung? Nach Beweislage? Nach Hoffnung? Nach Befürchtung? Wir können uns entscheiden, uns vom eigenen oder zumindest vom nachvollzogenen Wissen oder einfach von fremder Autorität leiten zu lassen.

Es ist kein Geheimnis, dass die Erfahrung von Bedrängnis, Leid und Tod uns gläubig macht. Not lehrt beten. Not macht gläubig, an fast alles. Im Gegensatz dazu steht die Gottesvorstellung der Philosophen aus freier Überlegung heraus, aus der Begier, verstehen und wissen zu wollen. Es ist deshalb klar zu unterscheiden zwischen *erkenntnissuchendem* und *hilfesuchendem* Glauben.

Die Menschheitsgeschichte zeigt uns: Zuerst entstehen immer Glaube und Aberglaube, abgeleitet aus den Naturgewalten und dem für wahr Halten der uns besonders beeindruckenden Menschen. Echtes, wahrhaftiges Wissen hingegen ist viel schwieriger zu erlangen und gehört stets zu den *höchsten Errungenschaften* einer menschlichen Kultur oder ganzen Kulturstufe. Die Ausgangsbasis allen „Wissens" ist immer Glaube und Aberglaube, sie runden auch jedes Weltbild ab und besetzen fast alle Wissenslücken wie Platzhalter. Durch Forschen und Studieren schieben wir die Grenzen unseres Wissens immer weiter hinaus, unser Glaube wird aufgeklärter und verschiebt sich mit unserem Wissenshorizont.

Nicht bei allen Menschen bleibt es beim einfachen Alltagsglauben am Rande ihres Wissens. Einzelne Menschen geraten in eine bedenkliche *religiöse Verzückung* und werden zu psychisch mehr oder minder gestörten Individuen, mit veränderter Identität. Manche verwandeln sich gar zu sagenhaften religiösen Gestalten der Vergangenheit oder zu verheißenden *„Propheten"*. Ja, es gibt auch heute noch Propheten, denen es zunehmend schwerer fällt, Anhänger für ihre Offenbarungen zu finden, weil wir als Hoch-Zivilisation enorm viel *echtes* Wissen und *rationale Kritikfähigkeit* angereichert haben. Viele der heutigen Propheten zieht es für ihren Auftritt in die heilige Stadt. Das Phänomen wird deshalb auch „Jerusalem-Syndrom" genannt.

> „Das Jerusalem-Syndrom ist eine krankhafte religiöse Verzückung, sagen die Psychiater der Heiligen Stadt. Gregory Katz etwa vom Kfar Shaul Mental Health Center lächelt. Es ist jetzt schon eine Weile her, sagt er, dass er dem letzten Messias begegnet sei. Grundsätzlich unterteile sich das Jerusalem-Syndrom in drei Kategorien ... „in psychisch vorbelastete Men-

schen, dann Menschen, die für psychische Krankheiten eine Prädisposition haben, und eigentlich gesunde Menschen, die nach fünf Tagen geheilt sind. Die meisten von ihnen sind männlich, hin und wieder gibt es auch Frauen, aber alle sind sie streng gläubig erzogen worden." ...

Meist entpuppen sich die vom Messias-Wahn Befallenen bereits nach der Landung auf dem Ben Gurion-Flughafen als Propheten. Unruhig passieren sie die Passkontrolle, am Gepäckförderband beginnen sie salbungsvoll zu sprechen, spätestens im Hotel ist es dann soweit: Sie verkünden ihre Ankunft als Messias. Die meisten reißen sich die weltlichen Kleider vom Leib, nehmen ein Hotellaken und eine Schnur – einige verzichten ganz auf Bedeckung – und verkünden: „Hier bin ich, der Allmächtige". Meist tritt das Syndrom zu Ostern oder Weihnachten auf, wie Gregory Katz erklärt."

Peter Kaiser, 2015

„König David gehört zu Jerusalem wie der Eiffelturm zu Paris oder die Freiheitsstatue zu New York. In einige Bettlaken gewickelt, eine Krone auf dem Kopf, sitzt er seit Jahren an derselben Straßenecke und singt zu den Klängen seiner verstimmten Harfe einige sehr konfuse Liedchen. Manchmal forderte er die vorbeihuschenden Passanten zur Umkehr auf. „Der Tag des Herrn ist nahe!", schreit er dann.

Man kann König David auch zu einer Tasse Tee einladen, er ist ein angenehmer Gesprächspartner, der sich in der Bibel und der Geschichte der Popmusik gleichermaßen gut auskennt. Nur manchmal, wenn Passanten sich über ihn lustig machen oder allzu insistierend seine königliche Identität infrage stellen, kann König David etwas ungemütlich werden. Aber eigentlich ist er ein sehr umgänglicher, ja, ein bescheidener und ausgenommen rücksichtsvoller König.

Wäre er das nicht, hätte König David auch schon längst die Bekanntschaft von Doktor Gregory Katz gemacht und würde niemanden auf den Straßen Jerusalems mehr mit seinem Harfenspiel erfreuen können. Herr Katz leitet die psychiatrische Notaufnahme des Herzog-Krankenhauses. Natürlich kennt auch er König David, aber solange der weder sich selbst noch andere gefährdet und keinen öffentlichen Aufruhr stiftet, ist er kein Fall für den Psychiater. …

Legendär ist im Herzog-Krankenhaus noch heute der Fall jenes kanadischen Bodybuilders, der sich für Samson hielt und einfach eine Wand einriss, um aus der Abteilung zu fliehen. Eine findige Krankenschwester konnte ihn an der nächsten Bushaltestelle zur Rückkehr bewegen, in dem sie ihm versicherte, es sei Gottes Befehl. ...

Katz erinnert sich auch an einen Versuch Bar Els, der eines Tages zwei Patienten zusammenführte, die sich beide für den Messias hielten. Nach einer Stunde hätten beide den anderen als offensichtlichen Hochstapler und sich selbst als den einzig wahren Gottessohn bezeichnet."

Michael Borgstede, 2010

„Jerusalem ist das heilige Zentrum dieser Welt, und ich bin das Herz von Jerusalem", sagt der Mann, der sich „Gott" nennt, und faltet die Hände zum Gebet. Er ist 29 Jahre alt, jüdischer Israeli und seit einer Woche Patient in der geschlossenen Abteilung des Herzog-Krankenhauses in Jerusalem. Er fühle sich wohl hier, sagt er, denn seine Mitpatienten glaubten an ihn. „Mein Vater hingegen kann noch immer nicht akzeptieren, dass ich der Allmächtige bin. ... Ich weiß, dass viele Menschen nicht an meine Göttlichkeit glauben. Sie sind trotzdem meine Kinder."

Sarah Schelp, 2008

Das „Jerusalem-Syndrom" ist seit Jahrhunderten bekannt und gar nicht selten. Nahezu jeder Mensch kann betroffen sein, auch psychisch gesunde Menschen. Allen gemeinsam ist nur eine stark religiöse Erziehung, die offenbar die Voraussetzung für eine solche Persönlichkeitsstörung ist, die praktisch in allen Schweregraden auftreten kann. Leichte Fälle sind nach ein paar Tagen wieder geheilt, man muss die Personen lediglich vom „heiligen Ort" wegschaffen – der wichtigste Schritt zu ihrer Heilung – und mit ihnen sprechen, so kommen sie wieder zu sich; spontane Selbstheilung. Schwere Fälle hingegen werden chronisch und die Betroffenen sind von ihrem falschen Selbst- und Weltbild nicht mehr abzubringen. Sie sind fest im Glauben geworden.

„Juden halten sich meist für den Messias, Christen für Jesus oder einen Propheten. Bei Muslimen stehen Erlösungsfantasien im Vordergrund."

Dr. Pesach Lichtenberg, israelischer Psychiater, 2008

Auf die Frage, wo er die Grenze zwischen religiöser Inbrunst und religiösem Wahn ziehe, antwortete eben jener Facharzt Pesach Lichtenberg, der im Jahr 2014 bereits seit 28 Jahren Patienten mit „Jerusalem-Syndrom" behandelt: „Das ist nicht immer leicht. Es gibt keine scharfe Grenze. Letztendlich geht es darum, ob der Patient mit seinem Verhalten sich oder anderen schadet. Ich sitze aber manchmal auch sehr einnehmenden, charismatischen Menschen gegenüber, die behaupten, der Messias zu sein. Ich bin selbst gläubig, manchmal zweifle ich kurz an meiner Einschätzung. Denn wenn es so weit ist und der Messias kommt, ist es gut möglich, dass er zu mir gebracht wird. Dann will ich keinen Fehler machen.“

So ist das mit dem Glauben, er macht besessen, er vereinnahmt, auch Psychiater, die religiöse Psychosen behandeln. Es könnte ja doch was dran sein. Dass der angekündigte Messias und der angekündigte, angeblich bevorstehende Weltuntergang schlicht *seit Jahrtausenden* ausbleiben, scheint für das Funktionieren religiöser Denkfallen kaum eine Rolle zu spielen.

Ein Prophet kommt selten allein. Vielmehr gibt es Zeiten und Orte, die anfällig machen für „krankhafte religiöse Verzückungen“. Zur Zeit des Jesus von Nazareth gab es viele berufene Wanderprediger. Keinen von ihnen erkannten die Juden als den angekündigten und sehnsüchtig erwarteten Messias an, auch Jesus nicht, abgesehen von ein paar Anhängern, den späteren Urchristen. Dass Jesus Glaube oder das, was daraus gemacht wurde, im Nachhinein so populär wurde, ist der Grund, warum wir heute überhaupt noch von diesem Menschen wissen. Jesus hatte gar nicht vor, eine Kirche zu gründen, sondern sagte stattdessen das baldige Ende der Welt und die Abrechnung Gottes mit den Menschen voraus, weshalb sie ihr Verhalten überdenken und ändern sollten. – Das ist wohl die Lieblingsthese „religiös verzückter“ Himmels-Botschafter.

Auch im religiösen Zentrum Arabiens, an der Kaaba in Mekka, traten die „religiös Verzückten“ scharenweise in Erscheinung. Die Mekkaner gingen gelassen mit den „besessenen Spinnern“ um oder schafften sie, wenn sie gefährlich wurden, beiseite. Aber im Falle Mohammeds gelang das nicht. Dass sich Mohammed hier nahtlos einreiht, geht aus seinen eigenen Worten hervor. Er selbst hielt im Koran fest, dass ihn fast alle Mekkaner als „Besessenen“ und „Lügner“ zurückwiesen, der sich bei den „alten religiösen Fabeln“ bediene. Hätte Mekka damals schon ein Krankenhaus mit psychiatrischer Abteilung gehabt ... . Wo wären wohl all die gefährlich eifernden Propheten der Geschichte gelandet?

Mohammed hielt sich sehr wahrscheinlich für einen echten Propheten und wollte als solcher unbedingt anerkannt werden. Dazu brauchte er eine Wundergeschichte, die ihn als Privilegierten Gottes auswiese. Manche Mekkaner verlangten von Mohammed auch einen solchen „Beweis“. Und er tischte ihnen einen auf. Er sei des Nachts entrückt worden an einen sehr heiligen Ort, heiliger noch als die Kaaba. Der Erzengel Gabriel hätte ihn abgeholt, damit er zusammen mit den früheren Propheten Abraham, Moses und Jesus in Jerusalem, der heiligen Stadt der Juden und Christen im heiligen Land, bete. Ihm sei die Ehre zuteil geworden, als ihr Imam (Vorbeter) zu fungieren.

> „Preis dem, der seinen Diener des Nachts entführte von der heiligen Moschee zur fernsten Moschee, deren Umgebung wir gesegnet haben, um uns-

> re Zeichen zu zeigen. Siehe, er (Mohammed) ist der Hörende, der Schauende.“ (Koran, 17: 1)

Außerdem sei er gen Himmel gefahren. Der Erzengel Gabriel sei nämlich zu ihm gekommen, ganz nahe. Dann seien sie in die Himmel aufgestiegen, bis ganz nach oben, an die äußerste Grenze, dort stand ein Lotosbaum, ganz von Engeln bedeckt,, neben dem Thron von Allah und dem Paradiesgarten, den er sehen durfte. Natürlich bestätigte Allah das wundersame Geschehen durch eine Offenbarung aus seines Gesandten Munde:

> „Euer Gefährte (Mohammed) irrt nicht und ist nicht getäuscht, noch spricht er aus Gelüst. Er (der Koran) ist nichts als eine geoffenbarte Offenbarung, die ihn gelehrt hat der Starke an Kraft (der Erzengel Gabriel), der Herr der Einsicht. ... Nicht erlog das Herz, was er sah. Wollt ihr ihm denn bestreiten, was er sah? Und wahrlich, er sah ihn (den Erzengel Gabriel) ein andermal bei dem Lotosbaum, der äußersten Grenze, neben dem Garten der Wohnung. Da den Lotosbaum bedeckte, was da bedeckte (Engelsscharen), nicht wich der Blick ab und ging darüber hinaus; wahrlich, er sah von den Zeichen seines Herrn die größten.“ (Koran, 53: 2-6, 11-18)

Ich glaube, dass Mohammed wirklich wundersame religiöse Erlebnisse und Träume gehabt hat, die seinen Vorstellungen und Zielen entsprachen. Nach muslimischem Glauben geht die Seele im Schlaf zu Gott, also jede Nacht. Was nicht heißt, dass Mohammed nie geblufft haben könnte. Dass er aber aus dem Stadium des verachteten, religiös verzückten Spinners (mit „Jerusalem-Syndrom“ in Mekka) herauskam, lag wohl daran, dass er zugleich ein ambitionierter und gewaltbereiter Politiker war und durch Raubkriege große Macht erlangte. Sonst wäre er in Vergessenheit geraten wie all die anderen Vergessenen.

Die Furcht vor der Höllenstrafe ist es, die andere Menschen in diesen weltanschaulichen Sumpf hineinzieht, nach dem Prinzip: Es könnte ja doch was dran sein und man möchte lieber auf Nummer sicher gehen, um zu den erretteten Bewohnern des Paradieses zu gehören. Dieser Glaube macht sich den panischen Fluchtreflex (vor der Höllenqual) und den „Schnäppcheneffekt“ (das Paradies ergattern) der menschlichen Psyche zu nutze, um sie emotional zu verführen, zu diesem Glauben, am Verstand vorbei, welcher dann nur noch beliebige, einigermaßen glaubhafte Rechtfertigungen nachzuliefern hat. Wir alle wissen, dass unser Flucht- und unser Belohnungssystem unwillkürlich wirken! Sie verfangen, wie der „Schnäppcheneffekt“. Die ganze Versicherungs- und die ganze Werbeindustrie fußen darauf. Sie sind ein evolutionäres Erbe, welches das Überleben der langen Kette unserer Vorfahren bewirkt hat und in uns weiterwirkt. Der abrahamitische Monotheismus ist wie ein Virus, ein Schadprogramm, welches diese grundlegenden evolutionären Programme ausnutzt, um sich selbst zu vervielfältigen, immer neue Opfer ansteckt, sie unterwirft und dienstbar macht.

Es mag sein, dass der Monotheismus, die Vorstellung von nur einem Schöpfergott, im philosophischen und spirituellen Sinne ein Fortschritt ist – sicher ist das keineswegs – aber der *abrahamitische* Monotheismus muss überwunden werden! Wir brauchen ein aufklärendes und bereinigendes Antivirenprogramm, um dieses *kulturelle Störprogramm der Menschheit* zu löschen und die Menschen zur tatsächlichen Wahrheit, zur Wirklichkeit, zu befreien.

Zum allgemeinen Glauben der breiten Masse der Menschen – nicht allen, denn vernünftige Zweifler sowie Atheisten gab es schon immer – gesellt sich also manchmal das „Jerusalem-Syndrom“ hinzu. Mitunter gelingt es einigen wenigen dieser Syndromanden, über das „Stockholm-Syndrom“ eine ansteckende *religiöse Hysterie unter den Gläubigen* zu entfachen – seelische Infektionen in immer größerer Zahl, die, wenn sie „Seuchencharakter“ angenommen haben, dann Weltreligion genannt werden. Natürlich wollen das die Beteiligten in aller Regel überhaupt nicht hören und ganz und gar nicht wahrhaben. Um ihre Illusion – bei den „Abrahamiten“ im Kern die „Höllengrippe“ der menschlichen Geistseele – zu schützen, verbieten sie die *helfende Medizin:* nämlich *intelligente Fragen zu stellen* und *fundamentale Kritik an ihren „heiligen Offenbarungen“ zu üben*. Sie geraten jedoch immer mehr in Widerspruch zur aufgeklärten Moderne, einerseits gegenüber dem wissenschaftlichen Weltbild, andererseits gegenüber der echten Spiritualität, im religiösen Umfeld „Mystik“ genannt. Auffällig ist, dass die mystischen Traditionen aller Religionen sich ähneln und sich einander anzunähern scheinen, ganz im Gegensatz zu den Religionen selbst, die sich immer weiter aufspalten. Das *wissenschaftliche Denken* führt in jedem Falle *zusammen* und es deutet sich an, dass Wissenschaft und Mystik ein gemeinsames Aufklärungsziel ansteuern könnten. Ich sehe darin eine große Hoffnung für die Menschheit.

Es ist höchste Zeit, dass die Menschheit den bösen Aberglauben der Eisenzeit endlich abstreift! Der Gott Abrahams, der alttestamentarische Gott der Juden, der Christen und der Muslime, er existiert nicht. Es gibt keinen Hirtengott. Der Schöpfergott ist kein Hirte. Die „Offenbarungen“ und „heiligen Texte“ sind religiöse Märchen, weder göttlich, noch wahr, sondern Fragmente einer überlieferten urtümlichen Unwissenheit, primitiv und brutal und zutiefst menschengemacht.

> „Die Kirche sagt, die Erde sei flach, aber ich weiß, sie ist rund, denn ich habe ihren Schatten auf dem Mond gesehen, und ich habe mehr Vertrauen in einen Schatten als in die Kirche.
>
> Ferdinand Magellan (1480 - 1521), portugiesischer Seefahrer

Schlichte Menschen glauben, dass Gott auf der richtigen Seite steht, wenn er zu ihnen gehört, wenn es ihr Gott ist. Da er aber allen gehört, steht er scheinbar für alle auf der richtigen Seite. Doch Gott hat gar keine Seite, er hat keine Religion, sondern sich selbst und die *ganze* Welt.

> „Gott ist immer mit den stärkeren Bataillonen.“
>
> „Geht man allen Religionen auf den Grund, so beruhen sie auf einem mehr oder minder widersinnigen System von Fabeln. Es ist unmöglich, dass ein Mensch von gesundem Verstand, der diese Dinge kritisch untersucht, nicht ihre Verkehrtheit erkennt.“
>
> Friedrich II., Friedrich der Große, der „Alte Fritz“ (1712 - 1786), deutscher Politiker, König von Preußen, 1760

Alle Glaubensrichtungen sind menschliche Spielereien, Varianten des Umherirrens, Varianten der Erfahrung und Erfindung, mehr nicht. In der langen Kette unserer Inkarnationen dürfen und müssen wir Menschenseelen fast alles ausprobieren, um zu reifen für die Annäherung an den wirklichen, den *unbekannten* Gott, unsere Heimkehr. Deshalb rate ich: Glaubt denen, die Gott *suchen* mehr als jenen, die glauben, ihn gefunden oder gar getroffen zu haben.

Unseren gemeinsamen Zielhafen deutet nur der schwache Lichtschimmer der Wahrhaftigkeit an, der allzu leicht durch das Feuer lodernder Eitelkeiten überblendet wird, durch vermeintliche Privilegien, durch irgendwelches Auserwähltsein und „Bündnisse mit Gott“. Die Wahrheit ist, nur die Wahrhaftigkeit bringt uns auf den richtigen Kurs. Die meisten Menschen sind dafür noch nicht reif und erfahren genug und müssen mit einem Kinderglauben vorlieb nehmen, mit einer „*Welt*religion“. Sogar der Atheist, der nach der Wahrheit sucht, hat einen klareren Kurs auf das göttliche Ziel als der abseitige religiöse Spinner, der sich bereits so nahe an Gottes Seite wähnt und der doch nur, wie ein dressierter Hund, auf eine Belohnung aus ist und eine schmerzliche Strafe vermeiden will. – Ein überaus kindliches Gottes- und Menschenverständnis, und Kinder können grausam sein.

Die Wahrheit ist wohl, wir alle kommen von Gott und gehen zu Gott. Unsere Seelen sind älter und größer als unsere derzeitigen Persönlichkeiten, unsere derzeitigen Körper, unsere derzeitigen Leben, die wir nach ein paar Jahrzehnten wieder verlieren und für immer zurücklassen. Bis wir wirklich fliegen können. Auf Augenhöhe mit dem Schöpfungsprinzip. – Was dann kommt, entzieht sich unserer Kenntnis und unserer Vorahnung; vermutlich, weil es uns bereits zu sehr überschreitet.

„Religionen stehen im Widerspruch zu allem, was ich verehre: Mut, Ehrlichkeit, klares Denken und vor allem Liebe zur Wahrheit."

Henry Louis Mencken (1880 - 1956), deutsch-US-amerikanischer Autor und Journalist

Rathaus-These 50: Gotteslästerung ist unmöglich

Kein Mensch kann Gott beleidigen oder kränken, das ist unmöglich. Kein Mensch wird von Gott für „Gotteslästerung" bestraft. Das ist nur Angstmacherei von Menschen, die ihren Glauben unantastbar haben wollen. Anstelle von „Die Würde des Menschen sei unantastbar!" setzen sie „Die Würde des Aberglaubens sei unantastbar!" An der überirdischen Würde Gottes kann sowieso kein Menschlein kratzen. Unsere Religionsfreiheit erlaubt keinen Straftatbestand der „Gotteslästerung" und bei Gott selbst gibt es sie einfach nicht.

Die Würde des Menschen soll nicht angetastet werden. Die Würde der vermeintlichen „Worte Gottes", der „Offenbarungen" hingegen, ist sehr wohl anzutasten. Jede Religion ist anzutasten! Das ist sogar ein „Muss!", das gehört zur Aufklärung, zur Wahrhaftigkeit, zur Freiheit, das gehört zur Moderne, zum modernen Menschen! Der ferne Schöpfergott ist allein für die Naturgesetze zuständig, die Religionen und die politischen Gesetze hingegen sind ganz allein unsere Sache. Menschengesetz ist Menschenrecht!

Man möchte meinen, im aufgeklärten Deutschland ist der Straftatbestand der „Gotteslästerung" längst abgeschafft, die Inquisition besiegt und für immer Geschichte. Auch den „gottgesetzten" Adel haben wir entlassen, seit einhundert Jahren. Vor kurzem musste uns aber aufstoßen, dass im deutschen Recht die „Majestätsbeleidigung" noch versteckt war und der Staatschef der Türkei einen deutschen Hampelmann für seine „Schmähkunst" damit unter Druck setzen konnte. In seinem Fall ließ sich noch die künstlerische Freiheit gelten machen und darüber streiten: Ist das Kunst oder kann das weg? Aber. Müssen wir jetzt allen politischen Widerstand als Kunst verbrämen? Sind Mohammed-Karikaturen bloße Kunst oder auch „Gotteslästerung"? Ist im deutschen Strafgesetzbuch vielleicht noch ein Paragraph zur „Gotteslästerung" erhalten geblieben, versteckt unter einem anderen Namen?

Im Grundgesetz steht vorgeschrieben, dass niemand wegen seines Glaubens oder seiner Weltanschauung benachteiligt oder bevorzugt werden darf. Nur Behinderte dürfen bevorzugt werden. Im deutschen Strafgesetzbuch sieht die rechtliche Wirklichkeit leider doch etwas anders aus. Denn Gläubige werden gegenüber anderen bevorzugt, sie genießen einen besonderen Schutz. Paragraph 166 StGB war ursprünglich der „Gotteslästerung" gewidmet und wurde später ausgedehnt und abgeflacht, gegen „Beschimpfung von Bekenntnissen, Religionsgesellschaften und Weltanschauungsgemeinschaften“. Nun, Menschen und ihre Vereine vor Beschimpfungen zu schützen, ist immer gut. Allzu leicht wird aus dem § 166 aber eine kneifende Zange der Zensur.

Eine Straftat ist eine Beschimpfung laut Gesetzesdefinition nämlich dann, wenn sie öffentlich gegen ein Bekenntnis, seine Einrichtungen oder seine Gebräuche gerichtet und geeignet ist, *den öffentlichen Frieden zu stören.* Wenn scharfe Kritiker verklagt werden und dabei an einen „bekennenden“ Richter geraten, können sie mit hohen Geldstrafen oder Gefängnisaufenthalt bis zu drei Jahren bestraft werden, das ist geltendes bundesdeutsches Recht! Sicherlich gut gemeint, in der Praxis führt das aber zur Ermessenswillkür. „Fühlt“ der Richter nämlich eine „Beschimpfung, die den Religionsfrieden *stören **könnte***“, verurteilt er rechtskräftig, „fühlt“ er hingegen keine, erfolgt ein Freispruch.

Kritische oder kränkende Bemerkungen zu abergläubischen Überzeugungen geben in ganz unterschiedlichem Maße Anlass *zur Sorge um den öffentlichen Frieden*, weshalb die bereits nur mögliche „Störung des öffentlichen Friedens“ ein ganz *ungerechter* Maßstab ist. Je empfindlicher und empörter nämlich die Gläubigen reagieren, desto weniger darf ihr Glauben kritisiert, bloßgestellt und angegriffen, also aufgeklärt werden, um des lieben Friedens willen! Du meine Güte! Damit sitzen sie ja am längeren Hebel und können unserer Meinungsfreiheit und der Aufklärung immer engere Grenzen ziehen, wie eine Würgeschlange, die ihre Beute erwürgt, um sie letztendlich zu verschlingen. Der § 166 Strafgesetzbuch macht die wehrhafte Demokratie wehrlos.

> „Wenn von den betroffenen Gläubigen keine gewalttätigen Ausschreitungen zu erwarten sind, weil diese über jede Schmähung erhaben sind oder eben gewaltfreie Formen des Meinungsaustausches bevorzugen, so scheidet eine Strafbarkeit auch der größten Lästerung mangels einer „Friedensgefährdung“ aus. Sobald die betroffenen Gläubigen jedoch mit Gewalt oder Drohungen reagieren, wird dieselbe religionskritische Äußerung plötzlich zur Straftat. Die Strafbarkeit hängt damit von der Reaktion der Beleidigten ab. Das Gericht springt, wenn aufgebrachte Gläubige mit Gewalt drohen, nicht etwa den Opfern der Drohungen zur Seite, sondern es stellt sich auf die Seite der mit Gewalt Drohenden, indem es deren „Argumentation“ noch strafrechtlich flankiert.
>
> So analysierte der damalige Kurienkardinal Joseph Ratzinger durchaus treffend: „Wenn die Rechtsprechung die mangelnde Eignung zur Friedensstörung mit fehlenden Krawallen und geringem Anzeigeverhalten begründet, so gibt sie indirekt eine Aufforderung zur gewaltsamen Dokumentierung der eigenen Überzeugung und zum Faustrecht.“

Mit dieser strafrechtlichen „Belohnung“ von gewalttätigen Reaktionen geht noch ein weiteres Problem einher. Dem „Täter“ einer Gotteslästerung, der lediglich Worte von sich gibt, wird auf diese Weise die gewalttätige Reaktion von selbständig handelnden anderen Personen zum Vorwurf gemacht, also zugerechnet – was besonders zynisch ist, wenn er, wie etwa die dänischen Karikaturisten, selbst das Opfer jener Drohungen ist. ...

Dass der völlig vage Tatbestand des § 166 StGB es der Justiz ermöglicht hier weitgehend nach eigenem Ermessen Eingriffe vorzunehmen, ist für eine Demokratie, die das Recht auf freie Rede nicht nur zu ihren viel beschworenen „höchsten Gütern“ zählt, sondern schlichtweg auf ihr basiert, nicht hinzunehmen.“

Dr. Ron Steinke (geboren 1983), deutscher Jurist und Autor, 2008

Über die kommunistischen Ideale kann man sich lustig machen, wie man will, die Christen halten mittlerweile auch schon einiges aus, aber wehe dem, der Mohammed und den Mohammedanismus ins Visier nimmt! Mit Angst vor ihrer tödlichen Gewalt und unterstützt vom § 166 StGB können die Muslime ihr Schweige-Tabu durchdrücken.

Wenn die Regierung oder die Justiz entscheiden kann, wer sich durch eine kritische Aussage beleidigt fühlen darf und der Wahrheitsgehalt dieser Aussage schon gar keine Rolle spielt und Menschen allein dafür verurteilt werden, dass sie Anlass zu einer weltanschaulich begründeten *aggressiven Empörung* gegeben haben, dann sind wesentliche Rechtsprinzipien zutiefst verletzt und die Meinungsfreiheit regelrecht abgeschnitten. Dann ist die Religionsfreiheit über die anderen Grundrechte gestellt.

Ein Gemeinwesen, das die Verletzung religiöser Gefühle unter Strafe stellt, ermuntert die Gläubigen zur gewaltsamen Hetze gegen Freigeister. Ein solches Gesetz ist geeignet, Kritiker, Satiriker, Abtrünnige und Ketzer in die Enge zu treiben, es ist gewissermaßen ein moderner „Hexenhammer“, und somit, ganz konkret, die rechtliche Seite der „Islamophobie-Keule“. Mit dem Paragraph 166 StGB kann eine *beliebig ausweitbare „Islam-Toleranz“* sogar juristisch erzwungen werden. Wenn Muslime erst einmal vermehrt zu Richtern in Deutschland ausgebildet und überall eingesetzt werden, in allen Instanzen, wird die proislamische Stimmung im Lande schnell anwachsen. Der § 166 StGB muss gestrichen werden! Wehret den Anfängen! Denn wohin das führen wird, wenn wir das weiter zulassen, können wir schon jetzt in zahlreichen Ländern beobachten.

Rathaus-These 51: Aufklärung zumuten!

Wir müssen aufrecht, wahrhaftig und mutig sein. Wir müssen für unsere Werte tatsächlich einstehen. Das wird nicht leicht. Wir freien Menschen sind für Muslime Falsch- und Ungläubige, die letztlich unterworfen oder bekehrt oder getötet werden sollen. Was bleibt uns anderes übrig, als zur intellektuellen Gegenwehr überzugehen und den Islam an seiner bösen Wurzel zu packen?!

Weil für Muslime der Abfall vom Islam die größte Sünde darstellt, ist die Aufklärung für sie eine harte Zumutung. Aber diese Zumutung muss sein und dient ihrem eigenen Wohl und dem ihrer Nachfahren. Und unserem Wohl.

Ex-Muslime verstehen viel besser als wir, was der Islam in den Menschenseelen anrichtet. Sie erkennen die Bedrohung für die Welt und die menschliche Zivilisation, die von diesem Psychokult ausgeht. Ganz im Gegensatz zu vielen Europäern und anderen Nichtmuslimen, die keine Ahnung haben und sich sehr in der Beurteilung des Islams verschätzen.

> „Die Deutschen und viele europäische Regierungen versuchen, Muslime zu beschwichtigen. Sie sind sich nicht der Gefahr des Islams und der Katastrophe bewusst."
>
> „Es ist ein Fehler, den Islam zu tolerieren. Es ist ein Fehler, ihm den Status der Religion zu verleihen und ihn unter die anderen Religionen zu zählen. Der Islam ist keine andere Farbe im Regenbogen der Religionen. Er ist die Dunkelheit der Nacht, die darauf abzielt, alle Farben auszulöschen."
>
> Dr. Ali Sina (Pseudonym), iranischer Ex-Muslim und Aktivist, der in Kanada lebt, Gründer von Faith Freedom International (Glaubensfreiheit International), 2007, 2007

Wir dürfen den Islam nicht respektieren, wir müssen ihn sachlich korrekt kritisieren! Die freie Welt muss den Islam anprangern. Das ist die Aufgabe der freien Menschen. Es ist unsere Aufgabe, den Muslimen zu zeigen, dass und warum der Islam falsch ist. Wir haben den Schlüssel dazu. Deshalb dürfen wir Muslime keinesfalls darin bestärken, am Islam festzuhalten. Wir müssen eine Null-Toleranz-Politik gegen alle weltanschauliche, psychische und physische Gewalt praktizieren, sie durchsetzen mit dem Gewaltmonopol des Rechtsstaates, denn dazu ist es da.

> „Menschen aller Glaubensrichtungen sind beleidigt, wenn ihre Religion beleidigt wird, aber nur Muslime sind in der Lage, ihre Köpfe völlig zu ver-

> lieren und bösartige Mörder zu werden. Warum? Weil Muslime ihre Selbstgewissheit verloren haben und der Islam ihre einzige Identität geworden ist.
>
> Der Islam gibt ihnen Selbstwert, ein falsches Gefühl von Stolz und Selbstgewissheit. Sobald der Islam kritisiert wird, fühlen sie ihre Verletzlichkeit und sind beschämt. ... und der einzige Weg, mit dieser Scham umzugehen, ist gewalttätig zu werden. Der beste Weg, ihr Verhalten zu beschreiben, ist zu sagen, dass sie „besessen" sind.
>
> Um ihnen zu helfen, ihre Grausamkeit zu überwinden, müssen Muslime vom Islam „exorziert" werden. Um dies zu tun, muss er diskreditiert werden, damit er seine Attraktivität verliert. Scham macht sie gewalttätig, aber sie wird sie schließlich befreien. Deshalb ist die Antwort auf ihre Gewalt nicht, ihren Glauben zu respektieren, sondern sie mehr zu beschämen. Nur intensive Scham kann ihre Hülle zerstören und sie befreien.
>
> Dr. Ali Sina (Pseudonym), iranischer Ex-Muslim und Aktivist, der in Kanada lebt, Gründer von Faith Freedom International (Glaubensfreiheit International), 2007

Wir müssen den Islam offen und überall kritisieren, an allen Ecken und Kanten. Muslime fürchten den sachlichen, den faktenbasierten Dialog. Sie wollen den Islam nicht ernsthaft untersuchen und prüfen. Sie haben große Angst davor. Sie wollen nichts Falsches am Islam entdecken. Echte Muslime haben eine islamische Identität aufgebaut und die wollen sie beschützen. Ihre „islamische Persönlichkeit" wird von Angst, Scham und Stolz zusammengehalten. *Islamkritik* ist für sie deshalb eine schlimme Erfahrung, weil sie ihre ganze „islamische Identität" in Frage stellt und sie glauben, sie hätten keine andere, normal menschliche, zur Verfügung, in die sie ausweichen können, um wahrhaftig zu sein. Aber die Irrtümer und Lügen des Islams müssen sie beschämen und in die Arme der Wahrhaftigkeit, des wahren Menschseins treiben, wo sie frei und geborgen sind. Diese Erfahrung müssen sie machen, wenn sie mit uns frei leben wollen.

Muslime vergöttern Mohammed, obwohl sie steif und fest das Gegenteil behaupten, Mohammed sei nur ein Mensch, ein Prophet. Kritik an Mohammed ist für sie jedoch gleichbedeutend mit Kritik an Gott. Mohammed zu lästern sei Gotteslästerung. Was auf Mohammed fällt, fiele auf Allah und umgekehrt. Deshalb geraten sie bei jeder ernsthaften Herausforderung sofort in emotionale Wallung und ihre Gefühle blockieren ihren Verstand, weil sie es nicht wagen dürfen, ihren Gott „Mohammed-Allah" zu kritisieren. Sie können nicht frei über Gott nachdenken, Mohammed steht drohend davor mit der Hölle.

Wir müssen die Gläubigen mit den Tatsachen konfrontieren und ihnen untersagen, schwach zu sein im Angesicht der Wahrheit, wir müssen ihnen verbieten, sich hier in Deutschland, mitten unter uns, beleidigt zu geben und sich herauszureden. Die Tatsachen müssen *von jedermann* gewürdigt werden und Tatsachen beleidigen nicht, sie erhellen, sie *ent*täuschen, sie verletzen und sie befreien, aber sie beleidigen nicht. Die Aufklärung kann Menschen zwar vorübergehend kränken, aber nicht beleidigen.

Mohammed und der Koran sind weder glaubwürdig noch vorbildlich, an diesen Einsichten führt kein Weg vorbei. *Der Islam ist ein böser und gefährlicher Aberglaube.* Wir müssen zu dieser Wahrheit stehen und sie Muslimen, die mit uns leben wollen, zumuten.

Ein zusätzliches Hindernis liegt im östlichen Denken. Wir im Westen sind es gewohnt, zwischen wahr und unwahr, falsch und richtig, gut und böse zu unterscheiden. Das ist unsere moralische Grundeinstellung, genauso wie die Frage nach Schuld und Unschuld. Im Osten schiebt sich aber eine andere moralische Grundeinstellung in den Vordergrund und leitet die Menschen: Die Frage nach Schande und Ehre. Ein Ex-Muslim meint dazu:

> „Die westliche Kultur basiert auf Schuld. Die östliche Kultur basiert auf Scham. Für uns Ostländer dreht sich alles um das Image und darum, wie andere uns sehen. Das Gegenteil von Schuld ist Unschuld. Wenn dein Ethos auf Schuld basiert, hast du eine innere Polizei, die dich daran hindert, etwas Falsches zu tun, denn wenn du Falsches tust, fühlst du dich schuldig.
>
> Wenn dein Ethos auf Scham beruht, ist es nur wichtig, dein Image zu bewahren. Das Gegenteil von Schande ist Ehre. Sie können falsch handeln, aber solange niemand es sieht, ist ihr Image nicht getrübt und sie können immer noch als eine ehrenwerte Person gesehen werden. In einer auf Scham basierenden Kultur haben Unrecht und Recht keine Bedeutung. Es geht um Scham und Ehre. Wenn der Makel der Scham beseitigt wird, selbst wenn es den Mord an deiner eigenen Tochter bedeutet, wird die Ehre wiederhergestellt. Dies sind zwei sehr unterschiedliche Weltanschauungen. Wenn wir sie nicht verstehen, können wir Muslime und ihre Gedanken nicht verstehen.
>
> Der Islam ist eine angstbasierte Philosophie, die in einem Scham-Milieu wurzelt. Dies ist eine sehr gefährliche Kombination. Wenn man moralische Codes für Angst und Scham kombiniert, wird das heikelste Ethos geboren, das man sich vorstellen kann. Das ist der Islam. Der Islam ist eine unlogische Lehre, die auf Angst basiert und durch Ehre verteidigt wird. Dies macht den Islam gefährlicher als den Nationalsozialismus. Muslime sind nicht besorgt über die Irrationalität des Islam oder über Gut oder Böse. Sie sind hauptsächlich besorgt darüber, ihr Gesicht nicht zu verlieren und das Bild des Islam zu bewahren."

Dr. Ali Sina (Pseudonym), iranischer Ex-Muslim und Aktivist, der in Kanada lebt, Gründer von Faith Freedom International (Glaubensfreiheit International), 2007

Da hilft wohl nur eine Konfrontationstherapie, und als Ausweg, ihnen eine neue, attraktive Identität anzubieten. – Die des aufgeklärten Menschseins. Wir können ihnen diese Konfrontationstherapie leichter machen und versüßen, verbittersüßen, indem wir Humor und Satire einsetzen. Lachen befreit, und sei es nur ein innerliches, unwillkürliches, verstecktes Seelenschmunzeln in sich selbst hinein. Hauptsache, der Anfang ist gemacht.

Aufklären heißt: *Die Wahrheit ergründen.* Der weltanschauliche Irrtum und die rohe Menschenfeindlichkeit des Islam verbergen sich gerade dort, wo Muslime am heftigsten auf Kritik, auf Humor und Satire reagieren! Wer den Propheten oder die Unterdrückung der Frauen bloßstellt, trifft sie am empfindlichsten Punkt – genau dort, wo die intellektuelle Einsicht in ihr eng geschlossenes Weltbild eindringen und sie aufklären könnte, um sie zu befreien.

„Vor vielen Jahren war ich noch strenggläubiger Muslim. ... Ich stamme aus einer Kultur, wo man gerne fast über alles lacht. ... Humorlos sind Muslime nicht. Doch über Religion und über Propheten darf man sich nicht lustig machen. ... meine deutsche Umgebung würde sich bald auch über meinen Propheten lustig machen. Nicht nur das. Ich hatte die Befürchtung, je mehr ich mich in Deutschland integriere, desto infizierter würde ich mit dieser Krankheit der Religionskritik und Relativierung von allem, was heilig ist. Als gläubiger Muslim musste ich den Propheten mehr als meine Eltern und alle Menschen lieben. Die Angst um meine heiligen Symbole führte mich in die Isolation. Ich entschied mich damals, mich von der deutschen Gesellschaft abzuschotten, um meine Religion vor Schmähung und Kritik zu schützen. Das war die friedliche Variante. ...

Damals war ich noch nicht imstande, die Unantastbarkeit des Propheten in Frage zu stellen. ... Je mehr ich mich abschottete, umso mehr kränkte mich jede Äußerung von Kollegen oder jeder Medienbericht über den Islam. Ich empfand meine deutsche Umgebung als feindselig und respektlos. Mein Motto schien: „Ich bin Moslem, also bin ich beleidigt."

Erst Jahre später, nachdem ich angefangen hatte, mich kritisch mit dem Islam auseinanderzusetzen, erkannte ich, wie wichtig Satire sein kann. Die dänischen Mohammed-Karikaturen des Jahres 2005 spielten bei meinem Sinneswandel eine wichtige Rolle. Massen von Muslimen waren demonstrierend auf die Straße gegangen und wollten ihre Liebe zum Propheten dadurch zum Ausdruck bringen, dass sie westliche Botschaften anzündeten. Dutzende Menschen starben bei Unruhen. Kaum jemand wagte es zu sagen, dass der Tod von so vielen Menschen viel schlimmer ist als eine satirische Zeichnung des Propheten. ...

Erst die Freiheit macht es möglich, dass man seinen Glauben behält und trotzdem eine gewisse Distanz zu diesem Glauben wahrt, die Selbstkritik und Satire zulässt. Und genau da liegt das Problem vieler Muslime.

Die Geschichte der Satire in Europa ist die Geschichte der Befreiung von Göttern und somit die Geschichte der Aufklärung. In der Renaissance war die Satire die bevorzugte Literatur der Gebildeten. Die Entweihung der sakralen Sprache durch Dante Alighieri in der „Göttlichen Komödie" war ein wichtiger Schritt zur Befreiung von starren Dogmen. ...

Im Zeitalter der Aufklärung erhob sich die Satire als didaktisches Mittel, mit dem die pädagogischen Ziele des aufgeklärten Denkens befördert werden sollten. Voltaire war ein Kind von Erasmus. Seine sarkastische Kirchenkritik war ein Wegbereiter der Französischen Revolution, die die Grundlage für unsere Freiheit heute ist. ...

Und natürlich sind auch Monty Python, Mr. Bean und selbst Loriot Kinder dieses Geistes. Und *Charlie Hebdo*. Politische, religiöse und gesellschaftliche Satire war immer ein Teil des Selbstreinigungsprozesses einer Gesellschaft. Humor kann eine Kultur entkrampfen. Sie kann absolute Wahrheiten relativieren und Menschen ermutigen, aus der selbstverschuldeten Unmündigkeit herauszutreten. ...

Auch westliche Islam-Freunde, die einen Sonderstatus für Mohammed zur Wahrung des inneren Friedens befürworten und dafür sogar politische Karnevalsmotive aus dem Verkehr ziehen, tun Muslimen keinen Gefallen. Irgendwann werden Muslime den Kritikern und Satirikern dankbarer sein als den Beschwichtigern und Verharmlosern!

Deswegen sehe ich die Karikaturen von *Charlie Hebdo* als ein Geschenk für Muslime. Als eine Chance, endlich entspannter mit heiligen Texten und Symbolfiguren umzugehen. Eine Chance, zu lernen, dass nur schwache Gedanken eine hohe Mauer der Einschüchterung brauchen, um sie zu beschützen. Die Karikaturen waren wie eine Schocktherapie für viele Muslime, damit sie endlich erkennen können, dass nicht das Image des Islam im Westen das Problem ist, sondern das, was im Namen des Islam geschieht.

Der Anschlag auf *Charlie Hebdo* sollte für Muslime ein Anlass sein, die Tabuisierung der Mohammed-Kritik zu beenden. Denn nichts ist heiliger als ein Menschenleben, nichts ist wertvoller als Freiheit und Menschenrechte."

Hamed Abdel-Samad (geboren 1972), deutsch ägyptischer Politikwissenschaftler, Islamkritiker und Autor, 2017

Keinen Raum mehr den Verharm-Loosern! Die Aufklärung des Christentums begann mit einem Satire-Angriff auf die geheiligten Dogmen, um sie zu entweihen. Erst dann waren die Christen der vernünftigen Kritik überhaupt zugänglich! Genauso wird es beim Islam sein: Mohammed-Karrikaturen sind der Anfang vom Anfang der Islam-Aufklärung. Wir brauchen humorvoll entlarvende, bissig-satirische, dabei immer die islamische Vermessenheit erhellende Islamkritik in Wort und Bild, die wir massenhaft verbreiten müssen. Erfindet sie! Mit Niveau, Tiefgang und ergreifendem Witz! Die Muslime, die zu uns gekommen sind, müssen und wollen lernen, auch wenn sie's noch nicht wissen. Es gibt kein Grundrecht auf Verschonung religiöser Gefühle. Kritik und Satire müssen immer zumutbar sein. Wir müssen die Muslime hier im Westen über den Humor öffnen und für ein Leben mit uns gewinnen. Lasst sie uns über ihren eigenen Humor mit Religionskritik beimpfen, damit sie gesünder werden können in ihrer Gedankenwelt. *Politiksatire* und *Glaubenssatire* sind ganz *selbstverständlich* und *notwendig* in der freien Gesellschaft, *damit sie frei sein kann und frei bleibt!* Den Islam davon auszunehmen, hieße, sich ihm unterzuordnen und wäre ein Zeichen unserer Islamisierung, unserer Unfreiwerdung.

Zur Aufklärung gehört auch die Trennung von Ethnie (Volk) und Weltanschauung. Aufgeklärte Menschen unterscheiden bei den ethno-religiösen Volksgruppen ganz klar zwischen deren *Ethnie* und deren *Religion*, zwischen Mensch und Weltanschauung, zwischen „Hardware“ und „Software“. Die Aufklärung des Judentums beispielsweise hat nichts mit der Verfolgung von Menschen, von Abstammungs-Juden, zu tun. Das Recht auf eine Abstammungsgemeinschaft ist durch die Aufklärung unbenommen. Juden, Sinti und Roma, Deutsche ... alle können selbstverständlich auf die Erhaltung ihrer Ethnie bedacht sein. Der Selbsterhalt der Völker verstößt gegen kein Menschenrecht. Ideologien hingegen, zu denen auch die Religionen gehören, verdienen keinen unhinterfragten Bestandsschutz, sondern dürfen immer Gegenstand wissenschaftlicher Analyse und gesellschaftlicher Auseinandersetzung sein. Sie dürfen zurückgewiesen werden.

Durch die Aufklärung gehen ethnisch sehr ähnliche, nur religiös-kulturell getrennte Stammeskulturen allerdings tendenziell in größeren Einheiten, in Völkern und Nationen auf, es findet assimilierende Integration statt. Ethno-religiöse Abstammungskulturen wie die Juden und die Jesiden verlieren mit ihrer religiös begründeten, ein- und ausschließenden Exklusivität auch viel von ihrem ethnischen Charakter, einfach deshalb, weil freie Menschen auch frei untereinander heiraten dürfen, wenn die Weltanschauungsschranken fallen.

Der Aberglauben der Juden und Jesiden ist genauso der Aufklärung zu unterziehen wie der Aberglauben der Christen und der Muslime und aller anderen. Die *unaufgeklärten Muslime* sind derzeit aber *unsere größte Aufklärungs-Aufgabe*, denn sie *bedrohen mit ihrem Dschihad die Kultur der Aufklärung selbst.* Die Aufklärung der zu uns vordringenden Muslime ist deshalb eine *Verteidigungsstrategie*, die *Verteidigung* unserer kulturellen Errungenschaften und zugleich die Befreiung und Integration dieser Menschen als Nichtmuslime.

In Zeiten des Feudalismus und des harten Nationalismus war es möglich, den Glauben und die Weltanschauung der Masse der Menschen von oben herab zu bestimmen, mitzubestimmen oder stark zu beeinflussen durch Zwang, Verfolgungsdruck und die Umsiedlung von Menschen. Heute geschieht dies allenfalls durch gesteuerte Zuwanderung und Ausweisung. Im freien Bürgerstaat sind Zwangsmaßnahmen nur noch eingeschränkt möglich, stattdessen wächst und wächst *die Rolle der Aufklärung!* Die Auflösung falschen Glaubens erfolgt nun freiheitlich und qualitativ höherwertig, sozusagen von innen heraus, vom Individuum her, durch die Befreiung zum Wissen! Der Aberglauben, der falsche Glauben, die Ideologie, muss und wird nun hauptsächlich durch Einsicht, durch Bildung, überwunden. Diese Aufgabe muss jedoch auch konsequent angegangen werden! Sie ist nicht nur eine Aufgabe der gesellschaftlichen Akteure, sondern eine Staatsaufgabe. Sie ist staatspolitisch und muss als befreiende, bürgerliche Bildungspolitik organisiert werden.

„Bildung macht frei!“

war für Jahrzehnte der Wahlspruch des Enzyklopädisten Joseph Meyer und seines Verlages im Kampf gegen das feudalstaatliche Untertanendasein. Sein „Bibliographisches Institut“ war nicht nur ein Verlag unter anderen, sondern ein bedeutendes geistiges Zentrum Mitteldeutschlands. Joseph Meyer wollte universelle Bildung für alle Menschen und verbreitete sie! Sein bildungspolitisches Aufklärertum fand Widerhall im ganzen Volke und trug zur frühbürgerlichen Revolution von 1848/49 bei. Seine Buchausgaben gingen in hohen Auflagen in die ganze Welt.

Lernwillen und arbeitsame Schaffensfreude, wissbegieriger Bildungshunger und Erfolgsstreben sind die Voraussetzungen für persönliche wie gesellschaftliche Freiheit, sowohl materiell wie ideell! Wenn wir davon abkämen, verließen wir uns selbst. Tatsächlich berauben wir Deutschen uns seit Jahren: an Realeinkommen, an Vermögen, an Nachwuchs, an Zukunftsaussichten, an Souveränität, an Demokratie, an Rechtsstaat, an Sozialstaat, an Sprache, an Umgangsformen, an Diskussionsfreiheit, an Bildung, an Motivation, an Leitkultur – an allem, was uns und unser Land ausmacht, stark macht, erfolgreich macht. Wie unklug von uns!

„Bildet das Volk, um das Vaterland zu retten, und mit demselben rettet ihr die Freiheit."

Joseph Meyer (1796 - 1856), deutscher Verleger, Gründer des Bibliographischen Instituts

Den Humboldtschen Bildungsgedanken haben wir, scheint's, aufgegeben und wollen darunter nur noch die Einheit von Forschung und Lehre an den Universitäten verstehen, aus purem Wirtschaftspragmatismus heraus. Wie jämmerlich. Das kann so nicht weitergehen. Der zugewanderte Islam wird uns zeigen, warum. Der Einschlich des Islams gibt unserer Kultur einen schmerzlichen Anstoß zur Erneuerung. Zwar sind wir die höchstentwickelte, die modernste Hochkultur der Weltgeschichte, aber geisteswissenschaftlich gar nicht auf der Höhe unserer eigenen Zeit, auf der Höhe unserer selbstgeschaffenen Probleme. Die Herausforderung durch den Einbruch des frühmittelalterlichen Islams – Einbruch ist das richtige Wort, denn er bricht bei uns ein, bestiehlt, verhöhnt und bekämpft uns – ist eine doppelte: wir müssen den Islam auflösen und uns selbst weiterentwickeln. Ohne katastrophalen Schrecken sind wir dazu scheinbar nicht in der Lage, wohl zu festgefahren, zu bequem, zu verstrickt, zu verzettelt. Jetzt aber müssen wir uns neu konzentrieren. Wegen der Herausforderungen durch den Unterwerfungsglauben.

Der Islam wird zum Prüfstein der europäischen Kultur. Um die Prüfung zu bestehen, müssen wir uns auf unseren Fortschritt auf allen Gebieten besinnen. Wir müssen der europäischen Aufklärungs-Kultur einen neuen Schwung verleihen – eine Renaissance der Moderne einleiten! Die Politik der totalen Entgrenzung führt, angesichts der eindringenden muslimischen Herausforderer, eben auch dazu, dass die *konstruktive* sowie die *konfrontative* Bedeutung von Grenzen wieder klarer wird, sie führt dazu, dass alte Konfliktgrenzen, die befriedet, vermittelt und überwunden schienen, wieder aufbrechen, so vor allem die Grenze zwischen der Wissenschaft und den Religionen! Die Konfrontation der Konstrukte wird wieder deutlich. Der Streit darüber, was *real ist* und was *zu gelten* hat. Ich stelle daher jedem die Frage: *Bist du für oder gegen die Aufklärung?* Diese Frage trennt die Spreu vom Weizen. *Bist du für oder gegen die Aufklärung und ihre Konsequenzen? Bist du konsequent?* Ich fordere jeden auf, sich zu bekennen.

Bist du für oder gegen die Aufklärung?

Bist du Spreu oder Weizen? Nimmst du mit dem *Körnchen Wahrheit* vorlieb oder spinnst du lieber drum herum? Suchst du das Korn oder glaubst du nur – ans Stroh? *Was* willst du sein, Strohkopf oder philosophischer Wissenschaftler?

Es ist bereits zu spät zum Frühaufstehen. Wir müssen jetzt Klotzen statt Kleckern. Die Islamisierung des Westens ist schon weit fortgeschritten. Wir brauchen ein Konzept zur Neuaufklärung Deutschlands, Europas, ja der Welt. Wir brauchen dringend *aufklärende Bildung* für alle! Der Gedanke *wirklich universeller* Bildungsstätten muss inhaltlich grundlegend erneuert werden. Ich fordere deshalb eine in die gesellschaftliche Breite wirkende *Bildungsoffensive weltbester Bildung!* Sie kann nur ansetzen an unseren Universitäten und Hochschulen. Dort, wo die zukünftigen Eliten sich versammeln und ihr höchstes Niveau erreichen, bevor sie wieder ausströmen und in die Gesellschaft hinein wirken, als universell gebildete Fachleute. Das **Humboldtsche Bildungsideal** – ***umfassende staatsbürgerliche Menschenbildung für alle, auf der Grundlage des wichtigsten Weltwissens, dem Grundlagenwissen aller Fachrichtungen*** – muss neu und pragmatisch in Wert gesetzt werden. Wie kann das gelingen? Ganz einfach: Durch ein neues „Studium generale-integrale". Eines, das seinen Namen endlich verdient!

Wir haben die Wissenschaft abgewertet, indem wir sie zur Hure von Wirtschaft, Militär und Politik gemacht haben und die Bereiche Seele, Moral und Jenseitsfragen den Religionen als Restgebiete überlassen haben, wodurch es so aussehen darf, als hätten sie darin die größere Kompetenz, was Unsinn ist. Lauter politische Zugeständnisse, die dem wissenschaftlichen Denken unnötige Grenzen setzen. Wir müssen deshalb die Aufklärung vollumfänglich in Wert setzen. Unsere Universitäten sind gar nicht universell, sondern nur Berufshochschulen zur Ausbildung für den Arbeitsmarkt. Die *Bildungsbürgerlichkeit* ist gar kein gesellschaftliches und staatliches Ziel mehr, sondern nur noch ein privates Hobby unter vielen, welchem man sich je nach Neigung, Zeit und Geld widmen kann oder eben auch nicht. Eine *starke Zivilgesellschaft als Träger der freiheitlich-demokratischen Grundordnung* entsteht so höchstens zufällig.

Die Hochschulreife (Abitur) muss deshalb zukünftig ein Fach oder einen längeren Kursus „Aufklärungskunde" beinhalten, welches zu Studienbeginn als „Studium generale-integrale" vertieft werden muss. Sonst ist die kulturelle Selbstaufgabe in einer Mischkultur aus erster und dritter Welt geradezu vorprogrammiert. Aus unserer Demokratie wird ansonsten eine Zuwanderer-Demographie, aus der freiheitlich-demokratischen Grundordnung eine demographische Oligarchen-Herrschaft.

Wir müssen den Universitäts-Gedanken neu beleben. Das kann am einfachsten und effektivsten geschehen durch ein echtes „Studium generale-integrale", verpflichtend für alle Studenten. Das „Studium generale-integrale" muss endlich eine prägende Rolle spielen. Dazu muss es inhaltlich, aber auch formal, bedeutend aufgewertet werden. Diese Aufgabe könnte eine neuartige Universität aller Universitäten und Hochschulen Deutschlands, eine *Gesamtuniversität für die gesamte Bildung*, erfüllen. Eine eigene, neugegründete Universität für das „Studium generale-integrale", über welche wir das Grundwissen der Menschheit in die Mitte unserer

Gesellschaft hereinholen. *Eine Universität nur für das Wesentliche des wahrhaftigen Wissens.* Am besten in der Mitte Deutschlands gelegen. Wo sonst sollte eine solche *Gesamtuniversität* entstehen, wenn nicht im Zentrum des Landes der Dichter, Denker und Erfinder, im Lande Humboldts?

Alle deutschen Hochschulen und Universitäten entsenden geeignete Dozenten aller Fachdisziplinen an die Gesamtuniversität. Dort werden nur die *wesentlichen, die allgemeinbildenden Erkenntnisse* ihrer Fachrichtungen zusammengeführt und zusammengedacht, um ein zusammenhängendes wissenschaftliches Weltbild für moderne Bildungsbürger zu formen und zu lehren, in didaktisch allgemeinverständlicher Darstellung. Das Ziel der Gesamtuniversität ist Bildung, nicht Ausbildung. Darin unterscheidet sie sich von allen anderen. Ausgebildet werden lediglich Lehrer für „Aufklärungskunde" und Dozenten für das „Studium generale-integrale" an den deutschen Universitäten. Dieses echte „Studium generale-integrale" soll das bisherige, ungeliebte und nicht ernst genommene Anhängsel gleichen Namens an den höchsten Bildungsstätten unseres Volkes ablösen. Alle Studenten haben im Verlaufe ihres Studiums ein „Studium generale-integrale" zu absolvieren, qualitativ so hochwertig, wie es die Welt noch nicht gesehen hat. Wer gebildete Bürger will, muss Bildung anbieten und für das zukünftige Leitungspersonal verpflichtend machen. Weltbeste Bildung empfängt man nicht als Nebenprodukt einer speziellen Berufsqualifizierung.

Studiengänge, für welche das „Studium generale-integrale" besondere Bedeutung hat, wie Politikwissenschaften, Philosophie, vielleicht auch Geschichte und noch weitere, könnten ihre Studenten für ein oder mehrere Semester direkt an die Gesamtuniversität schicken.

Diese Gesamtuniversität muss als Universität neuen Typs völlig neu gegründet werden und darf auf Dauer kein Anhängsel irgendeiner anderen Universität sein, sondern muss sich selbst als *exzellente* Universität entwickeln und präsentieren. Weil sie ganz zentral in Deutschland liegen soll, um von überall her gleich gut erreichbar zu sein und das gemittelte Weltwissen symbolisieren soll, bietet sich die Stadt Mühlhausen in Thüringen am geographischen Mittelpunkt Deutschlands als Standort an, mitten zwischen den bedeutenden alten deutschen Universitäten in Göttingen und Jena gelegen, zentral im klassischen Gebiet deutscher Wissenschafts- und Geistesgeschichte, an der ehemaligen innerdeutschen Grenze. Die heutige Kreisstadt Mühlhausen war ehemals freie Reichs- und Hansestadt mit königlicher, frührevolutionärer und bürgerlicher Geschichte und ist als ehemaliger Stadtstaat fast so etwas wie ein Modell Deutschlands im Kleinen. Ein idealer Standort für die bundesdeutsche Gesamtuniversität des „Studiums generale-integrale" in der zentralen Provinz, wo urbaner und ländlicher Raum zusammenfließen.

Die neue Gesamtuniversität könnte eine Universität des Bundes und der Länder sein und möglicherweise sogar das akademische Zentrum der Zentralen für Politische Bildung. Auch die parteinahen Stiftungen könnten sich einbringen. Ebenso die Max-Planck-Institute; alle der freiheitlich-demokratischen Grundordnung, der Wissenschaftlichkeit und der Bildung verpflichteten Akteure, die wir haben. Die deutsche Gesamtuniversität hat das Potential, ein Leuchtturm der Bildung mit internationaler Ausstrahlung zu sein. Wie wir wissen: Bildung ist der Generalschlüssel zum Auf- und Zuschließen überall in unserer menschlichen Welt. Bildung macht den Unterschied, sie macht den Zivilisationsgrad aus!

Der Islam strebt nach Weltherrschaft. Und wonach streben wir? Welches Fernziel leitet uns? Lasst uns nach möglichster Aufklärung und weltbester Bildung streben! Wer nicht das Größte und Beste will, der wird nichts Großes und Gutes erreichen. In diesem Sinne, packen wir's an!

> „Wer immer strebend sich bemüht, den können wir erlösen."
>
> Johann Wolfgang von Goethe (1749 - 1832), deutscher Dichter und Naturforscher, 1832

Politische Akteure, die sich diesem Vorhaben widersetzten, offenbarten sich als bildungsfeindlich, weltbürgerfeindlich und aufklärungsfeindlich! Die Ausrede, dafür wäre kein Geld da, hat durch die Erfahrungen der letzten Jahre ihre Überzeugungskraft völlig eingebüßt. Außerdem sind Wissen und Bildung auf höchstem Niveau das Rückgrat unserer Kultur, was könnte also wichtiger sein?!

Setzen wir die erhebende Arbeit der Aufklärung fort. Nachdem sie den wissenschaftlich-technischen Fortschritt ermöglicht hat, muss sie nun den geistig-gesellschaftlichen Fortschritt hervorbringen, gewissermaßen nachziehen. Uns mahnt die Weltgeschichte. Lernen wir daraus.

Macht alle mit! Lasst uns zusammen tätig werden. Lasst uns an dieser Gesamtuniversität das *Weltwissen für Bildungsbürger* zusammengetragen, aufbereiten und vermitteln, lasst uns unzählige Dozenten fürs „Studium generale-integrale" aus- und fortbilden und geben wir Studenten aus Deutschland und aller Welt die Möglichkeit, sich zu Gastsemestern einzuschreiben, ebenso Gasthörern jeden Alters, die sich *allseitiges Orientierungswissen* verschaffen wollen. Errichten wir einen *Wegweiser zum Weltwissen!* Auf Wikipedia findet man auch nur das, was man bereits zu suchen weiß und von anderen mehr oder weniger richtig hineingeschrieben wurde, als eine Ansammlung von Wissens- und Glaubens-Fragmenten.

> „Bildung ist, wenn man weiß, wo das Wenige, was man weiß oder zu wissen glaubt, ins Ganze des Wissens hingehört."
>
> Prof. Dr. Vittorio Hösle (geboren 1960), deutscher Philosoph

Schreiben wir am systematischen „Buch der Aufklärung“, das allen Aberglauben ablöst. Wer dann trotzdem noch bereits erkannten Irrtümern religiösen Glauben schenken mag, glaubt offiziell wider besseres Wissen und hat sich aus *politischen* Entscheidungen eher herauszuhalten. Heben wir den weltweit verstreuten Wissensschatz, den wir durch Jahrhunderte des Forschens, des Philosophierens und des geschichtlichen Erfahrens geschaffen haben. Gehen wir jetzt endlich einen Schritt weiter, geben wir uns selbst eine riesen Chance. Denn jetzt dürfen wir erkennen und erleben, was Voltaire voraussah:

> „Wir gehen auf eine große Revolution des menschlichen Geistes zu.“
>
> Voltaire (François-Marie Arouet, 1694 - 1778), französischer Philosoph und Autor der Aufklärung

Eines sollte uns völlig sicher, und jedem hier im Lande absolut glasklar sein, und die zuallererst und mit dem größtem Selbstverständnis und höchster Wertschätzung gelebte Praxis: *Die Aufklärung gehört zu Deutschland!* Der Aufklärung hat sich jede Religion unterzuordnen, ob Christentum, ob Judentum oder ob neuerdings der Islam, und alle anderen Glaubensrichtungen und Ideologien auch. *Das Primat der Aufklärung* ist die Voraussetzung für jedwede Religionsfreiheit und jedweden Pluralismus. Das muss jeder verstehen und akzeptieren.

Es gibt zwei Wege, Muslime aus ihrem falschen, unmenschlichen Glauben zu befreien. Den Weg des Herzens und den Weg des Kopfes.

Muslime, die sehr stark im Glauben sind, können den Weg des Herzens gehen. Unsere aufklärerische Zumutung an sie lautet: Begegne und erkenne den wahren Gott, den Gott der Liebe und der Vergebung! Er ist größer. Er ist mächtiger. Er ist wahrhaftiger.

Muslime, die schwach im Glauben, aber stark im Denken sind, können den Weg des Kopfes gehen. Unsere aufklärerische Zumutung an sie lautet: Stelle die verbotenen Fragen! Hinterfrage, was du eingeübt hast. Benutze mutig deinen Verstand, den Gott dir gegeben hat. Folge immer dem Weg der Wahrhaftigkeit, dann kannst du nichts falsch machen.

Der Weg fort vom Islam kann in die Spiritualität, ins Christentum oder in den Atheismus hineinführen. Jeder dieser drei Wege ist wahrhaftiger, besser, fortschrittlicher als der Islam. Wir können unseren Muslimen also drei gangbare Alternativen zum islamischen Theismus anbieten: einen anderen Theismus, Athcismus und Spiritualität. Ich bevorzuge und rate zur Spiritualität, weil man mit ihr der Wahrheit am nahesten kommen und am schnellsten Besonnenheit und Weisheit erlangen kann. Am erfolgversprechendsten ist vielleicht die Christianisierung. Viele gläubige Muslime könnten zu modernen, *gemäßigten* Christen werden, die keine große Gefahr mehr darstellen. Viele könnten aber auch den Glauben hinter sich lassen und die Welt mit den Augen der Naturwissenschaften entdecken. An einem besteht jedenfalls kein Zweifel: Ex-Muslime sind die besten Muslime, der verträglichste Islam ist der abgelegte.

Rathaus-These 52: Integration gelingt nur durch persönliche Aufklärung

Die Integration von Muslimen ist nur durch ihre individuelle Aufklärung möglich. Unaufgeklärte Muslime sind grundsätzlich nicht integrierbar. Dazu muss jede Abweichung von den Menschenrechten nicht nur theoretisch, sondern auch praktisch unter gesellschaftlichen Verfolgungsdruck gestellt werden. Den Menschenrechten ist mit Nachdruck Geltung zu verschaffen!

Die eigene Aufklärung beginnt mit dem ersten ehrlichen Blick in den Spiegel. Dieser Blick fällt den meisten muslimischen Arabern unendlich schwer, weil er *Monströses* offenbart. Weil er nach einem Bruch mit dem ganzen bisherigen Weltbild und Selbstverständnis verlangt. Die Tunesierin Dr. Fawzia Zouari, die für einen individuellen, moderaten, ins häuslich-private zurückgenommenen Islam eintritt, gibt zu:

> „Ja, es gibt eine Psychologie der arabischen Masse. Ja, wir tragen eine Jahrtausend-Mentalität mit uns, die Frauen als Köder und eine Schande definiert; ja, wir haben in uns eine pathologische Beziehung zur Sexualität; ja, es ist rassistisch, zu meinen, Nicht-Muslime folgenlos verletzen zu können; ja, einige Neuankömmlinge in Europa müssen die Gleichstellung der Geschlechter und den Säkularismus erst erlernen!"
>
> Dr. Fawzia Zouari, (geboren 1955), Muslima, in Frankreich lebende tunesische Schriftstellerin und Journalistin, 2016

Die islamischen Verbände arbeiten gegen die Aufklärung. Sie wollen verhindern, dass die Muslime in der westlichen Diaspora vom Islam abfallen. Ihre „Integrationsarbeit" ist deshalb heuchlerisch. Sie integrieren nur in ihre islamische Gemeinschaft und versuchen diese in die Gesellschaft einzupflanzen, als Keimzellen einer Gegengesellschaft. Ihr Ziel ist die Scheinanpassung, damit der Islam im Westen überdauert, bis er mehrheitsfähig geworden ist. Die Aufklärung muss also bei jedem einzelnen Muslim ansetzen, jenseits der Verbände.

Selbst wenn es gelänge, die Auslandsfinanzierung der Islamverbände zu unterbinden, blieben sie natürlich dem Islam verpflichtet und nichts anderem. Sie sind keine Hilfe, im Gegenteil. Sie verfolgen eigene Interessen. Ihr Lippenbekenntnis zum Grundgesetz wurde ihnen nur in zähen Gesprächsrunden zur „Islamkonferenz“ abgerungen. Es trägt nicht. Der Staat muss endlich aufhören, mit den Islamverbänden zusammenzuarbeiten und sie mit unseren Steuergeldern auch noch zu unterstützen. Denn sie bauen Mauern! Der säkulare Staat und seine Gesellschaft müssen die eingewanderten Muslime direkt ansprechen, als *Individuen* in der Gemeinschaft freier Bürger, in der freien Gesellschaft.

Rathaus-These 53: Lebensnah aufklären!

Wir brauchen taugliche Integrationskurse für alle Muslime in Deutschland, die hier bleiben und mit uns leben wollen. Sie wollen *uns* missionieren, wir aber müssen *sie aufklären*. In diesen Integrationskursen werden sie in ihrer Muttersprache mit den Erfahrungsschilderungen von Konvertiten konfrontiert. Mit Muslimen, die einen Ausweg aus dem Islam gefunden haben, die den Gott der Liebe und Vergebung entdeckt haben oder den atheistischen Humanismus. Vormalige Muslime – in Ton und Bild, aber auch persönlich – schildern hautnah ihren inneren und äußeren Weg aus der Gefangenschaft der Unterwerfung hinein in die freie Welt, die keineswegs gottlos ist. Sie geben Beispiele, sie regen an.

Diese Zumutungen müssen wir ihnen schenken! Als Integrationsangebot, als Wegweiser, als Hilfestellung. Über mindestens ein Jahr hinweg muss es für alle Muslime, die hier im Westen leben wollen, Pflicht sein, mehrfach an diesen Integrationsangeboten teilzunehmen, sie müssen sie erfahren. Das ist nicht zuviel verlangt. Das ist dringend geboten.

Rathaus-These 54: Islam-Ablehnungskultur statt Fremdenfeindlichkeit

Menschen sind Menschen, egal, woran sie glauben, egal, was sie tun oder lassen. Bei der Zurückweisung des Islams muss für uns gelten: Kein Hass! Keine Gewalt! Allein sachlicher, sittlicher, ziviler und rechtsstaatlicher Widerstand ist gerechtfertigt.

Unsere freiheitlich-demokratische Islam-Gegnerschaft ist genauso islamfeindlich, wie die Feuerwehrleute feuerfeindlich oder die Pazifisten kriegsfeindlich sind. Die *aufgeklärte Islamablehnung* ist keine Fremdenfeindlichkeit und auch kein Rassismus, denn sie richtet sich gegen den Islam, nicht gegen Menschen, nicht gegen Fremde, nicht gegen Völker oder Rassen.

Die Muslime müssen merken, dass sie mit ihrer religiösen Ideologie bei uns in der freien Welt überall fürchterlich anecken. Wir dürfen diesen Wertekonflikt nicht abmildern oder verdecken wollen, in dem wir uns zurücknehmen und so tun, als wäre nichts. Mit Schonung und Scheu erreichen wir nichts Gutes. Wir müssen diese falsche und gefährliche Ideologie der Unterwerfung niveauvoll, aber streng ablehnen. Wir müssen eine regelrechte *Islam-Ablehnungskultur* entwickeln, die auf *unseren Werten* und *den Fakten zum Islam* beruht. Wir müssen eine klare, leicht begründbare, leicht einsehbare Haltung einnehmen und diese Haltung zeigen, immer wieder, überall, damit sie wirken kann.

Rathaus-These 55: Aufklärungskultur als Willkommenskultur

Im Falle der Muslime ist eine oberflächliche Willkommenskultur noch kein Auftakt zur Integration, ganz im Gegenteil. Wer ihnen seine Fremdenliebe zur Schau stellt, dient nur seinem eigenen schlechten Gewissen. Es reicht bei weitem nicht, Muslime freudestrahlend willkommen zu heißen, mit allem Lebensnotwendigen zu versorgen und in Sprachkurse zu schicken, es reicht auch nicht, sie arbeitsweltlich einzubinden.

Sie müssen sich mit unseren Werten identifizieren und ein Zugehörigkeitsgefühl entwickeln *wollen*. Sie müssen sich mit uns identifizieren wollen und *können*, dazu müssen wir selbst eine starke, attraktive Identität ausbilden und anbieten, in die sie sich einfügen können. Die haben wir aber nicht mehr oder noch nicht wieder entwickelt, wir sind unsicher.

Wir müssen uns zunächst selbst aufklären. Wir müssen eine neue *Aufklärungskultur* ins Leben rufen, die *uns selbst* und die potentiellen *Neubürger* erfasst. Die islamische Herausforderung ist ein Anlass zur Nabelschau. Das deutsche Haus muss gründlich gelüftet, entrümpelt und endlich mal richtig aufgeräumt werden. Dieser ganze Schmutz von scheinbar tausend Jahren trübt den Blick und drückt auf die Stimmung. Wir haben ein Kratzen im Hals.

Als Erstes müssen wir uns deshalb selbst neu einrichten, in Deutschland. Wir brauchen eine Willkommenskultur für uns Deutsche. Tatsächlich! Willkommen Deutsche in Deutschland! Auch Neudeutsche. Die deutsche Geschichte besteht nicht nur aus Katastrophen, sie hat auch viel Gutes zu bieten und erlaubt deutschen Stolz und deutsche Zukunft. Wir müssen nur hinsehen, wir müssen aufklären!

Rathaus-These 56: Der Euro-Islam ist gescheitert

> „Immigranten aus Südostasien, um ein Beispiel zu nennen, versuchen, sich in die Gesellschaft zu integrieren. Auch wenn sie einen Teil ihres kulturellen Erbes bewahren, akzeptieren sie, dass sie in einer neuen Umgebung

angekommen sind, deren gesellschaftlichen Kodex sie nachleben müssen. Muslimische Immigranten sehen das anders.

Im Gegensatz zum Christentum ist der Islam nach wie vor eine auf Expansion bedachte Religion. Er strebt die Weltherrschaft an.

Deshalb sind muslimische Minderheiten in ihren Gastländern nicht darauf bedacht, sich zu integrieren. Sie wollen von den Vorteilen profitieren, die westliche Gesellschaften offerieren, und gleichzeitig wollen sie diese nach ihren eigenen Vorstellungen beeinflussen oder sogar verändern. ...

Europa steht jetzt an einem entscheidenden Punkt seiner Geschichte. Wenn es eine starke muslimische Einwanderung akzeptiert, wird Europa in einer oder zwei Generationen zu etwas vollkommen anderem transformiert werden. Muslimische Gesellschaften sind nach wie vor sehr religiös. Die Menschen sind sehr fromm, in einer Art und Weise, wie wir es in Europa nicht kennen. Heute gehen in Großbritannien mehr Muslime in die Moschee als Christen in die Kirche, obwohl Muslime in der Bevölkerung nur eine Minderheit ausmachen.

Alles wird natürlich davon abhängen, wie viele Menschen Europa in den nächsten Jahrzehnten aufnehmen wird. Bereits heute hat Europa eine relativ große und schnell wachsende muslimische Bevölkerung. Sie vermehrt sich viel schneller als diejenige der Europäer, deren Geburtenraten bekanntlich abnehmen. ...

Die Gesellschaft wird sich denjenigen annähern, aus denen die Immigranten stammen.

Europäische Länder werden dann zu Drittweltstaaten. Denn die Immigranten werden ihre Werte und ihren Lebensstil den Europäern aufzwingen und nicht umgekehrt.

Das Argument von den ökonomischen Vorteilen ist deshalb Unsinn.

Falls sich die Europäer Sorgen machen, dass ihre Bevölkerung stagniert, sollten sie Anreize für die einheimische Bevölkerung schaffen, mehr Kinder zu haben – statt Menschen aus Staaten aufzunehmen, die man als gescheitert bezeichnen muss. ...

Die muslimischen Einwanderer streben keine Integration an. Der Islam ist nach wie vor imperialistisch in dem Sinn, dass er die Welt beherrschen will. Muslime, sogar wenn sie in anderen Gesellschaften leben, sehen sich nicht als Minderheit, die die religiösen und kulturellen Werte ihrer Aufnahmeländer zu respektieren hat. Sie sehen diese Gesellschaften als Teil des „Hauses des Islam". ...

Der Islam versteht sich als politischer Glauben. Ähnlich wie das Judentum ist auch der Islam eine umfassende Religion, eine Lebensweise. Deshalb haben Muslime ihre eigenen Werte, und die sind anders als die unseren. ... Wenn immer möglich, werden Religion und Politik miteinander vermengt, zum Beispiel im Iran, in Saudi-Arabien, im Islamischen Staat. Viele Leute sind schockiert über das brutale Vorgehen des Islamischen Staates. Aber er befolgt nur die Regeln im Islam. Der IS ist keine krankhafte Abweichung vom Islam. ... wenn Sie ein echter Muslim sind, wollen Sie die Scharia befolgen. Das bedeutet dann zum Beispiel Handabhacken für Diebstahl. Im Iran werden Ehebrecher zu Tode gesteinigt, also in dem Land, das jetzt von Europa hofiert wird. ...

Im Christentum ist Jesus eine spirituelle Person, ein Prediger, aber keine politische oder gar militärische Führungsperson. Im Islam ist das anders.

Mohammed war von Anfang an sowohl ein Politiker als auch ein militärischer Oberbefehlshaber. Deshalb wurde das Konzept des Dschihad entwickelt, um die Menschen zum Kampf anzuspornen. ... Dschihad bedeutet, sich für Allah und dessen Weg einzusetzen. Als das Osmanische Reich Russland, Frankreich, Großbritannien den Dschihad erklärte, ging es nicht darum, dass die osmanischen Bürger zu Hause den Koran studieren und in der Moschee beten sollen.

Dschihad ist Dschihad ist Dschihad – und jeder weiß, was damit gemeint ist. Man kann sich zwar einreden, dass Dschihad ein Synonym für Spenden an Bedürftige sei, das tönt dann nett – aber es ist falsch. Solches Schönreden gehört zur Art und Weise, wie im Westen der Islam entschärft wird. ... Wer das Problem falsch benennt und nicht identifiziert, wird es nicht in den Griff bekommen. Die richtige Diagnose ist ein wichtiger Schritt zur Problemlösung. ...

Terroristen sind in der Regel nicht arme Leute, die mit Müh und Not für den Unterhalt ihrer Familien aufkommen. Radikale und gewaltbereite Aktivisten sind meistens gutausgebildete Menschen, denen es materiell an nichts fehlt.

Jassir Arafat war Ingenieur, unter Terroristen finden sich auch Ärzte, Studenten oder Söhne steinreicher Eltern, wie etwa Osama Bin Laden.

Arme Menschen sind weniger militant als die ausgebildeten, das wissen wir aufgrund von Meinungsumfragen und vielen Beispielen. Die Vorstellung, dass wir nur für genügend Jobs und gute Saläre sorgen müssten, damit aus den Immigranten nette Europäer würden, die dem Terror abschwören, ist blanker Unsinn. ...

Die erste Generation integrierte sich ökonomisch, nicht aber gesellschaftlich. Wären sie wirklich Europäer geworden, würden ihre Kinder nicht den Weg einschlagen, der sie zu Dschihadisten macht. Andere Minderheiten sind da anders. ...

Der Westen ignoriert das. Deshalb werden eines Tages unsere Enkel aufwachen und feststellen, dass sie den Regeln der Scharia gehorchen müssen. ...

Viele Muslime in Frankreich sagen seit Jahrzehnten, dass Frankreich Teil des „Hauses des Islam“ sein werde früher oder später. Ein muslimisches Europa ist das Ziel der Muslime.

Weshalb würden sie sonst Moscheen im Westen finanzieren ...? Weshalb gründen sie an Eliteuniversitäten Lehrstühle für Islamstudien oder Zentren, die sich der Geschichte des Persischen Golfes widmen? ...

In Mischehen tritt die Frau meistens zum Islam über. Muslime versuchen zudem, in europäischen Städten die Scharia durchzusetzen. In Großbritannien gibt es bereits Gegenden, in denen die Scharia als Gesetz gilt. In gewissen Städten senden Muslime ihre Sittenpolizei aus, die dafür sorgen soll, dass Frauen züchtig gekleidet sind.“

Prof. Dr. Efraim Karsh (geboren 1953), israelischer Historiker, Politikwissenschaftler und Autor, international tätiger Nahostexperte, 2016

Leider zeigen sich die westlichen politischen Führer uneinsichtig und scheuen die Kurskorrektur, stattdessen setzen sie auf noch mehr vom alten Rezept: Die Islamisierung des Westens solle im Gegenzug den Islam vereuropäisieren. Multikulti-Mischdenken.

„Wir brauchen weit mehr muslimische Männer und Frauen an der Spitze der britischen Unternehmen, mehr muslimische Soldaten an den höchsten Kommandostellen, mehr Muslime im Parlament, mehr Muslime in einer Position der Führung und Autorität.“

David Cameron (geboren 1966), britischer Politiker (Conservative Party), von 2010 bis 2016 Premierminister des Vereinigten Königreichs von Großbritannien, 2015

Viele Europäer haben immer noch die Hoffnung, die Muslime ließen sich kaufen, *Euro*-Islam. Wenn erst viel mehr von ihnen reich und mächtig würden, dann würden sie den Koran beiseite schieben und wie Europäer leben. Unsinn. Ein Blick in die Herzkammer des Mohammedanismus, nach Arabien, genügt, um sich vom Gegenteil zu überzeugen. Wer dann noch zweifelt, der mache sich die Entwicklung in der Türkei verständlich. Die Einbindung durch eine Geld-und-Teilhabe-Taktik funktioniert nicht! Aufwachen! Gott Mammon kann Gott Allah nicht verdrängen.

Unsere Politiker wissen, dass eine Islamisierung und ein Bevölkerungsaustausch vor sich gehen. Sie begleiten diese Entwicklung und hoffen auf das Wunder der Integration durch Opportunismus, sie hoffen auf: Wessen Brot ich ess', dessen Lied ich sing', auf Entfährdung durch Einbindung und Interessensverstrickung. Unser Leitungspersonal sucht den Weg des geringsten Widerstandes mit dem geringsten Aufwand. Unsere Politiker flüchten sich in die Bequemlichkeit und Billigkeit von Passivität und Feigheit. Sie missverstehen den Islam und wollen das auch. Natürlich geht das schief.

Ein Beispiel aus der deutschen Praxis? 2007 schloss der Hamburger Senat einen Staatsvertrag mit den ansässigen Islam-Verbänden, mit dem Ziel, die Moscheevereine der Stadt auf die deutsche Gesellschaft zu verpflichten und das Ansehen des Islam in Deutschland zu verbessern. Die Bevölkerung solle die Angst vor dem Islam verlieren und die Muslime sollen sich als ganz normale Mitglieder unserer Gesellschaft, nur eben anderen Glaubens, erweisen. Denn der Islam gehöre nun zu Deutschland und die Muslime als Wähler zum Stimmenpotential der Berufspolitiker, die auf ihre Wiederwahlen angewiesen sind. Ein Jahrzehnt wirkt dieser Staatsvertrag mit dem Islam nun schon und es ist Zeit für eine erste Bilanz. Wird das Ziel erreicht?

Nein, natürlich nicht. Für Islamkenner und Realisten erwartungsgemäß, hat sich das „Hamburger Modell" als Illusion herausgestellt. Der Islam wurde zwar durch den Staatsvertrag tatsächlich aufgewertet, eine Annäherung von Muslimen und Islam an die deutsche Gesellschaft fand aber nicht statt, im Gegenteil, mit den geflossenen Fördergeldern wurde die unüberbrückbare Kluft zementiert. Auf die Verfehlungen und Fehlentwicklungen der Islamverbände und Moscheevereine – aus staatlicher, deutscher Sicht – wurde nicht mit Sanktionen reagiert, sondern beharrlich weggeschaut. Der Vertrag fördert deshalb die Islamisierung der Gesellschaft, nicht aber umgekehrt die Vergesellschaftung des Islams. Kein Wunder! Das geht auch gar nicht und wäre wider die Politreligion der Unterwerfung. Denn der Islam unterwirft sich nicht, er unterwirft!

Der Staat hat einen Fördervertrag mit Verfassungsfeinden abgeschlossen und die verhalten sich auch so. Heraus kommen Antisemitismus und eine Erklärung des Chefs des Islamischen Zentrums Hamburg, Ajatollah Reza Ramezani, dass Islam und Demokratie inkompatibel sind. Na sowas. Da wird er nun vom Staat und den Steuerzahlern hofiert und dann sagt der Mann trotzdem noch die glatte Wahrheit! Unerhört.

Der Vorsitzende der zur DITIB gehörenden Hamburg-Wilhelmsburger Muradiye-Moschee lies wissen, Muslime seien nicht an das Grundgesetz, sondern nur an den Koran gebunden. Türken und Kurden, die nicht nach dem Islam leben, will er ins Gesicht spucken. Er hielt auch nicht damit hinterm Berg, was er und sein Führer Erdogan vorhaben: „Gib uns den Befehl, und wir zerschlagen Deutschland."

Oh, mögen die Deutschen doch endlich wahrhaben wollen, was wahr ist! Und die notwendigen Konsequenzen ziehen.

Aus islamischer Sicht haben die beiden völlig Recht und verhalten sich korrekt. Sie sind auch keine Terroristen, Extremisten, Islamisten, sondern ganz normale, richtige Muslime, die eben nicht nur ständig „heilige Täuschung" üben können, sondern gegenüber ihren anvertrauten Muslimen auch mal Originalton reden müssen; dumm nur, wenn die „Kafire" das mitbekommen. Aber diese zukünftigen „Dhimmis" tolerieren das ja sowieso. Allah sei Dank, der hat es extra so eingerichtet.

Der Euro-Islam ist gescheitert, daraus sind die Konsequenzen zu ziehen. Das alte Ziel, Muslime wie andere Zuwanderer zu integrieren, hat muslimische Parallel- und Gegengesellschaften entstehen lassen, die anwachsen und sich zunehmend von uns abspalten. Dort entwickelt sich Verfeindung, bis hin zum Terrorismus.

Als Konsequenz ist das alte, gescheiterte *Integrations-Angebot* endlich durch die *Assimilations-Forderung* zu ersetzen. Denn nur durch konsequenten Anpassungsdruck zur Assimilation kann die Integration noch gelingen. Alle Verweigerer sind abzuschieben. Selbst, wer jetzt dennoch weiter versuchen will, einen Euro-Islam hervorzuzaubern, muss sich nun der Assimilations-Forderung anschließen, die in jedem Falle richtig sein muss, weil nur sie die Integration von Muslimen bewirken kann: als Ex-Muslime oder eben als (nicht mal hypothetische) „Euro-Muslime" – Doch diese nette, realitätsferne Idee eines modernen, westlichen „Euro-Islam" ist längst gründlich gescheitert und wird weiter ohne Chancen auf Verwirklichung bleiben. Weltweit und ebenso bei uns wächst der echte, der Scharia-Islam, es findet Re-Islamisierung statt. Es ist höchste Zeit zu handeln: Mit Assimilations-Druck!

Islamisierung bedeutet, dass die Muslime an Zahl zunehmen und versuchen, die Scharia in den Alltag, in die Rechtspraxis und schließlich in die Verfassung einzuarbeiten. Der islamische Bevölkerungsanteil Deutschlands wird politische Macht entwickeln und dann auf die Einführung der Scharia drängen, sobald sich dafür politische Mehrheiten finden. Es ist vollkommen naive Wunschträumerei zu glauben, moderate „Euro-Muslime" könnten die Meinungsführerschaft übernehmen, sie würden die Scharia zurückweisen oder auch nur zurückweisen können. Nicht die Muslime werden sich mit aller Kraft gegen die Scharia-Einführung stemmen, sondern aufrechte Humanisten.

Rathaus-These 57: Muslime leben Paralleljustiz

Die Familienehre und die Scharia sind die Grundlagen der islamischen Rechtsprechung. Ehrbar im muslimischen Sinne ist eine Person, welche die tradierten Regeln einhält und darüber wacht, dass auch alle anderen Familienmitglieder sie einhalten, andernfalls wäre die Familie entehrt. Die „Familienehre“ sei die höchste Tugend, wichtiger als individuelle Freiheit, ja Leib und Leben der Menschen. Die Familie, der Clan, wird als diejenige Verantwortungsgemeinschaft angesehen, die wir im größeren Rahmen „Staat“ nennen. Das Denken dieser *rückständigen, stammeskulturellen Menschen* ist vorstaatlich. Sie missachten deshalb unseren Staat als übergeordneten, neutralen, gesetzlichen Bezugsrahmen und meinen, alles, was sie an Straftaten unter sich regeln könnten, das ginge die deutsche Justiz nichts an. Sie haben Probleme damit, zu verstehen, dass der Staat eine Aufsichtspflicht hat und schwere Straftaten verfolgen muss, auch wenn niemand Anzeige erstattet hat oder die Anzeige zurückgezogen wurde.

Das deutsche Recht, auch das Familienrecht, orientiert sich am Individuum. Das islamische Familienrecht eben nicht, dort gelten die Großfamilie und die Umma, also immer die Gemeinschaft, als Bezugspunkt. Hoch angesehene Muslime hören sich beide Seiten an und fällen gegen Bezahlung eine Art Richterspruch nach den Grundsätzen der Scharia und des arabischen Brauchtums. Diese Imame und sogenannten „Friedensrichter“ suchen nicht nach der Wahrheit, sie fragen nicht nach Schuld oder Unschuld, sondern ihre Schlichtung zielt einzig und allein auf die Versöhnung durch einen Interessenausgleich zwischen den beteiligten Gemeinschaften ab; den Familien. Die islamische Paralleljustiz ist mafiös.

In den islamischen Ländern sind die „Friedensrichter“ bis heute offiziell anerkannt. Die Einwanderer bringen solche Rechtsvorstellungen mit und leben sie weiter, als Parallel- und Gegengesellschaft. Die Schlichter werden nicht nur angerufen, um Konflikte zwischen den Familien von Tätern und Opfern privat zu regeln, sondern auch, um die Strafverfolgung durch den deutschen Staat auszutricksen, mit dem Ziel, mildere Strafen oder Straffreiheit für die Täter zu erreichen.

> „Friedensrichter brauchen keine Gerichtsgebäude. Sie sind Richter ohne Gesetz in der Tradition der Scharia. Sie suchen Gerechtigkeit in „Arabischen Kulturvereinen“ und in Moscheen, in Kaffee- und Teestuben, Restaurants und Diskos, in erster Linie aber in den Wohnungen von Tätern und Opfern. Sie werden hinzugezogen bei Ehe- und Familienstreitigkeiten, aber vor allem im Hintergrund von Strafverfahren. ... Streitschlichter sind in der Regel Familienälteste oder Clan-Chefs. Ihr Einfluss hängt vom Alter, Rang, Wohlstand und der Macht ihrer Familie oder Sippe ab. ... Über einen der einflussreichsten Friedensrichter in Berlin sagt ein Insider: „Sein Wort ist Gesetz.“ ...“

Prof. Dr. Joachim Wagner (geboren 1943), deutscher Kriminologe, Fernsehjournalist und Autor, 2015

Die islamische Schlichtung kommt bei allen Verbrechensarten zum Einsatz, von der Beleidigung bis zum Mord. Auch bei Mordfällen geht es nicht um die Schuldfrage, sondern nur um den Versuch einer Annäherung der Streitparteien, um Befriedung. Das Gesprächsklima ist von Angst und Gewalt geprägt. Einschüchterung, Erpressung, Entführung und Folter gehören zu den eingesetzten „Rechtsmitteln“, um eine Annäherung der Verstrittenen zu erzwingen.

Die islamische Schattenjustiz wird nur punktuell sichtbar, so z. B. wenn angestrengte Gerichtsverfahren eine merkwürdige Wendung zugunsten von Tätern nehmen. Ehrenmorde und Blutrache lassen sich schlecht verstecken und fallen uns deshalb meist auf. Üblich ist die Schuldverlagerung, um die deutsche Strafjustiz auszuhebeln: Der jüngste Sohn oder Cousin bekennt sich schuldig, weil der deutsche Jugendrichter ihm die geringste Strafe verhängt. Die Verlagerung der strafrechtlichen Verantwortung innerhalb der Familie ist unter Muslimen üblich, weil bei ihnen die tatsächliche individuelle Verantwortung keine wesentliche Rolle spielt.

Muslime haben oft ein mangelndes Rechtsverständnis vor Gericht, betrachten Angeklagte, Zeugen und Opfer als gleichrangige Verhandlungspartner und sehen im Strafrichter eine Art Moderator ihrer Verständigung. Sie bestehen darauf, ihre eigene Rechtsordnung zu haben.

Deutschland hat seit Jahrzehnten mit den Muslimen auch deren Selbstjustiz importiert und sie im Verborgenen gewähren lassen. Damit muss jetzt Schluss sein! Die islamischen Streitschlichter dürfen sich nicht länger hinter der Kultur- und Religionsfreiheit verstecken dürfen. Religion und Recht sind strikt zu trennen. Das Rechtsmonopol gehört unserem Staat. Unsere Gesetze haben für alle zu gelten.

Menschen mit islamischer Sozialisation fallen durch höhere Kriminalitätsraten auf im Vergleich zu anderen Migranten oder Deutschen. Vor allem bei organisierter Kriminalität, Drogenkriminalität und Gewaltkriminalität liegen sie vorn. Das soll möglichst wenig publik werden, weshalb unsere Statistiken möglichst verschleiernd angelegt sind. Muslime und überhaupt Migranten sollen als Einzelfälle in der Masse der „Bevölkerung“ untergehen.

> „Es gibt einen politischen Unwillen, Kriminalität von Einwanderern zu sehen und zu benennen.“
>
> Prof. Dr. Britta Bannenberg (geboren 1964), deutsche Rechtswissenschaftlerin und Kriminologin, 2011

Die Kriminalität von islamischen Einwanderern gehört aber seit langem zu unserer westdeutschen Lebenswirklichkeit. Die islamische Parallel*justiz* entspringt der islamischen Parallel*gesellschaft* und ist somit ein Ergebnis der gescheiterten Integration. Parallelgesellschaft und Paralleljustiz gibt es in Deutschland nur, weil wir sie gewähren lassen, weil wir uns nicht dagegen wehren, weil wir uns nicht durchsetzen, weil wir keine assimilative Integration verlangen. Eine wehrhafte Demokratie braucht einen wehrhaften Rechtsstaat! Unser Staat muss endlich konsequent durchgreifen. Arabische Großfamilien dürfen nicht länger unsere Staatsmacht ignorieren können. Wir müssen der organisierten Kriminalität und allen Formen der Paralleljustiz und Selbstjustiz mit Nulltoleranz begegnen. Wir müssen diese Strukturen von allen Seiten her angehen: polizeilich, juristisch, pädagogisch ... Es genügt nicht, nach Einzeltätern zu fischen und diese bestrafen zu wollen. Wir müssen *allen* Grenzen setzen und auch Chancen bieten; wir müssen die jungen Leute aus solchen Strukturen herausbrechen und unter staatlicher Aufsicht auf einen guten Weg geleiten.

Islamische Parallelgesellschaften bringen islamische Paralleljustizen hervor, die im Verborgenen an ihrer Ausbreitung arbeiten. Es geht keineswegs nur um Einzelfälle und Einzelschicksale, es geht keineswegs nur um Kriminalität und deren Bekämpfung, es geht um sehr viel mehr. Im Verfassungsschutzbericht von 2009 stand klipp und klar, dass muslimische Organisationen die Absicht haben, „durch politische und gesellschaftliche Einflussnahme ... Freiräume für ein schariakonformes Leben zu schaffen“. Es geht um die Ausbreitung der islamischen Gegengesellschaft! Das dürfen wir nicht länger geschehen lassen und müssen endlich handeln.

Rathaus-These 58: Parallelgesellschaften konsequent abbauen

Die Parallelgesellschaften sind Ausdruck der gescheiterten Integration. Weitere Zuwanderung in diese Gegenwelten muss verhindert werden. Die Parallelgesellschaften zersprengen die europäische Zivilisation, die deutsche Gesellschaft und die deutsche Einheit. Die bestehenden Parallelgesellschaften müssen deshalb konsequent aufgelöst werden, durch abschwächen, abschieben und assimilieren.

Andernfalls entwickeln sich diese Parallelgesellschaften durch Zuwanderung weiter zu Enklaven und dann weiter zu Autonomiegebieten, schließlich zu islamischen Gliedstaaten der Bundesrepublik Deutschland. Die Desintegration unserer Gesellschaft ist nur juristisch aufzuhalten und abzubauen. Nur der Rechtsstaat kann das leisten, nicht aber der Sozialstaat: Wir können die anstehenden Probleme nicht mit Geld lösen, sondern nur mit Macht. Mit dem Gewaltmonopol des Staates müssen diese Parallel- und Gegengesellschaften zurückgepfiffen werden. Die Assimilation in den deutschen Rechtsstaat ist so schnell wie möglich und mit allem Nachdruck in die Wege zu leiten.

Wenn die Politik Hunderttausende oder mehr illegale Zuwanderer ins Land lässt, muss sie anschließend ihre Assimilation oder ihre eigenständige Auswanderung rechtsstaatlich erzwingen. Es ist unmöglich, in dieser Größenordnung Ausreisepflichtige auf Steuerzahlerkosten abzuschieben, gar auszufliegen. Auch muss die Wiedereinreise Abgeschobener verhindert werden. Es gibt keine vernünftige Alternative zur Hoheit über die eigenen territorialen und juristischen Grenzen. Der demokratische Rechts- und Sozialstaat ist nur innerhalb des Rahmens selbstbestimmter Grenzen möglich. Die Menschenrechte sind für alle da, der Sozialstaat aber nur für die Staatsbürger.

Rathaus-These 59: Islam-Missionare heimschicken

Warum kommen Menschen, die unsere Werteordnung ablehnen, von weit her ausgerechnet zu uns? Eingewanderte, die unsere Wertekultur als falsch ablehnen, die unseren Schutz, unsere Solidarität und unsere Offenheit ausnutzen, um uns zu missionieren, um uns den Islam zu bringen, können weder unsere Dauergäste noch neue Mitbürger sein. Die Ausbreitung von Verfassungsfeindlichkeit ist politische Kriminalität. Ausländische Verfassungsfeinde gehören ab- und ausgewiesen.

Rathaus-These 60: Es geht um unsere Freiheit

Die Fremdenangst der Deutschen ist gar nicht groß. Es geht auch gar nicht um irgendwelche Fremde, sondern speziell um analphabetische, arabische Muslime, die unerlaubt ins Land drängen, um es uns wegzunehmen. Es geht nicht um Fremdenangst oder Fremdenfeindlichkeit, sondern um Ressourcen und Verteilungskampf, um Land, Geld und Arbeitsplätze, es geht um die kulturelle Identität, ums Eingemachte, um die Demokratie und die Freiheit selbst. Es geht um das Gewaltmonopol des Staates, um die öffentliche Ordnung und Sicherheit, es geht um unseren Landesfrieden. Es geht auch um die Angst der Deutschen vor sich selbst. Deutschenangst. Es geht um jede Menge.

Wir brauchen nicht bloß gemäßigte Muslime, einen „Euro-Islam". Ist der für Geld zu haben? Nein. Wir brauchen *aufgeklärte Menschen!* Menschen, die von einem Glauben ablassen, der im Zweifel falsch ist.

Bei uns gilt zuallererst: *Freiheit des Menschen vor Gott und der Welt!* Wir machen unsere Gesetze selbst, nicht Gott, Menschengesetze *von* Menschen *für* Menschen. Erst dadurch wird Religionsfreiheit als eine tolerante Kulanz überhaupt möglich. Religionsfreiheit setzt die Herrschaft weltlicher, menschengemachter Gesetze voraus. Sie setzt die Freiheit voraus. Nur dort, wo Freiheit gedacht und gelebt wird, gibt es auch Religionsfreiheit.

Die Mehrheit der Muslime interpretiert unsere Religionsfreiheit zugunsten des Islams um. In ihrer eigenen, islamischen Umgebung bedeutet sie bloß die individuelle, heimliche Gedankenfreiheit und die Aufforderung zur freiwilligen inneren Hinwendung zum Islam. In unserer Umgebung jedoch bedeutet sie den Muslimen das Recht, den Islam öffentlich zu leben, ihn auszubreiten und unsere Freiheit zurückzudrängen.

Nur eine Minderheit stark abgemildeter, dem echten Islam entfremdeter Muslime, befürwortet echte Glaubensfreiheit, also auch das Recht, sich vom Islam abzuwenden, Atheist zu sein oder sich einer anderen Religion zuzuwenden. Die große Mehrheit der Muslime hingegen erlaubt die Glaubensfreiheit nicht, ganz entsprechend den islamischen Vorgaben. Wenn ein Muslim am Islam zu zweifeln beginnt, soll er seine Zweifel für sich behalten, er darf darüber nicht sprechen. Er darf sich von der Gemeinschaft der gläubigen Muslime nicht lossagen und auch nicht zu einem falschen Glauben wechseln. Er darf ebensowenig Aufklärungsarbeit betreiben und versuchen, in anderen Muslimen Zweifel am Islam zu nähren. Muslime dürfen den Islam – oder auch nur Teile davon – die Scharia, den Koran oder Mohammed – in keinem Aspekt kritisieren!

Wer es dennoch tut, ist ein Verräter und Aufruhrstifter, der die Stärke der muslimischen Gemeinschaft schwächt, der ihren Zusammenhalt gefährdet. In islamischen Staaten ist er damit zugleich ein Staatsfeind. Kritik am Islam soll unterbunden und bestraft werden. Allah, der Gott des Korans, sieht dafür nichts weniger als die Todesstrafe vor; aber nur eine Minderheit der Muslime ist auch bereit, die Todesstrafe zu fordern und anzuwenden und bevorzugt andere Strafen: Was nichts daran ändert, dass unter Muslimen *die Freiheit* bei Strafe verboten bleibt. Denn die Freiheit löste die Unterwerfung auf. Ganz klar.

Rathaus-These 61: Religionsfreiheit hat sich einzuordnen

Man darf alles *glauben*, aber nicht alles *tun*. Religionsfreiheit erlaubt nicht Verbotenes. Sie befreit nicht von den Menschenrechten, sie befreit nicht von unserem Menschengesetz.

> „Die Religionsfreiheit ist nicht Narrenfreiheit und wenn sie kollidiert mit der freiheitlich-demokratischen Rechtsordnung, muss der Staat seine Rechtsordnung durchsetzen."
>
> Wolfgang Bosbach (geboren 1952), deutscher Rechtsanwalt und Politiker, MdB (CDU), 2016

Die Glaubensfreiheit zu garantieren bedeutet eben auch, dass Muslime und Muslimas den Islam verlassen können müssen und ihre Grundrechte voll und frei in Anspruch nehmen können, ohne bedroht oder gar ermordet zu werden! Religionsfreiheit setzt deshalb zwingend voraus, dass die Scharia *nicht gilt* und nicht einmal daran zu denken ist, sie eventuell gegen Abtrünnige einzusetzen. Nur die volle gesellschaftliche und staatliche Ächtung des islamischen Rechts (der Scharia) ermöglicht die Religionsfreiheit im beabsichtigten Sinne von Freiheit für alle. So lange Mitmenschen, die sich vom Islam abgewandt haben und ihn kritisieren, von der Polizei vor islamischen Attentätern beschützt werden müssen, sie mit Angst und Personenschutz leben müssen, so lange sind *sie* und *wir* nicht frei, so lange *verhindern die Muslime* die Religionsfreiheit in Deutschland. Sie muss wieder hergestellt werden!

Die Kirchen in Deutschland sind immer noch privilegiert – ein Rest ihrer einstigen politischen Macht. Der neu hinzukommende Islam fühlt sich den Christen gegenüber benachteiligt und ist es auch. Dem Islam kann aber nicht die gleiche politische Macht eingeräumt werden, wie den Christen noch verblieben ist! Das Grundgesetz schreibt jedoch die Gleichstellung vor und die islamischen Verbände, die vom deutschen Staat und vom Ausland gestärkt werden, sie werden diese Gleichstellung mit den Kirchen verlangen und auf dem Rechtsweg erfolgreich einklagen, wenn der deutsche Staat sich nicht endlich neu organisiert und seinen schon lange bestehenden, bisher stur ignorierten, Verfassungsauftrag erfüllt, die Restprivilegien der Kirchen endlich vollständig abzulösen. Das muss jetzt dringend geschehen!

Wenn schon Gleichstellung, dann durch die Entmachtung aller Glaubensrichtungen. Der Islam darf nicht zu den Restprivilegien des Christentums aufschließen, sondern diese Privilegien müssen endlich wegfallen. *Deutschland muss wegen des eindringenden Islams laizistisch werden und alle Religionen politisch entmachten.* Unsere Politik muss die Religionen beherrschen, nicht umgekehrt. Die Religionen dürfen keine Politik mehr machen. Auch die Christen nicht mehr. *Laizismus allein* genügt jedoch ganz und gar nicht, wie man in Frankreich erlebt. Ohne *De-Islamisierung* wird die Gesellschaftsordnung kippen.

Die Wirklichkeit hat stets mehr Respekt verdient als die Phantasie, die Wahrheit mehr als die Lüge oder der Irrtum, der Glaube mehr als der Aberglaube und die Aufklärung mehr als alle Religionen! Ja, die *Auf*klärung hat mehr Respekt verdient als die *Ver*klärung. Die *Suche* nach der Wahrheit hat mehr Respekt verdient als die Verkündigung der Wahrheit, welcher auch immer, selbst der wissenschaftlichen. Die wissenschaftliche Methode hat mehr Respekt verdient, weil sie ergebnisoffen immer weiter forscht, weil sie Kritik nicht nur zulässt, sondern systematisch und konstruktiv einsetzt. Wissenschaft ist überlegen! Es können nicht alle Religionen gleichermaßen wahrhaftig sein, weil sie sich widersprechen und sie wimmeln nur so von bereits erkannten Irrtümern! Die passive Religionsfreiheit, *die Freiheit von Religion*, ist deshalb kategorisch *höher* einzustufen als die aktive Religionsfreiheit, die Freiheit für Religion. Der Aufklärung gebührt der allgemeine Vorzug. Die Aufklärung ist erkannter und erwiesener Maßen wahrhaftiger und höherwertiger als alle Religionen. Die forschende Aufklärung ist stets größer, weil mindestens einen Schritt in Richtung Wahrhaftigkeit voraus. Die *Freiheit von der Religion,* die passive Religionsfreiheit, muss vor dem einschränkenden Zugriff durch die Religionen geschützt werden. Der öffentliche Raum hat deshalb weltlich zu sein, nicht sakral. Wir brauchen jetzt einen aktiven Laizismus, der de-islamisiert, um unser aller Freiheit zu schützen.

Die Religionsfreiheit in Deutschland erlaubt *keine* Staatsreligion und selbstverständlich *keinen* Gottesstaat (Theokratie). Allein solche Absichten zu haben, ist *verfassungsfeindlich* und *muss* unseren ganzen Widerstand hervorrufen. Weil der Islam als politreligiöse Ideologie aber genau darauf verpflichtet ist, dieses Ziel zu verfolgen, nämlich Staatsreligion und Theokratie zu sein, greift gegen ihn in letzter Konsequenz der Widerstandsparagraph des Grundgesetzes. Dieser Widerstandsparagraph spricht uns Bürgern die überlegene Macht zu, sich gegen jeden Versuch zur Abschaffung der freiheitlich-demokratischen Grundordnung aktiv zu wehren, sogar widerrechtlich, wenn es nicht mehr anders ginge, also auch gegen das verbriefte Recht auf Religionsfreiheit, wenn der Rechtsstaat bei der Verteidigung der freiheitlichen Verfassung gegen den Islam versagen sollte.

Rathaus-These 62: Religionsfreiheit nicht für alle Bekenntnisse

Freiheit geht vor Religion! Das Ziel auch von Religionsfreiheit ist Freiheit, nicht Religion. Nicht nur für Verbrecher, auch für verbrecherische Ideologien müssen die Grundrechte eingeschränkt werden, um die Freiheit und die Grundrechte zu verteidigen.

> „Freiheit ist das einzige Ding, das man nicht haben kann, wenn man es anderen nicht geben will.“
>
> William Allan White (1868 - 1944), US-amerikanischer Journalist, Politiker und Autor

Die Mehrheit der Deutschen lehnt die Islamisierung Deutschlands und Europas ab, glaubt aber genötigt zu sein, wegen der grundgesetzlich garantierten Religionsfreiheit, die Islamisierung tolerieren zu müssen. Ein schwerwiegendes Missverständnis! Die Islamisierung ist dadurch ganz und gar nicht geschützt, im Gegenteil!

Die europäische Religionsfreiheit ist wesentlich vor dem Hintergrund der christlichen Aufspaltungen entstanden und auf jeden Fall freiheitlich gemeint. Es gibt deshalb keine wirklich pauschale Religionsfreiheit. Nicht jede Religion ist automatisch erlaubt, nur weil sie Religion ist oder sich so nennt. Es kommt immer auf die konkreten Werte an. Durch unsere Religionsfreiheit ist nämlich *keinerlei Art von Menschenfeindlichkeit oder Menschenrechtsfeindlichkeit* geschützt. Religionsfreiheit kann unmöglich für solche religiösen Bekenntnisse gelten, die der Freiheit und den Menschenrechten im Kern zuwiderlaufen. Sie kann nicht gelten für Satanismus, Kannibalismus, Voodoo, ...

Für einen Islam, welcher der Freiheit und den Menschenrechten im Kern zuwiderläuft, also den echten Islam, kann sie deshalb *auch nicht gelten*. Diesem traditionellen Islam trotzdem Religionsfreiheit einzuräumen, ist ein völlig falsches Zugeständnis mit schwerwiegenden Folgen. Denn die *Religionsfreiheit muss dort enden, wo sie die Freiheit selbst bedroht*, die Freiheit der anderen. Wenn nötig, muss das im Grundgesetz klargestellt werden. Keine Religion darf die Macht übernehmen und ihre „Wahrheit“ allgemeinverbindlich machen.

Weil es in unserer freiheitlichen Gesellschaft keine Staatsreligion gibt, steht, wer Religionsfreiheit genießt, trotzdem nicht unter staatlich garantiertem Ablehnungsschutz. *Auch jede legale, anerkannte Religion kann abgelehnt und sogar gesellschaftspolitisch bekämpft werden*. Denn die Religionsfreiheit schützt nur vor dem juristischen Verbot, nicht aber vor der weltanschaulichen Auseinandersetzung. Religionsfreiheit ist kein Welpenschutz für religiös motivierte Diktatoren und „heilige“ Krieger, niemand muss warten, bis ausgewachsene Kampfhunde aus ihnen geworden sind. Jeder darf den Anfängen wehren. Auch ein erlaubter Islam darf zurückgedrängt werden.

Zur Religionsfreiheit gehört auch *die Freiheit, Religion überhaupt abzulehnen*. Wir sind völlig frei, den Islam abzulehnen, sogar doppelt abzulehnen, als *Religion* und als *Politik*. Wir dürfen beklagen, dass der Islam unser Freiheits- und Gerechtigkeitsgefühl verletzt und unseren Verstand beleidigt. Wir dürfen empört feststellen, dass der Islam uns angreift, durch sein Gottes- und Menschenbild, seine Geringschätzung, seinen Hass, seine Gewalt, durch seine Ausbreitung in unsere freie Welt hinein, nicht nur durch seine Terroristen.

Die Religionsfreiheit ist kein Freibrief, sondern eine Schutznische, ein Fenster, in dem alles gedacht und geglaubt werden darf, aber keinesfalls alles getan werden kann. Die Religionsfreiheit, Glaubensfreiheit und Weltanschauungsfreiheit der anderen, sowie alle Grund- und Menschenrechte, bilden stets den *einschränkenden Rahmen*. Die Religionsfreiheit begründet kein Recht auf eine Paralleljustiz, auf eine Parallelgesellschaft oder eine Parallelstaatlichkeit. Denn Religionsfreiheit gilt für die Religion als Glauben, nicht aber für Religion als Politik oder Politikersatz. Wird Religion politisch, sinkt ihre Religionsfreiheit zur bloßen politischen Meinungsfreiheit herab, die nichts Sakrales mehr schützend vor sich ziehen kann, sondern ganz profan behandelt werden *muss*, so wie jedes andere politische Interesse auch. „Politische Gefühle“ dürfen verletzt werden. „Religiöse Gefühle“ mit etwas mehr Nachsicht auch.

Sie glauben mir nicht? Hier nun die Überlegungen eines renommierten Verfassungs-Juristen dazu, was in Deutschland Religionsfreiheit heißen soll (Hervorhebungen von mir):

> „Das Grundgesetz gewährleistet Religionsfreiheit, und zwar für jedwede Religion. Religionsfreiheit heißt nicht nur, dass der Einzelne selbst darüber bestimmen kann, ob er sich zu einer Religion bekennt und, wenn ja, zu welcher. Es heißt auch, dass die Glaubensgemeinschaft den Inhalt ihres Bekenntnisses und die daraus folgenden Verhaltensanforderungen an die Gläubigen selbst bestimmt. ...
>
> Davon zu unterscheiden ist allerdings die Frage, welche aus den Glaubensüberzeugungen folgenden Verhaltensanforderungen an die Gläubigen der freiheitliche demokratische Staat hinzunehmen hat und welche er *verbieten* kann. Dass eine Glaubensgemeinschaft ihren *Glaubensinhalt selbst bestimmt, heißt nicht, dass sie ihn ungehindert verwirklichen darf.* Zwar fällt auch das Recht, nach den Geboten des Glaubens zu leben, unter den Schutz des Grundrechts der Religionsfreiheit. Es kann aber mit demselben Recht von anderen Gläubigen oder Religionsgemeinschaften, mit *anderen Grundrechten*, mit *wichtigen Gemeinschaftsgütern* und mit den *allgemeinen Gesetzen* des Staates *kollidieren* und ist deswegen *weniger einschränkungsfest* als das Selbstbestimmungsrecht über Glaubensinhalte. Freiheit der Religion gibt es in multireligiösen Gesellschaften nur, wenn es keiner Religion gestattet ist, ihre Wahrheit allgemeinverbindlich zu machen.
>
> Der Absolutheitsanspruch der Religionsgemeinschaften kann folglich nicht gegenüber der Allgemeinheit, sondern nur gegenüber den eigenen Gläubigen, also im Innenbereich der Religionsgemeinschaften, Geltung beanspruchen; aber auch dort *nur*, soweit er *freiwillig* befolgt wird.
>
> Der säkulare Staat darf seine Zwangsgewalt nicht für die Durchsetzung religiöser Normen zur Verfügung stellen. Aber selbst *die freiwillige Unterwerfung unter religiöse Normen kann nur in Grenzen hingenommen werden. Diese Grenzen werden durch die unaufgebbaren Grundprinzipien des Grundgesetzes gezogen, allen voran die Menschenwürde.*
>
> Religiös begründete *Verhaltensanforderungen, die mit diesen Prinzipien kollidieren, können selbst im Innenverhältnis nicht geduldet werden.* Gibt es Glaubensinhalte, die *den obersten Grundsätzen der säkularen Ordnung widersprechen, schuldet der Staat den Gläubigen sogar Schutz gegenüber ihrer eigenen Religionsgemeinschaft.*

Außerhalb des Bereichs der *unaufgebbaren Prinzipien* kann man dagegen nachgiebiger sein, wenn Glaubensanforderungen mit allgemein geltenden Gesetzen kollidieren. Eine solche Kollision kann weder einseitig zugunsten der allgemeinen Gesetze aufgelöst werden, denn die Verfassung anerkennt die Religionsfreiheit; noch kann sie einseitig zugunsten der Religionsfreiheit aufgelöst werden, denn diese ist weder das einzige noch das oberste Grundrecht. Sie unterliegt wie alle Grundrechte gewissen *Schranken.*

Diese Grundsätze gelten auch für das besonders heikle Verhältnis zwischen Religionsfreiheit und *Meinungs-*, *Medien-* sowie *Kunstfreiheit.* Sie genießen *denselben Grundrechtsschutz* wie die Religionsfreiheit. Die verfassungsrechtliche Schutzpflicht für die Religion kann diese daher *nicht gegen Kritik immunisieren.* Das gilt *umso mehr, als die demokratische Staatsform von der Kommunikationsfreiheit lebt. Je stärker eine Religion auf die öffentliche Ordnung Einfluss zu nehmen sucht, desto mehr muss sie sich der Auseinandersetzung stellen und diese ertragen. Das schließt auch Spott und Satire ein,* solange diese nicht Menschen wegen ihrer Religion herabwürdigt oder zum Hass gegen Gläubige anstachelt.

Kein Glaube muss mit dem Grundgesetz vereinbar sein, aber *nicht alles, was ein Glaube fordert, darf unter dem Grundgesetz verwirklicht werden.*“

Prof. em. Dr. Dr. h.c. mult. Dieter Grimm, LL.M. (Harvard) (geboren 1937), deutscher Rechtswissenschaftler, Professor für Öffentliches Recht, Richter des Bundesverfassungsgerichts a. D., Rektor des Wissenschaftskollegs zu Berlin a. D., Gastprofessor an der New York University Law School und an der Yale Law School, New Haven, CT., 2016

Die Muslime haben zwar das Recht, zu glauben, was sie wollen, aber nicht das Recht, danach zu leben wie sie wollen oder anderen Vorschriften zu machen. Denn neben dem Grundrecht auf Glaubensfreiheit gelten auch alle anderen Grundrechte – für sie, wie für alle anderen auch.

Jeder kann glauben oder nicht glauben, bejahen oder ablehnen, was er will. Aber keiner kann tun und lassen was er will, das muss er sich von der Gesamtheit aller Grundrechte vorschreiben lassen! Jeder muss in deren Rahmen bleiben, damit Freiheit für alle möglich ist.

Der Staat darf keine Partei ergreifen für eine Religion, nicht einmal für die wissenschaftliche Wahrheit, er darf auch keine Säkularität erzwingen – *der Bürger und die Bürgergesellschaft hingegen dürfen das sehr wohl* – immer im Rahmen der Grundrechte.

Die *Ablehnung* der islamischen Religion, Politik und Weltanschauung, der Theokratie Allahs, ist bereits durch die Glaubens-, Meinungs-, Wissenschafts- und Pressefreiheit voll gedeckt. Sie ist zusätzlich geboten durch das Recht auf Freiheit von Religion überhaupt. Geradezu *erforderlich ist die Ablehnung des Islams zur Erfüllung unserer unaufgebbaren Prinzipien!* Sowohl die *Menschenwürde* als auch die *Meinungsfreiheit* stehen höher als die Religionsfreiheit, weil sie die Freiheit erst erzeugen und erhalten. Oder anders ausgedrückt: Kein Glaube darf die Menschenwürde vom Sockel stoßen und die Meinungsfreiheit abschaffen. *Der Widerstand gegen den Islam und die Islamisierung ist insgesamt viel höher legitimiert als der Islam selbst.* Wir Bürger haben es in der Hand.

Der Staat muss sich weitgehend neutral verhalten gegenüber Religion und Nichtreligion, gegenüber allen Weltanschauungen. Das bedeutet, dass er sauber auf die Trennung von Staat und Glauben achten muss! Die Staatsorgane müssen die Distanz suchen. Zugleich muss der Staat mit allen seinen Staatsorganen auf die Einhaltung *aller* Grund- und Menschenrechte und den *Erhalt* der verfassungsmäßigen, freiheitlich-demokratischen Grundordnung hinwirken. Staatliche Neutralität bedeutet weder Wegsehen, noch Beliebigkeit, noch Ohnmacht, sondern bedeutet, mit einer klaren *Wertegrundhaltung* auf dem Boden der Verfassung zu stehen und allen Anfechtungen sowohl aktiv entgegenzutreten als auch passiv zu trotzen.

Der Staat kann nur unpolitischen Religionen gegenüber religionsneutral sein. Auf politische Herausforderung muss er reagieren. Religionsfreiheit können nur solche Religionen genießen, die Religionsfreiheit selbst geben und welche die Souveränität unseres Volkes und seines neutralen Staates ernsthaft bejahen.

Wegen der im Islam zentralen Gottesrechtlichkeit, der sklavischen Unterwerfung und den Tötungsaufforderungen kann der Islam keinesfalls Religionsfreiheit beanspruchen und als staatlich geschützte Glaubensgemeinschaft anerkannt werden! So etwas wie den Islam hatten die Väter des Grundgesetzes nicht im Sinn und deshalb auch nicht mit bedacht. Der Islam ist eine religiös legitimierte Eroberungs-, Unterwerfungs- und Raubideologie. Wer dieser bösen Ideologie unsere aus dem Westfälischen Frieden hervorgegangene, deutsch-europäische Religionsfreiheit einräumt, ist nicht bei Verstand.

Die Religionsfreiheit endet bereits dort, wo die Politik anfängt. Die Religionsfreiheit endet ebenfalls dort, wo die Kriminalität anfängt. Und die Religionsfreiheit endet natürlich, wo die Psychiatrie wirksam werden muss. Denn die Religionsfreiheit ist kein übergeordnetes Freiheitsrecht, sondern muss immer dort enden, wo sie *mit anderen Freiheitsrechten kollidiert*. Und der Islam ist wie keine andere (Polit-) Religion auf Kollisionskurs mit der Freiheit.

Rathaus-These 63: Nur noch Religionskunde

> „Man sollte sich zur heiligsten Pflicht machen, dem Kinde nicht zu früh einen Begriff von Gott beibringen zu wollen. Die Forderung muss von innen heraus geschehen, und jede Frage, die man beantwortet, ehe sie aufgeworfen ist, ist verwerflich. Das Kind hat vielleicht seine ganze Lebenszeit daran zu wenden, um jene irrigen Vorstellungen wieder zu verlieren.“
>
> Prof. Dr. Friedrich von Schiller (1759 - 1805), deutscher Arzt, Nationaldichter, Philosoph, Historiker und Weimarer Klassiker

In Deutschland wird an staatlichen Schulen Religionsunterricht abgehalten, von ausgebildeten Lehrern, aber auch von Laien, die als Religionslehrer arbeiten. 1,6 Milliarden Euro kosten die Religionslehrer uns Steuerzahler jährlich. Wir alle finanzieren diesen Bekenntnisunterricht mit. Unterrichtet werden evangelisches Christentum, römisch-katholisches Christentum, orthodoxes Christentum, Buddhismus, Judentum und Islam. Die Schüler werden zum jeweiligen Glauben erzogen und auch benotet. Den Eltern steht es aber frei, ihre Kinder ohne Angabe von Gründen von der Teilnahme am Religionsunterricht zu befreien.

> „Die von den Religionsgemeinschaften bestimmten Lehrkräfte erteilen versetzungsrelevante Zensuren dafür, dass katholische Schüler wissen, wer unbefleckt empfangen hat; dass evangelische Schüler wissen, ob Christus in Brot und Wein real oder nur symbolisch präsent ist; dass jüdische Schüler wissen, warum sie Heuschrecken essen dürfen, Hasen aber nicht; dass muslimische Schüler wissen, ob Jesus gekreuzigt wurde.
>
> Schulfächer sollen Wissen und Werte vermitteln. (Jeder Lehrer ist in seinem Fach für Wertevermittlung zuständig und übrigens auch dafür, die aktuellen und grundsätzlichen Grenzen des Wissens aufzuzeigen.) Nur in einem Fach werden Meinungen als Wahrheiten verkündet: im Fach Religion.“
>
> Alan Posener (geboren 1949), britisch-deutscher Journalist, 2009

Der staatliche Religionsunterricht wurde ins Grundgesetz aufgenommen, aber er ist ganz unzeitgemäß geworden. Mehr als zwei Drittel der Deutschen sprechen sich gegen einen staatlichen Religionsunterricht aus. Kein Wunder, verstößt er doch klar gegen die Trennung von Staat und Religion und das Neutralitätsgebot des Staates! Das Grundgesetz könnte *und muss* an dieser Stelle geändert werden. Nicht aber mit der CDU und der CSU; die christlichen Schwesterparteien sind die politische Kraft, welche am staatlichen Religionsunterricht und übrigens auch an der Verhinderung bundesweiter Volksentscheide immer noch festhalten. Sie wollen die Bürger in Abhängigkeit behalten und den christlichen Glauben protegieren.

Wenn laut Grundgesetz niemand wegen seines Glaubens oder seiner Weltanschauung benachteiligt oder bevorzugt werden darf, dann ist Bekenntnisunterricht für die einen und *kein* Bekenntnisunterricht für die anderen auch ein klarer Verstoß gegen die Verfassung. Dafür gibt es nur eine allgemeine Lösung: alle bedeutenden religiösen sowie ersatzreligiösen, politischen Bekenntnisse – also beispielsweise auch Kommunismus, Hitlerfaschismus und Antisemitismus – müssen objektivierend und mit Blick auf unsere Wertekultur in einem neuen Überblicks-Fach „Ethik/Weltanschauungskunde/Religionskunde" (EWR) abgehandelt werden. Und zwar für alle gleichermaßen.

An den staatlichen Schulen sollte nur noch die Religions*wissenschaft* eine Rolle bei der Bildungsaufgabe spielen, in Form von „Weltanschauungskunde" für alle. Wir können nicht länger jeder „anerkannten Glaubensgemeinschaft" das Recht auf ihren eigenen Bekenntnisunterricht (Religionsunterricht) in unseren staatlichen Schulen einräumen. Zum einen steigt die Zahl der anerkennungsfähigen Glaubensgemeinschaften durch die weltweite Migration immer mehr an, zum anderen sprengt der Islam, mit mehreren „anerkennungsfähigen" großen Strömungen, den grundgesetzlichen Werterahmen. Wir können in unseren Schulen unmöglich Dutzende Arten von Religionsunterricht anbieten. Das ist weder praktikabel noch sinnvoll. Sie müssen deshalb alle zu einem aufklärenden Überblicksfach „Ethik/Weltanschauungskunde/Religionskunde" (EWR), einer echten „Aufklärungskunde", zusammengefasst werden, um Weltbürger zu bilden, nicht jedoch abergläubische Millieus zu pflegen.

Die bisherige Rechts- und Verwaltungspraxis behilft sich, indem vielen religiösen Bekenntnissen mit spitzfindigen Hürden die Anerkennung als „Glaubensgemeinschaft" vorenthalten wird. Der Begriff „Glaubensgemeinschaft" wird dazu sehr speziell interpretiert, und zwar auf die beiden großen christlichen Kirchen hin. Das ist auf Dauer nicht durchzuhalten. Wir brauchen eine gerechte und wertefundierte Lösung für alle Religionen; eine Lösung, die Bildung fördert. Für die staatlichen Schulen können das nur die Ergebnisse der vergleichenden Religionswissenschaft sein, die echtes Wissen schafft. In den staatlichen Schulen hat keine Missionierung mehr stattzufinden. Das gebietet uns die Trennung von Staat und Religion. Der Platz der Religionen ist in der Gesellschaft, nicht im Staatswesen, zu dem die staatlichen Schulen zweifellos gehören. Deshalb ist der bekenntnisorientierte staatliche Religionsunterricht in *wissenschaftlich neutrale Religions- und Weltanschauungskunde* (EWR) für alle umzuwandeln! Jeder Schüler soll sich ein *möglichst objektives Bild* machen können und *mündig* werden. Das ist unser Bildungsziel.

„Wenn die Welt erst ehrlich genug sein wird, um Kindern vor dem 15. Jahre keinen Religionsunterricht zu erteilen, dann wird etwas von ihr zu hoffen sein.“

Arthur Schopenhauer (1788 - 1860), deutscher Philosoph

Das Grundgesetz räumt dem Christentum in Deutschland ein eigenes Kirchenrecht ein, zur Regelung innerer Angelegenheiten, mit Ehe- und Arbeitsrecht. Die deutschen Muslime werden Gleiches verlangen. Die Regierungsparteien wollen den Islam in Deutschland mit den christlichen Kirchen gleichstellen und ihnen dieselben Rechte und Aufgaben übertragen. Als Religionsgemeinschaft ist der Islam in Deutschland schon längst anerkannt. Es geht um weit mehr. Die Kirchen sind *Körperschaften des öffentlichen Rechts.* Diesen privilegierten, halbstaatlichen Status sollen auch die Muslime bekommen. Deshalb werden von der deutschen Regierung mit Islam-Vereinen „Islamkonferenzen“ abgehalten und Staatsverträge abgeschlossen. Das Ziel ist eine islamische Dachorganisation, der möglichst alle Muslime im Lande zugehörig sind und die wie eine „islamische Kirche“ behandelt werden kann, parallel den Kirchen und der jüdischen Glaubensgemeinschaft, die alle als Körperschaften des öffentlichen Rechts anerkannt sind.

Damit der Islam in Deutschland diesen Status beantragen kann, muss er Voraussetzungen erfüllen, die er nicht hat. Die Körperschaft braucht eine Verfassung, muss auf Dauer angelegt sein und viele Mitglieder haben. – Und: Sie muss *grundgesetzestreu* sein! Die Regierung möchte einen „deutschen Islam“ entwickeln, mit einem zentralen Gremium islamischer Amtsträger über alle Islamverbände hinweg. Ein solches Gremium, das verbindlich für alle Muslime in Deutschland sprechen könnte, gibt es nicht und kann es im Islam nicht geben, denn diesen Platz nimmt Mohammed ein, vertreten durch seinen Koran und seine Sunna. Außerdem verstößt der Islam so eklatant gegen das Grundgesetz, dass eine Anerkennung als Körperschaft des öffentlichen Rechtes schon aus diesem Grund ehrlicherweise *ausgeschlossen* ist. Deshalb ja auch der Versuch, ihn als „Kunstislam“ neu zu erschaffen. Eine Lebenslüge, die nur die Täuschungslist der Muslime herausfordert. Die „islamische Kirche“ müsste sich glaubhaft von der Scharia verabschieden, also vom Islam selbst, sie müsste „Chrislam“ werden.

Nein, der Weg muss ein anderer sein. Wer die faktische Gleichstellung des Islams in Deutschland mit dem Christentum und Judentum erreichen will, der muss die Privilegien der Kirchen abschaffen. – Laizismus ist der Weg! – Die Trennung von Staat und Religion! Das geht nur über eine Verfassungsänderung und die Ablösung der Entschädigungszahlungen. Seit 200 Jahren erhalten die Kirchen Staatsleistungen als Entschädigung und seit 100 Jahren ist die Politik durch die demokratischen deutschen Verfassungen beauftragt, diese Praxis zu beenden. Aber sie tut es einfach nicht.

Rathaus-These 64: Islam aufklären!

Wir wollen nicht bloß Freiheit für alle Religionen, sondern Freiheit überhaupt. Religionsfreiheit ist *nachrangig,* sie ist nicht die Voraussetzung, sondern nur *eine Folge* von allgemeiner Freiheit. Wir wollen Freiheit von Bevormundung, gerade auch von religiöser Bevormundung. Deshalb müssen wir Aufklärung verlangen und dazu gehört es, religiöse Zumutungen zurückzudrängen, trotz der Religionsfreiheit. Denn die Religion ist kein Staatsziel, *die Aufklärung* hingegen schon, denn sie erst *macht den säkularen Staat möglich,* der Religionsfreiheit eröffnen kann.

Religionsfreiheit bedeutet nicht, dass sich Religion der Fundamentalkritik entziehen dürfte und vor Zurückweisung geschützt wäre. Unsere Zumutung lautet Aufklärung! Gerade auch an den Islam. Wir können nicht nur, wir müssen unsere Aufklärung sogar gegen alle religiösen Missionierungen setzen und jeden Glauben als im Grunde falsch, als vorläufige Spekulation, als abergläubisch, als wissenschaftlich haltlos, zurückweisen und zurückdrängen. Sonst gäben wir die Moderne auf.

Religionsfreiheit schützt nicht vor der Aufklärung. Erst die Aufklärungs-Zumutung, und nur sie, erzeugt die Freiheit einer freiheitlichen Gesellschaft. Aufklärung ist gewissermaßen die Königsdisziplin einer „Missionierung zur Wahrhaftigkeit". Aufklärung ist die *westliche Mission zum Wissenserfolg.* Unser Erfolgsmodell!

Religionen prägen Kulturen. Mir scheint, das Judentum begünstigt eine *verstandes*betonte, das Christentum eine *handlungs*betonte und das Mohammedanertum eine *gefühls*betonte Lebensweise. Alle drei sind eng verwandt und beziehen sich auf den gleichen „abrahamitischen" Ursprung, sind Eingottglauben, gottesergeben bis zur Selbstverleugnung, körperfeindlich und sexuell verklemmt, sie stammen aus der gleichen Ecke der Welt, dem Nabel zwischen Afrika, Asien und Europa. Alle drei vertragen sich schlecht, ja sind sich feind. Was sollen wir bloß daraus lernen?

Ich denke, wir müssen jetzt das *Verstehen*, das *Handeln* und das *Fühlen* jenseits der „heiligen Offenbarungen", jenseits religiöser Traditionen und Vorschriften, im ganzen Menschen, im *aufrechtgehenden Menschen,* zusammenbringen. Wir müssen diese drei Lektionen hier und jetzt bewältigen. Wir müssen die drei Scharten der menschlichen Seele am Wetzstein des griechisch-römischen Europas ausschleifen, und erkennen, nach dem wir auch diese vierte Lektion, die Lektion der Moderne – die Aufklärung – gelernt haben: Wir sind frei ...

Rathaus-These 65: Aufklärung geschieht nicht von selbst

Wir dürfen nicht länger leichtsinnig sein und annehmen, die Vorzüge westlicher Weltanschauung und Lebensweise entfalteten von selbst ihre Überzeugungskraft auf fremde Menschen, die damit in Berührung kommen. Dem ist leider nicht so! Medienkonsum, Werbung und Supermarktangebot reichen dazu nicht aus, ebenso wenig die Teilnahme an demokratischen Wahlen.

Alle Menschen sind in ihren Kulturen befangen. Die Kulturen besitzen ihre Menschen. Die Zuwanderer sind, wie wir selbst auch, von ihren Herkunftskulturen geprägt, ja regelrecht besessen. Die eigene Kultur ist allen Menschen so selbstverständlich wie die Muttersprache. Gerade die muslimischen Zuwanderer in Deutschland und Europa können nicht ohne Vorbereitung integriert werden. Sie müssen regelrecht umerzogen werden. Nur eine Minderheit schafft, aus eigener Kraftanstrengung und bei guten Voraussetzungen, von selbst einen Wechsel in unsere Moderne. Im großen Stil aber, massenhaft, geschieht kulturelle Umerziehung von archaisch-patriarchalisch-muslimisch geprägten Familien leider nicht nebenbei durch die deutsche Sprache, am Arbeitsplatz und im Sportverein. Das reicht nicht. Vor allem dann nicht, wenn man gleichzeitig die Islamisierung der Gesellschaft zulässt oder sogar noch unterstützt – also eine muttersprachliche, kulturell heimatliche Gegenaufklärung wirksam werden lässt!

Die Integration nach der Formel: „Sprache – Arbeit – Freunde“, also durch das Erlernen der deutschen Sprache, durch Arbeit und Freunde finden, ist *nur* für uns schon sehr nahestehende Fremde möglich. Für Muslime reicht das nicht aus, weil sie in das Dogma des Islams integriert sind, welches sie erst verlassen müssen, um bei uns ankommen und integriert werden zu können.

Die Muslime in Deutschland aufzuklären, ist *eine eigenständige politische Aufgabe,* zusätzlich zum Erlernen der deutschen Sprache und dem Eingliedern in unsere Arbeits- und Lebensverhältnisse. Diese *Entislamisierung* ist eine große gesamtgesellschaftliche, bundespolitische Aufgabe, vergleichbar der Entnazifizierung. Es ist erforderlich, alle Menschen, alle Bürger, nicht nur die Muslime, über die grundlegenden Widersprüche zwischen den Inhalten westlicher Welterkenntnis und den Inhalten islamischer Indoktrination aufzuklären. Jeder muss die wesentlichen Unterschiede kennenlernen. Sie müssen Teil des schulischen Bildungskanons sein.

Rathaus-These 66: Aufklärung finanzieren

Der deutsche Staat behandelt die muslimischen Verbände schon wie „Kirchen“, schließt Staatsverträge mit ihnen ab, obwohl sie eher „Kulturvereinen“ entsprechen und fördert sie jedes Jahr mit Abermillionen Euros. Und er fördert mit Abermillionen Euros Lehrstühle für islamische Theologie an deutschen Universitäten.

> „Es besteht ein breiter Konsens in Politik und Gesellschaft, dass eine angemessene Repräsentation von Muslimen auch in Schule und Hochschule erreicht werden soll. Dazu fördert die Bundesregierung seit 2010 die Einrichtung von Zentren für Islamische Studien an ausgewählten Universitäten in Deutschland."
>
> Prof. Dr. Katajun Amirpur (geboren 1971), deutsch-iranische islamische Theologin, Islam- und Politikwissenschaftlerin und Autorin, auf der Internetseite der Universität Hamburg 2017

Es ist dringend geboten, dass unser deutscher Staat in mindestens gleicher Größenordnung *auch die organisierte Aufklärung fördert*. Und zwar in der Tiefe wie in der Breite. In jeder Kommune, in der Muslime leben, ist die Zivilgesellschaft durch die Organisation von Islam-Aufklärern zu unterstützen. Neben jedes Islamische Informationszentrum gehört ein benachbartes Informationszentrum zur Aufklärung. Wir müssen einen erfolgreichen Aufklärungs- und Assimilationsdruck aufbauen. Derzeit passiert leider noch das Gegenteil.

Das Bundesforschungsministerium finanziert doch tatsächlich mit Millionen Euros eine eigene „Wissenschaftsakademie" für die Islamische Theologie in Deutschland. Im Zusammenhang mit dem bekennenden Islam von „Wissenschaft" und „Akademie" zu reden, ist schon eine Zumutung an sich. Diese „Akademie für Islam in Wissenschaft und Gesellschaft", wie sie ausführlich heißt, soll in Zusammenarbeit mit den bisher schon eingerichteten Zentren für islamische Theologie an den Universitäten in Frankfurt a.M./Gießen, Münster, Osnabrück, Nürnberg/Erlangen, Paderborn und Hamburg in die Gesellschaft hineinwirken. Unser Bundesforschungsministerium bezweckt damit nach eigenem Bekunden „zur Versachlichung der gesellschafts- und integrationspolitischen Debatten über den Islam" beizutragen. Klingt wie ein schlechter Scherz. Soll uns jetzt ein Glauben – bekennende islamische Theologie – als Wissenschaft verkauft werden? Hier läuft ein komplett falscher Film! Die Bundesregierung unterstützt mit Steuergeldern und dem Siegel staatlicher Zustimmung die Islamisierung Deutschlands. Das scheinheilige Motiv ist offensichtlich: Der Islam soll so schnell und lautlos wie möglich integriert werden, der Glaube Mohammeds soll endlich zu Deutschland gehören. Punkt und Ruhe!

Wegen des „Islam-Problems" durch die türkischen Gastarbeiter und die illegalen arabischen Zuwanderer hat der deutsche Staat sein Neutralitätsgebot, die Trennung von Staat und Religion, ganz aufgegeben und versucht nun, die Islamisierung

Deutschlands in „gemäßigte Bahnen“ zu lenken, durch Verrat an der Aufklärung! Vom deutschen Staat ausgebildete Imame sollen es richten. Das kann nur schiefgehen. Statt einer von Bund und Ländern geförderten Islamisierung brauchen wir eine staatlich geförderte De-Islamisierung.

Das Mindeste, aber auch nur das *Aller*-Mindeste, was wir verlangen können und auch *erhalten müssen*, ist eine gleichstarke Förderung der Aufklärung, um auf unsere Freiheit aufpassen zu können.

Ich fordere deshalb umgehend eine *„Akademie für Aufklärung in Wissenschaft, Glaube und Gesellschaft“* in Zusammenarbeit mit allen deutschen Universitäten, finanziert vom Bundesforschungsministerium, um zur aufklärerischen Versachlichung der gesellschafts- und integrationspolitischen Debatten beizutragen! Ich meine das ernst. Die Naturwissenschaften haben sicherlich kaum Aufklärung nötig, die Religions-, Sozial- und auch die Wirtschaftswissenschaften hingegen schon. Und zwar dringend. Diese „Akademie der Aufklärung“ ist eine Art „Gesellschaft zur Erforschung und Förderung des Menschseins“, ihr Motto lautet: „Licht an!“

In Deutschland wird an 19 Universitäten und 2 kirchlichen Hochschulen Theologie studiert, an mehr als 30 Katholisch-Theologischen Fakultäten, mit Instituten und Lehrstühlen für Katholische Theologie, und noch einmal so vielen Fakultäten für Evangelische Theologie, und bereits 7 Zentren für Islamische Theologie, um Religionsgelehrter, Prediger oder Religionslehrer zu werden. Gleichzeitig sinkt die Zahl der Kirchenmitglieder und wächst die Zahl der Konfessionslosen und die Zahl der frei religiösen Menschen, die sich ganz individuell auf die Suche nach Gott begeben. Spirituelle Wahrheits- und Sinnsuche findet ganz wesentlich und in wachsendem Maße außerhalb der traditionellen Glaubenssysteme statt, in bunter Vielfalt. Wo findet diese lebendige Spiritualität ihren angemessenen, eigenständigen theologischen Niederschlag? Noch nirgendwo.

Menschen machen spirituelle Erfahrungen auch ganz unabhängig von Konfessionen, auch Atheisten. Spezielle Erlebnisse, Eindrücke aus der Anderswelt, kann jeder Mensch haben. Und das geschieht tatsächlich jeden Tag unzählige Male. Präkognition, Astralreisen, Jenseitskontakte, Nahtoderlebnisse ...

Es ist höchste Zeit, sich diesem Teil der Wirklichkeit mit naturwissenschaftlicher Herangehensweise ernsthaft und auf akademischem Niveau anzunehmen und echte Jenseitsforschung zu betreiben, sozusagen *Realtheologie*. Die Schnittstelle zwischen moderner Physik, Psychologie, Soziologie, Philosophie und Mystik braucht eine dauerhafte universitäre Forschungsbegleitung. Wir brauchen Institute und Lehrstühle für *Jenseitsforschung*, die empirisches Faktenwissen zusammentragen und Erklärungsmodelle entwickeln, die wissenschaftlichen Ansprüchen genügen. Humanistische und naturwissenschaftliche Aufklärung heißt, die Märchen und Mythen, die theologischen Spekulationen aller Religionen, ebenso der in lebendiger Bewegung befindlichen neuartigen („New Age“), auf ihren Wahrheitsgehalt hin zu durchleuchten. Die Religionen aufzuklären heißt, ihre Irrtümer und Spekulationen aufzudecken. Allein mit Atheismus statt Theismus ist es längst nicht mehr getan. Wir müssen endlich einen Schritt weitergehen, damit die Aufklärung weitergeht. Jetzt!

Welche andersweltlichen Erfahrungen machen Menschen aus muslimischen Kulturkreisen? Wie erleben sie ihre Jenseitskontakte, ihre Nahtode, ihre Reinkarnationserfahrungen? Welche Jenseitserfahrungen sind weltweit erfassbar und klassifizierbar? Welche Kulturabhängigkeit zeigt sich? Es gibt viel zu tun. Aufklärung ist Arbeit, erstens durch Forschung und zweitens durch Wissensverbreitung.

Wir brauchen daher mindestens zwei *Fakultäten für Weltanschauliche Aufklärung*, der belebenden Konkurrenz wegen. Wir brauchen Institute und Lehrstühle für alle Aufklärungsaufgaben, bezüglich des Diesseits und Jenseits, zur Erarbeitung großer Studien und zur Weiterbildung von Wissenschaftlern, Lehrern, Politikern, Historikern, Juristen, Publizisten ... Denn wir wollen endlich wissen. Und endlich fragen können: Glaubst du noch oder weißt du schon?

> „Ich bin ein Muslim, der vom Glauben zum Wissen konvertiert ist."
>
> Hamed Abdel-Samad (geboren 1972), deutsch ägyptischer Politikwissenschaftler, Islamkritiker und Autor, 2010

Rathaus-These 67: Aberglauben und Diktatur ablehnen

Wir müssen die *Wissenschaft* und die *Demokratie* verteidigen, sie machen uns aus und sind unser wertvollster Besitz!

Nur gelebte Kritik schützt uns vor diktatorischen Zumutungen aller Art. Nur kritisches Denken führt uns zu Freiheit, Fortschritt, Demokratie, zu wissenschaftlichem, politischem und wirtschaftlichem Erfolg – Alles hängt von der Kritik ab! Die Kritik braucht Freigeister, braucht Freidenker, die den Diskurs bestimmen, weil sie wahrhaftig sind.

> „Kritisches Denken ist der wahre Retter der Menschheit. Meine Stiftung fördert den Respekt für Menschen, die kritisches Denken als hochgeschätzten persönlichen Wert ansehen und diesen im Alltag pflegen."
>
> Prof. Dr. Richard Dawkins (geboren 1941), britischer Evolutionsbiologe und Autor, 2013

Religionen sind Diktaturen des Aberglaubens, die durch Wissenschaft und Demokratie aufgeweicht werden müssen.

Judentum, Christentum und Islam sitzen in ihrer Arche und sind mit ihrer Naturfeindlichkeit auf Grund gelaufen, seit dem die aufgeklärten Menschen echtes Wissen über die Welt und die Menschheit gewinnen können und ansammeln. Die Sintflutlegende ebbt ab, das göttliche Straf- und Vernichtungswasser wird zu ganz gewöhnlichem Lebensspender. Die Diktaturen auf Basis religiöser Märchen und Irrtümer sind in diverse Rückzugsgefechte verwickelt. Der Islam als jüngste und rigideste Form der drei Gottesherrschaften ist noch am wenigsten von der Moderne berührt und wehrt sich noch am Heftigsten und Barbarischsten gegen die Wahrheit.

Die Naturfeindlichkeit des „abrahamitischen Monotheismus“ zeigt sich überdeutlich am Umgang mit der menschlichen Sexualität. Der menschliche Körper und seine Wolllust seien Feinde des göttlichen Geistes. Der Mensch sei schmutzig, sündig, widerlich geil – er müsse gereinigt, erlöst und entsexualisiert werden. Geschlechtsverkehr habe nur der Fortpflanzung der Glaubensgemeinschaft zu dienen. Soviel die Christen auf die Liebe geben, so wenig geben sie auf die Sexualität. Sie verlangen die Enthaltsamkeit nicht nur vor der Ehe, sondern von „geweihten“ Menschen sogar lebenslang (Zölibat), wie absurd lebenswidrig! Egal, ob der Mensch steht, sitzt oder liegt, seine Hände befinden sich immer in der Nähe seiner Geschlechtsorgane, sein Gehirn sendet immer die lust- und fortpflanzungsrelevanten Signale aus. Das ist seine gottgegebene Natur. Sie wird von den „abrahamitischen Monotheisten“ negiert und unterdrückt, angeblich zum Wohle der Seele im Tode.

Der Katholizismus in Deutschland ist inzwischen so weit geschwächt, dass sich seine Missbrauchsopfer, inzwischen erwachsene, alte Männer, die Anklage zur Verteidigung ihrer Würde wagen. Immer mehr Fälle werden bekannt. Überall dort, wo Kirchenpersonal Macht über Kinder hatte, wurde diese Macht auch systematisch mehr oder minder missbraucht: zur Einschüchterung, zur Indoktrination, und leider auch zum Ausleben sexueller und sadistischer Begierden. Kirchenpersonal, das „erwischt“ und öffentlich aufgedeckt wurde, wird kirchenintern einfach versetzt, um die Täter der weiteren Verfolgung zu entziehen. Das sind keine Einzelfälle, das ist System. Als die Kirche noch die Macht dazu hatte, den Deckel darauf zu halten, blieb er auch darauf – fast *zweitausend Jahre* lang. Oder denken Sie etwa, früher wäre das anders gewesen mit dem Kindesmissbrauch? Natürlich nicht. Diese Institutionen haben schon immer die Berufswahl gelenkt. Welche Tätigkeit wird ein entsprechend veranlagter Mensch, der sich ausleben und dabei nicht entdeckt werden will, wohl als erstes ins Auge fassen? Das ist schlicht eine Frage von Angebot und Nachfrage.

Alle drei verfeindeten Geschwisterreligionen verbieten gleichermaßen außereheliche Geschlechtsbeziehungen. Seinen Ursprung hat dieses Verbot in der Absicht der antiken Patriarchen, sich der eigenen Vaterschaft zu versichern. Wir müssen diesen Teil des Erbes der Antike endlich durch Modernisierung überwinden. Wer heute auf der Höhe seiner Zeit sein will, der muss ein aufgeklärter Mensch sein.

Rathaus-These 68: Islam-Aufklärung führt zur De-Islamisierung

Der veränderte, kritikfähige, tolerante, menschenfreundliche, beinahe „freiheitliche“ Islam, so es ihn denn geben könnte, entstünde nicht wie von selbst, nicht durch unseren Wunsch, er möge doch bitte entstehen. Wenn überhaupt, dann ist es die massive Kritik der freien Menschen am bestehenden Islam, die zu islamischer Selbstkritik und zur schrittweisen Anpassung an die Moderne führen könnte. Beim Christentum war das nicht anders. Mit ziemlicher Sicherheit ist der Islam wegen seiner Bauart aber überhaupt nicht veränderbar. So wie er ist, kann er jedenfalls nicht bleiben, nicht hier im Westen. Unsere aufklärerische *Minimal*-Forderung an den Islam in Deutschland und Europa lautet, dem heiligen Hass, all der Gewalttätigkeit, sowie dem politischen Anspruch, eine islamische Gesellschaft zu organisieren, ganz abzuschwören. Tolerierbar und integrierbar wäre nur ein gemäßigter Rest-Islam (Deform-Islam), wie er von den wortgläubigen Hardlinern aber immer abgelehnt werden wird.

Machen wir doch die Probe aufs Exempel! Beauftragen wir eine *Kommission,* alle Aussagen in Koran, Hadithen, Scharia, Fatwas und sonstigen islamischen Anleitungstexten akribisch durchzuarbeiten und den Muslimen ab sofort all jene Aussagen *als ungültig zur Streichung zu empfehlen,* welche unserer Grundwerteordnung zuwiderlaufen, die für uns alle verbindlich ist. Ohne diese *Verbindlichkeit in den Grundfragen* gibt es schließlich keine Integrations*fähigkeit*! Wo hinein wollen wir sonst integrieren?

Wir werden dann sehen, was vom Islam übrig bleiben kann. Vielen wird das die Augen öffnen und, so meine ich, die gänzliche Ablehnung des Islams mehr als nahe legen. Denn ich bezweifle, dass ein wirklich aufgeklärter Islam überhaupt möglich ist, der noch als Islam akzeptiert werden könnte. Deshalb wird die berechtigte und notwendige Kritik am Islam letztlich auf eine Ablehnung des Islams, also auf die aufklärerische *Maximal*-Forderung – auf die *De-Islamisierung* – hinauslaufen!

Eine gleiche Durchforstung müssten wir freilich auch allen anderen Religionen und Weltanschauungen zumuten. Leider werden wir zu solch einer gründlichen Ehrlichkeit in der Aufklärung als Gesellschaft weder bereit noch fähig sein. Der Islam aber mit seiner Bedrohung zwingt uns förmlich dazu. Denn wir haben Millionen Muslime im Lande, die wir nicht alle wieder ausweisen können, sondern von denen viele integriert werden müssen. Deshalb müssen wir jetzt mit der Aufklärung des Islams anfangen. Die Integration muslimischer Menschen setzt zuvor die Entpolitisierung und die inhaltliche Zurückweisung des Islams voraus, soweit er den

Menschenrechten zuwiderläuft. Das ist doch eigentlich klar, eine pure Selbstverständlichkeit und muss auch jedem Bürger bewusst werden.

Liebe Muslime, überprüft eure Religion von Grund auf, lasst euch nicht einfach hineingeboren sein, sondern wählt selbst. Gott braucht keine Religion, er ist der Gott aller Wesen. Und auch der Mensch braucht nichts als Spiritualität und Weisheit, um sich auf Gott zuzubewegen.

> „Ich übe Religionskritik, wie es sie immer in Europa gegeben hat und ohne diese Religionskritik wären wir heute nicht da, sondern wäre Europa eine Diktatur. Diese Religionskritik ist wichtig. Warum versucht man, den Islam vor dieser Kritik zu verschonen. Ich verstehe das nicht."
>
> „Schauen wir uns die Realität heute in der Welt an. Wer tötet im Namen seiner Religion? Wer vergewaltigt Menschen in Namen seiner Religion? Wer enthauptet Menschen und lächelt dabei im Namen seiner Religion? Man kann nicht die Gegenwart der Muslime heute mit der Vergangenheit des Christentums vergleichen."
>
> Hamed Abdel-Samad (geboren 1972), deutsch-ägyptischer Politikwissenschaftler, Islamkritiker und Autor, 2017, 2016

Manche glauben, es genüge, dem Islam eine durchsetzungsfähige Aufklärungsbewegung zuzumuten. Wenn er diese verarbeitet und hingenommen hätte, kämen lauter gemäßigte Muslime dabei heraus, die zwischen Islam, Recht und Staat trennten wie wir. Entfernt man aber Recht und Staat aus dem Islam, dann ist er nicht mehr Islam. Das ist auch der Grund, warum es bis heute *nirgendwo* in der Welt einen aufgeklärten Islam gibt. So wenig wie aufgeklärten Stalinismus.

Rathaus-These 69: Islam birgt Islamismus

Islam und Islamismus seien zwei verschiedene Weltanschauungen, wird einfach behauptet. Die müsse man strikt voneinander trennen. Der eigentliche Islam sei eine spirituelle Religion, der Islamismus hingegen eine antidemokratische, totalitäre Ideologie, die den spirituellen Islam für politische Zwecke missbrauche. Islamismus sei eine historisch ganz junge Erscheinung.

Was könnte falscher sein als diese fadenscheinige Zweckbehauptung? Sie zielt darauf ab, eine gemäßigte Form des Islams vor der Aufklärung zu retten. Der Islam steckt in der *tiefsten Krise*, seit dem der Westen durch seine aufgeklärte, wissenschaftliche Verweltlichung so mächtig wurde. Das ist der *Anlass* – nicht einmal der

Grund – nur der Anlass, für das gekränkt-erboste Aufflammen des orthodoxen, also rechtgläubigen, richtigen Islams, genannt Islamismus. Der Islamismus ist der Versuch einer islamischen Revolte gegen die führende westliche Moderne der Menschheit, nicht mehr und nicht weniger. Es ist der Islam selbst, der da spricht und handelt. Er wird nicht benutzt, er reagiert. Er kämpft um seinen Fortbestand und seinen überheblichen Machtanspruch, die von Gott gegebene beste Weltordnung zu sein, ohne es wirklich zu sein. Gott hätte den Muslimen die Weltherrschaft aufgetragen und zugedacht! Ganz so, wie Mohammed damals bei seinem Auszug aus Mekka dachte: Jetzt oder nie, mit Gewalt muss Allahs vorherbestimmter Plan gelingen! So denken und handeln die Erben Mohammeds, die „Islamisten", heute auch. Wie er handeln sie aus ihrer *Notlage* selbstverschuldeter Unmündigkeit und aus brutaler Rücksichtslosigkeit heraus.

Der „Islamismus" ist der wahre Islam, den wohl viele gemäßigte, nicht orthodoxe, nicht rechtgläubige, also verfälschtgläubige, unechte Muslime, zwischenzeitlich vergessen und verdrängt zu haben scheinen. Nun tritt er wieder lautstark hervor und trumpft mit Knalleffekten auf. Die gemäßigten Muslime erschrecken und stutzen: So sind wir nicht! *Wir* sind doch der Islam. *Die* können gar keine Muslime sein. Die sind nicht rechtgläubig, das sind keine Muslime. Doch, sind sie! Mohammed persönlich nähme sie heute in Schutz. Dazu bräuchte er nur aus seinem Koran rezitieren und den Hadithen. Sie wären als seine echten Muslime äußerst leicht zu bestätigen.

> „Unlängst führte der ägyptische Rechtsgelehrte Sheikh Muhammad Abdullah Nasr aus, warum die als bedeutendste islamische Hochschule der Welt geltende Al-Azhar-Universität sich nicht zu einer Verurteilung des Islamischen Staates (IS) durchringen kann: Da sie in großen Teilen dieselben Inhalte lehre, die auch der IS predige, müsste, so Nasrs Conclusio, sie sich letzten Endes selbst als „unislamisch" bezeichnen, wenn sie die Praktiken der Terrormiliz kritisieren wolle. Ein Beispiel für die weitgehenden Übereinstimmungen bot Al-Azhar-Professorin Suad Saleh im ägyptischen Fernsehen: selbstverständlich sei es nach islamischen Recht völlig in Ordnung, weibliche Kriegsgefangene als Sexsklavinnen zu halten."
>
> Verein Medienbeobachtungsstelle Naher Osten (MENA) Wien, 2016

Das Wort „Staat" kommt im Koran nicht vor, na und? Deshalb ist der „islamische Staat" kein neues, modernes Konzept des Islams, kein politischer Missbrauch, sondern der Religionsgründer selbst hat diesen Staat, diese „Gottesherrschaft", die

Einheit von Religion und Staat, praktiziert und bei Todesstrafe für immer verbindlich vorgeschrieben! Auf den Inhalt kommt es an, nicht auf die Verpackung. Der Islam wurde als ein psychologisches und politisches Machtinstrument geschaffen, ihn zu „benutzen", ist seine Bestimmung, sein richtiger Gebrauch.

Sehr erstaunlich, wie hartnäckig dennoch an der Schutzbehauptung festgehalten wird, die Religion Islam würde von Islamisten politisch missbraucht! Herrlich bequem wohl für beide Seiten, für die Muslime und für die Westler. Und grundfalsch. Es ist schlicht unmöglich, den Islam stärker politisch zu benutzen, also angeblich zu „missbrauchen", als es Mohammed selber schon tat! Die Islamisten sind doch genau jene, die Mohammeds Islamwelt eins zu eins nachmachen wollen. Islamisten sind jene Menschen, die ihren muslimischen Glauben wirklich ernst nehmen. Die Islamisten sind die echten Muslime.

> „Auch wenn es die meisten Muslime nicht wahrhaben wollen, der Terror kommt aus dem Herzen des Islams, er kommt direkt aus dem Koran. Er richtet sich gegen alle, die nicht nach den Regeln des Korans leben und handeln, also gegen Demokraten, abendländisch inspirierte Denker und Wissenschaftler, gegen Agnostiker und Atheisten. Und er richtet sich vor allem gegen Frauen. ...
>
> Dem wahren Gesicht des Islam begegnet man nicht auf der deutschen Islamkonferenz. Man begegnet ihm in Ländern wie Pakistan. Dieser Islam hat einen Weltkrieg angefangen. Doch die Welt tut so, als wüsste sie immer noch nichts davon. ..."
>
> Zafer Senocak (geboren 1961), deutsch-türkischer Autor, 2007

Der Islamismus wohnt dem Islam direkt inne. Wer den Islam ernst nimmt, ist Islamist, ein rechtgläubiger – orthodoxer – Muslim. Islamisten wenden den Islam genau so an, wie er offenbart und verbreitet wurde: mit politischer Gewalt. Ein Blick in den Koran genügt, um das zu wissen. Wenn der Islamismus aber der „harte Kern" des Islams ist, dann kann es einen Islam ohne Islamismus gar nicht geben! Der Versuch einer Islam-Islamismus-Trennung ist bewusste Irreführung der Öffentlichkeit, um den „Mantel-Islam", das lasche Drumherum um den Kern, reinzuwaschen und die *Illusion* seiner Integrierbarkeit zu nähren. Die islamische Gewalt beginnt mit der Saat aus Koran und Sunna. Dieser Saat ist als Erstes zu wehren.

Auf die Frage: Gibt es einen Islam ohne Islamismus?, antwortete Hamed Abdel-Samad einmal so:

> „Wir haben fast 57 islamische Staaten weltweit. Wir haben auch Hunderte von anderen islamischen Gemeinschaften die in Europa und Nordamerika

und Australien leben und nirgendwo ist es islamismusfrei, d. h. der Islamismus ist ein Bestandteil des Islams und gibt es in jedem islamischen Land und ist eine starke Gruppe. Vielleicht ist es die Minderheit in der Gesellschaft, aber die lautstärkste Minderheit, die aktivste Minderheit in der Gesellschaft und somit ist die Mehrheit für mich irrelevant, weil sie zu wenig dagegen tut."

„Ich erinnere mich, dass vor 9 Jahren, als Kurt Westergaart, dieser dänische Karrikaturist, den Propheten gezeichnet hat und eine virtuelle Bombe in seinem Turban gezeichnet hat, die gesamte islamische Welt brannte und es gab gewalttätige Demonstrationen, mehr als 150 Menschen sind gestorben, auch in Europa gab es gewaltsame Proteste. Warum? Weil die Muslime gesagt haben: Der hat unseren Prophet als gewalttätig gezeichnet und das lehnen wir ab! So ungefähr: Tötet diejenigen, die behaupten, der Islam sei gewaltsam! Und das ist eigentlich absurd. Heute – und Sie haben jetzt gesagt, die ISIS-Leute laufen unter der falschen Flagge – dann, frage ich mich, auf dieser Flagge steht der Name Mohammed, richtig? Unter dieser Flagge werden echte Bomben geworfen, werden echte Menschen enthauptet, werden echte Christen und Jesiden aus ihren Dörfern vertrieben. Fühlen Sie sich nicht beleidigt in Ihren religiösen Gefühlen, dass Ihr Prophet, sein Name, auf dieser Flagge steht? Fühlen sich diese 1,5 Milliarden Muslime nicht beleidigt?

Warum beleidigt sie Kurt Westergaard, aber nicht derjenige, der in Wirklichkeit tötet im Namen des Propheten? Warum ist es keine Verunglimpfung? Weil viele Muslime eben auch wissen, dass der Prophet selbst eine ähnliche Flagge getragen hat und ähnliche Taten getan hat. Er hat die Juden aus ihren Wohnstätten vertrieben. Er hat die arabische Halbinsel juden- und christenrein gemacht und er hat den Islam mit dem Schwert dort durchgesetzt. Das wissen auch, leider, normale Muslime."

„Die allerwenigsten von ihnen werden Terroristen. Sie arbeiten und lachen, schauen westliche Filme an und feuern die Spieler von Barcelona oder Arsenal an, tragen Jeans und hören Musik. Und dennoch tragen sie einen mutierenden Virus in sich, der jederzeit ausbrechen kann. Dieser Virus heißt Dschihad. Es gibt kein einziges muslimisches Land, in dem der militante Islamismus sich nicht etabliert hätte. In jedem muslimischen Land gab es bereits Anschläge oder zumindest Terroristen, die anderswo Anschläge verübt haben. Das gilt auch für die muslimischen Minderheiten in Europa, Asien und Afrika. Ob aus den reichen Golfstaaten oder dem armen Nordafrika, aus Indonesien oder Nigeria, ob in Thailand, Somalia, Deutschland, Spanien oder England – der aggressive Virus des Dschihad ist aktiv.

Überall in der Welt trifft man auf die gleiche Geisteshaltung und das gleiche Gewaltpotenzial unter radikalen Muslimen. Deshalb kann man das Phänomen Islamismus nicht vom Islam trennen, denn der Dschihad-Virus schöpft seine Sprengkraft aus der Lehre und Geschichte des Islam. Das Konzept des Dschihad haben nicht moderne Islamisten erfunden, es stammt vom Propheten Mohamed. ... Den Islam kann man nicht verstehen, ohne seinen politischen Kern zu begreifen. Anders als die Christen, die drei Jahrhunderte als Minderheit leben mussten, war der Islam schon wenige Jahre nach seiner Gründung politisch erfolgreich und gründete bereits zu Lebzeiten des Propheten einen Staat. Mohamed führte Kriege zum Ausbau und zur Festigung seiner Macht und versprach den Muslimen die Weltherrschaft. Diese Kriege und das Streben nach der Islamisierung der Welt werden von vielen Muslimen heute als ein Auftrag Gottes verstanden, der auch 1400 Jahre nach dem Tod des Propheten erfüllt werden muss.“

Hamed Abdel-Samad (geboren 1972), deutsch-ägyptischer Politikwissenschaftler, Islamkritiker und Autor, 2014, 2014, 2015

Im Arabischen gibt es gar kein Wort für Islamismus, sie kennen nur Islam. Gemäßigte Muslime können sich nur dann vom islamischen Terrorismus distanzieren, wenn sie sich auch von dessen religiösen Begründungen, seinen Grundlagen, distanzieren, also den Weg weitergehen und dem Islam ganz den Rücken kehren. Die Frage nach der Rolle der Gewalt ist kulturentscheidend. Sag’, wie hältst du’s mit der Gewalt?

Die Radikalisierung, die Abschottung und der religiöse Fundamentalismus unter jungen Muslimen in Deutschland nehmen zu. Allen Radikalen mangelt es an der Fähigkeit, mit anderen Menschen, mit anderen Meinungen und mit eigenen Frustrationen umgehen zu können. Unter den Muslimen in Deutschland ist Antisemitismus drei bis vier mal so häufig wie in der deutschen Mehrheitsgesellschaft.

Jede Menschenverachtung und Feindseligkeit muss klar angesprochen werden, egal in welchem Kontext sie auftritt. Für die junge Generation der Muslime in unserem Land ist es typisch geworden, den Islam als unantastbar zu verstehen und jegliche Kritik als unzumutbar abzulehnen. Das sagt Ahmad Mansur, Psychologe, Soziologe und Sprecher des Muslimischen Forums Deutschland, ein Muslim, der in jungen Jahren selbst Islamist war und heute erfolglos versucht, Extremisten über Gespräche zu deradikalisieren.

Es wird von der politischen Seite nur über die Spitze des Eisbergs gesprochen, den Islamismus, aber nicht über dessen breite Basis, den Islam. Die Gefahr, die feindselige Ablehnung unserer Werte, der universellen Menschenrechte, beginnt aber nicht erst in der terroristischen Spitze, sondern an der breiten Basis des alltäglichen Massenislams.

Eine Trennung von Islam und Islamismus gibt es nicht, solange die Muslime sie nicht selbst vollziehen und islamisch begründete Gewalt weltweit rigoros ächten und eindämmen. Es wäre die Aufgabe muslimischer Gesellschaften, den islamistischen Terror und Krieg mit allen Mitteln zu befrieden. Das ist nicht die Aufgabe des Westens. Ohne diese „Erlösungstat“ kann der Islam sich nicht entwickeln und in der Moderne heimisch werden. Der wütende Islamismus ist deshalb *seine Herausforderung,* in die Moderne zu finden *oder zu verschwinden.* Dass es diese muslimische Selbstbereinigungsbewegung *nicht gibt,* nirgendwo, spricht Bände: Alle solchen Ansätze, historische wie aktuelle, sind gescheitert oder scheitern gerade. Aus Prinzip. Der Islam offenbart sich wieder und wieder als *modernitätsuntauglich.* Er kann sich nicht von seiner Gewalt lösen, ohne sich im Wesentlichen selbst aufzulösen. Das ist sein Problem. Der Islam ist Gewalt oder er ist nicht. Denn Islam heißt Unterwerfung.

Jede religiöse Bewegung, die sich auf archaische Ursprünglichkeit, auf angeblich absolute, von Gott inspirierte Regeln zurückziehen will, die sich dem Dazulernen, dem Weiterentwickeln, dem Modernisieren, dem Erkenntnisgewinn verweigert, bleibt zurück und stellt ein gefährliches Radikalisierungspotential dar. Jede vom Westen ausgehende, veränderte Islam-Interpretation wird mit Leichtigkeit als westlich verfälschter, verwässerter Islam zurückgewiesen werden können. Als Post-Islam.

Würden die Muslime hingegen beginnen, in den muslimischen Teilen der Welt, vor allem in Arabien, aus purem Selbstverständnis heraus, also als Teil einer neuislamischen Leitkultur, die *universellen Menschenrechte* zu verwirklichen, sie zu leben und gegen alle Anfeindungen, auch und gerade gegen fundamental islamisch begründete Anfeindungen, zu verteidigen, *dann*, ja dann würden die Muslime und ihr Islam auch bei uns nicht mehr als bedrohlich wahrgenommen werden müssen und sofort weit offene Arme vorfinden, denn wir *sind* weltoffen und tolerant. Sie könnten endlich richtig dazugehören, könnten als Neumuslime in der modernen Welt heimisch werden. Aber das gibt das Glaubenssystem der Unterwerfung eben nicht her. Das ist und bleibt eine heuchlerische Utopie, eine gefährliche Illusion, grober Unfug.

Islamablehnung ist *keine* Fremdenfeindlichkeit, denn es ist klar zwischen bedrohlich und fremd zu unterscheiden. Alles Fremde kann bedrohlich wirken, aber eben auch interessant und anregend. Entscheidend ist die Frage nach der tatsächlichen Bedrohlichkeit. Leider wird überall in der Welt Vertrautes in seiner Bedrohlichkeit tendenziell unterschätzt, und umgekehrt, Fremdes wird in seiner Bedrohlichkeit tendenziell überschätzt. Das Erkennen wirklicher Gefahren setzt eine hohe Abstraktionsleistung voraus, die – so muss man allgemein beklagen – zu selten eingesetzt wird. In Deutschland und Europa gibt es viel oberflächliche Islamfreundlichkeit aus purer, rein willkürlicher Fremdenfreundlichkeit heraus, die das Wesen des Islams überhaupt nicht in den Blick nimmt oder gar durchleuchtet. Wie dumm. Wie dumm gestellt. Wie kunst-dumm!

Der Islam ist nicht bloß fremdartig, sondern rückschrittlich. Er konfrontiert uns aufs Neue mit Problemen, die wir durch die Aufklärung, die Menschenrechte und die Emanzipation überwunden glaubten. Nachdem wir das Christentum weitgehend entschärft und angepasst haben, müssen wir nun wieder von vorn anfangen, doch der Islam ist wesentlich problematischer.

Rathaus-These 70: Der Islam ist schon säkular

Säkular heißt weltlich. Braucht der Islam eine Säkularisierung? Nein, er ist schon von Anfang an weltlich angelegt. Diesseits und Jenseits, das Wirken der Muslime und das Wirken Allahs, sind diesem Glauben nach keineswegs getrennte Bereiche, sondern in eins. Ganz einfach deshalb, weil Allah jederzeit aktiv sei und alles in der Welt selbst am Laufen hielte und die allahgläubigen Menschen Allahs Willen in der Welt befolgen und seine Gesellschaftsordnung aufbauen und leben sollen. Deshalb streben die Muslime zwangsläufig eine Theokratie an, eben weil sie nicht zwischen himmlischer und weltlicher Macht trennen können, dürfen und sollen.

Im Christentum hingegen bedeutet Säkularität genau das Gegenteil, nämlich die Trennung von Religion und weltlicher Macht, von Jenseits und Diesseits. Für Christen gibt es ein diesseitiges und ein jenseitiges Jerusalem. Für Muslime gibt es nur das eine und das wollen sie weltlich besitzen, obwohl es den Juden gehört und höchstens noch den Christen zusteht, die sich damit begnügen, dorthin zu reisen.

Rathaus-These 71: Reformation im Islam?

Die Reformation des Christentums war vor allem eine Reform ihrer Organisation und Praxis, also der Kirche, nicht des Jesus-Glaubens selbst! Es musste kein schwertschwingender, kopfabschlagender, blutrünstiger Gewaltherrscher Jesus in einen friedfertigen Täubchenstreichler uminterpretiert werden. Was Jesus predigte, blieb stehen, ja wurde wieder freigelegt. Im Islam hingegen ist es der Mohammed-Glauben selbst, der nicht gut, sondern schlecht ist. Deshalb ist eine Parallelisierung von Christentum und Islam grundfalsch. Eine Reformation wie im Christentum kann es im Islam nicht geben.

Reformation bedeutet Rückformung. Im Christentum war die Reformation die Rückbesinnung auf die Kernbotschaft des christlichen Glaubens, das Evangelium. Eine Reformation des Islams wäre also die Rückbesinnung auf die Kernbotschaft des muslimischen Glaubens. Nun, genau diese *Reformation hat bereits stattgefunden,* die Muslime selbst nennen das Ergebnis den wahren Islam, Wahabismus, Salafismus, wir nennen es Islamismus. Die muslimische Rückbesinnung geschah als eine Reaktion auf die Begegnung mit dem fortschrittlichen, überlegenen Westen. Wie konnte es sein, dass die „Ungläubigen" reicher und mächtiger wurden als die „Gläubigen"? Die Schwäche der islamischen Welt wurde auf eine Vernachlässigung des Glaubens zurückgeführt. Die logische Konsequenz daraus: Durch Rückkehr zum unverfälschten Islam könne und müsse die rechtmäßige Überlegenheit der Muslime wieder hergestellt werden.

Wer eine Reformation im Islam wünscht und sich dabei doch noch eine Säkularisierung nach christlichem Vorbild erhofft, hat zwei Dinge nicht verstanden: erstens, was Christentum und Islam unterscheidet, und zweitens: reformierte Christen sind auch noch keine aufgeklärten, säkularen Christen, im Gegenteil, sie können hoch fanatisch sein. Sie glauben aber an den Gott der Liebe und sind deshalb nicht so gefährlich wie die reformierten Muslime. Das Christentum hat die Kirche reformiert, nicht den Glauben. Im Islam ist der Glauben selbst das Problem. Eine Modernisierung und Entfährdung des Islams kann es deshalb gerade *nicht* durch *Re*formation, sondern nur durch *De*formation, durch Umformung des Islams geben. Diese Umformung käme einer Überwindung gleich oder sie ginge nicht weit genug.

Rathaus-These 72: Verstandesverzicht aus höheren Gründen

Dass der Islam sich in Deutschland und Westeuropa so ausbreiten und etablieren kann, ist auf eine seltsame Parallelität zurückzuführen: Den Verstand nicht zu gebrauchen. Den Muslimen ist es von Allah verboten, ihren Verstand zu benutzen, viele Europäer aber verbieten sich aus moralisierender Ideologie heraus selbst den Verstandesgebrauch. Die Folge ist ein gesellschaftliches Großexperiment, welches den Glauben an ein Ende der Geschichte auf beiden Seiten erschütternd widerlegen wird.

Rathaus-These 73: Gewinnstreben ist schlechte Bevölkerungspolitik

Warum sind unsere Grenzen offen? Nicht, um die Reisefreiheit bequem zu gestalten, sondern des Freihandels wegen. Unsere Grenzen sind offen, um die Geschäftstätigkeit zu erleichtern. Sie sind profitoffen. Migranten dürfen einströmen – auch illegal – weil und so lange sie als einströmendes Humankapital angesehen werden, so lange der Glaube an ein profitables Geschäft überwiegt. Bis er sich durch ungeeignete Massenzuwanderung als kostspieliger Aberglaube herausgestellt hat.

Die Gier und die Selbsttäuschung aus Wunschdenken lässt diese Einsicht nur sehr verspätet zu. Wenn es dann so weit ist, könnte die „wirtschaftliche Stimmung" ins Gegenteil kippen, in Protektionismus bis hin zur Pogromstimmung, um die unrentablen Kostgänger wieder loszuwerden. Das materielle Kalkül bestimmt die Politik Westeuropas einschließlich Deutschlands. Aus Gewinnstreben schrumpft das deutsche Volk, es erspart sich die Kinderkosten für ein Drittel des Nachwuchses, welcher zur Volkserhaltung nötig wäre. Die Kinder werden schon als junge Föten getötet, bevor sie richtig Geld und Zeit kosten. Gleichzeitig dürfen fertige Erwachsene ins Land strömen, ganz egal woher, um die ausgesparten Kinder – vermeintlich – zu ersetzen und die Renten der Schwangerschaftsverhüter und Frühkindsmörder zu erarbeiten und sie im Alter dann auch noch totzupflegen. Kleine Babys im Bauch zu töten sei ökonomisch schlau, geborene Babys zu töten ist verbotener Mord, illegale Scheinasylanten aufzunehmen wäre humanitäre Hilfe. Was für ein heuchlerisches Versagen! Verkauft wird dieser Kuhhandel mit der Ideologie von der schönen neuen Welt. Tu' was du willst, aber treib es möglichst bunt!

Rathaus-These 74: Islamisierung wegen des Kindermangels

Der fehlende Nachwuchs in Deutschland und Europa wird durch „Import-Menschen" ersetzt, die zufälligerweise *Muslime* sind. Während ungewollt schwanger zu werden als Gefahr angesehen wird, die es möglichst zu verhüten gilt, wird die Gefahr durch den Islam, die den „Ersatzarbeitskräften" eben anhaftet, völlig in Abrede gestellt und sogar noch als Bereicherung verkauft, schließlich sei der Islam eine Weltreligion. Die eigenen Babys im Bauch sind eine Gefahr, sie werden massenhaft abgetrieben – *in jährlich gleicher Größenordnung (!)* werden hingegen fremde muslimische Analphabeten als illegale Einwanderer massenhaft willkommen geheißen. Das soll normal sein?!

Während der persönliche Nachwuchs verhindert und im Mutterleib früh und heimlich getötet wird, darf der mitgebrachte Islam nicht einmal öffentlich kritisiert, geschweige denn komplett abgelehnt werden, ohne das übelste Verleumdung folgt. Wir verdrängen unseren Kindermord und wir verdrängen die islamische Bedrohung: Beides wird sich mit seinen Folgen an uns rächen!

Ohne Hitlers Krieg wären die muslimischen „Gastarbeiter" sehr wahrscheinlich nicht ins Land geholt worden, sie wären gar nicht nötig gewesen; es hätte sie nicht gegeben und somit den Start der Islamisierung Deutschlands nicht.

Hätten wir genügend Nachwuchs, würden wir heute ganz sicher keine Massenzuwanderung aus dem unterentwickelten muslimischen Ausland zulassen. Das hängt ursächlich zusammen, die deutsche Wirtschaft will billige Arbeitskräfte, deshalb müssen die Grenzen für sie offen sein. Hätten wir genügend Nachwuchs, gäbe es die aktuelle Islamisierung Deutschlands nicht.

> „Das ist eine gute Bereicherung unserer Arbeitswelt und unserer Gesellschaft, dass da nicht überall ältere graue Herren durch die Gegend laufen und langsam mit dem Auto auf der Autobahn rumfahren, sondern das wird eine lebendige Gesellschaft."
>
> Frank-Jürgen Weise (geboren 1951), deutscher Offizier, Betriebswirt und Manager, Leiter der Bundesagentur für Arbeit (BA) und des Bundesamtes für Migration und Flüchtlinge (BAMF), 2015

Rathaus-These 75: Muslime haben einen langfristigen Plan

Die Quelle für den sagenhaften Reichtum der Saudis in Saudi-Arabien ist das Öl? Nein, die Quelle dieses Reichtums ist der Westen, der dieses Öl braucht.

Die Welt gehöre Allah und somit den Muslimen. Viele Muslime sehen die großen Erdölvorräte in den islamischen Ländern als ein gigantisches Geschenk des Allmächtigen an seine Gläubigen. Warum sonst sollte er das Öl ausgerechnet in Arabien erschaffen haben, dieses Viele-Billionen-Dollar-Wohlstands- und Dschihad-Finanzierungs-Geschenk der Vorsehung?! Lasst doch die „Ungläubigen" mit dem ihnen verkauften Öl für uns Muslime arbeiten, wir kaufen ihnen dann die Produkte ab, die wir haben wollen – mit ihrem eigenen Geld, das sie zuvor erarbeitet haben. Sie erschaffen die Güter und das Geld und wir tauschen alles gegen Erdöl ein. Schließlich wandern wir aus und übernehmen ihre Länder ganz. So wie Gott es will.

Die Saudis infiltrieren die islamische und die westliche Welt mit ihrem wahren, radikalen, politischen Islam, um für die Zeit nach dem Öl vorzusorgen, sie errichten eine muslimische Machtbasis bei uns im Westen, der wahren Quelle von Reichtum und Macht, um auch nach dem Versiegen der Ölquellen weiter am gedeckten Tisch sitzen zu können, den Allah ihnen bereitet hat. Gleichzeitig erfüllen sie als gute Muslime den Willen Allahs, die ganze Welt zu übernehmen und nach seinem Gesetz zu beherrschen. Sie bereiten nichts weniger als die feindliche Übernahme des Westens vor, mit unserem eigenen Geld und unseren eigenen Gütern und unter Ausnutzung unserer religiösen Toleranz und unserem demokratischen Mitbestimmungsrecht. Wie dumm von uns.

Wir sind die Kuh, die erst gemolken, und, wenn das Öl, also unser Futter, alle ist, geschlachtet wird, und zwar geschächtet: sie lassen uns bei lebendigem Leibe und vollem Bewusstsein ausbluten. Das ist sehr einfach. Die Muslime müssen nur weiterhin mehr Kinder bekommen als wir. Auch das ist einfach, weil nach Allahs Ordnung die Männer über die Frauen zu bestimmen haben. Siegesgewiss und geduldig gehen die Muslime zu Werke. Allah hat es ihnen vorherbestimmt.

Genial, wie Allah das alles eingerichtet hat! Gibt den Saudis das Öl, die heiligen Stätten und den richtigen Glauben, den ungläubigen Europäern den Erfindergeist und die Religionsfreiheit, damit sie zu produktiven Dienern der Muslime werden können, bereit zur islamischen Eroberung. Sie brauchen nur noch zu kommen, zu fordern, zu nehmen, zu herrschen. Aus muslimischer Sicht ist das alles logisch und eine Bestätigung ihres Glaubens. Denn die Christen sind den Muslimen auf Allahs Geheiß hin ja tributpflichtig. Neben Saudi-Arabien sind der Iran und die Türkei weitere staatliche Ausgangszentren unserer Islamisierung.

Der Islam will die ganze Menschenwelt sich einverleiben, fressen. Man darf hoffen, dass der Westen ein zu schwerer, unverdaulicher Brocken geworden ist und dieser Allah-Glaube sich an der starken westlichen Freiheit völlig übernimmt. Möge der wahre Gott alle Menschen aus der islamischen Befangenheit erlösen. Freiheit statt Unterwerfung!

Rathaus-These 76: Muslime betrachten Deutschland als Geschenk

Allah hat sie zu uns geschickt, um sich alles anzueignen und uns zu Muslimen zu machen, denken sie. Deutschland ist ein Gottesgeschenk für sie. Aber die Muslime wissen, dass die Freiheit, die Verführung zum Unglauben, eine große Verlockung für die Menschen darstellt. Sie müssen ihr Geschenk sozusagen erst auspacken – unsere Verpackung trägt die Aufschrift „Religionsfreiheit“ – und sie müssen uns selbst darin einwickeln. Sie nehmen die Herausforderung, den Kulturkampf, an. Sie wollen auf uns einwirken und den Westen umdrehen.

> „Durch die Gnade Allahs leben wir in einem der reichsten Länder der Erde. Das ist eine große Barmherzigkeit Allahs uns gegenüber, aber ebenso eine riesige Verantwortung.
>
> Wir sind ein Teil dieses Landes und ein Teil dieses Volkes. Allah wird uns am jüngsten Tag danach fragen, was wir für unser Volk getan haben und unser Volk wird uns, die Muslime fragen, warum wir den Islam nicht weitergegeben haben. Damit es nicht soweit kommt, ist es dringend erforderlich, dass wir uns unserer Verantwortung bewusst werden und die Herausforderung annehmen. ...

Nur wenn wir es schaffen, unsere Identität und unseren Glauben in dieser Gesellschaft zu wahren, können wir eine Bereicherung für diese Gesellschaft werden und Inschallah eine zentrale Führungsrolle in der Zukunft übernehmen. ...

Überall in diesem, unserem Lande, hört man etwas von einer moralischen Krise, von Werteverfall und Wertewandel. Immer wieder ist die Rede von „der Sinnkrise“ und allerorts wird über den Wert von Ethik diskutiert. ... Der Islam ist eine ganz konkrete Antwort und Lösung für die Probleme dieser Gesellschaft. ...

Die Zukunft des Islam in diesem, unserem Land, in Deutschland, gestalten wir; wir, die hier geboren und aufgewachsen sind, wir, die wir die deutsche Sprache sprechen und die Mentalität dieses Volkes kennen.

Entscheidend ist, dass wir in diesem Land unsere Religionsfreiheit haben (auch wenn wir sie sehr häufig vor Gericht erst erstreiten müssen) und dass es keinen Grund gibt, nicht aktiv an der Neugestaltung dieser Gesellschaft mitzuwirken. Ich glaube nicht, dass es unmöglich ist, dass ein Bundeskanzler im Jahre ... ein in Deutschland geborener Muslim ist, dass wir im Bundesverfassungsgericht einen muslimischen Richter oder eine muslimische Richterin haben, dass im Rundfunkrat auch ein muslimischer Vertreter sitzt, der die Wahrung der verfassungsmäßig garantierten Rechte der muslimischen Bürger sichert. ...

Dieses Land ist unser Land und es ist unsere Pflicht, es positiv zu verändern. Mit der Hilfe Allahs werden wir es zu unserem Paradies auf Erden machen, um es der islamischen Umma und der Menschheit insgesamt zur Verfügung zu stellen!“

Ibrahim El-Zayat (geboren 1968), ägyptisch-deutscher Funktionär islamischer Organisationen in Europa, 1996

Rathaus-These 77: Sie wollen unsere Identität rauben

Die Islam-Funktionäre wollen die Krise der deutschen und europäischen Identität für die Islamisierung ausnutzen, was völlig nachvollziehbar ist. Dagegen müssen wir uns wehren. Sie wollen unsere nationalen Identitäten rauben. Sie wollen unsere europäische Identität rauben. Angeblich wären sie, die europäischen Muslime, die ersten echten Europäer, weil sie die europäischen Nationalitäten unter der Scharia überwänden. Sie begründeten das neue, das muslimische EU-Volk, ohne nationale Schranken. Europa würde zur muslimischen Einwanderergesellschaft als europäischer Teil der islamischen Umma. Der Islam würde die Klammer werden, die einende Kraft, welche alle hier lebenden Menschen gleich welcher Abstammung auf dem europäischen Boden zusammenführt, im Gottesstaat Europa.

Rathaus-These 78: Islamische Apartheit untersagen!

Wehret den zunächst harmlos scheinenden Anfängen religiöser Apartheit! Die muslimischen Kriegs- und Wirtschaftsflüchtlinge dringen illegal in ein europäisches Land nach dem anderen ein und suchen sich aus, in Deutschland zu bleiben. Sie wollen verschleiert und getrennt von Nichtmuslimen und Männern in öffentlichen Bädern baden, sie verlangen nach eigenen Friedhöfen, separiert von den Falsch- und Ungläubigen. Sie wollen uns im eigenen Lande ausgrenzen und weiterleben wie in ihrem Mittelalter zuhause. Wir müssen solche Anmaßungen zurückweisen, begründet mit den bei uns für alle gleichermaßen geltenden Werten aus der Verfassung und dem Sittengesetz.

Rathaus-These 79: Islamische Verschleierungen verbieten

Was offenbarte Mohammed hinsichtlich der Bekleidungsvorschriften für Frauen? Sie sollen sich züchtig anziehen und ihre Reize und ihren Schmuck verbergen. Nur innerhalb der Familie können sie sich zeigen, wie sie sind.

> „O Prophet, sprich zu deinen Gattinnen und deinen Töchtern und den Weibern der Gläubigen, dass sie sich in ihren Überwurf verhüllen. So werden sie eher erkannt (als anständige Frauen) und werden nicht verletzt. Und Allah ist verzeihend und barmherzig." (Koran, 33: 59)

> „Und sprich zu den gläubigen Frauen, dass sie ihre Blicke niederschlagen und ihre Scham hüten und dass sie nicht ihre Reize zur Schau tragen, es sei denn, was außen ist, und dass sie ihren Schleier über ihren Busen schlagen und ihre Reize nur ihren Ehegatten zeigen oder ihren Vätern oder den Vätern ihrer Ehegatten oder ihren Söhnen oder den Söhnen ihrer Ehegatten oder ihren Brüdern oder den Söhnen ihrer Brüder oder den Söhnen ihrer Schwestern oder ihren Frauen oder denen, die ihre Rechte besitzt (Sklaven), oder ihren Dienern, die keinen Trieb haben, oder Kindern, welche die Blöße der Frauen nicht beachten. Und sie sollen nicht ihre Füße zusammenschlagen, damit nicht ihre verborgene Zierrat bekannt wird. Und bekehret euch zu Allah allzumal, o ihr Gläubigen; vielleicht ergeht es euch wohl." (Koran, 24: 31)

Im Islam gelten Frauen als unrein und minderwertig, ja als gefährlich für die öffentliche Moral, insbesondere der Männer. Sie sollen sich deshalb verstecken, im Haus. Und wenn sie doch einmal hinausgehen, müssen sie sich mit dunklem Stoff zuhängen. Muslimische Frauen sollen Trauerkleidung tragen, um abstoßend zu wirken. Kopftücher schon für Kindergarten- und Grundschulmädchen sind eine Frühsexualisierung der Kinder.

„Unverschleierte Frauen öffnen das Tor zum Bösen und zum Schlechten."

Abdel-Asis al-Scheich (geboren 1943), saudi-arabischer Geistlicher und Politiker, höchste islamische Autorität im Ursprungsland des Islams (Obermufti (der „Pabst") der sunnitischen Muslime), stellvertretender Justizminister und Präsident der Schariapolizei, 2004

Das islamische Kopftuch ist nicht nur einfach ein Kleidungsstück, sondern es ist, bei uns in der Öffentlichkeit getragen, Ausdruck einer willkürlichen Abgrenzung von unserer Zivilisation, Ausdruck des Nicht-Dazugehören-Wollens, ein religiöses und politisches Symbol, eine Art *„islamische Uniform"*. Die Muslima, die es trägt, besagt damit: Ich gehöre nicht zu euch Deutschen und Westlern, ich lebe in einer Parallelgesellschaft, ich verweigere mich der Integration, ich bekenne den Islam, die Scharia, ich will euch islamisieren. Dazu gebäre ich mehr Kinder als ihr, die ich alle islamisch erziehe.

Können wir ein solches islamisches Flaggezeigen einfach tolerieren? Nein. Das islamische Kopftuch und erst recht alle stoffreicheren islamischen Teil- und Ganzkörperverschleierungen gehören als Symbole einer menschenfeindlichen Ideologie durchwegs verboten.

Nationalsozialistische Symbole sind in Deutschland zu Recht bei Strafe verboten. Das muss zukünftig auch für andere faschistische Symbole gelten. Für rotfaschistische und islamofaschistische. Islamismus ist ein religiöser Faschismus, seine Symbole müssen geächtet werden. Unzweifelhaft gehört dazu die Fahne des IS, aber auch jede andere Form des islamischen Flaggezeigens.

Besonders in Westdeutschland hat sich eine kultur- und werterelativistische Multikulti-Verdummung breitgemacht, die zu einer Spaßgesellschaft führt, die nichts mehr ernst nehmen kann, die gar nicht mehr in der Lage ist, gefährliche Ideologien zu erkennen, geschweige denn Abwehrkräfte zu entwickeln. Sie ist leichte Beute für die Islamisten.

Der Islam kann in Europa nicht willkommen sein. Der Kopftuch-Islam ist als verfassungsfeindlich zu verbieten. Kopftuch-Muslimen stehen in Deutschland fünf Wege der Veränderung offen: Sie können sich zu „gemäßigten" Muslimen entwickeln, sie können Christen werden, sie können freigeistig spirituell werden, sie können Atheisten werden oder sie können bleiben wie sie sind und einfach auswandern. Wer Kopftuch-Muslim sein will, der ist unerwünscht und muss auswandern oder notfalls abgeschoben werden. Nikab und Burka dürfen nur noch Faschingskostüme sein.

> „Wenn die Frauen dasselbe Recht haben, als Personen in der Öffentlichkeit zu erscheinen, wie die Männer, dann müssen sie auf dieselbe Weise ihr Gesicht zeigen. Dann muss die Burka in Europa verboten werden. Das Verbot muss die Norm sein. Der Wert hinter der Norm ist die politische Gleichheit der Geschlechter. ...
>
> Amnesty International (AI) verteidigt das Recht jeder Frau, die Burka zu tragen. Diese Organisation bezieht eine menschenrechtsfeindliche Position, weil sie sich verirrt hat. AI hat die kulturelle Orientierung verloren, weil ihre Mitglieder vergessen haben, welcher Wert hinter der Norm des freien Gesichtes steht.“
>
> Prof. Dr. Egon Flaig (geboren 1949), deutscher Lehrer, Althistoriker und Philosoph, 2013

Unsere westliche Forderung kann deshalb nur lauten: Alle Muslimas aufklären statt verschleiern! In mehreren europäischen Ländern gibt es bereits Burkaverbote. Der Europäische Gerichtshof bestätigte deren Rechtmäßigkeit. Als eine Fraktion des deutschen Bundestages im Februar 2018 den Antrag einbrachte, auch in Deutschland die islamische Vollverschleierung zu verbieten – natürlich kam dieser Antrag von der AfD – waren alle anderen Fraktionen kategorisch dagegen. Frauen waren es, die für die Beibehaltung der Burka-Erlaubnis plädierten. So meinte Christine Buchholz von Der Linken, Frauen, die zur Verschleierung gezwungenen werden, würde ein Verbot nicht helfen, im Gegenteil, sie würden dann den letzten Rest ihrer beschränkten Freiheit auch noch verlieren und dürften gar nicht mehr aus dem Haus. Ebenso die Abgeordnete Katrin Helling-Plahr von der FDP: Männer, die ihre Frauen zur Verschleierung nötigen, hörten doch wegen eines staatlichen Verbots nicht auf damit. Und überhaupt, zu einer offenen Gesellschaft gehörten eben auch Burkas. Auch die SPD-Abgeordnete Esther Dilcher meinte, ein Verschleierungsverbot würde nicht helfen, im Gegenteil, in den Ländern mit Burka-Verbot gäbe es noch genauso viele Burka-Trägerinnen wie zuvor und die Terrorgefahr sei sogar noch gestiegen! Trotz des Burka-Verbots. Wer so argumentiert, wie diese Volksvertreterinnen, die glauben, das Richtige zu tun und die freie Gesellschaft zu verteidigen, hat die rechtsstaatliche Freiheit in Deutschland und in Europa bereits aufgegeben, ohne es zu merken. Wer ehrlich glaubt, ein Vollverschleierungs-Verbot würde den Frauen ein letztes Stück Freiheit wegnehmen, der muss dringend eine Selbstprüfung seiner Wertebindung vornehmen.

Rathaus-These 80: Islamische Verstümmelungen verhindern!

In einigen Ländern, insbesondere in muslimischen Ländern, werden Jungen und Mädchen genitalverstümmelt. Diese Praxis ist zwar vorislamisch, wurde aber vom Islam nicht untersagt, sondern wird durchaus weitergepflegt, weil sie zur Ideologie des Islams passt.

> „Die Beschneidung ist obligatorisch (für jeden Mann und jede Frau), indem man ein Stück der Haut auf der Eichel des Penis des Mannes entfernt, aber die Beschneidung der Frau besteht darin, ihr die Klitoris herauszuschneiden (dies nennt man Hufaad)." (Scharia-Handbuch: Das Vertrauen des Reisenden e4.3)

Besonders schlimm ist die Beschneidung der Mädchen. Die Idee der Genitalverstümmelung der Frauen stammt aus Schwarzafrika. Sie wurde von den Arabern übernommen und schon im Ägypten der Pharaonen praktiziert. So gelangte sie auch in den Islam. Die schafiitische Rechtsschule erklärt sie den muslimischen Frauen zur Pflicht, während die anderen sie empfehlen.

Obwohl die Frauen-Beschneidung oftmals bereits gesetzlich untersagt ist, sind beispielsweise 98 % der Frauen in Somalia und 87 % der Frauen in Ägypten trotz Verbots beschnitten. Diese tradierte und als islamisch aufgefasste Praxis hält sich zäh. Viele der zu uns aus Afrika und Arabien eingewanderten Frauen sind genitalverstümmelt. Wenn wir nicht eingreifen, geschieht ihren Töchtern und Enkeltöchtern das gleiche. Meist verreisen die Familien in den Ferien, um die Beschneidungs-Initiation vorzunehmen. Einige fahren dazu in ihre Heimatländer, andere suchen die einschlägigen Parallelgesellschaften in den westeuropäischen Großstädten auf, häufig in Paris oder Amsterdam.

Die Beschneidung der Mädchen wird vom Säuglingsalter bis ins Erwachsenenalter ausgeführt, meist kurz vor oder während der Pubertät, oft ohne Betäubung. Mit einem scharfen Gegenstand wird entweder nur die Klitorisvorhaut abgeschnitten oder auch die Klitoris herausgetrennt, oder es werden zusätzlich die inneren Schamlippen oder sogar noch die äußeren Schamlippen entfernt und schlimmstenfalls die verstümmelte Vulva bis auf ein kleines Abflussloch zugenäht. Manche Mädchen sterben nach der Tortur. Oft führt die Beschneidung zu schweren körperlichen und seelischen Qualen: Überlebende leiden an Infektionen, Inkontinenz, Blutungen, Blutstau bei der Menstruation, Schmerzen beim Sex, Unfruchtbarkeit,

Problemen beim Gebären, Angst- und Panikstörungen sowie Depressionen. Das Ziel der Verstümmelung ist es, den Frauen die sexuelle Lust zu nehmen, um ihre „Jungfräulichkeit" bis zur Ehe „zu bewahren" und in der Ehe ihre Treue wahrscheinlicher zu machen. Spaß am Sex haben sie kaum noch, ihr Lustempfinden ist stark eingeschränkt, also werden sie wohl kaum fremdgehen. Man redet ihnen ein, nur beschnitten seien sie richtige und zudem reine Frauen.

Dieses Verbrechen ist zu beenden!

Weltweit leben ca. 200 Millionen Mädchen und Frauen mit verstümmeltem Genital. In Deutschland sind es mindestens 65.000, Tendenz steigend. Und dass, obwohl bei uns 2013 die weibliche Genitalverstümmelung ein eigener Straftatbestand wurde (§ 226 a StGB) und mit Freiheitsstrafe von einem halben Jahr bis zu 15 Jahren geahndet werden kann. Die Verjährungsfrist beträgt 20 Jahre. Wichtig ist, dass auch im Ausland vorgenommene Genitalverstümmelungen strafbar sind. Aber haben Sie schon jemals von einer Verurteilung gehört? Nein, denn es gibt keine. Deutschland wendet auch hier seine Gesetze nicht an. Was für ein Rechtsstaat!

Die Beschneidungen erfolgen heimlich. Wichtig ist deshalb die Prävention! Wir müssen die verstümmelungswilligen Eltern aufklären, auch darüber, welche Strafen ihnen drohen. Nur dann nützt der Gesetzesschutz den Kindern. Aber dazu müssen die abschreckenden Strafen auch verhängt werden. Mehr als 13.000 Mädchen sind derzeit in Deutschland von ihrer Verstümmelung bedroht. Alarmstufe Rot ist angesagt, wenn afrikanische oder muslimische Schülerinnen von einem bevorstehenden Heimaturlaub mit einem großen Fest erzählen. Wahrscheinlich sollen sie verstümmelt werden. Oder zwangsverheiratet. Die deutschen Ärzte sind von ihrer Schweigepflicht entbunden und müssen das Jugendamt informieren, wenn sie mitbekommen, dass ein Mädchen gefährdet ist, auch Lehrer und Erzieher müssen aufpassen und das Jugendamt einschalten.

Und die Jungen? Wo bleibt eigentlich die Gleichberechtigung der Geschlechter? Auch die Genitalverstümmelung der Jungen muss gesetzlich verboten werden! Jede Form der Beschneidung ist gegen die Sexualität gerichtet, auch die der Jungen. Ohne Vorhaut liegt die Eichel stets frei und büßt an Empfindungsvermögen ein und die Selbstbefriedigung ist ohne Vorhaut schwieriger.

Nach dem ein Kölner Landgericht die religiöse Beschneidung männlicher Kinder als Körperverletzung und somit als strafbare Handlung eingestuft hatte, beschloss der Bundestag 2012 prompt ein Gesetz, um diese Praxis nachzulegalisieren. Buuh! Seither dürfen in Deutschland Jungen legal beschnitten werden. Religiös ausgebildete Beschneider dürfen Säuglingen in den ersten sechs Lebensmonaten die Vorhäute rauben, wenn sie dabei „die Regeln der ärztlichen Kunst" anwenden, auch wenn sie selber keine Ärzte sind. Es gibt aber keinen medizinisch oder ärztlich zu rechtfertigenden Grund, bei gesunden Säuglingen die Vorhaut zu amputieren.

Der Zusatzparagraph 1631 d des BGB, welcher die Beschneidung von Jungen erlaubt, verstößt gleich mehrfach gegen das Grundgesetz. Der Bundestag hat eine mehrfache Menschenrechtsverletzung legalisiert! Das darf nicht so bleiben, dieser Zusatzparagraph muss wieder gestrichen werden! Allen Eltern muss es, ohne Ausnahme, verboten sein, die Genitalien ihrer Kinder zu verstümmeln! Jedes Kind hat selbstverständlich das Recht auf körperliche Unversehrtheit und den Anspruch auf unseren fürsorglichen Schutz.

Als erstes trauen sich die Isländer, unsere Werte ernstzunehmen und zu verteidigen. Auf die Geschlechtsverstümmelung von Mädchen steht dort bereits eine Haftstrafe von bis zu 6 Jahren. Nun sollen auch die Jungen geschützt werden. Ein breites Bündnis von Parlamentariern aus Regierung und Opposition will das mit einem Gesetzesvorstoß erreichen. Die Beschneidung sei zwar eine sehr alte Tradition, verstößt aber gegen die UN-Kinderrechtskonvention. Das Recht aller Kinder auf körperliche Unversehrtheit ist höher zu bewerten als eine alte rituelle Praxis mancher Eltern. Mehr als 400 isländische Ärzte unterstützten das Gesetzesvorhaben mit einer Petition.

> „Je älter der Missbrauch, desto heiliger."
>
> Voltaire (François-Marie Arouet, 1694 - 1778), französischer Philosoph und Autor der Aufklärung

Die Debatte ruft natürlich heftige Kritik im „Lager der Abrahamiten" hervor. Die Europäische Rabbinerkonferenz ließ wissen: „Die Beschneidung ist ein wesentlicher Teil jüdischen Lebens und keine Instanz in der Welt kann Juden verbieten sie auszuführen." Es läuft wohl darauf hinaus, dass wir Gott bitten müssen, sich mit einer neuen Offenbarung zu melden und die Beschneidung zurückzunehmen. Oder wir setzen uns selber durch. Ähnliche Zurückweisung kommt selbstverständlich von den Muslimen und sogar die isländische evangelisch-lutherische Bischöfin stößt ins gleiche Horn: Die Religionsfreiheit dürfe nicht angetastet und beschnitten werden. Nur die Glieder der kleinen Jungen. Die Religionsfreiheit rechtfertige also die Beschneidung von unmündigen kleinen Kindern gegen deren Willen? Die Religionsfreiheit gelte nur für die Eltern, diese seien frei, ihre Kinder der eigenen Religion zu unterwerfen und dabei verkleinernd am Geschlecht zu verletzen?

Man stelle sich einmal vor, Gott offenbarte einer Glaubensgemeinschaft: Ihr müsst die Kinder *anderer Leute*, die Kinder der „Ungläubigen", beschneiden! Würde die Religionsfreiheit dieser Glaubensgemeinschaft dann bedeuten, dass sie unseren Kindern etwas antun dürfen?! Nun, im Falle von Adoptivkindern kann genau das geschehen!

Das Recht der Eltern, ihre eigenen Kinder sowie ihre Adoptiv- und Pflegekinder im Sinne ihres Glaubens zu erziehen, sei akzeptablen Religionen unbenommen. Das kann und will bei erlaubten Religionen niemand verhindern. Aber ein *Kinderverstümmelungsrecht* gibt es nicht, niemals, für *keine* Weltanschauung, auch nicht durch Gott befohlen, denn „Gottesrecht" ist nicht verbindlich. ***Kinder sind grundsätzlich vor religiöser Beschneidung zu schützen.*** Unsere Religionsfreiheit deckt solche traditionelle Praxis eben nicht! Denn nicht alles, was Religionen ihren Anhängern vorschreiben, ist unter den Menschenrechten auch praktizierbar. Wir haben das Recht und die Pflicht, die Gläubigen – und erst recht, solange sie noch Minderjährige sind – vor ihrem eigenen Glauben zu schützen, dort, wo er den Menschenrechten und Grundrechten zuwiderläuft. Wer sich als Erwachsener unbedingt genital verstümmeln will – bitteschön, aber Hände weg von den Kindern!

Die Beschneidung als Zeichen göttlicher Auserwähltheit, als Zeichen eines „privilegierten Bündnisses mit Gott", ist außerdem nichts anderes als religiöser Rassismus, der alle unbeschnittenen Weltbürger zu angeblich minderwertigen, gottverlassenen Menschen zweiter Klasse herabwürdigt, die im Falle des Islams obendrein im Auftrage Gottes gedemütigt, unterworfen, ausgebeutet oder getötet werden sollen. Unterm Strich steht: Die Theorie und Praxis der religiös motivierten Genitalverstümmelung ist *rassistische Körperverletzung*. Sie gehört deswegen gleich zweimal verboten.

Selbstverständlich sind auch alle anderen Verstümmelungen aus dem Strafarsenal der Scharia: Finger-, Hand- und Fußabhacken sowie Auspeitschen und Prügelstrafen, verboten.

Rathaus-These 81: Kinder und Frauen vor dem Islam schützen!

Der Islam unterdrückt die Frauen. Viele Muslimas dürfen kein Eigentum besitzen, müssen sich verschleiern und sich aus dem öffentlichen Leben fernhalten und haben zu heiraten, wann und wer ihnen bestimmt wird. Bei Zuwiderhandlungen droht vielen die Ermordung im Namen einer Familienehre.

In der Türkei ist jede vierte Ehe eine Kinderehe. In unserer freiheitlichen Gesellschaft können Menschen nur volljährig und freiwillig verheiratet sein. Kinder-, Zwangs- und Mehrehen sind in Deutschland verboten, das muss auch für solche gelten, die im Ausland geschlossen wurden. Sie müssen automatisch ihre Gültigkeit verlieren, sie dürfen weder toleriert noch nachlegalisiert werden.

> „Wenn türkische Eltern ihre minderjährigen Töchter zur Zwangsverheiratung in die Türkei schicken, muss man ihnen das Sorgerecht entziehen. Das ist eine Kindeswohlgefährdung, wie sie schlimmer nicht sein kann. Wir

können nicht akzeptieren, dass jemand zu uns kommt, mit einer Zwölfjährigen verheiratet ist und mit ihr Geschlechtsverkehr hat. Das ist in Deutschland verboten – das gilt für alle und jeden."

Wolfgang Kubicki (geboren 1952), deutscher Volkswirt, Jurist und Politiker (FDP), 2016

Muslimische Mädchen und Frauen haben einen männlichen Vormund und die Familienehre über sich. Eheschließungen sind eher Familiensache als Privatsache. Kinder- und Zwangsehen sind in muslimischen Kulturen deshalb leider weit verbreitet, sie gehören zum Sittengesetz des patriarchalen Jungfräulichkeitskults, der Frauenbeherrschung und der innermuslimischen Heirat. Im Koran heißt es zwar, dass die Frauen mit der Ehe einverstanden sein müssen, in der Praxis wird darauf oft keine Rücksicht genommen, da Mohammed, das große Vorbild, selbst Sklavinnen und ein Mädchen von 6 Jahren ehelichte und Sex mit ihr hatte, als es 9 war. Zwangs- und Kinderehen, also legalisierte Vergewaltigungen, werden deshalb auch islamisch begründet, sie werden nach Schariarecht geschlossen, sind also Teil der Islampraxis und somit des Islams.

Die Scharia bestimmt die Mädchen bereits ab ihrer Geschlechtsreife zu Frauen und zur Heiratsfähigkeit, da sie nun gebären können. Wenn ihnen ein Ehemann vorgestellt wird, gilt ihr Schweigen, Lachen oder Weinen bereits als Zustimmung zur Eheschließung. Eine akzeptierte Ablehnung setzt einen frühzeitigen, heftigen, lautstarken Protest voraus, was sich kleine muslimische Mädchen in ihrer Umgebung kaum trauen und ihrer Familie selten antun. Nach dem Vorbild Mohammeds betrug das gesetzliche Mindestalter für heiratsfähige Mädchen im Iran 9 Jahre, erst auf internationalen Druck hin wurde es auf 12 Jahre erhöht.

„Unsere Mütter und Großmütter heirateten, als sie kaum zwölf Jahre alt waren. Eine gute Erziehung macht ein Mädchen bereit, in diesem Alter alle ehelichen Pflichten zu erfüllen."

Abdel-Asis al-Scheich (geboren 1943), saudi-arabischer Geistlicher und Politiker, höchste islamische Autorität im Ursprungsland des Islams (Obermufti (quasi der „Pabst") der sunnitischen Muslime), stellvertretender Justizminister und Präsident der Schariapolizei, 2012

Abdel-Asis al-Scheich spricht sich gegen Zwangsehen, aber für Kinderehen aus. Als ob diese keine Zwangsehen wären! Der „Pabst" der anderen, der schiitischen

Muslime, Großayatollah Khomeini, schrieb den muslimischen Gläubigen nach dem Vorbild Mohammeds in seinem „Buch der Ehe" folgendes vor:

> „Es ist nicht erlaubt, Geschlechtsverkehr mit der Ehefrau vor der Vollendung ihres neunten Lebensjahres zu haben, sei die Ehe von Dauer oder befristet. Was die anderen Freuden angeht, wie das Berühren mit Lust, das Umarmen und den Schenkelverkehr, so ist dies kein Problem, selbst wenn sie noch ein Säugling ist."
>
> „Ein Mann kann sexuelles Vergnügen von einem Kind haben, das so jung ist wie ein Baby. Jedoch sollte er nicht eindringen; das Kind für Sexspiele zu gebrauchen ist möglich! Wenn der Mann eindringt und es verletzt, dann sollte er für sie sorgen ihr ganzes Leben lang. Dieses Mädchen gilt jedoch nicht als eine seiner vier dauerhaften Frauen."
>
> > Ayatollah (Ruholla Musawi) Khomeini (1902 - 1989), iranischer, islamischer und politischer Führer, Staatsoberhaupt (religiöser Diktator) des Irans, 1986

Wir müssen daraus Konsequenzen ziehen. Pflegekinder dürfen nicht in islamische Familien gegeben werden, weil eine islamische Erziehung dem Kindeswohl abträglich ist. Besonders Mädchen und Frauen müssen vor dem Islam geschützt werden, weil sie am meisten unter ihm zu leiden hätten.

> „1989 wurde die UNO-Kinderrechtskonvention abgeschlossen. ... In 54 Artikeln sind darin die Mindeststandards zum Wohle des Kindes bis zum Erreichen des 18. Lebensjahrs festgelegt. Diese Standards sind völkerrechtlich verbindlich.
>
> Kinder sind somit eigenständige Rechtssubjekte, die ernst zu nehmen und zu respektieren sind. Dass Kinder ein Recht auf Leben und Überleben, Kindeswohl, Nicht-Diskriminierung und so weiter haben, braucht hierzulande keinem speziell erläutert zu werden. Das war auch lange vorher schon klar. Im Gegenteil: Wir leisten uns mit Hunderten von privaten und staatlichen Beratungsstellen – sekundiert von der geballten Power der Frauenrechtsorganisationen – eine ausufernde Schutz- und oft Verunsicherungs-Industrie, die über Handbücher, Leitfäden, Aktionspläne, Präventionsmaterial und Schulungen alles dafür tut, die Kinder unserer Gesellschaft zu Subjekten der Dauergefährdung umzudeuten und Betreuende – allen voran die männlichen – in naturgemäß latent Übergriffige. ...
>
> In eklatanter Diskrepanz zu dieser krankhaft praktizierten Überbehütung und von Feministinnen, Kirchen und Kinderschützern mit dröhnendem

Schweigen kommentiert, stehen die UNICEF-Daten zur häufigsten Todesursache geschlechtsreifer minderjähriger Mädchen. Es ist nicht Krieg, Hunger, Unfalltod oder eine bestimmte Krankheit. Es sind Komplikationen bei der Geburt. Oder anders gesagt: Wenn der kleine Körper mit acht oder elf Jahren den Geschlechtsverkehr mit einem erwachsenen männlichen Exemplar der Schöpfungskrone muslimischen Glaubens überlebt, dann wird ihm nicht selten die buchstäbliche Zerreißprobe der Geburt zum Verhängnis. Manchmal sterben die Mädchen direkt bei der Entbindung. Andere bluten wochenlang, ohne dass medizinischer Rat oder gar Hilfe in Betracht gezogen wird.

In den meisten islamischen Ländern gibt es mittlerweile Gesetze, die die Ehe vor dem 16. Lebensjahr verbieten. Sie werden aber mitnichten eingehalten, und auf ihre Durchsetzung wird verzichtet. Die Tradition ist stärker; gegen Koran, Imame und Sitte haben abstrakte Rechtsnormen einen schweren Stand. Besser: keine Chance. Auch jene eines Gastlandes nicht. ...

Die Geschichten von Kindern zu lesen, die – sofern sie die Kraft dazu haben und nicht irgendwo allein auf einer dünnen Matratze verbluten – Putzmittel trinken, sich Schlagadern aufschneiden oder sich irgendwo hinunterstürzen, um Schmerzen, Schlägen und Schande zu entgehen, ist kaum zu ertragen. Aber es muss sein. Denn diese sogenannte „Kultur" ... wandert gerade in Europa ein. ...

Die Mädchen sind Eigentum des männlichen Teils ihrer Familien. Von ihrer Keuschheit hängt die Ehre der ganzen Sippe ab. Schutz brauchen nicht die Familien, sondern die Mädchen. Und zwar nicht Schutz vor Hunger und Kälte, sondern vor ihren muslimischen Glaubensbrüdern, die die brutale Vergewaltigungstradition des Islam gerne auch im Kollektiv pflegen. Ehe ist hier oft die einzige Möglichkeit, Kinder vor solcher Barbarei zu schützen.

Mit der ungebremst fortschreitenden Zuwanderung, dem Anwachsen von Parallelgesellschaften und der Aufgabe ganzer Stadtgebiete – in die schon vor Jahren zur Unterstützung der Polizei und zur Durchsetzung unserer Gesetze die Armee hätte reingeschickt werden sollen ... sind uns die Einwandernden voraus: In ihrer Realität sind unsere Frauen längst allesamt Huren, unsere Kinder kleine weiße Ungläubige. Was heute Einzelfälle sind ... wird sich bei sich verändernden Rahmenbedingungen zum Gebot mausern."

Monika Hausammann (geboren 1974), schweizerdeutsche Kolumnistin, 2016

Muslime fasten von Sonnenauf- bis -untergang. Wir müssen darauf drängen, dass Schulkinder nicht Fasten und nicht zum Fasten gezwungen werden. Sie sollen bei Kräften bleiben, leistungsfähig sein und ... lernen, lernen, lernen! Der real existierende Islam gefährdet akut, systematisch und in zunehmendem Maße das Kindeswohl in Deutschland. Dort, wo der Anteil der Muslime in Schulklassen und Stadtvierteln zur Mehrheit anwächst, kippt die Gesellschaft ins islamische Mittelalter, verflüchtigen sich der deutsche Staat und die europäische Kultur vor den zu uns „Geflüchteten". Die ersten Opfer sind die Frauen und Kinder, die sich dessen oftmals nicht einmal richtig bewusst werden.

Die Muslima ist zur Ehehure bestimmt. Der Mann hat sie mit allem Materiellen zu versorgen, was sie so braucht, im Gegenzug muss sie ihm zur freien Verfügung bereitliegen. Laut Scharia-Handbuch hat die Frau die Pflicht, ihrem Mann unverzüglich zu gestatten, mit ihr Sex zu haben, wenn er sie danach fragt und wenn sie zu Hause ist und es körperlich ertragen kann.

> „Das Ehegelübde, das am ehesten befolgt werden muss, ist das Recht des Ehemanns, sich an der Vagina seiner Ehefrau zu erfreuen." (Hadith Bukhari 7, 62, 81)

Weigert sie sich, trifft sie Allahs Fluch.

> „Wenn eine Frau sich weigert, dem Wunsch des Ehemanns nach Sex nachzukommen, dann werden die Engel sie die ganze Nacht lang verfluchen." (Hadith Bukhari 7, 62, 121)

> „Der Ehemann darf seiner Frau verbieten, das Haus zu verlassen. Aber wenn einer ihrer Verwandten stirbt, ist es besser, sie gehen zu lassen, damit sie ihre Familie besuchen kann." (Scharia-Handbuch, m0.4)

In der DDR war es verboten, das Land zu verlassen und in den freien „Westen" zu reisen – Es sei denn zur Beerdigung eines Verwandten.

> „Wir Moslems müssen anerkennen, dass Gewalt und Unterdrückung ein Produkt unseres Glaubens sind."
>
> Ayaan Hirsi Ali (geboren 1969), niederländisch-US-amerikanische Politikerin, Politikwissenschaftlerin, Frauenrechtlerin und Islamkritikerin somalischer Herkunft, 2006

„Drastischer als durch sexuelle Gewalt kann einer nicht die Sympathie der Gesellschaft, in der er lebt, verspielen. ... Es diskreditiert den Täter, es stellt ihn auf eine Stufe mit Dieben und Mördern. ... Ich will aber denen, die denken, dass Belästigungen für Frauen in der westlichen Welt aufgrund der sexuellen Freiheit normal seien, sagen, dass die Frauen hierzulande das keinesfalls so sehen. Und, dass sie es keinesfalls stillschweigend über sich ergehen lassen.

Sie werden nicht einfach beschämt weitergehen, so tun als sei nichts gewesen. So wie die Frauen es in vielen Heimatländern der Flüchtlinge tun, denn die herrschende Meinung macht die Frauen dafür verantwortlich, wenn sie belästigt werden. Frauen wird dort die Schuld gegeben, eine verbale Belästigung, ein Begrapschen oder auch eine Vergewaltigung wird als Folge ihres eigenen Fehlverhaltens gewertet: Die Frau hat sich falsch verhalten, sie war geschminkt, sie trug die falsche Kleidung am falschen Ort, heißt es oft. Ungeachtet dessen, dass auch verschleierte Frauen bedrängt werden.

In Syrien werden Frauen tagtäglich belästigt. Angefangen bei verbaler „Anmache“ über Diskriminierung bis hin zu sexueller Belästigung am Arbeitsplatz, auf den Straßen und selbst zu Hause im Kreise der Verwandtschaft. Das reicht bis zu Vergewaltigungen. Es gibt darüber keine Forschung in Syrien, keine Studien, keine Stellen, bei denen sich die betroffenen Frauen melden könnten. Trotzdem ist es so. Ich habe als Journalist in Syrien jahrelang zu Frauenrechten gearbeitet und häufig genug von solchen Fällen gehört.

Die Belästigungen auf der Straße gehen oft von Teenagern aus. Und je mehr die Frau sich dagegen wehrt, je mehr sie dem Angreifer droht, desto mehr stachelt sie ihn an. Wovon ich aber nicht gehört habe, das sind Fälle von gemeinschaftlicher und öffentlicher Nötigung. So ein Angriff würde in Syrien nicht nur einen Angriff auf die Persönlichkeit darstellen, sondern in der Vorstellung der allermeisten auch auf die moralischen Werte der Gesellschaft. ... Terroristen sind für mich nicht nur die Männer mit den Selbstmordgürteln, Terroristen sind auch die, die Frauen einschüchtern.“

Yahya Alaous, syrischer Journalist, flüchtete mit seiner Familie 2015 nach Deutschland, 2016

Diese „herrschende Meinung“, die Frauen für ihre Belästigung selbst verantwortlich zu machen, kommt vom Islam. Gemeinschaftliche, öffentliche sexuelle Nötigung westlicher Frauen ist eindeutig Dschihad. Darüber kann auch die Tatsache nicht hinwegtäuschen, dass es so etwas auch außerhalb des Islams gibt. Denn der

Islam ist wie eine „göttliche Schutzzone" für diese übelste Form des Patriarchats. Beide müssen fallen, der Islam und das Patriarchat. Es ist Dschihad, weil die Dschihad-Taktik zur Anwendung kommt, den gewaltsam unterworfenen Opfern selbst die Schuld zuzuschieben, damit sie ihre Opferrolle annehmen. Es ist Dschihad, weil über die Entehrung der europäischen Frauen die europäischen Männer gedemütigt werden sollen, gerade so, als wären unsere Frauen auch unsere Familienehre. Es ist Dschihad, weil die Moral der freien Europäer in den Dreck gezogen werden soll. Es ist Dschihad, weil Angst und Schrecken verbreitet werden sollen, um der Islamisierung den Weg zu ebnen.

Rathaus-These 82: Die Frauenbewegung muss aufschreien!

Wir sind Humanisten, aber der Humanismus ist in einer Krise und wird in dieser auch noch vom Islam angegriffen. Nirgendwo zeigt sich die Humanismus-Krise deutlicher als am Zustand des Feminismus, der sich verrannt hat und für eine geschlechtergerechte Sprache kämpft – jedem generischen Maskulinum (Kollektivbegriff) will er den Garaus machen und erfindet eine geschlechtsneutrale oder weibliche Variante hinzu – aber für die islamische Herausforderung stellt der Feminismus sich geradezu blind und schwärmt stattdessen von dessen kultureller Bereicherung. Über 200 Gender-Professoren allein in Deutschland „entdeckten" die Vielfalt der zahlreichen „sozialen Geschlechter" und „erforschen", wie sie gesellschaftlich „befreit" werden können.

Der Feminismus ist völlig abgerutscht; er haut sogar so weit daneben, wie es nur geht. Mit dem Gender-Gaga-Feminismus hat der alte Humanismus offensichtlich seine dekadente, absurde Spätphase erreicht. Es wird Zeit für einen humanistischen Neuanfang! Der Islam ist der eingedrungene Stachel, der ihn hervorrufen kann! Und muss.

Die Länder mit den höchsten Geburtenraten, mit Bevölkerungswachstum und allen sich daraus ergebenden Problemen, wie Armut, Vertreibung und Krieg, sind die Quellenländer der Massenmigration.

Kulturen, die ihre Frauen unterdrücken, haben die höheren Geburtenraten. Man könnte auch sagen, das Schicksal der Welt hängt von der Entscheidung dieser Frauen ab, die zumeist muslimisch sind. Wollen sie sich emanzipatorisch freimachen oder wollen sie sich den Männern und der Familie weiter unterordnen? Wollen sie weiter Allah gehorchen? Ihre Entscheidung stellt die Weichen für die Kulturgeschichte der Menschheit in den nächsten Jahrhunderten. Mehr als eine halbe Milliarde muslimische Frauen sind unterworfen. Laut Mohammed bestimmt Allah den Umgang der Männer mit den Frauen:

Durch den *„Frauen-Prügel“*-Vers:

> „Die Männer sind den Weibern überlegen wegen dessen, was Allah den einen vor den andern gegeben hat, und weil sie von ihrem Geld (für die Weiber) auslegen. Die rechtschaffenen Frauen sind gehorsam und sorgsam in der Abwesenheit (ihrer Gatten), wie Allah für sie sorgte. Diejenigen aber, für deren Widerspenstigkeit ihr fürchtet – warnet sie, verbannet sie in die Schlafgemächer und schlagt sie. Und so sie euch gehorchen, so suchet keinen Weg wider sie; siehe, Allah ist hoch und groß.“ (Koran, 4: 34)

Durch den *„Frauen-Missbrauch“*-Vers :

> „Eure Weiber sind euch ein Acker. Gehet zu euerm Acker, von wannen ihr wollt; aber schicket (etwas) zuvor für eure Seelen und fürchtet Allah und wisset, dass ihr ihm begegnen werdet. Und verkünde Freude den Gläubigen.“ (Koran, 2: 223)

Durch den *„Frauen-sind-regelmäßig-unrein“*-Vers:

Während der Monatsblutungen seien die Frauen *beschädigte*, unreine Menschen.

> „Und sie werden dich über die Reinigung befragen. Sprich: „Sie ist ein Schaden.“ Enthaltet euch daher eurer Weiber während der Reinigung und nahet ihnen nicht eher als bis sie rein sind. Sind sie jedoch rein, so suchet sie heim, wie Allah es euch geboten hat. Siehe, Allah liebt die sich Bekehrenden und liebt die sich Reinigenden.“ (Koran, 2: 222)

Durch den *„Alle Frauen-sind-Männerbesitz-und-unzüchtige-Frauen-ins-Verließ-*Vers:

> „Und wer von euern Weibern eine Hurerei begeht, so nehmet vier von euch zu Zeugen wider sie. Und so sie es bezeugen, so schließet sie ein in die Häuser, bis der Tod ihnen naht oder Allah ihnen einen Weg gibt.“ (Koran, 4: 15)

> „Vor dem Islam hatten sowohl der Mann als auch die Frau das Recht, sich scheiden zu lassen. Mit dem Islam wurden die Rechte der Frauen beschnitten. Seitdem ist das Scheidungsrecht einzig dem Mann vorbehalten. Ein ähnlicher Rückschritt wurde bei der Sexualität vollzogen. Früher war es der

Frau erlaubt, nicht nur in der Ehe Sex zu haben, sondern auch in einer unehelichen Beziehung. Mit dem Koran wurde dies unterbunden."

Hamed Abdel-Samad (geboren 1972), deutsch-ägyptischer Politikwissenschaftler, Islamkritiker und Autor, 2015

Durch den *„Frauen-sind-zu versteckende-Sexobjekte"*-Vers:

„Und sprich zu den gläubigen Frauen, dass sie ihre Blicke niederschlagen und ihre Scham hüten und dass sie nicht ihre Reize zur Schau tragen, es sei denn, was außen ist, und dass sie ihren Schleier über ihren Busen schlagen und ihre Reize nur ihren Ehegatten zeigen ... ." (Koran, 24: 31)

Durch den *„Frauen-sind-zu-verhüllen"*-Vers:

„O Prophet, sprich zu deinen Gattinnen und deinen Töchtern und den Weibern der Gläubigen, dass sie sich in ihren Überwurf verhüllen. So werden sie eher erkannt und werden nicht verletzt. ..." (Koran, 33: 59)

Durch den *„Aussagen-von-Frauen-gelten-höchstens-halb-so-viel"*-Vers:

„... und nehmet von euern Leuten zwei zu Zeugen. Sind nicht zwei Mannspersonen da, so sei es ein Mann und zwei Frauen, die euch zu Zeugen passend erscheinen, dass, wenn die eine von beiden irrt, die andere sie erinnern kann. ..." (Koran, 2: 282)

Durch den *„Frauen-erben-nur-die-Hälfte"*-Vers:

„Allah schreibt euch vor, hinsichtlich eurer Kinder, dem Knaben zweier Mädchen Anteil zu geben. Sind es aber (nur) Mädchen, mehr als zwei, sollen sie zwei Drittteile der Hinterlassenschaft erhalten. Ist's nur ein Mädchen, soll sie die Hälfte haben. ... ." (Koran, 4: 11)

„Frauen erben nur die Hälfte, ihre Aussage ist nur etwas wert, wenn Männer diese bestätigen, sie haben sich den Männern völlig unterzuordnen, sie müssen sich mit Nebenfrauen abfinden, sie dürfen geschlagen und gesteinigt werden."

Angelika Barbe (geboren 1951), deutsche Biologin und Politikerin (CDU), DDR-Bürgerrechtlerin, Mitbegründerin der SPD in der

DDR, ehem. Mitglied der Volkskammer, ehem. Mitglied des Bundestages (SPD), 2016

Die Muslime besitzen die Frauen als eine Art persönliches oder familiäres Eigentum, als Sexbeute. Während seiner letzten Wallfahrt nach Mekka hielt Mohammed eine Ansprache, die den Muslimen als sein Vermächtnis gilt. Darin sagte er:

> „Die Frauen sind bei euch wie Kriegsgefangene, die über nichts aus eigener Macht verfügen. Ihr aber habt sie von Allah zu treuen Händen erhalten, dank seinem Wort verfügt ihr über ihre Scheide."

Die Frauenbewegung aber scheint komplett zu versagen. Wo ist der Aufschrei zur Befreiung der Muslimas? Das Schweigen der meisten Feministinnen kann nur in unterwürfiger Angst, im Dhimmi-Zustand, begründet sein. Die Frauenbewegung, scheint es, muss sich erst selbst daraus befreien. Sie muss mutig erwachen und gegen die Unterwerfung aufbegehren, beginnend bei uns im Westen. Sodann muss sie sich von der westlichen in die muslimisch-patriarchale Welt verlagern, dort wartet eine wirklich große Aufgabe auf sie. Dort wird sie dringend gebraucht! Liebe Frauenrechtlerinnen, werdet endlich eurer Menschheitsaufgabe gerecht! Ihr könnt gleich vor Ort mit den zugewanderten Muslimas anfangen. Erzieht sie um! Erst sie, dann die Männer. Macht die Muslimas zu Ex-Muslimas und zu Frauenrechtlerinnen! Das ist der beste Weg in die Aufklärung und in die Moderne.

> „Die Leute, die hier sind, müssen umerzogen werden. Die Deutschen waren 1945 mehrheitlich Nazis. Hitler hat mit der Zustimmung der Mehrheit der Deutschen regiert. Die Deutschen wurden vom Westen umerzogen zu Demokraten. Ich verlange eine Umerziehung für die Migranten aus der Welt des Islams: eine Umerziehung aus der patriarchalischen Kultur hin zur Demokratie. ...
>
> Die Deutschen denken, alles könne per Gesetz geregelt werden, das ist Teil ihres obrigkeitsstaatlichen Denkens. Das ist Teil des deutschen Sonderwegs. Wertevermittlung ist aber eine gesellschaftliche Aufgabe."

Prof. Dr. Bassam Tibi, (geboren 1944), syrisch-deutscher Politikwissenschaftler, Autor, säkularisierter sunnitischer Muslim, 2016

Neben jede verschleierte Muslima im Straßenbild gehörte eine barbusige Femen-Aktivistin, um zwischen diesen sinnbildlichen Extremen erahnen zu lassen, was wirklich normal ist! Praktischerweise müssen wir die Söhne und Töchter muslimischer Einwanderer ihren muslimischen Herkunftskulturen gezielt entfremden und sie in unserer Moderne heimisch werden lassen. – Wenn sie hier leben wollen.

> „Die Mutter trägt ein Kopftuch und einen Mantel, der ihre Silhouette verdeckt. Neben ihr trägt die Tochter Jeans und unter ihrem bunten Kopftuch lässt sich eine dreistufige Haarfrisur ahnen, noch dazu ist sie wie Scheherazade geschminkt, alles verbotene Dinge im Islam. So haben wir auf der einen Seite einen Islam, der die Weiblichkeit unterdrückt und auf der anderen Seite eine Weiblichkeit, die den Islam sprengt."
>
> Dr. Ralph Ghaban (geboren 1949), libanesisch-deutscher Islamwissenschaftler, 2015

Ihr freien Frauen in der modernen Welt, sprengt den Islam! Die ganze Menschheit zählt auf euch. Ihr seid die stärkste Kraft am schwächsten Punkt des islamischen Totalitarismus. Muslimas, die zu Ex-Muslimas werden, sie werden die Erlösung sein. Ihr westlichen Frauenrechtlerinnen, helft ihnen dabei!

Die Italienerin Oriana Fallaci war eine überaus mutige, streitbare Frau und international renommierte Journalistin. Sie durfte als erste Frau aus dem Westen 1979 mit dem Führer der islamischen Revolution im Iran, Ayatollah Khomeini, sprechen. Während des Interviews riss sie sich die verordnete Verschleierung vom Leib mit den Worten: „Ich nehme den Tschador ab, der für mich ein dummer Lumpen aus dem Mittelalter ist." Das Gespräch wurde unterbrochen; geblieben ist ihr starker Auftritt, ihre klare Haltung, ihr entschiedener Protest. Sie demaskierte bis zuletzt die Islamisierung des Westens.

> „Europa ist nicht mehr Europa, es ist „Eurabien", eine Kolonie des Islam, wo die islamische Invasion nicht nur physisch voranschreitet, sondern auch auf geistiger und kultureller Ebene. Unterwürfigkeit gegenüber den Invasoren hat die Demokratie vergiftet, mit offensichtlichen Konsequenzen für die Gedankenfreiheit, und für das Konzept der Freiheit selbst."
>
> „Kein die Freiheit abwürgendes Gesetz wird jemals bestreiten können ... dass in der Europäischen Union die muslimischen Neugeborenen jährlich zehn Prozent ausmachen, in Brüssel dreißig Prozent, in Marseille sogar sechzig Prozent."
>
> Oriana Fallaci (1929 - 2006), italienische Journalistin und Autorin, 2005, 2004

Sie erhielt Morddrohungen von islamischen Organisationen. Der Präsident der Muslimischen Union Italiens verklagte sie wegen Religionsverunglimpfung und rief zur Gewalt gegen sie auf. Ihr drohte eine zweijährige Haftstrafe. Sie aber sagte: „Ich werde die Richter nicht mit meiner Präsenz beehren, das hier ist eine inakzeptable, unzulässige, unverzeihliche Causa. Schämt euch!“

Die Gemeinde Oppeano am Gardasee würdigte ihre Arbeit und ihren selbstbewussten Widerstand, sie kaufte für 70.000 Euro das Grundstück eines bis dahin als Moschee genutzten Gebäudes, riss das Haus ab und benannte den Platz nach ihr: Piazza Oriana Fallaci.

Der *Schlüssel zur De-Islamisierung sind die Frauen,* denn sie erziehen ihre Kinder, ihre Töchter – entweder zur Freiheit – oder zur Unterwerfung!

Rathaus-These 83: Keine islamischen Siegessäulen zulassen!

Moscheen sind nicht einfach „islamische Kirchen“ und Minarette sind nicht einfach „islamische Kirchtürme“, obwohl es auf den ersten Blick genau so aussieht. Moscheen sind Versammlungsräume für alle Angelegenheiten des Lebens von Muslimen. Sie sind weltlicher als Kirchen. Während die christlichen Kirchtürme den Blick der Menschen auch gen Himmel erhöhen sollen, blicken die Minarette nur von oben herab und befehlen: Unterwirf dich!

Die ersten Moscheen hatten noch keine Minarette. Erst als durch den „heiligen Krieg“ christliche Kirchen erbeutet und zu Moscheen umgestaltet wurden, kamen die Minarette in Mode. „Minarett“ heißt „Leuchtturm“. Diese Ziertürme sind zu islamischen Herrschaftssymbolen geworden, zu „Gipfeln“ ihrer Macht und zu Siegessäulen ihrer Landnahme. Diese himmelsschreienden Zierspieße sind auch phallische Symbole des überaus bedrückenden Herrschaftsanspruches über alle Frauen dieser Welt.

In einer Volksabstimmung entschieden die Schweizer Bürger 2009 mehrheitlich, gegen den erklärten Willen ihrer beiden Parlamentskammern und ihrer Regierung, ein Minarettverbot in die Verfassung aufzunehmen. Es sollen keine weiteren Minarette in der Schweiz mehr gebaut werden dürfen.

> „Hinter dieser Minarett-Abstimmung steckt natürlich viel mehr: nämlich das ganze Unbehagen! Das Unbehagen an den Gottesstaaten und ihren Steinigungen und Selbstmordattentaten. Das Unbehagen an der (Zwangs)Verschleierung von Frauen sogar mitten in Europa. Das Unbehagen an der Zwangsverheiratung von hierzulande aufgewachsenen Töchtern und Söhnen. Das Unbehagen an der statistisch nachweisbaren höheren Gewalt in traditionellen muslimischen Familien. Das Unbehagen an der Relativierung

von Emanzipation und Rechtsstaat, ja der ganzen Demokratie – und das im Namen „anderer“ Sitten und eines „wahren Glaubens“. Kurzum: Die Sorge um die in den letzten 200 Jahren so mühsam und blutig erkämpften Menschenrechte im Westen.

Über dieses Unbehagen muss endlich öffentlich geredet werden! Von Journalisten wie Politikern, hinter deren angeblicher „Toleranz“ gar zu oft ganz einfach Angst steckt: Angst vor Kontroversen, Angst vor gewalttätigen Islamisten und, last but not least, Angst vor wirtschaftlichen Einbußen.

Die Debatte lässt sich nicht länger gewaltsam unterdrücken. Umfragen belegen: Die Mehrheit der Europäer (55 Prozent) sieht im Islam heute eine „Religion der Intoleranz“. Und 78 Prozent stimmen dem Satz zu: „Die muslimischen Ansichten über Frauen widersprechen unseren Werten.“““

Alice Schwarzer (geboren 1942), deutsche Journalistin und Frauenrechtlerin, 2010

Rathaus-These 84: Keine islamischen Bestattungen!

Der Islam baut durch und durch auf Angst. Diese Ideologie lehrt, dass alle Menschen gewissermaßen lebendig begraben werden – außer den islamischen Märtyrern und all ihren Unterstützern – und bei schmerzlichem Bewusstsein im Grab liegen müssten bis zum Jüngsten Tag; alle, auch wir „Ungläubigen“. Die Seelen der Menschen befänden sich in ihren Gräbern wie Gefangene, während ihre Körper zerfallen. Nach islamischem Glauben befragten die schwarzen Todesengel Munkar und Nakir, das „Negative“ und das „Verwerfliche“, die Toten schon in ihren Gräbern nach ihrer Religion. Auf „falsche“ Antworten folgten sofortige Peinigung und später, ab dem Gerichtstag, ewige Höllenqualen.

„Der Prophet sagte: „Wenn ein Mensch ins Grab gelegt wird und sich seine Begleiter kaum entfernt haben – so dass er noch immer ihre Schritte hören kann – kommen bereits zwei Engel zu ihm und gebieten ihm zu sitzen. Sie fragen ihn: „Was pflegtest du über diesen Mann Mohammed zu sagen?“ Er wird antworten: „Ich bezeuge, dass er Allahs Sklave und sein Gesandter ist.“ Dann wird ihm gesagt werden: „Schau deinen Platz im Höllenfeuer an. Allah hat dir statt dessen einen Platz im Paradies gegeben.“ Der Prophet ergänzte: „Dem Toten werden beide Plätze gezeigt werden. Aber ein Ungläubiger oder ein Heuchler wird den Engeln antworten: „Ich weiß nicht, ich sage das, was die Leute sprachen.“ Es wird ihm gesagt werden: „Du hast weder gewusst, noch hast du die Rechtleitung durch den Koran an-

> genommen.“ Dann wird ihm mit einem Eisenhammer zwischen die Ohren (auf den Schädel) geschlagen werden, und er wird schreien und seine Schreie werden von allen gehört werden, die sich ihm nähern, außer sie seien Menschen oder Dschinn.“ (Hadith Bukhari V2 B23 N422)

Mohammed behauptete, er könne die Grabesschreie hören. Der saudi-arabische und internationale, hochrangige islamische Großgelehrte, Scheich Abdul Aziz ibn Baz (1912-1999), erklärte in einer Fatwa: „Die Seele des Verstorbenen wird wiederhergestellt ... Das Leben des Verstorbenen im Grab ist anders als das Leben in dieser Welt ... wo er Essen, Trinken etc. benötigt. Es ist eine besondere Lebensform, wobei er die Fragen und Antworten verstehen kann, sodass die zwei Engel ihn fragen: „Wer ist dein Herr? Was ist deine Religion? Wer ist dein Prophet?“

Der Gläubige wird sagen: „Mein Herr ist Allah, Islam ist meine Religion und Muhammad ist mein Prophet.“ ... Es wird gesagt werden: „Wir wussten, das du ein Gläubiger warst.“ Dann wird ein Tor des Paradieses für ihn geöffnet und er wird Ruhe, Fürsorge und Segen empfinden. Es wird gesagt werden: „Dies ist dein Platz, bis Allah dich dafür auferweckt.“ Und ihm wird sein Platz in der Hölle gezeigt und es wird zu ihm gesagt werden: „Dies wäre dein Platz gewesen, wenn du nicht an Allah geglaubt hättest, doch jetzt hat Allah dir Zuflucht davor gewährt und du gelangst ins Paradies.“

Was den Kafir anbelangt, so wird er ... sagen: „Oh, oh, ich weiß es nicht. ...“ Daraufhin wird er mit einem eisernen Stab geschlagen und er wird einen Schrei ausstoßen, der von allen gehört werden kann, außer ... den Menschen und den Dschinn; die Tiere werden ihn hören. Dann wird ein Tor der Hölle für ihn geöffnet und sein Grab wird beengt, bis seine Rippen sich verbiegen und sein Grab wird wie eine der Höhlen der Hölle. Ein Tor der Hölle wird für ihn geöffnet und er wird ihre Hitze und Qual spüren. Es wird gesagt werden: „Dies ist dein Platz, bis Allah dich dafür auferweckt.“ Dann wird ein Tor des Paradieses für ihn geöffnet, ihm wird sein Platz im Paradies gezeigt und es wird zu ihm gesagt: „Dies wäre dein Platz gewesen, wenn Allah dich rechtgeleitet hätte.“ ...

Die Qual oder der Segen wird dem Körper ebenso wie der Seele im Grab widerfahren und außerdem im Jenseits, entweder im Paradies oder in der Hölle.“

Scheich Abdul Aziz ibn Baz, dieser hochangesehene Großgelehrte, schrieb auch eine „Abhandlung über die textlichen und rationalen Beweise für die Rotation der Sonne, die Bewegungslosigkeit der Erde und die Möglichkeit des Aufstiegs zu anderen Planeten.“ Sprich, er hatte keine Ahnung von der Wirklichkeit, er glaubte, die Sonne drehe sich um die Erde und er glaubte an all die anderen frühmittelalterlichen, religiösen Märchen des Islams.

Muslime müssen an diese Grabesqualen glauben. Diesen bösen Aberglauben können wir nicht einfach gewähren lassen. Wir müssen widersprechen und diese unaufgeklärten Menschen auf die Wahrheit hinlenken.

Verstorbene Muslime sollen binnen 24 Stunden begraben werden, das deutsche Bestattungsgesetz erlaubt die Bestattung aber frühestens 48 Stunden nach dem Todeseintritt. Muslime werden auf der rechten Seite liegend, mit dem Gesicht nach Mekka, bestattet, um am „Jüngsten Tag“ so aufzuerstehen. Die Leichen dürfen nur in einem weißen Leinentuch in die Erde gelegt werden, nicht in einem Sarg. Verbrennen geht natürlich auch nicht. Die Erde muss „jungfräulich“ sein, d. h., dort darf noch niemand vorher beerdigt worden sein, schon gar kein „Unreiner“. Wo ein Muslim begraben liegt, kann nie wieder jemand begraben werden. Islamische Friedhöfe sind für die Ewigkeit angelegt.

Einige deutsche Friedhöfe haben die Sargpflicht für Muslime bereits ausgesetzt und die Bestattung im Leinentuch erlaubt. Das ist nicht richtig. Unsere Gesetze gelten für alle Menschen in Deutschland. Vor dem Gesetz hat jeder gleich zu sein, auch als Leiche. Kein Muslim ist gezwungen, in Deutschland zu leben und sich in deutscher Erde begraben zu lassen.

Während die Muslime und ihr Prophet uns alle entwürdigen und in Ewigkeit verdammen, beugen wir unsere Gesetze und machen ihnen Platz in unserem Land, sogar ihren Verstorbenen, auf Ewigkeit, um ihrem Aberglauben und ihrem Dünkel entgegenzukommen. Das kann niemals richtig sein! Das ist irre.

Bei einer muslimischen Beerdigung sprechen die anwesenden Muslime 41 mal hintereinander die 112. Sure – nur Männer sind zugelassen, denn die Scharia verbietet Frauen die öffentliche Totenklage. Mohammed offenbarte: Betet nicht für die Ungläubigen, auch wenn es eure Angehörigen sind, sie sind unwürdig und müssen in die Hölle.

> „Und nimmerdar bete über einen von ihnen, wenn er starb, und stehe nicht bei seinem Grabe. Siehe, sie glaubten nicht an Allah und seinen Gesandten und starben als Frevler.“ (Koran, 9: 84)

> „Nicht kommt es dem Propheten und den Gläubigen zu, für die Götzendiener um Verzeihung zu bitten, und wären es auch Angehörige, nachdem ihnen deutlich kundgetan, dass sie des Höllenpfuhls Gefährten sind.“ (Koran, 9: 113)

Für solche Verächtlichkeiten darf bei uns kein Platz sein, auch nicht auf den Friedhöfen. Schon gar nicht darf es „islamische Friedhöfe oder Friedhofsbereiche“ in Deutschland geben, wo kein anderer Mensch begraben liegen darf. Religiös-rassistische Apartheit ist durch das Grundgesetz verboten.

Rathaus-These 85: Keine religiöse Tierquälerei mehr!

Das rituelle Schlachten von Tieren bei vollem Bewusstsein und Schmerzempfinden, das Schächten, haben die Muslime von den Juden übernommen. Angeblich würde durch eine vorherige Betäubung das Fleisch unbrauchbar. Die Tiere werden nicht einfach nur für den Verzehr geschlachtet, nein, sie werden *rituell geopfert*, sie müssen deshalb „rein" sein, unverletzt und bei vollem Bewusstsein, eine Betäubung käme einer Verletzung und damit einer Entweihung gleich. Während des Schächtens wird Gott bzw. Allah angerufen.

Mit einem rasierklingenscharfen Schächtmesser wird den Opfertieren in einem Zug der Hals aufgeschnitten, quer durch die Halsunterseite. Dabei werden die Luftröhre, die Speiseröhre und die großen Blutgefäße durchtrennt. Das Tier verblutet langsam und erstickt an seinem eigenen Blut, während es über den Nacken versorgt, bei Bewusstsein bleibt, bis es schließlich verendet. Der qualvolle Tod des Tieres kann ab langen 10 Sekunden nach dem Aufschlitzen eintreten. Bei Kühen kann es schon mal länger dauern, sie können bis zu 47 Sekunden lang noch die Kraft haben, Fluchtversuche zu unternehmen, indem sie versuchen, wieder aufzustehen. Mitunter dauert der Todeskampf mehrere Minuten lang.

Die Opfertiere sollen bei Bewusstsein ausbluten. Blut ist den Juden und den Muslimen als Speise verboten und sie glauben, dass es nur heraustritt, solange das Tier alles mitbekommt. Das ist Unsinn, ein betäubtes Tier blutet genauso stark aus wie ein unbetäubtes. Außerdem: Niemals verlässt alles Blut den Körper, ein Teil bleibt stets zurück, kapillar festgesaugt in den Blutgefäßen. Man denke nur an ein blutig gebratenes Stück Fleisch.

> „Verboten ist euch der Genuss von Verendetem, Blut, Schweinefleisch und dem, worüber ein anderer Name als Allahs angerufen worden ist, und der Genuss von Ersticktem, Erschlagenem, zu Tode Gestürztem oder Gestoßenem, und was von einem wilden Tier gerissen worden ist – außer dem, was ihr schlachtet – und verboten ist euch, was auf einem Opferstein geschlachtet worden ist, und mit Pfeilen zu losen." (Koran, Sure 5: 3)

Während der langen Geschichte der Alt-Steinzeit jagte der Mensch Tiere und aß sie, sah in ihnen aber brüderliche Mitgeschöpfe oder gar Tiergötter, welche mit einem gewissen Respekt und mit Dankbarkeit zu behandeln waren. Als in der Jung-Steinzeit Ackerbau und Viehzucht aufkamen, veränderte sich das Verhältnis der Menschen zu den Tieren. Die Menschen hatten jetzt große Macht über ihre Nutztiere bekommen. Das spiegelte sich auch im „abrahamitischen Monotheismus" wider. Gott wurde nun gedacht als der Oberhirte und die Menschen als seine Schafherde, denen er willkürlich befahl, während die Menschen selbst die Hirten ihrer

Weidetiere waren, Herren auf Leben und Tod über das Vieh. Der gewaltige Gott hatte die Menschen zu Herren über die Tierwelt bestellt:

> „Eure Furcht und euer Schrecken soll auf alle Tiere des Landes und auf alles Geflügel des Himmels kommen. Alles, was auf Erden sich bewegt, und alle Fische des Meeres sind in eure Gewalt gegeben. ... Doch Fleisch, worin das tierische Leben, nämlich Blut ist, sollt ihr nicht essen." (1. Buch Mose, Tora, Altes Testament)

> „Nur halte fest daran, kein Blut zu essen! Denn das Blut ist die Seele, und du sollst nicht die Seele mit dem Fleisch essen. Du sollst es nicht essen; auf die Erde sollst du es gießen wie Wasser." (5. Buch Mose, Tora, Altes Testament)

Gott gab den Menschen nur die Körper der Tiere zur Speise, nicht die Seelen, die gehörten weiterhin ihm. Die Menschen dachten damals, im Blut stecke die Seele – denn wenn es herausläuft, verlässt die Seele, das Leben, ja den Leib. Diese Fehlinterpretation führte zu dem Verbot, Blut zu essen – aus reinem Aberglauben heraus. Das Blut hat nämlich mit der Seele nichts mehr zu tun als jedes andere lebenswichtige Organ. Es ist nur Blut.

Der Mensch ist zwar ein Allesesser, aber Aas verträgt er nicht, davon holt er sich eine Lebensmittelvergiftung, weshalb auch Aas, also verendete Tiere, tabu sind. Nur lebende Tiere wurden den Göttern, später dem Eingott, geopfert, ihr Fleisch anschließend gegessen. Religiöse Opferfeste sind Schlachtfeste, da gibt es ordentlich Proteine, zur Stärkung des Glaubens und des Leibes, denn gutes Essen hält bekanntlich Leib und Seele zusammen. Das Schlachten wurde deshalb rituell überhöht: Die Opfertiere müssen frei von sichtbaren Krankheiten, sie müssen „rein" sein, auch frei von irgendwelchen Verletzungen. Von jeher glaubten die Menschen, dass all das, was sie sich einverleibten, ein Teil von ihnen würde und die Eigenschaften des Gegessenen auf sie übergingen. Der rituelle Kannibalismus hatte zum Ziel, den verstorbenen Angehörigen in sich weiterleben zu lassen oder die Kraft und den Mut des besiegten Feindes zu erlangen. Du bist, was du isst.

Das christliche Abendmahl ist die stilistisch am weitesten hochritualisierte Form dieses kannibalistischen Aberglaubens, bei welchem eine innige Verbindung zum menschgewordenen Gott hergestellt werden soll, nämlich in dem der Gläubige von ihm isst: eine Oblate als das Fleisch, ein Schluck Rotwein als das Blut von Jesus. Manche Christen glauben, dass sich bei diesem Ritual die Oblate wirklich in das Fleisch und der Rotwein wirklich in das Blut von Jesus verwandelt, durch ein Wunder.

„Alles, was gespaltene Hufe, und zwar ganz gespaltene Hufe hat, und wiederkäut unter den Tieren, das sollt ihr essen. ... Und das Schwein, denn es hat gespaltene Hufe, und zwar ganz gespaltene Hufe, aber es wiederkäut nicht: Unrein soll es euch sein. Von ihrem Fleische sollt ihr nicht essen und ihr Aas nicht anrühren: Unrein sollen sie euch sein.“ (3. Buch Mose, Tora, Altes Testament)

Warum dürfen die Juden und die Muslime keine Schweine essen? Weil sie sonst selber „schweinisch“ würden, glauben sie. Oder einfach, weil Gott es so bestimmt hätte:

„Eine dieser Wenigkeiten, die unsere Religion untersagt, ist der Verzehr von Schweinefleisch. Wir sind Diener und Untertanen des Schöpfers, es steht uns also nicht zu, den majestätischen Willen des Schöpfers zu hinterfragen oder zu kritisieren. Für uns ist also etwas dadurch verboten, dass es als verboten deklariert wurde. Der Schöpfer des Universums muss uns nicht erst um Erlaubnis bitten oder mit uns verhandeln. Unser Schöpfer deklariert aber Gebote und Verbote nicht willkürlich. Vielmehr sind in ihnen immer unendliche Weisheiten und Gnaden verborgen.“

Selam & Dua, (Internet) 2011

Diese „unendlichen Weisheiten und Gnaden“ werden im Nachhinein doch mit profanen „Argumenten“ unterfüttert, die man zu einem einzigen zusammenfassen kann: Schweinefleisch sei ungesund. Deshalb hätte Allah den Verzehr verboten. Aber wie war es wirklich, wie kamen die Schweine in Verruf? Nun, sie wühlen im Dreck, sie machen sich schmutzig und bieten sich deshalb für einen schmählichen Vergleich an: Du bist wie ein Schwein! Unrein!

Religiöse Speiseverbote betreffen immer nur solche Speisen, die auch tatsächlich gegessen wurden zu der Zeit, als das Verbot aufkam. Den Juden benachbart lebte das Volk der Philister. Diese waren den Juden technisch überlegen, lebten in Städten und betrieben Seehandel. Die Philister waren der bedrohliche Feind, der feuchtfröhliche Feste feierte und neben anderen Haustieren auch häufig Schweine aß. Die Juden aßen weniger Schweine und konnten sich auch weniger davon leisten, weil ihre karge Heimat das Futter nicht hergab. Schweine waren Nahrungskonkurrenten für die Menschen, genügsame Weidetiere hingegen die Fleischlieferanten der ersten Wahl für das Volk der Juden. Die unbeliebten Philister, die „unreinen Schweinefresser“, benahmen sich wohl wie die Schweine, jedenfalls war ein „Schweinefleischverbot“ – von Gott empfangen, ein hervorragend geeignetes Signal, sich eine neue, eigene, bedeutsame Identität zu geben, sich zu einer Gemeinschaft Gleichgesinnter, „religiös Reiner“ zusammenzufinden und sich gegenüber allen anderen, den „Unreinen“, als vermeintlich höherwertig abzugrenzen. Alle „Schweinefresser“ wurden als moralisch minderwertig ausgegrenzt, ob sie nun Jude oder Philister waren.

Möglicherweise steckt aber auch noch ein anderer Gedanke dahinter. Von Kannibalen wissen wir, dass Menschenfleisch ähnlich wie Schweinefleisch schmecken soll. Es könnte also ursächlich auch das Verbot von Menschenopfern hinter dem Schweinefleischverbot gestanden haben. Zubereitetes Opferfleisch durfte nicht mehr nach Schwein schmecken.

Während die Christen das Blut- und Schweinefleischverbot durch Jesus außer Kraft gesetzt ansahen, kehrte Mohammed zum ursprünglichen Verbot, zur „elitären Reinheit“, zurück. Moderne, aufgeklärte Menschen brauchen diesen Aberglauben und Dünkel nicht mehr. Wir haben Hygiene und Fleischbeschau und wissen, dass Blut nur ein flüssiges Organ ist und dass alle Stämme und Völker gleichwürdig sind.

Nur mal angenommen, Sie persönlich, würden von Kannibalen gefangengenommen, welche Sie verzehren wollten und Ihnen aber die Wahl ließen, ob Sie mit oder ohne Betäubung geschlachtet werden wollten: Wie würden Sie sich entscheiden? Wie würden sich Muslime entscheiden? Für die Schächtung, damit ihre Seele über ihr Blut freikommt? Oder würden sie doch lieber vorher eine schmerztote Bewusstlosigkeit haben wollen?

Es gibt Reformjuden, die den Verzehr von unter Betäubung entbluteten Tieren akzeptieren. Alle anderen sollten das auch müssen! In einigen europäischen Ländern ist das Schächten verboten, so in Dänemark, Island, Norwegen, Polen und Schweden. In anderen, wie Belgien, Frankreich, Großbritannien, Irland und Spanien, ist es erlaubt. In der Schweiz ist das Schächten von Säugetieren seit 1893 durch eine Volksabstimmung verboten, jedoch darf Geflügel weiterhin geschächtet werden. Österreich eiert noch herum und versucht einen faulen Kompromiss: Sofort *nach* dem Schächtschnitt müssen die Tiere betäubt werden. Was für ein Schmarrn!

Dort, wo der Aberglauben manch ewiggestriger Menschen anderen Lebewesen Todesleid zufügt – und seien es Schlachttiere – muss dem Aberglauben Abbruch getan werden. In Deutschland ist die Rechtslage windelweich. Grundsätzlich ist das Schlachten von Wirbeltieren ohne vorherige Betäubung zwar verboten, zum Schächten aber werden Ausnahmegenehmigungen erteilt, da die „Religionsfreiheit“ über den „Tierschutz“ gestellt wird. Weil aber die Einfuhr von Fleisch im Ausland geschächteter Tiere legal ist, werden Tiere aus Deutschland routinemäßig über die offene Grenze „exportiert“, geschächtet und das koschere, halale Fleisch wieder „importiert“, so dass kein Schächtverbot wirksam ist, sondern gleich zwei Wege zum legalen Schächten offenstehen. Das ist heuchlerisch und wertebeliebig, das ist mutlos gegenüber dem Aberglauben der Juden und Muslime. Das Schächten gehört ausnahmslos verboten! Die Betäubung vor dem Schlachten muss auch in Deutschland endlich Pflicht werden!

Rathaus-These 86: Keine islamischen Feiertage!

In der Bundesrepublik Deutschland gibt es neun gesetzlich festgelegte Feiertage. Der Tag der Deutschen Einheit ist bundesrechtlich, alle anderen Feiertage sind landesrechtlich geregelt. Der Tag der Deutschen Einheit am 3. Oktober ist zugleich der Tag der offenen Moschee. Das ist natürlich kein Zufall, sondern Taktik der Muslime. Respektlos wollen sie die deutsche Einheit für sich vereinnahmen und suggerieren, sie und ihre Moscheen gehörten selbstverständlich dazu, als gäbe es keine deutsche Einheit ohne den Islam.

In den Bundesländern Berlin, Hamburg und Bremen, den Stadtstaaten, gibt es per Staatsvertrag bereits islamische Feiertage. Sie gelten nur für Muslime. Für Deutsche sind es normale Arbeitstage. Muslime können sich an den muslimischen Feiertagen von der Arbeit freistellen lassen. Muslimische Schüler können an diesen Tagen dem Unterricht fernbleiben.

Der Bundesinnenminister Thomas de Maiziere (CDU) bekundete 2017 seine Bereitschaft, über islamische Feiertage in Regionen mit vielen Muslimen zu reden. Allerheiligen sei ja auch nur dort Feiertag, wo viele Katholiken leben. Der nächste Islamisierungsschritt wird sein, auch in den Flächenländern des Westens islamische Feiertage auszuhandeln. Der übernächste Schritt wird sein, diese islamischen Feiertage zu gesetzlichen Feiertagen für alle in Deutschland lebenden Menschen auszuweiten, so dass jeder etwas davon habe, auch die „Ungläubigen".

Dem ist entschieden entgegenzutreten. Bevor islamische Feiertage Deutschland überziehen, sollte es *humanistische* Feiertage geben, Feiertage der Aufklärung, der Menschenrechte, der Wissenschaft. Seit Jahrzehnten ist der längste und hellste Tag des Jahres, der 21. Juni, weltweit der Tag des Humanismus, der Welthumanistentag, zum Gedenken an das Licht der Aufklärung. Das wäre ein würdiger Feiertag für Deutschland!

Rathaus-These 87: Echte Integration ist Assimilation

Das Integrationskonzept der Multikulturalisten geht von der These aus: Setze die Menschen in eine freundliche, gute Umgebung und sie werden selber gut und freundlich. Multikulturalisten glauben deshalb, wenn die Migranten Integrationsprobleme haben, dann muss das an ihrer Umgebung, am Integrationsangebot liegen, nicht an ihnen selbst. Hohe Arbeitslosigkeit und Sozialhilfeabhängigkeit der Erwachsenen und schlechte Schulleistungen ihrer Kinder kämen daher, dass ihnen zu wenig Rechte gewährt und ihre Heimatkultur nicht hinreichend anerkannt würde, man müsse ihnen deshalb so weit wie möglich entgegenkommen: keine Einkommensnachweise, keine Einbürgerungstests, keine Sprachanforderungen, doppelte Staatsbürgerschaft, kommunales Wahlrecht, Förderung ihrer Sprache, Kultur und Religion und selbstverständlich freizügiger Familiennachzug einschließlich internationaler Heiratsmigration. Das sei nicht nur eine Bereicherung für uns, sondern der Integration förderlich. Die beste Integrationspolitik sei eine solche, die überhaupt keine Anforderungen an die Zuwanderer stellt und ihnen maximal entgegenkommt. In der Realität hat sich natürlich das genaue Gegenteil als wahr herausgestellt! So zeigt es der internationale Ländervergleich. Wer Anforderungen stellt und Assimilation beabsichtigt, der integriert am erfolgreichsten. Das ist Fakt!

Willkommenskultur heißt willkommen *in unserer Kultur*! Wir müssen sagen: Willst du nicht bloß unser Gast sein, sondern zu uns gehören, dann lege ab, was nicht zu uns passt, bis du zu uns passt, assimiliere dich! Denn fremd Bleibende, bleiben fremd und sehnen sich heim.

Willst du aber *weder* unser Gast sein, *noch* zu uns gehören, dann ist das auch so. Dann bist du nicht länger unser Gast. Dann gehörst du auch nicht dazu. Gehe zurück in deine Heimat, zu den Deinen!

> „Integration darf nicht mehr so ein freiwilliges Angebot sein. Sondern – und ich sag's in aller Härte – eigentlich Zwangsprogramm. Das sind die Spielregeln! Jeder, der zu uns einwandert, muss sich daran halten! Du musst das und das und das und das absolvieren, erst dann hast du Ansprüche, und wenn nicht, dann hast du in diesem Land nichts zu suchen, Punkt. Das muss man schaffen."
>
> Hamed Abdel-Samad (geboren 1972), deutsch-ägyptischer Politikwissenschaftler, Islamkritiker und Autor, 2016

Wir müssen ganz auf Assimilation setzen! Nur *dann* schaffen wir das! Sonst schaffen sie uns.

Rathaus-These 88: Integration ist nur ohne Islam möglich

Die Franzosen eroberten Algerien und versuchten gewaltsam, ein Stück Frankreich daraus zu machen, was scheiterte. Viele Algerier haben in der Folge bis heute ein Anrecht auf die französische Staatsbürgerschaft. Durch ihr Kolonialreich in der islamischen Welt wurden die Franzosen islamtolerant. Hunderttausende Afrikaner kämpften für die Franzosen in beiden Weltkriegen.

In Frankreich leben gegenwärtig ca. 6 Millionen Muslime. Sie stammen vor allem aus Algerien, Marokko und Tunesien. Im Gegensatz zu anderen, vor allem europäischen Zuwanderern, haben sie sich *nicht* assimiliert. Die Integration der Muslime ist fehlgeschlagen, weil Muslime nicht integrierbar sind. Sie müssen zuvor de-islamisiert werden.

Was für Frankreich gilt, gilt auch für Deutschland. Menschen, die schon in ihrer Heimat nicht tolerant, friedlich und freigeistig miteinander leben konnten, werden nicht dadurch bekehrt, dass sie im Geltungsbereich des deutschen Grundgesetzes angekommen sind. Der Islam verbietet die Integration mit geradezu maximalem Nachdruck, nämlich mit Himmel und Hölle. Echte Muslime können nicht integriert werden. Die *De-Islamisierung* ist deshalb eine *Voraussetzung zur Integration* nicht-westlich sozialisierter, muslimischer Zuwanderer. Nichts wäre unislamischer, als sich in eine freiheitlich-demokratische Gesellschaft zu integrieren. Deshalb muss den Islam gänzlich loslassen, wer wirklich zu uns gehören will!

Andernfalls drohen, spätestens in den nachfolgenden Generationen, der Rückzug in eine islamische Identität und eine feindselige, extremistische Radikalisierung, mit Morden und zuletzt Bürgerkrieg. Ohne De-Islamisierung wird die neudeutsche Gesellschaft in konkurrierende Parallel- und Gegengesellschaften zerfallen. Wer mit uns im Westen leben will, muss sich von der Unterwerfung unter Allah und Mohammed befreien. Ohne Wenn und Aber!

> „Es kommt fast für jeden Menschen der Augenblick, wo die überkommene und angelernte Religion von ihm abfällt wie der Mörtel von der Wand. Erziehung, Haus und Familie, religiöses Milieu, alles kann nichts helfen, denn es muss so kommen, damit der Mensch er selbst wird".
>
> Albert Schweitzer (1875 - 1965), deutscher Theologe, Mediziner und Philosoph

Rathaus-These 89: Eindeutschung ist freiwillige Pflicht

Niemand ist gezwungen, Deutscher zu werden; wer aber Deutscher werden will, muss sich notfalls selber dazu zwingen oder zwingen lassen. Die Möglichkeit, nicht neudeutsch zu werden und auszuwandern, bleibt jedem unbenommen.

Wir Deutschen sind ein mitteleuropäisches Mischvolk, mit dünnen langen Seitenwurzeln, die bis Asien und Afrika reichen. Wir sind bereits zuwanderungsheterogen, aber wir sind *ein* Volk, wir sind verschmolzen. Warum? Weil wir eine Leitkultur gelebt haben! Wir können nur Volk und Schmelztiegel bleiben, wenn wir unsere deutsche Leitkultur weiterleben.

Rathaus-These 90: Deutsch werden heißt sich bilden

Befreiung, Emanzipation und Integration sind nur über den Weg der persönlichen Bildung möglich. Kulturfremde können nur über Bildung zu Neudeutschen werden. Wer sich der Bildung verweigert oder bildungsunfähig ist, kann sich auch nicht einbürgern. Umso wichtiger ist es, nur qualifizierte Zuwanderer hereinzulassen.

Rathaus-These 91: Worauf es ankommt – unsere Werte

Unser Gemeinwesen, die Republik, soll die Freiheit des Einzelnen sichern, heute und auch in Zukunft. Wir müssen unsere Freiheit deshalb langfristig denken, generationenübergreifend. Wir müssen unsere persönliche Freiheit soweit einschränken, dass die Rahmenbedingungen unserer Freiheit fortexistieren können, so dass unsere Nachkommen auch noch frei sind. Nur dann hat eine freie Gesellschaft Zukunft. Anderenfalls schlachten wir sie egoistisch aus. Freiheit braucht zwei Horizonte – einen als Begrenzung und einen als Perspektive!

Die Chinesen und die Muslime denken langfristig. Der freie Westen aber scheint sich auf das Hier und Jetzt spezialisiert zu haben und droht deshalb zur Beute deren langfristig angelegter Strategien zu werden, die leider nicht freiheitlich sind.

Werden wir zu Opfern unserer Werbe-Industrie, die uns anstachelt, alles und immer sofort haben zu wollen und haben zu können? Wer langfristige Ziele hat, der muss seine Trieb- und Bedürfnisbefriedigung zügeln und aufschieben können, um seine Ziele zu erreichen. Wenn wir uns jedoch zu Konsumenten erziehen, oder erziehen lassen, sind wir keine Bürger mehr, sondern eine neue Art von Untertanen, die mit Brot und Spielen gelenkt werden; befriedigte, beruhigte Arbeitsbienen. Unsere Massenmedien, vor allem die öffentlich-rechtlichen, müssen sich auf ihren Bildungsauftrag besinnen, nämlich Bürger zu schaffen, nicht Konsumenten. Bürger brauchen saubere, neutrale Informationen, nicht Show-Effekte. Wer sich an vojeuristischen Einschaltquoten orientiert, der hebt die Kultur nicht, sondern drückt sie auf den Durchschnitt und darunter.

Bildung erwächst aus Erinnerungen und aus Erkenntnissen. Wir können unsere Werte nur verteidigen, wenn wir uns bewusst bleiben, welche Erfahrungen, Qualen und Mühen sie uns gekostet haben; wenn wir im Bewusstsein halten, wie wir sie gewonnen haben. Eine Gesellschaft mit solcher Erinnerungskultur hat auch keine

Identitätsprobleme, denn sie weiß, wer sie ist, weil sie weiß, wie sie wurde und was sie will.

Was wollen wir? Was sind unsere Werte?

1.) *Die Menschenrechte:* Kennen Sie diese? Die universellen Menschenrechte müssen wir als unkündbares Ziel allen menschlichen Zusammenlebens wertschätzen und leben.
2.) *Die säkulare Gewaltenteilung:* Die Trennung von Weltanschauung und Staat, also von weltanschaulichen, religiösen und politischen Bekenntnissen einerseits und der Legislative (den Parlamenten), der Exekutive (den Regierungen, Verwaltungen, Polizei und Armee), der Judikative (Justiz) und der Mediative (Presse, Medien und Bildungswesen) andererseits, ist von großer Wichtigkeit für den Fortbestand der Freiheit. Diese Trennung ist nicht natürlich, sie muss stets kulturell errungen werden. Einzelnen religiösen oder weltanschaulichen Bekenntnissen darf keine Deutungs- und Normierungsmacht eingeräumt werden, die kommt allein der Säkularität (der Aufklärung, Wissenschaft, Wahrhaftigkeit, der Realität) zu. Nur die wissenschaftliche Methode ist in der Lage, alle Denkschulen zu integrieren. Alle Religionen, auch alle politischen Einstellungen, spalten, nur die Wissenschaft eint.
3.) *Der Individualismus:* Das Recht und die Pflicht zu individueller Verantwortung und Persönlichkeitsentfaltung – gegen Gruppenzwänge aus Familie, Clan, Stamm, Volk, Partei und Staat – sind Garanten für unsere Freiheit und unseren persönlichen Aufstieg durch Erfahrung und Entwicklung.
4.) *Die gemeinschaftliche Selbstverwaltung (Demokratie):* Das auf der Volkssouveränität beruhende, also von unten her demokratisch organisierte Gemeinwesen, gekennzeichnet durch Teilhabe, Gewaltenteilung und die An- und Abwahl des leitenden Personals und ihrer Gefolgschaften, hat sich als die vorteilhafteste Gesellschaftsordnung erwiesen, weil in ihr Freiheit, Verantwortung, Solidarität, Anpassung, Innovation, Wettbewerb, Vielfalt und Entwicklung am Besten gefördert werden.
5.) *Der Wettbewerb (Leistungsprinzip):* Die Motivation zu Leistung durch Pflicht und Kür und das Austarieren von Chancengleichheit (jeder darf sein Möglichstes versuchen) und Chancengerechtigkeit (der Bessere gewinnt) als gleichwertige Ziele sind Voraussetzungen für eine dauerhafte, dynamische Hochkultur.
6.) *Die soziale Marktwirtschaft:* Wir brauchen eine gerechte Wirtschaftsordnung und eine gerechte Sozialordnung, die aufeinander bezogen sind, um allen Gesellschaftsmitgliedern Wohlbefinden und Solidarität zu ermöglichen.

Damit ist kurz die ideale moderne Gesellschaftsordnung umrissen, keine utopisch ideale, sondern eine höchst real praktizierbare, wenn nur genügend Menschen sie wollen.

Rathaus-These 92: Maß und Mitte finden

Freies Denken heißt – immer mit Ablehnung von Hass und Gewalt – sich gedanklich von einem Extrem zum anderen Extrem zu bewegen, um das Angemessene auszuloten und sich von den Fakten, nicht von den ideologischen Vorsätzen, leiten zu lassen. Um Maß und Mitte zu erkennen, müssen die gegensätzlichen Extreme bedacht werden, unterlegt mit den Wertmaßstäben der Wahrhaftigkeit und Freiheit.

Viele Menschen scheinen den Eindruck zu haben, die freie westliche Gesellschaft sei inhaltsleer und ohne Ordnung, geradezu beliebig. Dieser Schein trügt, weil wir unsere Werte nicht klar und hart genug gegenüber allen Anfechtungen vertreten, aber auch, weil Freiheit eben wenig streng scheinen muss, denn Freiheit ist das Gegenteil von vorgeschriebener, verordneter, fremdbestimmter Enge. Die befreiende Ordnung, die unserer Gesellschaft innewohnt, ist nicht offensichtlich, ganz im Gegensatz zu jedweder Doktrin, aber diese befreiende Ordnung existiert und genau sie ist es, die unseren Erfolg begründet! Ja, es erfordert Intelligenz und Reflektion, auch Erfahrung, die freiheitliche Grundordnung zu erkennen und wertzuschätzen. Die Freiheit erfordert Reife, aber sie ermöglicht sie auch. Sie erst macht reif durch eigene Erfahrungen, durch Selbstsein, durch individuelles Leben und Lernen.

Rathaus-These 93: Werte sind an Mehrheiten gebunden

Die CDU bestimmt wesentlich den politischen Kurs in Deutschland. An der CDU vorbei ist große Politik kaum möglich. Sobald die Muslime die Mehrheit in Deutschland hätten, würde eine muslimische Partei die CDU in dieser Rolle ablösen.

Die in der Verfassung vorgeschriebenen Werte gelten nicht von selbst, auch nicht allein durch staatliches Diktat. Es gelten immer die Werte, die von der Gesellschaft tatsächlich gelebt werden. Ändert sich die Gesellschaft, wird sich auch die Verfassung ändern.

In den ersten westdeutschen Großstädten ist bereits die Mehrheit der jüngeren Generationen muslimisch. Lassen wir diese Entwicklung weiterlaufen, so wird Deutschland in wenigen Jahrzehnten ein islamisch geprägtes Land sein. Zuerst würde das Grundgesetz unter Scharia-Vorbehalt gestellt, schließlich durch eine muslimisch geprägte, neue Verfassung der Neudeutschen, abgelöst werden.

Als die britischen Kolonialherren Indien freigaben, spaltete sich der muslimischste Teil als riesige Parallelgesellschaft von der immer noch weltgrößten Demokratie ab und gründete 1947 ein eigenes Land, welches es vorher nicht gab, Pakistan. Seit 1956 ist Pakistan die erste islamische Republik der Welt, eine parlamentarische Bundesrepublik. Seine Verfassung bestimmt Pakistan zu einer föderallistischen, semipräsidentiellen Demokratie, mit dem Islam als Staatsreligion. Ein Land also, das Demokratie und Islam verbinden will. Zeiten mit freien Wahlen („Demokratie") und Zeiten unter Militärregierungen (Diktaturen) wechseln sich ab. In der Verfassung sind die Unverletzlichkeit der Menschenwürde, die Gleichheit vor dem Gesetz, die Meinungs- und die Religionsfreiheit verankert. In der Praxis aber werden, nach 100 Jahren europäischen Einflusses durch die Briten und weiteren 70 Jahren pakistanischer Eigenstaatlichkeit, also insgesamt 170 Jahren, die Menschenrechte vom Staat *und* von der Gesellschaft weiter missachtet. Der Grund dafür?

Über 96 % der Pakistani sind Muslime, an die 80 % davon traditionell orientiert. Fast die Hälfte der Bevölkerung sind Analphabeten. Neben den staatlichen Schulen gibt es rund 18.000 Koranschulen. Die Frauen stehen unter der Herrschaft der Männer, Zwangsehen sind üblich. Jährlich werden etwa 1.000 Ehrenmorde bekannt. Die religiösen Minderheiten werden unterdrückt in Pakistan. Seit 1986 gibt es ein „Blasphemiegesetz", welches Gotteslästerung und geringschätzige Bemerkungen über den Propheten Mohammed unter Strafe stellt, bis hin zur Todesstrafe. Wegen „Gotteslästerung" kommt es immer wieder zu Lynchmorden durch die Bevölkerung.

Die pakistanische Christin Asia Bibi arbeitete im Sommer 2009 als Tagelöhnerin in einer Obstplantage und schöpfte Wasser aus einem Brunnen für ihre Arbeitskolleginnen. Eine mit Bibis Familie verstrittene Nachbarin und weitere Musliminnen verboten ihr, dasselbe Wasser zu trinken wie sie, da sie als Christin unrein sei. Es kam zu einem Gespräch über die Religionen. Schließlich schleppten die aufgebrachten Muslime die Christin in eine Moschee, wo sie ihrem Glauben abschwören sollte; was sie aber nicht tat. Sie wurde misshandelt und der Polizei übergeben mit der Begründung, den Propheten beleidigt zu haben.

Asia Bibi wurde angeklagt und ein Jahr später zum Tod durch Erhängen und zusätzlich zu zweieinhalb Jahresgehältern Geldstrafe verurteilt; mildernde Umstände wurden ausgeschlossen. Seit 2010 wartete sie, in Isolationshaft, auf ihre Hinrichtung – oder ihre Freilassung auf internationalen, westlichen Druck hin, welche erst 2018 geschah. Der Gouverneur ihres Bundeslandes sprach sich gegen das Blasphemiegesetz aus und besuchte sie im Gefängnis. Er wurde im Januar 2011 von einem Muslim seiner eigenen Leibgarde ermordet. Der einzige Christ in der pakistanischen Regierung, der Minister für religiöse Minderheiten, sprach sich ebenfalls für Asia Bibi aus und meinte: „Wenn ich für meine Haltung sterben muss, dann ist das eben so." Er wurde im März 2011 ermordet.

Als der Mörder des Gouverneurs dem Haftrichter vorgeführt wurde, erschienen hunderte Menschen, darunter viele Anwälte, die den Mörder begrüßten und mit Rosenblättern bewarfen, um ihrer Bewunderung Ausdruck zu verleihen, weil er einen „Blasphemisten" beseitigt hatte. Seine Tatwaffe ließen sie vergolden.

Der Sohn des ermordeten Gouverneurs, selbst Muslim, lies es sich dennoch nicht nehmen, das Blasphemiegesetz als unmenschlich zu bezeichnen und wünschte demonstrativ allen frohe Weihnachten! Gegen ihn wurde eine Todes-Fatwa verhängt, er musste ins Ausland fliehen. Auch Richter, die andere der Blasphemie Angeklagte wegen erwiesener Unschuld freisprachen, wurden ermordet. Die Stimmung in Pakistan, wie überall in der muslimischen Welt, radikalisiert sich zunehmend. In einem stark muslimischen Umfeld setzt sich nicht nur die Scharia durch, die in Pakistan ohnehin selbstverständlicher Teil des Justizwesens ist, sondern es entstehen auch schariatische Selbstjustiz und Lynchjustiz.

Wir müssen erkennen: Wo Muslime die Mehrheitsgesellschaft stellen, verkommen alle verfassungsmäßigen Menschenrechte zu wertloser Makulatur, die nur noch von wenigen todesmutigen Menschen aus Politik und Justiz vertreten werden. In der muslimischen Mehrheitsgesellschaft herrscht ein großer islamischer Anpassungsdruck, in dessen Zentrum islamistischer Terror steht. Die Atommacht Pakistan ist eine parlamentarische Demokratie mit Menschenrechten in der Verfassung, aber vom Islam aller Strömungen beherrscht.

Wenn wir unsere Werte, die Grund- und Menschenrechte, behalten wollen, müssen wir mit aller Kraft dafür sorgen, dass sie in der deutschen Mehrheitsgesellschaft tatsächlich gelebt und geliebt werden. Nicht die Verfassung, die Bevölkerungsmehrheit entscheidet über die Zukunft unseres Landes.

Rathaus-These 94: Muslime sind nur Vertrags-Bürger

Muslime sollen ihren Glauben über die Welt verbreiten, deshalb sollen sie auf dem Pfade Allahs auswandern. Sie dürfen und sollen sich in jedem Land der Welt aufhalten und dort leben und sich vermehren, solange sie ihren religiösen Hauptpflichten nachkommen können. Wird ihnen das verwehrt, müssen sie wieder auswandern, weil sie sonst vom Glauben abfallen könnten. Draußen in der Welt, in der Diaspora unter den „Ungläubigen", sind die Knechte Allahs nach islamischem Recht grundsätzlich verpflichtet, sich an die dort herrschende „lokale Rechtsordnung" zu halten, aus praktisch-taktischen Erwägungen heraus, solange sie noch in der Minderheit sind und die Scharia nicht durchsetzen können.

Der aufklärungsfeindliche Islam kann sich nur scheinintegriert geben. Nur zum Schein erkennen die Muslime unsere Werte und Gesetze an und stellen sie insgeheim oder offen unter ihren Scharia-Vorbehalt, sie setzen die Scharia darüber und akzeptieren unsere Regeln des Zusammenlebens nur „vertragsweise". Egal ob Asyl, Duldung, Aufenthaltsgenehmigung oder Einbürgerung, jeder nichtislamische Rechtstitel gilt Muslimen als „Vertrag" mit den „Ungläubigen".

Sie wollen ihre eigene, islamische Umma-Identität pflegen – einen islamischen Internationalismus – und bleiben als Muslime Teil der Umma, das ist ihre wahre Identität bis über ihren Tod hinaus. All die weltlichen „Verträge“ mit den „Ungläubigen“ bringen den Vorteil, dass sie heimlich distanziert bleiben können. Sie betrachten sich nur als Vertragspartei, nicht als echte nationale Bürger. Sie verstehen sich als Vertragsbürger, die sich an die im jeweiligen Lande herrschenden Gesetze binden, solange sie nicht selber dort herrschen können, als Umma. Verträge kann man jederzeit brechen und ganz aufkündigen. Muslime sind deshalb aparte Mitbürger, ja verdeckte Gegner.

Rathaus-These 95: Die Integration ist beidseitig gescheitert

In Deutschland leben sehr viele Zyklopen, Einäugige, die nur sehen können, was sie sehen wollen. Leider sind viele von ihnen Politiker und Journalisten, die das offizielle Bild von Deutschland verbreiten.

Integration verlangt als äußeren Rahmen *Sicherheit für alle*. Ohne objektive und gefühlte Sicherheit kann eine Integration gar nicht gelingen. Wenn die Deutschen Schutz suchen müssen vor denen, die angeblich bei ihnen Schutz suchen, ist der Gedanke an eine Integration völlig absurd und zeugt von ideologischer Verblendung, von geistiger Umnachtung. Wir müssen den dschihadistischen Halsabschneidern den Schneid nehmen, bevor wir überhaupt an Integration von muslimisch geprägten Menschen denken können.

Ohne eine in Kraft gesetzte, wirksame, deutsche und europäische Leitkultur, kann es keine Integration geben, sondern nur die Versammlung von Parallelgesellschaften und im Falle der Muslime sogar die Ausbreitung einer Gegengesellschaft.

> „Ich hatte zwei Vorstellungen im Leben und kreierte dazu zwei Begriffe: den des Euro-Islams und den der Leitkultur. Heute muss ich einsehen: Deutschland ist unfähig, eine Hausordnung für das friedliche Zusammenleben anzubieten. Die Muslime in Deutschland sind ihrerseits unwillig, sich zu einem europäischen Islam zu bekennen. Ich halte mittlerweile beides für Utopien. Ich kapituliere.
>
> Im Januar 2016 schrieb die „Zeit“: „Sind *wir* verrückt oder sind das die anderen?“ Die Zeitung beschrieb eine direkte Linie von der Empfangs-Euphorie der Deutschen zu Auschwitz. Die Deutschen sind nicht an den Münchner Bahnhof gegangen, weil sie die Flüchtlinge lieben, sondern weil sie versuchen, ihre Schuldgefühle am Mord an den Juden mit Willkommenskultur zu kompensieren. Das ist keine gute Grundlage. Der Historiker August Winkler nennt das eine Kultur der Selbstgefälligkeit.

Ich kann Ihnen nur sagen: Ich habe Angst vor diesen Deutschen."

> „Es gibt in der deutschen Gesellschaft eine Unfähigkeit zur Integration. Aber genauso gibt es bei vielen Zuwanderern eine Unwilligkeit, sich hier zu integrieren. ... 95 Prozent der Flüchtlinge, die zu uns kommen, kommen aus der Welt des Islam. Ihre Bereitschaft, sich in unsere Gesellschaft einzugliedern und die Regeln unserer Gesellschaft anzuerkennen, ist sehr begrenzt. ... Das haben wir ... in Köln erlebt. Dort gingen Zehntausende Menschen für die türkische Regierung auf die Straße. Diese Türken haben deutsche Pässe und dennoch sagen sie, dass Erdogan ihr Präsident ist. Das ist eine Parallelgesellschaft, und Parallelgesellschaften sind der Beweis für eine gescheiterte Integration."
>
> Prof. Dr. Bassam Tibi, (geboren 1944), syrisch-deutscher Politikwissenschaftler, Autor, gemäßigter sunnitischer Muslim, 2016, 2016

Rathaus-These 96: Die Integration von Muslimen wird weiter scheitern

Viele wohlmeinende und kenntnislose Deutsche möchten den Islam sehen wie eine andere Variante von Christentum, um den gleichen gesellschaftlichen und politischen Umgang mit ihm pflegen zu können. Das ist aber ein irriges Nichtverstehen. Denn der Islam ist anders. Allah ist anders. Mohammed ist anders.

In Ländern mit muslimischer Mehrheit ist der Islam *Staatsreligion* oder auf dem Weg dazu. Wo nur eine Minderheit muslimisch ist, da ist er vorerst noch Privatsache. Unsere Politiker wünschen sich „kirchenartige muslimische Organisationen" als Ansprech- und Vermittlungspartner, die es aber, im Gegensatz zu den tausend Jahre alten christlichen Kirchen, seit 1400 Jahren im Islam nicht gibt und niemals geben wird, weil er anders aufgebaut ist. Gleichwohl bieten sich islamische Verbände als solche den Behörden in Europa an, aber nur, um ihre Interessen durchzusetzen, um zu missionieren.

Nur wenige Prozent der Muslime im Westen sind bereit, westlich reformierte Muslime zu werden – eine Splittergruppe ohne jeden Einfluss auf die rechtgläubigen Islam-Strömungen. Professor Bassam Tibi hat jahrzehntelang versucht, einen säkularisierten, westlichen Islam zu entwickeln, den er „Euro-Islam" nannte.

> „... Aber heute muss ich sagen: Ich kapituliere. Den Euro-Islam wird es nicht geben. Er war eine schöne Hoffnung, aber die Realität ist leider eine andere. Das deutsche Modell, in dem die organisierte Religion von der In-

stitution Amtskirche getragen wird, lässt sich nicht auf den Islam übertragen. Das wird nie gelingen.“

„Vielleicht fünf bis zehn Prozent der Muslime in Deutschland leben wie ich, europäisch. Voraussetzung ist eine ökonomisch gesicherte Basis und die Sprache. Das sind oft Mittelständler. Aber selbst das schützt nicht. Sogar syrische und iranische Ärzte in Göttingen leben unter sich, und wenn Deutsche dazukommen, fühlen sich die Deutschen fremd.“

„Ich ... behaupte, dass die Integration der Flüchtlinge in Deutschland weiterhin misslingen wird. ... Denn die absolute Mehrheit der Newcomer nach Europa besteht aus Muslimen aus Nahost, Zentralasien und Afrika, die bildungs- und berufsmäßig nicht über das verfügen, was Europa an qualitativen Arbeitskräften benötigt; zudem sind sie in einem Wertesystem sozialisiert worden, das nicht integrationskompatibel ist.“

„Man muss offen sagen, die Religion des Islam erlaubt die Integration nicht. Ein Muslim darf sich einem Nichtmuslimen nicht fügen. Wenn er in der Diaspora lebt, dann ist das eine Notsituation, und er kann sich absondern. Das besagt die normale Religion und nicht die fundamentalistische Variante.“

Prof. Dr. Bassam Tibi, (geboren 1944), syrisch-deutscher Politikwissenschaftler, Autor, gemäßigter sunnitischer Muslim, 2016, 2017, 2005

Der Hauptstrom des Islams wird von verschiedenen Randströmungen flankiert. Der gemäßigte oder Euro-Islam ist nur eine solche Randströmung. Diesen zum Hauptstrom zu machen, ist misslungen. Überall dort, wo zahlreich Muslime leben, gibt es viele Strömungen, selbstverständlich auch die fundamentalistischen und terroristischen. Der gemäßigte Euro-Islam könnte nur dort tragend zum Zuge kommen, wo ein starker westlicher Anpassungsdruck herrscht und die Muslime nur eine sehr kleine Minderheit bilden. Was daraus folgt, ist klar: Um den Islam hier im Westen an uns heranzuführen, muss er mit großem Aufklärungsdruck bedacht werden. Und es dürfen nicht zu viele Muslime sein. Wir müssen Ausweisen und De-Islamisieren.

Die scheinbar paradoxe Folge davon wird sein, dass gerade deshalb sich der gemäßigte Islam als Nischen-Religion in Deutschland wird etablieren können, und nur dieser kann im Sinne der Religionsfreiheit auch geduldet werden. Der entstellte, entschärfte, umgedeutete Euro-Islam derjenigen, die noch nicht bereit sind, einen Islam genannten Glauben ganz aufzugeben.

Der Islam ist falsch und abzulehnen, aber ganz los werden wir ihn trotzdem nicht mehr, ebenso wenig wie das Christentum, das Judentum, den Kommunismus, den Nationalsozialismus ... Es wird immer Anhänger dieser Ideologien geben, darunter auch radikale, leider auch gewaltbereite. Wir können aber sehr wohl ein Klima der aufgeklärten Freiheit schaffen und stets ankreiden, was wir falsch finden und die feindseligen Ideologen in ihre defensive Nische drängen, wo sie allemal hingehören.

Wir können nur eine kleine Minderheit an Muslimen ertragen, die friedlich ist, unsere Kultur nicht stört, sich zurücknimmt und soweit wie möglich anpasst, die keine Parallelgesellschaften, keine „Alternativen" zur westlichen Freiheit leben will. Den echten Islam und eine Vielfalt an Islam-Strömungen hingegen können wir niemals integrieren oder auch nur aushalten, ohne Schaden zu nehmen.

Rathaus-These 97: Alle Islam-Umdeutungen gehen fehl

Die Quellentexte des Islams können nicht umgeschrieben werden, der Koran nicht, die Hadithen nicht, selbst die weit über tausendjährigen Rechts- und Gelehrtentraditionen nicht. Wer den Islam verändern will, muss die Quelltexte uminterpretieren (falsch auslegen) oder wesentliche Teile der Quelltexte für ungültig erklären, einfach wegwerfen. Mit welcher haltbaren Begründung sollte das dauerhaft gelingen können? Warum dann nicht gleich das ganze Konstrukt verwerfen? So oder so muss der Änderungswillige sich vom real existierenden Islam entfernen, am Ende käme etwas ganz anderes als der Islam heraus oder nichts von bleibender Bedeutung. Trotzdem setzen muslimisch sozialisierte, dem westlichen Lebensstil aufgeschlossene Menschen auf das Prinzip Hoffnung:

> „So etwas wie eine beständige Religion gibt es nicht. Sie wandelt sich mit den politischen Umständen und auch durch die Neuinterpretationen der Verse. Das gilt doch für alle Religionen, für das Judentum, das Christentum, den Islam. Nehmen wir diese Bewegung in Europa und den USA, die sich Befreiungstheologie nennt. Sie interpretiert die Bibel neu, sagt beispielsweise, Jesus war eine schwarze Frau. Und genauso gibt es in der islamischen Welt Strömungen, die den Islam liberal und aufklärerisch deuten."
>
> Dr. h.c. mult. Nawal El Saadawi (geboren 1931), ägyptische Ärztin, Frauenrechtlerin und Autorin, 1999

Wie können Verse wie: „Tötet die Ungläubigen, wo ihr sie trefft!"„ so interpretiert werden, so dass sie den Menschenrechten gehorchen?! Wie kann man Mohammeds

Allah die modernen Menschenrechte in den Mund legen? Hört auf mit diesem hanebüchenen Unsinn ... Jesus war keine schwarze Frau und der Islam wird nicht aufgeklärt liberal, weil ein paar Träumer das so wollen ...

Der Versuch, den Islam auf westliche Werte hin umzudeuten, wird höchstens zu seiner weiteren Aufspaltung führen. Zu den traditionellen Islamströmungen kommen moderne hinzu, die mehr oder weniger gewillt sind, sich mit der Moderne zu verbinden, um in ihr zu überleben, um als scheinbarer Muslim am modernen Leben teilhaben zu können. Im Schlepptau aber werden sie immer den echten Islam hinter sich herziehen, wie er nun einmal dem Koran und den anderen Quelltexten zu entnehmen ist. Der mögliche Nutzen irgendwelcher neumodischer, angepasster Umdeutungs-Strömungen im Islam besteht vielleicht darin, für einen Teil der Muslime ein Brückentor zum Ausstieg aus dem Islam zu sein. Ob dieser Kollateral-Nutzen seinen Kollateral-Schaden überwiegen kann? Ehrlicher ist es, den Islam ganz abzulehnen und zu verwerfen.

Echten Muslimen gilt das Umdeuten oder Weglassen von Teilen der Quelltexte bereits als Abfall vom Glauben, als Ketzerei, die bestraft gehört. Mit dem Tod. So steht es schließlich im Koran. Mohammed hat genau dem nämlich vorgebeugt.

> „Die, denen wir die Schrift gaben und die sie richtig lesen, die glauben an sie; wer aber nicht an sie glaubt, das sind die Verlorenen.“ (Koran, 2: 121)

> „Siehe die, welche die Schrift verbergen, die Allah herabgesandt hat, und sie für einen winzigen Preis verkaufen, die werden nichts anders in ihre Bäuche fressen als das Feuer und Allah wird nicht sprechen zu ihnen am Tag der Auferstehung und wird sie nicht für rein erklären; und für sie ist schmerzliche Strafe. Sie sind's, welche die Leitung für den Irrtum verkauften und die Verzeihung für die Strafe. Drum, wie werden sie leiden im Feuer! Dies, dieweil Allah herniedersandte das Buch mit der Wahrheit; und siehe, wer uneins ist über das Buch, wahrlich, die sind in großer Abtrünnigkeit. ...“ (Koran, 2: 174-176)

> „Er ist's, der auf dich herabsandte das Buch. In ihm sind evidente Verse, sie, die Mutter (der Kern) des Buches, und andre dunkle. Diejenigen nun, in deren Herzen Neigung zum Irren ist, die folgen dem Dunkeln in ihm, im Trachten nach Spaltung und im Trachten nach seiner Deutung. Seine Deutung weiß jedoch niemand als Allah. Und die Festen im Wissen sprechen: „Wir glauben es; alles ist von unserm Herrn.“ Aber nur die Verständigen beherzigen es.“ (Koran, 3: 7)

> „Und siehe, wahrlich ein Teil ist unter ihnen, der mit seinen Zungen die Schrift verkehrt, damit ihr es für einen Teil der Schrift haltet, während es nicht zur Schrift gehört. Und sie sprechen: „Es ist von Allah"; jedoch ist es nicht von Allah, und sie sprechen eine Lüge wider Allah, obwohl sie es wissen." (Koran, 3: 78)

> „Siehe, wer ungläubig wird nach seinem Glauben und dann zunimmt an Unglauben – nimmer wird ihre Umkehr angenommen, und sie, sie sind die Irrenden." (Koran, 3: 90)

Es zählt nur der angeblich „ursprüngliche", angeblich von Gott gegebene Glauben, so wie ihn Mohammed abschließend nochmals offenbarte. Der Islam ist deshalb von Anfang an und ein-für-alle-mal *feststehend* und nicht veränderbar. Jede Abwandlung, Veränderung, Abspaltung, sei ungläubiger Irrtum und zöge die Hölle nach sich.

> „Siehe, diejenigen, die ihren Glauben spalteten und zu Sekten wurden, mit ihnen hast du nichts zu schaffen. Ihre Sache steht Allah anheim. Alsdann wird er ihnen verkünden, was sie getan." (Koran, 6: 159)

> „Sprich: „Siehe, mich hat mein Herr auf einen rechten Pfad geleitet, zu einem feststehenden Glauben, zur Religion des Abraham. Des Lautern (im Glauben), der (Allah) keine Gefährten gab." (Koran, 6: 161)

Man kann den Islam nicht umwandeln, niemand kann das – sondern ihm nur weitere – verwandelte – Strömungen hinzufügen. Aber, was man tun kann, ist ihn zurückweisen und bedeutungsloser machen durch die Aufklärung.

Rathaus-These 98: Der Islam ist zwanghaft einfältig

Mohammed dachte, durch das Beigesellen hätten die Juden und Christen den Islam Abrahams gespalten und wären deshalb zu Ungläubigen geworden, zu Nichtmuslimen. Er will die Einheit des Glaubens wieder herstellen. Er würde deshalb niemals abgespaltene Varianten des Islams gelten lassen, sondern nur die Orthodoxie.

> „Und siehe, diese eure Religion ist eine einige Religion, und ich bin euer Herr; drum fürchtet mich. Aber sie zerrissen ihre Sache untereinander in Sekten; jegliche Partei freut sich ihres Anteils." (Koran, 23: 52, 53)

> „Und wir sandten nur das Buch zu dir, auf dass du ihnen klarmachst, worüber sie uneins sind, und als eine Leitung und Barmherzigkeit für gläubige Leute.“ (Koran, 16: 64)

> „Wir wollen eine Strafe auf sie hinabsenden, wie wir sie hinabsandten auf die, welche Teile machten, die den Koran zerstücken. Und bei deinem Herrn! Wahrlich zur Rechenschaft ziehen wollen wie sie insgesamt für ihr Tun.“ (Koran, 15: 90-93)

Der Islam ist und bleibt unveränderbar. Im Islam ist etwas Beizugesellen, ist Pluralismus, strengstens verboten. Niemand kann Mohammed als Vorbild durch das Beispiel anderer guter oder schlechter Muslime ergänzen oder gar ersetzen. Es ist nicht möglich, Mohammeds Worte zu ändern oder Mohammed aus dem Islam herauszunehmen, deshalb hat sich der Islam nie ändern können. Es gibt nichts anderes zu diskutieren als: Was sagte er und was sagte er nicht, was tat er und was tat er nicht? Mohammed beeinflusst die Muslime, aber niemals umgekehrt, sie können sich nur heraussuchen, was Mohammed den Umständen entsprechend getan hat oder vielleicht getan hätte. Oder Mohammed beiseiteschieben und die Unterwerfung vergessen, wenigstens ignorieren.

Auch wir im Westen betrachten den Monotheismus als Fortschritt gegenüber dem Polytheismus. Allerdings wissen auch wir nicht, ob Gott oder das Göttliche nun *singulär* oder *plural* ist. Gott könnte eine Einheit in Vielfalt sein. Es könnte sogar wahr sein, dass sich auf der göttlichen Ebene des Seins die Frage nach der Einheit und Vielheit gar nicht mehr stellt, weil im Ursprung alles zusammenläuft.

Fünfzig Milliarden Galaxien im von uns einsehbaren All und jede enthält hundert Milliarden Sterne ... ! Die Natur der Natur ist Vielfalt, auch die Natur des Menschen. Mohammeds religiöse Ideologie geht aber von der maximalen Beschränkung aus: Mohammed selbst sei der *letzte* Verkünder des *einen* Allah. Es darf nur diese *eine*, Allahs Religion geben. Für *alle* Menschen. Und die Menschen sollen aufhören, sich Bildnisse zu machen. Weder Allah, noch Mohammed noch überhaupt irgendein Mensch oder Tier soll mehr abgebildet werden – solche Bildnisse lenken vom Islam ab. Die bildliche Darstellung verleite zum Götzendienst, zum Polytheismus, zur Selbstvergötterung, zur Wertschätzung des Menschen jenseits von Allah: *zur Wirklichkeit.* Denn die *Vielfalt ist nahe bei der Freiheit* und lenkt ab von der Einfalt, die Allah verlangt. Die Menschen wollen jedoch Bilder, deshalb schrumpft das unnatürliche Bilderverbot in der islamischen Lebenswirklichkeit zur Bilder*vermeidung*, am strengsten befolgt wird es in den Moscheen.

Musik, Tanz und Vergnügen sind menschliche Bedürfnisse, die ebenfalls eine Gefahr für den Islam sind, auch sie lenken in Richtung Freiheit und Vielfalt ab. Sie ließen sich aber nicht so leicht verbieten, sondern können nur zensiert und für die

Unterwerfung in dienstbar gemacht werden. Bis heute stellt sich für Muslime die Frage nach der Vereinbarkeit von Musik, Tanz und Vergnügen mit dem Islam.

> „Gott hat mich als Gnade und Rechtleitung an die Menschheit gesandt und befahl mir, die Blas- und Saiteninstrumente, die Idole, das Kreuz und die Dschahiliyya-Sitten zu zerstören."
>
> Mohammed (um 570 bis 632), (Hadith bei Ahmad ibn Hanbal)

Der Mensch soll nicht schöpferisch tätig sein. Er soll sich nicht eigene Schöpferkraft anmaßen, er soll sich nicht als gottesebenbildlich erkennen, sondern gehorsamer, unterwürfiger Knecht Allahs bleiben, wozu er ausschließlich erschaffen worden sei. Der Mensch sei niedrig und durch Sünde schmutzig, deshalb müsse er sich ständig rituell waschen, mehrmals am Tag! Das ist religiöser Waschzwang!

Kreativität, Erfindergeist und Forscherdrang werden gelähmt. Jede Abweichung, egal ob sexuell, sozial, religiös oder politisch, ist verboten. In der Einfalt liegt die islamische Kraft.

Rathaus-These 99: Europa existiert nur ohne Islam

Europa ist und bleibt nur dann Europa und erfolgreich, wenn der Islam in Europa sein Ende findet, wenn die Grundwerte menschlicher Freiheit den falschen Gottesglauben hier überwinden. Zumindest in Europa selbst müssen die *europäischen Werte* praktisch alle hier einwurzelnden Muslime befreien.

Die muslimisch-arabische Unterwerfungskultur wird den Konflikt mit der westlichen Moderne aller Voraussicht nach grandios verlieren. Selbst wenn es der „muslimischen Welt" gelänge, den „alten Westen" in Gestalt von Nordamerika und Westeuropa durch Unterwanderung von innen heraus zu zerstören – das ist eher unwahrscheinlich, aber denkbar, gerade auch in Deutschland könnte das tatsächlich passieren aufgrund der besonderen Umstände – so bliebe der sich kapitalistisch modernisierende Osten, von Osteuropa bis teilweise in Ostasien, als eine Art „neuer Ersatz-Westen", als ein Puffer bestehen. Dieser „neue Westen zweiter Wahl" ist weit weniger tolerant und offen, nicht vom Geist kolonialer Zuwanderung geprägt, nicht multikulturell, sondern zentralistisch, hierarchisch und nationalbewusst und stärker als der „echte, alte Westen" auf kulturelle Hegemonie bedacht, jenseits der Geschäftswelt und der Popkultur, so dass er der Islamisierung schärfer entgegentreten könnte.

Vielleicht aber genügte schon die Umstellung der Erdölwirtschaft auf eine Kreislaufwirtschaft mit regenerativem Antrieb, um die Mehrheit der Muslime ihr kulturelles Unvermögen endlich so sehr ins Bewusstsein dringen zu lassen, dass sie nicht mehr wegschauen und den „bösen Westen" für ihre Lage verantwortlich machen könnten, sondern vor der eigenen Haustür zu kehren anfingen. Der Reichtum Arabiens ist durch das Ölgeschäft mit dem Westen nur vom Westen abgeschöpft, wie geborgt. Versiegen die Ölquellen, beginnt die Macht Mohammeds von Arabien her zu schrumpfen.

Die Gesellschaften und Staaten Europas haben einen langen, leidvollen Weg hinter sich und eine beispiellose gesellschaftliche Reife erlangt, nämlich den – hoffentlich – unbedingten Willen, in gemeinsamer Selbstverantwortung – Demokratie genannt – für alle ihre Bürger Frieden, Freiheit und Sicherheit zu garantieren! Es gibt keine größeren und keine moderneren Ziele als die, welche auf dem europäischen Glücksklee geschrieben stehen: *Frieden, Freiheit und Sicherheit* – Das ist Europa, das ist Deutschland!

Wichen wir davon ab, fielen wir zurück und würden eine beliebige Welten-Gegend mit einer nur noch großen Vergangenheit. Ohne Frieden, Freiheit und Sicherheit ist Europa Geschichte. Europa bleibt nur Europa mit der Stärke des Rechts, nicht mit dem Recht des Stärkeren.

Die Globalisierungsbefürworter und die Globalisierungsgegner werden uns auf eine harte Probe stellen. Der Weltfinanzkapitalismus, die Ressourcenverknappung, der natürliche Klimawandel und die Kriege in der Welt werden uns von außen bedrängen, in Zukunft noch mehr als heute. Rücksichtsloser Egoismus, politischer und religiöser Fundamentalismus und überdrehter Nationalismus sind aber zunehmend auch Bedrohungen von innen heraus. Europa wird Schrammen bekommen, aber fortbestehen. Wenn wir es wollen. Wenn wir dem Islam und seinen Folgen widerstreben.

Der Islam ist seit seiner Entstehung eine massive Bedrohung für Europa und die ganze Welt. Überall dort, wo der Islam die europäische Welt eroberte, ist Europa bereits verschwunden. Das Römische Reich – die europäische Kultur – umfasste einst die Türkei, Teile des nahen Ostens und Nordafrikas, rund herum ums Mittelmeer! Nach der Eroberung durch die Muslime ist „Europa" dort verlorengegangen. Europa und der Islam schließen einander aus. Das hat die Geschichte bewiesen.

Die Leitkultur der Muslime – Unterwerfung aus Angst, Ohnmacht und Unwissenheit, und unsere Leitkultur des Westens – Befreiung durch Mut, Ermächtigung und Wissenschaft, sind unvereinbar. Unsere Leitkultur ist das Licht der Aufklärung. Die islamische Leitkultur ist die Unterwerfung im Sandsturm.

Die moderne Idee von Europa ist die Dreieinigkeit von Frieden, Freiheit und Sicherheit, die *Zivilisation* – d. h., die Verbürgerlichung der Massen, die kulturelle Zähmung des menschlichen Mordaffen, die stete Verbesserung der Hochkultur, die Ausweitung des Wissens, der menschliche Fortschritt. Wie sollte ausgerechnet das genaue Gegenteil dessen dazu passen? Mohammeds Unterwerfung passt nicht zu

Europa. Entweder oder! Entweder Europa oder Islam! Freiheit oder Unterwerfung! Ganz klar: Wir müssen die zu uns kommenden Muslime zu Ex-Muslimen aufklären, sie befreien und für uns gewinnen.

Der Einfluss der europäischen Aufklärung hat die Juden europäisiert und sie den Arabern überlegen gemacht. Sie kehrten nach Palästina zurück und gründeten ihr eigenes, erfolgreiches Land. Das wollen viele Muslime nicht akzeptieren und Israel vernichten. Die Führer der islamischen Palästinenser und Araber wollen weder in einer Ein-Staaten-Lösung mit den Juden in Israel zusammenleben noch eine Zwei-Staaten-Lösung, bei welcher Juden und Palästinenser in benachbarten Staaten nebeneinander koexistieren. Sie wollen Israel und die Juden einfach weg haben, sie wollen keine so offensichtlich überlegene „ungläubige" Macht in ihrer Welt. Deshalb ist der Staat Israel nur als militärische Festung zu halten. Israel ist wie ein Stück belagerter Westen im Morgenland, als hätte man den Westen mitten in der islamischen Welt, im „heiligen Land", auf den Punkt gebracht. Der Palästina-Konflikt steht sehr zugespitzt symptomatisch für den Konflikt des Islams mit dem Westen überhaupt. Und wegen des Holocausts ist die Waffenbruderschaft Deutschlands mit Israel eine deutsche Staatsräson. Was das im Ernstfall für uns bedeutet, kann sich jeder selbst ausmalen. Eines können wir auch in diesen Zeiten – des relativ kalten Krieges der islamischen Welt gegen uns – davon ableiten: Europa hat nur dann eine freie und erfolgreiche Zukunft, wenn wir uns als belagerte Festung begreifen, nun auch hier im Westen, denn das ist leider die übergeordnete Realität.

Rathaus-These 100: Die westliche Freiheit verteidigen!

Der moderne Westen hat sich, erst seit historisch sehr kurzer Zeit, vom Joch religiöser Ideale befreit: die jahrtausendelang unterdrückte Sexualität mündete in sexuelle Befreiung, die Missachtung und Unterdrückung der Frauen in Gleichberechtigung, Standesdenken und Gottesgnadentum in allgemeine Menschenwürde. Das ist alles noch ganz frisch, obwohl es uns schon so selbstverständlich schien. Nun kehrt die Vergangenheit von außen her zu uns zurück.

Werden wir unsere Errungenschaften verteidigen, vor uns selbst und vor den Fremden? Die religiösen Werte des Islams stellen die Werte des Westens auf die Probe, genauer gesagt, die Menschen auf die Probe, die sie leben. Unterdrückte Sexualität kollidiert mit sexueller Befreiung, Missachtung und Unterdrückung kollidieren mit Gleichberechtigung, Unterwerfung unter einen tyrannischen Herrschergott kollidiert mit aufrechter weltbürgerlicher Selbstbehauptung.

Wir haben das Recht und die Pflicht, die westliche Freiheit, die Errungenschaften und das *Zukunftspotential* unserer aufgeklärten Gesellschaften, zu verteidigen!

Gegen jeden, auch und gerade gegen den Islam. Wer den Widerstand gegen die islamischen Anfechtungen ablehnt, ist entweder dumm, unwissend oder feige.

> „Hätten die Aufklärer in Europa vor einigen Jahrhunderten auf den Klerus, die Kirche und die Gefühle der Gläubigen soviel Rücksicht genommen so wie heute die Kulturrelativierer es mit dem Islam tun, gäbe es keine Aufklärung ... Islamkritik ist nicht rassistisch! Das müssen die selbsternannten Eliten begreifen, heute noch, bevor es zu spät wird. Aufklärung und Kritik sind die Grundlagen für Freiheit, Fortschritt und Demokratie. Wir müssen alles, aber alles, kritisch hinterfragen! Und Religionskritik und somit Islamkritik ist ein Menschenrecht!
>
> Das haben die Eliten in Deutschland vergessen. Gemeinsam mit den heutigen, im freien Fall befindlichen Sozialdemokraten, den ehemaligen, auf grün umgeschwungenen Maoisten und Trotzkisten und mit den zum Multikulturalismus konvertierten Christdemokraten, sieht sich diese Elite als eine Avantgarde, als Gott und Macher, sie glauben ihre Werte sind für alle Gesellschaften sofort übertragbar, sie verachten die Dialektik der Geschichte, weil sie glauben, sie sind Macher der Realität der Geschichte. Solche Anmaßungen und Angriffe auf die Aufklärung gab es schon einige Male in der neuen europäischen Geschichte ... vom Faschismus über den Nationalsozialismus bis zum Kommunismus. Heute sind wir Zeitzeugen eines neuen Experimentes, nämlich des Multikulturalismus. Wenn die europäischen Völker sich darauf weiterhin einlassen und sie später feststellen, dass es gescheitert ist, würden sie es nicht mal korrigieren können, denn es würde diese Völker nicht mehr geben. In 30 bis 40 Jahren würde Europa aufgrund der massiven Einwanderung der Muslime nach Europa und der hohen Geburtenrate nicht mehr Europa sein, sondern wirklich Eurabien, ein wirtschaftlich und gesellschaftlich elendes Fleckchen Erde.
>
> Wir müssen alles Rechtstaatliche unternehmen, um diese Elite demokratisch und durch gesellschaftliche Aufklärung zu entmachten. Denn, meine Damen und Herren, diese Elite – wird entmachtet! – Lieber von uns, als von ihren Schützlingen ... später.“
>
> Imad Karim (geboren 1958), libanesisch-deutscher Regisseur, Drehbuchautor und Fernsehjournalist, 2018

Welcher Islam gehört zu Deutschland? Der abgelegte! Da Religion auch in den öffentlichen Raum gehört und nicht nur heimliche Privatsache ist, muss sie auch in den freiheitlich-demokratischen öffentlichen Raum hineinpassen. Der Islam passt aber nicht.

Der Postmodernismus mit seinem „Postfaktischen“ droht die Aufklärung abzulösen. Uns droht der Abstieg aus der Hochzivilisation, durch Selbstaufgabe, Selbstüberwindung und durch die islamische Anfechtung. Wir müssen zurückkehren zur Aufklärung, die wir weiterführen müssen, anstatt sie in Frage zu stellen oder aufzugeben. Sie ist die Grundlage unseres menschheitlichen Erfolges. **Die westliche Freiheit verteidigt nur, wer die Aufklärung verteidigt**. Nur sie macht uns aus.

> „Aufklärung ist der Ausgang des Menschen aus seiner selbst verschuldeten Unmündigkeit. Unmündigkeit ist das Unvermögen, sich seines Verstandes ohne Anleitung eines anderen zu bedienen. Selbst verschuldet ist diese Unmündigkeit, wenn die Ursache derselben nicht am Mangel des Verstandes, sondern der Entschließung und des Mutes liegt, sich seiner ohne Leitung eines anderen zu bedienen. Sapere aude (wage es verständig zu sein)! Habe Mut, dich deines eigenen Verstandes zu bedienen!, ist also der Wahlspruch der Aufklärung.“
>
> Prof. Dr. Dr. Immanuel Kant (1724 - 1804), deutscher Philosoph der Aufklärung, 1784

Islamisierung ist Gegenaufklärung. Denn der Islam ist das koranische Verbot, sich seines eigenen Verstandes ohne islamische Fremdanleitung zu bedienen. Der Islam zielt auf den selbstverschuldet unmündigen Menschen. *Aufgeklärt* sein bedeutet, selbst zu denken und selbst zu verantworten. *Islamisch* sein bedeutet, nur aus Mohammed heraus zu denken und zu verantworten, alles von Mohammeds Worten und Taten abzuleiten. In der logischen Konsequenz kann es keine wirklich aufgeklärten Muslime geben. Der Islam passt nicht zur Aufklärung und die Aufklärung nicht zum Islam. Der Mensch muss sich entscheiden, frei oder unfrei sein zu wollen.

> „Alles was außer dem guten Lebenswandel der Mensch noch zu tun können vermeint, um Gott wohlgefällig zu werden, ist bloßer Religionswahn und Afterdienst Gottes.“
>
> Prof. Dr. Dr. Immanuel Kant (1724 - 1804), deutscher Philosoph der Aufklärung, 1793

Wir haben in Deutschland Koranschulen und andere Bekenntnisschulen, aber keine Menschenrechtsschulen und keine Grundwerteschulen, also keine Schulen der Aufklärung. Warum eigentlich nicht? Warum überlassen wir die Kernlehren unserer Kultur ein paar anonymen, spezialisierten Juristen? Sind wir blöde?

Warum lernen wir die Grund- und Menschenrechte, in allgemeinverständlicher Form, nicht schon in der Schule auswendig? Millionen Deutsche können die absurdesten Liedtexte der Popkultur mitsingen, die kennen sie auswendig, auf englisch. Auf deutsch wären ihnen die meisten wegen ihres Inhalts wohl peinlich. Fragen Sie mal irgendeinen Menschen in Deutschland nach seinen grundlegenden Rechten? Dann geht das Überlegen los: Die Würde des Menschen ... Gleichberechtigung ... Religionsfreiheit .... äh ... .

Fast man diesen vorhandenen Basissatz an abrufbarem Grundrechtswissen zusammen, dann kommt eben dabei (solcher Quark) heraus: Alle Menschen und alle Religionen sind gleich, weil gleichberechtigt und gleichwürdig. Man muss sich deshalb über nichts Gedanken machen, passt schon alles irgendwie! Soll sich die Politik darum kümmern.

Das müssen wir ändern! Wir müssen unsere Grund- und Menschenrechte auswendig lernen. Wir selbst und die Migranten auch.

Wie wollen wir Staat und Religion trennen, wenn wir unseren Staat, *unseren Status*, überhaupt nicht kennen? Wenn wir mehr über irgend eine Religion wissen als über die *verbindlichen Grundregeln unseres Zusammenlebens*? Nur eine vage Ahnung zu haben und alles gleichzusetzen, alles zu relativieren, immer nur das Gemeinsame zu betonen, alle inhaltlichen Konflikte mit süßer Konsenssoße zu übergießen und zu ignorieren, führt uns in den Abstieg, in den kulturellen Untergang.

Wir brauchen zwei Karten, Jokern gleich, die wir gedanklich immer bei uns tragen müssen: die Karte der Menschenrechte und die Karte der Grundrechte!

Auch ich glaubte zunächst, die liberale, demokratische Moderne wäre so eine Art gesellschaftspolitisches Gesamtpaket. Ich dachte, wenn in China und anderswo in der Welt die Wirtschaft liberalisiert, eine Marktwirtschaft eingeführt wird, dann müsste das allmählich eine Liberalisierung aller Gesellschaftsbereiche nachsichziehen. Aber das hat sich als Illusion herausgestellt. Marktwirtschaft führt nicht von selbst zur Demokratie, und Demokratie führt nicht automatisch zu allen Menschenrechten. Das ist leider so. Darauf müssen wir reagieren. Jedes Menschenrecht muss einzeln verkündet, verwirklicht und verteidigt werden.

Die Marktwirtschaft, die Demokratie und die Menschenrechte sind drei der *vier Säulen der Moderne*. Die vierte Säule ist das *wissenschaftliche Denken*. Aber diese Säulen stellen sich nicht von selbst zusammen! Die verbreitete Wirtschaftsliberalität hat mit den tragenden Säulen der westlichen Moderne leider fast nichts zu tun. Wir müssen das begreifen und die Rolle der *Geisteskultur* wieder viel ernster nehmen! Die *Geisteskultur der Aufklärung ist die Architektin der Moderne*, nur sie fügt die Säulen zum überragenden Gebäude zusammen.

Es gibt ein *Grundrecht auf Wahrheit, auf Einsicht und Wissen,* kurz: auf Aufklärung, welches im Grundrechtekatalog des Grundgesetzes nicht enthalten ist und in eine zukünftige deutsche Verfassung aufgenommen werden sollte.

An der Wiege der modernen Menschheit entstanden die drei abrahamitischen Eingottreligionen mit ihrem suchtartigen Verlangen, sich der höchsten göttlichen Macht zu unterwerfen. Wo sind heute die europäischen Aufklärer, welche die Religionen als solche anzweifeln und die religiösen Mythen enttarnen, die falschen Märchen entzaubern, die irrtümlichen Behauptungen widerlegen? Wo sind sie? Sie schlafen. Nach der anstrengenden Aufklärung des Christentums haben sie sich ermattet zur ewigen Ruhe gelegt, nichts ahnend, dass deren Stiefkinder, die Muslime, zu uns kommen würden und alles wieder von vorne beginnen muss. Aufgewacht!

Die Freiheit ist noch jung! Die kulturelle Decke ist dünn und trägt sich nicht selbst. Brutale, böswillige Menschen gibt es überall und nicht wenige. Das Einzige, was gegen sie hilft, ist eine starke menschenfreundliche Kultur, die sie zwingt, sich ebenfalls menschenfreundlich zu verhalten.

Die Sklaverei wurde erstmals im modernen Europa abgeschafft. Seit 1808 machte sich Großbritannien für die weltweite Abschaffung des Sklavenhandels stark. In Frankreich wurde die Sklaverei infolge der Erklärung der Menschenrechte 1794 zwar auf dem Papier abgeschafft, jedoch weiter praktiziert, ab 1802 durch Napoleon wieder offiziell erlaubt und erst 1848 rechtlich beendet. Auch während des Zweiten Weltkrieges wurde die Sklaverei praktiziert und von Deutschland bis zum Exzess betrieben (Vernichtung durch Arbeit als eine pragmatische Verbindung von Sklavenarbeit und Massenmord), danach wieder beendet und in Westeuropa einschließlich Deutschland durch Gastarbeiter-Beschäftigung ersetzt. Die Sowjetunion betrieb ebenfalls exzessive Gulag-Sklaverei („Umerziehung“ und Vernichtung durch Zwangsarbeit).

Nachdem der Adel in den neugegründeten USA bereits praktisch abgeschafft war, wurde er in Europa zuerst in Frankreich 1789/90 gestürzt und von Napoleon wiederhergestellt; ab der Dritten Republik (1870 bis 1940) erinnerte man sich an die einst erklärten Menschenrechte und den Grundsatz der Gleichheit und schaffte den Adel offiziell mehr oder weniger ab, zuletzt nach der Verfassung von 1958. In Deutschland geschah dies mit der Gründung der Weimarer Republik 1919.

Die soziale Marktwirtschaft gibt es erst seit 1949, von Deutschland ausgehend machte sie in der freien Welt Karriere, bis zum Zerfall des sozialistischen Ostblocks und der nun entfesselten Wirtschaftsglobalisierung, seit dem wird sie durch Sozialabbau sowie Monopol- und Kartellbildung schrittweise zum flexiblen Turbokapitalismus umgestaltet, der sich Rohstoff-, Arbeits- und Absatzmärkte weltweit erschließt und dem die nationalstaatlichen, sozialstaatlichen und demokratischen Einflussnahmen hinderlich sind, weshalb sich die Europäer über den EU-Binnenmarkt, den Euro und eine gemeinsame Armee zu einem politischen Imperium zusammenschließen sollen.

Erst nach den schlimmen Rückfall-Erfahrungen des Zweiten Weltkrieges wurden die Menschenrechte 1948, über die „Allgemeine Erklärung der Menschenrechte der

Vereinten Nationen“, zu einem nahezu weltweiten – natürlich völlig unverbindlichen – politischen Vorsatz, der nur in demokratischen Ländern, und auch nicht in allen, einigermaßen realisiert wird. Das 1949 verabschiedete deutsche Grundgesetz bezieht sich mit seinen Grundrechten darauf. Der 10. Dezember, der Tag der Verkündung der Menschenrechtserklärung, ist der internationale Tag der Menschenrechte, den praktisch niemand kennt. Warum klären wir uns darüber nicht besser auf? Halten wir das bisher Erreichte für selbstverständlich und unkaputtbar? Warten wir die nächste schlimme Erfahrung ab? Wir brauchen offensichtlich Aufklärung über die Aufklärung!

Rathaus-These 101: Aufklärung ist ein Menschheitsziel

Stellen wir uns selbst und den anderen doch die Gretchenfragen zur Aufklärung, um festzustellen, wo wir persönlich gerade stehen. Sag' mir, wie hältst du's mit der Aufklärung?

1) Glaubst du an einen liebenden oder einen strafenden Gott?

2) Willst du menschliche Selbstverwaltung nach Menschenrecht oder göttliche Herrschaft nach Gottesrecht?

3) Entsteht Wissen für dich durch Erfahren, Beobachten und Erforschen vieler Menschen oder durch das Offenbaren weniger auserwählter Jenseits-Medien der Vergangenheit?

4) Soll man die richtigen Ziele möglichst mit Liebe und Frieden oder möglichst mit Hass und Gewalt anstreben?

5) Gibt es eine vielfältig verästelte Wirklichkeit, die alles umfasst oder gibt es verschiedene, parallele Wahrheiten?

Die jeweils erste Antwort steht für maximales Aufgeklärtsein, die jeweils zweite Antwort steht für maximales Unaufgeklärtsein.

Die Aufklärung beschränkt sich nicht auf die Naturwissenschaften und sie führt nicht zwangsläufig zum Materialismus – der ist nur ein Teil der aufgeklärten Wahrhaftigkeit – sondern führt darüber hinaus auch zum konfessionslosen Theismus, zum Gott der Philosophen. Die aufgeklärte Religion ist Spiritualität. Echte Spiritualität befreit und verbindet universell, ähnlich wie naturwissenschaftliches Denken und Wissen universell zusammenführt.

„Der Religion ist nur das Heilige wahr, der Philosophie nur das Wahre heilig."

Dr. Ludwig Feuerbach (1804 - 1872), deutscher Philosoph

Rathaus-These 102: Islam durch Aufklärung überwinden

Ohne einen Bruch mit der islamischen Gelehrtentradition und der Tradition patriarchalischer Gesellschaftsordnung kann der Islam nicht wirklich westlich werden. Er kann es nicht. Was erwarten wir denn von den gläubigen Muslimen, wenn wir die Anpassung des Islams an die westliche Wertekultur fordern? Wir erwarten, dass weltweit anerkannte, führende Muslime unsere Werte, also die Menschenrechte, als neue Ziele definieren, auf die der Koran und die Hadithen fürderhin auszulegen sind. Wir erwarten den klaren, rückweglosen Bruch, die Loslösung von der langen islamischen Gelehrtentradition. Wir erwarten, dass sich die große Mehrheit der Muslime zu diesem neuen Islam-Modell bekennt, das eklatant im Widerspruch zum Buchstaben und Geist des Korans und des Propheten Mohammed und der gesamten Kulturgeschichte der muslimischen Welt stehen muss, im Widerspruch zu Allahs wortwörtlichem Willen!

Erwarten wir da nicht viel zu viel, ja Unmögliches? Sollten wir nicht besser gleich die Aufgabe des Islams, die Aufgabe *der Unterwerfung selbst*, fordern? Sollten wir nicht sagen: Hört auf, euch zu unterwerfen! Hört auf, die ganze Welt unterwerfen zu wollen! Wir unterwerfen uns euch nicht und auch nicht Gott, schon gar nicht Allah, wir sind nicht unterwürfig. Steht auf und gesellt euch zu uns, denn ihr seid zur Freiheit und zur Verantwortung geboren! Und ihr kommt dafür ganz sicher nicht in die Hölle. Euer Allah ist nicht Gott. Gott ist anders!

Der Islam lehnt alle freiheitlichen Werte ab, weil sie seinem Wesen widersprechen. Wir können deshalb gar nichts anderes tun, als unsererseits den Islam, seiner falschen Werte wegen, auch abzulehnen und ganz entschieden zu unseren Werten zu stehen. Den Islam an eine freiheitliche Demokratie heranreformieren zu wollen, ist so unmöglich, wie den Nationalsozialismus oder den Kommunismus, jede Form von Diktatur, an die freiheitliche Demokratie heranreformieren zu wollen.

Mit der Zurückweisung des Islams werden wir all jenen Menschen einen großen Gefallen tun, die noch in den Islam hineingeboren werden würden. Wir lehnen nämlich keinen einzigen Menschen ab, sondern allein menschenfeindliche Ideologien.

Es gibt unter den islamisch geprägten Menschen nicht nur solche, die sich radikalisieren, sondern auch viele, die sich vom Islam wegbewegen. Es ist unsere Pflicht, die existierenden Abkehr-Tendenzen unter den Muslimen sichtbar werden zu lassen und zu beschützen. Wir müssen diese Menschen auf ihrem Weg in die Freiheit bestärken. Aufklärung setzt die Bereitschaft voraus, dazuzulernen. Was fördert diese Bereitschaft? Ein wenig vielleicht das Streben nach Einkommen, sowie Vorbilder, *vor allem aber ist es die Wahrheitsliebe.* Ihre Wahrheitsliebe kann nur wachsen, wenn auch wir die Wahrhaftigkeit tatsächlich sehr hoch wertschätzen.

Jeder Mensch kann glauben, was er will, aber nicht erwarten, dass man seinen Aberglauben mit dem gleichen heiligen Respekt behandelt, wie er selbst. Das wäre eine unsägliche Zumutung und das Ende der Freiheit. Wenn wir das Unwissen, die Irrtümer, die Lügen, die Gewalt, aus welchem der Islam besteht, durch aufklärende Kritik entfernen, dann ist er verschwunden, übrig bleiben die befreiten Menschen.

Das muslimische Denken kennt zu wenig Eigenverantwortung – stattdessen nur eine schicksalhafte Übermacht Gottes, den unterwürfigen Gehorsam und das Festhalten an alten, obrigkeitlichen Regeln. Das muslimische Weltbild ist zu geschlossen, um modern werden zu können. Seine Anhänger können auf den Kontakt mit der westlichen Moderne, auf die Offenheit und die Chancen der Freiheit, nur mit fundamentalistischem Rückzug auf das „eigene", die islamische Gemeinschaft, reagieren. Die Radikalisierungstendenzen überall in der Welt, der terroristische Islamismus, sind deshalb auch als ein Ausdruck des eigenen, finalen Versagens der muslimischen Welt, *als ein letztes Aufbäumen*, zu verstehen. Deshalb findet die Radikalisierung gerade auch unter jungen Muslimen im Westen statt, die dann in den „heiligen" Terrorkrieg (fort)ziehen, um das eigene Alte zu verteidigen.

> „Um Frieden zu bringen, ist es notwendig, den Hass zu beseitigen. Nichts ist hassvoller als der Islam. Diese Doktrin ist böser als Nationalsozialismus und Kommunismus. Er inspiriert mehr Hass und verursacht mehr Spaltung als jede dieser Ideologien, die auch auf Hass basieren. Der Islam ist heimtückischer, weil er behauptet, von Gott zu sein. Es ist diese zusätzliche Lüge, die ihm Langlebigkeit gegeben hat. Wie Hitler immer sagte: Je größer die Lüge, desto glaubwürdiger wird sie. Der Islam ist die größte Täuschung aller Zeiten. ... Der Islam ist eine Lüge und alles, was man braucht, um eine Lüge zu demontieren, ist die Wahrheit. Es ist egal, wie dunkel die Nacht ist; Dunkelheit kann kein Licht aushalten. Je dunkler sie ist, desto verwundbarer wird sie. Sogar eine Kerze kann das Herz der dunkelsten Nacht durchdringen. ...
>
> Ich glaube nicht, dass sich die Wahrheit von selbst durchsetzen wird. Sie muss gesagt und verteidigt werden. Damit das Licht der Wahrheit scheint, müssen die Lügenwolken verschwinden. ... Jemand muss für das Rechte einstehen und gegen das Böse kämpfen. Es ist nicht schwer, zwischen Wahrheit und Unwahrheit zu unterscheiden. Trotzdem muss die Wahrheit aufrechterhalten werden oder Lügen werden gewinnen. ...

Wir wurden getäuscht, um es zu ignorieren. Wir sind durch unsere fehlgeleitete politische Korrektheit und den falschen Multikulturalismus getäuscht worden. Das Böse ist immer böse. Wenn wir es nicht ständig ausmerzen, wird es übernehmen."

Dr. Ali Sina (Pseudonym), iranischer Ex-Muslim und Aktivist, der in Kanada lebt, Gründer von Faith Freedom International (Glaubensfreiheit International), 2008

Dem Hass keine Stimme! Hass ist nicht konstruktiv, sondern blindwütig. Wer über den Hass hinaus sogar physische Gewalt anwenden will, gehört zum Schutz vor Schaden weggesperrt. Hass und Gewalt gehören zwangsbefriedet. Keine Freiheit für Hass und Gewalt, denn sie machen unfrei! Jedem Menschen in Deutschland muss völlig klar sein, dass ihn Hassen und Gewalttätigsein für den politischen Diskurs disqualifizieren. Hass ist keine Meinung. *Hass muss schweigen und Gewalt einsitzen!*

„Ich bin überzeugt, dass die Tage des Islam gezählt sind; dass diese Doktrin des Hasses in ihrem Todeskampf ist. Lass dich nicht von seiner Größe täuschen; Der Islam ist wie ein Turm, der auf Sanddünen errichtet wurde. Alles was man braucht, um ihn zu zerstören, ist, sein Fundament zu enthüllen und die Lügen, die ihn stützen, wegzublasen. Dieses Gebäude kann nicht umgestaltet werden. Du kannst den Islam niemals reformieren. Er ist fest auf Lügen aufgebaut. ...

Den Islam zu reformieren ist eine sinnlose Übung. Es ist unmöglich und es wird die Bemühungen derer, die es versuchen, frustrieren. Indem sie versuchen, den Islam zu reformieren, festigen sie ihn. ...

Es ist töricht zu glauben, dass es viele Formen des Islam gibt. Der Islam ist einer, obwohl jeder Muslim ihn auf seine Weise interpretiert. Nur eine Interpretation ist richtig und das ist diejenige, die dem Denken Muhammads am nächsten kommt. Die Salafis sind der Wahrheit am nächsten. Das ist der Islam von Bin Laden und anderen Jihadis. Die widersinnigen „gemäßigten Muslime" machen sich nur etwas vor. Indem sie den Islam unterstützen, bestätigen sie ihn auch. Sie bestätigen dessen Terrorismus, obwohl sie behaupten, nicht damit einverstanden zu sein. Diese vernebelten sogenannten Moderaten sind weitaus gefährlicher als ihre terroristischen Brüder. Die Terroristen töten ein paar, während diese fehlgeleiteten „Gemäßigten" die Lüge des Islam verlängern und den Hass und die Spaltung der Menschheit für die kommenden Jahrhunderte aufrechterhalten. ...

> Was gibt es zu reformieren am Islam und warum? Wenn er gut ist, warum ihn reformieren und wenn er schlecht ist, warum ihn behalten? ... Wir müssen diesen Wahnsinn beenden, indem wir die Wahrheit sagen und nicht, indem wir eine alte Lüge mit mehr Lügen überziehen."
>
> Dr. Ali Sina (Pseudonym), iranischer Ex-Muslim und Aktivist, der in Kanada lebt, Gründer von Faith Freedom International (Glaubensfreiheit International), 2008

Die islamische Tradition kann nicht in die Moderne gerettet werden. Eine Bestandserhaltung ist nicht möglich. Die in ihr befangenen Menschen müssen die islamische Tradition einsichtig aufgeben und sich eines Besseren belehren. Die Muslime können es drehen und wenden wie sie wollen, eine kulturelle Führungsrolle können sie mit Koran und Mohammed nicht mehr begründen. Diese Illusion ist zeitlich abgelaufen. Das historische Zeitfenster des Islams schließt sich; darum hauen nun viele von ihnen beleidigt, gekränkt und trotzig um sich – Nach dem Motto: Jetzt erst recht! – Krampfhaft halten sie an ihrer Unterwerfung fest und wollen ins siebente Jahrhundert zurück, weil sie unterschwellig spüren, dass sie ihre Demut vor Allah auf die menschliche Kultur der „ungläubigen" Westler übertragen müssten, zuviel verlangt, meinen sie, aber letztlich selbst eingebrockt, weil sie mit und wegen des Islams geistesgeschichtlich stehengeblieben sind. Da müssen sie nun nachholend durch.

Rathaus-These 103: Deutschland De-Islamisieren

Mohammed taugt nicht zum Vorbild, nicht zu seiner Zeit und schon gar nicht heute. Seine Forderung, ihm zu folgen, muss verworfen werden. Zur Gänze.

Die Muslime in unserem Lande müssen einsehen: Bei uns gilt ohnehin das Primat der Politik vor der Religion, das Primat der rationalen Vernunft vor dem Glauben. Wer dagegen ankämpft, ist kriminell, der ist ein Feind der freiheitlich-demokratischen Grundordnung. Es ist verboten, die allgemeinen Menschenrechte nicht voll anzuerkennen und durch irgendwelche „göttlichen" Regeln einzuschränken.

Weil der Islam das nicht leisten kann, muss er zurückweichen. Wir können nicht tolerieren, dass unsere Freiheit einer ständigen Gefahr durch den Islam ausgesetzt ist. Seine Anleitungen zur Gewalt können wir nicht dulden. Wir dürfen uns nicht der Angst unterwerfen, sondern müssen die inhaltliche Auseinandersetzung suchen und uns durchsetzen. Deutschland ist unser Teil der Welt, hier bestimmen wir. Die Muslime haben Angst vor Allah, wir haben Angst vor gewalttätigen Muslimen und der psychischen Gewalt des Islams. Wir müssen und können all diese Ängste überwinden, in dem wir den Islam überwinden. Die *Re*-Islamisierung der zu uns Eingewanderten in erster, zweiter und dritter Generation muss mit einer allgemeinen *De*-Islamisierung beantwortet werden! Was denn sonst?! Die Islamisierung Deutschlands ist zu stoppen und umzukehren mit der Kraft der Aufklärung. *Denn Aufklärung ist im Westen Pflicht.*

Wir stoßen dabei auf zwei Arten von muslimischen Widerständen, den sturen, überheblich-rechthaberisch Widerstand der orthodoxen Muslime und den wachsweichen Widerstand der scheinangepassten Täuscher, denn allen Muslimen ist es ja erlaubt „Taqiya" bzw. „Iham", die „Täuschung der Ungläubigen" zu praktizieren, um ihre wahren Absichten zu verbergen und untergründig auf Zeit zu spielen.

Die Deutschen wurden nach dem Zweiten Weltkrieg von den Siegermächten umerzogen, entnazifiziert. Nun müssen wir selbst die archaisch-patriarchalischen Muslime in Deutschland umerziehen, entislamisieren. Die De-Islamisierung bedeutet keine Diskriminierung, denn sie ist das Gegenteil von Herabsetzung. Durch *Ent*-Islamisierung werden sowohl die Nichtmuslime als auch die Muslime, besonders die Muslimas, von Herabsetzung und Benachteiligung – also von Diskriminierung – befreit. Die Islamisierung selbst hingegen ist eine Diskriminierung, die De-Islamisierung aber ist die Ent-Diskriminierung.

Über kurz oder lang wird die Islamisierung Deutschlands und Europas zu einer deutschen und europäischen Gegenbewegung der De-Islamisierung führen, welche aus einem demokratischen, liberalen Flügel und einem diktatorischen, neonazistischen Flügel besteht oder bestehen wird. Alle demokratischen Bürgervertretungen in unseren Rathäusern haben die Pflicht, Teil des liberalen, demokratischen Flügels dieser deutschen, gleichwie europäischen Selbstbehauptung der Bürger zu werden und zu sein. Liebe Stadträte: Macht mit!

Der Islam hat uns eine Art Krieg erklärt und fordert uns heraus, wir müssen darauf antworten. Auf die weltanschauliche Herausforderung müssen wir weltanschaulich antworten, *mit Aufklärung*. Das ist die ganz selbstverständliche *Grundstufe* der Begegnung. Sie erstreckt sich auch auf ein *Teilverbot des Islams*, nämlich aller verfassungs- und gesetzeswidrigen Aktivitäten von Muslimen, welche sich aus ihrem muslimischen Denken ergeben. Ein Kampf vornehmlich mit Gedanken und Worten um die De-Islamisierung Deutschlands.

Wenn das nicht ausreichen sollte, wenn das nicht zur Entmachtung und Befriedung islamischer Aktivitäten und zur De-Islamisierung Deutschlands führen sollte, muss eine *erste Eskalationsstufe* der Abwehr angeschlossen werden: das *Vollverbot des Islams* in unserem Land, der *juristische und polizeiliche Abwehrkampf* gegen diese totalitär-faschistische, polit-religiöse Ideologie.

Sollte uns auch diese *verschärfte Abwehr* nicht gelingen, weil die Muslime weiterhin ihrer Aufklärung und Integration trotzten, das Gewalt- und Rechtsmonopol unseres Staates ignorierten und bekämpften, also nicht einlenken wollten und stattdessen am Dschihad theoretisch und praktisch festhielten, bliebe uns nur noch übrig, auf den uns erklärten, uns zerstörenden „heiligen Krieg“, in einer *zweiten Eskalationsstufe* mit einem *militärischen Befreiungsschlag (Abwehrkrieg)* durch unsere militärischen Streitkräfte zu reagieren, um die besetzten Landesteile, die No-Go-Areas und die allgemeine Hoheit und Sicherheit im ganzen Lande, zurückzuerobern. Dazu darf es nicht kommen! Das ist jedoch die *ultima ratio.*

Unsere aufzustellende Verteidigungskette, von Verantwortungsgefühl, Vernunft und Menschenliebe geleitet, besteht also in der Vorhut aus Bildung, in der Hut aus Polizei und in der Nachhut aus Bundeswehr.

Die De-Islamisierung darf nur politisch, mit dem Gewaltmonopol des Rechtsstaates, durchgeführt werden. Jedwede Selbstjustiz ist untersagt! Anschläge gegen Muslime und ihre Gebäude etwa sind Schwerverbrechen und strengstens verboten! Solche Taten sind selbstverständlich *nicht* moralisch oder anderweitig gerechtfertigt! Der Volkszorn und Widerstandswille muss sich politisch artikulieren und erfolgreich machen können und darf auch nur diesen Weg gehen! Anschläge schadeten außerdem der De-Islamisierung und nützten letztlich der weiteren Islamisierung Deutschlands. Und die Menschenrechte gelten selbstverständlich auch für Muslime, selbst für die übelsten Terroristen unter ihnen.

Auch der Staat muss sich an Recht und Gesetz halten. *Nie wieder „Reichskristallnacht“!*

Im Februar 2018 ging in meiner Heimatstadt ein großes Eckhaus in Flammen auf. Zwei muslimische Brüder, die im Erdgeschoss einen Imbiss betrieben, bemerkten das Feuer. Sie warfen Steine an ein Fenster der darüberliegenden Wohnungen, um die Hausbewohner zu wecken. Treppenhaus und Dachstuhl standen bereits in Flammen. Nachbarn stellten Leitern ans Fenster der ersten Etage und retteten die acht Kinder der zwei Familien, welche sie durchs Fenster entgegennahmen. Die Feuerwehr konnte nur noch die restlichen Bewohner evakuieren. Insgesamt wurden 14 Personen gerettet, 7 davon kamen zur Untersuchung ins Krankenhaus. Ein junges deutsches Paar, welches in der zweiten Etage wohnte, war glücklicherweise gerade außer Haus gewesen. Das Gebäude brannte nieder und auch die Nachbarhäuser fingen noch Feuer.

Wie die Lokalzeitung berichtete, befanden sich in dem Gebäude Gebetsräume des „Islamischen Kulturvereins“. Zusammen mit der Polizei durften die Muslime noch einmal in die Brandruine, bevor sie abgerissen wurde. Die Imbiss-Brüder stellten ihre Kasse und einige Maschinen sicher. In der Zeitung wurden sie abgebildet und als Lebensretter gewürdigt. Ein weiteres Foto zeigte den Vorsitzenden des „Islamischen Kulturvereins“, Benaissi Djamel, mit geretteten Koranen. Wie durch ein Wunder waren sie dem Feuer entgangen: „Die Koranbücher sind unbeschadet, sie haben nicht einmal Löschwasser abbekommen.“

Kriminalbeamte stellten mehrere Brandausbruchsstellen fest und ihr Spürhund erschnüffelte brandbefördernde Substanzen. War das etwa ein Mordanschlag auf 18 Menschen? Die polizeilichen Ermittlungen blieben ergebnislos. Glücklicherweise kamen alle mit dem Leben davon, bis auf eine Katze. Die Menschen des Hauses verloren all ihr Hab und Gut, bis auf die Korane, die Imbisskasse und einige Maschinen.

So geht es absolut nicht!!! Der oder die Täter statuierten geradezu ein *Exempel des völlig verfehlten „Widerstandes"!* Falls die Tat überhaupt so gemeint war. Mit Feuer ist die Hölle nicht zu bekämpfen! Im Gegenteil. Wer Menschenleben gefährdet oder angreift, wer Gebäude, Wohnungen und Geschäfte zerstört, ist ein Schwerverbrecher! Wer Muslime zu Opfern macht, unterstützt noch den Islam und die Islamisierung Deutschlands. Wer von einer zweiten „Reichskristallnacht" träumt, gehört dringend hinter Gitter! Und zwar bevor er zuschlagen kann. Auch solche Menschen sind Gefährder, vor denen wir uns vorsorglich schützen müssen. Mit *uns* meine ich hier ausdrücklich auch alle Muslime im Lande! Selbstverständlich! Wir schützen nicht ihr Muslimsein, sondern ihr Menschsein.

Wer die weltanschauliche, die religiös-politische Gewalt des Islams, und die physische Gewalt der islamischen Terroristen, auf verbrecherische, unmenschliche, menschenrechtswidrige Weise zu bekämpfen versucht, der begibt sich nicht nur auf selbiges Terrorniveau, der gibt den Befürwortern der Islamisierung auch noch beste Gelegenheit, jeden aufrechten Widerständler, jeden anständigen Aufklärer, völlig ungerechtfertigterweise zum „geistigen Brandstifter" abstempeln zu können. Dem ist vorzubeugen, in dem alle radikalen Gefährder gleich welcher Art, von rechts, links oder religiös, konsequent verfolgt und dingfest gemacht werden.

Alle an der Aufklärung und Entschärfung des Islams interessierten Menschen und Organisationen sollten sich in einem breiten gesellschaftlichen Zweckbündnis zusammenfinden, zu einer ganz pragmatischen Bewegung, zur DeDawa, um Deutschland schrittweise wieder zu entislamisieren. Wir sollten strategische Überlegungen anstellen, konkrete Lösungsansätze entwickeln und umsetzen, sie immer neu auf ihre Wirksamkeit hin anpassen, um unsere wichtigsten kulturellen Werte zu erhalten und sie unseren Neubürgern und Gästen zugänglich zu machen.

Was wir brauchen, ist De-Islamisierung statt De-Mut, ist De-Eskalation statt De-Industriealisierung. Wir brauchen eine echte, nationalstaatliche, nationalkulturelle Wende. Wir brauchen unsere Volkssouveränität.

Rathaus-These 104: Widerstand ist rechtlich berufen

Der Artikel 20 des Grundgesetzes schreibt die Grundordnung Deutschlands fest. Der Souverän, das deutsche Volk, hat einen demokratischen und sozialen Bundesstaat zu verwirklichen. Alle Staatsgewalt hat vom Volke auszugehen, es darf keine Gewalt geben, die nicht vom deutschen Volke selbst ausgeht. Jedwedes „göttliches Recht“ ist daher verfassungsrechtlich verboten. Für einen anderen Souverän neben dem deutschen Volk, für einen „souveränen Fürsten“, für einen „göttlichen Gesetzgeber“ gar, für Allah oder für Mohammed, ist in Deutschland kein Platz. Sie dürfen politisch nichts bestimmen, auch nicht mitbestimmen. Der Islam hat in Deutschland kein Recht auf eine politische Stimme. Der Islam als „politische Partei“ gehört verboten und vom Verfassungsschutz beobachtet.

Das deutsche Volk hat das Recht, seine Staatsgewalten (Legislative, Exekutive und Judikative) durch Wahlen und Abstimmungen grundgesetzlich zu leiten. Die Verfassungsordnung soll unbedingt erhalten bleiben. Deshalb wurde ein moralisches Widerstandsrecht ins Grundgesetz aufgenommen. Durch den Verfassungsrang ist dieses Widerstandsrecht ein den Grundrechten gleichgestelltes Recht geworden. Wir deutschen Staatsbürger haben das hoheitliche Bürgerrecht, Widerstand zu leisten gegen jedermann, der unsere freiheitlich-demokratische Grundordnung abschaffen will.

> „Gegen jeden, der es unternimmt, diese Ordnung zu beseitigen, haben alle Deutschen das Recht zum Widerstand, wenn andere Abhilfe nicht möglich ist.“
>
> Artikel 20 Absatz 4 Grundgesetz

Unsere Verfassung gibt uns ausdrücklich ein Widerstandrecht in die Hand, als eine Waffe zur Verteidigung unserer bürgerlichen Freiheit in der Not. Es erlaubt die Gehorsamsverweigerung gegenüber dem Rechtsstaat, wenn dieser sich – durch wen auch immer – gegen die verfassungsmäßige Freiheit ausrichtet. Bereits der Versuch, die grundgesetzliche Ordnung beseitigen zu wollen, reicht dazu aus, die Deutschen zum Widerstand zu legitimieren. Bereits der Versuch soll unseren Widerstand zur Verfassungs-Verteidigung hervorrufen.

Schutzsensibel sind die Menschen- und Grundrechte – vor allem die Menschenwürde, die persönlichen Freiheitsrechte und das Gleichheitsprinzip; das Rechtsstaatsprinzip, das Demokratieprinzip, die Volkssouveränität, die Gewaltenteilung, die Verfassungs- und Gesetzesbindung von Legislative, Exekutive und Judikative, das Bundesstaatlichkeitsprinzip, das Republikprinzip und das Sozialstaatsprinzip.

Jede davon abweichende Herrschaftsform darf und soll als Unrechtsherrschaft vermieden oder zurückgewiesen werden. Schon wenn die Staatsmacht die fundamentalen Grund- und Menschenrechte nur ungeschützt lässt, z. B. durch Wegschauen, Beschwichtigen, Leugnen, greift letztlich das Widerstandrecht, immer vorausgesetzt, alle anderen legalen Möglichkeiten der Gegenwehr sind bereits ausgeschöpft. Denn selbstverständlich sind alle legalen, friedlichen, rechtlichen Möglichkeiten zuerst zu nutzen, unsere Freiheitsordnung zu verteidigen. Erst dann, wenn sie nicht mehr greifen können, ist die Nothilfe durch das Widerstandrecht geboten. Dann erlischt die Pflicht zum Rechtsgehorsam, das Gewaltmonopol des Staates verliert seine Grundlage und die Gewalt wird frei zur privaten Verteidigung der Verfassung, sie fällt – ausschließlich zu diesem Zweck – in Bürgerhand. Dann sind beliebige, angemessene, individuelle und kollektive Formen des Widerstandes, auch gegen geltendes Recht, erlaubt. Stets muss dabei die Verhältnismäßigkeit gewahrt und das mildeste Mittel eingesetzt werden.

Von diesem unserem Widerstandsrecht ist notfalls gegen den Islam Gebrauch zu machen: Der Bürgerkrieg ist das allerletzte legale Mittel, die Herrschaft der Scharia in Deutschland zu verhindern oder wieder abzuschaffen. Aber soweit darf es gar nicht erst kommen! Alle Bürger und alle Staatsorgane sind aufgerufen, *bereits den Anfängen zu wehren* und dem Einsickern der Scharia entgegenzuwirken. Die islamische Unterwanderung zielt auf den Hochverrat, deutsches Recht soll unter Schariavorbehalt gestellt werden. Dem politischen Islam steht aber keinerlei Macht in Deutschland zu! Diese Unterwanderung ist unbedingt abzuwehren. Unsere freiheitliche, überlegene Kultur darf nicht zurückweichen, nicht an der falschen Stelle tolerant sein, sondern muss einen ganz klaren, unmissverständlichen und unausweichlichen Anpassungsdruck auf den Islam hier im Westen ausüben.

Rathaus-These 105: Die deutschen Grundrechte übertrumpfen den Islam

> „Niemand, der zu uns kommt, hat das Recht, seine kulturelle Verwurzelung oder seinen religiösen Glauben über unsere Gesetze zu stellen."
>
> Heiko Maas (geboren 1966), deutscher Politiker und Jurist (SPD), Bundesjustizminister, 2016

In den Artikeln 1 bis 19 des Grundgesetzes sind die Grundrechte festgeschrieben.

Egal, was Allah verlangt hat oder duldet, in Deutschland hat er nichts zu sagen! Allahs Wille muss sich dem Grundgesetz beugen! Der Wille der Imame und Muslime muss sich dem Willen des deutschen Volkes und seines Grundgesetzes beugen! Im politischen Raum gibt es keinen Gott, sondern nur unser Menschengesetz.

Im Folgenden gebe ich mit eigenen, klaren Worten die Inhalte jener Artikel und Absätze unseres Grundgesetzes im Verfassungsrang wider, welche die Religionsausübung des Islams in Deutschland höchstjuristisch beschränken. Wer meinen Worten nicht glauben kann, findet gleich darunter den Quelltext.

Artikel 1 Absatz 1:

In Deutschland darf die Menschenwürde nicht angetastet werden, dafür hat das Gewaltmonopol des deutschen Staates auf allen Ebenen zu sorgen.

> "1 (1) Die Würde des Menschen ist unantastbar. Sie zu achten und zu schützen ist Verpflichtung aller staatlichen Gewalt."

Artikel 1 Absatz 2:

Das deutsche Volk hält, unverletzlich und unveräußerbar, also ohne zu verhandeln und zu relativieren, ohne irgendwem abschwächende Zugeständnisse zu machen oder „integrative Eingewöhnungsfristen" einzuräumen, an den Menschenrechten fest.

Das deutsche Volk selbst soll das tun, nicht nur der Staat. Die uneingeschränkten Menschenrechte sind als die Grundlage *jeder* menschlichen Gemeinschaft zu setzen, in Deutschland und außerhalb. Das deutsche Volk soll für die Menschenrechte eintreten. Nur die Menschenrechte können Frieden und Gerechtigkeit in die Welt bringen.

> „1 (2) Das Deutsche Volk bekennt sich darum zu unverletzlichen und unveräußerlichen Menschenrechten als Grundlage jeder menschlichen Gemeinschaft, des Friedens und der Gerechtigkeit in der Welt."

Artikel 2 Absatz 1:

Jeder in Deutschland darf die Freiheit nutzen und sich entfalten, aber nur soweit er nicht die gleichen Rechte der anderen verletzt. Es ist verboten, gegen das Sittengesetz oder die vom Grundgesetz vorgeschriebene Ordnung zu verstoßen. Mit dem Sittengesetz ist die ungeschriebene deutsche Leitkultur gemeint, wie sie gelebt wird.

Auch in Deutschland kann nicht jeder machen, was er will, die Handlungsfreiheit ist durch gleiches Recht für alle, durch die Verfassungsordnung und durch die praktizierten deutschen Moralvorstellungen eingeschränkt. Muslime in Deutschland müssen sich an *unsere Vorstellungen von Moral und Zusammenleben halten*, an unsere Rechtsordnung, mit der ausdrücklichen Betonung gleicher Rechte für alle, d. h. die Scharia gilt nicht, auch nicht im Privaten, Zuhause oder in der Moschee!

„2 (1) Jeder hat das Recht auf die freie Entfaltung seiner Persönlichkeit, soweit er nicht die Rechte anderer verletzt und nicht gegen die verfassungsmäßige Ordnung oder das Sittengesetz verstößt.“

Artikel 2 Absatz 2:

Blutrache, Ehrenmorde, Dschihad-Opfer, rituelle Genitalverstümmelungen, schariatische Körperstrafen, Hausarrest, Zwangsverschleierungen, Zwangsheiraten und Kinderehen sind in Deutschland grundgesetzlich verboten!

Solche Rituale und Praktiken sind Grundrechtsbrüche, die juristisch verfolgt und verhindert werden müssen.

„2 (2) Jeder hat das Recht auf Leben und körperliche Unversehrtheit. Die Freiheit der Person ist unverletzlich. In diese Rechte darf nur auf Grund eines Gesetzes eingegriffen werden.“

Artikel 3 Absatz 1 und 2:

Unsere Gesetze gelten für alle Menschen, die in Deutschland leben, auch für Ausländer, auch für Gäste. Flüchtlinge, die nur vorübergehend bei uns Schutz suchen, unterliegen unseren Gesetzen und müssen sich ihnen anpassen.

Unser Staat ist in der Pflicht, auf die tatsächliche Gleichberechtigung von Männern und Frauen hinzuwirken. Er muss diesbezüglich assimilieren. Unser Staat hat die Pflicht, auch unter Gästen und Flüchtlingen auf die Gleichberechtigung der Geschlechter hinzuwirken. Die islamische Unterordnung der Frauen unter die Männer ist außer Kraft gesetzt.

„3 (1) Alle Menschen sind vor dem Gesetz gleich.“
„3 (2) Männer und Frauen sind gleichberechtigt. Der Staat fördert die tatsächliche Durchsetzung der Gleichberechtigung von Frauen und Männern und wirkt auf die Beseitigung bestehender Nachteile hin.“

Artikel 3 Absatz 3:

Die Menschen sind unterschiedlich und dürfen es auch gerne sein, solange dabei niemand bevorzugt oder benachteiligt wird. Der Islam verstößt dagegen, weil er die Menschheit in bevorzugte, höherwertige „Gläubige“ und benachteiligte, minderwertige „Ungläubige“, einteilt, die zu bekämpfen und zu bekehren sind.

„3 (3) Niemand darf wegen seines Geschlechtes, seiner Abstammung, seiner Rasse, seiner Sprache, seiner Heimat und Herkunft, seines Glaubens, seiner religiösen oder politischen Anschauungen benachteiligt oder bevorzugt werden. Niemand darf wegen seiner Behinderung benachteiligt werden."

Artikel 4 Absatz 1 und 2:

Jeder darf glauben und für wahr halten, was er will. Jeder darf seinem Gewissen folgen. Jeder darf ungestört seine Religion ausüben, *soweit dabei kein Grundrecht verletzt wird.* Die Grundrechte grenzen die freie Religionsausübung ein, gleichzeitig schützen sie die Religionsausübung innerhalb dieses Rahmens aus Grund- und Sittengesetz.

Unverletzlich geschützt ist die Freiheit, und zwar die Freiheit *aller* religiösen und weltanschaulichen Bekenntnisse, nicht nur die Freiheit einzelner von ihnen. Unverletzlich geschützt ist die Freiheit des eigenen Gewissens. Vom Islam und all seinen Gebräuchen sind ausschließlich jene Teile *innerhalb* dieses Rahmens der Grund- und Menschenrechte geschützt und zur *ungestörten Religionsausübung* erlaubt, alles darüber Hinausgehende ist selbstverständlich verboten.

„4 (1) Die Freiheit des Glaubens, des Gewissens und die Freiheit des religiösen und weltanschaulichen Bekenntnisses sind unverletzlich."
„4 (2) Die ungestörte Religionsausübung wird gewährleistet."

Artikel 9 Absatz 1:

Alle Deutschen, nicht alle Menschen, haben das Recht zur Vereins- und Gesellschaftsgründung in unserem Lande, denn hier bestimmen wir über unsere Gesellschaftsordnung. Nur deutsche Staatsbürger haben das Recht, in Deutschland öffentliche Interessenvertretungen (Vereinigungen) zu bilden.

„9 (1) Alle Deutschen haben das Recht, Vereine und Gesellschaften zu bilden."

Artikel 9 Absatz 2:

Vereinigungen gegen Strafgesetze, gegen Grundrechte und Grundgesetz oder gegen die Völkerverständigung, sind verboten. Da sich der Islam nach Koran, Hadithe und Scharia offenkundig und vehement gegen alle drei richtet, gegen Strafgesetze, gegen Grundrechte und gegen den Gedanken der Völkerverständigung, sind islamische Vereinigungen in Deutschland eigentlich automatisch *grundrechtlich verboten!* Leider werden sie wider das Grundgesetz geduldet und sogar gefördert.

> „9 (2) Vereinigungen, deren Zwecke oder deren Tätigkeit den Strafgesetzen zuwiderlaufen oder die sich gegen die verfassungsmäßige Ordnung oder gegen den Gedanken der Völkerverständigung richten, sind verboten."

<u>Artikel 16a Absatz 1 bis 5:</u>

Politisch Verfolgte dürfen bei uns um Schutz (Asyl) ersuchen und Schutz erhalten, aber auch abgeschoben werden. Menschen, die sich politisch verfolgt sehen, dürfen in Deutschland Asylanträge stellen, die geprüft werden müssen. In Einzelfallprüfung. Ihre politische Verfolgung müssen sie nachweisen. Wird ihre politische Verfolgung anerkannt, dürfen sich die Verfolgten zu ihrem Schutz in Deutschland aufhalten. Deutschland ist eine Schutzzone für politisch Verfolgte aus aller Welt.

Wer einem als sicher geltenden Staat angehört, kann kein Asyl beantragen. Als sicher gelten die EU-Staaten und all jene Staaten, in denen das Schutzabkommen sichergestellt ist. Welche Staaten das gerade sind, wird durch ein Gesetz festgelegt. Wer einem als sicher geltenden Staat angehört, kann trotzdem Asyl bekommen, wenn er seine Verfolgung dennoch beweisen kann.

Gegen eine Abschiebung hilft auch kein eingelegter rechtlicher Widerspruch. Nur per Gerichtsbeschluss können Abschiebungen ausgesetzt, d. h. vorübergehend gestoppt werden, wenn ernste rechtliche Zweifel bestehen.

> „16a (1) Politisch Verfolgte genießen Asylrecht."
>
> „16a (2) Auf Absatz 1 kann sich nicht berufen, wer aus einem Mitgliedstaat der Europäischen Gemeinschaften oder aus einem anderen Drittstaat einreist, in dem die Anwendung des Abkommens über die Rechtsstellung der Flüchtlinge und der Konvention zum Schutze der Menschenrechte und Grundfreiheiten sichergestellt ist. Die Staaten außerhalb der Europäischen Gemeinschaften, auf die die Voraussetzungen des Satzes 1 zutreffen, werden durch Gesetz, das der Zustimmung des Bundesrates bedarf, bestimmt. In den Fällen des Satzes 1 können aufenthaltsbeendende Maßnahmen unabhängig von einem hiergegen eingelegten Rechtsbehelf vollzogen werden."

„16a(3) Durch Gesetz, das der Zustimmung des Bundesrates bedarf, können Staaten bestimmt werden, bei denen auf Grund der Rechtslage, der Rechtsanwendung und der allgemeinen politischen Verhältnisse gewährleistet erscheint, dass dort weder politische Verfolgung noch unmenschliche oder erniedrigende Bestrafung oder Behandlung stattfindet. Es wird vermutet, dass ein Ausländer aus einem solchen Staat nicht verfolgt wird, solange er nicht Tatsachen vorträgt, die die Annahme begründen, dass er entgegen dieser Vermutung politisch verfolgt wird.“

„16a(4) Die Vollziehung aufenthaltsbeendender Maßnahmen wird in den Fällen des Absatzes 3 und in anderen Fällen, die offensichtlich unbegründet sind oder als offensichtlich unbegründet gelten, durch das Gericht nur ausgesetzt, wenn ernstliche Zweifel an der Rechtmäßigkeit der Maßnahme bestehen; der Prüfungsumfang kann eingeschränkt werden und verspätetes Vorbringen unberücksichtigt bleiben. Das Nähere ist durch Gesetz zu bestimmen.“

„16a(5) Die Absätze 1 bis 4 stehen völkerrechtlichen Verträgen von Mitgliedstaaten der Europäischen Gemeinschaften untereinander und mit dritten Staaten nicht entgegen, die unter Beachtung der Verpflichtungen aus dem Abkommen über die Rechtsstellung der Flüchtlinge und der Konvention zum Schutze der Menschenrechte und Grundfreiheiten, deren Anwendung in den Vertragsstaaten sichergestellt sein muss, Zuständigkeitsregelungen für die Prüfung von Asylbegehren einschließlich der gegenseitigen Anerkennung von Asylentscheidungen treffen.“

Wenn Sie den letzen Satz gleich verstanden haben, sind Sie Volljurist! Er bedeutet soviel wie: Die Absätze stehen Staatsverträgen nicht entgegen, wenn die Vertragsstaaten alle Erfordernisse beachtet haben, geregelte Asylverfahren praktizieren und die Asylentscheidungen untereinander anerkennen. Dann gelten also die Verträge oder noch einfacher ausgedrückt: Die Asylentscheidungen der anderen Staaten gelten. Sie werden nicht überprüft.

Artikel 18:

Grundrechte können auch verloren gehen. Wer sie zum Kampf gegen die freiheitlich-demokratische Grundordnung missbraucht, kann sie durch Rechtsprechung des Bundesverfassungsgerichtes verlieren. Das Bundesverfassungsgericht kann bestimmen, wem welche Grundrechte in welchem Ausmaß aberkannt werden.

Muslime, die unser Asylrecht oder ein anderes Freiheitsrecht (Meinungsfreiheit, Pressefreiheit, Lehrfreiheit, Versammlungsfreiheit, Vereinigungsfreiheit, Datengeheimnis, Eigentum) zum Kampf gegen unsere Freiheit nutzen, missbrauchen es. Das Bundesverfassungsgericht kann ihnen diese Rechte entziehen.

> „18 Wer die Freiheit der Meinungsäußerung, insbesondere die Pressefreiheit (Artikel 5 Absatz 1), die Lehrfreiheit (Artikel 5 Absatz 3), die Versammlungsfreiheit (Artikel 8), die Vereinigungsfreiheit (Artikel 9), das Brief-, Post- und Fernmeldegeheimnis (Artikel 10), das Eigentum (Artikel 14) oder das Asylrecht (Artikel 16a) zum Kampfe gegen die freiheitliche demokratische Grundordnung missbraucht, verwirkt diese Grundrechte. Die Verwirkung und ihr Ausmaß werden durch das Bundesverfassungsgericht ausgesprochen."

Das Bundesverfassungsgericht könnte also festlegen, dass islamische Aktivisten in Deutschland ihr Asylrecht verlieren. Wir müssten also nicht mehr vor Schutzsuchenden Schutz suchen, sondern könnten sie abschieben, egal was ihnen in ihrer Heimat droht. Dieser Bundesverfassungsgerichtsbeschluss ist längst überfällig.

Artikel 19 Absatz 1 und 2:

Der Gesetzgeber (der Bundestag und der Bundesrat), kann ein Gesetz erlassen, welches einschränkbare Grundrechte allgemein einschränkt. Eine Einschränkung darf dieses Grundrecht nicht abschaffen, sondern dient nur zur Verteidigung aller Grundrechte, der Freiheit aller.

> „19 (1) Soweit nach diesem Grundgesetz ein Grundrecht durch Gesetz oder auf Grund eines Gesetzes eingeschränkt werden kann, muss das Gesetz allgemein und nicht nur für den Einzelfall gelten. Außerdem muss das Gesetz das Grundrecht unter Angabe des Artikels nennen."
>
> „19 (2) In keinem Falle darf ein Grundrecht in seinem Wesensgehalt angetastet werden."

Einschränkbare Grundrechte sind:

- Artikel 2 Absatz 2.: Das Recht auf persönliche Freiheit, körperliche Unversehrtheit und Leben.

Kämen die Muslime an die Macht, könnten sie über eine Bundestagsmehrheit die Freiheit von „Islamfeinden“ und „Terroristen“ einschränken sowie schariatische Körperstrafen, möglicherweise bis hin zur Todesstrafe, einführen, ganz ohne eine Grundgesetzänderung, auf legalem, demokratischem Wege.

- Artikel 8 Absatz 2: Die Versammlungsfreiheit unter freiem Himmel.

Sie kann per Gesetz eingeschränkt werden. Damit können Gegner ferngehalten, stigmatisiert, entmutigt und schwach gehalten werden. Zur Verteidigung des demokratischen Rechtsstaats, der Freiheit. Dieses Instrument könnte aber auch für die Abschaffung der Freiheit missbraucht werden, wenn sich eine Mehrheit dafür findet. Deshalb ist es so wichtig, dass ***die Gesellschaft selbst den Willen hat, die freiheitlich-demokratische Grundordnung zu tragen*** und nicht insgeheim diktatorische oder theokratische Sehnsüchte hegt. Wehret deshalb den Anfängen! Die guten Gesetze allein schützen uns nicht, wir brauchen dazu eine Mehrheit in ihrem Geist.

Hinzu kommt, dass eine anders gewillte, große Mehrheit, das Grundgesetz selber ändern, faktisch umarbeiten oder abschaffen kann, entgegen der theoretischen (juristischen) „Ewigkeitsklausel“, dass dies nicht geschehen darf. Weil das Grundgesetz nur vorläufigen Verfassungscharakter besitzt und das deutsche Volk berechtigt ist, eine neue Verfassung zu beschließen, die auch so heißt, wäre die Abschaffung des Grundgesetzes relativ leicht. Vorsicht! Es besteht die Gefahr, dabei die wichtigsten Grundrechte zu verlieren! Vorerst müssen wir am Grundgesetz festhalten wie an einem Rettungsring! Erst wenn Deutschland wieder normal ist, gerettet, in Sicherheit, können wir darüber nachdenken, aus unserem Grundgesetz auch unsere Verfassung zu machen, durch eine Volksabstimmung. Denn dabei wird es durch den Einfluss der stärksten politischen Kräfte zu diversen Anpassungen kommen.

- Artikel 10 Absatz 2: Das Datengeheimnis (Brief-, Post- und Fernmeldegeheimnis) ist ein einschränkbares Grundrecht. Wenn ein Gesetz es erlaubt, darf der Staat mit seinen Organen heimlich ermitteln. Aber nur gegen Feinde der freiheitlich-demokratischen Grundordnung oder Feinde eines Bundeslandes oder des Bundes selbst, wenn deren Bestand und Sicherung bedroht ist.

- Artikel 11 Absatz 1 und 2: Alle Deutschen genießen Freizügigkeit im Bundesgebiet.

Für Asylsuchende oder geduldete Ausländer gilt eine Residenzpflicht. Wer so arm ist, dass er seinen Lebensunterhalt nicht ohne erhebliche staatliche Hilfszahlungen sicherstellen kann, dem kann per Gesetz eine Residenzpflicht auferlegt werden, er muss sich an einem bestimmten Ort aufhalten. Auch zur Abwehr einer drohenden

Gefahr für den Bestand der freiheitlich-demokratischen Grundordnung oder den Bestand der Bundesrepublik oder eines Bundeslandes, zur Bekämpfung von Seuchengefahren und Naturkatastrophen oder bei besonders schweren Unglücksfällen, also auch bei Terroranschlägen, zum Schutze der Jugend vor Verwahrlosung oder um strafbaren Handlungen vorzubeugen, kann der Bundestag die Freizügigkeit beschränken.

- Artikel 12a: Wehr- und Dienstpflicht.

Im Verteidigungsfalle können die Berufs- und Arbeitsplatzwahl beschränkt werden, dann ist Zwangsverpflichtung möglich.

- Artikel 16 besagt: Normalerweise dürfen Deutsche nicht ausgebürgert oder ins Ausland ausgeliefert werden. Per einschlägigem Gesetz aber doch.

Unsere Demokratie ist als streitbare, wehrhafte Demokratie angelegt, sie soll sich gegen ihre Feinde verteidigen können. Nie wieder soll es möglich sein, die Demokratie in Deutschland auf legalem Wege abzuwählen oder auf illegalem Wege abzuschaffen. Ihre Verteidigung ist ausdrücklich nicht nur gegen äußere, sondern gerade auch gegen innere Feinde *vorgesehen,* egal, wer sie sind.

Eine Anfrage des Bundestagsabgeordneten Stephan Brandtner (AfD) an den wissenschaftlichen Dienst des Bundestages ergab, dass auch die Religionsfreiheit zu jenen Grundrechten gehört, die eingeschränkt werden dürfen. Das Grundgesetz könnte dahingehend geändert werden. Im Ernstfall wäre es also möglich, die Religionen, vielleicht auch einzelne Religionen, unter besonderen Anpassungsdruck zu setzen.

Rathaus-These 106: Menschenliebe statt Gottesfurcht

In Deutschland gilt das Sittengesetz der Menschenliebe, nicht der Gottesfurcht. In Deutschland heißt es: Lieben und geliebt werden! Unsere Freiheits- und Menschenliebe gebietet freie Partnerwahl, Liebesbeziehungen und Liebesheirat. Man darf auch die Heimat lieben und die Muttersprache. Bei uns heißt es: Leben und leben lassen! Der Islam hat sich unserem Liebesgebot unterzuordnen, ein Liebesgebot, das sowohl zwischenmenschlich als auch spirituell-göttlich begründet ist.

Rathaus-These 107: Die Christen sind keine Hilfe

Das Christentum ist keine Hilfe bei der De-Islamisierung. Das Christentum in Westeuropa und Deutschland hat sich mit seinen Kirchen nicht dem Hitlerfaschismus entgegengestellt, sondern sogar kollaboriert: Mit Hilfe der Kirchenbücher hat es nach jüdischen Vorfahren gefahndet und so zum Holocaust beigetragen.

> „Es ist eine Tatsache, dass niemals eine Verurteilung, niemals eine Exkommunizierung gegen das Regime Hitlers ausgesprochen worden ist, nicht einmal, als dieser und seine Partei in den Konzentrationslagern Millionen von Menschen umbrachten."
>
> Alighiero Tondi (1908 - 1984), italienischer katholischer Theologe

> „Die Kirche ... schafft es von Anfang an, immer auf der Seite der Tyrannen, Diktatoren und Autokraten zu stehen. ... *Mein Kampf* stand nie auf dem *Index librorum prohibitorum*, einer von der katholischen Kirche veröffentlichten Liste mit Büchern, die eine Gefahr für den Glauben und die Sitten darstellen."
>
> Michel Onfray (geboren 1959), französischer Philosoph und Autor, Gründer einer freien Volksuniversität

Das Christentum stellt sich jetzt auch der Islamisierung nicht entgegen, denn es verspricht sich eine Aufwertung alles Religiösen und ein gemeinsames Zurückdrängen von Aufklärung und Säkularisierung. Ob die Kirchen auch die Judenfeindlichkeit der Muslime mittragen oder zumindest dulden werden oder sich dagegen wenden, muss sich erst zeigen.

> „Der Islam hat alle Chancen seine Präsenz in Europa mit dem Segen der Kirche massiv zu verstärken. Die Kirche schaut der Verankerung von Millionen Muslimen in Europa ... als unausweichlicher Erscheinungsform religiöser Freiheit zu. Aber die Zivilisationsfrage wird schlicht nie gestellt. Durch die Loslösung von Europas einheimischen Völkern und ihren legitimen Sorgen führt die Kirche Europa nicht nur in eine Sackgasse, sondern sie schießt sich auch selbst ins Knie."
>
> Laurent Dandrieu (geboren 1963), französischer Journalist

Seit etwa 200 Jahren erhalten die beiden großen Kirchen in Deutschland jährliche Staatsleistungen als Entschädigungen für die erlittenen Enteignungen im 18. und 19. Jahrhundert, sozusagen Bußgeld der Bürger für die Säkularisierung. Es liegt im Interesse der Kirchen, bis in alle Ewigkeit entschädigt, d. h. von allen Steuerzahlern mitfinanziert zu werden. Es handelt sich um Gehaltszuschüsse von jährlich mehr als einer halben Milliarde Euro, steigend mit der Besoldungsentwicklung der Landesbeamten. Zu diesen Staatsleistungen an die Religionsgesellschaften – obwohl wir offiziell gar keine Staatskirchen haben – kommen noch die Subventionen und sonstigen Leistungen der staatlichen Kultur- und Grundrechtsförderung hinzu, staatliche Zuschüsse für kirchliche Kindergärten, Schulen, Krankenhäuser, Religionsunterricht an staatlichen Schulen, Theologische Fakultäten an Hochschulen, Gefängnis- und Militärseelsorge und die Befreiung der Kirchen von Gerichtsgebühren. Und die Kirchensteuer treibt der Staat auch noch gleich mit ein, wofür er umgekehrt von den Kirchen bezahlt wird, d. h., er bekommt von den Kirchensteuern einen kleinen Anteil ab.

Staat und Kirchen sind in Deutschland nicht genügend getrennt. Seit 100 Jahren ist die Politik durch die Verfassungen beauftragt, diese Praxis zu beenden. Sie tut es aber nicht! Um 1950 waren noch über 96 % der Deutschen kirchlich gebunden, heute bilden die Nichtchristen schon fast die Hälfte der Bevölkerung. Es gibt also keinen Grund mehr für staatskirchenähnliche Verhältnisse. Trotzdem fließen immer weiter immense Steuergeldsummen an die Glaubensgemeinschaften.

Die Muslime werden ihre Gleichbehandlung im Namen der Integration und ihrer Rechte einfordern! Sie werden damit langfristig Erfolg haben, wenn die Kirchen ihre Privilegien weiterhin behalten dürfen – entgegen des eindeutigen Verfassungsauftrages! Es gibt bereits erste Staatsverträge mit muslimischen Vereinen; die Islamverbände wurden dabei zu Staatspartnern erhoben, ein Unding. Es gibt bereits ersten islamischen Religionsunterricht und einige Islamische Universitätszentren in Deutschland. Die Finanzierung der Muslime mit den Steuergeldern aller Bürger hat bereits begonnen und wird sich enorm ausweiten, wenn wir nichts dagegen unternehmen.

Die vom Grundgesetz und der Demokratie vorgesehene Trennung von Staat und Religion, der Laizismus, rückt in weite Ferne, wenn wir die Christen und die Muslime weiter gewähren lassen. Es ist dringend notwendig, jetzt endlich die staatlichen Verbindlichkeiten, die mit der Kirchenenteignung entstanden waren, wie vorgesehen abzulösen, die Kirchen auszuzahlen und *den Staat freizumachen*. Andernfalls drohen durch die Muslime zusätzliche Forderungen an den Staat in ungeahnten Milliardenhöhen. – Unsere Steuergelder, verwendet für den Aufbau islamischer Infrastrukturen zur weiteren Islamisierung Deutschlands. Bitte, bitte, wacht endlich auf und helft!

Es ist das erklärte Ziel der Christenheit, den Glauben zu erneuern und dazu mit den Muslimen gemeinsame Sache zu machen. Das Zweite Vatikanische Konzil von 1962 bis 1965 gibt in seiner Erklärung über die Haltung der Kirche zu den nichtchristlichen Religionen seit 1965 folgende Positionierung vor:

> „Mit Hochachtung betrachtet die Kirche auch die Muslime, die den alleinigen Gott anbeten, den lebendigen und in sich seienden, barmherzigen und allmächtigen, den Schöpfer des Himmels und der Erde, der zu den Menschen gesprochen hat. Sie mühen sich, auch seinen verborgenen Ratschlüssen sich mit ganzer Seele zu unterwerfen, so wie Abraham sich Gott unterworfen hat, auf den der islamische Glaube sich gerne beruft. Jesus, den sie allerdings nicht als Gott anerkennen, verehren sie doch als Propheten, und sie ehren seine jungfräuliche Mutter Maria, die sie bisweilen auch in Frömmigkeit anrufen. Überdies erwarten sie den Tag des Gerichtes, an dem Gott alle Menschen auferweckt und ihnen vergilt. Deshalb legen sie Wert auf sittliche Lebenshaltung und verehren Gott besonders durch Gebet, Almosen und Fasten. Da es jedoch im Lauf der Jahrhunderte zu manchen Zwistigkeiten und Feindschaften zwischen Christen und Muslimen kam, ermahnt die Heilige Synode alle, das Vergangene beiseite zu lassen, sich aufrichtig um gegenseitiges Verstehen zu bemühen und gemeinsam einzutreten für Schutz und Förderung der sozialen Gerechtigkeit, der sittlichen Güter und nicht zuletzt des Friedens und der Freiheit für alle Menschen.“

Es ist also befohlen, nur auf das Gemeinsame zu schauen und in ständigen Dialog zu treten, in der bloßen Hoffnung, die Muslime mögen sich dieser Auffassung anschließen. Das Ziel ist die Stärkung des abrahamitisch-jüdisch-christlich-islamischen Monotheismus durch Friede, Freude, Eierkuchen. Die Muslime sollen mitmachen beim Schutz und der Förderung von:

-sozialer Gerechtigkeit
-Sittlichkeit
-Frieden
-und der Freiheit für alle Menschen

Man *kann* es *naiv* nennen, solches ausgerechnet vom Islam, von der dschihadistischen Unterwerfung, zu erwarten. Aber man *muss,* nach mehr als einem halben Jahrhundert nach diesem Beschluss, feststellen, dass der Islam dazu weder willens noch fähig ist! Nicht in einem einzigen der vier wichtigsten Punkte gab es einen Fortschritt im Unterwerfungsglauben. Kann es den überhaupt geben? Wer einen ehrlichen Blick auf die Unterwerfungsreligion wirft, wird zu der Erkenntnis gelangen *müssen*: Nein! Die Christenheit muss ihre Haltung ändern, sie muss endlich realistischer werden. Schon Mohammed offenbarte, dass die Christen den Muslimen der angenehmste Feind seien.

> „Wahrlich, du wirst finden, dass unter allen Menschen die Juden und die, welche Allah Götter zur Seite stellen, den Gläubigen am meisten feind sind, und wirst finden, dass den Gläubigen diejenigen, welche sprechen: „Wir sind Nazarener (Christen)“, am freundlichsten gegenüberstehen. Solches, dieweil unter ihnen Priester und Mönche sind, und weil sie nicht hoffärtig sind.“ (Koran, 5: 82)

Christen sind milde, demütige Feinde. Ihre Länder waren und sind die ganze muslimische Geschichte hindurch die bevorzugte Beute. Perfekte Opfer. Auf das Christentum können wir nicht setzen. Es kollaboriert heute mit dem Islam, und dort, wo es in diesen Tagen doch Widerstand leisten will, ist dieser wirkungslos:

> „Jesus hat eine Herausforderung hinterlassen: Liebet eure Feinde! Betet für die, die euch verfolgen! Für Terroristen, die meinen, dass Menschen im Namen Gottes töten dürfen, ist das die größte Provokation. Wir sollten versuchen, den Terroristen mit Beten und Liebe zu begegnen.“
>
> Dr. Margot Käßmann (geboren 1958), deutsche evangelisch-lutherische Theologin und ehemalige Bischöfin, 2016

Wir sollen die Terroristen größtmöglich provozieren, wozu das denn? Und auch noch durch *Beten* und *Feindesliebe*? Die Christen sollen gerne beten und Liebe verströmen, aber damit sie das tun können, müssen *wir anderen sie und uns* vor den Mördern beschützen! Ganz unchristlich. Sich wie Jesus zu opfern bringt rein gar nichts, solche christlichen Opfer haben *keinerlei* erzieherische Wirkung auf den Islam: sonst gäbe es ihn schon längst nicht mehr! Das half noch nie und wird auch im 21. Jahrhundert nicht helfen.

Auch im Angesicht unserer Bedrohung kennen die modernen Christen nur noch einen Wert, den der bedingungslosen Toleranz. Sie treten defensiv in den Hintergrund, um ihre eigene Ideologie in einer säkularen Umgebung zu retten. Sie führen nur beschwichtigende „Dialoge“ mit den Funktionären des Islams, weil sie im Islam eher einen Verbündeten im Glauben als einen gegnerischen Konkurrenten sehen wollen. Sie signalisieren damit die Bereitschaft, gemeinsam mit den Muslimen *die Aufklärung zu verraten und zurückzudrängen*. Vergessen wir nicht, unter den Christen und Muslimen gibt es nicht wenige Kreationisten, die die Evolution leugnen und einen *Feldzug der Antiaufklärung* betreiben. In den USA sind sie damit ziemlich erfolgreich. Und da Deutschland zeitverzögert alle US-Entwicklungen nachmacht, wittern sie auch hier Morgenluft.

Rathaus-These 108: Der weltliche Westen experimentiert christlich

Die Situation ist paradox. Der Islam feindet den Westen an, wir aber lehnen jegliche Feindschaft ab und wagen angstvoll die Umarmung des Feindes, ganz wie Jesus sagte: Liebe deine Feinde! Wir verteidigen uns nicht, sondern hoffen auf ein Integrationswunder. Das uns aufgezwungene Feindbild Islam ist uns zuwider und tabu.

Solche liberalen Menschen, die den Islam weiterhin in Schutz nehmen, haben ihn nicht verstanden und wollen das offensichtlich auch nicht. Dabei ist er unser antiliberaler Gegenpart. Er ist ein religiöser Faschismus, den sie nicht wahrhaben wollen. Stattdessen schließen sie lieber von den „universellen Menschenrechten“ auf eine „universelle Mitmenschlichkeit“ auch unter den Muslimen. Sie verschließen die Augen vor der Wirklichkeit dieser Religion und wünschen sich, ihre Wünsche würden stattdessen wahr. Sie nehmen sich unbewusst Jesus Selbstaufopferung zum Vorbild und wollen sich selbst aufopfern, sie wollen das „Brot für die Welt“ sein, in dem seligen Glauben und der schönen, aber trügerischen Hoffnung, damit für ihre Seele und die Menschen etwas Gutes zu erreichen.

Zu viele von uns nehmen Feindschaft nicht mehr ernst. Ja, wir wollen keine Feinde mehr haben und tun deshalb gerne so, als hätten wir auch keine. Die uns aber feind sind, nutzen das aus und tun offiziell so, als wären sie uns gar nicht feind. Waren wir nicht alle *so* froh, das apokalyptische Bedrohungsgefühl des atomaren Kalten Krieges losgeworden zu sein? Jetzt weigern wir uns beharrlich, wieder irgend eine unmittelbare, mitmenschliche Bedrohung gefühls- und verstandesmäßig an uns heranzulassen. Wir wollen nicht, wir wollen in Ruhe gelassen werden, wir lächeln und sagen: Jesus liebt alle Menschen, auch seine Feinde! Auch dich! Er wurde dafür gekreuzigt. Bis wir womöglich mit der eigenen Nase auf die Realität stoßen und hoffentlich aufwachen. Wollen wir uns wirklich unsere eigene Kreuzigung zumuten?

Wir machen uns etwas vor, wenn wir glauben, nur von Freuden umgeben zu sein. Wir machen uns was vor, wenn wir glauben, alle Menschen, alle Kulturen und alle Weltreligionen addierten sich zu einer einzigen, großartigen Weltkultur auf. *Das Weltbürgertum ist keine Summe, sondern eine Wahl.* In diesem Sinne, fangt an zu wählen, anstatt euch demütig zu verschwenden.

> „Der Westen hat seine Zukunft hinter sich. 70 Jahre Frieden haben uns Glauben gemacht, dass es nie mehr Krieg geben könne – zumindest nicht

auf unserem eigenen Boden. Wie alle hochstehenden, reich, bequem, weibisch und feige gewordenen Zivilisationen der Vergangenheit, wird wohl auch die unsere von vergleichsweise primitiven, rückständigen, dafür aber wehrhaften und nach wie vor über die Fähigkeit zur Fortpflanzung verfügenden Barbaren niedergeworfen werden. Eigentlich schade ..."

Andreas Tögel, deutscher Bürger, 2017

Soweit darf und muss es nicht kommen. Wir könnten anfangen, zu handeln. Noch könnten wir unsere Zukunft selber schreiben, wir können das Blatt wenden. Wenn wir nur wollen.

Rathaus-These 109: Zu Europas Grenzen stehen

Wenn Deutschland und Westeuropa sich nicht klar vom Islam distanzieren, werden sie islamisiert und in die innerislamischen Glaubenskriege integriert werden. Wir müssen den Islam zurückweisen und uns klar abgrenzen, weltanschaulich, gesellschaftlich und politisch. Wir müssen sichere Grenzen gegen muslimische Einwanderung errichten und die schon hier lebenden Muslime möglichst bekehren oder ihnen die Auswanderung nahelegen, zurück in ihre Heimat oder in islamische Länder ihrer Wahl.

Europa ist eine Insel der Freiheit, deren Küsten unseren konsequenten Schutz brauchen, in den Köpfen und draußen in der Landschaft. Europa ist auch wie ein großes Schiff auf dem Weltmeer. Sein Rumpf ist seine Außengrenze, seine Binnengrenzen sind seine Schotten, für jeden passierbar, nur bei hereinbrechender Flut werden sie geschlossen. Grenzen zu verteidigen heißt doch auch, die eigenen Verantwortungsgrenzen und die eigenen Leistungsgrenzen nicht zu überschreiten, sondern sie selbst zu respektieren und von der ganzen Welt Respekt vor ihnen einzufordern. Selbstverständlich.

Wenn wir den anderen in der Welt, aus unserem moralischen Antrieb heraus, liebend gern helfen zu wollen, großspurig Hilfe versprechen, wenn wir verkünden, die Fluchtursachen bekämpfen zu wollen: Armut, Rückständigkeit, Korruption, Menschenrechtsverletzungen und Krieg, bei näherem Hinsehen aber eingestehen müssen, dass wir das gar nicht leisten können, dass wir damit hoffnungslos überfordert sind und unsere hochmütige Entscheidung realistischerweise revidieren müssen, dann wird uns nicht etwa Dankbarkeit für unseren ausdrücklichen guten Willen, sondern zornige Empörung entgegenschwellen. Solange die Zukunftshoffnungen vieler Menschen in vielen fremden Völkern und Staaten auf Europa ausgerichtet sind, wird es überall zu großen Enttäuschungen kommen und zur Lähmung der selbstverantwortlichen Entwicklungen in deren Heimatländern. All die Menschen mit dem sehnsuchtsvollen und hoffenden Blick nach dem vermeintlich „paradiesischen Europa“ werden sich verraten fühlen, von uns, statt von ihren Regierungen, statt von sich selbst. Sie werden ausgerechnet uns für ihr Los verantwortlich machen. Und wir werden uns auch noch verantwortlich und schuldig fühlen, weil es uns doch so gut geht und ihnen nicht, weil wir ihnen so viel versprochen haben und es nicht halten können. Auf beiden Seiten wird die „Schuld“ an der falschen Stelle gesucht. Es gibt nur einen Ausweg aus dieser Verstrickung: *Endlich Eigenverantwortung übernehmen!* Das Internet stellt, bis in jeden vergessenen Winkel der Welt, alles Wissen bereit. Handeln aber müssen die Menschen vor Ort selbst, und zwar überall auf der Welt. Das ist ihre Verantwortung.

Wir müssen überall auf dem Planeten von der Gesinnungs- zur *Verantwortungsethik* wechseln. Wir Menschen müssen überall auf der Welt in unseren Gesellschaften untereinander Verantwortung für uns übernehmen. Es reicht nicht, sich dem Gedanken des „globalen Dorfes“ hinzugeben und zu meinen, mir gehörte irgendwie doch die ganze Welt und die ganze Welt wäre auch für mein Glück mitverantwortlich. Weder die Reichen noch die Armen dürfen sich dieser Illusion länger hingeben. Das ist eine verantwortungslose Sicht, uns selbst, den anderen, den zukünftigen Generationen und der Biogeosphäre gegenüber.

> „Ist die Welt eine Art Allmende, auf die alle Menschen grundsätzlich die gleichen Benutzungsansprüche haben, dann kann Eigentum immer nur flüchtig und vorübergehend sein. Und Umzäunungen gleich welcher Art haben dann keine moralische Berechtigung und alle haben gleichermaßen auf die Früchte der Erde Anspruch. Sekundär ist dagegen, wer was erwirtschaftet hat. ...
>
> Die Menschen im unwirtlichen Schweden haben sich durch Fleiß, Wissen und eine gute staatliche Ordnung einen großen Wohlstand erworben, obwohl sie niemals eine Kolonie besessen hatten. Die Menschen in Äthiopien, bis auf wenige Jahre unter italienischer Herrschaft niemals Kolonie, könnten viel reicher sein als die in Schweden, denn sie verfügen über fruchtbare Landstriche und im Hochland auch über ein sehr angenehmes Klima. Hätten sie in den letzten 200 Jahren so wie die Schweden gelebt, wären sie ebenso reich wie die Schweden. Es gäbe allerdings keine 100 Millionen Äthiopier, sondern allenfalls 5. Welche Pflicht haben nun die Schweden oder andere europäische Völker, ihren Wohlstand zu teilen, indem sie Einwanderer ins Land lassen, die sie nicht wünschen. Und welches Recht haben Äthiopier oder andere Völker Afrikas oder aus dem nahen und mittleren Osten, eben dies zu fordern? ...

Alle erfolgreichen Staaten, Kulturen und Gesellschaften haben sich gegen andere, insbesondere gegen ein weniger entwickeltes Umfeld, durch Grenzen geschützt. Die Stadtmauern sind so alt wie menschliche Ansiedlungen. Die langlebige Kultur Ägyptens wurde durch die Wüsten auf beiden Seiten geschützt, die Chinesen bauten eine Mauer, um sich vor den Reiterhorden aus Zentralasien zu schützen und fuhren damit anderthalb Jahrtausende gut. Das Römische Reich verdankte seine lange Existenz dem Limes und das Oströmische Reich wäre schon 600 Jahre eher untergegangen, wäre nicht seine Hauptstadt, Konstantinopel, so uneinnehmbar gewesen.

Die europäische Kultur entwickelte sich aus den Städten. Der Wahlspruch „Stadtluft macht frei!“ war nur möglich, weil die Mauern der Stadt wirksam vor der Willkür der Ritter schützten. Grenzen bieten Schutz und schaffen so den Raum für individuelle Freiheit. Die Kontrolle über Grenzen ist der Kernbereich der staatlichen Souveränität. Wo diese Kontrolle verloren geht, kann in letzter Konsequenz auch die staatliche Ordnung und die durch sie gewährleistete Freiheit des Individuums nicht mehr gehalten werden. ...

Wir brauchen wirksam geschützte Grenzen und eine ausreichende Kontrolle von Zuwanderung, wenn der Genuss unserer heutigen Freiheit und des damit verbundenen Lebensstils auch noch in 20 oder 50 Jahren möglich sein soll. Wissen, Waren und Gedanken müssen und sollen natürlich über die ganze Welt frei wandern dürfen. So kann sich Äthiopien jene Expertise erwerben, die es braucht, um eines Tages ebenso reich zu sein wie Schweden. Menschen müssen dazu nicht in großen Zahlen wandern. Das brachte schon in der Vergangenheit nichts als Verderben. ...

Wie absurd die Vorstellung ist, ein Antragsteller für Asyl dürfe an der deutschen Grenze nicht abgewiesen werden, ergibt ein einfaches Gedankenexperiment. Stellen wir uns mal vor, dass Europa am deutschen Wesen jetzt genesen würde und angenommen, wir hätten ein vereintes Europa und im vereinten Europa gelte das deutsche Verwaltungsrecht und der Artikel 16a des Grundgesetzes. Dann würde dies ja bedeuten, dass alle Menschen, die an die Grenzen Europas kommen, die Rechte eines Asylbewerbers in Deutschland hätten, mit der Folge, dass niemand, überhaupt keiner, an der Grenze aufgehalten werden darf, wenn er das Wort „Asyl“ ausspricht. Das wäre erkennbar das Ende Europas. ...

Ein Recht mit absurden Folgen kann kein vernünftiges Recht sein. ... Ganz fraglos ist es so, dass die Freiheitsräume der Bürger in Deutschland mit der durch offene Grenzen ermöglichten freien Einreise aus der ganzen Welt kollidieren.“

Dr. Thilo Sarrazin (geboren 1945), deutscher Volkswirt, Politiker (SPD) und Autor, ehemaliger mehrfacher, leitender Ministerialbeamter im Bundesfinanzministerium und Bundesarbeitsministerium, wirkte zur deutsch-deutschen Währungs-, Wirtschafts- und Sozialunion, in der Treuhandanstalt, war Staatssekretär im Finanzministerium Rheinland-Pfalz, arbeitete für die Deutsche Bahn, war Finanzsenator in Berlin und Vorstandsmitglied der Deutschen Bundesbank, 2017

Rathaus-These 110: Weltrettung ist unmöglich!

Die Welt kann und will nicht gerettet werden. Das müssen wir verstehen lernen. In den Problemländern der Erde wachsen die Bevölkerungen um Größenordnungen schneller, als die gediehenen Länder Wirtschafts- und Kriegsflüchtlinge aufnehmen und „retten“ könnten. Das ist mathematisch völlig unmöglich. Wir können immer nur einer kleinen Minderheit von ein paar Millionen Menschen bei uns helfen.

„Wer halb Kalkutta aufnimmt, hilft nicht etwa Kalkutta, sondern der wird selbst Kalkutta!“

Dr. Peter Scholl-Latour (1924 - 2014), deutscher Arabist, Journalist und Autor

Alle Konflikte und Probleme müssen von den Menschen vor Ort und nebenan gelöst werden, unterstützt von anderen Nationen, von der Weltöffentlichkeit. Aber weder die Deutschen, noch der Kommunismus, noch der Islam können die Welt retten. Auch die EU nicht. Auch ein Weltfrieden als Siegfrieden, als eine *Weltinnenpolitik* in einem Weltstaat, ist eine gefährliche Illusion, die niemals halten könnte, was manche sich von ihr versprechen. Die Menschheit wächst zusammen, ja. Aber daraus als finales Ziel eine Weltregierung abzuleiten, ist eine ebenso unrealistische wie gruselige Vorstellung. Einen Weltstaat könnte es erst geben, wenn die Menschheit auf die Größe eines einzigen Staates eingeschrumpft wäre. Dann aber wäre er auch nicht mehr nötig und kein Weltstaat mehr.

Uns droht der Untergang der deutschen Demokratie, des deutschen Sozialstaats und des deutschen Volkes, nicht aber der Untergang der Welt. Uns droht nur der Untergang Europas und des Westens.

„Deutschland kann weder das Weltklima retten noch alle Menschen aufnehmen, die kommen wollen.“

Dr. Christoph Eisenring (geboren 1969), schweizerischer Volkswirtschaftler und Wirtschaftsjournalist mit internationaler Erfahrung, 2016

Rathaus-These 111: Wir sind von Massenzuwanderung bedroht

Entgrenzung ist ein wichtiges Merkmal der Moderne. Viele Grenzen werden weiter hinausgeschoben oder ganz überwunden. Höher, schneller, weiter! Größer, schöner, besser! Dabei besteht die Gefahr, den Sinn und Wert von Grenzen zu vergessen und jegliche Grenzen überhaupt in Frage zustellen. Dann tauchen die Grenzen jedoch an unerwarteter Stelle neu auf. Als Einbruch der Wirklichkeit in die versuchte Utopie. Wir müssen also realistisch bleiben bei unserem berechtigten Streben nach Entgrenzung.

> „Grenzen gibt es immer, sie sind normal. Es gibt kein menschliches Leben ohne Grenzen. Deshalb ist so ein eben mal dahingesagter Satz wie „Wir schaffen das." furchtbar für mich, wenn nicht gleichzeitig gesagt wird, wie und bis wann es geschafft werden soll. Nicht zu wissen, wo das Ende der Leistungsanforderung ist, macht Angst. Überhaupt leidet unsere Gesellschaft darunter, dass wir Grenzen nicht mehr wahrhaben oder akzeptieren wollen. Da sind wir bei der amerikanischen Illusion vom Tellerwäscher zum Millionär. Als könne der Mensch alles, er müsse sich nur anstrengen. Das ist in meinen Augen Unsinn."

Hans-Joachim Maaz (geboren 1943), deutscher Psychiater, Psychoanalytiker und Autor, 2016

Die Zuwanderung, die uns so große Probleme bereitet, ist keine individuelle Migration, sondern eine Völkerwanderung. Es kommen nicht nur Einzelpersonen und Paare, sondern Großfamilien und ganze Clans aus Asien und Afrika. Sie kommen mit hohen Ansprüchen, die unerfüllbar sind, weder durch uns noch durch sie selbst. Die große Mehrheit sind Muslime. Sie verlangen Geltung für den Islam hier in Europa.

Nicht wir Europäer bestimmen, wer zu uns kommen darf und wer nicht, wer sich in welchem Land wo niederlassen darf, sondern die illegalen Eroberer selbst suchen sich das aus. Nicht unsere Rechtsstaaten, nicht unsere Grenzen, bestimmen über den Zustrom, sondern kriminelle, mafiöse Schleuserbanden, die jährliche Einnahmen im hohen zweistelligen Milliardenbereich erzielen und Menschen in den Tod schicken.

„Das hier ist eine demografische Lawine, die über uns schwappt. Der Begriff wurde von Wolfgang Schäuble benutzt, und er hat sich auch nicht dafür entschuldigt. Mehrere Millionen warten darauf, zu kommen. Die Sache ist noch nicht gegessen. Ich war zehn Jahre nicht in Ägypten, und heute gibt es 15 Millionen Menschen mehr seither. Alle wollen herkommen, einschließlich der Universitätsprofessoren. Ich habe in Kamerun gelehrt, in Senegal, in Nigeria, ich kenne Afrika sehr gut. Es gibt keine einzige Demokratie in Schwarzafrika. Die Armut wächst. Über Libyen werden Millionen kommen und die Probleme der Armut werden sich dennoch nicht lösen."

„Um das Jahr 1950 lebten rund 800.000 islamische Migranten im gesamten Westeuropa, die überwiegende Mehrzahl von ihnen in Frankreich und Großbritannien; sie stammten aus ehemaligen französischen und britischen Kolonien. Innerhalb von fünfzig Jahren, bis zum Jahr 2000, hat sich diese Zahl verfünfundzwanzigfacht und ist auf 20 Millionen gestiegen. Heute, Anfang 2017, weitere 17 Jahre später, leben ungefähr 30 bis 35 Millionen muslimische Menschen mit Migrationshintergrund in den westlichen Ländern der Europäischen Union. Das ist eine Entwicklung, mit der man sich auseinandersetzen muss."

Prof. Dr. Bassam Tibi, (geboren 1944), syrisch-deutscher Politikwissenschaftler, Autor, gemäßigter sunnitischer Muslim, forschte und lehrte auf allen Kontinenten, 2016, 2017

Wir Europäer müssen uns endlich dazu durchringen, selbst zu bestimmen, wer zu uns kommen darf und wer nicht! Es dürfen nur die hereingelassen werden, die gut zu uns passen. Auch dürfen es nicht zu viele sein! Andernfalls werden wir Schritt für Schritt niedergerannt. Wir müssen uns von dem illusorischen Gedanken verabschieden, in Europa oder von Europa aus die Welt retten oder „Fluchtursachen bekämpfen zu können" – das ist unmöglich! Diese Aufgabe ist einfach etliche Nummern zu groß! Niemand kann das. In jedem Land müssen die Menschen selbst die Verantwortung für sich übernehmen. *Einen anderen Weg*, eine Ausflucht, eine fremde Errettung, *gibt es nicht.* Wer das nicht glauben mag, mache sich mit den realen Zahlen vertraut und beginne zu verstehen. Der Leiter des deutschen Auslandgeheimdienstes, Dr. Bruno Kahl, also der Mann, der es von Berufs wegen genau wissen muss, sagte uns:

„In Europa kam es zu einer regelrechten Serie von Terroranschlägen. Weit über eine Million Flüchtlinge und Migranten sind nach Deutschland gelangt. ... Die internationale Sicherheitslage ist gegenwärtig komplex, multipolar und äußerst dynamisch. ... zu den nationalen Interessen Deutschlands

... gehören der Schutz des physischen Überlebens von Volk und Staat, die Verteidigung der gewählten politischen Lebensform, aber auch die Absicherung ökonomischer wie ökologischer Lebensgrundlagen. ...

Über 7,5 Milliarden Menschen leben heute auf der Erde. Seit dem Ende des Ost-West-Konflikts hat die Weltbevölkerung um mehr als 2 Milliarden Menschen zugenommen. Besonders dramatisch ist die Lage in Afrika. Dort hat sich die Bevölkerung seit 1990 verdoppelt – auf 1,26 Milliarden Menschen.

Diese Entwicklung hat Konsequenzen. ... Fragile Staaten bieten ihren Bürgern keine Lebensperspektive ... Im substaatlichen Raum ist die Boko Haram in Nigeria auch deshalb so erfolgreich, weil dieses Land hochgradig fragil ist; die Staatsmacht hat über große Gebiete keine Kontrolle. Wenn sich in einem Land wie Nigeria die Bevölkerung in nicht einmal 30 Jahren auf heute über 190 Millionen Menschen verdoppelt, dann hat die dortige Regierung gar nicht die Möglichkeit gehabt, diesen Zuwachs durch den Aufbau funktionierender staatlicher Strukturen abzufangen. ...

Aus sicherheitspolitischer Sicht umfasst eine Ordnung einen Zustand, der Herausforderungen und Bedrohungen im Idealfall neutralisiert, sie zumindest aber in Schach hält. ... Ordnung kann letztlich nur derjenige schaffen, der über Macht verfügt. ...

Bis Juli 2017 waren mehr als 940 deutsche Islamisten bzw. Islamisten aus Deutschland in die Kampfgebiete in Syrien und den Irak gezogen. Etwa ein Drittel dieser Personen ist bereits wieder in der Bundesrepublik. Und von einigen der Heimkehrer dürften massive Gefahren ausgehen, was nicht nur die Anschläge in Paris im November 2015 gezeigt haben. Wenn sich der „islamische Staat“, der sowohl aus parastaatlichen als auch aufständischen Strukturen besteht, typologisch auf das Niveau einer reinen Terroristen-Formation zurückentwickelt, dann wird er auch den Schwerpunkt seiner Tätigkeiten verschieben.

Es ist zwar davon auszugehen, dass der Kern der Gruppe in seinem angestammten Gebiet verbleibt. Dennoch könnte es zu einer Steigerung von Anschlägen in Europa kommen, um die Handlungsfähigkeit des „Islamischen Staates“ nachzuweisen. ...

Eine ganz besondere Herausforderung könnte zudem von den chinesischen Wanderarbeitern ausgehen, deren Zahl 2016 auf 281 Millionen angewachsen ist. Sollte es zu einer weiteren globalen Wirtschafts- und Finanzkrise kommen, würden viele dieser Menschen sofort ihre Arbeit verlieren. Aus einer solchen Situation kann sehr schnell ein erhebliches Protestpotential erwachsen – mit dem Potential einer Systemkrise. ...

Im Jahr 2030 wird die Weltbevölkerung vermutlich um eine weitere Milliarde Menschen angestiegen sein, von heute 7,5 auf dann 8,5 Milliarden Menschen.

Die Bevölkerung Afrikas wächst derzeit um jährlich über 30 Millionen Menschen. Es ist sehr fraglich, ob die westlichen Bemühungen, Fluchtursachen zu bekämpfen, mit dieser Dynamik überhaupt Schritt halten können. Zumal ein Zusammenhang gerne übersehen wird: Selbst wenn es gelingen sollte, die wirtschaftliche Lage einzelner afrikanischer Staaten zu verbessern, wird dies vermutlich zunächst zu noch mehr Migration führen. Denn dann werden viele Personen selbst bei einem sehr begrenzten Wirtschaftswachstum zum ersten Mal überhaupt die Möglichkeit haben, die Reise nach Europa zu finanzieren.

Weit über eine Milliarde Menschen werden künftig einen rationalen Migrationsgrund haben.

Drei Kategorien sind bei Migranten zu unterscheiden: Die gewaltsam Vertriebenen haben 2016 mit einem Umfang von 65,6 Millionen vermutlich den geringsten Posten ausgemacht. Dramatisch zunehmen wird die Zahl der Umweltflüchtlinge, die perspektivisch durchaus im dreistelligen Millionenbereich liegen kann. 2016 galten zudem etwa 815 Millionen Menschen als unterernährt. Diese Menschen werden sich die Flucht vorerst nicht leisten können, aber vermutlich aufgrund ihrer persönlichen Lebenssituation in vielen Einzelfällen hinreichend Motive haben, das eigene Land zu verlassen.

Solche Zahlen deuten nicht nur künftige Migrations-, sondern auch ganz erhebliche Destabilisierungspotentiale in den betroffenen Weltregionen an. Ganz abgesehen davon, dass Migration in vielen Teilen Afrikas der Normalzustand, Tradition, ein Menschenrecht ist.

Eine Prognose wird daher mit Sicherheit zutreffen: Der Migrationsdruck auf Europa wird zunehmen. Fraglich ist, ob es den europäischen Regierungen gelingt, Steuerungspotentiale aufrechtzuerhalten bzw. zu schaffen, um die Entwicklung zu beeinflussen. ...

Es dürfte sehr deutlich geworden sein, dass das 1992 von Francis Fukuyama ausgerufene „Ende der Geschichte“ – also die globale Durchsetzung der Ideen des Liberalismus – nicht eingetreten ist. Es gibt heute keine Friedensdividende, die verteilt werden könnte, weil es schlicht nicht zu einer Auflösung der weltpolitischen Widersprüche gekommen ist.

Wir müssen daher wachsam bleiben und auch die Bereitschaft haben, in unsere Sicherheit zu investieren. Der Friede in Europa ist keine Selbstverständlichkeit, sondern er und die ihn tragende Ordnung müssen immer wieder neu errungen werden.”

Dr. Bruno Kahl (geboren 1962), Präsident des Bundesnachrichtendienstes (BND), 2017

Seit dem Frühjahr 2016 ist der Flüchtlingszustrom nach Deutschland nicht weiter gesunken, *monatlich* kommen immer noch 10, 15, 20 Tausend Menschen zu uns. Jeden Tag ein Dorf, jeden Monat eine Stadt, jedes Jahr eine Großstadt oder ein ganzer Landkreis! Die meisten sind Muslime, Analphabeten, schwerintegrierbare Glücksritter. Die Schlepperbanden haben jetzt Planungssicherheit, ihr Geschäft läuft ruhig.

Seit Jahren manifestiert sich bürgerlicher Widerstand in den montäglichen Pegida-Demonstrationen, aber nur ganz allmählich wächst allgemeiner staatsbürgerlicher Widerstand, beginnt der deutsche Michel aufzuwachen aus seinem zu schönen Traum, drauf und dran zu sein, die Welt zu retten.

Die bekannte Bürgerrechtlerin Vera Lengsfeld initiierte und veröffentlichte eine „Gemeinsame Erklärung 2018", einen Aufruf deutscher Intellektueller – Autoren, Publizisten, Künstler und Wissenschaftler – die für ein Umsteuern in der Einwanderungspolitik eintreten. Die teils namhaften 34 Erstunterzeichner erklären: „Mit wachsendem Befremden beobachten wir, wie Deutschland durch die illegale Masseneinwanderung beschädigt wird. Wir solidarisieren uns mit denjenigen, die friedlich dafür demonstrieren, dass die rechtsstaatliche Ordnung an den Grenzen unseres Landes wiederhergestellt wird."

Sie werfen der Regierung die Wirklichkeit vor: Fehlende staatliche Kontrolle der Grenzen und der Einwanderer, sowie politische und mediale Einschüchterung aller Kritiker. Die Initiatorin verteidigte den Aufruf, der sofort angegriffen wurde, der aber auch, durch den Wunsch vieler Bürger, ihn ebenfalls unterzeichnen zu können, zu einer Bundestags-Petition ausgewachsen ist. Vera Lengsfeld hofft auf eine neue *politische Wende* und führt aus:

> „Derzeit werden nach BND-Schätzungen monatlich 15.000 Migranten von Schleppern über die Balkanroute nach Deutschland geschleust. Das nennen wir Masseneinwanderung. Wenn Menschen ohne Papiere nicht nachweisen müssen, dass sie politisch verfolgt oder Kriegsflüchtling sind, sondern die Behörden nachweisen müssen, dass sie es nicht sind, steht das Recht Kopf. Die Masseneinwanderung von 2015 ist nicht bewältigt. Bei den Verwaltungsgerichten hat sich ein Berg von 350.000 asylgerichtlichen Verfahren angesammelt. Einwandernde Terroristen, Gefährder und importierter Antisemitismus sind dabei noch gar nicht angesprochen, auch nicht die Zustände in den Schulen der Großstädte oder die wachsende Gefährdung von Frauen im öffentlichen Raum. Inzwischen ist klar, dass die Masse der Einwanderer, überwiegend junge Männer, keine politisch Verfolgten

oder Kriegsflüchtlinge waren. Trotz großzügigster Auslegung der Gesetzlichkeit ist nur einer Minderheit der Flüchtlingsstatus oder Asyl bewilligt worden.

Wir wollen die Migrationspolitik vom Kopf auf dic Füße stellen. Wir wollen das Asylrecht auf seinen Zweck zurückführen, nämlich Hilfe für politisch Verfolgte und Schutz auf Zeit für tatsächliche Kriegsflüchtlinge. Wir wollen zum gesetzlichen Zustand an der Grenze und zum Dublin-Verfahren zurückkehren. Wir wollen den Kontrollverlust im Inneren überwinden: Die endgültige Ablehnung des Asylantrags muss auch das Ende der Geldleistungen und Abschiebung bedeuten.

Wir wollen ein Einwanderungsgesetz, für das die Politik seit Jahrzehnten zu feige war. Wir wollen Hilfe zu denen bringen, die sie am nötigsten haben, also zu Frauen, Kindern, Alten, Kranken. Das, was bisher stattfindet, ist ein darwinistisches Wettrennen an die deutsche Grenze, das überwiegend rücksichtslose junge Männer gewinnen.

All das wird in den Medien sehr selten und oft nur am Rande thematisiert. Stattdessen konzentriert man sich darauf, Bürger, die diese Probleme ansprechen, mit allen Mitteln zu diskreditieren. Caroline Fetschers Artikel im Tagesspiegel attackiert die Unterzeichner unserer Erklärung als „Besorgnis erregende Bürger". Diese Bürger werden geschmäht mit Hilfe der derogativen Begriffe: „Bricolage-Biographien", „prekäre Identitäten" „Trolle und Grollende aus zerfallenden Milieus".

Attacken unter der Gürtellinie werden uns aber nicht stoppen. Unsere Erklärung wird als Petition an den Deutschen Bundestag gehen. Und dann kommt hoffentlich das in Gang, wozu viele deutsche Journalisten offenbar in der Grenz- und Asylfrage nicht in der Lage sind: eine politische Debatte."

Vera Lengsfeld (geboren 1952), deutsche Bürgerrechtlerin, Journalistin, Politikerin (1990-1996 Grüne, seit 1996 CDU) und Autorin, 2018

Die USA nehmen pro Jahr rund 1 Million legale Immigranten auf. Die Mehrzahl davon kommt aus dem armen Nachbarland Mexiko. Gemessen am Durchschnittseinkommen der Mexikaner leben weltweit *mehrere Milliarden* Menschen unter so armen Verhältnissen, dass sie Grund genug hätten, das Weite zu suchen und in die wohlhabenden Länder abzuwandern. Angesichts dieser Zahl sollte jedem Weltbürger klar sein, dass Massenmigration niemals Armutsprobleme lösen kann! Niemals! Selbst wenn alle reichen Länder jährlich Millionen Armutsflüchtlinge aufnähmen, bis sie platzten und sich selbst zu Drittweltländern veränderten, könnten sie die Armut in den Quellenländern *nicht im Geringsten reduzieren,* denn alljährlich werden dort weit mehr Millionen nachgeboren, als maximal abwandern könnten! Die Faktenlage ist völlig eindeutig: Ihnen muss da geholfen werden, wo sie leben, zuhause! Jedes Land, jede Gesellschaft, muss die eigene Verantwortung übernehmen, gestützt auf internationale Hilfe zur Selbsthilfe. Einen anderen Ausweg, eine „humanitäre" Abkürzung zu uns, die gibt es einfach nicht!

Nein, wir helfen ihnen nicht durch die Aufnahme von Wirtschaftsflüchtlingen, nein, wir bedienen uns nur. Wir bedienen unsere eigene Nachfrage nach Arbeitskräften, nach Billiglöhnern. Und wir erleichtern unser Gewissen, in dem wir einigen wenigen Tausenden, Hundertausenden, einigen wenigen Millionen helfen, aber viel mehr noch wachsen in der gleichen Zeit nach und Milliarden bleiben außen vor. Den Armen kann nur dort geholfen werden, wo sie leben. Unsere Möglichkeiten sind sehr begrenzt, am hilfreichsten ist unser Wissen. Direkte Hilfe ist sogar ausgesprochen falsch, wenn sie genau jene Geisteshaltung noch bestärkt, die erst zur Hilfebedürftigkeit führt. Die Hilfe zur Selbsthilfe ist immer die bessere Hilfe, weil sie die eigene Verantwortung berücksichtigt, statt den Prozess des Dazulernens, des Umdenkens und des notwendig werdenden eigenen Handelns, zu hemmen oder ganz zu verhindern.

Unsere Bedrohung durch den Islam all jener Massen von Muslimen, die zu uns einwandern oder in Zukunft noch einwandern wollen, ist leider höchst real.

> „Heute wächst die Bevölkerung in den islamischen Ländern von Afrika und Asien jedes Jahr um 45 Millionen Menschen. ... Und in Krisenländern wie Afghanistan oder Irak hat sich die Bevölkerung in den letzten 25 Jahren verdoppelt und sie verdoppelt sich weiter alle 25 Jahre. Interessant übrigens, im ganzen Nahen Osten und in Afrika ist die Geburtenrate und die Vermehrung der Menschen umso höher, je mehr wir dort militärisch intervenieren. Die absoluten Rekordraten in Vermehrung haben im Augenblick Syrien, Irak und Afghanistan. Und in Nigeria hat sich die Bevölkerung in den letzten 50 Jahren mehr als verfünffacht. Und dieses Land alleine wird bald mehr Menschen haben als ganz Europa ... Migrationszahlen, die wir in Deutschland und Europa verkraften könnten, mindern den demographischen Druck in Afrika und im Nahen und Mittleren Osten nicht. Das sagt die reine Zahlenarithmetik. ...
>
> Für uns ist die Frage, ob bei uns im Jahr 50.000 Muslime einwandern oder keine mehr einwandern, oder es 150.00 sind oder ob es 500.000 sind, eine Lebens- und Existenzfrage. Im Nahen und Mittleren Osten und in Afrika fällt dies gar nicht auf. Wo sich die Zahl der Menschen jedes Jahr um 45 Millionen vermehrt ... fällt es gar nicht auf, ob jedes Jahr 500.000 nach Europa verschwinden, d. h., wir entlasten diese Länder gar nicht mal,

wir schaffen uns Probleme ohne diese Länder zu entlasten. ... Wir werden in Europa ... schnell und unwiderruflich, zur Minderheit im eigenen Land, wenn wir so weitermachen. Ich meine mit schnell 20, 30, 40, 50 Jahre. ... Und ich möchte dies ausdrücklich weder in ethnischer Hinsicht noch in kultureller Hinsicht noch in religiöser Hinsicht. ... Wenn wir aber unsere Kultur, unseren Lebensstandard und unsere Eigenart als Nationen, als Völker in Europa, bewahren wollen, müssen wir kulturfremde Einwanderung wirksam kontrollieren und weitestgehend unterbinden. Und ich sage ausdrücklich: Dazu haben wir auch rein moralisch jedes Recht. Unsere Kultur, unsere technische Zivilisation, unsere Leistungen in Kunst und Wissenschaft und unser Wohlstand beruhen nicht auf Diebstahl an den Völkern Afrikas oder des Nahen und Mittleren Ostens. Und die Länder in Ostasien: Japan, Südkorea, Singapur, China oder Vietnam zeigen uns und sie zeigen der ganzen Welt, dass der Weg zu Fortschritt und Wohlstand grundsätzlich jedem Volk und jeder Gesellschaft und jeder Region offen steht. Man muss nur die entsprechenden Leistungen vollbringen. ... Wohlstand muss vor Ort erarbeitet werden. Demokratie und Menschenrechte müssen vor Ort erkämpft werden, aber nicht indem man auswandert, den Sozialstaat in Europa genießt und das Land, in dem man geboren wurde, sich selbst überlässt."

Dr. Thilo Sarrazin (geboren 1945), deutscher Volkswirt, Politiker (SPD) und Autor, ehemaliger mehrfacher, leitender Ministerialbeamter im Bundesfinanzministerium und Bundesarbeitsministerium, wirkte zur deutsch-deutschen Währungs-, Wirtschafts- und Sozialunion, in der Treuhandanstalt, war Staatssekretär im Finanzministerium Rheinland-Pfalz, arbeitete für die Deutsche Bahn, war Finanzsenator in Berlin und Vorstandsmitglied der Deutschen Bundesbank; in seiner Rede auf dem Neuen Hambacher Fest 2018

Es wäre schmerzlich, würden die europäischen Völker verschwinden. Menschheitlich gesehen wäre es vielleicht verkraftbar. Unverzeihlich hingegen wäre der kulturelle Untergang Europas!

Rathaus-These 112: Die Zukunft in Deutschland könnte braun werden

Der Bevölkerungsdruck in Schwarzafrika ist riesengroß, viele wollen zu uns. Geben wir diesem Druck nach, wandern Hunderttausende oder Millionen schwarzafrikanische junge Männer ein. Junge deutsche Frauen werden sie exotisch, niedlich und interessant finden. Sie bekommen Mischlingskinder. Allmählich entstünde ein großer Anteil von Mulattendeutschen. Deutschland würde auf der einen Seite mischrassig braun, auf der anderen Seite politisch braun werden, durch eine weiße, ultranationalistische, rassistische Widerstandsbewegung. Es würde sehr schwierig werden für die politische Mitte, die Mehrheit zu halten und den Zerfall der Gesellschaft zu verhindern. Für jeden Afrikaner, der morgens in Deutschland aufwacht und merkt, dass er immer noch ein Afrikaner ist und kein Deutscher, erwacht irgendwo auch ein neuer Nazi.

Sollten Schwarzafrikaner völkerwanderungsartig in Deutschland Platz nehmen, drohen uns in der Folge rassistische Auseinandersetzungen bis hin zum offenen Bürgerkrieg. Sollte es so weit kommen, laufen wir Gefahr, eine rechtsbraune Diktatur und ethnische Säuberungen zu erleben. Alles nur, weil wir ein paar Millionen Afrikaner ins Land gelassen hätten, ohne dass Afrika dadurch im Geringsten geholfen gewesen wäre. – Für beide Seiten höchst dumm gelaufen!

Es ist klug und verantwortungsvoll, eine solche Zukunft vorausschauend und konsequent zu verhindern. Je mehr auffallend Fremde wir zu integrieren versuchen, desto wahrscheinlicher werden ein Gesellschaftszerfall, ein Bürgerkrieg, eine neue nationalfaschistische Diktatur und ethnische Säuberungen bis hin zum Massenmord. Wer heute eine falsche Einwanderungspolitik betreibt oder auch nur bejaht oder geschehen lässt, macht sich morgen daran mitschuldig. Deshalb: *Keine Afrikanisierung Deutschlands und Europas!* Wir müssen *europäisch weiß* bleiben. Nur ein europäisches Europa kann sicher und friedlich bleiben. Europäische Werte – Frieden, Freiheit und Sicherheit – kann es für die Afrikaner nur in ihrer Heimat in Afrika selbst geben, aus eigenem Bemühen. Gerne helfen wir ihnen dabei.

Große Teile Afrikas sind muslimisch, eine Zuwanderung in Größenordnungen von dort machte uns nicht bunter, sondern dreifach schwärzer und brauner, durch die Afrikaner selbst, durch ihre islamischen Kulturen und durch die deutsche Gegenreaktion.

Ist es denn rassistisch, wenn man will, dass die Weißen in Europa weiß bleiben und die Schwarzen in Schwarzafrika schwarz? Auf den ersten Blick sieht es fast so aus, aber schauen wir doch genauer hin. Was ist denn Rassismus? Gruppenbezogene Menschenfeindlichkeit! Nun, ist die Wertschätzung aller Menschenformen, aller Rassen und Völker, etwa gruppenbezogene Menschenfeindlichkeit? Nein, eben genau nicht, sondern sie ist im Gegenteil gruppenbezogene Menschen*freundlich*keit!

Wer jedoch die Schwarzen und die Weißen zu einer grauen Mischrasse auflösen will, der ist gegen die Gruppe der Schwarzen und gegen die Gruppe der Weißen eingestellt, der ist doppelt rassistisch, und nicht etwa antirassistisch! Wer die Rassen durch vermischen abschaffen will, der ist rassistisch, weil er ihren Wert als solche nicht anerkennt, sie negiert und meint, Mischlinge wären etwas Besseres. Wer die Rassen und Völker abschaffen will, um damit die Probleme des Rassismus und des Nationalchauvinismus zu überwinden, der ist wie ein Arzt, der die Patienten abschaffen will, um ihre Krankheiten zu besiegen, der ist wie einer, der die Wirte tötet, um die Parasiten zu vernichten. Es ist eben keineswegs rassistisch, für den Erhalt der weißen europäischen Völker in Europa einzutreten. Selbstwertschätzung und Selbsterhalt sind ganz nomal und richtig.

Immer wieder war zu lesen und zu hören, die „besorgen Bürger“ hätten Angst vor dem Fremden, vor dem, was sie nicht kennen. Das ist nur die halbe Wahrheit, sie haben auch Angst vor dem, was sie *kennen* und *fürchten müssen*: Arbeitslosigkeit, Abwertung, Verdrängung, Gewalt, Terror und Mord. Sie sehen ihr Volk moralisch verurteilt und im Wegschrumpfen niedergehen. Morgenländische Muslime nehmen schleichend die sich leerenden heimatlichen Landstriche in Besitz, manche von ihnen vergewaltigen ihre Töchter. Was sollen sie tun? Was können sie tun? Wo ist der Ausweg?

Jeder *normal-nationale, patriotische Demokrat* wird in diesen Zeiten als Nazi übelster Sorte, als böser Mensch, verunglimpft und ins Abseits gestellt. Wir erleben eine *propagandistische Nazi-Inflation*. Jeder, der ein wenig nationaler ist als man selbst, muss schon ein Nazi sein, also ein Faschist. Daher sind viele falsch etikettierte Nazis unterwegs, die sich fragen: Bin ich's oder bin ich's nicht und wenn ja, sollte ich vielleicht einer werden? Wo bin ich politisch zuhause? Wer setzt sich für mich ein?

Wenn in der demokratischen Mitte kein Platz mehr sein soll für den deutschen Nationalstolz, wo kann der *nationalbewusste deutsche Demokrat* sich dann vertreten und aufgehoben fühlen? Er wird sich radikalisieren müssen. Er wird härter, verbitterter, empörter werden – je mehr er und Seinesgleichen als Rechtspopulisten, Rassisten und Nazis beschimpft und kriminalisiert werden – je mehr muslimische Einwanderer in sein Heimatland kommen und freche Forderungen stellen, ganz gleich, ob noch im Westen oder schon im Osten, wo es noch viel zu verteidigen gibt.

Die vom Sozialismus und der Wende zum Kapitalismus geprägten Menschen im Osten, nicht nur in Ostdeutschland, wissen, was es heißt, von einer Ideologie vereinnahmt zu werden und wie schnell das geschehen kann. Wie überraschend so etwas Wirklichkeit wird, wenn die Chance dazu besteht. Ihre Angst vor einer völligen Islamisierung Deutschlands ist nicht so weltfremd, wie viele im Westen wohl gerne glauben mögen, weil sie mit ihrem sympathischen türkischen Gemüsehändler befreundet sind und einen sehr arglosen Blick auf ihre demokratische, freiheitliche, pluralistische Gesellschaft haben, die ihnen von den Westmächten zurückgebracht, praktisch geschenkt wurde und von der sie immer noch den Eindruck haben, sie sei von den Westmächten nach wie vor beschützt. Ein Trugschluss. Wir befinden uns längst im Freiflug, in der Eigenverantwortung.

Die Westdeutschen wurden mit Demokratie und Wirtschaftswunder verwöhnt. Das kann nicht immer nur ein Vorteil sein. Es muss doch langsam mal auffallen, dass alle anderen Europäer nicht so islamfreundlich und zuwanderungsbegeistert sind wie die Westdeutschen und dies einen Grund haben muss. Warum schon wieder dieser deutsche Sonderweg, diese Überheblichkeit, es angeblich besser zu wissen?

Die echten Nazis werden die Flüchtlingsprobleme weidlich nutzen, sie werden versuchen, ihr Weltbild der Selbstübererhöhung durch Erniedrigen und Verachten anderer Ethnien, in die Parteien, in die Mitte der Gesellschaft hineinzutragen. Das in der deutschen Bevölkerung aufsteigende Gefühl der Ablehnung ist die Welle, auf der sie reiten werden, um Freiheit und Toleranz und Mitmenschlichkeit von oben herab zu attackieren. Vermutlich geschickt. Woran erkennen wir *echte, diktatorische Nazis?* Ihre Liebe ist der Hass. Ihre Zärtlichkeit ist die Gewalt. Sie lehnen die Freiheit ab.

Je stärker der Islam im Westen und in Deutschland wird, desto stärker werden auch die Braun-Faschisten. Wenn die Demokraten den Islam in Europa nicht stoppen, werden es die Nationalfaschisten tun. Wir dürfen ihnen diese Aufgabe nicht überlassen, kein Führer darf das Volk retten, wir freien Bürger selber müssen das tun! Überall in Europa und gerade auch in Deutschland.

> „Als England und Frankreich den Weg zur Nation gefunden haben, waren die Deutschen noch komplett verstritten: Sie hatten keine politische Kultur und gaben sich der Kleinstaaterei hin. Die Art, wie Deutschland 1871 vereinigt wurde, ist nicht normal. Die Deutschen haben Identitätsprobleme seit dem 19. Jahrhundert. ... Wäre Hitler in Frankreich oder England aufgetaucht, man hätte ihn nur ausgelacht. In Deutschland wurde er bejubelt. Hitler war einer von Deutschlands Sonderwegen.
>
> Der französische Präsident sagt: Wir nehmen 30.000 Syrer und dann ist Schluss. Die deutsche Bundeskanzlerin nimmt 1,5 Millionen Flüchtlinge auf und weigert sich selbst dann noch, eine Obergrenze einzuführen. Das ist ein Sonderweg, wie er für die Deutschen typisch ist. In einem Streitgespräch in der „Welt“ mit dem jüdischen Journalisten Henryk Broder sagte ein Künstler: „Wir sind Deutsche, wir können keine Normalität haben.“ Da fragte Broder: „Wieso nicht?“ Da sagte der Künstler: „Wir haben die Juden ermordet.“ Da sagte Broder: „Ich bin Jude und ich möchte in einem normalen Land leben.“ – Diese Normalität herzustellen, wäre wichtig für Deutschland. Aber die Eliten aus Wissenschaft, Politik und Medien weigern sich dagegen. ...
>
> Meine Heimat ist heute Göttingen. Die Stadt hat mehrere Tausend Flüchtlinge aufgenommen und die bestimmen, wo es langgeht. Die machen

viel Lärm auf den öffentlichen Plätzen und bringen Unruhe in die Innenstadt. Wenn ich mich gestört fühle, sage ich: „Machen Sie bitte das Radio aus." Oder: „Sprechen Sie bitte leise." Ich habe keine Angst, dies zu tun. Die Deutschen aber haben Angst, weil sie sich fürchten, als Rassisten bezeichnet zu werden. Darum habe ich Mitleid mit ihnen. Die sind so eingeschüchtert, dass sie sich nicht mehr trauen zu sagen, was sie denken. …

Ich fahre sehr viel Taxi, denn ich habe kein Auto. Das Schönste am Taxifahren sind die Gespräche mit den Deutsch-Türken und Deutsch-Iranern. Die denken genau wie ich. Wir haben es geschafft, hier Arbeit, Freiheit und ein bisschen Ruhe zu finden. Diese 1,5 Millionen Flüchtlinge bringen Unruhe in diese Gesellschaft. Wir deutschen Ausländer haben Angst um unsere Integration. Der hässliche Deutsche ist stets Nazi oder Gutmensch. Das sind die beiden Seiten derselben Medaille. Ich habe Angst, dass die Gutmenschen von heute morgen Nazis sind."

„Deutsche pendeln zwischen den Extremen: Fremdenfeindlichkeit oder Fremdeneuphorie. Es gibt kein Mittelmaß. … Ich lebe seit 54 Jahren unter Deutschen und auf der Basis dieser Erfahrung glaube ich, ein Urteil fällen zu können. Ich beobachte, dass die Deutschen unausgeglichen sind. Entweder sie sind für etwas oder dagegen. Ein Mittelmaß gibt es nicht. Das sage aber nicht nur ich. Zwei deutsch-jüdische Philosophen haben dasselbe beobachtet. Helmuth Plessner schrieb, dass die Deutschen immer wieder „dem Zauber extremer Anschauungen verfallen". Theodor W. Adorno spricht von einer deutschen Krankheit, die er „Pathos des Absoluten" nennt."

Prof. Dr. Bassam Tibi, (geboren 1944), syrisch-deutscher Politikwissenschaftler, Autor, gemäßigter sunnitischer Muslim, 2016, 2016

Viele der besten Deutschen waren säkulare, integrierte Juden. Ihre Vertreibung und Ermordung hat Deutschland schwer geschädigt. Der heutige Versuch, diese Lücke durch muslimische Zuwanderer zu schließen, ist ein weiterer schwerer Fehlschlag. Muslime verüben dschihadistische Pogrome an Deutschen und es steht zu befürchten, dass die Deutschen den Spieß bald wieder umdrehen werden. Statt die Muslime konsequent aufzuklären, wie es unbedingt richtig ist, droht die Gefahr einer deutschen Überreaktion: der gewaltsamen Vertreibung und Ermordung der illegal eingewanderten Muslime.

Deutschland könnte in naher Zukunft *afrika*braun und *nazi*braun werden. Vielleicht kann es gerade einer demokratischen, bürgerlichen, patriotischen Partei wie der AfD gelingen, beides zu verhindern. Eine solche Alternative für Deutschland scheint unsere letzte Hoffnung und einzig reale Chance zu sein. – Wenn – ja wenn es ihr gelingt, dem Radikalisierungsdruck zu widerstehen. Seit dem Bestehen der Bundesrepublik haben wir keine politische Kraft nötiger gehabt, als in dieser Zeit eine nationale, demokratische Alternative aus der Mitte der Gesellschaft heraus.

Rathaus-These 113: Sie wollen uns erobern

> „Ich habe von Muslimen oft gehört, dass ihr Ziel die Eroberung Europas mit zwei Waffen ist: Glaube und Geburtenrate."
>
> Kardinal Dr. Bechara Rai (geboren 1940), libanesischer katholischer Kirchenrechtler, Kirchenrichter und Theologe, oberster Vertreter der arabischen Christen, 2015

Viele Deutsche gehen immer noch wie selbstverständlich davon aus, dass die Muslime in Deutschland in der Minderheit bleiben werden. Die Muslime selbst gehen mit gleicher Selbstverständlichkeit davon aus, dass sie mit der Zeit zur Mehrheit werden. Was geschieht? Die Zahl der Muslime nimmt rasant zu, die Zahl der Nichtmuslime ab. Wenn die Entwicklung so weitergehen darf, ist klar, wer am Ende in dieser Frage Recht gehabt haben wird.

> „Eines Tages werden Millionen Menschen die südliche Halbkugel verlassen, um in die nördliche einzudringen. Sicherlich nicht als Freunde. Denn sie werden kommen, um sie zu erobern. Und sie werden sie erobern, indem sie die nördliche Halbkugel mit ihren Kindern bevölkern. Der Bauch unserer Frauen wird uns den Sieg bescheren."
>
> Houari Boumedienne (1927 - 1978), algerischer Regierungs- und Staatschef, islamischer Sozialist, in einer Rede vor der UN-Vollversammlung, 1974

Eine Prophezeiung, eine Ankündigung, eine Drohung, eine Kriegserklärung der islamischen an die europäische und nordamerikanische, die westliche Welt? Was könnte es anderes sein. Der Westen aber, scheint's, hat sie als *gar nichts* verstanden, nicht als Warnung, nicht als Drohung, nicht als Angriffserklärung.

> „Nach Konstantinopel werden Rom und der Rest Europas folgen. Es gibt Zeichen, dass der Islam nach Europa als Eroberer zurückkehrt und triumphieren wird. Ich glaube, dieses Mal werden wir Europa erfolgreich er-

obern, nicht mit dem Schwert, sondern durch die Verbreitung islamischer Ideologie."

Yusuf al-Qaradawi (geboren 1926), katarisch-ägyptischer Islamgelehrter, vielfacher Islamfunktionär, weltweit populärer Autor und Fernsehprediger, Präsident des Europäischen Fatwa-Rates islamischer Gelehrter, 2002

„Als Minderheit dürfen die Muslime friedlich mit den ungläubigen Deutschen leben. Aber zumal sie die Mehrheit bilden, ändern sich die Befehle Allahs dementsprechend. Dann gilt für die Muslime die Machtergreifung mit allen Mitteln. Diese Tatsache ist vielen Muslimen selbst nicht bekannt."

Sabatina James (Pseudonym) (geboren 1982), pakistanisch-österreichische Islamkritikern, Menschenrechtsaktivistin und Autorin, zum katholischen Christentum konvertierte Ex-Muslima, Botschafterin der Frauenrechtsorganisation „Terre des Femmes – Menschenrechte für die Frau e.V.", Gründerin des Vereins „Sabatina e.V." für die Gleichberechtigung muslimischer Frauen, 2012

Der aktuelle Führer der Türkei, der Nachfolger des letzten Kalifen und Sultans, der Restaurator islamischen Großmachtstrebens, mit einem schweren Fuß in der Haustür Europas stehend, lässt uns wissen, droht uns, kündigt uns an:

„Wir wollen viel mehr Nachkommen haben. Andere reden über Verhütung. Keine muslimische Familie sollte so etwas tun."

„Ich sage es deutlich: Wir werden unsere Nachfahren multiplizieren, unsere Generationen vermehren. Sie reden von Bevölkerungsplanung, Geburtenkontrolle. Doch keine muslimische Familie darf so etwas tun. Wir werden weiterhin dem Pfad und den Anweisungen unseres Gottes und geliebten Propheten folgen. ... Das erwarten wir von unseren Müttern, besonders von den gut ausgebildeten Müttern der Zukunft. Die Maßnahmen, die wir ergreifen und die Investitionen, die wir in Zukunft tätigen werden, werden davon profitieren."

„Macht nicht drei, sondern fünf Kinder, denn ihr seid die Zukunft Europas. Das wird die beste Antwort sein, die ihr auf die Unverschämtheiten, Feindseligkeiten und Ungerechtigkeiten, die man euch antut, geben könnt. Von hier aus appelliere ich an meine Bürger und Brüder in Europa: Da, wo ihr arbeitet und lebt, ist nun eure Heimat. Gründet noch mehr Betriebe. Schickt eure Kinder in bessere Schulen. Lasst eure Familien in besseren Stadtteilen leben. Steigt in die besten Autos. Wohnt in den schönsten Häusern."

Recep Tayyip Erdogan (geboren 1954), türkischer Staatspräsident (AKP), 2016, 2016, 2017

Erdogan benutzt die islamische Polit-Religion und die türkische Nationalität gegen die Freiheit und die Demokratie, nicht nur im eigenen Land. Er will der Führer einer islamischen Großmacht sein. Er will gar nicht der Europäischen Union beitreten – ein lächerlicher Gedanke – er will Europa erobern, durch ein muslimisches Bevölkerungswachstum und sozialen Aufstieg, durch Unterwanderung. Er bestärkt die Muslime in Europa darin, sich als Opfer des Westens zu fühlen und zugleich als die zukünftigen Herren Europas. Er betreibt Völkerverhetzung. Er betreibt Dschihad.

Am 79. Todestag des Staatsgründers Atatürk hielt Erdogan 2017 in seinem Präsidentenpalast eine Rede vor jungen Frauen aus 50 muslimischen Staaten. Er bekräftigte vor den Augen und Ohren der versammelten muslimischen Welt seine Forderung nach muslimischer Eroberung: „Was sagen mein Gott und unser Prophet? Der Befehl ist klar und deutlich. Vermählt euch, heiratet und vermehrt euch. Es ist Pflicht eines Muslims, sich zu vermehren. Natürlich ist die Mutterschaft das größte Geschenk Gottes an die Frauen. Die Mutterschaft zu leugnen heißt, das Schicksal, also die Schöpfung, zu leugnen. Aber die muslimische Frau ist nicht nur eine gute Mutter, sondern, wenn nötig, auch eine bahnbrechende Wissenschaftlerin, Politikerin, Lehrerin und sogar eine kühne Kriegerin." So Präsident Erdogan, der mit diesem Nachwuchs nicht die Besiedlungsdichte der Türkei erhöhen, sondern den Geburtendschihad befeuern will, den er ausgerufen hat.

„Im Jahr 2100 wird es in Deutschland 35 Millionen Türken geben. Die Einwohnerzahl der Deutschen wird dann bei ungefähr 20 Millionen liegen. Das, was Kanuni Sultan Süleyman 1529 mit der Belagerung Wiens begonnen hat, werden wir über die Einwohner, mit unseren kräftigen Männern und gesunden Frauen, verwirklichen."

Vural Öger (geboren 1942), deutsch-türkischer Diplom-Ingenieur, Unternehmer und Politiker (SPD), war bis 2009 Mitglied des Europäischen Parlaments, 2004

So sprach der voll integrierte Herr Öger von Öger-Tours angesichts der unterschiedlichen Geburtenraten von Deutschen und türkischen Zuwanderern hierzulande. So wie er werden wohl viele Türken und Deutschtürken denken. Ihnen ist klar, wohin die Reise geht. Und gehen soll.

> „Was unsere Urväter vor den Toren Wiens nicht geschafft haben, werden wir mit unserem Verstand schaffen."
>
> Cem Özdemir (geboren 1965), türkisch-deutscher Sozialpädagoge und Politiker, (Bündnis90/Die Grünen), 1998

Diese klaren Worte sagte er, im Bundestagswahlkampf 1998, natürlich nicht auf deutsch vor den Deutschen, sondern zur türkischen Zeitung Hürriyet. Den Deutschen gegenüber klang das so:

> „Der deutsche Nachwuchs heißt jetzt Mustafa, Giovanni und Ali!"

Der islamische Eroberungskrieg gegen den Westen wird offen durch Terrorismus und verdeckt durch scheinangepasste Massen-Unterwanderung geführt. Über wenige Generationen wird der muslimische Bevölkerungsanteil stetig erhöht, bis in einigen Ländern Bevölkerungsmehrheiten erreicht sind, um auf politisch legalem, „europäischem" Wege, das Kreuz durch den Halbmond zu ersetzen. Was dem „Osmanischen Reich" durch Krieg nicht gelang, soll nun durch „demographische Eroberung" nachgeholt werden. Stück für Stück soll die Scharia in den Institutionen Platz nehmen. Das Ziel der Muslime ist es, Europa in die Umma, in die Gemeinschaft aller Rechtgläubigen, einzugliedern und zu vollenden, was im Frühmittelalter begann: die Eroberung der christlichen Welt, das Lieblingsziel aller islamischen Eroberungen: Weil es da so viel zu erbeuten gibt.

> „Der Ägypter Sayyid Qutb, der Vater des Islamismus, schrieb in seiner Schrift „Wegzeichen": „Der Westen ist korrupt, er muss abdanken. Wir wollen jetzt die Welt führen." In einer anderen Schrift sagte er, der Weltfriede werde nur durch die Vorherrschaft des Islam erreicht. Beide Schriften habe ich in Pakistan, Usbekistan, Indonesien und Malaysia gesehen. Diese Schriften sind wie das kommunistische Manifest von Karl Marx. Das ist der Virus, das ist die Ursache. Diese Ideologie wird in unzähligen Koranschulen gelehrt – auch in Deutschland."
>
> Prof. Dr. Bassam Tibi, (geboren 1944), syrisch-deutscher Politikwissenschaftler, Autor, gemäßigter sunnitischer Muslim, 2005

Merke: Die Eroberung der „Ungläubigen" und ihrer Länder ist das politische Kernziel des Islams. Die Sklaven Allah sind beauftragt, die Herren der Welt zu sein. Früher, heute und auch in Zukunft.

Weil *jeder* Muslim den „göttlichen" Auftrag hat, sein Gesetz über die Welt zu verbreiten, weil islamische Staaten uns durch Einflussnahme schwächen wollen, weil islamische Terrororganisationen Kämpfer zu uns schleusen, die uns töten sollen, ist jede illegale und legale Einwanderung von Muslimen ein feindlicher Akt, darauf angelegt, unsere freiheitlich-demokratische Grundordnung zu zerstören und durch eine islamische zu ersetzen. Dagegen müssen wir uns durch die Zurückweisung des Islams wehren.

Es gibt beide Gruppen, Flüchtlinge, die froh und dankbar sind, hier zu sein und Hilfe zu erfahren und Flüchtlinge, die Einbrecher sind. Manche sind dreist genug, ehrlich zu sagen, warum sie hier sind: dass sie, wortwörtlich, nur unsere Frauen, unsere Häuser, unser Land einnehmen wollen. Wir müssen dem Übernahme-Verlangen der Muslime etwas Selbstbewusstes entgegensetzen, eine trotzende, überlegene Verteidigung, welche sie lehrt, was es heißt, wenn Menschen frei sind und ihre Freiheit verteidigen!

> „Den Angriff auf den Westen, der derzeit im Gange ist, werden wir niemals zurückschlagen, solange wir im Westen die Muslime nicht ernst nehmen, wenn sie sagen, dass sie einen blutigen Dschihad führen, weil es ihre religiöse Pflicht sei.
>
> Als erstes wird sich der Sozialstaat verabschieden. Schrumpfende einheimische Bevölkerungen sind nicht in der Lage, genug Steuern aufzubringen, um Massen von Einwanderern zu versorgen, die so wenige Qualifikationen mitbringen, dass sie praktisch nicht zu beschäftigen sind, oder die nichts zur Gesellschaft der „Ungläubigen" beitragen wollen."
>
> Lars Hedegaard (geboren 1942), dänischer Historiker, Journalist und Autor, 2015

Die Europäische Union ist nicht fähig oder willens, die EU-Außengrenze zu schützen und die eindringenden Flüchtlinge in den Randstaaten zu registrieren und zu versorgen, wozu sie rechtlich verpflichtet ist. Sie verstößt permanent gegen ihre eigenen Gesetze und hat sich damit bereits selbst delegitimiert. *Die EU ist nur ein Vertrag, der nicht eingehalten wird.* Die Scheinasylanten werden in die bevorzugten Zielländer, vor allem Deutschland, durchgewunken. Die deutsche Bundesregierung unter der Richtlinienkompetenz Angela Merkels (CDU) beugte und beugt weiterhin entgegenkommend das Recht, um die Illegalen illegal aufzunehmen. Derweil suchte die Bundeskanzlerin, wie sie erklärte, nach einem Weg, aus diesem Unrecht neues Recht zu formen. Und schmiedete den Migrationspakt.

> „Ein Anruf des damaligen Bundesinnenministers Thomas de Maiziere Anfang September 2015 bei den leitenden Dienststellen der Grenzpolizei führt bis heute dazu, dass zentrale Gesetzesnormen außer Kraft gesetzt sind: Dublin-III, das Grundgesetz, das Asylgesetz und das Aufenthaltsgesetz. ... Das ist ein despotischer Zustand, in dem wir leben. Das ist unerhört!"
>
> Björn Höcke (geboren 1972), deutscher Gymnasiallehrer und Politiker (AfD), 2018

Wollen und *sollen* wir gar erobert werden?

Erinnern Sie sich noch, als es zum Höhepunkt der Flüchtlingskrise hieß, zig Millionen Menschen seien weltweit auf der Flucht und wir könnten noch viel mehr Menschen helfen? Und dann versuchte Frau Merkel die von ihr geladenen Syrer auf die ganze EU zu verteilen. Sie hatte einen Plan und rief nach einem Verteilungsschlüssel. Aber die anderen Länder machten nicht mit. Sie wollten nicht. Das waren ihnen zuviele auf einmal. Deutschland hatte sie geladen und sollte nun auch die Kosten tragen. Die Visegrád-Staten sperrten sich ganz. Noch monatelang wurde das Mantra von der „europäischen Lösung" gebetet, obwohl längst klar war, dass die anderen EU-Länder nicht wollten und es diese Lösung nicht geben würde. Vielleicht ist es Zufall, vielleicht aber kannte die Bundeskanzlerin, neben vielen anderen politischen Entscheidungsträgern, das UN-Papier von 2010, das eine Umsiedlung von zig Millionen Menschen aus Afrika nach Europa empfiehlt oder vorsieht, um den Geburtenmangel auszugleichen. Hieß es nicht, wir bekämen mit den Flüchtlingen Facharbeiter und Ärzte geschenkt? Es scheint zumindest so, als hätte die deutsche Regierung dieses UN-Papier für sich angenommen und umsetzen wollen und ging irrtümlicherweise davon aus, dass die EU-Partner es genauso halten würden. Vielleicht war es auch so. Der Wille der herrschenden Politik, den fehlenden Nachwuchs durch Ausländer ersetzen zu wollen, ist auf jeden Fall nicht nur erkennbar, sondern offen erklärtes Ziel. Aber sie verfolgen damit noch ein weiteres Ziel.

Der EU-Abgeordnete der fundamental oppositionellen AfD, Jörg Meuthen, berichtete aus dem Nähkästchen der EU-Politik über die Geisteshaltung vieler westeuropäischer Eurokraten:

> „Nirgends wird das deutlicher als in der Migrationspolitik ... diese ist in besonderem Maße geprägt von einer Selbstbesessenheit der europäischen Nomenklatura, jeden Tag dort zu erleben. Eine ins geradezu Wahnhafte rei-

chende Empfindung von Schuld, die man als weißer Europäer aufgrund von vergangenen Vergehen der Vorfahren zu tragen habe. Das Eigene wird schlecht gemacht. Die typische Schuld-und-Sühne-Mentalität, die treibt da fröhliche Urstände. Alles Fremde wiederum wird schön geredet und als Bereicherung verkauft ...

Aber mit einer solch willkommensberauschten Rhetorik wird natürlich ein Ziel verfolgt, nämlich: Die ganz groß angelegte Migration in unser Land und in die EU im Ganzen. Das Ziel ist die Abschaffung Deutschlands zugunsten der Vereinigten Staaten von Europa. Das ist das Ziel der EU-Granden und das ist auch das Ziel mancher maßgeblicher Politiker hier in Deutschland ...

Die das betreiben, die haben auch eine Vorstellung, wie das auszusehen habe. Man ist sich einig: komplett offene Grenzen, maximal heterogene Gesellschaftsstrukturen, vollständige Multikulturalität. Und das wird dort klipp und klar gefordert, man muss es nur lesen. Das ist keine Erfindung, das ist keine Verschwörungstheorie, all das ist nachlesbar. ... Das ist das, was man will. Offene Grenzen, maximal heterogene Gesellschaftsstrukturen, vollständiges Multikulti-Dasein. Was übrigens nicht dabei herauskommen wird. Ganz im Gegenteil, aber das, genau das, kapieren die Apologeten dieser kranken Ideologie so wenig, wie früher die Kommunisten begriffen haben, was sie tatsächlich anrichten. Sie verstehen es einfach nicht. Denn wir werden nicht eine maximal bunte Gesellschaft haben, sondern wir werden etwas ganz anderes bekommen, wenn wir diesen Weg nicht korrigieren. Wir müssen ihn korrigieren. Das ist essentiell wichtig für das Überleben unserer Kultur."

Prof. Dr. Jörg Meuthen (geboren 1961), deutscher Wirtschaftswissenschaftler und Politiker (Bundessprecher der AfD), 2018

Die Abschaffung Deutschlands und der deutschen Volkssouveränität ist ein erklärtes Ziel führender politischer Kräfte der sogenannten „Altparteien", wie die Vertreter der Alternative zu ihnen sagen.

Orient und Okzident sollen verschmolzen werden. Dazu werden sogar abergläubische Mythen bewegt und als „Beweis" dafür herangezogen, dies wäre schon immer die richtige, die europäische Sichtweise gewesen. Die CDU-nahe Konrad-Adenauer-Stiftung veranstaltete 2017 in Reims eine deutsch-französische Literaturkonferenz. Dort verkündete die wiedergewählte Ministerpräsidentin Annegret Kramp-Karrenbauer (CDU) ihren Plan, das Saarland bis 2043 deutsch-französischsprachig zu machen. Inzwischen ist sie zur CDU-Generalsekretärin befördert. Auf dieser Konferenz sprach auch unser Bundestagspräsident Norbert Lammert (CDU), inzwischen Vorsitzender der Konrad-Adenauer-Stiftung. Er zitierte den französischen Autor Mathias Enard, welcher in Syrien, im Libanon und im Iran lebte, derzeit in Spanien ein libanesisches Restaurant betreibt und 2017 in Deutschland den „Leipziger Buchpreis zur Europäischen Verständigung“ erhalten hatte, aus dessen Dankesrede. Unser damals *amtierender Bundestagspräsident* zitierte ihn mit den Worten: „Europa war eine libanesische Prinzessin, die an einem Strand bei Sidon von einem Gott des Nordens entführt wurde, der sie begehrte: Zeus. Europa, Tochter König Agenors, hat nie einen Fuß auf unsere Landstriche gesetzt ... Europa ist eine illegale Einwanderin, eine Ausländerin, eine Kriegsbeute. Ihre Geschichte ist eine Mittelmeergeschichte, eine Geschichte von Begehren und Eroberung. Diese Metapher für die Geschichte Europas lehrt uns vieles. Wir tragen ihren Namen. Europa ist begehrenswert. Europa ist orientalisch.“

Ach!? Die illegalen Einwanderer aus Arabien und Afrika sind wohl die wahren Europäer, die uns Europa näher bringen? Indem sie Europa begehren und erobern? Also gute Nacht, Abendland, du warst nur ein Irrtum? Eine Raubkopie? Ein Diebstahl aus dem Morgenland? Eine Fata Morgana? *So sieht kulturell verbrämte Selbstaufgabe aus!*

Afrika ist immer noch ein von, teils nomadisierenden, *Stämmen* bevölkerter Kontinent. Die Zukunft Afrikas liegt in einem eigenständigen Nationalismus, in Nationenbildung; in Volksbildung – im doppelten Sinne: Völker bilden und die Völker bilden! In der Übernahme gesamtstaatlicher Selbstverantwortung für die jeweils inländischen Menschen. Die Zukunft Afrikas liegt nicht in Europa. Und in Arabien sieht es ganz ähnlich aus. Die große dabei störende Geißel ist vor allem der Islam.

> „Die ganze Weltgeschichte ist ein ewig wiederholter Kampf der Herrschsucht und Freiheit um diesen streitigen Fleck Landes, wie die Geschichte der Natur nichts anderes ist, als ein Kampf der Elemente und Körper um ihren Raum.“
>
> Friedrich von Schiller (1759 - 1805), deutscher Arzt, Nationaldichter, Philosoph und Historiker, 1788

Mächtige politische Kräfte und ihre Diener wollen EU-Europa zu einer imperialen Macht formen. Deshalb wollen sie Europas Nationalstaaten und Völker auflösen in einem neuen EU-Mischvolk, das multiethnisch, multikulturell und multireligiös sein soll. Die Bürger sollen von mündigen Demokraten zu flexiblen, mobilen Arbeitnehmern und Konsumenten umgeformt und durch eine EU-Zentralherrschaft kontrolliert und diszipliniert werden. Angeblich sei dies ein Friedensprojekt, in Wahrheit geht es hauptsächlich darum, eine globale Großmacht zu schaffen, einen mächtigen Standort im Welthandel, um die Geschäftsbedingungen für das Großkapital zu optimieren. Es geht um profitablen Einfluss in der Globalisierung.

Alle *imperialen* Kräfte – das internationale Großkapital mit seinen Organisationen, die internationalistische Politik (in Deutschland Die Linke, SPD, Bündnis90/Die Grünen, FDP, CDU/CSU) und die internationale Umma mit ihren Organisationen, flankiert von den kollaborierenden, ebenfalls internationalen Kirchen – fahren, mehr oder weniger gemeinsam, einen *Angriff auf die Errungenschaften der Aufklärung und gegen die Aufklärung* selbst. Worin besteht dieser Angriff? Im Wesentlichen in der *Absage an die Selbstverantwortung* der Menschen im In- und Ausland, an die Subsidiarität.

Die Islamisierung wird von den westlichen imperialen Kräften teils willkommen geheißen, teils toleriert und bemäntelt, in der trügerischen Hoffnung, sie möge ihren eigenen Zielen gleichsam Vorschub leisten. Das ist ein *gigantisches kulturelles Versagen*, das einer Selbstaufgabe Europas gleichkommt! Denn die individuelle und kollektive *Selbstverantwortung* ist nun mal die Basis, die Voraussetzung, der *Ursprungsgedanke* von Freiheit, Demokratie und Menschenrechten, die Basis jedweder politischer Selbstverwaltung und Teilhabe, von Subsidiarität und Volkssouveränität. Wer all diese abschaffen will, wird deshalb danach streben, das *zugrundeliegende Prinzip der Selbstverantwortung* ungültig zu stempeln, der wird versuchen, es zu untergraben, auszuhöhlen und vergessen zu machen. Niemand solle mehr voll (oder überhaupt) selbst verantwortlich sein, die Bürger nicht, die Unternehmen nicht, die Politiker nicht, die Staaten nicht; sondern eine anonyme Zentralregierung der *alternativlosen Sachzwänge* solle an ihre Stelle treten und das Beste im Sinne einer prosperierenden Weltwirtschaft herausholen. Ließen wir sie gewähren, entstünde am Ende eine neue Art von Feudalismus, ein globalisierender Wirtschaftsfeudalismus. Leider sind die westeuropäischen Regierungen, einschließlich der deutschen, entschlossen, bei diesem Wirtschaftsimperialismus mitzumachen. Sie umschreiben das Ziel als eine „Vertiefung der europäischen Zusammenarbeit“, werden aber auch deutlicher und fordern klipp und klar die „Vereinigten Staaten von Europa“.

> „Mein Ziel sind die Vereinigten Staaten von Europa – nach dem Muster der föderalen Staaten Schweiz, Deutschland oder den USA.“
>
> > Dr. med. Ursula von der Leyen (geboren 1958), deutsche Ärztin und Politikerin (CDU), Bundesfamilienministerin, Bundesarbeitsministerin, 2012, heute Bundesverteidigungsministerin

> „Am Ende der Entwicklung soll ein durch eine europaweite Volksabstimmung legitimierter europäischer Bundesstaat stehen.“

Aus dem Bürgerprogramm der FDP zur Bundestagswahl 2013

Selbst die Freien Demokraten sprechen nur von *einer* Volksabstimmung für alle EU-Bürger, nicht von Volksabstimmungen aller zu beteiligenden Völker. Auch sie wollen das neue „EU-Volk" im „EU-Staat" als Einheitsstaat.

> „Ich bin dafür, dass die Kommission eines Tages so etwas wie eine europäische Regierung ist."
>
> Dr. Angela Merkel (geboren 1954), deutsche Physikerin, Politikerin (CDU) und deutsche Bundeskanzlerin, 2012

Wenn die beteiligten europäischen Regierungen von der Alternativlosigkeit dieser ihrer Politik sprechen, meinen sie nichts anderes als eine *alternativlose Herrschaft* ihrer selbst und der höheren Ebenen (EU, NATO, UNO). „Alternativlos" ist dabei nur ein anderes Wort für „absolutistisch", für die angestrebte neoabsolutistische Herrschaft einer geldadeligen Zentralmacht über die angegliederten, nachrangigen Partikularmächte und die neuartigen EU-Untertanen. Es soll zwar alles noch demokratisch aussehen, aber demokratisch kann es *ohne freiheitliche Selbstverantwortung* eben nicht mehr sein, sondern nur noch eine Art Wahlkönigtum im Imperium. Wie im alten Rom soll sich die Republik zum Cäsarenreich wandeln, um von oben herab durchregieren zu können. Nach dem Prinzip „Teile und herrsche!" sollen die jetzt noch mehr oder weniger national einheitlichen, demokratisch organisierten, bürgerlichen Zivilgesellschaften multiethnisch, multikulturell und multireligiös aufgesplittert werden, durchsetzt mit Parallel- und Gegengesellschaften, die sich gegenseitig blockieren. Der Multikulturalismus ist deshalb nichts anderes als die dem neofeudalen Wirtschaftsimperialismus zugehörige Gesellschaftstheorie, die ausgerechnet bei linken Ideologen heftige, ungeteilte Zustimmung findet.

Das deutsche Volk ist der verfassungsmäßige, grundgesetzliche Souverän. Warum werden dann über 80 % der deutschen Gesetze von einer internationalen Verwaltung in Belgien verhängt? Warum entscheidet die deutsche Regierungschefin wie eine souveräne Monarchin über den deutschen, demokratischen Rechtsstaat hinweg und warum unterstützen alle Parteien, bis auf die neue Oppositionspartei, sie bei dieser Rechtsbeugung? Wer Demokrat ist, muss in diesem Land ketzerische Fragen stellen, weil wir leider keine echte parlamentarische Demokratie mehr sind, sondern eine gelenkte. Was man Russland zu Recht vorwirft, gilt bereits in hohem Maße für uns selbst.

Diese Abwendung von der Demokratie und neuerliche Hinwendung zur Diktatur ist derzeit überall in der Welt spürbar; sie ist zeitgeistig. Der Glaube an die Möglichkeit einer „guten Diktatur“ keimt wieder auf und bereitet die nächste Katastrophe vor. Leider auch bei uns in Deutschland.

Zur Absage an die Selbstverantwortung gehört auch die anmaßende Behauptung, *wir* wären am Elend der sogenannten Dritten Welt schuld, am Misserfolg und dem Zerfall scheiternder Staaten in Afrika, Arabien und Asien, an den Armen und den Flüchtlingsströmen dieser Welt. Die Menschen in ihren Ländern wären keinesfalls selbst verantwortlich, sondern nur Opfer, und zwar unsere Opfer. Diese perverse und letztlich auch menschenverachtende Haltung ist antiaufklärerisch. Sie entmündigt die Menschen und spricht sie von aller Selbstverantwortung und Zukunftsfähigkeit frei. Und sie überfordert unsere Verantwortung hoffnungslos. Sollten wir nicht längst erkannt haben, dass Rechte, Pflichten und Verantwortung stets eng zusammengehören, überall auf der Welt?

Doch die Europäer, und wie immer, *besonders gründlich die Deutschen,* sind großenteils autoaggressiv erkrankt und sehnen sich nach einer Erleichterung durch selbstzerstörerische Buße. Sie suchen ihr Heil in einer neuen, dekadenten Ideologie, im *dekonstruktiven Multikulturalismus*. Der einschneidende Islam kommt ihnen da scheinbar gerade recht.

> „Diese „Gutmenschen“ sind vom „Faschismus“ offensichtlich derart traumatisiert, dass sie jegliche nationale und kulturelle Identität zerstören, um scheinbar einen Rückfall in die dunklen Zeiten Europas zu verhindern. Leider übersehen sie in ihrer Verblendung, dass sie denselben „Faschismus“ wie ihre Väter und Großväter unterstützen – nur in seiner islamischen Variante. ...
>
> In ihrer neurotischen Fixierung auf die Vergangenheit kreieren sie ein Weltbild, in dem alles Fremde einen positiven Wert darstellt. Das Eigene wird radikal abgewertet und soll letztlich ausgelöscht werden: Aus dem neurotischen Selbsthass entsteht eine unbewusste Selbstvernichtungsphantasie. In dieser quasi-religiösen Kollektivneurose nimmt der Migrant den Status des Unantastbaren ein, dessen empirische Erscheinung nicht thematisiert werden darf. Die Rollen sind eindeutig definiert: Die Migranten werden zu neuen Heilsbringern stilisiert, an denen die Vernichtung der europäischen Juden gesühnt werden soll. ...
>
> Die Erklärung für diese paradoxen Einstellungen kann nur darin liegen, dass diese Herrschaftsträger ihre eigene Zivilisation als „Schuldkultur“ begreifen.“
>
> > Dr. habil. Michael Ley (geboren 1955), österreichischer Soziologe, Politologe und Autor, Direktor des Ludwig Boltzmann Instituts für

Politik, Religion und Anthropologie an der Uni Innsbruck bis zu dessen Schließung (2005), 2017

Diese „Gutmenschen" sind an einer chronisch entzündeten Hypermoral erkrankt, die ihnen keine vernünftige Wahl mehr lässt. Sie können nicht anders, solange sie nicht gesunden. Ich weiß, wovon ich rede, war ich doch selber spürbar von dieser in der Seele brennenden Hypermoral betroffen gewesen, konnte mich aber intellektuell davon befreien und meine *Vernunft* und meine *Wahrheitsliebe* walten lassen. Heilung bringt nur die *Aufklärung*, nicht der Islam oder die Flucht in eine neue Utopie: Die anvisierte Erlösung durch „Multikulti" wird nicht gelingen, sondern führt zwangsläufig zu negativen Entwicklungen, zu neuen schlimmen Erfahrungen.

Der zentralistische, monotheistische *Machbarkeitswahn* hat verschiedene religiöse und ersatzreligiöse, politische Ideologien hervorgebracht, wie den arabischen Islam, den italienischen Faschismus, den deutschen Nationalsozialismus, den deutschen und europäischen Kommunismus und eben gebar er eine neue, moderne Variante, den westeuropäischen Multikulturalismus. Eine neue, harmlos scheinende Utopie der Weltverbesserung und Menschheitserlösung und die Begleitideologie zur ökonomischen Globalisierung.

> „Ein Beispiel für diese unvorstellbaren Visionen ist ein Geheimplan zum „Vielvölkerstaat Großbritannien" der britischen Regierung unter Tony Blair aus dem Jahr 2000, der von der britischen Zeitung *The Telegraph* im Jahr 2009 publik gemacht wurde. Vor diesem Hintergrund wird verständlich, weshalb Anfang des neuen Jahrtausends weit über zwei Millionen Migranten nach Großbritannien kamen. Der frühere Berater der britischen Regierung, Andrew Neather, sagte der Zeitung, dass die Idee für eine Masseneinwanderung zu einer „wirklichen Multikulturalität" Großbritanniens führen sollte. Aus Angst vor der politisch Rechten und der Befürchtung, sich der „working class" zu entfremden, wurden diese Maßnahmen geheim gehalten. Mister Neather verteidigte jedoch noch 2009 diese Entscheidungen und meinte, die Einwanderung hätte das Land „bereichert" und aus London eine „noch attraktivere und kosmopolitischere" Stadt gemacht.
>
> Aber Tony Blair hatte noch einen anderen Berater: Tariq Ramadan. Er ist der Enkel des Gründers der Muslimbrüder Hassan al-Banna, der im Jahr 1928 in Ägypten die Bruderschaft gründete. ... Tariq Ramadan ist ebenso ein Muslim-Bruder, aber im Gewande eines postmodernen Vertreters eines Euro-Islam: Er unterhält beste Kontakte zu linken und progressiven Kräften, spricht deren Jargon und versteht es blendend, die Öffentlichkeit mit dem Credo zu täuschen: „Die heutigen Muslime sind vergleichbar mit Juden der dreißiger Jahre." Diese Form der Opferanmaßung ist eine Strategie

des Djihad: Mit dem Vorwurf einer latent genozidären Islamophobie der Nicht-Muslime werden der Mehrheitsgesellschaft Privilegien im Sinne einer „positiven Diskriminierung“ abgepresst. Sein wahres Anliegen sprach er jedoch an anderer Stelle aus: „Allah ist unser Objektiv; der Prophet unser Führer; der Koran unser Gesetz; der Dschihad unser Weg; Das Sterben für die Sache Allahs ist unsere größte Hoffnung.“

Politischer und zivilisatorischer Selbsthass sowie multikultureller Irrsinn sind die besten Voraussetzungen für die Islamisierung Europas. ...

Der EU-Migrationskommissar Dimitris Avramopoulos sagte vor dem EU-Ausschuss der Regionen: „In den nächsten zwei Jahrzehnten werden mehr als 70 Millionen Migranten nötig sein.“

Das Ziel der Europäischen Union besteht in der Überwindung der Nationalstaaten und in der Durchsetzung des Multikulturalismus, der alte Kontinent soll in seiner bisherigen Form verschwinden und einem Vielvölker-Imperium Platz machen. Mit dieser Politik machen sich jedoch die EU-Eliten und ihre nationalen Claqueure zu Vorreitern der Islamisierung, d. h. zu Kollaborateuren des Islam.“

Dr. habil. Michael Ley (geboren 1955), österreichischer Soziologe, Politologe und Autor, Direktor des Ludwig Boltzmann Instituts für Politik, Religion und Anthropologie an der Uni Innsbruck bis zu dessen Schließung (2005), 2017

Die Masseneinwanderung der Muslime nach Deutschland und Europa ist kein Zufall, nein; der vom deutschen Staat geduldete und mit Abermilliarden Euro sogar subventionierte Missbrauch seines eigenen Asylgesetzes ist mitnichten eine unglückliche Fügung, sondern Methode. Was in der Politik geschieht, das geschieht nicht zufällig, sondern mit der Absicht derjenigen, die sich am meisten durchsetzen können. Liebe Landsleute. Wir werden verraten, von allerhöchster Stelle. Die herrschenden politischen Ideologen verfolgen eine Agenda.

Seit 2002 durfte die türkische Religionsbehörde Diyanet in Deutschland mehrere Professuren für Islamische Religion stiften. Der türkischen Religionsbehörde geht es darum, im Fahrwasser des *europäischen Multikulturalismus-Trends* den islamischen Glauben zu verbreiten – von unserer multikulturalistischen Regierung wird der Islam mit offenen Armen empfangen.

„Es ist sowohl wissenschaftlich als auch politisch gewünscht, die Islamische Theologie an Hochschulen in Deutschland zu etablieren. Das BMBF hatte den Vorschlag des Wissenschaftsrats vom Januar 2010 aufgegriffen. ...

Das Wissenschaftssystem muss auf die wachsende Pluralität der religiösen Strömungen in Deutschland reagieren." (BMBF, 2018)

Das Bundesbildungsministerium für Bildung und Forschung (BMBF) gibt die *Islamisierung Deutschlands* nicht nur als politisch gewollt zu, es leitet daraus die Aufgabe ab, diese auf höchstem Niveau fördern zu müssen. Zum Islamisierungsplan der Bundesregierung gehört die Einrichtung Islamischer Institute an mehreren deutschen Universitäten. Die staatlichen Hochschulen sollen Islam-Gelehrte und Islamische Religionslehrer für den Schulunterricht ausbilden, in der Hoffnung auf einen multikulturell domestizierten, deutschen „Euro-Islam". Inzwischen studieren dort mehr als 2.000 Muslime. Aber diese Form der Islamisierung geht der Bundesregierung noch nicht weit genug. Zur Beschleunigung soll die Islam-Theologie möglichst meinungsbildend in die Gesellschaft hineinwirken. Über „Transferformate" sollen und wollen die Islam-Theologen die Muslime in Deutschland, Österreich und der Schweiz anleiten und deren gesellschaftliches Engagement stärken, heißt es. Sie sollen ihnen also beibringen, wie man den Islam am erfolgreichsten in die deutschen Gesellschaften einpflanzen kann. Der Islam, unterstützt von der deutschen Bundesregierung, arbeitet bereits großdeutsch, in allen drei Deutschländern. Um dieses staatliche Islamisierungsprogramm umzusetzen, wurde extra eine „Akademie für Islam in Wissenschaft und Gesellschaft (AIWG)" gegründet.

> „Das Bundesministerium für Bildung und Forschung (BMBF) fördert die Akademie in den nächsten fünf Jahren mit rund 8,5 Millionen Euro. Die Stiftung Mercator gibt weitere 2,8 Millionen Euro für den Transfer dazu.
>
> „Religion ist von großer Bedeutung für den Zusammenhalt von Gesellschaften. Religionen stiften Identität, sie können zum inneren Frieden und zum Zusammenhalt in unserer Gesellschaft beitragen. Die Einführung der Islamischen Theologie an deutschen Universitäten war ein historischer Schritt. Diesen Weg der wissenschaftlich-theologischen Auseinandersetzung mit dem Islam gehen wir nun mit der Gründung der Akademie zum Islam in Wissenschaft und Gesellschaft weiter. Die Akademie wird dabei noch stärker die Kommunikation zwischen den Theologien fördern, in gesellschaftliche Diskurse einsteigen und zugleich die in Deutschland noch junge theologische Forschung zum Islam stärken. Mit der Förderung der Akademie trägt das BMBF auch zur Versachlichung der gesellschafts- und integrationspolitischen Debatten über den Islam bei", sagt der Parlamentarische Staatssekretär im BMBF, Thomas Rachel MdB." (Homepage AIWG, 2017)

Wir müssen diesen von Bund und Ländern unterhaltenen Lehrstühlen für Islam und der vom Bund geförderten „Akademie für Islamisierung“ unbedingt *Lehrstühle für Aufklärung* und eine *„Akademie für Aufklärung“* entgegensetzen! Das ist eine pure Selbstverständlichkeit und das mindeste Erfordernis ...

Islamisierung von seiner „akademisch“ schönsten Seite betreibt auch der von Erdogans Türkei gesteuerte und bezahlte, bundesweit größte Moscheeverband, die DITIB. Die Türkisch-Islamische Union der Anstalt für Religion e.V. (DITIB) ist ein Dachverband von knapp 1.000 islamischen Vereinen in (West-)Deutschland und untersteht direkt der dauerhaften Leitung, Kontrolle und Aufsicht des staatlichen Präsidiums für religiöse Angelegenheiten im Ministerpräsidentenamt der Türkei. Der jeweilige DITIB-Vorsitzende ist immer zugleich türkischer Botschaftsrat für religiöse und soziale Angelegenheiten. Die Satzung der 1984 gegründeten DITIB wurde nie veröffentlicht, Verschwiegenheit prägt die ganze Arbeit dieses in Vereinsform gegossenen Stückes Türkeistaat in unserem Lande. Das Ziel der DITIB ist natürlich die Islamisierung Deutschlands, speziell unsere Sunnitisierung und Türkisierung. Der islamische Türkenbund DITIB betreibt auch eine eigene „Akademie“, diese vergibt Stipendien zur Förderung *„Islamischen Denkens“,* wie es dort heißt.

> „Die DITIB Akademie unterstützt Dich mit einer finanziellen und inhaltlichen Förderung. ... Ein ... wesentlicher Bestandteil der Förderung ist eine laufende, intensive Betreuung während Deines Studiums. Die DITIB Studienförderung für Islamisches Denken möchte zur Entwicklung einer Innerperspektivischen Islamforschung in Deutschland beitragen.“ (Homepage DITIB Akademie, 2018)

Auch der Bundesvorsitzende des Migranten-Verbands ist immer ein Beauftragter der türkischen Botschaft. Man kann wohl sagen, Millionen Menschen im Lande werden gewissermaßen auch von der Türkei aus mitregiert. Die türkische Regierung betreibt in westdeutschen Großstädten letztlich auch Türkeiwahlkampf, wird bejubelt und gewählt.

Nach der Armenien-Resolution des Bundestages, 2016, gründete ein in der Türkei geborener Deutschtürke eine türkisch-muslimische Migrantenpartei mit dem gewiss absichtlich irreführenden Namen „Allianz Deutscher Demokraten“. Im Parteiprogramm heißt es: Das neue Deutschland sei ein Land mit vielen Hautfarben und vielen Religionen. Assimilation sei nicht das Ziel, im Gegenteil, die doppelte Staatsbürgerschaft solle für die Kinder der Einwanderer zum Normalfall werden.

Die Schulpflicht solle zugunsten einer dem „Markt“ überlassenen Bildungspflicht abgeschafft werden. Die (muslimischen) Eltern sollen bestimmen, was und wo ihre Kinder lernen. In den Schulen sollen alle Herkunftssprachen gleichberechtigt gelehrt werden, als Beispiele werden aufgezählt: Türkisch, Arabisch, Kurdisch, Albanisch, Armenisch und Aramäisch.

Alle Ausländer sollen in Deutschland wählen dürfen, nach 3 Monaten kommunal und nach 10 Jahren auch auf Landes- und Bundesebene. Sonst wären die Ausländerviertel (die Parallelgesellschaften, die No-Go-Areas) ja demokratiefreie Zonen. (Muslimische) Familien sollen für ihre minderjährigen Kinder mitwählen können.

Die Muslime seien in den letzten Jahren „wohl mit den übelsten und maßlosesten Diffamierungen konfrontiert“ worden. Die Religionsfreiheit sei „eine der wesentlichsten Freiheiten überhaupt“. Islamkritik sei freiheitsfeindlich. Der Islam gehöre zu Deutschland, Kopftuchverbote seien diskriminierend.

Die Visapflicht für Türken müsse sofort aufgehoben und die Türkei solle Vollmitglied der EU werden. Die angestrebte und bereits laufende Multikulti-Islamisierung Europas sei gut für Europa, sie würde die Europäer von ihrem falschen Denken heilen.

> „Die ultrasäkularistischen totalitären Ideologien der Moderne haben Europa in eine noch nie zuvor gekannte Katastrophe geführt. Von dem dahinterstehenden Gedankengut hat es sich bis heute nicht erholt. Eine größere ethnische und religiöse Vielfalt kann sich angesichts des Schiffsbruchs der auf Homogenität setzenden und etatistischen Bestrebungen der letzten 200 Jahre nur positiv und heilend auf Europa auswirken.“ (Homepage Allianz Deutscher Demokraten, 2018)

Der Islam (Islamofaschismus) soll uns also vom Nationalsozialismus (Braunfaschismus) und vom Kommunismus (Rotfaschismus) heilen, deren Ursache unsere Ungläubigkeit und unsere Staatlichkeit sei. Im Wahlkampf warb die „Allianz Deutscher Demokraten“ schon mit Bildern von Erdogan, dessen versuchter AKP-Ableger in Deutschland die neue Kleinpartei wohl ist. Wir müssen uns darauf einstellen, dass neue, muslimische Parteien um Einfluss in Deutschland kämpfen werden. Ihr Wählerpotential wächst zusehens und weckt Begehrlichkeiten nicht nur bei den etablierten Parteien.

Rathaus-These 114: Sie wollen uns missionieren

> „So gehorche nicht den Ungläubigen und eifere wider sie mit ihm (dem Koran) in großem Eifer.“ (Koran, 25: 52)

Muslime haben die Pflicht, den Islam zu verbreiten, zu missionieren. Alle Ungläubigen müssten dazulernen, offenbarte Mohammed im Koran. Allah brächte ihnen über seinen Gesandten und seine Gläubigen das richtige Wissen in ihr Land. Denn alle Menschen müssten sich letztlich an seine Vorschriften halten, niemand entkäme seinem Willen und seinem endzeitlichen Gerichtsurteil.

> „Sehen sie denn nicht, dass wir in ihr Land kommen und ihre Grenzen enger machen? Und Allah richtet, und niemand kann sein Urteil hemmen; und er ist schnell im Rechnen." (Koran, 13: 41)

Unsere muslimischen Zuwanderer wollen schrittweise eine islamische Gesellschaftsordnung in Deutschland auf- und ausbauen, unsere liberale Offenheit zurückfahren, „unsere Grenzen enger machen", so lautet ihr göttlicher Auftrag aus dem Koran. Von hochrangigen deutschen Politikern wird das einfach verneint – wider besseres Wissen – um die Bürger vom Aufruhr abzuhalten. So bekannte der CDU-Fraktionschef Volker Kauder im Januar 2015: „Ich ... sage bei jeder Gelegenheit: Es gibt keine Islamisierung Deutschlands."

Da seit den 1960er Jahren nun einmal viele Muslime hier sind, zunehmend Millionen, können sie als solche jedoch nicht einfach verleugnet werden. Sie werden deshalb als bloßes „statistisches Faktum" zugegeben, wie ein still vorhandenes Inventar: Sie seien nun einmal da, ergo gehörten sie als ein Teil zu uns, basta; für ihre Ausbreitung durch Bevölkerungswachstum und die Verbreitung ihrer Ideologie aber stellt man sich schlicht blind.

> „Die Muslime und ihre Religion, der Islam, sind Teil unseres Landes. Eine Islamisierung sehe ich nicht."
>
> Dr. Angela Merkel (geboren 1954), deutsche Physikerin, Politikerin (CDU) und deutsche Bundeskanzlerin, 2015

Das sagte die Bundeskanzlerin im Januar, Anfang September entschied sie im Alleingang – unter „humanitärem" Rechtsbruch – eine Million zusätzliche Muslime ins Land zu lassen, den späteren Familiennachzug noch nicht mitgerechnet.

> „Die Islamisierung der Welt ist ein fester Bestandteil islamischer Weltanschauung. ... Es müsse das „Dar al-Islam" (Haus des Islam) auf die gesamte Erde ausgeweitet werden, um es in ein „Dar al-Salam" (Haus des Friedens) zu verwandeln."
>
> Prof. Dr. Bassam Tibi, (geboren 1944), syrisch-deutscher Politikwissenschaftler, Autor, gemäßigter sunnitischer Muslim, 2002

Es gibt Menschen in Deutschland, die würden die Islamisierung so lange leugnen, bis Muslime womöglich die Mehrheit der Bevölkerung stellten. Woran erkennt man, dass in Deutschland eine Islamisierung stattfindet? An der Einwanderung von Muslimen, an der Zunahme des muslimischen Bevölkerungsanteils, aber auch daran, dass diskutiert wird, ob in öffentlichen Kantinen immer Schweinefleisch angeboten werden muss und an hundert anderen Scheinintegrations-Reibereien. Nicht allein die Zahl der Muslime bestimmt den Grad der Islamisierung Deutschlands, sondern auch ihr bereits erreichter Einfluss.

Laut des Zentralrats der Muslime gibt es in Deutschland etwa 2.500 Moscheen, von denen nur rund 900 sichtbar sind. Seit 1997 veranstalten die vier großen islamischen Verbände alljährlich den „Tag der offenen Moschee". Wann? Immer genau am 3. Oktober, dem „Tag der Deutschen Einheit", ja, an *unserem* Nationalfeiertag! „Wir Muslime verstehen uns als Teil dieser Einheit", sagte Aiman Mazyek, der Vorsitzende des Zentralrats der Muslime in Deutschland. Es gehe darum, „ein Volk, ein Land, eine Gemeinschaft zu sein". Das deutsche Volk soll muslimisch werden, erst teilweise, dann zunehmend, dann ... ganz.

Wenn die Integrationsbeauftragte der deutschen Bundesregierung, die muslimische Aydan Özoguz (SPD), aus der Regierung heraus verkündet, abgesehen von der deutschen Sprache gäbe es gar keine deutsche Kultur – wir seien eine Einwanderungsgesellschaft oder müssten dringend eine werden – und nicht nur die Zuwanderer müssten sich integrieren, sondern auch wir Deutschen selbst – wenn sie verlangt: „Unser Zusammenleben muss täglich neu ausgehandelt werden.", dann redet sie der Islamisierung das Wort, sowie der Abschaffung der deutschen Nationalkultur und des deutschen Volkes selbst. Wie stark würde dieser Islamisierungsdruck erst werden, wenn die Noch-Mehrheit der Deutschen erst zur Minderheit im eigenen Lande geworden wäre?

> „Ich bin tagtäglich in Schulen unterwegs und merke, dass manche Schulen sogar den Schwimmunterricht aufgegeben haben, weil die Mehrheit der Schülerinnen mit muslimischem Hintergrund nicht teilnehmen werden. Wenn die Lehrer anfangen darüber zu reden, werden sie ganz schnell als populistisch bezeichnet."
>
> Ahmad Mansour (geboren 1976), palästinensisch-israelisch-deutscher Psychologe, Autor und Islamismus-Experte, gemäßigter Muslim, 2015

Ein Kenner der Szene klärt uns mit folgenden Worten auf. Für alle, die hinsehen und es ganz genau wissen und verstehen wollen:

„Seit Jahrzehnten verfolge ich die Strategie des in Verbänden organisierten Islam. Diese besteht darin, „Ungläubige“ zu täuschen und eine eigene Agenda zu verfolgen. ... Der in Europa in Moschee-Vereinen organisierte Islam pflegt eine antisäkulare und antieuropäische Moschee-Kultur und kämpft mit allen Mitteln für Sonderrechte für die Islamgemeinde; die Islamfunktionäre behaupten, die gesamte Islam-Gemeinde zu vertreten, obwohl niemand sie hierzu bestellt hat. Diese Funktionäre erhalten vermutlich „Sold“, entweder von der islamistischen AKP, die seit 2002 die Türkei regiert, oder vom wahhabitischen Saudi-Arabien. ...

Eine ihrer vielen Waffen ist der Vorwurf der Islamfeindlichkeit gegenüber Europäern. ... Auf der Basis der Opferrolle, die die Islamfunktionäre den einfachen Muslimen der Diaspora als Kollektiv zuschreiben, fordern sie mehr Rechte für den organisierten Islam. ...

Während organisierte Islamfunktionäre Lippenbekenntnisse zum demokratisch-gemäßigten Islam ablegen, praktizieren sie „iham“ (Täuschung), um ihre Islamisierungspolitik zu verdecken. Die Politik der organisierten Islam-Verbände besteht darin, die Integration der islamischen Zuwanderer zu Citoyens zu verhindern und darauf zu bestehen, dass Muslime Mitglieder eines islamischen Umma-Kollektivs sind; die Islam-Diaspora zu einer „Enklave“ zu organisieren; und die Islamophobie-Keule gegen Meinungsfreiheit und Islam-Kritik einzusetzen. Es ist ein Fakt, dass der größte Teil der in der Schweiz und Deutschland existierenden Moscheen von Saudiarabien und der Türkei direkt oder indirekt finanziert und kontrolliert werden. Das ist eine Fremdbestimmung.

Die türkischen Moscheen sind offiziell der staatlichen Diyanet-Behörde in Ankara untergeordnet. Von dort aus werden vom türkischen Staat bezahlte Imame geschickt. Ein Großteil der arabischen Moscheen steht unter dem Einfluss der Islamischen Weltliga (al-Rabitah al-islamiyyah). Die Diyanet-Behörde ist eine staatliche Instanz, die total von der islamistischen AKP kontrolliert wird. ...

Die wahhabitische Monarchie Saudi-Arabiens und die islamistische AKP in der Türkei haben sich inzwischen darüber verständigt, bei der religiösen Eroberung Europas, das heißt Islamisierung, zusammenzuarbeiten.

Die Institution, die diese Politik der Islamisierung verfolgen soll, heißt „Europäische Organisation Islamischer Zentren“ mit Hauptsitz in Genf. Die Agenda der „europäischen Organisation“ ist nicht neu, sie stammt von der Islamischen Liga. Ich zitiere hier ein Dokument der Islamischen Weltliga, das in der a-Sharq al-Ausat am 28. Juli 1993 erschienen ist: „Die Islamische Weltliga hat auf ihrer Arbeitstagung in Kairo eine neue Strategie gefordert für die Da’wa (Aufruf zum Islam) ... Hierzu gehört der Aufbau islamischer Zentren in Europa ... um die dort lebenden Muslime auf ihre Rolle in der Zukunft vorzubereiten ... Die Anwendung der Scharia als Richtschnur im Leben der Muslime ist zu fordern."

Ich füge hinzu, dass das Spiel mit der Opferrolle der Muslime mit der Forderung nach der Scharia zusammenhängt. Aus diesem Zitat geht eindeutig hervor, dass die Islamfunktionäre für Da'wa (Missionierung) und für die Durchsetzung der Scharia eintreten, und hierbei einen Missbrauch islamischer Migranten als Missionare für eine Islamisierungspolitik betreiben.

Wie wird die Islamisierungspolitik betrieben? Es werden vorwiegend zwei Instrumente eingesetzt:

1. Ein Propaganda-Krieg; das Instrument des Iham (Täuschung) zum Schutz vor Enthüllungen durch zwei Behauptungen: Darstellung der Muslime als Opfer des Westens und Unterstellung einer systematischen Islamophobie. Auf beiden Ebenen werden die Europäer durch Keulen eingeschüchtert, um Sonderrechte zu erstreiten.

2. Das Instrument des christlich-islamischen Dialogs, der von Täuschung im Sinne von Iham dominiert wird. Dialog ist eine noble Angelegenheit, wenn er von der Mühe begleitet wird, gemeinsam über existierende Probleme und Vorurteile zu sprechen, um gemeinsam Lösungen zu finden. Das ist jedoch nicht der Fall bei den organisierten Islamverbänden. ...

Das Ziel der Islam-Verbände ist die graduelle Islamisierung Europas, diesmal jedoch friedlich, also ohne einen Jihad zu führen. Was heißt Islamisierung? Schriftgläubige Muslime wollen, dass „Dar al-Islam" (Haus des Islam) auf die gesamte Erde ausgeweitet wird. Selbst Vertreter der islamischen Reformtheologie heben al-taghallub (Dominanz), also die Superiorität des Islam, als Wesensmerkmal ihrer Religion hervor. Eine solche Weltanschauung der Überlegenheit über andere ist weder mit dem Kultur- noch mit dem Religionspluralismus westlicher Gesellschaften vereinbar."

Prof. Dr. Bassam Tibi, (geboren 1944), syrisch-deutscher Politikwissenschaftler, Autor, gemäßigter sunnitischer Muslim, 2016

Es gibt aber auch führende deutsche Politiker, die nicht nur beschwichtigen, sondern die Islamisierung *offen befürworten*.

„Der Islam ist nicht bloß als Gastarbeiterreligion zu tolerieren, sondern als Bestandteil unserer eigenen Kultur anzuerkennen."

Claudia Roth (geboren 1955), deutsche Politikerin (Bündnis90/Die Grünen), Bundesvorsitzende, MdB, 2010, jetzt Bundestagsvizepräsidentin

Die Dawa, das islamische Missionierungsziel für Europa, lautet: Lasst die Europäer den Islam freiwillig annehmen, unter Ausnutzung ihrer Religionsfreiheit und unter Beibehaltung ihrer Sprachen und Gebräuche, soweit sie mit der Scharia vereinbar sind. Dazu sollen die Muslime in Europa sich als Teil der Europäer, als Teil des jeweiligen Volkes verstehen und sich so geben, aber unbedingt ihre „islamischen Werte“ beibehalten. So soll der Islam, die Scharia, schrittweise durch die bloße Behauptung, dazuzugehören, sowie durch die Forderung nach Zugeständnissen und die allmähliche Gewöhnung der Einheimischen daran, bei uns eingeschlichen werden. Das Endziel ist ein islamisches Europa: Die Übernahme.

Rathaus-These 115: Nicht jeder kann kommen und bleiben

Ganz klar: Uns sollten nur noch *politische Freigeister* als Einwanderer willkommen sein, die in Deutschland eine *geistige Heimat* suchen, aber keine Scheinasylanten und aufklärungsfeindlichen Antidemokraten islamischer Prägung mehr. Wir können nicht allen scheinbar oder tatsächlich hilfsbedürftigen Ausländern helfen. Wir sind gezwungen, unser Land, unsere Gesellschaft, zu steuern. Wir können weder innerhalb Deutschlands noch außerhalb die Welt retten.

> „Da eine Gesellschaft, ebenso wie jeder einzelne Mensch, nur in begrenztem Umfang helfen kann, kommt auch die Linke an einer Begrenzung und Steuerung der Zuwanderung nicht vorbei. Die Aufnahme von politisch Verfolgten und Kriegsflüchtlingen ist eine moralische Verpflichtung. Bleiberecht und 1050 Euro für alle, die zu uns kommen, sind wirklichkeitsfremd.
>
> Offene Grenzen für alle Menschen, alle Waren und jedes Geld führen im Ergebnis dazu, dass die Wirtschaft in den unterentwickelten Ländern Schaden nimmt. Es ist unverantwortlich, die qualifizierten Menschen aus diesen Ländern abzuwerben und gleichzeitig durch die forcierte Zuwanderung Geringqualifizierter die Lohnkonkurrenz im Niedriglohnsektor zu verschärfen.“

Oskar Lafontaine (geboren 1943), deutscher Physiker, Politiker und Autor (Die Linke, vormals SPD), ehemaliger Ministerpräsident des Saarlandes (SPD), ehemaliger Kanzlerkandidat der SPD, ehemaliger SPD-Vorsitzender, ehemaliger Bundesfinanzminister (SPD), Fraktionschef der Linken im saarländischen Landtag, 2017

Viele verwöhnte Menschen wollen keine Grenzen, keine Ausgrenzung, keine Auslese mehr. Diese „alte Realität" scheint ihnen zu hart, ja unmenschlich; sie belieben zu träumen. Von der Gleichheit der Menschenwürde schließen sie auf die Gleichheit der Konsumentenwürde. Alle Menschen seien gleichberechtigte Konsumenten, die selbstverständlich den deutschen Supermarkt aufsuchen dürften, jeder dürfe rein.

Dabei ist das ganze Leben von Auslese-Entscheidungen bestimmt. Man kann die Selektion nicht grundlegend ablehnen, ohne alles zu zerstören. Ohne sinnvolle und wohlwollende Selektionen gäbe es keinerlei Ordnung und keinerlei Leistung, es gäbe keinen deutschen Supermarkt. Es kann deshalb immer nur um die Frage gehen: Welche Selektion mit welchen Folgen wollen wir und welche nicht?

Es gibt Gäste, Asylsuchende, Einwanderer, Flüchtlinge und Invasoren. Ein Einwanderungsgesetz muss alle diese klar unterscheiden. Das Gewaltmonopol des Staates muss zu jeder dieser Gruppen eine ganz klare Position beziehen und lenkend einwirken.

> „Das sind keine Flüchtlinge. Das ist eine Invasion. Sie kommen hierher und rufen „Allahu Akbar" (Gott ist größer). Sie wollen die Kontrolle übernehmen. ... Die meisten von ihnen verhalten sich sehr arrogant und zynisch."
>
> Laszlo Kiss-Rigo (geboren 1955), ungarischer römisch-katholischer Bischof, 2015

Invasoren müssen wir draußen halten, Flüchtlinge können wir nur in Maßen aufnehmen und dürfen sie nicht einbürgern, Einwanderer können und dürfen wir uns gezielt aussuchen, Asyl müssen wir wenigen, tatsächlich und individuell politisch Verfolgten vorbehalten, viele Gäste können und wollen wir herzlich willkommen heißen. Theoretisch könnte es so einfach sein. Praktisch auch, wenn die Verantwortlichen den Mut dazu hätten, sich vom neuesten Utopismus, dem Multikulturalismus, zu verabschieden und vernunftgeleitete, konsequente Politik zu betreiben.

Eine Selektionsverweigerung ist Kulturverweigerung und nicht durch eine im Nationalsozialismus geschehene, missbräuchliche, menschenverachtende Selektion, gerechtfertigt. Jede Kultur entsteht und erhält sich durch Selektion, durch zweckdienliche Bevorzugung und Benachteiligung. Das fängt schon mit den Gemüse-Kulturen im Garten an und ist im Menschenzoo nicht anders. Ohne Selektion bräuchten wir keine Gesetze und keine Gefängnisse, keinen Rechtsstaat mehr. Ohne Selektion wüssten wir gar nicht, wo wir leben, was wir anziehen und was wir essen können. Das Leben besteht aus selektiven Entscheidungen.

Das Schicksal Europas entscheidet sich voraussichtlich am Mittelmeer. Erlauben wir weiterhin illegalen Zuzug aus Afrika, werden Mafias den Menschenhandel mit den „Flüchtlingen" immer größer organisieren. Die Südgrenze der europäischen Staaten, die südliche EU-Außengrenze, lässt sich nur dann erfolgreich schützen, wenn es keinen „Flüchtlingsmarkt" mehr gibt, wenn kaum noch jemand illegal kommen will, weil es den Aufwand und die Risiken nicht mehr lohnt; wenn die Afrikaner lieber in Afrika ihre Perspektiven suchen, weil Europa sie abweist. Das gelingt nur, wenn die europäischen Staaten ihre Grenzen kontrollieren und für illegale Einwanderer schließen und keine Illegalen innerhalb ihrer Länder mehr dulden. Die Menschenrechte für Afrikaner *können* nur und *müssen auch* vor Ort in Afrika verwirklicht werden, und zwar von den Afrikanern selbst!

Wir *dürfen* und *müssen* Zuwanderung an unserem Bedarf ausrichten. Zuwanderer-Auswahl ist wie Partnerwahl, nicht jeder ist der Richtige fürs Leben und zur Fortpflanzung. Aufwertung immer, Abwertung nimmer! Wer zu uns gehören will, sollte unsere Kompetenz möglichst heben. Und wer sowieso gar nicht zu uns gehören, sondern seine rückständige Weltsicht beibehalten will, der hat hier auf Dauer auch nichts verloren. Wer hier nichts sucht und hier nichts findet, muss woanders suchen, am besten in seiner Heimat.

Klartext redete Alexander Gauland (AfD), Oppositionsführer im Bundestag, anlässlich einer Haushaltsdebatte:

> „Die deutsche Gesellschaft ist ein Wunderwerk. Deutschland hat 83 Millionen Einwohner, 44 Millionen davon, die reichliche Hälfte, sind berufstätig im weitesten Sinne, 27 Millionen zahlen mehr Steuern an den Staat, alle anderen leben von diesen Steuern. Zieht man jetzt noch diejenigen ab, die zwar Steuern zahlen, aber auch aus Steuermitteln bezahlt werden – Beamte, Soldaten, Politiker, Lehrer – bleiben 15 Millionen wirkliche Steuerzahler übrig. Diese kleine Gruppe trägt den gesamten Gesellschaftsaufbau und diesen Haushalt. Leider wird sie immer kleiner, weil jährlich etwa 140.000 Hochkompetente, wie sie der Migrationsforscher Gunnar Heinsohn nennt, dieses Land verlassen. Und im Gegenzug, nach derzeitigen Stand, um die 200.000 sogenannte Flüchtlinge hereinkommen, von denen nicht nur kaum einer hochkompetent ist, sondern viele Analphabeten sind. In Deutschland ... lebt bereits eine große soziale Unterschicht in der fast 8 Millionen entweder keine Arbeit haben oder nicht sozialversicherungspflichtig beschäftigt sind, wie die Bundesagentur für Arbeit 2016 festgestellt hat.

Diese Zahl wächst seit 2015 durch die Zuwanderung von Gering- und Unqualifizierten rasant. ... Deutschland ist kein reiches Land, sondern ein leistungsfähiges. Das gesamte Vermögen der Bundesrepublik beträgt, darauf hat der Historiker Rolf Peter Sieferle hingewiesen, gerade einmal das Dreifache des Bruttoinlandprodukts. Diese Leistungsfähigkeit unseres Landes beruht auf einer Vielzahl von institutionellen, mentalen und kulturellen Bedingungen, dazu gehören Rechtssicherheit, Infrastruktur, Investitionsbereitschaft, sozialer Friede und alles, was man unter Humankapital zusammenfasst. Ausbildung, überhaupt Bildungswille, Leistungsbereitschaft, Vertrauen, ein Mindestmaß an Ehrlichkeit und ... der zivilisierte Umgang miteinander. Werden diese Bedingungen zerstört, schwindet die Prosperität. Und sie werden zerstört! Aber nicht durch uns. Wenn beispielsweise die Alimentierung von Einwanderern im Jahre doppelt so viel Geld kostet, wie das Bundesforschungsministerium an Mitteln erhält, kann man sich ausrechnen, dass die Leistungsfähigkeit des Landes rapide sinken wird.

Deutschland schafft sich ab, hat das Thilo Sarrazin genannt. Wir haben aber keine anderen Rohstoffe als den Fleiß und die Intelligenz unserer Bürger. Es wird zwar offiziell geleugnet, dass es eine Masseneinwanderung gibt und neuerdings auch, dass sie illegal ist, doch täglich kommen 500 illegale Einwanderer in unser Land, was im Jahr um die 200.000 ergibt – eine Stadt von der Größe Braunschweigs. ... Dazu gesellt sich der einwandernde Familiennachzug zu denjenigen, die hier kein dauerhaftes Aufenthaltsrecht haben. Ja sogar Gefährder können ihre Familien nachholen, wenn sie geläutert erscheinen. ... welch ein Irrsinn! ...

Es gibt 230.000 abgelehnte, aber bis heute nicht abgeschobene Migranten und trotzdem sollen pro Jahr eine Viertel Million Menschen einwandern. Nach wie vor kommen Dreiviertel ohne Papiere. Sobald sie das Wort „Asyl" sagen, werden sie eingelassen. Das ist vollkommen verantwortungslos gegenüber dieser Gesellschaft! Unser Land hat sich durch Masseneinwanderung massiv verändert. Kein Volksfest, kein Weihnachtsmarkt, keine Großveranstaltung mehr ohne Merkel-Poller und aufwendige Sicherungsmaßnahmen. Blutrache und Messerattacken gehören inzwischen zu Deutschland. Die Polizei rät Frauen, nicht mehr allein zu joggen oder bei Dunkelheit nicht mehr ohne männliche Begleitung auf die Straße zu gehen. Der CDU-Innenminister von Nordrhein-Westfalen empfiehlt den Bürgern als Schutz vor Messerangriffen, sie sollten nicht unbedingt Menschen nahe an sich heranlassen. Das ist CDU-Politik im größten Bundesland! Und es ist leider kein Witz. Dabei wird uns allen Ernstes eine Statistik präsentiert, die sinkende Kriminalitätsraten beweisen soll. ... „

„Die Migrationsfrage ist die Schicksalsfrage Europas. Dieses Thema lässt sich gar nicht überbewerten. Aus einer Währungsunion kann man austreten. Ein zerstörtes Land kann man wieder aufbauen. Eine Energiewende umkehren. Aber ein Bevölkerungsaustausch solchen Tempos und in dieser Größenordnung – als Messstation kommen einzig Schulen und Kindergärten infrage. Nur dort sieht man die Zukunft. Ein solcher Bevölkerungsaustausch ist irreversibel und den müssen wir um jeden Preis verhindern, dafür sind wir angetreten.

Ich habe diese Woche im Bundestag eine europäische Lösung der Flüchtlingsfrage vorgeschlagen, die tatsächlich den Flüchtlingen helfen würde. Es gibt vier Grundtatsachen in der Migrationskrise. Erstens: Die es zu uns schaffen, sind die Stärksten, nicht die Schwächsten und Bedürftigsten. Die derzeitige Migration ist ein darwinistisches Wettrennen. Zweitens: Die Migration schadet uns deutlich mehr als sie uns nutzt. Und drittens: Die Zahl der Menschen, die wir 2015 aufgenommen haben, wird allein in Ägypten pro Jahr nachgeboren. Wir bewirken mit der Aufnahme, in Afrika, absolut nichts. Viertens: Mit einem in Afrika ausgegebenen Euro lässt sich zwanzigmal mehr bewirken als mit einem hier ausgegebenen. Wenn man das zusammendenkt, ist die Lösung klar: Schließen wir die Grenzen, steigen wir aus den sämtlichen Resettlementprogrammen der UN aus, schicken wir alle heim, die sich hier unberechtigt aufhalten und helfen wir denen, die tatsächlich Hilfe brauchen, an Ort und Stelle.

Dafür könnte die EU gern einen europäischen Hilfsfonds auflegen. Für welchen Unsinn werden in der EU schließlich Milliarden ausgegeben. Wir haben als Partei nicht das Geringste dagegen, Menschen in Not zu helfen, aber wir müssen aufhören, Probleme ohne Ende in *unser* Land zu importieren, denn es ist *unser* Land.“

Dr. Alexander Gauland (geboren 1941), deutscher Jurist, Journalist, Autor und Politiker (ehem. CDU, Leiter der Hessischen Staatskanzlei), Mitbegründer und Bundessprecher (Parteivorsitzender) der AfD, MdB in Bonn und Berlin, 2018, 2018

Asylmissbraucher!, kehrt heim und helft euren Landsleuten! Baut eure Heimaten zu prosperierenden Ländern auf! Drückt euch nicht länger vor eurer eigenen Verantwortung für eure Herkunftsländer und Gesellschaften! Ihr seid hier am völlig falschen Ort! Kehrt dorthin zurück, wo ihr eure angestammte Aufgabe habt, lauft nicht länger davor weg, flüchtet nicht mehr aus eurer Selbst- und Mitverantwortung! Wir helfen euch nur zuhause, nicht bei uns. Wir helfen euch nicht bei der Verbreitung des Islams, sondern nur bei der Aufklärung.

Rathaus-These 116: Kein Import von islamischem Fundamentalismus

Wir können nicht *jeden*, der zu uns kommen will, zur westlichen Weltsicht aufklären. Je mehr Unaufgeklärte wir uns *zumuten*, desto schwächer werden wir, desto größer wird die Gefahr der gewaltsamen Zusammenstöße und des Unterganges der ganzen europäischen Moderne.

> „Der europäische Fortschrittsoptimismus ist in der Defensive. Denn die Religion ist weltweit mit Wucht zurückgekehrt, auch in ihrer intoleranten, fundamentalistischen und wissenschaftsfeindlichen Variante. Sie stellt ihre Wahrheit über den Frieden und bedroht den Rationalismus.
>
> Gott schuf die Welt vor etwa 6000 Jahren, und zwar in sechs Tagen. Am siebenten ruhte er sich aus. Das glauben laut Umfragen 53 % der Amerikaner. Nur 12 Prozent finden die wissenschaftliche Theorie der Evolution glaubhaft. 44 Prozent sind davon überzeugt, dass Jesus innerhalb der nächsten 50 Jahre wiederkehren wird, um nach dem Endkampf zwischen den Kräften des Guten und des Bösen die Lebenden und die Toten zu richten. Die Leute, die das glauben, wählen den Präsidenten der USA, den mächtigsten Menschen der Erde. ...
>
> Erzengel Gabriel diktierte einem arabischen Analphabeten den Koran. Das Buch ist das unabänderliche Wort Gottes und der Analphabet der größte und letzte der Propheten. Wie viele Muslime das wortwörtlich glauben, weiß man nicht. Aber man weiß, dass der Islam mittlerweile die größte Religionsgemeinschaft der Welt ist. Dass die Hauptexportartikel der arabischen Länder Öl, Gas, Fundamentalismus und Terror sind. ...
>
> Zwischen Amerika und der islamischen Welt scheint Europa eine Insel der säkularen Moderne zu sein. Lediglich 25 % der Westeuropäer gehen regelmäßig in die Kirche, weniger als 50 % bezeichnen sich als gläubig. Mochte auch in Nordirland ein Religionskrieg zwischen Katholiken und Protestanten toben, bildeten sich die Europäer ein, ihre Erfahrung sei allgemeingültig: Mit der Armut und der Unwissenheit verschwinde auch die Religiosität. ... Doch schon innerhalb Europas gilt das Paradigma nicht. Der Nordwesten mag weitgehend säkularisiert sein, ... im Südosten aber lebt der Glaube. 60 Prozent der Polen gehen jeden Sonntag in die Kirche; 97 Prozent der Rumänen, 89 Prozent der Griechen und 95 % der Türken bezeichnen sich als gläubig. Vor diesem Hintergrund erscheint die westeuropäische Erfahrung nicht als Regel, sondern als Ausnahme, und zwar als bedrohte Ausnahme. ...
>
> Ein Vierteljahrtausend nach der europäischen Aufklärung ist die Religion mit Wucht zurückgekehrt. Und zwar nicht nur in Gestalt der New-Age-

Spiritualität verzweifelter Hausfrauen und des Neuheidentums eines Teils der Umweltbewegung, des Salon- und Event-Katholizismus und der diversen evangelikalen Sekten, die das religiös ausgedünnte Angebot der verstaatlichten Kirchen ergänzen, sondern in der intoleranten, buchgläubigen, wissenschaftsfeindlichen und totalitären Variante des religiösen Fundamentalismus. ...

Europäische Denker wie Karl Marx, Friedrich Nietzsche, Sigmund Freud oder Max Weber gingen, so verschieden ihre Vorstellungen sonst sein mochten, wie selbstverständlich davon aus, dass die Religion aussterben werde. ...

Freilich wohnt jeder Religion ein Totalitarismus inne, gibt sie doch vor, die Wahrheit zu kennen. (Und nicht nur die Wahrheit über die materielle Welt, sondern über Dinge, die niemand ernsthaft zu wissen vorgeben kann, wie das Leben nach dem Tod, die Beschaffenheit von Himmel und Hölle, die Pläne, Wünsche, Neigungen und Abneigungen Gottes oder der Götter und so weiter und so fort.) Wissenschaft und Demokratie beruhen jedoch, wie Karl Popper gezeigt hat, auf der gegenteiligen Annahme: Jede wissenschaftliche Erkenntnis ist vorläufig und nur so weit wissenschaftlich, wie sie falsifizierbar bleibt; jede demokratische Regierung ist vorläufig und nur so weit demokratisch, wie sie abwählbar bleibt. Keine wissenschaftliche Theorie oder politische Partei darf für sich beanspruchen, im Besitz einer letzten Wahrheit zu sein. ...

Die Zeiten, in denen einem Europäer religiöse Fragen gleichgültig sein konnten, sind vorbei."

Alan Posener (geboren 1949), britisch-deutscher Journalist, 2008

Wenn nur jeder tausendste muslimische Mann, der als Flüchtling illegal nach Deutschland einmarschiert – nahezu allesamt junge, wehrfähige Männer – für den heiligen Krieg bereit oder demnächst zu begeistern ist, haben wir bereits eine ganze Dschihadisten-Armee im deutschen Untergrund stehen. Was für eine politische Fehlleistung der Ära Merkel.

Rathaus-These 117: Asylfrömmigkeit als verantwortungslos entlarven

Es hat sich eine neue Volksfrömmigkeit herausgebildet, die verstandesentsagend einem moralischen Imperativ folgt: Allen bedrängten Ausländern helfen! Diese Asylfrömmigkeit hat mehrere Wurzeln: die Nächstenliebe des Christentums, den eigenen Mantel zu teilen; das Bedürfnis, eine koloniale Schuld zu sühnen; das Bedürfnis, die hitlerfaschistische Schuld zu sühnen und das Bedürfnis, die Ausbeutungs- und Umweltzerstörungsschuld des westlichen Kapitalismus abzutragen.

Asylfromme möchten die Welt nicht mit eigenen Kindern belasten, sondern die Beladenen der Welt erlösen. Dazu sollen sie nach Deutschland und Europa kommen, mit uns leben und zugleich unseren Nachwuchs, uns selbst, allmählich ersetzen, damit wir bessere Menschen werden können.

Sie empfinden eine kollektive Mitschuld an den Problemen in der Welt. Die vermuteten (eingebildeten) negativen Spätfolgen des Kolonialismus, die Ausbeutung durch den Welthandel und der angeblich von uns gemachte Klimawandel führt in ihren Augen zu einem faktischen, moralischen Asylrecht für alle. Zu uns Kommende geben ihnen ein Gefühl der Erlösung, der unsäglichen Bereicherung, egal wer sie sind und was sie wollen. 200 Menschen aus Deutschland antworteten in der Huffington Post 2015/2016 auf das Stichwort: „Willkommen, liebe Flüchtlinge, gut, dass ihr hier seid“. Einige der Antworten dazu:

> „weil ... Ihr mein Leben, meinen Alltag und meine Welt bereichert. Und mich herausfordert, mich wieder wohler in meiner Haut und meinem Land zu fühlen ... „
>
> „Ich möchte in einem Land leben, wo Kulturen und Weltanschauungen nebeneinander inspirierend und friedlich leben. Wo meine Familie und meine Freunde, hoffentlich irgendwann auch meine Kinder, davon profitieren können, dass Menschen aus aller Welt eine Lebensphilosophie der Gleichheit, Nächstenliebe und des Optimismus geschaffen haben.
>
> Ich kann mir vorstellen, dass eine Familie, die vor Hunger, Mord und Krieg geflohen ist und in Deutschland Schutz und Hilfe erhält, ewig dankbar dafür ist und alles tun wird, zu einer solchen Atmosphäre beizutragen.“
>
> Marie von den Benken, Model
>
> „... weil ihr eine große Bereicherung für unser Leben und unsere Kultur seid und wir nun gemeinsam für eine offene, gleichberechtigte und multikulturelle Gesellschaft eintreten können."
>
> Angela Schürzinger, Kunsthistorikerin
>
> „weil wir durch euch Demut lernen. Ihr habt alles auf euch genommen und eure Heimat hinter euch gelassen, um Frieden zu finden und neu zu beginnen. Ihr wagt euch ins Unbekannte, seid mutig ... Ihr lehrt uns Empathie und Weltoffenheit, Bereitschaft zu Teilen und Achtsamkeit – Danke dafür!"

Ann-Carolin Helmreich, Hilfsaktivistin

„Liebe Flüchtlinge, es ist gut, dass ihr hier seid, weil wir verlernt haben, was Demut ist und ein in Kapitalsucht verfallenes Volk sind. Wir haben Euch entmündigt, beraubt, und die Grundlagen genommen, selber ein reiches, vollkommenes und souveränes Leben zu führen, nur um uns zu bereichern. Nun sind wir in der Pflicht, Mensch zu sein und für unsere Fehler gerade zu stehen. Mir tut es Leid und herzlich Willkommen.“

Florian Wünsche, Schauspieler

„Liebe Flüchtlinge, es ist gut, dass ihr hier seid, weil ihr unser Land und unsere Gesellschaft vor neue und wichtige Herausforderungen stellt. Durch euch können wir wachsen und uns weiter entwickeln.“

Maximilian Gerber, Wirtschaftsingenieur

„Durch euch ist Selbstverständliches nicht mehr selbstverständlich und ich kann mich auf das besinnen, was mich wachsen lässt: von meinem Glück etwas abzugeben und es mit euch zu teilen.”

Irina Baumbach, Ernährungswissenschaftlerin

„Liebe Flüchtlinge, ihr seid willkommen, weil auch ihr zu der weltweit einen Menschheitsfamilie gehört.“

Norbert Trelle, Bischof und stellvertretender Vorsitzender der Deutschen Bischofskonferenz

„Es gibt in jedem Land Traditionen, Bräuche und ganz verschiedene Arten an Dinge heranzugehen. Mich würde es freuen, wenn wir alle unsere Erfahrungen in einen großen bunten Topf werfen, aus dem sich jeder bedienen darf, um sein Leben noch vielfältiger, abwechslungsreicher und objektiver zu gestalten.“

Rene Travnicek, Radio-Moderator

Sein Standpunkt zeigt, wie selbstverständlich die Multikulturalisten davon ausgehen, dass alle Einwanderer unsere Werte teilen werden und nach den gleichen Zielen streben, nach Gleichberechtigung, nach Objektivität und bunter Abwechslung. Das ist leider ein gefährlicher, unverantwortbarer Trugschluss, denn muslimische Invasoren aus Arabien und Afrika sind weit davon entfernt. Aber fast noch schlimmer ist: Für die Einsicht, dass wir nicht allen Menschen zu einem tollen Leben verhelfen können und schon gar nicht bei uns, fehlt ihnen völlig das Verständnis. Sie können über all das Leid, das sie sehen und das Mitgefühl, das sie empfinden, nicht mit ihrem Verstand hinwegsehen. Sie gehen ganz auf in ihrer *Gesinnungsethik*, denn eine *Verantwortungsethik* können sie wegen ihrer realistischen Härten nicht ertragen und lehnen sie deshalb schlichtweg ab. Sie nehmen die Welt nicht so an, wie sie ist, sondern wie sie ihrem Verständnis nach sein sollte. Asylfromme sind *utopische Vereinfacher.*

Diese Asylfrömmigkeit führt politisch zum *Asylkommunismus:* Jedem potentiellen Flüchtling nach seinen Fähigkeiten, zu uns flüchten zu können! Besser noch wäre es, ihnen schon im Heimatland entgegenzukommen und bei der Flucht zu uns behilflich zu sein. Und wenn sie dann da sind, heißt es: Jedem Flüchtling nach seinen Bedürfnissen, die er mitbringt! Hier sollen sie natürlich auch ihre mitgebrachte Kultur leben können, aus der sie geflohen sind.

Diese abendländische Asylfrömmigkeit ist ein passendes Gegenstück zur morgenländischen Allahfrömmigkeit, die sich beide ergänzen und zu einem Zustrom an muslimischen Missionaren ins gelobte Abendland führen. Die Allah-Frömmigkeit ist ebenfalls rein gesinnungsethisch ausgerichtet, denn sie lehnt – auf eine vermeintlich höhere, vermeintlich göttliche Moral ausgerichtet – die menschliche Selbstverantwortung entschieden ab. Die eine Gesinnungsethik resoniert mit der anderen.

Der neue Volksglaube will einen Wandel in Europa und der Welt sehen, eine *irdische Transzendenz*. Soweit, so gut. Aber er geht von *falschen* Vereinfachungen aus und ist *radikal naiv*. Die „reine Lehre“ dieser *Asylfrömmigkeit* geht in etwa so:

Wir Deutschen und alle Europäer seien erstarrt, steckten fest in einem zähen Sumpf des Gewohnten. Wir seien egoistisch und schlecht, materiell verkommen. All unsere innovativen Regungen seien erstickt. Wir bedürften des Anstoßes von außen, Fremde und Fremdes müssten hinzukommen und uns ein schöpferisches Chaos bereiten, aus dem heraus wir uns dann alle zusammen zu einer neuen Klarheit und Leichtigkeit des Seins erfinden könnten, ganz neu. Das Öffnen unserer Herzen und unserer Grenzen zeigte uns den richtigen Weg dorthin. Wir gewönnen eine neue Haltung der Ganzheitlichkeit, wenn wir begännen, alles zu teilen mit der ganzen Welt. In dem wir uns selbst verschenkten, erleichterten wir uns von der Erdenschwere und der Schuld unseres kapital schädlichen und schändlichen Konsumverhaltens und fänden zu einer neuen Form des weltweiten Zusammenlebens, durch Teilen statt Besitzen. So die neue Heilserwartung.

Das ist nichts anderes als christlich angehauchter Weltkommunismus; der gescheiterte Kommunismus kehrt zu seinen christlichen Wurzeln zurück und verfehlt wieder einmal die Realität. Er versteht seine Glaubens-Wurzeln und die menschlichen Voraussetzungen nicht, die *ökonomische und die politische Basis* – und verspielt deshalb zwangsläufig seine gesellschaftspolitische Macht stets aufs Neue. Egal, ob es der Kommunismus mit zentralistischer Gewalt und einsperrenden Mauern versuchte (Stalinismus) oder nun, blümchenhaft-vergrünt, mit staatsschwachem, grenzenlosem Asylkommunismus. Weltfremde Bemühungen scheitern. Ein *un*wahrhaftiges Welt- und Menschenbild führt in die Irre.

Asylfrömmigkeit und Allahfrömmigkeit sind deshalb unbedingt als falsch und verantwortungslos zu entlarven und als *politisch nicht verantwortbar zurückzuweisen.* Denn Gesinnungsethik darf nicht über die Verantwortungsethik gestellt werden, Utopie nicht über Realismus, Aberglauben nicht über Wissen.

Die neue deutsche und europäische Asylfrömmigkeit ersetzt, wie jede andere Religion auch, profanes und profundes Faktenwissen und Welterfahrung durch Glaube und Hoffnung auf ein Wunder, auf ein gesellschaftspolitisches Integrations-Wunder. Berechtigte Zweifel werden mit fundamentalen Dogmen überrollt und die Ketzer werden mindestens sozial geächtet. Das ist das ewig gleiche, altbekannte Glaubens-Muster, auch wenn dieser Ersatzglaube scheinbar ganz weltlich und modernistisch daherkommt, als panhumanistische Übermoral.

Diese verweltlichte Religion ist politisch, vor allem aber ist sie auch moralisch. Gerade im Westen haben wir ein reduziertes Bild von Religion, nämlich als „Hüter von Moral und Anstand“, verinnerlicht und schließen daraus unbedacht und vorschnell, *jede* Religion sei moralisch in Ordnung und glauben das eben auch von der Unterwerfung (dem Islam). Oder wollen das glauben. Lieber gar nicht so genau hinsehen. Die religiösen Texte seien doch egal. Ist eh alles nicht mehr ganz so ernst zu nehmen in der neuen Welt! Oder doch?

> „Die Hauptmacht der Kirche war ihre Kontrolle über die Schuldgefühle, dies gelingt nicht mehr.“
>
> Dr. Eugen Drewermann (geboren 1940), deutscher Theologe, Psychoanalytiker, Kirchenkritiker und Autor, 2006

Leider haben wir eine Menge weltlicher Schuldgefühle jenseits der Kirche angehäuft, die nun abrufbereit sind, um uns politisch zu kontrollieren und zu lenken. Der „asylfromme Dhimmi-Deutsche“ hält deshalb die muslimische Zuwanderung für eine Art Erlösung – die illegalen Eindringlinge für lauter Erlöser – und schickt seine Kinder und Enkelkinder, so er noch welche hat, ins böse Erwachen. Eine bezeichnende Lebensskizze dieses „asylfrommen Dhimmi-Deutschen“ liefert uns Eva Hermann am Beispiel ihrer Nachbarschaft:

> „Unsere Nachbarin sagt, dass „jetzt alles anders wird“ in Deutschland. Und das sei auch gut so. Viel mehr Vielfalt und ein frischer Wind. Die vielen Flüchtlinge, sagt sie, „sind jetzt schon fast alle integriert.“ Sie ist froh darüber, denn die Kanzlerin „hatte eben doch Recht.“, auch wenn sie aus Bayern ständig Ärger bekäme. Die Deutschen, findet unsere Nachbarin, „haben ja schon immer viel Power gehabt“, aber zu viel sei eben auch nicht gut. Sonst kämen sie wieder auf „dumme Gedanken“.
>
> Bei unserem Herrenausstatter im Einkaufszentrum hatte unsere Nachbarin neulich den Herrn Schmidt nicht wiedergefunden. Der war über zwanzig Jahre lang der Chef gewesen und wusste alle Konfektionsgrößen ihres Mannes und der Söhne auswendig. Schließlich sagte man ihr, Herr Schmidt arbeite nicht mehr dort. Dafür stellte man ihr einen neuen, sehr netten, türkischen Filialleiter vor. Unsere Nachbarin war sofort begeistert, weil die Familie des Mannes aus der Nähe von Antalya kommt, welch ein schöner Zufall. Denn da kennt sich unsere Nachbarin aus, schließlich war sie schon zweimal dort im Urlaub gewesen.
>
> Der neue Filialleiter hatte auch gleich ein paar junge Männer eingestellt, „alles Flüchtlinge“, nicht nur aus der Türkei, sondern auch aus Syrien und dem Irak, sagt unsere Nachbarin. Einige von ihnen sollen sogar eine Ausbildung machen. „Das ganze Geschäft ist jetzt irgendwie ganz anders geworden“, sagt sie. Viel lebhafter alles, etwas lauter als sonst, und so „so schön orientalisch. Nicht mehr so langweilig und etepetete. Halt Leben in der Bude!“
>
> Unsere Nachbarin kennt sich in den Sozialstrukturen unserer Gesellschaft ziemlich gut aus. So hatte sie erst kürzlich erzählt, dass es in unserem Stadtteil keinen Frisör mehr gebe, der noch deutsche Azubis hätte, nur türkische und arabische. „Das gibt eine ganz neue Haar- und Bartkultur für uns“, freut sich unsere Nachbarin. Nur mit ihren dünnen, blonden Haaren kämen diese Leute noch nicht klar: „Zu fisselig, da hält leider keine Frisur.“ Sie sagt, nicht mehr lange, und dann gebe es gar keine blonden Haare mehr. Weil dann alle dunkel wären. „Eine viel bessere Haarstruktur, viel dicker.“
>
> Na, ja, so schlimm wäre das nun auch wieder nicht mit den vielen Flüchtlingen, gerade hier in Deutschland, „wo man sich in der Vergangenheit nicht gerade mit Ruhm bekleckert“ hätte. Unsere Nachbarin hatte auch gelesen, dass „Deutschland ohne die vielen Kriegsflüchtlinge schon bald ausgestorben wäre“. Sie findet, dass man viel zu selten spricht über die Vor-

teile der Flüchtlinge, eben zum Beispiel, „dass sie Deutschlands Wirtschaft stärken und uns vor dem Aussterben retten".

Neulich aber, als sie bei dem neuen, großen Back-Shop war, wo es die leckeren, belegten Brötchen gibt, da wurde sie doch nachdenklich. Seit Kurzem arbeiten dort zwei junge, muslimische Mädchen mit Kopftuch. Sie müssen das Geschirr abräumen und dürfen nur Kaffee kochen, sonst nichts. Im Verkauf können sie nicht arbeiten, weil sie „keine Salami und Mettbrötchen anfassen dürfen". Wegen der Religion. „So was Ungerechtes!" Unsere Nachbarin spricht in diesem Fall von „echter Diskriminierung", und findet, dass man hier „nach Jahrhunderten voll Schweinemett ja mal endlich darauf verzichten kann". Und die Salami nur noch vom Lamm oder Rind essen sollte. Das sei alles sowieso viel gesünder.

Als ich unserer Frau Nachbarin einmal sagte, dass von den vielen „Flüchtlingen" nur wenige „echte Flüchtlinge" ins Land gekommen seien, da wischte sie diese Bemerkung schnell weg und schaute mich ganz streng an. So etwas wolle sie nicht noch einmal hören, denn unser Land sei so reich, dass wir alle Menschen, auch Millionen, die kämen, unterstützen sollten: „Die Welt ist doch wirklich schon ungerecht genug, oder?"

Unsere Nachbarin interessiert sich sehr für Politik. Als der pensionierte Deutschlehrer von oben aus dem Dachgeschoss neulich beklagte, dass Studenten der Londoner School of Oriental and African Studies jetzt forderten, weißhäutige Philosophen weitestgehend aus dem Lehrplan zu entfernen, um die afrikanische und asiatische Kultur herauszustellen, wurde sie ihm gegenüber ganz schön energisch. Jetzt sei endlich mal Schluss „mit dem ewigen Gejammere". Denn nun sei die Zeit der Wahrheit gekommen, und die „Ära der weißen Herrenmenschen geht damit zu Ende!" Das hatte unsere Nachbarin neulich in einer Fernseh-Doku gesehen, und es spreche ihr voll aus dem Herzen. Diese „Tatsache" sollten wir endlich kapieren."

Eva Hermann (geboren 1958), deutsche Hotelfachfrau, Moderatorin und Autorin, 2018

Wer Deutschland und die Deutschen ausbremsen will, der verneint den Leistungsgedanken und zielt auf ein Mittelmaß. Das ist Niedertracht. Und ignoriert oder verkennt völlig die Bedrohung, die er dafür noch eintauscht!

„Wer könnte in Abrede stellen, dass die Alarmisten, wie üblich, nahezu völlig recht haben? Die Bewohner der wohlhabenden Nationen schlafwandeln zumeist im unpolitischen Pazifismus. Sie verbringen ihre Tage in einer vergoldeten Unzufriedenheit. Unterdessen vertiefen sich an den Rändern der

Glückszonen ihre Belästiger, ja ihre virtuellen Henker in Lehrbücher der Sprengstoffchemie, entliehen aus den öffentlichen Bibliotheken des Gastlandes."

Prof. Dr. Peter Sloterdijk (geboren 1947), deutscher Philosoph, Kulturwissenschaftler und Autor, 2006

Rathaus-These 118: Vorsicht Dekadenz!

Die Sklaven Allahs sehen sich als die Herren der Menschheit. Sie versuchen, ihren Unterwerfungsglauben über alle Kritik und alle Zurückweisung erhaben zu machen und beanspruchen deshalb herrisch die Deutungshoheit weltweit. Als Otto Schily (geboren 1932, deutscher Rechtsanwalt und Politiker, Mitbegründer der Grünen, später SPD), seinerzeit deutscher Bundesinnenminister, auf einer *deutschen Tagung* zur inneren Sicherheit 2002 das Selbstverständliche forderte, nämlich die *geistig-kulturelle Auseinandersetzung* mit den *geistigen Grundlagen des „islamistischen Terrorismus"* und völlig richtig meinte, der Antiterrorkampf ließe sich auf lange Sicht nur gewinnen, wenn wir uns *wieder auf unsere gesellschaftlichen Grundwerte besinnen* würden, und deshalb formulierte:

„Es muss erlaubt sein, zu sagen, dass der muslimische Glaube eine Verirrung ist." – Dass müssten die Muslime ohne gewalttätige Reaktion hinnehmen! (Otto Schily, 2002)

Da wurde er doch tatsächlich zurückgepfiffen und bekam einen politischen Maulkorb verpasst. Ägypten und die gesamte islamische Welt wurden diplomatisch tätig: Der ägyptische Botschafter legte im Auswärtigen Amt in Berlin offiziellen Protest ein. Der Rat der arabischen Botschafter brachte in einer ägyptischen Tageszeitung *die Sorge aller arabischen Regierungen* zum Ausdruck, seit den Anschlägen vom 11. September würden die Muslime immer wieder mit „provozierenden Äußerungen" konfrontiert. Der deutsche Botschafter in Kairo wurde zu einem Gespräch ins ägyptische Außenministerium bestellt. Unser Botschafter als Vertreter des ungläubigen Westens parierte und beschwichtigte wie ein Dhimmi: Die Worte des deutschen Innenministers wären nicht gegen den Islam gerichtet gewesen und gar nicht so gemeint, wie gesagt. Im islamischen Kulturkreis werde der Toleranzbegriff eben anders gesehen, hieß es unterwürfig anbiedernd, deshalb sei es wohl zu Missverständnissen und der muslimischen Empörung gekommen.

Das ägyptische Außenministerium nahm den gewünschten, hoch feigen, *selbstverleugnenden Widerruf* entgegen. Seit diesem Ereignis hat es weder Otto Schily noch irgend ein anderer Regierungsvertreter mehr gewagt, den Islam mit der Wahrheit zu konfrontieren. Alle halten sich nun streng an die heuchlerische Beschwichtigung, der Islam sei eine wertvolle, friedliche Weltreligion und sei strikt vom „missbräuchlichen Islamismus“ zu trennen. Ein Sieg des Islams über die Aufklärung! Nur die alternative Opposition hält dagegen.

> „Wir Deutschen und wir Europäer, wir haben uns durch billigen Konsum betäuben lassen, ja, wir haben uns ein Stück auch selbst verloren, die meisten von uns wissen nicht mehr, was für eine großartige Kultur wir Europäer in den letzten 3.000 Jahren der Menschheit mitgegeben haben. Wenn wir, als Deutsche und Europäer, scheitern, also in eine unfreie Zukunft gehen, in eine Zukunft, die nicht selbstbestimmt ist, dann scheitern wir nicht am Islam.
>
> Der Islam ist eine einfache Religion, der Islam ist deswegen, geistig gesehen, eine sehr schwache Religion. Der Islam hat seine Heimat: Länder, die zu den abgehängtesten der Welt gehören. Nein, Freunde, wir scheitern nicht am Islam, wir scheitern an uns selbst. Wenn wir scheitern ... dann am Materialismus, dann an der Verweichlichung, dann an der Vereinzelung. Wenn wir scheitern, dann an unserer Dekadenz. Und die müssen wir überwinden.“
>
> Björn Höcke (geboren 1972), deutscher Gymnasiallehrer und Politiker (AfD), 2018

Die politische Debatte in Deutschland ist seit längerem und zunehmend durch Vergiftung entstellt. Es findet eine *vorsorgliche Meinungszensur* statt, indem vermintes Gelände tabuisiert wird. Diese Tabus zu brechen wird bis jetzt noch nicht als Meinungs-, Gewissens-, Presse- und Wissenschaftsfreiheit akzeptiert. In der Öffentlichkeit darf nicht alles diskutiert werden, unwillkommene Fakten und Meinungen werden moralisierend zurückgewiesen, sie gelten als subjektiv und falsch, als zu gefährlich, als „geistige Brandstiftung“, als unzulässig. Wir leben also Denk- und Sprechverbote, als ob wir uns bereits in einer Diktatur befänden.

Wir brauchen dringend eine neue Diskussionskultur, welche besagt: Alles darf *gedacht* werden, alles darf *gesagt* werden, alles muss *gehört* und *wahrgenommen* werden. Aber alles muss auch *zusammengedacht* werden, muss logisch durchkämmt, kurz: muss *aufgeklärt* werden! Diese Aufgabe erwächst nicht zuletzt aus dem neuen großen Meinungsmedium Internet mit seinen zahlreichen, unabhängigen „Echokammern“. Jeder Bürger ist nun Publizist, wenn er das will. Das Internet wird uns deshalb verändern. Es schreit nach einer *neuen öffentlichen Diskussionskultur,* die offen ist und frei ist und die vor allem *gemeinsam Aufklärung leistet!*

Wir Deutschen sind sehr *konsens*orientiert und teilen ein in Freund und Feind, dazwischen ein sehr schmales Niemandsland. Die Linken halten sich selbst für die Guten und die Rechten für die Bösen, und umgekehrt. Wir müssen dringend eine wirklich demokratische Debattenkultur entwickeln, in der wir alle einen legitimen Platz haben. Eine demokratische Linke und eine demokratische Rechte sind nicht böse. Böse sind diktatorische Fundamentalisten. Menschen, die bereit sind, den Frieden, die Freiheit, die Gesundheit und das Leben anderer Menschen zu opfern. Ein politischer oder religiöser Extremist ist, wer für die Schaffung (s)einer idealen Gesellschaftsordnung bereit ist, das Leid und den Tod von Menschen in Kauf zu nehmen.

Nicht nur Deutschlands, Europas Geist zeigt *postmoderne Dekadenz*: Wir vertrauen der *rationalen Analyse* nicht mehr, wir glauben nicht mehr so ganz an *Zahlen* und *Fakten*, an logische Mathematik, an Wissenschaft, sondern suchen Heil im Surrealen, im Wünschenswerten, in Propaganda und in schönen Werbeversprechen. Wir glauben nicht mehr an die Objektivierbarkeit, an Wahrhaftigkeit, an *eine* Wirklichkeit, die uns umgibt, an *eine* Wahrheit, die alles umfasst, sondern an viele Wirklichkeiten, an viele Wahrheiten, an beliebige Subjektivität. Alles scheint uns *relativ* und *unernst*, ausgenommen das Geld.

Die richtige Gesinnung ist uns wichtiger geworden als das richtige Argument. Wenn zwei das Gleiche sagen, bedeutet es uns noch lange nicht dasselbe. Wir beurteilen Aussagen nicht nach ihrem Wahrheitsgehalt, schon gar nicht sofort, sondern erst einmal nach dem vermuteten Weltbild dessen, der sie ausspricht, wir ordnen Äußerungen zunächst moralisch-ideologisch ein, bevor wir uns überhaupt an ihren Inhalt heranwagen dürfen. Wir sind übervorsichtig und sehr voreingenommen. Wir sind nicht freigeistig.

Der Humanismus ist gut und richtig! Ein idealistisch grenzenlos übersteigerter, ja pervertierter Humanismus allerdings führt dazu, alle Sachfragen moralisch zu behandeln. Politik wird dann zur reinen Moralfrage. Sachanalysen des politischen Gegners sollen gar nicht mehr auf den Tisch kommen dürfen. Dazu wird der Gegner schlicht moralisch mundtot gemacht. Er wird als kaltherziger Unsympath inszeniert, als potentieller Verbrecher sogar. Die Unschuldsvermutung gilt nicht mehr, sondern er wird vorsorglich schon verurteilt. – Man selbst erweist sich hingegen als ein herzensguter, mitfühlender Mensch, der aus hoher moralischer Überlegenheit heraus die Probleme benennt, entscheidet und handelt. Moral ist scheinbar stets Trumpf. Die Debatte wird dadurch sehr einseitig, oberflächlich, ideologisch und zunehmend auch hysterisch. *Das politische Gespräch* bewegt sich nur noch zwischen *Aufregung* und *Beruhigung des Wählers, Fakten* werden zur *Nebensache, zum Spezialwissen für anonyme, zweifelhafte Experten,* mit denen sich die Öffentlichkeit nicht länger beschäftigen *will* und *muss* und *soll.*

In erster Linie geht es auch dem größten politischen Moralisten um die Macht, nicht um die Moral. So sehr er sich auch bemüht, die Welt nach seinem Bilde zu biegen, die harten Fakten werden ihn einholen und „Rache nehmen“ für seinen Betrugsversuch an der Wirklichkeit. Er wird die ergaunerte Macht stets wieder verlieren.

„Alle ehrlichen Widersprüche sind ein Teil der Wahrheit.“

Nikolaus Harnoncourt (1929 - 2016), österreichischer Dirigent

Wenn wir die Moral über die Wahrheit und die Vernunft setzen, das Gute und Wünschenswerte über das Machbare, die Gesinnung über die Verantwortung, werden wir scheitern.

Die als bereichernde Vielfalt beschönigte Wertebeliebigkeit, die maßlose Entgrenzung, das Sich-nicht-festlegen-Wollen, ist eine dekadente Realitätsverweigerung. Den Gipfel deutscher Realitätsverweigerung erklimmen Menschen, die zugleich für Genderismus, grenzenlose Flüchtlingszuwanderung und die Abschaffung der industriealisierten Landwirtschaft eintreten. Eine geradezu tragikomische Kombination. Solche Menschen gibt es wirklich. Sie wollen einen ganz besonderen Himmel auf deutschen Erden errichten.

Sie zielen auf die Dekonstruktion der Geschlechter, denn sie halten die Geschlechtlichkeit für eine gesellschaftliche Fiktion, die am besten ganz abgeschafft oder wenigstens frei wählbar sein sollte, nicht nur zwischen zwei, sondern sehr vielen Geschlechtern. Gleichzeitig heißen sie aber Muslime willkommen, die nur zwei, und auch noch *ungleichberechtigte* Geschlechter kennen, und sie unterstützen die Islamisierung. Ja, sie sind der Auffassung, das „reiche“ Deutschland könne und müsse alle Asylsuchenden und alle Flüchtlinge der Welt aufnehmen, die den Weg zu uns finden können, müsse sie versorgen, ausbilden und in Lohnarbeit bringen. Gleichzeitig aber wollen sie die intensive deutsche Landwirtschaft auf ökologischen Landbau umstellen, obwohl Deutschland schon jetzt Futter- und Nahrungsmittel zukaufen muss, geschweige denn Abermillionen weitere Gäste und Neubürger auf Basis ökologischer Landwirtschaft ernähren könnte.

Man müsste sich schon entscheiden – Mehr Bienen oder mehr Muslime? – müsste Prioritäten setzen, müsste Konsequenzen ertragen, aber das wollen *dekadente Relativierer* nicht. Sie lehnen die Mathematik und die Physik als zu hart, als moralisch unzumutbar, ab und ignorieren ihre Anwendung. Sie setzen dem physikalischen Grundprinzip: „Wo ein Körper ist, kann kein zweiter sein.“ einfach ihre von irdischen Fesseln befreite Weltanschauung entgegen: „Wo ein Körper ist, da können auch zwei sein, *wenn man nur will*.“ Alles sei möglich.

Echte Unterschiede solle es nicht mehr geben dürfen, nur noch eine alles einschließende Vielfalt, nichts und niemand dürfe mehr ausgeschlossen sein. Die Gleichberechtigung wird zur Gleichmacherei umgeschmiedet. Und sie merken noch nicht einmal, wie abgedreht das ist.

> „Wir sind die Partei für alle, die sich noch nicht entschieden haben, welches Geschlecht sie haben."
>
> Canan Bayram (geboren 1966), kurdisch-türkisch-deutsche Rechtsanwältin und Politikerin (Bündnis90/Die Grünen, vorher SPD), Berliner Abgeordnete, jetzt Mitglied des Bundestages, 2017

Diese Wertebeliebigkeit und Argumentationsverweigerung nützt all jenen, welche die schlechteren Argumente haben und die schlechteren Werte, insbesondere dem Islam. Im Schatten der „vorsorglichen Naziverhinderung" können deshalb politreligiöse (ökogrüne und islamgrüne) Monster gedeihen. Dagegen hilft nur die *Selbstaufklärung*, die Besinnung auf die *Menschenrechte*, auf die Errungenschaften der westlichen Moderne, die Einsicht in die Unverzichtbarkeit unserer Leitkultur!

> „Die Werte für die erwünschte Leitkultur müssen der kulturellen Moderne entspringen, und sie heißen: Demokratie, Laizismus, Aufklärung, Menschenrechte und Zivilgesellschaft."
>
> Prof. Dr. Bassam Tibi, (geboren 1944), syrisch-deutscher Politikwissenschaftler, Autor, gemäßigter „sunnitischer Muslim", 1998

Er hat es völlig auf den Punkt gebracht! Uns Deutschen fällt in seiner Aufzählung sofort auf, was wir nicht haben: Laizismus. Die strikte Trennung von Staat und Religion ist in Deutschland *nicht* vorgesehen. Noch nicht. Ohne Laizismus gibt es jedoch keine Freiheit und keine moderne Zukunft, spätestens, wenn der Islam ins Land kommt und sich für die gleichen Privilegien wie das Christentum interessiert, sie selbstbewusst einfordert und auch bekommen soll. Jede Religion muss sich dem Gewaltmonopol des säkularen Staates unterordnen, um Modernität zu ermöglichen. Dazu sind alle Religions-Privilegien abzuschaffen. Das muss jetzt sein.

Solange in Deutschland das Eintreten für Sicherheitspolitik, für Religionskritik, für Religionszurückweisung und die tatsächliche Geltung der grundgesetzlichen Werte als rechtspopulistisch, rassistisch und fremdenfeindlich verleumdet wird, ist die deutsche Gesellschaft politisch krank. Diese Krankheit entstand durch Hitlerdeutschland und seine Folgen, darüber hinaus durch die Erfahrung des europäischen Kolonialismus. Das Wüten des europäischen Nationalfaschismus kann man unter dem Motto zusammenfassen: „Heil durch Zerstörung!“ Die Kinder und Enkel der Faschisten, die 68er, wollten sich davon radikal distanzieren und drehten das Motto gewissermaßen um: „Heil durch Selbstzerstörung!“ Ihre Vorfahren waren stramm rechts, also glaubten sie, mussten sie nun stramm links sein. Der Gipfel der Klugheit und Differenziertheit, der realistischen Weltsicht, war das ganz bestimmt nicht.

Die westdeutsche sehr linke 68er Revolte hat das deutsche Kind mit dem nationalsozialistischen Blutbad ausgeschüttet, als sie, von ebenso hochberechtigter wie nötiger moralischer Empörung befeuert, gegen ihre nationalfaschistische Eltern- und Großelterngeneration rebellierte. Die nachgeborene Jugend wollte so progressiv wie möglich sein, nicht nur antifaschistisch, nein, sondern gleich antinational, antideutsch, antikonservativ – alle alten Zöpfe mussten rigoros abgeschnitten werden! Nichts war mehr gut, gut genug. Die Jugend wollte so kulturrevolutionär sein wie in Maos Plan. Ein ganz neues Deutschland wollte sie erschaffen. Das musste schiefgehen.

Die 68er haben die ganze deutsche Nationalkultur gleich mit entsorgt und ausgerechnet im leihkommunistischen China Rat gesucht. Selbst der deutsche Kommunismus – immerhin eine deutsche Erfindung – war ihnen zu deutsch, er musste erst weit weg in Asien gespiegelt werden.

Die Abschaffung der deutschen Nationalkultur war ein schwerer Überziehungsfehler, der sich jetzt, da die 68er Generation seit langem überall an den Schalthebeln der Macht wirkte, schrecklich bemerkbar macht. Deutschland will sich abschaffen und in einer imperialen Europäischen Union aufgehen, dem besseren, größeren und mächtigeren, aber ganz „anderen Deutschland“, denn „Deutschland profitiert ja am meisten von der EU“, so das wiederholte stereotype Argument der „wirtschaftsweisen“ Reformer, das nicht so recht verfangen will. Die Abschaffung der deutschen Nationalkultur ist die dunkelrote und überreife, ja faulige, geistige Frucht der linksgrünen Hippi-Pflanze der Alt-68er, sie wurzelt im braunen Humus des Nationalfaschismus, einst gedacht, um ihn ein für alle mal auszuzehren. Aber die faulige Hippi-Frucht enthält keine Samen.

In Ostdeutschland wollte man noch fortschrittlicher sein und zwar *mit System.* – Antifaschismus galt schlichtweg als *verkörpertes Staatsprinzip*, die Bürger selbst waren deshalb nicht versucht, die ganze deutsche Nationalkultur über Bord zu werfen, sie hatten das nicht nötig. Weimar lag schon immer im Osten. Man wollte, trotz der Sowjetunion, Deutschland bleiben, während die Deutschen im Westen mit dem amerikanischen Lebensstil mehr als liebäugelten. Im Osten konnte die deutsche Nationalkultur besser überdauern als im Westen und ist dort bis heute lebendiger geblieben. Trotzdem gibt es heute in ganz Deutschland keine gemäßigte nationale Linke mehr, ja überhaupt keine nationale Linke mehr.

Die muss sich erst im Zuge der nationalen Gesundung langsam wieder aufbauen. Solange die Linke in Deutschland, neben ihrem typischen Internationalismus, nicht auch wieder nationalbewusst daherkommt und ein Vaterland kennt, welches es zu verteidigen gilt, solange bleibt Deutschland arg beschädigt, solange sind unsere Demokratie und unser Sozialstaat in höchster Gefahr. Die Wiederherstellung der nationalen Souveränität, der Volkssouveränität, ist nicht allein auf der rechten Seite des politischen Spektrums zu schaffen, die Linke muss mitziehen.

Das intellektuelle Testament der Alt-68er ist wider eigenes Erwarten ein erschrockenes, apokalyptisches Zaudern. Da hängen sie nun, ermattet und grundpessimistisch, in den eigenen Seilen, in den Verstrickungen ihrer bodenlosen Beliebigkeit, ihre Neukonstruktion der Welt ist misslungen, denn alles hängt mit allem und mit nichts zusammen; das haben sie erkannt. Es führt scheinbar kein Weg mehr vorwärts und kein Weg zurück, sie stecken fest, denn der Fortschritt hat sich als viel zu gefährlich herausgestellt, als zu zerstörerisch für Mensch und Umwelt, und der Rückschritt ist weder möglich noch wünschenswert. Ende im Gelände!

Und was kommt jetzt? Wer will gestalten?

Der Flüchtlingszustrom inspiriert zur Flucht nach vorn. Die illegale Massenzuwanderung strebt vorzugsweise in die besonders weltfremden, „weltoffenen" westlichen Länder, wie Deutschland und Schweden, die „blauäugigen Blondinen" unter den Nationalstaaten. Denn dort haben die Glücksritter leichten Zutritt und leichtes Spiel. In Deutschland wartet ein soziales Netz auf jeden; auch auf abgelehnte und ausreisepflichtige Nur-zum-Schein-Asylbewerber und bekennende Mörder. Abgelehnten Antragstellern auf Asyl wird etwa zur Hälfte eine der drei sonstigen Schutzkategorien zuerkannt: Anerkennung als Flüchtling, subsidiärer Schutz, Abschiebestopp. Wirkliches Asyl erhalten nur wenige, weil nur wenige wirklich berechtigt sind.

> „... Tatsache (ist) ... dass sich der Anteil endgültiger Anerkennungen als Asylbewerber in Deutschland – also die Fälle, wo tatsächlich der Artikel 16a Grundgesetz zieht – seit vielen Jahren bei unter einem Prozent der Anträge hält. Ich habe das geprüft über die letzten 10 Jahre: Es waren also 0,6 % der Anträge und der Anteil ist in jüngster Zeit sogar gefallen, auf 0,4 %.
>
> Nirgendwo steht aber im Grundgesetz, dass die Einreise bereits allen Antragstellern gewährt werden muss, ehe über einen Antrag entschieden ist oder dass der Antragsteller Zugang zum Rechtsweg in Deutschland haben muss."
>
> > Dr. Thilo Sarrazin (geboren 1945), deutscher Volkswirt, Politiker (SPD) und Autor, ehemaliger mehrfacher, leitender Ministerialbeamter im Bundesfinanzministerium und Bundesarbeitsministerium,

wirkte zur deutsch-deutschen Währungs-, Wirtschafts- und Sozialunion, in der Treuhandanstalt, war Staatssekretär im Finanzministerium Rheinland-Pfalz, arbeitete für die Deutsche Bahn, war Finanzsenator in Berlin und Vorstandsmitglied der Deutschen Bundesbank, 2017

Die vielen jungen Männer aus Nordafrika, die bei uns jahrelang nur herumlaufen können, schauen mit Geilheit, Geringschätzung und manchmal auch mit purer Verachtung auf unsere sexy gekleideten Frauen. Es bleibt nicht aus, dass gewaltbereite Charaktere übergriffig werden. Die Zustände in Schweden sprechen für sich:

> „1975 hat das schwedische Parlament einstimmig beschlossen, das vormals homogene Schweden in ein multikulturelles Land umzuwandeln. 40 Jahre später zeigen sich die dramatischen Folgen dieses Experiments: Die Zahl der Gewaltverbrechen ist um 300 Prozent gestiegen. Schaut man auf die Zahl der Vergewaltigungen, ist der Anstieg sogar noch gravierender. 1975 wurden bei der Polizei 421 Vergewaltigungen angezeigt, 2014 waren es 6620. Das ist eine Zunahme um 1472 Prozent.
>
> Schweden liegt nun weltweit auf Platz zwei, was die Zahl der Vergewaltigungen in Relation zur Größe der Bevölkerung betrifft. ...
>
> Die Einwanderer kamen in den vergangenen zehn bis fünfzehn Jahren vorwiegend aus muslimischen Ländern wie dem Irak, Syrien und Somalia. ... Und trotz der Versuche des schwedischen Establishments, die Bevölkerung davon zu überzeugen, dass jeder, der einen Fuß auf schwedischen Boden setzt, genauso wird, wie diejenigen, die seit Dutzenden von Generationen dort leben, sprechen die Tatsachen eine andere Sprache. ... In Schweden tun die Behörden alles dafür, die Herkunft der Vergewaltiger zu verbergen.
>
> In Dänemark gab das offizielle staatliche Statistikamt, Statistics Denmark, 2010 an, dass über die Hälfte der verurteilten Vergewaltiger einen Einwanderungshintergrund hatten. ...
>
> Ein 1996 veröffentlichter Bericht des Schwedischen Nationalrats zur Verbrechensprävention kam zu dem Schluss, dass Einwanderer aus Nordafrika (Algerien, Libyen, Marokko und Tunesien) mit einer 23-mal so hohen Wahrscheinlichkeit eine Vergewaltigung verüben wie schwedische Männer. Die Zahlen für Männer aus dem Irak, Bulgarien und Rumänien lagen bei 20, 18 und 18. Männer aus dem übrigen Afrika waren 16-mal, Männer aus dem Iran, Peru, Ecuador und Bolivien zehnmal so anfällig, Vergewaltigungen zu begehen wie Schweden.

In den letzten Jahrzehnten hat ein neuer Trend Schweden mit voller Wucht getroffen: Gruppenvergewaltigungen – bis dahin weitestgehend unbekannt in der schwedischen Kriminalhistorie. Die Zahl der Gruppenvergewaltigungen ist zwischen 1995 und 2006 sprunghaft gestiegen. Seitdem wurden keine Studien mehr durchgeführt.

... In Fällen von Gruppenvergewaltigungen sind die Täter und die Opfer meist jung, und in fast allen Fällen haben die Täter einen Migrationshintergrund, meist aus muslimischen Ländern. In erstaunlich vielen Fällen haben die schwedischen Gerichte Sympathien für die Vergewaltiger gezeigt und Verdächtige freigesprochen, die behaupteten, ein Mädchen habe Sex mit sechs, sieben oder acht Männern haben wollen.

Ein bemerkenswerter Fall ereignete sich 2013, im Stockholmer Außenbezirk Tensta. Ein 15-jähriges Mädchen war eingesperrt, während sechs Männer ausländischer Abstammung Sex mit ihr hatten. In erster Instanz wurden die Männer verurteilt, doch eine höhere sprach sie frei, weil keine Gewalt angewandt wurde und das Gericht entschied, dass das Mädchen „sich nicht in einer schutzlosen Lage befunden" habe.

Diesen Monat berichteten alle schwedischen Medien über eine brutale Gruppenvergewaltigung an Bord der finnischen Fähre „Amorella" ... In großen Schlagzeilen wurde den Lesern mitgeteilt, dass die Täter Schweden gewesen seien.

„Etliche schwedische Männer der Vergewaltigung auf der Finnland-Fähre verdächtig" (Dagens Nyheter).

„Sechs schwedische Männer vergewaltigen Frau in Kabine" (Aftonbladet).

„Sechs Schweden wegen Vergewaltigung auf Fähre verhaftet" (Expressen).

„Acht Schweden der Vergewaltigung auf Fähre verdächtig" (TT – die schwedische Nachrichtenagentur).

Bei genauerer Betrachtung stellte sich heraus, dass sieben der acht Verdächtigen Somalier waren und einer ein Iraker. Keiner von ihnen hatte die schwedische Staatsangehörigkeit, sie waren also nicht einmal in diesem Sinne Schweden. Laut Zeugen war die Gruppe der Männer über die Fähre gestreift auf der Suche nach Sex."

Ingrid Carlqvist (geboren 1960), schwedische Autorin und Journalistin, und Lars Hedegaard (geboren 1942), dänischer Historiker, Journalist und Autor, Februar 2015

Was ist nur aus den guten alten „schwedischen Gardinen" geworden? Durch die „multikulturelle" Öffnung des Landes ist jetzt mehr als jeder fünfte Mensch in Schweden im Ausland geboren, mehr als jeder zehnte nicht in Europa. Die Gewalt wächst, die Polizei ist überfordert. Kriminelle Banden übernehmen ganze Vorstädte, es gibt Dutzende No-Go-Areas. Taten mit Migrantenbezug werden seit dem Flüchtlings-Herbst 2015 in einer geheimen Polizeiliste verzeichnet, unter dem „Code 291: nichts soll nach außen dringen“. Ob Deutschland seine Flüchtlingskriminalität auch unter einem Geheimcode versteckt? Wahrscheinlich nicht. Bei uns reicht informeller Druck: „Kein Wort zur Presse über die Vergewaltigungen durch Flüchtlinge, sonst könnt ihr eure Pensionen vergessen!“ So hörte ich es jedenfalls von einem, dessen Namen ich nicht nennen werde.

Vergewaltigung ist überall im Westen verboten, auch in Schweden. Dennoch versuchen die Schweden dem Problem neuerdings mit einem zusätzlichen Spezialgesetz Herr zu werden: Sex muss beiderseitig ausdrücklich bejaht werden. In beweisbarer Form, sonst nützt es ja nichts. Die potentiellen Geschlechtspartner sollen sich also vertraglich absichern. (Bei den Muslimen heißt das „Genussehe“.) Als ob das beiderseitige Einverständnis im freien Westen nicht eine Selbstverständlichkeit wäre! Welche Liebesromantiker schließen denn Sex-Abkommen? Wer hält bezüglich eines Seitensprungs – die kommen ja nun mal häufig vor – das Einverständnis zum Stelldichein beweisbar fest? Was für ein Unsinn. Wir müssen am ungeschriebenen Sittengesetz und dem allgemeinen juristischen Vergewaltigungs-Verbot festhalten.

Schweden hatte bereits eine scharfe Sexualstrafgesetzgebung. Das neue „Einverständnis-Gesetz“ gilt für alle, natürlich auch für Ehen. Zwei neue Sexualstraftatbestände sind eingeführt worden: Die „unachtsame Vergewaltigung“ und der „unachtsame sexuelle Übergriff.“ Statt „tausend mal berührt, tausend mal ist nix passiert“ – nun „unachtsam berührt, juristisch überführt“?

Sex muss freiwillig sein, dieser selbstverständliche Grundsatz aus dem Bereich des ungeschriebenen allgemeinen Sittenrechts ist nun bis ins schwedische Strafrecht hinein verankert worden. Vorher konnte in Schweden nur, wenn bedroht oder unmittelbar Gewalt angewendet wurde, wegen Vergewaltigung verurteilt werden. Nach dem alten Gesetz musste ein „Nein“ durch Worte oder Handlungen deutlich zum Ausdruck gebracht worden sein. Passives erdulden dagegen galt als stillschweigendes Einverständnis. Jetzt muss ein „Ja“ signalisiert werden, wobei natürlich im Streitfall Aussage gegen Aussage steht, ein „Ja“ verstanden zu haben, weshalb gespöttelt wird, man müsse nun vor jeder sexuellen Begegnung das Einverständnis dauerhaft dokumentieren und archivieren. Man stelle sich diesen logistischen, liebestötenden Aufwand in einer Ehe vor. Völlig absurd. Solange man sich versteht, braucht man diese Absicherung nicht, und wenn man sie mal bräuchte, gäbe es wahrscheinlich gar keinen einvernehmlichen Sex mehr. Was ist denn, wenn sich zwei Fremde einvernehmlich zum Sex verabreden, die Verabredung erst freudestrahlend und mit Scherzen gewürzt auf dem Handy dokumentieren, der eine sich dann aber entpuppt und eine böswillige Vergewaltigung daraus wird?

Wenn Sex nach Bedrohung oder Misshandlung zustande kommt, ist er nicht freiwillig. Wenn ein Mensch in einer Abhängigkeitssituation, unter Angstlähmung oder sonstiger Hilflosigkeit zum Sex genötigt wird, oder währenddessen gar bewusstlos oder willenlos ist, liegt eine Vergewaltigung vor. Das ist doch klar! Welche Signale dem vorausgingen oder welche dokumentierten Vereinbarungen fabriziert wurden, kann doch keine Rolle mehr spielen!

Mit dem Gesetz wurde die Mindeststrafe für schwere Vergewaltigung erhöht. Diese Gesetzesverschärfung dokumentiert jedoch nur eines: Hilflosigkeit angesichts der orbital angestiegenen Vergewaltigungsrate durch südländische Zuwanderer. Anstatt die Täter in den Orbit zu schießen, schicken die Schweden ihre Vernunft dorthin. Was wird passieren? Es wird wohl mehr Anzeigen wegen sexueller Übergriffe geben. Aber wird es auch weniger Übergriffe und mehr Verurteilungen geben? Schon bisher entschieden Richter sehr nachsichtig zu Gunsten Angeklagter. Jedes Gesetz ist schließlich nur so gut wie seine Richter.

In seiner Weihnachtsrede erklärte der schwedische Ministerpräsident Stefan Löfven das neue Gesetz: „Die Botschaft ist einfach. Du musst dich bei der Person, mit der du Sex haben willst, erkundigen, ob sie Sex haben will. Wenn du dir unsicher bist, musst du es lassen. Sex muss freiwillig sein". Ja, und vor dem Essen wäscht man sich die Hände! Es sind wohl kaum die Schweden, die diese kindische Belehrung nötig haben. Es sind vor allem die frauenverachtenden Muslime. Und bei denen bewirkt sie wahrscheinlich gar nichts. Sie wissen, dass sie etwas Verbotenes tun. Jeder Vergewaltiger, der sich im Westen aufhält, weiß das. Nach islamischen Recht allerdings, mit Allahs göttlicher Erlaubnis (was bedeutet da schon die schwache schwedische Justiz eines kleinen 9-Millionen-Volkes.), kann der Muslim mit seiner Muslima machen, was er will, und mit ungläubigen westlichen Blondinen erst recht. Die muslimische Ehe legalisiert die Züchtigung durch Schlagen und das sexuelle Benutzen – in Kombination: die Vergewaltigung – der Ehefrau geradezu. Dagegen hilft keine schwedische Gesetzesverschärfung, sondern nur die konsequente De-Islamisierung!

Wir können nicht jeden Angriff auf die Sitten der freien Welt mit einem Spezialgesetz einfangen. Wir müssen unsere Grundwerte verteidigen, indem wir *diesen* Geltung verschaffen! Alles andere folgt daraus.

Wir dürfen nicht zulassen, dass sich Tausendschaften extrem unbefriedigter, frauenverachtender, fremder junger Männer in unseren Ländern aufhalten, die hier nichts verloren haben und auch keine Zukunft finden werden. Die allein sind nämlich die Ursache dieser merkwürdigen, weltfremden „schwedischen Verrenkungen" zur Abwehr der vielen Vergewaltigungen: Nichts als ein hilfloses Winden vor dem Macho-Gebaren der eingewanderten Muslime.

„Jahrzehnte lebte ich bis dahin in Deutschland in einem der sichersten, stabilsten und wohlhabendsten Länder der Welt. Bis vor ca. 5 Jahren, als eine Regierungschefin entschied, alles anders zu machen. Frau Merkel, der wir ihrem Können und ihrer Vernunft vertrauten, ließ Deutschland über Nacht für die Banken in ganz Europa zahlen und sie nannte dies „alternativlose Eurorettung". Sie kappte gesetzwidrig eine stabile Stromversorgung und sie bürdet uns Bürgern nun milliardenschwere Entschädigungen für die Konzerne auf und was sie noch tat, was diesem Land womöglich lange schaden wird, auch das nannte sie alternativlos: Sie schaffte eigenmächtig die Staatsgrenzen ab, damit Hunderttausende, wenn nicht Millionen, ungehindert nach Deutschland stürmen können, von denen wir nichts, aber gar nichts, wissen. Und sie nannte ihre Politik grotesker Weise ebenfalls alternativlos. Nein, so was muss man in einer Demokratie nicht hinnehmen. Diese sogenannte alternativlose Politik der Bundeskanzlerin beleidigt unsere Intelligenz als mündige Bürger und es gilt sie nicht nur zu kritisieren, sondern auch demokratisch zu beenden. ...

Ich bin Ex-Muslim und religionsfrei. Ich als Agnostiker und Humanist erkannte Deutschland von Anbeginn als meine Wahlheimat an und als das Land, mit dessen humanistischen Werten ich mich kompromisslos identifiziere. Ich betrachte diesen aus den Werten der Aufklärung herausgebildeten Kulturkreis als den freiesten Kulturkreis, den die Menschheit bisher kennenlernen durfte und ich sah mich zivilisatorisch verpflichtet, dieses wunderbare Kulturgut der Menschheit stets zu schützen und zu bewahren, damit die kommenden Generationen sich ebenfalls frei entfalten können.

Heute sehe ich unsere pluralistische Gesellschaft gefährdet, weil sie verlernt hat, sich auch wehrhaft zu zeigen, denn auch die Freiheit muss stets geschützt werden. In der arabischen, vorislamischen Literatur, wird die Freiheit als rebellische, wilde und dennoch zarte Pflanze beschrieben, die stets geschützt werden soll. Sie muss stets geschützt werden, damit sie wiederum die anderen schützen kann. ...

Und kein Geschmack ist süßer und erfrischender, als der der Freiheit! Lassen Sie sich nicht einreden, Sie seien fremdenfeindlich, wenn Sie diese Massenmigration ablehnen. Denn diese unkontrollierte Masseneinwanderung hilft niemandem. ...

Das haben Ideologen immer versucht. Es gab immer sogenannte Sozialingenieure, die die Aufklärung entklärten und einen neuen Menschen erschaffen wollten. Einmal den reinrassigen, dann den sozialistischen Einheitsmenschen und jetzt versuchen sie, den ethnienfreien Menschen zu erschaffen und wir alle wissen, wohin es jedes Mal geendet hat.

Vielfalt braucht ... einen Kompass, eine Leitkultur, ob es den realitätsfremden Internationalisten gefällt oder nicht. Leitkultur bedeutet für mich ein Leuchtturm des europäischen aufgeklärten Geistes, wonach ich mich orientiere, das hat mit Nationalismus oder Chauvinismus nichts zu tun, sondern mit einer dialektischen Notwendigkeit, wenn man die Vielfalt bewahren möchte. Das ist das, was ich unter Vielfalt verstehe und nicht die Parallel- und Gegengesellschaften, so wie wir sie heute in Deutschland, Schweden, England, Frankreich und in vielen anderen westeuropäischen Ländern haben. Das, was wir heute haben, ist Einfalt, und Monokultur und die könnte mit Hilfe der demographischen Uhr alle Errungenschaften der Aufklärung binnen weniger Dekaden vernichten. Das will ich für mich, aber auch vor allem für meine Kinder, nicht. Und was ist mit Ihnen?

Ich lasse mir den Mund nicht verbieten. Ich liebe dieses Land, und die Freiheit des Geistes. Ich komme aus der Unfreiheit und werde mich von denen, die wissentlich oder aus Naivität und Ahnungslosigkeit handeln, nicht als fremdenfeindlich diffamieren lassen, denn ich bin selber als Fremder nach Deutschland gekommen und Deutschland gab mir vor allem eine geistige Heimat. Die Deutschen haben in den letzten 70 Jahren bewiesen, dass sie aufrichtige Demokraten und offene Menschen sind. Deutschland hat kein Naziproblem ... die Nazis sind tot, mausetot. In Deutschland gibt es sicherlich einige Idioten und Rassisten, aber das ist kein deutsches Phänomen, denn diese menschenverachtende Spezies ist leider in jedem Land zu finden. Aber unsere Demokratie kann diese unangenehmen Zeitgenossen aushalten und sie in ihre Schranken verweisen."

Imad Karim (geboren 1958), libanesisch-deutscher Regisseur, Drehbuchautor und Fernsehjournalist, 2018

„Es ist und bleibt absurd, absolut und ohne jeden Bezug und Berücksichtigung einer sich radikal verändernden Welt, Deutschland zur neuen „Heimat" aller sogenannten „Schutzbedürftigen" ausrufen zu wollen. Welch unglaubliche Arroganz und auch Dummheit sich hier offenbart – unter dem Deckmäntelchen besonderer moralischer Größe.

Diese Politik führt zu weiterer Destabilisierung betroffener Länder, verhindert tatsächliche Ursachenforschung und Bekämpfung der Gründe für die Kriege und Nöte der betroffenen Menschen. Mit den vielen Lügen und Versprechen werden sowohl die eigene Bevölkerung sowie auch die Migranten getäuscht und belogen!"

Siegfried Berger, Bürgerkommentar im Internet, 2018

Rathaus-These 119: Pressefreiheit gewährleisten

Pressefreiheit ist für unsere freiheitliche Gesellschaft ganz überlebenswichtig. Ohne Pressefreiheit gibt es keine Demokratie. Die Presse selbst muss sich freihalten von Ideologie, von Propaganda und von zu viel Produktwerbung. Ihre unverzichtbare Aufgabe ist die Information der Bürger, nicht deren Steuerung.

In der Thüringer Allgemeinen (vom 19. September 2017) las ich unter der Rubrik „Politik" folgende Sätze, die mir symptomatisch für eine islambezogene Meinungsmache scheinen, die mein Vertrauen in unsere freie Presse ankratzt:

> „Auf ihrer letzten Pressekonferenz vor der Bundestagswahl wollten Weidel und ihr Parteifreund Alexander Gauland noch einmal den Islam als bedrohliche Religion darstellen – ein Thema, mit dem die AfD im Wahlkampf gepunktet hat. Keine Minarette in den Städten, Predigten in Moscheen nur auf Deutsch, so lauten einige Forderungen. Die Verknüpfung der Stichworte Islam, Flüchtlinge, Kriminalität und Terror hat der AfD großen Zulauf gebracht. (phn)"

Ich fühle mich mit erstaunlicher Geradlinigkeit für dumm verkauft. Ich habe den Eindruck, ich soll zur realitätsblinden Islamfreundlichkeit erzogen werden. Da wird tatsächlich behauptet, zwischen Islam, Flüchtlingen, Kriminalität und Terror gäbe es gar keinen Zusammenhang, sondern eine politische Partei würde diese Stichworte erst fälschlicherweise verknüpfen! Der Islam habe selbstverständlich nichts Bedrohliches, sondern würde nur als bedrohlich dargestellt, um als Sündenbock für einen machtpolitischen Aufstieg missbraucht zu werden. So viel Wahrheitsverdrehungsabsicht erzeugt bei mir Betroffenheit und Trauer über solch schändlichen Umgang mit den Fakten.

Die gewerkschaftsnahe Otto Brenner Stiftung hat die Rolle der Medien während der Flüchtlingskrise untersucht. War das Gefühl einseitiger Berichterstattung wirklich nur die Einbildung „vorurteilsbeladener Rechtspopulisten"? Ausgewertet wurden über 30.000 Medienberichte zwischen Februar 2015 und März 2016 aus überregionalen Tageszeitungen, Online-Portalen und Lokalzeitungen. Das Ergebnis: Nein, der Eindruck war korrekt.

> „Das höchst unbequeme Ergebnis der Studie lautet zusammengefasst: Die Medien waren ... auf den Duktus der politischen Elite fixiert. Die Sorgen, Ängste und Widerstände der Menschen wurden nicht aufgegriffen. Wenn doch, dann in belehrendem oder verächtlichen Tonfall. Stattdessen wurde die „Willkommenskultur" als moralische Verpflichtungsnorm vermittelt.

Die Medien machten sich zum Sprachrohr der politischen Eliten, abweichende Meinungen wurden nicht mehr gehört.

Ablehnende Reaktionen in der Bevölkerung wurden, insbesondere mit Blick auf die östlichen Bundesländer, als aus „Dunkeldeutschland“ ausgegrenzt. Eindringlich wurde für die Willkommenskultur geworben, sie sei wirtschaftlich notwendig und gesellschaftlich wünschenswert. Parlamentarische Kritiker der Flüchtlingspolitik, insbesondere Vertreter der AfD, kamen in der Berichterstattung quasi nicht vor.

Die Folgen dieses volkspädagogischen Journalismus, auch daran lässt die Studie keinen Zweifel, sind verheerend – sowohl für Journalismus als auch für die Gesellschaft als Ganzes: „Ein beachtlicher Teil der Bevölkerung glaubt seither, der Journalismus werde offenbar gezwungen, systemkonform und insofern manipulierend zu berichten“, die Wut sucht sich alternative Ventile, die Gesellschaft spaltet und radikalisiert sich.

In diesem Sinne ist die Studie der Otto Brenner Stiftung ein nicht zu überschätzender Beitrag für die Rückgewinnung demokratischer Kultur in unserem Land, da sie die branchenüblichen ausgrenzenden Selbstschutzreflexe („wer von Mainstreammedien spricht, ist rechtsradikal“) als Betriebsblindheit entlarvt.“

Dr. Alexander Grau (geboren 1968), deutscher Philosoph und Journalist, 2017

Ich denke, es steckt leider doch mehr als nur Betriebsblindheit dahinter. Geändert hat sich seit der Studie noch nichts. Die AfD wird weiter lieber beschwiegen oder man lässt sie nicht gut aussehen. Regierungstreue Medien erkennt man ganz sicher daran, dass sie, anstatt die Regierung kritisch zu beaufsichtigen, permanent die Opposition kritisieren und mehr noch, diese verurteilen und verleumden. – Immer dann, wenn totschweigen bereits nicht mehr funktioniert.

Das deutsche Medienwesen muss sich auf seine Verpflichtung zur Neutralität und zur ideologischen Unabhängigkeit, sowie auf die Vielstimmigkeit der Staatsbürger, rückbesinnen, der es zu dienen hat. *Jede Stimme muss zählen, nicht nur in der Wahlurne, auch in den Medien.*

Rathaus-These 120: Die ganze Wahrheit betrachten

Mit Halbwahrheiten wird am erfolgreichsten gelogen. Die Aufklärung verlangt immer nach der ganzen Wahrheit. Was tatsächlich geschehen ist, ist Geschichte, und dennoch wird darüber gestritten, was war. Geschichtsklitterung ist eine politische

Waffe, um die Gegenwart und die Zukunft zu formen. Selektive Geschichtswahrnehmung, Umdeutung und Lügen sind gefährliche Waffen. Wenn es uns an Kraft zur Wahrhaftigkeit und Liebe mangelt, sind wir verloren und treiben wir in eine schlimme, propagandageleitete Erfahrung hinein. Die beiden Großmächte, das nahe Russland und das ferne US-Amerika, sind beängstigend am Treiben. Umso dringender ist es uns Mitteleuropäern anzuraten, einen ganz klaren Anker zu werfen, bestehend aus unseren ehernen Werten.

Keine Ideologie – egal ob westlich oder östlich, egal ob weltlich oder jenseitig orientiert, egal ob religiös, politisch links oder politisch rechts, ob sozialistisch oder kapitalistisch – hat für sich allein Recht. Das müssen wir immer im Bewusstsein halten. Alle Ideologen irren, weil sie einen Teil der Wahrheit für das große Ganze nehmen, weil sie Wahrheit mit Wahrheit verdrängen und an ihre Theorien glauben, um in ihrem Weltbild zu bleiben.

Die Abgrenzungen zwischen allem, was wahr ist, müssen fallen, nicht aber die Grenzen, die der Welt sinnvolle Strukturen geben und Fakten ordnen. Die einzige Grenze, die wir immer weiter hinausschieben können, ist unsere Erkenntnisgrenze.

Der Islam wird gerne mit einer Halbwahrheit in Schutz genommen, einem Klassiker: All die menschenfeindlichen und insbesondere frauenfeindlichen Vorschriften entsprüngen doch einem archaischen Patriarchat, wie es auch anderen Religionen und Kulturen zugrunde liegt – das stimmt – und hätte gar nichts mit dem Islam zu tun – das stimmt nicht! Der Islam ist ja gerade haargenau als archaisch-patriarchalischer, politisch-religiöser Kult angelegt, eine Abtrennung ist unmöglich, besteht er doch aus genau derselben Substanz. Eine Scharia ohne das Scharia-Recht und Scharia-Strafen ist eben keine Scharia mehr.

Wer den Islam schönredet und verteidigt, der macht sich an seinen Verbrechen gegen die Menschlichkeit mitschuldig, an jeder einzelnen islamischen Steinigung. Islamfreunde sind Mitbrandstifter, sind Mittäter! Es soll keiner von sich behaupten, er hätte es nicht gewusst; er hätte gedacht, das alles hätte nichts mit dem Islam zu tun. – Hat es und er muss es wissen! Alle wissen es, das ist kein Geheimnis, sondern der ganzen Welt völlig offenkundig. Wer es leugnet, der will es nur nicht wahrhaben und den Islam „reinwaschen". Aber der Islam, der sich gewaschen hat, ist kein anderer, im Gegenteil: Er ist genau der Islam.

Rathaus-These 121: Die Scharia – ein trojanisches Pferd

Mittlerweile leben über 25 Millionen Muslime in Europa, diejenigen in den europäischen Teilen der Russischen Föderation und der Türkei noch nicht mitgerechnet. Besonders groß ist der Zuwachs in Deutschland. In allen westeuropäischen Großstädten wachsen, wie eingestreute Kolonien, islamische Parallel- und Gegengesellschaften gegen die Moderne heran.

> „Blickt man nach Großbritannien, Holland, Belgien, Dänemark oder Frankreich, sieht man die genau gleiche Entwicklung: Junge Muslime, die sich mehr und mehr von der (Gast-)Gesellschaft abkapseln und in einer eigenen Welt leben. Britische Salafisten wie Anjem Choudary werben öffentlich für den Dschihad und rufen zur Zerstörung westlicher Demokratien und zur Errichtung eines islamischen Staates in Europa auf. Islamische Scharia-Gerichte betreiben Paralleljustiz mitten in London. Die Kirche in Großbritannien duldet diese Justizapartheit und hält sie für einen Beitrag zu Toleranz und gelungenem Zusammenleben. Dies tut die Kirche nicht aus Liebe zu Muslimen, sondern deshalb, weil die christlichen Institutionen dadurch ihren Einfluss auf Bildung und Justiz beibehalten und sogar ausbauen können.
>
> In Deutschland sorgen sogenannte Friedensrichter dafür, dass innerislamische Konflikte es gar nicht erst vor ein deutsches Gericht schaffen."
>
> Hamed Abdel-Samad (geboren 1972), deutsch-ägyptischer Politikwissenschaftler, Islamkritiker und Autor, 2015

„Scharia" heißt „Pfad zur Tränke in der Wüste". Die Scharia, das sind einfach alle Regeln, die für das Leben als Muslim oder Muslima gelten – die Gesamtheit aller islamischen Empfehlungen, Vorschriften, Forderungen, Gesetze und Strafen, wie sie sich aus dem Koran, der Sunna des Propheten und den Auslegungen früher islamischer Autoritäten ergeben, also die rechtliche Seite des Islams. Die Scharia sei wie ein Wegweiser, der die Gläubigen zu Allah, zu ihrer Quelle hin führe und die Sünder in die Hölle.

Die Scharia sei ein von Allah gegebenes, göttliches Recht und deshalb perfekt, universell, unwandelbar, ewig dauernd und heilig, ganz im Gegensatz zu dem gewöhnlichen und verwerflichen, weil irrtümlichen Recht, wie es die Menschen selber machten. Die von den Menschen gemachten Gesetze seien unheilvoll, veränderlich, unzulänglich und nur vorübergehend gültig. Wer so denkt, wird die Menschenrechte nie ernst nehmen. Alle weltlichen Verfassungen seien von ungläubigen, irrenden, unwissenden Menschen im vorislamischen Zustand der Ignoranz (Dschahiliyah) geschaffene Dokumente, die von der Scharia überwunden werden müssten, zum Wohle der Menschheit und des Weltfriedens unter der Herrschaft des Islams.

Die Scharia gilt Muslimen also nicht als ein religiöses Gesetz unter anderen, sondern die grundlegende Forderung des Islams lautet: Die Scharia sei das höchste Gesetz der Welt und alle anderen Gesetze müssten sich ihr unterwerfen. Sie sei Allahs Weltverfassung. Scharia-Gläubige erwarten von der vollständigen Einführung der Scharia die Lösung aller menschheitlichen Probleme, egal ob politischer, religiöser, rechtlicher, ökonomischer, sozialer oder moralischer Natur. Die vollständige Anwendung der Scharia würde eine vollkommene Ordnung erzeugen, in der Frieden und Gerechtigkeit herrschten. – Was Menschenrecht niemals bewirken könne. Das ist natürlich blanker Unfug.

Die wichtigste islamische Rechtsquelle sind die Koranverse. Sie wurden aufgeteilt in solche, die eindeutig sind und keiner Auslegung bedürfen und in auslegungsbedürftige. Das Durchsuchen von Koran und Sunna nach Regeln und Auslegungsvorschriften für unklare Stellen führte zu Gelehrtenzirkeln, die sich bis zum 10. Jahrhundert in vier sunnitische und eine schiitische Rechtstradition („Rechtsschulen“) differenzierten. In den Grundfragen sind sich diese Schulen einig und erkennen sich gegenseitig als rechtgläubig an. Einmal gesprochenes Recht wird grundsätzlich beibehalten und fortgeführt, um Rechtssicherheit und Quellentreue zu gewährleisten. Rechtsirrtümer sind praktisch ausgeschlossen. Dennoch begründen die Rechtsschulen teils kontroverse Auslegungen. Solche Widersprüchlichkeiten sollen die Gläubigen einfach hinnehmen und einfach jener Rechtsschule folgen, für die sie sich „entschieden“ haben. Sie sollen auf keinen Fall mit Logik an die „göttlichen“ Gesetze herangehen. Das Nachfragen und Nachforschen über Widersprüche und Bedeutungen der Scharia sei jenen vorbehalten, die Allah dazu berufe, in dem er ihnen den Weg wiese.

Das islamische Recht besteht aus Koran und Sunna und die streng auf diese bezogene Rechtsprechung, den Fatwas (Rechtsgutachten). Durch diese unübersichtliche Zerstreutheit entsteht eine große rechtliche Flexibilität. Für den Laien oder Unwissenden ist die Scharia deshalb in ihrer Gesamtheit gar nicht erkennbar. Das ist ein großer Vorteil bei der schrittweisen Einführung der Scharia in aller Herren Länder und zur Schwächung der Abwehr dieser Schariatisierung. Das islamische Recht versteckt sich gewissermaßen hakenschlagend hinter der Religion, um wenig Angriffsfläche für seine Zurückweisung zu bieten. Die Muslime wollen sich nicht festnageln lassen und wenden die Guerilla-Taktik an: Ausweitung des islamischen Rechtes dort, wo es gerade möglich ist, teilweiser Rückzug dort, wo es nicht anders geht.

Ein einziger islamischer Gelehrter ließ es sich dennoch nicht nehmen, ein zusammenfassendes Scharia-Handbuch zu schreiben. Al-Misri schrieb im 14. Jahrhundert unter dem Titel „Das Vertrauen des Reisenden“ über 1.200 Seiten zum Thema. Sein Werk wurde von den wichtigsten islamischen Autoritäten als zutreffend anerkannt. Es gilt also. In diesem Scharia-Handbuch heißt es: „Weder ist gut, was die Vernunft als gut erachtet, noch böse, was sie als böse erachtet. Der Maßstab von Gut und Böse ist das Heilige Gesetz, nicht die Vernunft.“ (Scharia-Handbuch, a1.4; Diese Indexnummer verweist auf die Abteilung (a), den Abschnitt (1) und den Unterabschnitt (4) des Buches)

Die Scharia regelt alles, von der Praktizierung der „Fünf Säulen“, also dem Ritus, über das Eherecht bis zum Strafrecht und den Umgang mit den Ungläubigen. Selbstverständlich ist der Dschihad Teil der Scharia. Sie spiegelt generell das Patriarchat in Großfamilien. Männer werden höhergestellt und bevorzugt, sie sind deshalb auch unterhaltspflichtig gegenüber den Frauen, weil die Unterdrückung und Benachteiligung der Frauen deren Möglichkeiten zur Selbstversorgung extrem einschränkt. Die Scharia beabsichtigt, alle Lebensverhältnisse islamisch zu bewerten. Der Sklave Allahs soll sein Handeln nach fünf Kriterien ausrichten. Nach dem, was er 1. *tun muss* (verpflichtend auferlegt), was 2. *erwünscht ist* (empfohlen), was 3. *erlaubt ist* (halal), was 4. *verpönt ist* (unerwünscht) und was 5. *verboten ist* (haram). Jeder Muslim kann in Koran und Sunna selbst nachlesen, was die Scharia ihm vorschreibt. Ist er unsicher, kann er sich mit seiner Frage an einen Rechtsgelehrten wenden, der bei den Sunniten Mufti heißt. Dieser erstellt dann vielleicht ein Rechtsgutachten, eine koran- und sunna-konforme „Fatwa“.

Im Islam gibt es *keine gleichen* Rechte und Pflichten, unter der Scharia gibt es *kein gleichberechtigtes* Zusammenleben von Menschen, weder unter den Muslimen selbst noch mit anderen Menschen. „Ungläubige“ sind nicht gleichberechtigt, sondern benachteiligt. Die Scharia bestimmt über das Leben von Muslimen, aber eben auch über das von *Nichtmuslimen*. In islamisch geprägten Gesellschaften und Ländern sind auch die Nichtmuslime den Regeln der Scharia unterworfen, weil das islamische Recht den Umgang der Muslime mit uns Nichtmuslimen bestimmt.

Die Scharia fordert totale Unterwerfung und verbietet alle Freiheiten. Unter der Scharia gibt es keine Gedankenfreiheit, keine Meinungsfreiheit, keine Bildungsfreiheit, keine Wissenschaftsfreiheit, keine Pressefreiheit und keine Kunstfreiheit. Nichts davon.

Aus unserer Sicht sind alle Menschen, die keine Muslime sind, Nichtmuslime. Aus islamischer Sicht sind alle, die keine Muslime sind, Kafire (Einzahl Kafir, Mehrzahl Kuffar, oder der Einfachheit halber Kafire). Was besagt dieses Wort? Ursprünglich bedeutete es Verschleierer, diejenigen, welche die Wahrheit des von Gott her gegebenen wahren Glaubens, die Unterwerfung Adams und Abrahams, verschleiert hätten. Die so etwas tun, sind in den Augen der Muslime minderwertige, abscheuliche, verächtliche Subjekte, auf welche Allahs Gerechtigkeit, die Höllenstrafe, wartet. Gewöhnlich übersetzen wir „Kafir“ mit „Ungläubiger“, doch damit beschönigen wir die Einschätzung der Muslime schon, in der sehr viel mehr mitschwingt. Nämlich all das, was die Muslime mit uns tun sollen, wenn sie die Macht dazu haben: *verachten, täuschen, unterwerfen, ausbeuten und ermorden.* Wenn wir uns nicht noch rechtzeitig zum Islam bekehren.

Für Muslime sind nur die Sklaven Allahs vollberechtigte Menschen. Die Ungläubigen (Kafire) werden von der Scharia in drei mindere Rechtsgruppen eingeteilt. Freie Ungläubige, die außerhalb des islamischen Herrschaftsbereiches leben, im „Haus des Krieges“, werden Harbis genannt und haben nach der Scharia gar keine Rechte, auch kein Recht auf Leben. Dhimmis sind Ungläubige der Buchreligionen, die unterworfen wurden und als Kriegsgefangene mit stark eingeschränkten Rechten erniedrigt unter islamischer Herrschaft leben dürfen oder müssen, im nachsichtigen Status der Schutzgelderpressung. Sie besitzen, durch die Zahlung des Schutzgeldes (der Kopfsteuer), ein Lebensrecht. Dann kennt das islamische Recht noch die Mustamins, das sind freie Ungläubige aus dem „Haus des Krieges“ (Harbis), denen durch befristete Schutzverträge zeitweilig ähnliche Rechte wie den unterworfenen Dhimmis gewährt werden, damit sie das islamische Herrschaftsgebiet betreten können.

Die Scharia besteht aus fünf Teilen: „Verhalten, Moral, Sitte und Anstand“, „rituelle Anbetung“, „Glaube“, „Geschäfte und Verträge“, sowie „Bestrafung“. Eine systematische Aufschlüsselung in einzelne Rechtsbereiche wie „Familienrecht“ oder „Strafrecht“ gibt es nicht. Verstöße werden nicht generell im Hier und Jetzt geahndet, von Menschen oder Allah, sondern vollständig abgerechnet wird erst am Jüngsten Tag von Allah höchst persönlich, dem eigentlichen Richter. Auf Erden würde nur im Auftrag und nur vorwegnehmend gerichtet.

Allahs Strafrecht behandelt nach Meinung der meisten Muslime drei Gruppen von Straftaten: Grenzvergehen (Kapitalverbrechen), Wiedervergeltungsvergehen und Ermessensvergehen.

Grenzvergehen (Kapitalverbrechen) sind in Koran und Sunna mit einer bestimmten Strafe aufgeführt, sie verletzten nicht menschliches Recht, sondern Gottesrecht: Sie seien Verbrechen gegen die göttliche Ordnung und Allah hätte übermittelt, welche Strafe er dafür sehen wolle. Diese Strafe müsse so angewendet werden, wie Allah sie vorgesehen hätte, vermindern oder verschärfen seien ebenso verboten wie eine außergerichtliche Einigung. Das Gerichtsverfahren müsse durchgezogen und die Strafe vollstreckt werden. Die Kapitalverbrechen können andererseits aber auch schnell verjähren, ein seltsamer Widerspruch.

Solche kapitalen Grenzvergehen sind Unzucht (Ehebruch), schwerer Diebstahl, schwerer Straßen- und Raubmord (Wegelagerei), Wein (Alkohol) trinken, Homosexualität, Vergewaltigung, und Apostasie (Abfall vom Glauben). Fremdgehen ist im Islam ein Schwerverbrechen und muss härtestens bestraft werden. Verheiratete erwartet die Todesstrafe, vollzogen durch Steinigung, Ledige sind bei erwiesener Unzucht mit 100 Peitschenhieben zu bestrafen. Geht ein verheirateter Mann mit einer ledigen Frau fremd, so muss die Frau jedoch eingesperrt werden, bis sie stirbt oder Allah ihr einen Ausweg zeigt. Geht hingegen eine verheiratete Frau mit einem ledigen Mann fremd, soll die Frau 100 Peitschenhiebe bekommen und der Mann muss nur für ein Jahr in die Verbannung. Das ist nicht nur schrecklich, sondern auch eine verächtliche Benachteiligung der Frauen.

Wer jemanden fälschlich der Unzucht bezichtigt hat, bekommt bei einer Gegenklage wegen Verleumdung 80 Peitschenhiebe. Wenn cinc Frau vergewaltigt wurde, muss sie dies beweisen durch ein Geständnis des Täters oder durch vier männliche Zeugen, ansonsten wird sie, bei Gegenklage, wegen Verleumdung zu 80 Peitschenhieben verurteilt.

Schwere Diebstähle sind mit Amputationsstrafe belegt. Ein Taschendieb kann wegen der Geringfügigkeit seines Vergehens seine Finger behalten. Wird aber jemand bei schwerem Diebstahl erwischt oder eine solche Tat entlarvt, soll ihm im Auftrag Allahs die rechte Hand entfernt werden. Sollte der Dieb dennoch rückfällig werden, muss auch noch der linke Fuß ab.

Bei Wegelagerei ist es, je nach Zusammensetzung der Taten, etwas komplizierter. Gefängnis, Verbannung, Amputation und Todesstrafe sind möglich. Wegelagerei mit Raub erfordert die Amputation der rechten Hand und des linken Fußes. Wurde dabei jemand ermordet, ist für den Täter die Todesstrafe vorgesehen. Verübte der Räuber einen Totschlag, soll der Täter ebenfalls hingerichtet (und gekreuzigt) werden.

Nun zum Genuss von Wein und anderen berauschenden Getränken. Wer beim Trinken von Alkohol erwischt wurde oder betrunken angetroffen wird, soll für dieses Kapitalverbrechen, ja nach Überlieferung, mit 40 bis 80 Schlägen bestraft werden. Den Islam zu kritisieren, ihn abzulehnen und die Umma zu verraten (Apostasie, Abfall vom Islam), sei es durch Wechsel zu einem anderen Glauben oder in den Atheismus, da sind sich alle Rechtsschulen einig, verlange nach der Todesstrafe.

> „Wenn eine Person, die die Pubertät erreicht hat und gesund ist, vorsätzlich den Islam verlässt, dann verdient sie den Tod.“ (Scharia-Handbuch, o8.1)

> „Ein Muslim, der zugegeben hat, dass es keinen Gott gibt außer Allah, und dass ich sein Prophet bin, darf nicht getötet werden, außer aus drei Gründen: als Strafe für Mord, wegen Ehebruchs und wegen Apostasie.“ (Hadith Bukhari, 9, 83, 17)

Voraussetzung für eine Verurteilung ist ein Geständnis oder die Aussage von zwei männlichen Augenzeugen, im Falle der Unzucht müssen es vier männliche Augenzeugen sein, um die Strafe für ein Kapitalverbrechen zu verhängen.

> „Lautet die Strafe auf „Steinigung“, dann müssen sie gesteinigt werden, egal wie das Wetter ist, oder ob sie krank sind. Eine schwangere Frau darf

> erst dann gesteinigt werden, wenn sie entbunden hat und das Kind nicht mehr gestillt werden muss. (Scharia-Handbuch, o12.6)

Steinigungen sind keine Theorie. Sie finden statt. Im Internet gibt es Filmaufnahmen dieser mörderischen Barbarei. Wer eine solche, erniedrigende, qualvolle und sinnlose Hinrichtung, wegen letztlich *Nichts*, gesehen hat und dennoch an der Scharia und dem Islam festhält – Ja, was ist der?

In der Europäischen Union fand die erste islamische Steinigung 2004 in Frankreich statt. Eine Frau wurde getötet. Zur ersten spontanen Steinigung in Deutschland kam es 2016 in Dortmund. Eine zufällig vorbeikommende Polizeistreife brach die Steinigung ab und rettete ein Menschenleben. Alle Steinigungen müssen abgebrochen werden! Die Scharia muss abgebrochen werden! Die Unterwerfung muss abgebrochen werden – nicht zufällig im Vorbeikommen, sondern gezielt! Hier in Deutschland und Europa ist das unsere Aufgabe!

Pragmatischerweise bringen viele Muslime die meisten Schwerverbrechen gar nicht erst vor Gericht, sondern regeln sie untereinander, in der Familie oder zwischen den Familien, *in Selbstjustiz.* Vor allem Frauen werden bedroht, eingesperrt, geschlagen oder ermordet, um die „Familienehre" wieder herzustellen. Die meisten Ehrenmorde werden in islamischen Gesellschaften begangen. Die Scharia deckt die Täter, denn wer die Ehre von Familie und Umma verletzt durch den Abfall vom Glauben oder durch Fremdgehen, der soll und darf getötet werden, ohne sich dadurch selbst schuldig zu machen. Der Islam baut ein Klima der Todesangst auf, durch die Freigabe der Todesstrafe in Selbstjustiz! Dadurch kontrolliert sich die Gesellschaft höchstmöglich selbst auf die Einhaltung der Unterwerfung. Niemand soll es wagen, auszuscheren oder aufzubegehren.

> „Es gibt keine Buße für das Töten von jemanden, der den Islam verlassen hat, für das Töten eines Straßenräubers oder eines verurteilten Ehebrechers" (Scharia-Handbuch, 05.4)

Ist Ihnen aufgefallen, dass, außer schwerem Raubmord, gewöhnlicher Mord und Totschlag im Islam *keine Kapitalverbrechen* sind, ganz im Gegensatz zu Alkoholtrinken, Fremdgehen und Glaubenswechsel? Mord und Totschlag gehören *nur* zu den Wiedervergeltungsverbrechen, die nach dem alten Racheprinzip: Auge um Auge, Zahn und Zahn, gesühnt werden. Denn Menschen zu töten, sei nicht gegen Gottesrecht, „nur" gegen Menschenrecht. Wiedervergeltung heißt, dass unter Aufsicht eines Richters dem Täter genau das Gleiche angetan wird. Hat er verletzt, wird ihm, vom Opfer selbst, die gleiche Verletzung zugefügt. Hat er getötet, kann der nächste männliche Verwandte des Opfers die gerichtliche Tötung des Täters fordern. Es gilt Gleiches für Gleiches, ein Mann für einen Mann, eine Frau für eine

Frau, ein Kind für ein Kind. Ist dieses Gleichziehen nicht möglich, kann die Wiedervergeltungsstrafe nicht erfolgen. Alternativ kann sowieso darauf verzichtet und stattdessen die Zahlung eines „Blutgeldes" gefordert werden. Rache *oder* Schmerzensgeld, so lautet die Devise. Der Blutpreis für einen Muslim ist am höchsten, im Iran z. B. 100 fehlerlose Kamele oder 200 Kühe oder 1000 Hammel, für eine Muslima in der Regel halb so viel und für „Ungläubige" noch weniger. Auch religiöse Bußeleistungen, wie zusätzliches Fasten, sind bei Wiedervergeltungsverfahren möglich.

Vergehen und Verbrechen, welche nicht in die beiden Kategorien Kapitalverbrechen oder Wiedervergeltungsverbrechen eingeordnet werden, fallen unter die Rubrik Sonstiges: die Ermessensvergehen. Die Art und Höhe der Bestrafung ist in das Ermessen des Scharia-Richters gestellt, welcher den Fall behandelt. Ermessensvergehen sind beispielsweise Falschaussagen, Ungehorsam (Aufruhr), Verkehrsdelikte, Unterschlagungen, Urkundenfälschungen, Beleidigungen, Bestechungen, aber auch Betrügereien, Erpressungen und Entführungen. Wenn Kapitalverbrechen nicht zweifelsfrei bewiesen werden können, dann darf der Richter im Rahmen des Ermessens trotzdem schuldig sprechen und den Tat*vorwurf* als Ermessensvergehen bestrafen.

Die Scharia-Richter haben dabei *jegliches Strafmaß zur Auswahl,* angefangen bei Ermahnen und Tadeln, Geldstrafen, Beschlagnahmung des Besitzes, Amtsenthebung, Verbannung, Auspeitschen, begrenzte sowie unbegrenzte Gefängnishaft bis hin zur Todesstrafe für Gewohnheitstäter ohne Aussicht auf Besserung, wie Homosexuelle, Glaubenszweifler (Häretiker), Rauschgifthändler oder Spione. Aber auch so ist der willkürlichen Auswahl eine Tür geöffnet: Mit dem „Für-Besser-Halten"-Argument nämlich kann der Richter eine Rechtsanwendung durch eine andere ersetzen. Vor dem islamischen Recht ist nichts und niemand gleich. Schon deshalb, weil es kein kanonisches Recht ist, welches immer gilt.

Der Islam, heißt es, sei eine Bruderreligion der Christen und Juden. Jesus war nur ein Mensch und auch ein Prophet Allahs gewesen und sei weder gekreuzigt worden noch auferstanden. Er werde wiederkommen, um der *Scharia* Geltung zu verschaffen! Deshalb dürften Juden und Christen als Schutzbefohlene Dhimmis unter islamischer Herrschaft weiterleben, beschützt, so wie Zuhälter ihre Arbeiterinnen beschützen oder Schutzgelderpresser ihre Opfer. Wovor beschützen herrschende Muslime denn ihre Dhimmis? Vor dem Schicksal der anderen Kuffar, die keine „Buchbesitzer" sind. Der Islam ist ganz und gar nicht brüderlich oder auch nur tolerant zu Juden und Christen, sondern nur berechnend. Dhimmis müssen sich an die Scharia halten, sie dürfen den Islam nicht kritisieren und nicht missionieren, sie können keine Zeugenaussage gegen Muslime machen.

> „Ein formaler Vertrag (dhimma) wird mit den Juden und Christen abgeschlossen, aber nicht mit Mormonen. Juden und Christen werden dadurch zu Dhimmis. Die Dhimmis müssen die Regeln des Islam beachten.“ (Scharia-Handbuch, o11.1 und 3)

Dass die Mormonen angesprochen werden, die es noch gar nicht so lange gibt, zeigt, dass die *heutigen Auflagen* des Scharia-Handbuches *aktualisiert* wurden und keine historischen Reprints der mittelalterlichen Ausgabe darstellen. Das Handbuch *gilt!*

Gesang schaffe Heuchelei, wer Gesang anhörte, dessen Ohren würden am Jüngsten Tag mit Blei gefüllt. Nun ja, die befreiende und verbindende Wirkung von Musik und Lebensfreude läuft der Unterwerfung zuwider, deshalb musste Mohammed sie verbieten.

> „Musikinstrumente müssen abgeschafft werden. Es ist ungesetzlich, Musikinstrumente zu benutzen oder der Mandoline, Laute, der Zimbel und der Flöte zuzuhören. Auf Hochzeiten, bei Beschneidungen und zu anderen Zeiten ist es erlaubt, Tamburin zu spielen, auch wenn es Schellen an den Seiten hat. Es ist ungesetzlich die Trommel zu schlagen.“ (Scharia-Handbuch, r40. 1 und 2)

Kreativität wird im Islam negativ gesehen, als eine schöpferische Anmaßung. Vor allem bildliche Darstellungen sind verpönt. Der Mensch gilt nicht als gottesebenbildlich und soll sich auch nicht in diese Richtung entwickeln dürfen. Das Ziel ist eben nicht, seine eigene Persönlichkeit zu entfalten und sich zu vervollkommnen, sondern ganz im Gegenteil, der Mensch soll die „göttlichen“ Vorschriften kennen und sich unterordnen, nur *gehorchen* als ein sklavischer Diener.

> „Bilder ahmen den Schöpfungsakt Allahs nach.“ (Scharia-Handbuch, w50. 2) „Diejenigen, die Bilder erschaffen, werden in der Hölle brennen. (Scharia-Handbuch, p44.1)

Die Beschneidung der Genitalien *beider* Geschlechter gilt Mohammed als charakteristische Praxis der alten Propheten, die er nicht ändert, sondern übernimmt und bestätigt. So überliefern es die wichtigsten Hadithensammlungen. Die *Genitalverstümmelungen von Mädchen und Jungen* sind Teil des Schariagesetzes.

Als „göttliches“ Recht ist die Scharia selbstverständlich mit himmlischem Nachdruck versehen:

> „Dies sind Allahs Verordnungen; und wer Allah und seinem Gesandten gehorcht, den führt er ein in Gärten, durcheilt von Bächen, ewig darinnen zu verweilen; und dies ist die große Glückseligkeit. Wer aber wider Allah und seinen Gesandten rebelliert und seine Gebote übertritt, den führt er ein in ein Feuer, ewig darinnen zu verweilen, und es trifft ihn schändende Strafe." (Koran, 4: 13, 14)

Die Scharia ist so willkürlich und grausam und primitiv, dass sie gar nicht vollumfänglich praktiziert werden kann, nicht einmal in Saudi-Arabien und im Iran, den wichtigsten islamischen Staaten. Erst recht nicht heutzutage. Aber immer gibt es überall, wo viele Muslime leben, islamische Kräfte, die auf die Vollanwendung der Scharia hinarbeiten.

> „Die Scharia ist zu keiner Zeit und an keinem Ort je vollständig zur Anwendung gekommen. Auch heute wird sie in den Staaten (wie z. B. Sudan oder Iran), die die „volle Wiedereinführung" der Scharia postuliert haben, nur teilweise praktiziert. In den meisten islamischen Ländern kommt heute ein Konglomerat zur Anwendung aus koranischen Geboten, Elementen der islamischen Überlieferung, dem arabischen Gewohnheitsrecht, vorislamischen sowie dem europäischen Recht entlehnten Elementen, die insbesondere während der Kolonialzeit in die islamische Welt Eingang fanden."
>
> Prof. Dr. Bill French, Pseudonym Bill Warner (geboren 1941), US-amerikanischer Physiker, Mathematiker und Gründer des Zentrums für das Studium des politischen Islam, 2010

Die Scharia verstößt grundsätzlich und ganz konkret gegen die Menschenrechte. Das Ehe- und Familienrecht und das Strafrecht des Islams verletzen die Menschenrechte am eklatantesten. Die größte Kritik an der Scharia rufen die Peitschenstrafen, Amputationsstrafen und die Todesstrafen hervor, insbesondere die Steinigung. Aber nicht nur die Strafen, sondern schon die „Straf*tat*bestände" selbst sind abzulehnen – wie die Todesstrafe für die Abkehr vom Islam oder für Homosexualität. Deshalb ist die Scharia mit unserer Rechtsprechung schlicht *ganz unvereinbar.* Auch *moderate* Auslegungen sowie nur teilweise Anwendungen der Scharia geraten *immer in Widerspruch zu den Menschenrechten*, vor allem der Frauen.

Die Scharia galt seit ihrer Einführung durch Mohammed bis ins 19. Jahrhundert hinein in der gesamten islamischen Welt. An den Rändern ihres Herrschaftsraums machen die Muslime Zugeständnisse, um die Ausbreitung des Islams zu erleichtern, dort nehmen sie Gewohnheitsrechte und lokale Bräuche scheinbar mit in die Scharia auf, natürlich nur, soweit sie der Scharia nicht widersprechen.

Auffällig ist, dass es in der gesamten Geschichte bis heute niemals ein wirklich schariakonformes Staatsgesetz gegeben hat, weder in der Theorie noch in der Praxis. Anscheinend ist das gar nicht möglich. Selbst das Mutterland des Islam mit den heiligen Stätten, Saudi-Arabien, welches den Koran zu seiner Verfassung erklärt hat, wendet die Scharia weder vollständig noch ausschließlich an, sondern zieht andere Rechtsquellen hinzu. Weder in Saudi-Arabien noch im Iran werden alle, die den Islam ablegen, vom Staat getötet, wie es die Scharia vorschreibt. Die Proteste dagegen wären im Inland und vor allem im Ausland viel zu groß, die eigene Macht und die einträglichen internationalen Geschäfte wären zu sehr gefährdet. Gäbe es diesen, unseren, welthumanistischen Druck nicht ... nähme der Islam jedoch seinen freien Lauf.

Erst durch den Einfluss der Europäer wurden in manchen islamischen Ländern Teile der Rechtsprechung unter weltliches Recht gestellt. Die Türkei wagte nach dem Ende des Kalifats sogar die völlige Abschaffung der Scharia und führte 1926 ein Zivilrechtsbuch nach Schweizer Vorbild ein. Andere islamische Staaten bestimmten die Scharia zur Grundlage ihrer Rechtsprechung, in einigen wenigen blieb sie bis heute direkt geltendes Staatsrecht. So gilt sie in Saudi-Arabien, Mauretanien, Oman, Pakistan und Afghanistan fast ganz, nur einzelne Rechtsbereiche werden ausgespart. In diesen nahezu vollislamischen Ländern ist sie die staatliche Rechtsordnung, die Scharia fungiert dort praktisch als Verfassung. Andere islamische Länder, wie Ägypten, Bahrain, Jemen, Kuwait, Libanon, Sudan, Syrien und die Vereinigten Arabischen Emirate, setzen sie als Grundlage für ihr weltliches Recht ein, als Quelle der verfassungsmäßigen Rechtsschöpfung. Das kann heißen, dass neue Gesetze von islamischen Juristen auf ihre Vereinbarkeit mit dem überlieferten islamischen Recht überprüft werden.

Zuweilen gilt die Scharia nur in islamisch dominierten Landesteilen, wie in Nigeria. Obwohl die Scharia in der Türkei juristisch ganz abgeschafft wurde, verschwand sie jedoch nicht aus den Köpfen. Gegenwärtig wendet sich die Türkei wieder verstärkt dem Islam zu. Der neue Sultan Erdogan lässt alle vorislamischen Kulturdenkmäler zerstören, Andersglaubende und Andersdenkende verfolgen. Die Scharia verbietet die Verbreitung anderer Glaubensvorstellungen und Weltanschauungen. Religiöse Minderheiten wurden und werden in ihrem Herrschaftsbereich dadurch tendenziell immer kleiner. Ihr Überlegenheitsdünkel ist den Muslimen zu einem Gewohnheitsrecht geworden. Obwohl die Aufklärung durchaus Wirkung auf Menschen in islamisch geprägten Gesellschaften zeigt und viele sich aufklärerisch befreien, ist die Scharia weder im Nahen Osten noch im Westen wirklich angeschlagen oder gar überwunden, sondern wird sogar noch einmal stärker. Seit Mitte der 1970er Jahre – und bis heute ungebrochen – gewinnt die Scharia in allen islamischen Ländern wieder an Bedeutung. Sie wieder einführen oder vervollständigen und verschärfen zu wollen, ist Ausdruck eines *politischen Kampfes.* Auch in nichtislamischen Ländern mit großen muslimischen Minderheiten ist sie auf dem Vormarsch. In mehreren westeuropäischen Ländern versuchen islamische Aktivistengruppen, Scharia-Zonen zu entfalten und die Einhaltung ihrer Vorschriften zu kontrollieren. Dummerweise werden sie dabei vom Westen auch noch unterstützt. Zum einen durch *verharmlosen* und *wegschauen*, zum anderen über das *„Internationale Privatrecht"*. Wie das?

In jedem Staatswesen herrscht die „ordre public", zu deutsch, die „öffentliche Ordnung". So werden die grundlegenden Rechts- und Wertvorstellungen bezeichnet, die den rechtlichen Teil der Leitkultur eines Landes bilden. Sie dürfen durch kein ausländisches oder internationales Recht gebrochen werden. Auch völkerrechtliche Verträge dürfen diesen wesentlichen innerstaatlichen Rechtsgrundsätzen nicht widersprechen. Ausländisches Recht kann aber im Rahmen eines sogenannten „internationalen Privatrechts" ausnahmsweise auf Streitfälle unter Ausländern angewandt werden, soweit es der inländischen „öffentlichen Ordnung" nicht widerspricht. Damit wird dem fremden Recht eine gewisse Wertschätzung entgegengebracht.

Das „internationale Privatrecht" erlaubt deutschen Gerichten und Behörden also im Umgang mit Ausländern, auch deren ausländisches Recht anzuwenden. Vorausgesetzt, es verstößt nicht gegen unsere „ordre public". Deutsche Gerichte und Behörden dürfen sachverhaltsbezogen ausländisches Privatrecht eben nur dann einbetten, wenn es nicht mit unseren Grundrechten kollidiert. Denn hoheitlich ist und bleibt unser Landesrecht als Rechtsquelle. Besonders die familienrechtlichen Scharia-Bestimmungen sind in vielen islamischen Ländern nach wie vor gültig. Gerade sie dringen über die Anwendung des „internationalen Privatrechts" besonders leicht zu uns ein. Auch in Deutschland entscheiden deutsche Gerichte deshalb manchmal nach der Scharia. Man kann inzwischen nicht nur heiraten, wen man will, sondern auch, wie man will: staatlich, kirchlich, islamisch ... Je mehr ausländische Muslime einwandern und ihre Rechtsstreitigkeiten mitbringen, um so häufiger greifen deutsche Richter im Rahmen des „internationalen Privatrechts" auf die Scharia zurück, um so mehr wird die Scharia in Deutschland im Bereich des Zivilrechts (Ehen, Scheidungen, Erbfälle, etc.) legaler Teil der deutschen Rechtspraxis! Zum Glück darf dies nicht im Straf- und Ordnungsrecht geschehen und auch nur bei Menschen mit ausländischer oder doppelter Staatsbürgerschaft. Fakt ist leider: Auch bei uns in Deutschland schauen die Richter nicht allein in die deutschen Gesetzbücher, sondern auch in den Koran, um im Namen des Deutschen Volkes und des Grundgesetzes Recht zu sprechen. Ziemlich komisch, gelinde gesagt! Deutsches Recht geht zwar vor, aber wie lange noch? In einem Deutschland mit muslimischer Mehrheit und muslimischen Richtern müsste die Scharia doch einen viel höheren Stellenwert bekommen, oder etwa nicht? Wer will diese Entwicklung aufhalten?

In Großbritannien gibt es zunehmend islamische Schiedsgerichte, in denen nach der Scharia geurteilt werden darf, solange nicht gegen das Common Law verstoßen würde. Wenn daran Kritik geübt wird, dass es doch nicht verschiedene Rechtssysteme für verschiedene Bevölkerungsgruppen innerhalb des Landes geben dürfe, weisen die Islam-Verbände das als Einmischung in ihre Religionsfreiheit zurück. Sie wollen Sonderrechte und beharren auf der Scharia.

In der kanadischen Provinz Ontario wurde den Christen, Juden und Muslimen 1991 erlaubt, Familienstreitigkeiten vor religiösen Schiedsgerichten zu verhandeln. Die Urteile waren rechtskräftig, wenn sie dem kanadischen Recht nicht widersprachen. Nach Protesten wurde die Entscheidung 2005 wieder zurückgenommen. Religiöse Gesetze gelten jetzt zum Glück nicht mehr. Die US-Bundesstaaten Tennessee und Louisiana verboten 2010 per Gesetz die Anwendung der Scharia. In vielen weiteren Bundesstaaten der USA gibt es Gesetzesinitiativen, die das gleiche erreichen wollen. Auch in Deutschland sollten wir schnellstens die Anwendung der Scharia gesetzlich verbieten! Die Scharia *muss* als *unvereinbar* und völlig *disqualifiziert* von der Regelung des „internationalen Privatrechts" ausgenommen werden. Sie darf keine menschenrechtliche Wertschätzung mehr erfahren.

In den Parallel- und Gegengesellschaften wird die Scharia zudem *illegal auch im Bereich des Straf- und Ordnungsrechts angewandt,* durch islamische „Friedensrichter", die von den Streitparteien angerufen werden, um die Sache „unter sich" zu regeln, angefangen von einfachen Streitschlichtungen bis hin zu schweren Straftaten. Oft geht es darum, die deutsche, staatliche Justiz zu umgehen oder zu unterlaufen, um Verurteilungen zu verhindern. Täter, Opfer und Zeugen werden instruiert und erinnern sich nicht mehr und alles war plötzlich ganz harmlos. Das Rechtsmonopol unseres Staates greift ins Leere.

In echten *Einwanderungsländern* wird jeder, der seinen gewöhnlichen Aufenthalt im Land hat, *ausschließlich nach inländischem Recht* behandelt. Nur wirklich internationale Fälle werden nach „internationalem Privatrecht" abgeurteilt. Zwar ist Deutschland kein richtiges Einwanderungsland, sollte sich aber ebenfalls zu einer solchen Praxis durchringen. Stattdessen wird bisher das Asylgesetz missbraucht, um wahllos Menschen anzuziehen – über die offenen Grenzen, die absichtlich und widerrechtlich untengehalten werden, damit die Ausländer (sogar passlos) hereinströmen können. Das ist kein Zufall und kein Schicksal, sondern *politischer Wille.* Der Bundesgrenzschutz ist angewiesen, seinen Verpflichtungen nicht nachzukommen und eine massenhafte illegale Einwanderung zu dulden. Viele tausende Menschen kommen, nach wie vor, jeden Monat und bringen die Scharia mit.

Alle Forderungen, die Muslime stellen, laufen *immer* und *zwangsläufig* auf die Einpflanzung (von Teilen) der *Scharia* hinaus! Wer den Muslimen Zugeständnisse macht, der macht der Scharia Zugeständnisse, der schiebt sein eigenes Recht beiseite, um für die Scharia Platz zu machen!

Wir machten der Scharia Platz, wenn wir beispielsweise zuließen, dass Muslime den öffentlichen Raum – unsere Straßen und Plätze – zur demonstrativen Ausübung ihrer Praktiken besetzten. Wenn wir den öffentlichen Schriftverkehr, auch unsere Schulbücher, so umschrieben, dass sich Muslime nicht belästigt, provoziert oder angegriffen fühlen könnten. Wenn wir Mohammed nicht mehr abbilden würden, karikiert oder nicht. Wenn unsere Ärzte muslimische Frauen nur verhüllt untersuchen und behandeln würden, wenn wir in Gegenwart fastender Muslime nicht mehr guten Gewissens essen und trinken könnten, usw. Auch islamische Banken, eine Geschlechter- und Glaubenstrennung in unseren Freizeit-, Sport- und Bildungseinrichtungen, die Bereitstellung von Gebetsräumen in Schulen und Betrieben sowie die Freistellung zu den Gebetszeiten wären nichts anderes, als der Scharia zu folgen. Auch Mehrehen zu dulden, zu finanzieren und im Rahmen der Familienzusammenführung zu vergrößern, ist Scharia.

Nach dem islamischen Recht darf Geld nicht in Unternehmungen investiert werden, die mit Alkohol, Tabak, Glücksspiel, Schweinen, Kunst oder anderen „unreinen" Dingen zu tun haben. Zinsen sind verboten. Ein Teil des schariakonformen Profits muss in die Zakat fließen.

Islamische Banken nehmen und zahlen keine Zinsen, um aber trotzdem ein Geschäft machen zu können, verlangen sie einen Finanzierungsaufschlag. Natürlich ist das Augenwischerei und nur ein anderer Name für indirekte Zinsen. Das islamische Bankgeschäft läuft so: Der Kunde, der Geld braucht, um ein Produkt für seinen Konsum zu kaufen oder eine Investition zu bezahlen, geht zur Islam-Bank und bekommt kein Geld ausgezahlt, sondern die Bank kauft ihm, was er haben will und reicht ihm die Rechnung inklusive Finanzierungsaufschlag weiter, die er dann in Raten abbezahlt. Die Islam-Banken verleihen also kein Geld, sondern finanzieren reale Güter im Rahmen der Scharia.

Es gibt bereits rund 500 Islambanken in über 70 Ländern. Die Branche hat ein Volumen von etwa 2 Billionen US-Dollar erreicht und wächst. Seit 2015 gibt es die erste islamische Bank auch in Deutschland und in der Euro-Zone, die KT Bank AG, eine 100 %ige Tochter einer kuwaitisch-türkischen Bank – ein auf die Grundsätze des Islams ausgerichteter „Scharia-Kapitalismus", als Teil der Islamisierung Deutschlands und Europas, offen für alle. Wer sich über das Scharia-Finanzwesen an der Scharia beteiligt, macht sich moralisch mitschuldig am ganzen Schariasystem und seinen Verbrechen.

Unter den „Ungläubigen", dort, wo die Scharia nicht gilt, dürfen Muslime durchaus mit Zinsen arbeiten. Sie dürfen sich dann benehmen wie die „Ungläubigen" selbst! Sie müssen sich das Leben unter Kafiren nämlich nicht unnötig schwer machen und können nebenbei auch noch gleich Verständnis für den Islam erzeugen! Wenn sie sich zum Schein, nach außen hin, anpassen, im Herzen aber Muslime bleiben, so bleiben sie dem Islam trotzdem treu und selbst im Himmel straffrei. Der

Islam ist pragmatisch flexibel. Wenn es *notwendig* ist, dann ist *das Verbotene erlaubt.* Sie nennen es „Darura".

Es ist also falsch, wenn Muslime bei uns behaupten, sie dürften ihrer Religion wegen dieses oder jenes nicht tun, sie dürfen sehr wohl, wenn es *unumgänglich* ist, wenn wir es ihnen zur *Pflicht* gemacht haben. Sie wollen es nur persönlich nicht und versuchen, ihre Scharia durchzusetzen. Wir können und müssen sie mit ihrer „Darura" konfrontieren! Alle Muslime müssen sich bei uns an *unsere* Regeln halten, dass ist für uns alle, auch für die Muslime, eine *Notwendigkeit!* Es ist für sie also mindestens „Darura". Wenn es kein schariakonformes Essen gibt und der Muslim keine Wahl hat, dann darf er eben Schweinefleisch essen, ohne von Allah Konsequenzen befürchten zu müssen. Wir müssen lediglich streng mit ihnen sein. Iss bei uns oder iss woanders, oder hungere! Darura!

Die durch Arbeitszeit oder Schulzeit verhinderten Gebete können Muslime regelkonform nachholen. Die Scharia verbietet ihnen Versicherungen, aber kein Muslim kann sich mit der Scharia aus unseren *Pflicht*versicherungen herausreden. Er verletzt damit (wegen der „Darura") noch nicht einmal die Scharia, die bei uns ohnehin nicht gelten darf.

Was lernen wir daraus? Dass wir *alle* islamischen Forderungen getrost zurückweisen können. Die Scharia selbst sieht sozusagen die Möglichkeit ihrer Zurückweisung vor. Die Scharia bei uns zu verbieten, ist sowieso weniger eine Einschränkung der Religionsfreiheit der Muslime, sondern mehr ihres politischen Anspruches.

2002 sagte die Bundestagsabgeordnete und Vorsitzende des Bundestagsausschusses für Menschenrechte, Christa Nickels (Bündnis90/Die Grünen): „Ich möchte eine ganz klare Absage an die islamische Rechtsordnung, die Scharia." Vor der UN-Menschenrechtskommission forderte sie mit diplomatischer Zurückhaltung einen Dialog darüber, ob bestimmte Teile der Scharia mit internationalen Normen übereinstimmten. Die Antwort des Sprechers der Organisation der Islamischen Konferenz (OIC) dazu: Die Scharia sei heilig und deswegen könne ihre zeitlose Gültigkeit nicht bestritten oder den Normen „sündiger Menschen" untergeordnet werden. *Oh doch, dass muss sie sogar! Ganz dringend!*

Die Scharia sieht als Strafe das Abschneiden bestimmter Körperteile vor, bis hin zum Hals, die Muslime haben von den Juden das Abschneiden der Vorhaut der Jungen übernommen, eine pseudoelitäre Kennzeichnungspraxis, welche die Christen schon überwunden hatten, ebenso das Schächten der Schlachttiere. Von den Afrikanern übernahmen sie das Verstümmeln der Vulven der Mädchen und Frauen. Sehr einschneidend, dieser Islam.

Unser aufgeklärter, menschenfreundlicher und liebenswerter Glaube sagt uns ganz überkonfessionell, dass kein Mensch aus Glaubensgründen verstümmelt oder getötet werden und kein Tier lebendig und bei vollem Bewusstsein ausgeblutet werden darf. Welcher Glaube soll nun bei uns gelten? Beide nebeneinander etwa? Die Scharia, das islamische Recht, kann man nur ablehnen und verwerfen, nicht aber einfach ignorieren, umdeuten oder umschreiben – was wäre das auch anderes als dreiste Rechtsbeugung?

Während die Juden und Christen das Steinigen und andere alttestamentarische Strafen längst aufgegeben haben, halten große Teile der Muslime bis heute daran fest. Das zeigt den großen kulturellen Nachholebedarf der Muslime sowie die *Unhaltbarkeit des Islams,* weil der eben so angelegt ist, dass er die Scharia nicht aufgeben kann, ohne Koran und Mohammeds Vorbild aufzugeben und damit sich selbst. Das offenbarte, nicht beschlossene, das islamische Recht, soll ja alles regeln, das religiöse, moralische, rechtliche und politische Leben. Der Islam verlangt die Einheit von Religion, Recht, Gesellschaft und Staat, ausgedrückt über die Formel: „al-islam din wa-dawla“: „Der Islam ist Staat und Religion“! Islamisches „Gottesrecht“ und weltliches Menschenrecht sind unvereinbar. Durch die im Islam nicht mögliche Trennung von Religion, Recht und Politik – wegen der Übergriffigkeit des „Gottesrechts“ auf alle unsere Lebensbereiche – hat die Scharia immer den dschihadistischen Krieger im Gepäck, im Bauch des Trojanischen Pferdes, das in diesem Fall ein Kamel ist.

Die Muslime wollen vor allem ein Menschenrecht benutzen – unsere Religionsfreiheit. Das ist das Nadelöhr, durch das sie ihr Scharia-Kamel zu uns schicken wollen. Dazu wird die Scharia optisch scheinbar winzig klein gemacht und unsere Religionsfreiheit optisch zum Supergrundrecht aufgebläht und missbraucht. Einige europäische „Islamversteher“, die in Wirklichkeit „Islamignoranten“ sind, helfen ihnen dabei.

Jede Form der Legalisierung der Scharia (auch wenn nur ein paar harmlose Gesetze offiziell eingesetzt werden), signalisiert die *Akzeptanz Allahs als Gesetzgeber* und bestätigt somit letztlich auch den Dschihad und das Märtyrertum, also die ganze Scharia, den ganzen Islam. Auch der kleine Finger befindet sich an der ganzen Hand Allahs.

Religiöses Recht und somit die Scharia, fällt *nicht* unter die Religionsfreiheit, denn unser *staatliches Recht* gilt für alle gleichermaßen. Vor dem Gesetz haben alle gleich zu sein. Es dürfen nicht zwei Rechtssysteme nebeneinander bestehen, auch nicht für verschiedene Bevölkerungsgruppen oder verschiedene religiöse oder weltanschauliche Bekenntnisse, schon gar nicht die Scharia neben weltlichem, freiheitlichem Recht. Unser Recht bezieht sich auf die Allgemeine Erklärung der Menschenrechte, die gewissermaßen eine universelle Menschheitsverfassung darstellt. Der Europäische Gerichtshof für Menschenrechte hat mehrfach festgestellt, dass *die Scharia nicht mit den fundamentalen Prinzipien der Demokratie vereinbar* ist! Die Scharia schließt Demokratie aus, weil Allah keine Gleichstellung von Muslimen und Kafiren, Männern und Frauen, will. Auch Muslime, die ihre Unterwerfung *nur als Religion* leben wollen, sorgen unwillkürlich mit dafür, dass Nichtmuslime von der Unterwerfung *als Politik* betroffen sind! Denn der Islam ist von Anfang an bis heute *ein mächtiges politisches System!* Die Scharia zielt nicht nur auf die Regelung des Lebensweges der Gläubigen, sondern auf die politische Durchsetzung der ganzen islamischen (Un-)Kultur – über die Ungläubigen, über uns. Die Vorschriften für Muslime, wie sie sich Nichtmuslimen gegenüber zu verhalten haben, sind zweifellos politisch. Der größere Teil von Koran und Sunna (nämlich 60 % laut Bill Warner) bedenkt die Ungläubigen, ist also *politisch.*

Unsere Justiz ist unabhängig und muss unabhängig sein und bleiben, gerade auch unabhängig von religiösen, weltanschaulichen und abergläubischen Vorstellungen und Bekenntnissen.

> „Im Zentrum des islamischen Rechts steht die Gewalt als Pflicht. Was man in Europa bislang nicht verstehen wollte oder konnte, ist die im Grunde einfache Dynamik einer vormodernen Ideologie, die sich religiös legitimiert. Sie besagt, dass Macht im Islam derjenige übernimmt, der den Geltungsanspruch des islamischen Rechts durchsetzt. Aus Sicht der europäischen Toleranzidee ergibt sich eine fatale Konsequenz: Die Muslime sind zur Anwendung von Gewalt nicht nur berechtigt, sondern um so mehr verpflichtet, je weiter sich die Geltung der Scharia ausbreitet. ... So schwer die Erkenntnis auch fällt – im Falle des Islam bedeutet Toleranz die Demontage des Rechtsstaats und die Legitimation von Gewalt.
>
> Dr. Hans-Peter Raddatz (geboren 1941), deutscher Orientalist, Volkswirt und Autor, 2004

Diese Worte sollte jeder genau verstanden haben. Dazu muss man sie vielleicht mehrmals lesen. Je mehr Scharia toleriert wird, desto mehr Scharia wird gefordert und zuletzt erzwungen. Was sie bringt, ist Gewalt.

Verfassungsrechtlich ist die Scharia ganz klar verboten und unser Grundrecht auf Religionsfreiheit erlaubt keinesfalls, die Verfassung zu schwächen, zu unterlaufen oder gar auszuhebeln und zu ersetzen. Deshalb müssen wir die Scharia *ausdrücklich verbieten* und *dieses Verbot konsequent durchsetzen!* Die Scharia kann und muss verboten werden und folglich kann und muss der Islam zurückgewiesen werden.

Wer unter der Scharia leben möchte, der ziehe doch bitte in ein islamisches Land, nach Saudi-Arabien, Somalia oder in den Jemen ... Dort scheint auch häufiger die Sonne.

Rathaus-These 122: Muslimische Menschenrechte?

Im 19. Jahrhundert kam die muslimische Welt mit dem modernen Gedankengut der Freiheit und Gleichheit in Berührung. Seither gärt der Freiheitsgedanke auch dort, wird aber massiv unterworfen. Menschenrechte seien Teufelswerk, sagen die einen Muslime; die Menschenrechte entstammten dem Islam selbst, behaupten andere. Weder das eine noch das andere stimmt.

1948 erklärte die Organisation der Vereinten Nationen der Erde (UNO) universelle, allen Menschen zustehende Grundrechte, zu einer Art Weltleitkultur (Allgemeine Erklärung der Menschenrechte). Die Menschen und ihre Staaten sollten von nun an dafür Sorge tragen, sich vor Krieg und Willkürherrschaft, vor politischer, weltanschaulicher und religiöser Verfolgung, wirksam zu schützen. Die universellen Menschenrechte waren nahezu weltweit willkommen und einsichtig, außer in den schlimmsten Diktaturen. Insbesondere die islamischen Länder lehnten die Menschenrechte ab und fühlten sich herausgefordert, ihren Islam, ihre Scharia, dagegenzuhalten. Nicht offen konfrontativ, sondern mit größtmöglicher, oberflächlicher, nur scheinbarer Anpassung, um einerseits die Menschenrechte als islamisch zu vereinnahmen und den Islam über die Weltleitordnung zu stellen, zum anderen, um der freien Welt den Islam damit unterzujubeln.

Die Islamfunktionäre beabsichtigen damit vor allem, ihren Unterwerfungsglauben jeglicher Menschenrechtskritik zu entziehen, den Islam weiter zu erhalten und verbreiten zu können. Denn ihrem Aberglauben nach ist der Islam die Weltleitkultur. Als erstes gab der Islamrat Europas 1981 eine „Allgemeine Erklärung der Menschenrechte im Islam“ heraus. Es folgte 1990 eine „Kairoer Erklärung der Menschenrechte im Islam“ durch 45 Mitgliedsländer der Organisation der Islamischen Konferenz (OIC). Beide Dokumente sind im Wesen gleich. Formal wird die echte Menschenrechtserklärung nachgeahmt, inhaltlich aber wird die Scharia an deren Stelle gesetzt.

> „Die meisten Vertreter des Islam akzeptieren die Allgemeinen Menschenrechte mit der Einschränkung, dass sie mit der Scharia konform sein müssten. Im Klartext bedeutet dies, dass sie die Menschenrechte nicht akzeptieren.“
>
> Dr. habil. Michael Ley (geboren 1955), österreichischer Soziologe, Politologe und Autor, Direktor des Ludwig Boltzmann Instituts für Politik, Religion und Anthropologie an der Uni Innsbruck bis zu dessen Schließung (2005), 2017

In der Präambel der „Kairoer Erklärung“ heißt es, Allah habe die islamische Gemeinschaft (die Umma) zur besten Nation gemacht. Dieser Umma käme, als angeblich universeller und ausgewogener Zivilisation, die Führungsrolle zu, um die „von konkurrierenden Strömungen und Ideologien verwirrte Menschheit zu leiten und Lösungen für die chronischen Probleme dieser materialistischen Zivilisation zu bieten.“ Der Islam sei „die wahre Religion“.

Im Islam ist die Würde des Menschen an den Gehorsam gegenüber Allah geknüpft. Dieser Gehorsam ist die Voraussetzung für die individuelle Menschenwürde. Wer ungehorsam ist, wer sich nicht unterwirft, ist würdelos und wertlos. Während die universellen Menschenrechte für alle Menschen gleichermaßen gelten: „Alle Menschen sind frei und gleich an Würde und Rechten geboren.“, wie es wörtlich im Artikel 1 der „Allgemeinen Erklärung der Menschenrechte“ heißt, setzen die Muslime ganz gegenteilig eine Rechte-Hierarchie in die Welt: Die Muslime haben mehr Rechte als die Nichtmuslime und die Männer mehr Rechte als die Frauen. Frauenrechte werden zudem nur als Rechte von Ehefrauen bestimmt. In der „Kairoer Erklärung“ haben die Frauen zwar gleiche Menschen*würde*, aber nicht gleiche Menschen*rechte*. Und da die Scharia göttlich befohlen sei, habe kein Mensch das Recht, die Scharia „auszusetzen oder zu verletzten oder zu missachten“.

Die „Kairoer Erklärung der Menschenrechte im Islam“ ist die Scharia in einer äußeren Darstellungsform, welche die „Allgemeine Erklärung der Menschenrechte“ rein formal nachäfft. In den Artikeln der „Kairoer Erklärung“ werden einzelne Menschenrechte nach westlichem Vorbild erst eingeräumt und anschließend durch die Scharia wieder ausgeräumt. Diese Ausräumung geschieht sogar dreifach. Erstens durch die Präambel, zweitens in Form von Einschränkungen durch die Scharia in einzelnen Artikeln selbst und drittens durch zwei Artikel, die abschließend sämtliche Artikel nochmals ausdrücklich der Scharia unterstellen, um ganz sicher zu gehen.

Alle Menschen seien durch ihre Abstammung von Adam und ihre Unterwerfung unter Allah zu einer Familie verbunden. Alle Menschen hätten die gleiche Menschenwürde, dieselben Grundrechte und Pflichten und dürften nicht diskriminiert werden – *wenn sie dem „wahren Glauben“ angehörten* (Artikel 1). Da jeder Mensch von Geburt an Muslim sei und lediglich durch äußere Umstände davon abgebracht würde, bedeutet Religionsfreiheit im Islam nur frei zu werden für den Islam. Ohne diese „Rückkehr“ zum Islam fehle dem Individuum die volle, höchste Menschenwürde und damit verbunden der höchste Menschenrechtsstatus.

Dieses Einräumen und Ausräumen von Menschenrechten klingt dann konkret so: „Artikel 2a) ... das Recht auf Leben wird jedem Menschen garantiert ... es ist verboten, einem anderen das Leben zu nehmen, außer wenn die Scharia es verlangt.

... d) Das Recht auf körperliche Unversehrtheit wird garantiert ... außer wenn ein von der Scharia vorgeschriebener Grund vorliegt."

Artikel 5 garantiert das Recht auf Heirat nur unabhängig von Rasse, Hautfarbe oder Nationalität. Unausgesprochen wird es von der (richtigen) Religion abhängig gemacht. Denn bekanntlich dürfen muslimische Frauen nur Muslime heiraten.

Artikel 7 erlaubt den Eltern Erziehungsfreiheit nur im Rahmen der „ethischen Werte" und Grundsätze der Scharia. Kinder müssen zu Muslimen erzogen werden.

In Artikel 10 wird das Kapitalverbrechen, vom Islam abzufallen, zum „islamischen Menschenrecht" *umgedreht:* Es sei ein Menschenrecht, der „Religion der reinen Wesensart" anzugehören und verboten, zum Unglauben an eine andere Religion oder den Atheismus verführt zu werden.

Das Recht auf Freizügigkeit und auf Asyl wird ausdrücklich durch die Scharia eingeschränkt (Artikel 12). Was Verbrechen sind und welche Strafen erfolgen müssen, sei dem Willen Allahs zu entnehmen: „Es gibt keine Verbrechen und Strafen außer den in der Scharia festgelegten." (Artikel 19)

Das Recht auf freie Meinungsäußerung dürfe nicht die Grundsätze der Scharia verletzen, es dürfe nicht dazu benutzt werden, die Heiligkeit und Würde der Propheten zu verletzen, die moralischen Werte auszuhöhlen, die Gesellschaft zu spalten oder ihren Glauben zu schwächen! (Artikel 22) Indirekt wird sogar zur sozialen Kontrolle, zur Denunziation und zur Selbstjustiz aufgerufen: „Jeder Mensch hat das Recht, in Einklang mit den Normen der Scharia für das Recht einzutreten, das Gute zu verfechten und vor dem Unrecht und dem Bösen zu warnen." Die Verbreitung der Scharia sei also ein Menschenrecht, ein islamisches! Auch das Recht auf Ausübung öffentlicher Ämter wird an die Scharia gebunden.

Die Artikel 24 und 25 unterstellen alle Rechte und Freiheiten der Kairoer Erklärung nochmals ausdrücklich der Scharia: Artikel 24 legt fest: „Alle Rechte und Freiheiten, die in dieser Erklärung genannt wurden, unterstehen der islamischen Scharia." Und Artikel 25: „Die islamische Scharia ist die einzig zuständige Quelle für die Auslegung oder Erklärung jedes einzelnen Artikels dieser Erklärung."

> „Wenn die Scharia den Menschenrechten übergeordnet ist, dann gibt es keine Menschenrechte, dann gilt eben die Scharia. Das ist so, als hätten Stalin oder Hitler die Menschenrechte proklamiert und hinzugefügt: „Alle diese Rechte unterstehen der kommunistischen Idee." Beziehungsweise: „Sie unterstehen der nationalsozialistischen Ordnung." Die Konsequenzen zeigen sich allerorten."
>
> Prof. Dr. Egon Flaig (geboren 1949), deutscher Lehrer, Althistoriker und Philosoph, 2013

Der Rat der Liga der arabischen Staaten hat noch eine ähnliche, regionale Menschenrechtserklärung herausgegeben, eine „Arabische Charta der Menschenrechte“, um die, von 1994 bis zuletzt 2008, gerungen wurde und wahrscheinlich auch weiter gerungen werden wird, denn sie geht einen Schritt weiter und versucht das Unmögliche: Laut Präambel bekennt sie sich zu den Prinzipien der „Charta der Vereinten Nationen und der Allgemeinen Erklärung der Menschenrechte“ und zu den „Internationalen Pakten über bürgerliche, politische, wirtschaftliche, soziale und kulturelle Rechte“ *und* zur „Kairoer Erklärung der Menschenrechte im Islam“. Sie ist also ein Versuch der Selbst- und Fremdtäuschung. Ein allseitiges Täuschungsmanöver.

Während die universellen Menschenrechte jedem Menschen automatisch zustehen und befreiend für jeden Menschen wirken, werden die „islamischen Menschenrechte“ erst von Allah verliehen und *dienen der Unterwerfung des Menschen.* Alle Versuche „islamischer Menschenrechtserklärungen“ belegen deshalb letztlich nur eines: Dass ein deutscher oder europäischer Islam niemals möglich sein wird. Die allgemeinen, echten Menschenrechte *verlangen den Bruch des islamischen Rechts,* der Scharia, mithin die Überwindung des Islams! Da gibt es einfach keinen Ausweg, keine Ausflucht, keine verbindende Brücke, die man nehmen könnte. Viele Menschen haben sich an der Vermittlung versucht, alle Versuche sind gescheitert und werden weiter scheitern.

> „Die im Westen lebhaft geführte Menschenrechtsdiskussion hat in muslimischen Ländern keine geistesgeschichtliche Tradition. Die Rechte, die der Mensch besitzt, sind ihm von Gott gegeben, und damit ist er als Individuum dem Willen Gottes untergeordnet: Islam bedeutet „Ergebenheit in Gott“. Von daher haben westliche Vorstellungen wie Entfaltung der Persönlichkeit oder Selbstverwirklichung keinen Raum im muslimischen Denken. Das Selbst ist nicht etwas, das der Mensch hat und das er verwirklichen könnte. Nicht der Mensch ist Mittelpunkt der Welt, sondern Gott. Nicht das Selbst ist zu verwirklichen, sondern allein der Wille Gottes.
>
> Auch der christliche Denkansatz einer Trennung von Staat und Religion ist im Islam nicht vorhanden: Islam ist Religion und Staat zugleich! Die islamische Staatstheorie kennt weder den Begriff des „Citoyen“, des Bürgers, der dem Staat gleichberechtigt gegenübersteht, noch den der Nation. ... Hier klafft eine große Lücke zwischen westlicher und muslimischer Weltsicht.
>
> Da es aus islamischer Perspektive keine eigenständigen, mit dem Menschsein gegebenen Menschenrechte gibt, die der Einzelne z. B. gegenüber dem Staat geltend machen könnte, erübrigt sich auch die Frage nach dem Recht auf Religionsfreiheit. Jeder Mensch ist dazu bestimmt, Muslim zu

sein bzw. zu werden. Und dem Islam den Rücken zu kehren, bedeutet die schwerste Verfehlung, die ein Mensch begehen kann, bedeutet sie doch die Abkehr von Allah. Darauf kann – gemäß solchem Denken – nichts anderes als die Todesstrafe stehen. ...“

Manfred Suermann, Wissenschaftlicher Referent im Katholischen Militärbischofsamt, 2007

In den islamischen Staaten sind Verletzungen der fundamentalen Menschenrechte zwangsläufig eine Normalität. Zugleich aber werden die Muslime, auch auf Staatsebene, immer selbstbewusster und versuchen sendungsbewusst, ihrem islamischen Erbe international Geltung zu verschaffen. Sie versuchen die Scharia in internationale Menschenrechtskonventionen einzuarbeiten. *Kritik am Islam soll verboten werden!* Neun Staaten der „Organisation für islamische Zusammenarbeit (OIC)“ sind Mitglieder im UN-Menschenrechtsrat und setzten dort schon erfolgreich Resolutionen gegen die Diffamierung von Religionen durch! Mithilfe der Kampfbegriffe „Islamophobie“ und „Islamfeindlichkeit“ fordern sie Sonderbehandlung und freie Hand für den Islam. Schariatische Menschenrechtsverletzungen sollen im Menschenrechtsrat nicht mehr thematisiert werden.

Lassen wir uns davon nicht beeindrucken und betrügen wir uns bloß nicht selbst! Und lassen wir uns nicht betrügen! Der Islam ist und bleibt mit den Menschenrechten unvereinbar. Das kann sich auch niemals ändern. Beschwichtigen ist daher keine Lösung. Wir müssen die Konfrontation aushalten und uns dagegenstellen! Denn ehrlicherweise bleibt festzustellen:

„Der Islam ist ein organisiertes Verbrechen gegen die Menschlichkeit!“

Dr. Younus Shaikh (geboren 1952), pakistanischer Arzt, Menschenrechts-Aktivist, Rationalist und Freidenker, wurde wegen „Gotteslästerung“ zum Tode verurteilt, dann freigelassen und lebt heute als politischer Flüchtling in der Schweiz

Es gibt keine islamischen Menschenrechte, denn der Islam ist anti-menschenrechtlich. Die Scharia ist Antimenschenrecht. Wir müssen die Menschheit gegen den Islam verteidigen.

Rathaus-These 123: Der Islam ist politisch

Der Islam ist nicht einfach nur eine Religion, denn er bestimmt politisches Handeln zur religiösen Pflichterfüllung. Selbst das rituelle islamische Gebet ist zugleich politisch dimensioniert, denn die Erde sei für die Muslime zum Beten erschaffen worden. Die ganze Welt gehörte ihnen als Gebetsraum. Wenn Muslime eine öffentliche Straße oder einen anderen öffentlichen Platz besetzen, um dort zu beten oder auf andere Weise für ihren Glauben zu demonstrieren, ist das ein *politischer Akt*, um ihren Anspruch auf Besitz und Herrschaft zu bekunden. Das ist *Politik*. Allen politischen Forderungen des Islams ist ebenso *politisch zu antworten*! Der Islam startet immer mit religiöser Motivation und landet immer als politische Kraft!

Weil der Islam den Auftrag beinhaltet, eine *weltweite islamische Gesellschaftsordnung* zu schaffen, die „beste Gemeinschaft", ist er *immer auch politisch*. Es gibt stets viele Muslime, die ihren Auftrag auch annehmen und leben wollen. Der Islam zielt auf eine lokale und zuletzt globale Theokratie, er ist deshalb eine zutiefst politische Religion, eine politisch-religiöse Ideologie. Es mag unpolitische Muslime geben, aber es gibt keinen unpolitischen Islam, denn dieser drängt immer zu weltlicher Macht, weil Mohammed-Allah keine Trennung zwischen jenseitigem und diesseitigem Heilsversprechen kannte, sondern beides in Eins setzte. *Wer Mohammed anhängt, der kann nicht ehrlich zwischen Staat und Islam trennen, weil beide denselben weltlichen Machtraum beanspruchen.*

Eine Trennung zwischen religiösem und politischem Islam vornehmen zu wollen, um *nur den politischen Teil* des Islams zurückweisen zu müssen, ist westliches Wunschdenken, abgeleitet aus der Erfahrung mit dem Christentum, und vorschnell, weil fälschlich, auf das Mohammedanertum übertragen. Nur der politische Islam sei Islamismus, heißt es da, in seiner schärfsten Form eben islamischer Terrorismus. Aber fragen wir uns doch: Sind die mordenden Muslime, die Allahu-Akbar! – Gott ist größer! – rufen, nun politische oder doch religiöse Täter? Sind ihre Morde politische oder religiöse Morde? Sind ihre Märtyrer-Selbstmorde politisch oder religiös motiviert?

Es ist religiöser Terrorismus! – Der zugleich politisch ist, weil Muslime immer auch politische Ziele verfolgen. *Der Islam ist religiös motivierte Politik.* Wer sich gegen die muslimischen Mörder wehren will, der muss sich gegen den ganzen Islam wehren. Gegen den politischen Islam *und* gegen den religiösen Islam, wenn man beide Seiten der gleichen mohammedanischen Medaille unbedingt einzeln ansprechen will. Das ist Fakt. Diese Erkenntnis muss sich durchsetzen. Oder unsere Freiheit ist verloren.

> „Den nichtpolitischen Islam gibt es nicht. Der Islam ist immer politisch. Sobald er aus der Moschee kommt, versucht er, die Gesellschaft radikal zu verändern."

Samuel Schirmbeck (geboren 1941), deutscher Journalist, Autor und Filmemacher, ehemaliger ARD-Korrespondent mit Auslandserfahrung in nordafrikanischen Ländern, 2016

Schon im Jahr 2007 hatte Zülfü Livaneli, eine bekannte Persönlichkeit in der Türkei, Angst vor einer schleichenden Islamisierung seines laizistisch-säkularen Landes und gab uns darüber in einem Interview Auskunft:

> „Wollt ihr Europäer wissen, warum wir Angst haben? Weil sich der Islam in den Alltag einmischt. Moses war ein Exilant. Jesus war ein Verstoßener. Mohammed war anders: Er war reich und verheiratet. Und als er starb, hinterließ er einen Staat. Das war ein politisches System von Anfang an."

Zülfü Livaneli (geboren 1946), türkischer Kulturschaffender (Komponist, Sänger, Autor, Filmregisseur) und Ex-Parlamentarier, 2007

Heute ist in der Türkei der Islam wieder an der Macht und setzt deutsche Panzer ein, im In- und Ausland. Der Islam ist zweifach politisch, nach innen und nach außen, denn seine Gesellschaftsordnung soll ja nicht nur für eine Gruppe selbstgenügsamer Gläubiger verbindlich sein, sondern für alle Menschen.

Muslime möchten, dass das Land, in welchem sie leben oder einwandern, muslimisch geprägt ist. Sie möchten, dass Allah und sein letzter Prophet die höchsten gesetzgeberischen Autoritäten sind, auch für die „Ungläubigen". Sie möchten, dass alle Muslime werden und dem Willen Gottes, nicht ihrem eigenen Menschenwillen, folgen. Sie wollen Gottesrecht statt Menschenrecht. Sie unterwerfen sich selbst ihrem Gott und Propheten und all jene, die sie mit ihrer Macht erreichen können! Rein religiös (in Mekka) war der Islam ein Fehlschlag, politisch (ab Medina) ein Erfolg. Alle politischen Feinde Mohammeds waren tot, bevor er selbst starb. Der Dschihad führt zu politischen Ergebnissen, nicht zu religiösen. Die Religion bleibt sich gleich, nur der politische Herrschaftsbereich wird ausgeweitet. Die Haltung der Muslime zu uns Nichtmuslimen und ihr Umgang mit uns durch ihre Missionare und Dschihadisten sind höchst politische Angelegenheiten. Die politische Seite des Islams betrifft einfach alle Menschen, auch wenn die einen mehr und die anderen weniger betroffen sind. Der Islam ist ein Geopolitikum. Deshalb gibt es *keinen unpolitischen Islam*. Denn der Unterwerfungsglaube ist schon im Ursprung als *auszubreitende Staatsreligion* angelegt, kein Muslim kann sich dem entziehen.

Die Fortentwicklung der antiken griechischen Philosophie und Demokratie zur neuzeitlichen Aufklärung, zu den modernen Natur- und Gesellschaftswissenschaften und den modernen Demokratien, war, entgegen der Dogmen und Denkverbote des Christentums, nur möglich, weil das Christentum *den weltlichen Staat nicht abschaffte*. Unter seinem Dach konnten kritischer Materialismus und kreative Vielfalt fortwirken. Nur deshalb konnte Europa zur Weltleitkultur aufsteigen. Die Voraussetzung dazu waren und sind das immer spannungsgeladene, aber letztlich doch akzeptierte, nahezu gleichberechtigte, innergesellschaftliche Miteinander von Gottgläubigen und Materialisten. Ohne einen Freiraum für Materialisten hätten sich Wissenschaft und Technik auch unter dem Christentum nicht entfalten können.

Mit der Ankunft des Islams und seinem Dschihad ist die *friedliche Koexistenz zwischen Religion und Wissenschaft beendet worden.* Der Kampf um die Deutungshoheit, um die Macht, ist von Seiten der Religionen wieder aufgenommen worden, weltweit und auch in Deutschland.

Das Christentum kann unter Aufklärungsdruck eine weltliche, übergeordnete Herrschaft akzeptieren und vom Gottesstaat ablassen, weil seine Heilserwartung nicht auf die Gegenwart, sondern auf eine erlöste Zukunft hin ausgerichtet ist. Die Muslime können das nicht, weil sie aufgefordert sind, die von Allah gestiftete und geforderte Gesellschaftsordnung, die unter Mohammeds Herrschaft schon existierte, überall in der Welt wiederherzustellen. Mohammed war der erste Islamist, der erste islamistische Terrorist, der erste islamische Anti-Christ. Weil angeblich jeder Mensch bereits als Muslim auf die Welt käme und nur durch Abirren zum Nichtmuslim geworden sei, solle und könne er durch „das richtige Wissen zurückgewonnen" werden.

Der Islam kann niemals unpolitisch sein und sich auf ein spirituelles Verhältnis zwischen Mensch und Gott zurückziehen, weil er *eine Anleitung zur Gottesherrschaft auf Erden* ist. Und außerdem praktisch aspirituell.

Die Muslime richten sich nach einer festgeschriebenen Vergangenheit aus, die Christen nach einer zu erwartenden Zukunft. Die Säkularen hingegen gestalten ganz pragmatisch die irdische Gegenwart mit Blick auf ihre unmittelbare Zukunft.

> (Schlussendlich führen uns) „alle rationalen Erkenntnisse über den Islam zu der Einsicht, dass die Freiheiten demokratischer Gesellschaften nur erhalten werden können, wenn der Islam als totalitäre politische Ideologie erkannt wird. Der demokratisch verfasste Staat und die liberale Gesellschaft können langfristig nur durch ein Verbot des verfassungs- und menschenrechtswidrigen Islam geschützt und erhalten werden. Diese Einsicht mag unter den gegenwärtigen politischen Machtverhältnissen als unrealisierbar eingestuft werden, sie ist dennoch die einzige Perspektive einer europäischen Zivilisation. ...
>
> Die Linken, die Grünen und viele Feministinnen – und in ihrem ideologischen Nachvollzug die sog. christlichen und sozialdemokratischen „Volksparteien" – sind im Begriff, mit den islamischen Invasoren und deren einflussreichen Organisatoren die europäische Zivilisation zu zerstören. Die

Selbstvernichtung großer Teile Europas ist historisch einmalig: Noch nie hat sich eine Zivilisation freiwillig aufgegeben. ...

Der Grund für diesen wahrlich kafkaesken Irrsinn Deutschlands liegt offensichtlich in seiner Unfähigkeit, mit der eigenen Geschichte rational umzugehen. Gerade die sog. Bildungsschicht ist offensichtlich nicht mehr in der Lage, kritisch und rational zu denken. Das aufklärerische Denken scheint völlig versiegt zu sein; an seine Stelle tritt eine pure gesinnungsethische Ideologie, wie wir sie nur aus totalitären Systemen kennen: Das hirnlose Rekapitulieren von völlig weltfremden Behauptungen, die jeder politischen oder wissenschaftlichen Erfahrung widersprechen, versetzt den distanzierten Beobachter in die ungewohnte Rolle eines Psychiaters. Mit den bekannten Methoden der Soziologie oder der Politikwissenschaft kann man dieses Phänomen kaum mehr erfassen: Hochrangige Vertreter der christlichen Kirchen negieren die größte Christenverfolgung der Geschichte, die derzeit stattfindet, und buhlen um die Zuneigung islamischer Radikaler. Sozialdemokraten werben für die Integration einer faschistischen Ideologie, Feministinnen und Homosexuelle empfinden Sympathie für ihre Todfeinde, Unternehmerverbände haben Verständnis für die Vertreter des islamischen Zinsverbots, das den Untergang jeder modernen, ökonomischen Rationalität bedeutet. Integrationsforscher empfehlen der indigenen deutschen Bevölkerung, arabische Sprachkenntnisse zu erwerben, um sich im neuen Deutschland erfolgreich zu integrieren. Es lohnt nicht, diese politischen Unsinnigkeiten durch weitere Beispiele zu verlängern. Diese Befunde betreffen jedoch nicht nur die deutsche Politik, sondern sind Bestandteil der Ideologie des west-europäischen Establishments, des sog. kulturellen und politischen Mainstreams – insbesondere der *Europäischen Union.*

In wenigen Jahren droht Deutschland ein Staatszerfall durch die Folgen der islamischen Invasion und Kolonisation, der Verlust des Gewaltmonopols des Staates durch No-Go-Areas und die damit verbundene Ausbreitung eines parallelen islamischen Scharia-Rechtssystems, die Verfestigung eines postmodernen Obrigkeitsstaates und die schleichende Aushebelung des Rechtsstaates, der rapide Verfall der Bildungssysteme, der die ökonomische und gesellschaftliche Zukunft bedenklich gefährdet.

Damit ist ein Staatsversagen eingetreten, das nur zwei Konsequenzen nach sich ziehen kann: Entweder der Staat setzt sein Gewaltmonopol wieder mit Gewalt durch oder es droht ein Bürgerkrieg. Mit den herrschenden politischen Kräften ist eine Rückkehr zum demokratischen Verfassungsstaat nicht mehr möglich. Nur in einer letztlich demokratischen Zerschlagung der Diktatur der politischen Nomenklatura und ihrer medialen Vasallen kann vielleicht noch eine Perspektive für ein zivilisiertes Europa entstehen.“

Dr. habil. Michael Ley (geboren 1955), österreichischer Soziologe, Politologe und Autor, Direktor des Ludwig Boltzmann Instituts für Politik, Religion und Anthropologie an der Uni Innsbruck bis zu dessen Schließung (2005), 2017

Ich bin optimistisch. Wir werden es schaffen und das Staatsversagen beenden. Unsere Strategie zur erfolgreichen Gegenwehr muss eine verstärkte Aufklärung sein, also die Rückkehr zum kritisch-rationalen Denken und zur wirklichen Demokratie. Wir müssen uns einfach nur Re-Demokratiesieren! Hätten wir vor Jahren eine funktionierende Demokratie gehabt und hätte der Souverän, das deutsche Volk, entschieden, dann gäbe es heute den Euro, die Schuldentransferunion, die islamische Masseneinwanderung und den neuen „Kalten Krieg" mit den Russen nicht! Eine lebendige statt eingeschläferte und betrogene Demokratie hätte alle diese großen deutschen Gegenwartsprobleme mit großer Wahrscheinlichkeit abgewendet.

Wir besitzen die Errungenschaften, die geistigen Werkzeuge, unsere Krise zu meistern. Der Islam hingegen wird an seiner Krise scheitern: Die islamische (Un-) Kultur ist dem Untergang geweiht, *nicht wir! Die islamische Welt* zerfällt. Wir müssen uns nur heraushalten und dürfen uns nicht durch Einwanderungsströme mit hinabziehen lassen. Damit wäre keinem Land geholfen. Unser Europa, oder ein Rest davon, wird – jedoch nur als „Festung Europa" – als Weltinsel des Friedens, der Freiheit und der Sicherheit, fortbestehen und sich fortentwickeln: Als *die* vielfältige, führende Welt-Zivilisation, die wir unzweifelhaft sind. Wir müssen das nur wollen. Wir, die Völker Europas, wir, die wahren, rechtmäßigen Souveräne.

Rathaus-These 124: Der Islam ist ein politischer Gegner

Mohammeds Bekehrungsrate lag bei 10 Personen pro Jahr, als er nur ein Prediger der Unterwerfung war, und sie stieg um den Faktor Tausend auf 10.000 Personen jährlich, nach dem er auch Gewalt-Politiker wurde. Der erste Schritt muss also sein, dem Islam die Gewaltpolitik wieder wegzunehmen, ihn zwangszubefrieden, wie zu Anfang in Mekka. Wir müssen dem Islam, auf *unserem* Territorium, in *unserem* Herrschaftsbereich, komplett die politische Macht entziehen, ihn *entpolitisieren*! Im Ergebnis wird der Islam zum Versuch einer reinen Religion. Der zweite Schritt muss sein, diesen Religionsversuch aufzuklären und die Menschen endlich aus der Gefangenschaft Allahs zu befreien. Wir zeigen ihnen auf, dass der Gott des Korans nicht der Schöpfergott sein kann. Während der Schöpfergott wirklich existiert, ist der Gott des Korans eine zutiefst menschliche Erfindung und existiert gar nicht!

Es ist, im wahrsten Sinne des Wortes, *notwendig*, den Islam als Entwurf einer *Gesellschaftsordnung* politisch zu verwerfen, abzulehnen und abzuschaffen und ihn sodann als Religion aufzuklären. Alle anderen Religionen gleich mit. Diese Rückabwicklung des Islams und die Wiederbefreiung der unterworfenen Menschen ist wesentlich *notwendiger* noch als die *Rückabwicklung des Sozialismus* gewesen war! Die *Rückabwicklung des Islamismus* ist jetzt unsere dringendste Aufgabe in Deutschland. Freunde der Freiheit, lasst uns ans Werk gehen! Gemeinschaftlich!

Der Islam ist ein *politischer Gegner* aller freiheitlichen Parteien, denn er ist anti-menschenrechtlich, anti-demokratisch, anti-liberal, anti-wissenschaftlich, anti-rational, anti-pädagogisch, anti-pluralistisch, er ist gegen Bildung und Aufklärung gerichtet, er ist sogar anti-religiös: anti-christlich, anti-jüdisch, anti-polytheistisch, anti-spirituell. Er ist uns allen feind.

Wo steht der Islam im politischen Spektrum? Ganz rechts, er ist *rechtsextrem*. Gerade den Linken müsste das gewaltig aufstoßen, stattdessen stellen sie sich schützend vor diese politreligiöse, erzkonservative, faschistische Ideologie. Merkwürdig, mit unseren Linken stimmt etwas nicht. Sie müssen schwer etwas abbekommen haben, wahrscheinlich erst den Nationalsozialismus und dann den Beton ihres einstürzenden Realsozialismuses.

Vorerst stellen sich nur die Nationalkonservativen und die faschistischen Nazis (Nationalsozialisten) dem islamischen Angriff und dem drohenden islamischen Untergang Deutschlands entgegen. Und letztere taten es auch schon mit Mord. Das darf auf keinen Fall so bleiben, *alle Demokraten,* von demokratisch links bis demokratisch rechts, von sozialdemokratisch über linksliberal, rechtsliberal bis national-konservativ, müssen die Verteidigung aufnehmen, müssen das *Gewaltmonopol des Staates einsetzen,* um unsere Errungenschaften, unser aller Freiheiten, unser Leib und Leben, zu schützen und unseren Landesfrieden zu bewahren. Auf geht's! – Liebe Patrioten der Freiheit!

Rathaus-These 125: Islamfreie Zone

Deutschland wird nicht am Hindukusch in Afghanistan verteidigt, sondern überall in den deutschen Innenstädten. Unser Ziel muss es sein, unser Zuhause, unser Deutschland, von der Unterwerfung zu befreien und vor neuerlichen Unterwerfungsversuchen zu schützen. Wir unterwerfen uns nicht! Wir verteidigen uns! Das ist unser Land, kein islamisches!

Der Islam gehört nicht ins Rathaus, die Scharia nicht ins Gericht. Die Politik und der Islam, die Justiz und der Islam, sind ab sofort *konsequent voneinander zu trennen.* Keine Staatsmacht dem Islam! – Keinen Islam mehr in unserer Staatsmacht! Stoppen wir – ein jeder wo er kann – den Islam in Deutschland und in Europa!

Jeder Mensch ist prinzipiell frei, sich zu entscheiden, ob er seine Unterwerfung billigen oder seine Freiheit verteidigen will. Unterwerfung & Gehorsam oder Freiheit & Verantwortung ... Was wollen *Sie?* Vergessen Sie dabei nicht Ihre Mitverantwortung für Ihre Mitmenschen und alle nachfolgenden Generationen! Denn mit Ihrer Entscheidung prägen auch Sie die Gesellschaft und machen Sie es anderen Menschen schwerer oder leichter, sich ebenfalls frei entscheiden zu können.

Deshalb meine Bitte, machen Sie mit und stehen Sie zu unserer Verfassung, dem Grundgesetz. Stehen Sie zu unseren Errungenschaften und zu unserer Zukunft. Helfen Sie mit, Deutschland und Europa, *unseren Frieden, unsere Freiheit, unsere Sicherheit,* friedlich und entschieden zu verteidigen.

Ich zähle auf Sie!

Danke!

Fazit:

Der Islam ist Unterwerfung
wir unterwerfen uns aber nicht
sondern wir stoppen den Islam
und behalten unsere Freiheit.

3. Die Lösungsansätze

„Es gibt nichts Gutes, außer man tut es."

Dr. Erich Kästner (1899 - 1974), deutscher Journalist und Autor

Klare Werte verlangen nach klaren Gedanken, nach klaren Worten und nach klarem Handeln!

Ich wende mich gegen Hass und Gewalt! Ich möchte den drohenden Bürgerkrieg verhindern! Ich will nie wieder Krieg! Ich will nie wieder Diktatur! Ich gebe meine Freiheit nicht mehr her!

Wir tun das Richtige, wenn es die Liebe ist, die uns antreibt und kein Hass sich beimischt, wenn Einsicht und Vernunft uns leiten, wenn wir zur Freiheit für alle Menschen auf Erden streben. Lassen wir uns beraten von der Wahrhaftigkeit, der Güte und der Schönheit. Aber Schweigen wir nicht, sondern stehen wir auf und tragen wir unsere Verantwortung, tragen wir *unseren persönlichen Teil* dazu bei, ein freier Mensch unter freien Menschen zu sein und weiterhin bleiben zu können.

Es lebe das Leben! Es lebe der freie Westen!

Was zu tun ist ...

Lösung 1: Wir nehmen uns selbst an!

Wir Nachgeborenen überwinden die deutsche Schuld- und Sippenhaft. Wir bitten unsere Nachbarvölker um Vergebung und führen uns vor Augen, dass auch andere große Völker große Verbrechen begangen haben. Die ererbte Schuld streifen wir ab und die ererbte Verantwortung ziehen wir umso fester an uns.

Wir versuchen nicht länger, uns durch einen Alibi-Antinationalismus vor den verbrecherischen Fehlern der Vergangenheit zu schützen. Wir Deutschen werden wieder normal, ganz normal national. Wir halten ganz normale politische Einstellungen nicht länger für „ganz schlimm rechts" aus germanophober Angst vor einer Wiederkehr des Nationalfaschismus. Wir finden stattdessen zur ethnischen und kulturellen Selbstbehauptung zurück. Unsere Rettungsformel lautet: Freiheit – Demokratie – Menschenrechte!

Dazu sammeln wir, aus dem Volk heraus, bundesweit hunderttausende Unterschriften unter ein Vergebungsersuchen. Unser Bundesaußenminister übergibt die Unterschriftenstapel an seine Amtskollegen aller vom deutschen Hitlerfaschismus betroffen gewesenen Völker. Und wir machen uns klar: Unsere Vorfahren waren nicht böser als anderswo, nur gründlicher. Wir heutigen Deutschen sind wieder ganz frei, nach unserer eigenen Selbstverantwortung zu entscheiden.

Wir hindern die islamischen Führer und ihre Umma an dem Plan, uns Deutsche unter Ausnutzung unseres Schuldgefühls, unserer Demokratie und unserer Religionsfreiheit immer weiter zu islamisieren, bis die deutsche Gesellschaft eine islamische geworden ist.

Wir hören auf, uns kulturell und als deutsches Volk aufzugeben. Wir nehmen uns selbst an, unsere Geschichte, unsere Gegenwart, unsere Zukunft. Wir lieben uns, als Menschen, als Deutsche und als Europäer. Wir lieben unser Land, wir lieben unsere Heimat. Wir sind selbstbewusst und stolz auf unsere großartige Hochkultur. Wir achten und wertschätzen die Aufklärung, die Wissenschaften, die Künste, die Technik, das Handwerk. Wir entdecken unser Deutschland neu und wir greifen frohgemut nach unserer Zukunft.

Lösung 2: Wir souveränisieren!

Wir ordnen unsere Volksherrschaft allen Ideologien über. Wir Re-Demokratisieren Deutschland, wo das nötig ist. Wir holen uns die volle Volkssouveränität zurück. Wir überlassen anderen nichts von unserer Souveränität, weder den internationalen Konzernen, der NATO, der Europäischen Union oder dem Islam und seinem „Allah". Wir verteidigen unsere nationalstaatliche Demokratie gegen alle imperialen und diktatorischen Versuche, gleich welcher Art.

Lösung 3: Wir beherrschen unsere Grenzen!

Wir kontrollieren an der gesamten deutschen Grenze den Personenverkehr und verhindern illegale Einwanderung. Wir beschließen, dass wir nur hochqualifizierte Zuwanderer haben wollen und diese in Maßen, nicht in Massen. Zuwanderung soll unser Niveau heben, nicht senken. Wir stoppen die weitere Einwanderung von Muslimen, die Hidschra, indem wir die deutsche Grenze und die EU-Außengrenze für muslimische Einwanderung schließen.

Lösung 4: Wir beenden den Bevölkerungsaustausch!

Wir setzen auf eigenen Nachwuchs und steigern die Geburtenrate der Deutschen (selbstverständlich einschließlich der Neudeutschen) durch geeignete Maßnahmen auf die erforderliche Erhaltungsrate von 2,1 Kindern pro Frau. Massenzuwanderung ist nicht erwünscht und nicht nötig.

Lösung 5: Wir laden ein! Und aus!

Liebe Neubürger, ihr seid eingeladen, unsere Werte und unseren Lebensstil zu teilen und mit uns zu leben. Ihr Muslime in Deutschland, ordnet euch unserem Willen zur Freiheit unter oder wandert wieder aus.

Lösung 6: Wir stehen zu unseren Werten!

Wir sind wahrheitsliebende Humanisten. Wir wenden uns gegen Hass und Gewalt, gegen Lügen und Irrtümer, gegen Aberglauben und Utopien.

Unsere Grund- und Menschenrechte sind nicht verhandelbar, sondern für jeden Menschen annehmbar. Wer sie nicht will, bleibe Deutschland fern.

Wir praktizieren und wertschätzen den kritischen Verstand. Wir stellen intelligente Fragen und üben fundamentale Kritik an „heiligen Offenbarungen". Wir sind wahrhaftig. Wir legen den Maulkorb ab und sagen und verbreiten ungeschönt die Wahrheit über den Islam.

Wir wehren uns gegen jede Form faschistischer Machtergreifungsversuche, ob von rechts, von links oder von religiös.

Lösung 7: Wir verteidigen die Aufklärung!

Die Aufklärung gehört zu Deutschland! Das Primat der Aufklärung ist die Voraussetzung für Religionsfreiheit und Pluralismus, für Erfolg und Fortschritt. Die Islamisierung ist eine Gegenaufklärung. Unsere westliche Freiheit verteidigt nur, wer die Aufklärung verteidigt. Unsere europäische Aufklärung ist und bleibt unsere große Erfolgsformel. Aufklärung ist im Westen Pflicht. Die Menschenrechte und unsere deutschen Grundrechte sind die daraus hervorgegangenen, verbindlichen Grundregeln unseres Zusammenlebens. Alle Schüler lernen die deutschen Grundrechte und die universellen Menschenrechte der Vereinten Nationen in komprimierter, verständlicher Form auswendig.

Muslime, die hier bleiben und Deutsche werden wollen, beschulen wir mit langfristig angelegten Integrationskursen als Pflichtveranstaltung, ohne die ihre Einbürgerung sachlich voraussetzungslos wäre. In diesen Integrationskursen konfrontieren wir sie in ihrer Muttersprache mit den Erfahrungsschilderungen von Konvertiten, die einen Ausweg aus dem Islam gefunden haben, die den Gott der Liebe und Vergebung entdeckt haben oder den atheistischen Humanismus. Vormalige Muslime – in Ton und Bild, aber auch persönlich – schildern hautnah ihren inneren und äußeren Weg heraus aus der Gefangenschaft der Unterwerfung, hinein in die freie Welt, die keineswegs gottlos ist. Sie geben Beispiele. Hinzu kommen das Erlernen der deutschen Sprache und das Auswendiglernen der universellen Menschenrechte und der deutschen Grundrechte.

Wir bieten unseren Muslimen drei gangbare Alternativen zum islamischen Theismus an: einen anderen Theismus, Atheismus und Spiritualität.

Lösung 8: Wir beurteilen den Islam nach unserem Maßstab!

Unsere aufklärerische Minimalforderung an den Islam lautet: Schwört dem heiligen Hass, der Gewalttätigkeit und dem politischen Anspruch, eine islamische Gesellschaft zu organisieren, ab. Wir verleihen unserer Minimalforderung verbindlichen Nachdruck, indem wir ein wissenschaftliches Autorenkollektiv beauftragen, eine kommentierte Ausgabe von Mohammeds Koran und Hadithen herauszugeben und all jene Aussagen zu kennzeichnen und den Muslimen zur Streichung zu empfehlen, die den universellen Menschenrechten und unseren deutschen Gesetzen zuwiderlaufen. Als eine Klarstellung, denn Koran und Sunna sind die Saat der islamischen Gewalt.

Wir machen Nägel mit Köpfen!

Lösung 9: Wir setzen den Aufklärungsfrieden durch!

Zur Aufklärung gehört, die Gültigkeit von Mohammeds Worten zu widerlegen. Zwar können nicht alle Gedanken und alle Menschen aufgeklärt werden, aber Aufklärung herrscht dann, wenn niemand mehr Angst vor den Religionen haben muss. Diese tatsächliche Angstfreiheit ist das realistische, pragmatische Aufklärungsziel, welches mindestens erreicht werden muss. Durch unsere Staatsorgane ist sicherzustellen, dass jeder Mensch in Deutschland seinen Glauben wechseln oder ablegen kann, ohne schwerwiegende Folgen befürchten zu müssen oder zu erleiden. Wir setzen den „Westfälischen Frieden“ wieder in Kraft, den uns die Muslime zerstört haben.

Lösung 10: Wir bauen auf!

Das Gute bewahren, das Schlechte verbessern! Nicht alles ist machbar oder neu konstruierbar. Was sich bewährt hat, müssen wir bewahren und darauf aufbauen. Unsere gewachsenen Strukturen verdienen unseren Respekt, den wir auch von den Hinzukommenden einfordern.

Der Islam hält sich für die Anleitung zur besten Gesellschaftsordnung. Wir hingegen formulieren Kriterien, woran wir eine schlechte, eine gute und eine bessere Gesellschaftsordnung überhaupt erkennen wollen. Wir legen den Maßstab fest und setzen uns zum Ziel, in unserem eigenen Verantwortungsbereich und mit großem Realismus das Schlechte zum Guten und das Gute zum Besseren zu entwickeln. Wir begegnen der ignoranten Rechthaberei des Islams mit einer fortgesetzten Entwicklung unserer Moderne.

Lösung 11: Inländer zuerst!

Die Menschenrechte sind für alle Menschen da, ihre Verwirklichung aber ist eindeutig *Ländersache.* Rechte, Pflichten und Verantwortung gehören überall auf der Welt stets eng zusammen. Die deutschen Grundrechte und der deutsche Sozialstaat gelten nur den deutschen Staatsbürgern, nicht der ganzen Welt.

Lösung 12: Wir verteidigen die deutsche Einheit!

Parallelgesellschaften erlauben wir nicht mehr. Die bestehenden Parallelgesellschaften lösen wir durch Abschwächen, Abschieben und Assimilieren konsequent auf.

Wir verteidigen unsere Werte, unsere Sicherheit und die deutsche Einheit. Die Westdeutschen müssen sich auch den Ostdeutschen anpassen und gemeinsam setzen wir die deutsche Leitkultur in Stand.

Lösung 13: Wir sind Leitkultur!

Unsere Leitkultur ist das Licht der Aufklärung. Die islamische Leitkultur hingegen ist die Unterwerfung im Sandsturm. Wir verlangen Respekt für unsere europäische und deutsche Leitkultur, von uns selbst und von den Neubürgern. Die Integration findet in unsere Leitkultur statt oder eben in Parallel- und Gegengesellschaften hinein, die wir deshalb auflösen und verhindern müssen.

Die deutsche Leitkultur ist das Integrationsziel aller Zuwanderer und Neudeutschen. Dazu machen wir sie attraktiv. Die deutsche Sprache ist der Leitfaden unserer Leitkultur. Unsere Muttersprache benutzen wir wieder ganz selbstverständlich in unserem Vaterland, im Alltag und in den Bildungsstätten. Ins Grundgesetz und in eine zukünftige Verfassung schreiben wir: Deutsch ist unsere Landessprache in Deutschland.

Lösung 14: Wir assimilieren!

Die Integration Schwerintegrierbarer gelingt nicht durch mehr Geld und mehr Angebote, sondern nur durch mehr Forderungen, mehr Anpassungsdruck. Diesem Druck kann in zwei Richtungen ausgewichen werden: Durch Assimilation oder durch Abwanderung.

Wir bestehen auf der Assimilation aller Zugezogenen in unsere Hass- und Gewaltlosigkeit, in unsere Menschenrechtskultur, in die europäisch-deutsche Leitkultur. Wer das nicht kann oder nicht will, ist nicht länger willkommen und sollte besser wieder auswandern.

Lösung 15: Ideologischer Hass wird ein Ablehnungsgrund!

Judenhass wird zu einem Abschiebegrund für Flüchtlinge und zu einem Ausschlusskriterium für Einwanderungswillige. Wer damit auffällt, gehört nicht nach Deutschland, weil er als Judenhasser kein Neudeutscher werden kann. Ausländische Judenhasser werden abgeschoben! Darüber hinaus verweigern wir jedweden Hassern die Einwanderung. Egal ob Judenhass, Christenhass, Deutschenhass, Hass auf Minderheiten, Hass auf westliche Freiheiten. Solche Hasser sind in unserer freiheitlichen, pluralistischen Gesellschaft fehl am Platze und störten nur den Landesfrieden.

Lösung 16: Deutschland wird laizistisch!

Wir führen in Deutschland den Laizismus ein, die konsequente Trennung von Staat und Religion, um die Gottes-Ideologien politisch zu entmachten. Alle Religionen werden aus dem unmittelbaren Staatsdienst entfernt. Wir verwehren dem Islam den Zugriff auf unseren öffentlichen Raum und unsere Gesetze durch die laizistische Zurückweisung seines politischen Anspruchs.

Der deutsche Staat hält sich an sein Neutralitätsgebot, an die Aufklärung. Die Einstufung von Religionsunterricht als Staatsaufgabe streichen wir deshalb aus dem Grundgesetz. An den staatlichen Schulen wird der Religionsunterricht eingestellt, weil dort keine abergläubische Missionierung mehr geduldet wird, sondern mündige Bürger erzogen werden sollen. Stattdessen wird ein neues Überblicksfach „Ethik/Weltanschauungskunde/Religionskunde“ (EWR) für alle Schüler verbindlich unterrichtet, welches in der Abiturstufe zur „Aufklärungskunde“ und im Studium zum „Studium generale-integrale“ vertieft wird. Denn nicht Religion, sondern Aufklärung ist ein Staatsziel.

Wie seit langem vorgesehen, lösen wir die mit der Kirchenenteignung im 18. und 19. Jahrhundert entstandenen Staatsleistungen an die Ex-Staatskirchen durch Auszahlung endlich ab und machen unseren Bürgerstaat frei. Per Grundgesetzänderung streichen wir die Privilegien der Kirchen. So entziehen wir den Muslimen das Argument für gleiche Staatsleistungen.

Wir rüsten auch keine staatskirchenähnlichen Militär-Imame nach. Stattdessen säkularisieren wir die ganze Militärseelsorge.

Die Staatsverträge mit islamischen Vereinen kündigen wir und beenden jede Zusammenarbeit des deutschen Staates mit islamischen Organisationen. Die eingewanderten Muslime sprechen wir als freie Individuen direkt an.

Lösung 17: Wir setzen das Verbot islamischer Vereinigungen durch!

Vereinigungen gegen Strafgesetze, gegen Grundrechte und Grundgesetz sowie gegen die Völkerverständigung, sind verboten. Da sich der Islam nach Koran, Hadithen und Scharia gegen alle drei richtet, sind islamische Vereinigungen in Deutschland genau genommen bereits grundgesetzlich verboten. Wir setzen dieses Verbot durch. Das Ziel, eine islamische Dachorganisation als Körperschaft des öffentlichen Rechts zu schaffen, geben wir als eklatant grundrechtswidrig auf.

Lösung 18: Wir tragen den Wertekonflikt aus!

Unseren europäischen Wertekonflikt mit der Ideologie der Unterwerfung verstecken wir nicht, sondern tragen ihn stets offen aus. Die unaufgebbaren Prinzipien unserer freiheitlich-demokratischen Grundordnung erfordern die Ablehnung des Islams als Politik und als Religion. Unsere Aufklärung führt praktisch zu einer Islam-Ablehnungskultur.

Wir haben nur die Wahl zwischen der Islamisierung und der Deislamisierung Deutschlands; das eine oder das andere geschieht. Laizismus allein genügt nicht, wir müssen Deutschland auch deislamisieren. Wir Bürger tragen unseren Staat und wir entwickeln unsere Zivilgesellschaft. Der Islam ist ein Feind unserer Zivilgesellschaft und muss deshalb zurückweichen.

Die Deislamisierung ist eine gesamtgesellschaftliche, bundespolitische Aufgabe, vergleichbar der Entnazifizierung. Sie beinhaltet drei mögliche Stufen:

Stufe 1, Teilverbot des Islams: Wir kämpfen mit Worten um die Aufklärung der Muslime und die allgemeine De-Islamisierung Deutschlands. Wir verbieten selbstverständlich alle verfassungs- und gesetzeswidrigen Aktivitäten von Muslimen, welche sich aus ihrem muslimischen Denken ergeben, einschließlich der Hidschra. Das Bundesverfassungsgericht beschließt, dass islamische Aktivisten ihr Asylrecht verlieren, weil sie es zum Kampf gegen unsere freiheitliche, demokratische Grundordnung missbrauchen. Sie können deshalb abgewiesen oder abgeschoben werden, egal was ihnen in ihrer Heimat droht, so dass wir nicht mehr Schutz suchen müssen vor Schutzsuchenden.

Wir investieren all unsere Kraft in diese Aufklärung. Wenn die Stufe 1 dennoch nicht ausreichen sollte, muss die erste Eskalationsstufe (Stufe 2) folgen:

Stufe 2, Vollverbot: Die Religionsfreiheit gehört zu den einschränkbaren Grundrechten, wir nehmen diese Einschränkung ins Grundgesetz auf und wenden sie auf den Islam an. Wir verbieten den Islam als gefährliche, totalitäre Ideologie. Der Islam verliert den Schutz durch die Religionsfreiheit und seine Anhänger (die bekennenden Muslime) werden, wie bei anderen extremistischen Ideologien auch, vom Verfassungsschutz beobachtet. Der Rechtsstaat verhindert juristisch die weitere Islamisierung unserer Politik und Gesellschaft. Die Verbreitung islamischer Texte und Symbole wird verboten. Die Parallelgesellschaften, die Scharia-Gegengesellschaften, die No-Go-Areas, werden mit Staatsgewalt aufgelöst. Alle islamischen Gefährder werden inhaftiert oder abgeschoben, die Gefahr islamischer Terrorakte in Deutschland sinkt gegen Null.

Sollten die Muslime in Deutschland das Gewalt- und Rechtsmonopol unseres Staates ignorieren und uns weiter bekämpfen, ihren Dschihad also fortsetzen, müsste die zweite Eskalationsstufe (Stufe 3) erfolgen:

Stufe 3, Zerschlagung: Die Bundeswehr und andere staatliche Sicherheitskräfte zur Terrorbekämpfung befrieden den Dschihad auf deutschem Boden militärisch. Unsere Streitkämpfe erobern die Hoheit und Sicherheit im ganzen Lande zurück. Das ist jedoch nur die *ultima ratio,* die es zu vermeiden gilt.

Unsere Verteidigungskette besteht also in der Vorhut aus Bildung, in der Hut aus Polizei und in der Nachhut aus Bundeswehr. Bei allen Formen der Deislamisierung halten wir uns streng an Recht und Gesetz und die allgemeine Menschenwürde. Denn: Wir wollen nie wieder eine „Reichskristallnacht"!

Egal, ob Stufe 1, 2 oder 3, uns allen ist klar geworden: Der Islam gehört nicht ins Rathaus, die Scharia nicht ins Gericht. Wir trennen die Politik und die Justiz vom Islam und dulden in Deutschland keinen Islam mehr innerhalb der Staatsmacht! Wir stoppen – ein jeder von uns in seinem eigenen Verantwortungsbereich – die Unterwerfung in Deutschland! Das ist unsere staatsbürgerliche Pflicht, die wir gerne erfüllen, weil sie die Menschen befreit.

Lösung 20: Die allerletzte Lösung: Ziviler Ungehorsam!

Die letzte Lösung wäre die Bundeswehr. Was aber, wenn die Politik und somit die Armee auf Seiten der Islamisierer stünde? Wenn die Staatsmacht bei der Verteidigung der Freiheit fortwährend versagte? Wenn gar nichts mehr ginge, ginge doch noch was: In allerletzter Konsequenz griffe der Widerstandsparagraph des Grundgesetzes, der uns Bürgern die Macht verbrieft, uns selbst gegen jeden Versuch der Abschaffung der freiheitlich-demokratischen Grundordnung aktiv zur Wehr zu setzen, auch gegen geltendes Recht, wie das Recht auf Religionsfreiheit, wenn der Rechtsstaat bei der Verteidigung der freiheitlichen Verfassung versagen sollte. Er darf nicht versagen. Wenn doch, dürften wir handeln.

Lösung 21: Wir beenden den Dschihad in unserem Hoheitsgebiet!

Beim Dschihad und der islamischen Missionierung geht es um Gesellschaftsordnung, um Politik, um den Sturz unserer freiheitlich-demokratischen Grundordnung. Wir verbieten diesen Islamofaschismus. Wir setzen das Verbot um und beenden in Deutschland alle Formen des Dschihads, die Hidschra und die Dawa, mit dem Gewaltmonopol unseres Bürgerstaates.

Unsere Sicherheitsorgane befrieden alle erkannten „Gefährder", je nach Gefahrenpotential und Eskalationsstufe durch Beobachtung, Abschiebung oder Sicherheitsverwahrung.

Wir erlauben es nicht, „islamische Märtyrer" als solche zu bestatten, sondern veranlassen im Gegenteil ihre „islamisch unreine" Bestattung nach deutscher Friedhofsnorm, um den Anreiz zu solchen Taten zu senken.

Lösung 22: Wir verbieten die Scharia per Gesetz!

Die Religionsfreiheit ist nur dort möglich, wo die Anwendung islamischen Rechts nicht stattfinden kann. Die Scharia ist mit all unseren fundamentalen Rechtsprinzipien ganz unvereinbar. Auch moderate Auslegungen oder nur teilweise Anwendungen der Scharia stehen immer im Widerspruch zu den Menschenrechten. Die Scharia ist ganz klar Antimenschenrecht. Sie darf deshalb in Deutschland keinerlei Wertschätzung mehr erfahren und gehört juristisch untersagt, auch im Rahmen des internationalen Privatrechts. Wir verbieten die Scharia und setzen dieses Verbot auch durch. Illegale Schariaanwendungen verfolgen wir konsequent. Unser Scharia-Verbot ist Teil der Entpolitisierung des Islams.

Bei Gerichtsverfahren, die einen Einfluss islamischer Paralleljustiz erwarten lassen, vernehmen die Ermittlungsrichter selbst sofort alle Personen und ermitteln vollständig aus. Polizei und Justiz halten nach „Friedensrichtern“ Ausschau und leiten bei Manipulationsverdacht Ermittlungen wegen Strafvereitelung gegen sie ein. Strukturen muslimischer Paralleljustiz und Selbstjustiz lösen wir konsequent auf. Allen illegalen Rechtsstrukturen und aller organisierten Kriminalität begegnen wir polizeilich, juristisch und pädagogisch. Junge Menschen nehmen wir aus solchen Strukturen heraus und bringen sie unter staatlicher Aufsicht auf einen guten Weg innerhalb unserer Gesellschaft.

Lösung 23: Wir stellen die passive Religionsfreiheit her!

Die Religionsfreiheit beinhaltet auch die Freiheit von Religion. Wir schaffen den Straftatbestand der „Gotteslästerung“ gänzlich ab, indem wir den Paragraph 166 StGB gegen „Beschimpfung von Bekenntnissen, Religionsgesellschaften und Weltanschauungsgemeinschaften“ überarbeiten oder streichen. Die mögliche Störung des öffentlichen Friedens durch Religionskritik oder Religionszurückweisung kann kein Straftatbestand mehr sein.

Lösung 24: Wir verteidigen unsere Freiheit mit Humor und Satire!

Unsere Deislamisierung setzt die Entlarvung der Unterwerfungs-Ideologie voraus. Wir konfrontieren die Muslime in Deutschland mit den Irrtümern und Lügen des Islams und beschämen sie damit, um ihnen die Notwendigkeit der Aufklärung vor Augen zu führen und ihnen die Annahme einer neuen Identität des freien, wahrhaftigen Menschseins nahezulegen. Wir können und müssen dazu Humor und Satire einsetzen. Nur ein Satire-Angriff auf die geheiligten Dogmen macht „besessene“ Gläubige der vernünftigen Kritik überhaupt erst zugänglich. Satire und Kritik sind immer zumutbar. Wir überschwemmen unsere Öffentlichkeit mit humorvoller, entlarvender, bissig-satirischer, die islamische Vermessenheit erhellender Islamkritik in Wort und Bild, mit Niveau, Tiefgang und ergreifendem Witz. Politiksatire und Glaubenssatire sind völlig selbstverständlich und absolut freiheitsnotwendig.

Lösung 25: Die Kirchen müssen ihre Haltung zum Islam überdenken!

Das Zweite Vatikanische Konzil gibt seit 1965 einen Schmusekurs mit dem Islam vor. Muslime sollen als engverwandte Brüder im Glauben angesehen, das Trennende soll ignoriert und das Gemeinsame in einem „chrislamischen Dialog" herbeigeredet werden, um gemeinsame Sache mit ihnen machen zu können. Die Christenführer haben ihr Gefolge zur christlichen Selbstverleugnung verpflichtet. Schon Mohammed offenbarte, dass die Christen den Muslimen der angenehmste Feind seien. Christen sind milde, demütige Feinde, die gerne in die Opferrolle gehen, um ihrem Gottesopfer nahe zu sein. Sie glauben an einen Wandel durch sich aufopfernde Annäherung. Dieses Konzept ist seit jeher gescheitert, es begünstigt die Islamisierung. Die Christenheit muss ihre Haltung ändern, sie muss endlich realistischer werden.

Lösung 26: Islamkritik ist Aufklärungspflicht!

Der christlich-muslimische Dialog ist durch den Dialog mit den Aufklärern zu ersetzen. Der Islam und die Muslime in Deutschland sind aufzuklären. Wir sorgen für eine Zunahme aufklärerischer und insbesondere islamkritischer Publikationen und Veranstaltungen. Islamkritik ist nicht nur selbstverständlich, sondern sogar kulturelle Pflicht zu unserem Selbsterhalt. Wir sagen deshalb: Liebe Muslime, ihr seid zu uns gekommen, um mündig zu werden, um euern falschen Glauben bei uns abzulegen.

Lösung 27: Wir verbieten das Opfern!

Wir sagen den Muslimen: Allah ist nicht der Schöpfergott! Hört auf, Tiere, Menschen und eure Freiheit zu opfern! Wendet euch der Liebe zu, der echte Gott ist strahlende, wohlwollende Liebe!

Lösung 28: Wir drängen den islamischen Erziehungseinfluss zurück!

Die Erziehung zum Islam ist dem Kindeswohl abträglich. Pflegekinder dürfen nicht in islamische Familien gegeben werden. Schulkinder muslimischer Eltern dürfen nicht am rituellen Fasten teilnehmen.

Lösung 29: Frauen befreien Frauen!

Die Frauenbewegung erwacht endlich mutig und begehrt gegen die Unterwerfung auf. Sie nimmt ihre Aufgabe wahr, die zugewanderten Muslimas umzuerziehen, zu entislamisieren. Möglichst viele Muslimas werden zu Ex-Muslimas und zu Frauenrechtlerinnen gewonnen. Diese Frauen führen ihre Männer und Kinder in die Aufklärung, in die Integration, in die Moderne. Sie sind der Schlüssel zum persönlichen und gesamtgesellschaftlichen Erfolg.

Wer mit uns leben will, muss neudeutsch werden. Deshalb entfremden wir die Söhne und Töchter muslimischer Einwanderer gezielt ihren rückständigen muslimischen Herkunftskulturen und lassen sie in unserer Moderne heimisch werden. Die freien Frauen in der modernen Welt können den Islam überwinden. Ohne diese Mütter ist dies unmöglich. Der Schlüssel zur De-Islamisierung sind die Frauen, denn sie erziehen ihre Kinder, entweder zur Freiheit oder zur Unterwerfung.

Lösung 30: Wir setzen unsere Erziehung durch!

Schulkinder, die mit Hass oder Aggression gegen Mitschüler oder die Gesellschaft auffallen und massiv den Unterricht und den Schulfrieden stören, nehmen wir mitsamt ihren Familien in die Pflicht, von diesem Denken und Handeln Abstand zu nehmen. Es erfolgt ein Gespräch, im Wiederholungsfall eine Strafarbeit, notfalls erfolgen der Schulverweis und Ordnungsbußgelder für die Erziehungsverpflichteten. In unserem Land gelten unsere Regeln und diese setzen wir ohne Abstriche durch.

Lösung 31: Wir verbieten rituelle Verstümmelungen!

Niemand darf einem Erwachsenen gegen seinen Willen sein Genital verkleinern. Warum soll das ausgerechnet bei Kindern erlaubt sein? Alle Kinder sind grundsätzlich vor religiöser Beschneidung zu schützen. Es gibt kein Kinderverstümmelungsrecht, unsere Religionsfreiheit deckt solche traditionelle Praxis nicht. Die Beschneidung verstößt gegen die UN-Kinderrechtskonvention und wird deshalb in Deutschland als Körperverletzung Schutzbefohlener verboten und geahndet. Genauso verboten sind schariatische Verstümmelungsstrafen an Erwachsen. Zuwiderhandlungen werden mit langjährigen Haftstrafen belegt.

Lösung 32: Wir lösen Kinder-, Zwangs- und Mehrehen auf!

In Deutschland dürfen nur Volljährige heiraten; freiwillig und monogam. Wir verbieten Kinder-, Zwangs- und Mehrehen ausnahmslos, setzen dieses Verbot durch und verweigern Angehörigen solcher Verbindungen die Einwanderung.

Lösung 33: Wir schaffen ein positives gesellschaftliches Klima!

Mit Fordern und Fördern erziehen wir hierbleibende, schwerintegrierbare Ausländer zu Neubürgern um, nach dem Vorbild des belgischen Bürgermeisters Bart Somers in Mechelen. Ausgehend von der unmittelbaren, kommunalen Ebene, unterstützt durch die Länder und die bundesstaatlichen Behörden, lösen wir Parallelgesellschaften, Gegengesellschaften und kriminelle Subkulturen konsequent auf.

Weil Unsicherheit durch Kriminalität auch die Propaganda von Extremisten begünstigt und zu mehr Extremismus führt, sorgen wir als erstes für Sicherheit nach Recht und Gesetz durch eine Null-Toleranz-Politik gegen jegliche Menschenrechtsverstöße und landesgesetzliche Verstöße. Mit mehr polizeilicher Überwachung verhindern wir kriminelle Nischen. Die ganze Gesellschaft macht mit, um Ängstigung, Hass, Gewalt und Betrug, jegliche Form von Kriminalität, zu verfolgen, zu ahnden und zu verhindern. Kriminalitätsbekämpfung ist eine Form der Sozialpolitik. Denn ärmere Menschen können sich weniger selbst schützen und sind im materiellen Schadensfalle existenzbedrohender betroffen. Wir investieren in Präventionsarbeit und erziehen minderjährige Straftäter zur Nichtkriminalität um. Die Polizei nimmt deren Eltern hinzu und macht allen klar, was falsch läuft, wohin dieser Weg führt und bietet eine konstruktive Alternative an. Eltern, die sich ihrer Erziehungsverantwortung zur Nichtkriminalität verweigern, zahlen Strafe. Wenn es nicht anders geht, werden die jugendlichen Straftäter in einzurichtende Erziehungsanstalten gebracht, wo ihnen ein konstruktiver Ausweg gezeigt wird. Es reicht nicht aus, nur die Gerichte zu beschäftigen. Die Konsequenzen müssen *sofort* und *pädagogisch* erfolgen.

Die Politik investiert in die Sauberkeit und Ordnung gerade auch der ärmeren Stadtteile und Kommunen und überzeugt die Bürger, mitzumachen. Der Abschottung von Bevölkerungsteilen in eigenen reichen und armen Stadtvierteln wirken wir entgegen, die Menschen sollen sich im Alltag begegnen, sich kennenlernen und durchmischen. Aufstiegschancen verteilen wir so, dass sie möglichst überall vorhanden sind. Dem Neid, der Eifersucht und der Missgunst entziehen wir möglichst den Boden. Nahezu alle können sich als Teilhaber an ihrer Bürgergesellschaft erleben und entwickeln ein positives Wir-Gefühl. Fast jedem wird sonnenklar, dass Toleranz und Vielfalt nur im Rahmen unserer freiheitlich-demokratischen Leitkultur erwünscht und möglich sind.

Wenn kriminelles und respektloses, diskriminierendes und verächtliches Verhalten, egal von welcher Seite, nicht mehr toleriert wird, entsteht ein positiveres gesellschaftliches Klima. Die „harten" Maßnahmen werden dann seltener nötig sein. Unser Ziel ist es, möglichst alle Bürger ihre Freiheit und ihre Chance auf ein erfülltes, besseres Leben erfahren zu lassen. Dazu muss das Gruppendenken soweit heruntergefahren werden, das ein Jeder seine individuelle Berufung erspüren kann und motiviert ist, seines eigenen Glückes Schmied sein zu wollen, individuelle Chancen zu suchen und zu ergreifen, aber es muss auch soviel Gruppendenken in Form von bürgerlichem Patriotismus vorhanden sein, dass er nicht nur an sich selbst denken will und kann, sondern an die ganze Gemeinschaft, die seine Selbstverwirklichung erst ermöglicht. Erfolg ist ein Geben und Nehmen.

Zugewanderte müssen Deutsch lernen, sich beruflich qualifizieren und Einsicht in die Grundsätze unserer die Freiheit erst ermöglichenden Gesellschaftsordnung nehmen und sie bejahen. Nur dann sind sie ein Teil von uns. Sie müssen an unserer Freiheit und an unserer Bildung teilnehmen. Wir alle müssen das.

Lösung 34: Europa bleibt europäisch, demokratisch und vielfältig!

Die moderne Idee von Europa ist die Dreieinigkeit von Frieden, Freiheit und Sicherheit durch die Verbürgerlichung der Massen, die wir Zivilisation nennen.

Die Europäische Union entwickeln wir zu einem Bund freier Vaterländer, nicht zu einem zentralistischen Einheitsstaat. Ein gesamteuropäisches Wirtschafts-Imperium („Die Vereinigten Staaten von Europa") verhindern wir ebenso wie ein Neu-Großdeutschland unterm muslimischen Halbmond.

Die „Westbindung" Deutschlands schwächen wir zugunsten einer „Ostmitteleuropäischen Bindung" ab. Wir stärken die Zusammenarbeit mit Österreich, Polen, Tschechien, der Slowakei und Ungarn.

Lösung 35: Wir verbieten islamische Verschleierungen!

Der Europäische Gerichtshof bestätigte die Rechtmäßigkeit des Burkaverbots, welches wir endlich auch in Deutschland einsetzen. Die Fahne des IS und alle anderen Formen des islamischen Flaggezeigens, das islamische Kopftuch und alle stoffreicheren islamischen Teil- und Ganzkörperverschleierungen, gehören als Symbole einer menschenfeindlichen, faschistischen Ideologie verboten.

Lösung 36: Keine Extrawürste für Muslime!

Wir weisen mit dem Begriff „Darura“ alle islamischen Forderungen nach Sonderbehandlung zurück und bestehen auf der Notwendigkeit, sich an unsere Gesetze und Regeln zu halten und sich unseren Gepflogenheiten anzupassen. Das ist ein Muss! Wir wollen und geben keine Sonderrechte für Muslime in Küchen, Bädern, Schulen und Friedhöfen.

Lösung 37: Am deutschen Wesen kann die Welt nicht genesen!

Deutschland kann die Welt nicht retten, weder militärisch noch pazifistisch, weder über den Umweltschutz noch über das Asylangebot. Wir können die Welt nicht retten und müssen das auch nicht, sondern wir sollen und dürfen nur uns selbst in dieser Welt verantworten.

Lösung 38: Europa ist die Heimat der europäischen Weißen!

Europa soll auch die Heimat der europäischen Weißen bleiben. Es gibt keinen vernünftigen Grund, Europa afrikanisch aufzumischen. Wer jedoch unser weißes Europa afrikanisieren will, der ist ein antiweißer Rassist.

Natürlich beschließen wir keinerlei Rassengesetze und führen wir keinerlei ethnische Säuberungen durch. Wir schicken lediglich die Illegalen heim und bestimmen, wer einwandern darf. Mehr Selektion als diese weltweit ganz Selbstverständliche gibt es nicht und ist nicht nötig. Auf uns ist Verlass, denn wir leben selbstbewusst unsere humanistische Wertekultur.

Lösung 39: Wir beschließen ein vernünftiges Einwanderungsgesetz!

Und zwar nach kanadischem Vorbild. Wir nehmen nur geeignete, qualifizierte Zuwanderer auf, in Maßen, nicht in Massen. Es gibt Gäste, Asylsuchende, Einwanderer, Flüchtlinge und Invasoren. Unser Einwanderungsgesetz unterscheidet diese klar. Invasoren halten wir draußen, Flüchtlinge nehmen wir nur in Maßen auf und bürgern sie nicht ein, Einwanderer suchen wir uns gezielt aus, Asyl behalten wir wenigen, tatsächlich und individuell politisch Verfolgten vor, viele Gäste heißen wir herzlich willkommen. Alle illegal eingewanderten Asylmissbraucher schicken wir sehr kostengünstig heim.

Lösung 40: Wir verbieten islamische Bestattungen!

Religiös-rassistische Apartheit ist durch das Grundgesetz verboten und wir dulden sie nicht. Auf unseren Friedhöfen sind alle Leichen gleichtot und alle Grabstellen werden nur befristet vergeben. Wir erlauben keine islamischen Friedhöfe oder Friedhofsbereiche und keine Ewigkeitsgräber.

Lösung 41: Wir klären den Tod auf!

Im Leben des Menschen geht es um Liebe und Erkenntnis. Wer das versteht, ist spirituell. Unser Wissensschatz über die Diesseitigkeit muss, nach Möglichkeit, auf die Jenseitigkeit ausgedehnt werden. Wohin sterben wir? Ernsthafte, moderne, wissenschaftliche Jenseitsforschung ist eine Notwendigkeit, anders ist der Sumpf der religiösen Spekulationen nicht trockenzulegen. Alle herkömmliche universitäre „Theologie“ ist doch nur pseudowissenschaftliche Glaubensuntermauerung. Wir stärken unseren Spürsinn für das Wesentliche und das Wahrhaftige und forschen auch dort nach, wo es am Schwierigsten ist, wo jedoch die gesuchtesten Antworten zu erwarten sind. Wir klären den Tod auf und widerlegen damit den Grabes- und Jenseitsaberglauben der Muslime und anderer Phantasten.

Lösung 42: Wir verbieten rituelle Tierquälerei!

Wir ächten und verbieten die Schächtung. Keine Schlachtung mehr ohne vorherige Betäubung. Wir verbieten den Import tierquälerisch geschlachteten (geschächteten) Fleisches.

Lösung 43: Wir verbieten den Neubau von Moscheen und Minaretten!

Lösung 44: Wir lehnen islamische Feiertage in Deutschland ab!

Stattdessen erheben wir den 21. Juni, den Welthumanistentag, zum deutschen Feiertag der Aufklärung. Denn wir empfinden Respekt, Wertschätzung und Dankbarkeit für die Aufklärung, unsere wertvollste Errungenschaft. Es werde Licht!

Lösung 45: Freiheit und Fortschritt durch weltbeste Bildung!

Um das Humboldtsche Bildungsideal endlich zur Geltung zu bringen, machen wir für alle Abiturienten ein Fach oder längeren Leistungskurs „Aufklärungskunde“ verbindlich, den alle Studenten zu Studienbeginn als echtes „Studium generale-integrale“ vertiefen müssen, um den Gedanken universeller Bildung neu zu beleben. Wir streben nach weltbester Bildung für mündige Bürger.

Die erforderlichen Inhalte werden von einer neuartigen Universität aller Universitäten und Hochschulen Deutschlands, einer Gesamtuniversität für die gesamte Bildung, zusammengetragen, erschlossen, aufbereitet, bereitgestellt und als Weltwissen für Bildungsbürger an die Lehrkräfte sowie Studenten vermittelt.

Lösung 46: Wir gründen die „Akademie der Aufklärung e.V.“!

Der deutsche Staat fördert die Islamisierung Deutschland jedes Jahr mit Abermillionen Euros. Er fördert Lehrstühle für islamische Theologie an deutschen Universitäten, er fördert eine „Akademie für Islam in Wissenschaft und Gesellschaft“ in Zusammenarbeit mit den bisherigen Zentren für islamische Theologie an den Universitäten in Frankfurt a.M./Gießen, Münster, Osnabrück, Nürnberg/Erlangen, Paderborn und Hamburg. Diese Förderung der Islamisierung Deutschlands ist zu beenden.

Es ist dringend erforderlich, stattdessen die Aufklärung zu organisieren und in gleicher Größenordnung staatlich zu fördern! Notwendig ist deshalb eine „Akademie für Aufklärung in Wissenschaft, Glaube und Gesellschaft e.V.“, kurz: „Akademie der Aufklärung“, in Zusammenarbeit mit allen deutschen Universitäten, finanziert vom Bundesforschungsministerium, auch, um zur aufklärerischen Versachlichung der gesellschafts- und integrationspolitischen Debatten beizutragen. Diese „Akademie der Aufklärung“ ist eine Gesellschaft zur Erforschung und Förderung des Menschseins. Ihre erste Aufgabe ist es, über eine bundesweite Initiative unter ihrem Motto: „Licht an!“, alle Akteure der Aufklärung in Deutschland zu einem Dachverband der Aufklärer zu vernetzen. Wir organisieren und finanzieren die Aufklärungsarbeit über die neue Akademie. Sie entwickelt und leitet in Zusammenarbeit mit allen deutschen Universitäten und vielen gesellschaftlichen Akteuren die staatlich gestützten Aufklärungsaktivitäten. Sie trägt die erfolgversprechendsten Aufklärungsmethoden zusammen, testet sie und verbreitet die erfolgreichsten.

Unsere „Akademie der Aufklärung“ geht den Grundfragen nach: Was ist wahr und wirklich? Was verstehen wir? Sie zielt auf interdisziplinäre Wahrheitsforschung in den drei schwerpunktmäßigen Erkenntnisfeldern <u>Humanismusforschung</u> (Selbsterkenntnis, Humanwissenschaften), <u>Diesseitsforschung</u> (Welterkenntnis, Naturwissenschaften, Kosmologie) und Jenseitsforschung (Jenseitserkenntnis, Metaphysik/Übernaturwissenschaften, wissenschaftliche Theologie). Nur die wissenschaftliche Theologie (Realtheologie) hat das Potential, im Rahmen einer interdisziplinären Wahrheitsforschung die Religionen und Weltanschauungen auf den Kern des Wahrhaftigen hin aufzuklären und zusammenzufügen. Nur sie kann letztlich einen echten Verständigungsfrieden zwischen den Religionen, Weltanschauungen und den Wissenschaften bewirken. Wissenschaft eint, Religionen trennen. Die interdisziplinäre Wahrheitsforschung ist deshalb ein großer Beitrag zum Menschheitsfortschritt und zum Weltfrieden.

Wir brauchen mindestens zwei Fakultäten für Weltanschauliche Aufklärung, etliche Institute und Lehrstühle für alle Aufklärungsaufgaben bezüglich Diesseits und Jenseits, darunter Institute und Lehrstühle für Jenseitsforschung. Wir brauchen Lehrstühle für aufgeklärten Theismus und für aufgeklärten Atheismus. Theologie war gestern, wir fangen an nachzuforschen.

Die aktiven Mitglieder der „Akademie für Aufklärung" können sich an vier Arbeitsgruppen orientieren:

1) Arbeitsgruppe „DeDawa" (Thema Islam)

Alle an der Aufklärung und Entschärfung des Islams interessierten Menschen und Organisationen fassen wir zu einem breiten gesellschaftlichen Zweckbündnis zusammen, zur DeDawa, um Deutschland schrittweise wieder zu entislamisieren. Wir stellen strategische Überlegungen an, entwickeln konkrete Lösungsansätze, setzen sie um und passen diese auf ihre Wirksamkeit hin neu an. Was wirkt, was wirkt nicht? Um die Prozesse von Islamisierung/De-Islamisierung (Aufklärung) zu evaluieren (eine Fortschrittskontrolle zu haben), tragen Fachleute bundesweit die Fakten zusammen und geben Jahreszustandsberichte zur Lage der Nation hinsichtlich der Entwicklung des Verhältnisses von Freiheit und Unterwerfung (F/U-Berichte) heraus.

Frank & Frei statt Dhimmi & Dummi! Wir vergeben jährlich zwei Preise, den „Frank & Frei" - Preis für besondere aufklärerische Leistung und freie, offene, ehrliche und würdevolle Debattenkultur, und den „Dhimmi-Dummi"-Preis für opportune Unterwürfigkeit, für die Vermeidung des Wertekonfliktes durch Schönrederei des Islams, für aktive oder passive Förderung der Islamisierung Deutschlands. Der „Frank & Frei" - Preis sollte mit einer sehr hohen Geldsumme dotiert sein, um zu wirken. Alle Bürger sind aufgerufen, Kandidatenvorschläge einzureichen und mit der Mehrheit der Stimmen die Preisträger zu entscheiden. Die Preisverleihung erfolgt am besten auf der Wartburg, unserem höchsten nationalen Symbol inmitten Deutschlands. Wir wollen zum kulturellen Selbstbewusstsein, zur Geisteskultur der Aufklärung, zurückkommen. Wir fangen deshalb damit an.

2) Arbeitsgruppe „Zukunftsreise Bonn-Berlin – Das Parlament der Einheit" (Thema Deutschland)

Um selbstsicher und zielsicher zu werden, reden wir als gebildetes Volk miteinander, und zwar in einem „Parlament der Einheit“ zu einer jährlichen Volkstagungsreihe, vom 1. Mai bis 3. Juni, mitten durch Deutschland zwischen Bonn und Berlin. Unser „Parlament der Einheit“ ist die Denkfabrik des deutschen Volkes. Ausgehend von der Aufklärung und unseren historischen Erfahrungen setzen wir kulturell neu an und bauen unseren Staat von unten her neu auf. Wir veranstalten ein nationales, demokratisches und soziales „Brainstorming“, wir selbst, das deutsche Volk, der Souverän, sind unser wichtigster „Thinktank“. Wir machen den Neuanfang:

01., 02., 03. Mai, in Bonn:	Die Zukunft der Arbeit und Einkommen.
06., 07., 08. Mai, in Siegen:	Die Zukunft der Werte und Rechte.
11., 12., 13. Mai, in Marburg:	Die Zukunft der Demokratie.
16., 17., 18. Mai, in Mühlhausen:	Die Zukunft der Aufklärung (Forschung, Bildung und Erziehung).
21., 22., 23. Mai. in Halle:	Die Zukunft Europas.
26., 27., 28. Mai, in Wittenberg:	Die Zukunft Deutschlands.
01., 02., 03. Juni, in Berlin:	Die Zukunft der Familien.

Ohne Kinder gibt es keine Zukunft. Unsere Kinder sind unsere Zukunft! Ansonsten haben wir keine. Alles hängt von unseren Kindern ab.

3) Arbeitsgruppe „Gesamtuniversität – Studium generale-integrale“ (Thema Welt)

Die „Akademie der Aufklärung“ initiiert und begründet die „Gesamtuniversität“, die das weltbildschaffende Grundwissen der Menschheit zusammenstellt und aufbereitet. Dort bilden wir auch die Lehrer für das neue Überblicksfach „Ethik/Weltanschauungskunde/Religionskunde“ (EWR) aus.

4) Arbeitsgruppe „Jenseitsforschung“ (Thema Meta-Natur)

Was ist Geist? Was erleben wir beim Hinübergehen? Was kommt auf uns zu? Wir begründen eine wissenschaftliche Theologie, eine Spiritualitätsforschung, rein wissenschaftlich, freigeistig, logisch, seriös, erkenntnisorientiert, ohne jede Bekenntnisbindung. Denn wir wollen wissen, nicht bloß glauben.

Sie sind an der Akademie der Aufklärung interessiert? Werden Sie Mitglied! Nehmen Sie Kontakt mit mir auf:

inhaltundform@web.de
www.inhaltundform.de

4. Schlusswort

Die letzten Worte soll ein echter, aus eigenem Willen assimilierter Neudeutscher aus dem muslimischen Kulturkreis haben, vorgetragen in seiner Rede auf dem neuen Hambacher Fest 2018:

> „Ich war 19 Jahre alt, als ich in diesem wunderbaren Deutschland eintraf. Nein, und mit Respekt vor allen echten Flüchtlingen, ich kam nicht als Flüchtling. Nein, ich kam nicht als Asylbewerber. Und nein, ich habe den Sozialstaat, diese Errungenschaft ihrer Eltern und Großeltern, nie in Anspruch genommen. Ich kam als selbstbewusster junger Mann aus einem Beiruter offenen Haus, der in Deutschland ein selbstfinanziertes Studium aufnehmen wollte und das auch tat. ...
>
> An der Westberliner TU lernte ich Deutsch – Damals litt Deutschland noch unter der Teilung – und im Reichstag lernte ich die deutsche Geschichte kennen. Dort wo heute Bundestagsabgeordnete und Verwaltungsangestellte ihren Geschäftigkeiten nachgehen, gab es eine Dauerausstellung mit dem Titel „Deutsche Geschichte". ...
>
> An der Uni standen die meisten meiner deutschen Kommilitonen bereits unter den direkten Einflüssen der Studentenbewegungen der 68er. Es erschrak mich, wie sehr viele von ihnen ihr Land, Deutschland, hassten. Oder sagen wir mal: ihr Land nicht mochten. Sie hatten eine geradezu – im nachhinein würde ich es so bezeichnen – eine Art masochistische Fixiertheit auf die NS-Zeit und auf die für sie daraus resultierende vererbbare Schuld.
>
> Gerade sie, die die Gleichheit der Menschen propagierten und die vorgaben, den Rassismus verbannen zu wollen, bescheinigten den Deutschen eine geradezu genetische Veranlagung zum Bösen. Nicht selten hatte ich den Eindruck, sie hätten am liebsten ihre verstorbenen Vorfahren ausgegraben, um sie noch einmal zu verurteilen.
>
> Ich aber als Humanist begriff die NS-Zeit als deutsche Katastrophe und eine zeitlose Verantwortung, alles zu tun, um sie nicht zu wiederholen, weder in Deutschland noch irgendwo anders. Das begangene Verbrechen verstand ich, auch und insbesondere, als moralische Verpflichtung, dem jüdischen Volk stets zur Seite zu stehen.
>
> Gleichzeitig aber hoffte ich, dass die Deutschen sich nicht zur Geisel dieses düsteren Teils ihrer Vergangenheit machen, denn mit Selbsthass und Selbstverachtung kann keiner einem Menschen aus einem anderen Kulturkreis ehrliche Liebe und Achtung entgegenbringen.

Schon damals fiel es mir schwer zu begreifen, wie man die so großartige und reiche Geschichte eines Landes, einer Nation und eines Volkes auf zwölf dunkle Jahre, über deren Dunkelheit, Grausamkeit und furchtbare Unmenschlichkeit kein Zweifel besteht, reduzieren kann.

Ich weiß es nicht. Vielleicht habe ich es als Levantiner leichter, über deutsche Epochen zu sprechen. Ich selbst komme aus dem Nahen Osten, aus einem Kulturkreis, der die Freiheit seit 1400 Jahren unterdrückt. In Deutschland traf ich auf eine freie, offene, liberale, demokratische und aufgeschlossene Gesellschaft, die mir Respekt, würdevollen Umgang und menschliche Neugierde entgegenbrachte.

Hier in Deutschland lernte ich mit und von den Deutschen den Duft der Freiheit kennen. Ein wunderbarer Duft, den ich in meinen noch verbleibenden Jahren nie wieder missen möchte. Deshalb stehe ich heute hier! ...

Ich bin zufällig als Moslem geboren, verstehe mich aber seit Jahrzehnten als Agnostiker und als Mensch, der sich mit den Werten der Aufklärung dieser offenen und pluralistischen Gesellschaft kompromisslos identifiziert. Ich bin jemand, der den Islam als Ideologie öffentlich kritisiert ... Ich bin das, was man durchaus als einen „erarbeiteten" Staatsbürger dieses Landes bezeichnen könnte. Ja, Sie haben richtig gehört, denn Staatsbürgerschaft und Integration müssen zusammenhängen. Ich habe von Anfang an die Integration für mich als Verschmelzung mit diesem Land und seinen Werten verstanden, um es noch reicher zu machen.

Alles andere war und sind für mich Parallel- und Gegengesellschaften, die die offene Gesellschaft gefährden würden. Heute blicke ich auf meine wunderbaren 41 deutschen Jahre mit Stolz zurück. 41 Jahre, von denen ich 36 Jahre ununterbrochen arbeite und diesem Staat und dieser Gesellschaft als Nettozahler diene.

Wenn ich von der „Verschmelzung" spreche, berufe ich mich dabei auf ein arabisches vorislamisches Sprichwort, das besagt: „Wer bei einem Volke 40 Tage weilt, wird einer von ihnen oder er wandert weiter." ...

Als mündiger Bürger dieses Landes bin ich der Ansicht, dass gerade diese unkontrollierte muslimische Massenzuwanderung unsere offene Gesellschaft gefährdet und womöglich einen in den letzten 70 Jahren noch nie dagewesenen Rassismus entfachen könnte. ...

Ich habe ... drei Kinder, die deutscher nicht sein könnten und dennoch tragen sie meinen arabischen Nachnamen. Ich möchte nicht, dass sie oder ihre Kinder sich eines Tages hier rechtfertigen müssen, warum sie ein Teil Deutschlands sind. Deshalb bin ich heute hier. ...

Ich wehre mich entschieden gegen Zensur und als jemand, der die Despotie des Nahen Ostens, sowohl in den ersten 19 Jahren meines Lebens als auch später als Fernsehjournalist für deutsche Medien vor Ort hautnah erlebte, stelle ich mit Befremden fest, dass unsere Demokratie, dieses wunderbare Kulturgut der offenen Gesellschaft, stark eingeschränkt wird. Ich könnte Ihnen viele Beispiele zeigen und sie auch empirisch belegen, wie Deutschland tagtäglich demokratische Fundamente aufgibt.

Gegen diese Entwicklung werde ich mich als jemand, dessen Kompass das Grundgesetz ist, stets mit allen rechtsstaatlichen Mitteln wehren und sie keinesfalls als „Naturgesetz" hinnehmen. Deshalb stehe ich heute hier! ...

Vor zwei Wochen sprach ich als Sachverständiger vor dem Bundestagsausschuss zum islamischen Terroranschlag (andere nennen ihn „islamistisch" – ein Wort, das im arabischen nicht existiert) vom Breitscheidplatz. Ich sagte: „Wir müssen eine ehrliche Debatte über den Islam führen und wir dürfen aus falscher Rücksichtnahme keine Fakten unterschlagen". Ich wagte spontan einen Vergleich und sagte: „Man könne keinen jungen Menschen von der Naziideologie abbringen und gleichzeitig ihm aus Rücksicht auf seine Gefühle die furchtbaren und menschenverachtenden „Nürnberger Rassengesetze" verheimlichen."

Daraufhin empörte sich eine Dame, eine Bundestagsabgeordnete der Linken, gemeinsam mit ihrem Kollegen aus der Fraktion der Grünen und beide warfen mir vor, ich würde den Islam beleidigen. Gerne hätte ich die beiden VolksvertreterInnen gefragt, wer sie bemächtigt hat, mir abzusprechen, mich mit meinem kulturellen Erbe auseinanderzusetzen.

Dazu kam es aber nicht, denn ich durfte nicht erwidern. Gerne hätte ich der Dame auch gesagt, dass, wenn die europäischen Aufklärer so bekämpft worden wären, wie sie uns Aufklärer aus dem Islam bekämpft, würde sie nicht da sitzen, wo sie heute sitzt, und sich als Frau und Volksvertreterin frei entfalten können. ...

Ich freue mich, dass ich heute hier bin und wünsche uns allen ein, im Sinne der Menschen von 1832, gelungenes demokratisches deutschlandbejahendes Fest, denn dieses Land hat verdient, neu entdeckt zu werden. ...

Für Sie ist Deutschland in erster Linie die Heimat Ihrer Vorväter und für mich ist Deutschland die Heimat meiner Werte, jener Werte, die nach einem harten Kampf Ihrer Vorfahren aus der Aufklärung geboren wurden.

Lassen Sie uns gemeinsam diese Heimat als unsere gemeinsame Wertegemeinschaft mit allen rechtsstaatlichen Mitteln vor politischer Ignoranz und Arroganz schützen, denn die Dialektik der Geschichte kennt kein Erbarmen mit dem Relativieren. Ich danke Ihnen."

Imad Karim (geboren 1958), libanesisch-deutscher Regisseur, Drehbuchautor und Fernsehjournalist, 2018

Ich, der Autor, bin auch der Treuhänder der KinderObstStiftung (KOST), die ich Ihnen kurz vorstellen möchte:

Die **gemeinnützige Kinderobststiftung** will, angefangen bei unseren Kindern, *generationenübergreifendes Denken* fördern. Sie will Umwelt- und Heimatbildung vermitteln und unser Land zum Blühen bringen. Denn die Generationenkette muss wiederbelebt werden.

Überall in Deutschland verschwinden die Obstbäume aus der Kulturlandschaft und die Menschen aus den Orten, durch Überalterung; zu wenige junge Menschen werden nachgeboren und zu wenige junge Obstbäume werden nachgepflanzt. Das müssen wir beides ändern! Machen wir Deutschland wieder fruchtbarer …

Das Ziel der Kinderobststiftung ist es, unseren Kindern die große Vielfalt des heimischen Obstes bekanntzumachen, ganz praktisch über örtliche Kinderobstgärten zum Kennenlernen der Obstarten und Obstsorten, sowie über kommunale Pflanzaktionen. Wir wollen die Menschengenerationen mit den Baumgenerationen verbinden, wollen so lebenswerte Heimat und Zukunft schaffen.

Die gemeinnützige Kinderobststiftung sucht mindestens 100 Dauerspender (Paten), die jährlich 200 € spenden. Bitte helfen Sie mit, werden auch Sie unser Pate.

Kontakt:
Andreas Lindner
Treuhänder der Kinderobststiftung
inhaltundform@web.de

Spendenkonto:
THK-Kinderobststiftung
IBAN: DE91 8206 4038 0000 5865 87
VR Bank Westthüringen eG

Buchempfehlungen des *inhaltundform*Verlages

Andreas Lindner
Vom Urknall zum Urwald. Eine Zeitreise.
Die Naturgeschichte Mitteleuropas nacherlebt am Hainich in Mitteldeutschland.
Mit Wanderführer und Karte
208 S., 2001, 14,98 EUR
978-3-9807819-0-9

Andreas Lindner
Wortlaub laut & leise
Gedichte und andere Ein-Fälle aus der poetischen Dimension
144 S, 2002, 8,90 EUR
978-3-9807819-1-6

Kinderbücher:

Wolfgang Lindner
Opa erzählt - Der gefräßige Schuh.
32. S., 2006, 9,90 EUR
978-3-9807819-2-3

Wolfgang Lindner
Opa erzählt - Lisa und der Feuervogel
43 S., 2007, 9,90 EUR
978-3-9807819-3-0

Wolfgang Lindner
Opa erzählt – Der Fuchs als Osterhase
40 S., 2009, 9,90 EUR
978-3-9807819-5-4

Wolfgang Lindner
Opa erzählt – Lea sucht die Weihnachtsfee
88 S., 2014, 19,00 EUR
978-3-9807819-6-1

Wolfgang Lindner
Die Wildkatze Felix
56 S., 2007, 11,90 EUR
978-3-9807819-4-7